ミクロ経済分析の基礎

ミクロ経済分析の基礎

長名寛明 著

数理経済学叢書

知泉書館

編集委員

岩本 誠一　楠岡 成雄　武隈 愼一
原 千秋　俣野 博　丸山 徹

刊行の辞

　数理経済学研究センターは，数学・経済学両分野に携わる学徒の密接な協力をつうじて，数理経済学研究の一層の進展を図ることを目的に，平成9年に設立された．以来十数年にわたり，各種研究集会の開催，研究成果の刊行と普及などの活動を継続しつつある．

　活動の一環として，このほど知泉書館の協力により，数理経済学叢書の刊行が実現のはこびに到ったことは同人一同の深く喜びとするところである．

　この叢書は研究センターに設置された編集委員会の企画・編集により，（一）斯学における新しい研究成果を体系的に論じた研究書，および（二）大学院向きの良質の教科書を逐次刊行するシリーズである．

　数学の成果の適切な応用をつうじて経済現象の分析が深まり，また逆に経済分析の過程から数学への新たな着想が生まれるならば，これこそ研究センターの目指す本懐であり，叢書の刊行がそのための一助ともなることを祈りつつ努力したいと思う．

　幸いにしてこの叢書刊行の企てが広範囲の学徒のご賛同とご理解を得て，充実した成果に結実するよう読者諸賢のお力添えをお願いする次第である．

　2011年4月

　　　　　　　　　　　　　　数理経済学叢書　編集委員一同

序

　本書は読者として学部上級から大学院前期博士課程の学生を念頭においたミクロ経済学の教科書である．しかしミクロ経済学は分析方法においても分析対象においても近年大きい変化を続けている．分析方法においては従来使われなかった数学の多くの分野が使われるようになっており，特にゲーム理論の急速な発展と共に経済分析におけるゲーム理論の応用が広がっている．分析方法の発展に従いミクロ経済学が扱いうる経済問題の範囲も急速に広くなっている．このような現状では一冊の本の中で扱いうるミクロ経済学の問題はごく限られたものにならざるをえない．本書ではミクロ経済学の応用分野およびゲーム理論を用いる分野は他の著書に譲り，伝統的な分析手法に基づくミクロ経済学のごく基本的問題のみを取り上げている．新しい分析手法や新しい応用分野が次から次へと加えられて行く中でもこれらの伝統的分析手法とミクロ経済学の伝統的な分野が重要性を失うわけではなく，それらを十分に理解することの意義は今後も変わらないであろう．

　本書で扱うミクロ経済学のモデルは基本的には Walras によって創始され Arrow と Debreu によって現代的方法で表現されるようになった一般均衡モデルであり，一般均衡分析の手法で議論が展開される．この観点から部分均衡分析の基礎についても考察するが，部分均衡分析に依存する多くの問題，特に不完全競争の諸問題については，近年ゲーム理論を用いた分析が急速に進歩していることも考慮して本書ではほとんど扱わない．したがって独占に若干言及することを除いて競争市場の一般均衡分析が本書の中心的主題になる．

　本書が目指すことは学生に対してミクロ経済学の内容をできるだけ多く紹介することより，むしろいくつかの限られた内容を相互に整合的な仕方で整理して明確に表現して論理的内容と同時に的確な経済的解釈を理解し，その

上で様々な主張を正確な論理を用いて証明する能力を養うことである[1]。この訓練を経た学生は本書に含まれていない多くの問題をも容易に理解することができるはずであり，この訓練が最も貴重なものであると考える。さまざまな概念と主張の論理的内容の理解のためには証明の理解は必ずしも必要ではなく証明に注意を向けることによってむしろ理解を妨げる可能性もあるから，本書では証明は各章の末尾にまとめてある。読者は先ず本文に集中して議論されている事柄の意味を理解することに専念し，その内容に興味を持ってその真偽を確かめたいという必要を感じた段階で証明に取りかかることが期待されている。

本書に含まれる多くの主張の証明はいくつかの段階に分けられておりその中で容易なものは証明が省略されているだけでなく，ある証明文から次の証明文に移動する部分にも埋めるべき推論が隠されており，更に一つの（不）等式でさえそれは長い（不）等式の連鎖の両端だけを表しているかもしれない。読者はこの省略された部分をすべて練習問題として埋めることを求められている。その意味で本書の証明部分はただ眺めているだけでは理解できず，「行間を埋める」作業を実行して初めて理解できる。本書には定理や命題以外にいくつかの例が含まれる。これも本質的には証明すべき主張であり本文中に簡単な解説を加えている場合もあるが，詳細な証明は与えていない。相当な計算量を含む証明を必要とするものもあるが，基本的には難しくない筈だから良い練習問題として読者自身で証明を与えることが期待されている。

本書は八つの章から構成される。全体としては教科書としてミクロ経済学の標準的内容を解説することに重点を置いているが，筆者の試論ともいうべき内容をいくつか付加してある。それらについては多くの読者による検証を経ていないから誤りが含まれているかもしれないが，本書の読者がそれらを改善して一層確実な知識を蓄積することに貢献して下さることを期待したい。

第1章ではミクロ経済学のArrow-Debreuモデルが定式化され，このモデルを構成する二種類の経済主体，生産者と消費者の特性また経済の状態を記述する配分の実現可能性やPareto効率性のような制度に依存しないいくつ

---

[1] 証明には述語論理が用いられるから，述語論理に関する基礎知識が要求される。

かの性質が定義され，Pareto効率的配分が存在するための十分条件が提示される。

第2章では競争市場での生産者の行動の性質を説明する生産者の技術のいくつかの特性の役割を見る。この大部分は標準的な生産者行動理論の解説であるが，生産者行動の表現である供給関数（本書では一層一般的に供給関係と呼ばれる）の性質を説明する生産者の生産技術の特性が，逆に供給関数を観察することによってどの程度知りうるかという問題も考える。これは次の章の消費者行動の顕示選好理論に対応する問題である。

第3章では競争市場での消費者の行動を説明する消費者の選好関係のいくつかの特性の役割を見る。これは標準的な消費者行動理論の解説であるが，それに加えて，顕示選好理論を用いて消費者行動の特性から消費者が選好関係を持つという仮説自体を説明することをも試みる。

第4章では多数の生産者と消費者が財を交換して最終的な資源配分を決定する競争市場の機能を見る。競争市場の均衡状態としての競争均衡の概念を定義した後で，その競争均衡の重要な性質であるPareto効率性を証明する。現実の経済の状態を競争均衡とみなして説明するためには競争均衡が少なくとも一つ存在するような経済モデルを扱わなければ無意味だからその存在を保証する十分条件を求める。さらに経済環境の変化が競争均衡，特に，競争均衡価格に与える効果を吟味する比較静学の結果を概観する。この章の最後の部分では一般均衡分析の枠組の中で長期競争均衡の概念がどのように扱えるかを考察する。

競争均衡のPareto効率性に対してPareto効率性が達成されない状況は「市場の失敗」と呼ばれるが，その原因として公共財の存在と将来財や不確実性の存在を本書では扱う[2]。第5章では公共財が存在する経済を考える。一般均衡分析の枠組では多くの場合，純粋公共財のみが扱われるが本書ではクラブ財やコモンプール財をも同時に扱いうるモデルを考察し，そのモデルにおけるLindahl均衡を定義し，その存在とPareto効率性を証明する。

第6章では本書の大部分で用いられている一般均衡分析の観点から部分均

---

[2] 市場の失敗の重要な原因の一つとして外部性があるが本書では扱わない。これについては長名 (2010) を参照。

衡分析にどのような根拠を見出すことができるかを考察する．競争市場の典型的な部分均衡分析では特定の一種類の財の市場超過需要関数の独立変数がその財の価格だけであると仮定してその財の市場超過需要量が零になるような価格が均衡価格として定まるとみなす．本書の以下の部分で見るようにある財の市場超過需要量は一般にその財の価格だけに依存するのではなく他の財の価格にも依存するからこの仮定は一般には満たされないが，この仮定が満たされる特殊な場合について考察する．さらに部分均衡分析に限らず一般に多数の財が存在する場合を常に扱うことは容易ではないから，経済分析では数種類の財だけ，たとえば二種類の財だけが存在すると仮定することが多い．このような仮定は一般性を欠いており不当な制限の下で議論が行われているという印象を受けるかもしれないが，相対価格が不変であるような一群の財は一つにまとめて合成財として扱いうるというHicks合成財定理が知られており，これも部分均衡分析の基礎として有用である．

　第7章では市場の失敗の原因として知られる将来財の存在と不確実性の存在に係わるいくつかの問題を考察する．まずArrowとDebreuによる状態依存財あるいは事象依存財の概念を用いた一般均衡分析を解説し，次に期待効用仮説に基づく不確実性下の消費者行動の分析を解説して第3章での不確実性を伴わない消費者行動の分析と比較する．

　最後の第A章は本書で使われる数学的な概念と結果を必要な範囲で網羅したものであり数学の体系的解説を意図したものではない．

　本書の草稿に対して数理経済学研究センターの編集委員，慶應義塾大学経済学部の中村慎助教授また東京大学大学院学生の中島可友奈君（現在，米国ウィスコンシン大学留学中）から有益な批判と示唆を与えられた．しかし残存する誤りと欠点の責任が筆者にあることは言うまでもない．

目　次

序 ……………………………………………………………………… vii

第 1 章　ミクロ経済学のモデル ……………………………… 3
1.1　財と経済主体 …………………………………………………… 4
1.2　生産者の特徴 …………………………………………………… 5
1.3　消費者の特徴 …………………………………………………… 7
1.4　賦存資源 ……………………………………………………… 16
1.5　処分技術 ……………………………………………………… 17
1.6　経済と私有財産経済 ………………………………………… 19
1.7　配分の性質 …………………………………………………… 21
1.8　Pareto 効率的配分の存在 …………………………………… 24
1.9　証　明 ………………………………………………………… 25

第 2 章　生　産　者 …………………………………………… 31
2.1　生産者行動の理論的表現としての供給関係 ……………… 31
2.2　制約付き供給関係：費用関数 ……………………………… 35
2.3　供給関係：利潤関数 ………………………………………… 42
2.4　微分可能変形関数 …………………………………………… 50
2.5　生産者行動に含まれる生産技術に関する情報 …………… 56
2.6　証　明 ………………………………………………………… 60

第 3 章　消　費　者 …………………………………………… 71
3.1　消費者行動の理論的表現としての需要関係 ……………… 71
3.2　Hicks 補償需要関係 ………………………………………… 74

3.3 需要関係と Hicks 補償需要関係の間の関連 ················· 77
3.4 需要法則 ·· 83
3.5 微分可能効用関数 ·· 95
3.6 支出関数に含まれる選好関係に関する情報 ··················· 104
3.7 顕示選好理論 ··· 108
3.8 需要関係に含まれる選好関係に関する情報 ··················· 118
3.9 証 明 ··· 126

第 4 章　競争市場 ·· **145**
4.1 競争均衡 ·· 145
4.2 競争配分と Pareto 効率的配分 ····································· 151
4.3 競争均衡の存在 ·· 158
4.4 比較静学 ·· 160
4.5 長期均衡 ·· 168
4.6 証 明 ··· 184

第 5 章　公　共　財 ·· **213**
5.1 公共財を含む経済モデル ··· 215
5.2 公共財経済の私的財経済による表現 ····························· 222
5.3 Lindahl 均衡 ·· 232
5.4 公共財を含む私有財産経済の Lindahl 均衡 ··················· 242
5.5 証 明 ··· 246

第 6 章　部分均衡分析の基礎 ································ **269**
6.1 Hicks 合成財定理 ··· 269
6.2 準線形選好関係 ·· 279
6.3 準正 1 次同次選好関係 ·· 283
6.4 部分均衡分析の基礎 ·· 289
6.5 消費者余剰 ··· 303
6.6 Pareto 効率性と消費者余剰 ··· 317
6.7 証 明 ··· 320

第7章　将来財と不確実性・・・・・・・・・・・・・・・・・・・・・・・・・・・・・**363**
- 7.1　将来財と先物市場・・・・・・・・・・・・・・・・・・・・・・・・・・・・・・・・364
- 7.2　不確実性と事象依存財・・・・・・・・・・・・・・・・・・・・・・・・・・・・365
- 7.3　財請求権証書と Arrow-Debreu 均衡・・・・・・・・・・・・・・・・・375
- 7.4　Radner 均衡・・・・・・・・・・・・・・・・・・・・・・・・・・・・・・・・・・・378
- 7.5　期待効用仮説・・・・・・・・・・・・・・・・・・・・・・・・・・・・・・・・・・・382
- 7.6　不確実な選択対象としての単純確率測度・・・・・・・・・・・・・387
- 7.7　自然状態の発生確率・・・・・・・・・・・・・・・・・・・・・・・・・・・・・389
- 7.8　証　明・・・395

付録 A　数学付録・・・・・・・・・・・・・・・・・・・・・・・・・・・・・・・・・・・413
- A.1　集　合・・・413
- A.2　関係，二項関係，関数・・・・・・・・・・・・・・・・・・・・・・・・・・・416
- A.3　距離空間・・・・・・・・・・・・・・・・・・・・・・・・・・・・・・・・・・・・・・422
- A.4　連続性・・425
- A.5　n 次元実線形空間・・・・・・・・・・・・・・・・・・・・・・・・・・・・・・429
- A.6　微分可能関数・・・・・・・・・・・・・・・・・・・・・・・・・・・・・・・・・・・437
- A.7　古典的極値問題・・・・・・・・・・・・・・・・・・・・・・・・・・・・・・・・・442
- A.8　凹関数と準凹関数・・・・・・・・・・・・・・・・・・・・・・・・・・・・・・・445

参考文献・・・453
索　　引・・・457

ミクロ経済分析の基礎

第 1 章
ミクロ経済学のモデル

　経済の働きは極めて複雑だからそれを理解するためには，分析の視点を定めてその視点にふさわしい経済のモデル（模型）を構築してそのモデルを分析し，その特徴を見定めることを通じて現実の経済の働きを理解する必要がある。このようにモデルを通じて現実を理解するという方法は経済学に限らず多くの科学的分析で共通に用いられる方法である。

　マクロ経済学は複数の経済主体を大きく家計部門，事業部門，政府部門，外国部門のように分類して，複数種類の財を価格を用いて集計して消費，投資，輸出，輸入のように用途別に分類したいくつかの集計量がどのように定まり，また変動するかを分析することによって経済全体の働きを理解しようとする。それに対してミクロ経済学は複数の経済主体のそれぞれが複数の財のそれぞれをどれだけ取引するかがどのように定まるかを考察して経済全体の働きを理解しようとする。このような分析方法の相違に基づき，マクロ経済分析にふさわしい経済モデルとミクロ経済分析にふさわしい経済モデルはそれぞれ異なる特徴を持つ。本章は現在の経済制度として代表的な市場経済制度の働きを理解するためのミクロ経済学のモデルを構築して次章以下の分析に備える。

　まず現実の経済環境を理論的分析の対象となりうる言語を用いて描写するモデルを設定することから始めよう。国際貿易のような複数の国の間の経済問題を考える場合は別であるが，以下では「経済」という言葉を用いるときには一国経済を念頭におくとわかり易いであろう。

1.1 財と経済主体

　経済を構成する最も基本的な要素はそこに存在する財と経済主体である[1]。財はその物的特性のみならずそれが受け渡される場所と時期によって分類される。すなわち物的特性が同じであっても取引される場所や時期などの違いによって財の経済的役割は異なり，以下で考察する市場経済ではその役割に応じて異なる価格が成立するから異なる財と見なされる。したがって一般にその種類は極めて多い。経済主体はミクロ経済学では大きく消費者と生産者に分類されるが消費者も生産者もそれぞれ多数存在する。

　財の名称の集合を H，消費者の名称の集合を I，生産者の名称の集合を J で表し，それぞれ「財集合」，「消費者集合」，「生産者集合」と名付ける。この三種類の集合の性質として重要なものは，どれも有限集合であること[2]，H と I は非空集合であること[3]，J は I と共通部分がないことである[4]。J も本来は非空集合であるべきであるが，分析を簡単にするために以下で生産者が存在しない経済モデルを考えることがあるから空集合になる可能性を認めておく。I と J が共通部分を持つということは生産者と消費者の機能を備えた経済主体がいることを意味するが，以下ではこのような経済主体は別の経済主体として扱う。

　各経済主体の活動は H に属する各財 h に対してそれを自分自身でどれだけ使用するかあるいは他の経済主体の使用のためにどれだけ提供するかを記述することで，すなわち，集合 H で定義された実数値関数で表現される[5]。財の種類によっては量の最小分割単位が整数であることがあり，そのような財は「分割不能財」と呼ばれるが，分析を複雑にするから本書では扱わず，活動は実数値関数であると考える。各消費者の活動を「消費」と呼び，各生産者

---

[1] 財の中には有形の財のみならず労働や耐久財から提供される無形の用役なども含まれる。
[2] 有限集合の定義については数学付録の定義 A.1.5 を参照。
[3] 空集合と非空集合の定義については数学付録の定義 A.1.7 を参照。
[4] 共通部分の定義については数学付録の定義 A.1.10 および A.1.11 を参照。
[5] 関数および実数値関数の定義については数学付録の定義 A.2.5，A.2.16 と A.2.27 を参照。

の活動を「生産」と呼ぶ．いずれの場合にも自分自身で使用する量を正実数で表し，他の経済主体の使用のために提供する量を負実数の絶対値で表す[6]．

ある経済主体の活動 z と H に属する財 h を選ぶ．z は H 上の実数値関数だから実数値 $z(h)$ が定まる[7]．この実数 $z(h)$ が正ならばこの経済主体は財 h の量 $z(h)$ を自分自身で使用すること，すなわちこの経済主体が生産者ならば生産要素として投入し，消費者ならば自分で消費することを表す．この実数 $z(h)$ が負ならばこの経済主体は財 h の量 $|z(h)|$ を他の経済主体の使用のために提供する，すなわちこの経済主体が生産者ならば生産物として産出し，消費者ならば他の経済主体の使用のために提供することを表す．

実数全体の集合を本書では $\mathbb{R}$ で表し，集合 H で定義された実数値関数全体の集合を $\mathbb{R}^H$ で表し，これを「財空間」と呼ぶ[8]．

1.2 生産者の特徴

生産者はそれが持つ生産技術によって特徴づけられる．この技術はその生産者が実行しうる生産活動全体の集合で表現され，その生産者の「生産技術」または「生産集合」と呼ばれる．この生産集合を V で表したとすれば，それは財空間 $\mathbb{R}^H$ の部分集合でありその任意の元は「V-可能生産」と呼ばれる．生産技術は財空間 $\mathbb{R}^H$ 上の実数値関数で表現できる場合があり，特に微分可能な実数値関数が存在すれば分析できる内容が豊富になり便利である[9]．

定義 1.2.1. 任意の生産集合 V に対して，$V = \{y \in \mathbb{R}^H \mid f(y) \geq 0\}$ を満足する $\mathbb{R}^H$ 上の実数値関数 f は「生産集合 V を表現する変形関数」と呼ば

---

[6] 本書では財の量は「一定期間」の間に消費あるいは生産される量すなわち流量を扱う．「一定期間」の具体的な長さは本書では特定しないが，これは分析の目的によって定められる．
[7] 多くの場合 $z(h)$ を z^h と書く．すなわち財の種類を表示する記号は上付き添字で表す．
[8] 一般に二つの集合 A と B が与えられたとき，集合 A で定義されて集合 B の元を値としてとる関数全体の集合を B^A で表す．数学付録の定義 A.2.17 を参照．なお H は有限集合だから，財の名称を番号で呼び $H = \{1, \ldots, n\}$ と書けば $\mathbb{R}^H$ は n 次元実線形空間 $\mathbb{R}^n$ と同一視できる．以下ではこの同一視を用いて数学付録に記されている $\mathbb{R}^n$ の部分集合に関する諸々の概念とそれに関する命題を適用する．
[9] 第 2 章の 2.4 節を参照．

れる。

定義 1.2.2. 生産集合 V は，
(a) もし財空間 $\mathbb{R}^H$ の原点が V に属するならば，「無活動を許容する」と言われ，
(b) もし V が $\mathbb{R}^H$ の閉部分集合ならば，「連続である」と言われる[10]。

　無活動が許容されていることは生産者がまったく生産活動を行わないという選択肢を常に持っていることを意味する。この性質は十分長い期間を分析対象としている経済モデルにおいては満たされるが，生産を中止しようとしても直ちに処分できないような固定設備を持っている生産者が存在するような比較的に短い期間を分析対象としている経済モデルでは満たされないと思われる。

　「生産集合の連続性」という用語は一般的ではないが，生産集合が変形関数で表現される場合には変形関数の連続性と同じ意味をもち，以下で用いられる連続性と類似の意味を持つから本書ではこの用語を用いる。y の限りなく近くに V-可能生産が存在するような $\mathbb{R}^H$ の任意の元 y は V-可能生産であることをこの連続性は意味している。逆に連続でないということは y に限りなく近くに V-可能生産が存在するにも拘らず y が V-可能生産でないような $\mathbb{R}^H$ の元 y が存在するということであり，連続性はこのような特異な現象を排除する。

　J に属する各生産者 j に対してその生産集合を割り当てる J から $\mathscr{P}(\mathbb{R}^H) \setminus \{\emptyset\}$ への関数を「技術目録」と呼ぶ[11]。この技術目録を記号 Y で表示し，経済を構成する生産者がそれぞれどのような生産技術を持っているかを記述する。

定義 1.2.3. 技術目録 Y は，

---

10) 閉部分集合の定義については数学付録の定義 A.3.8 を参照。
11) $\mathscr{P}(\mathbb{R}^H)$ は財空間 $\mathbb{R}^H$ の冪集合である。冪集合の定義については数学付録の定義 A.1.2 を参照。記号 $\mathscr{P}(\mathbb{R}^H) \setminus \{\emptyset\}$ は集合 $\{\emptyset\}$ の集合 $\mathscr{P}(\mathbb{R}^H)$ に関する補集合を表す。補集合の定義については数学付録の定義 A.1.20 を参照。数学付録の命題 A.2.2 により，技術目録 Y は J から $\mathbb{R}^H$ への対応ともみなしうる。対応の定義については数学付録の定義 A.2.15 を参照。

(a) もし $\sum_{j \in J} Y_j$ と $\mathbb{R}_-^H$ の共通部分が $\mathbb{R}^H$ の原点以外の点を含まないならば,「無料生産の不可能性を満足する」と言われる[12].
(b) もし $y_J = 0$ を満足する $\prod_{j \in J} Y_j$ の任意の元 y に対して $y = 0$ ならば,「集計的生産過程の非可逆性を満足する」と言われる[13]。

　無料生産の不可能性は経済全体としていかなる生産要素もまったく投入せずに何らかの生産物を生み出すことは不可能であることを述べている。

　集計的生産過程の非可逆性の意味を考えるために,財 1 と 2 だけが存在し生産者 1 と 2 だけがいる場合を想定し,二人の生産者の活動 $y_1 = (1, -1)$ と $y_2 = (-1, 1)$ を考える。このとき $y_J = 0$ となる。生産者 1 は財 1 を 1 単位投入して財 2 を 1 単位生産し,生産者 2 は財 2 を 1 単位投入して財 1 を 1 単位生産しているから,生産者 1 は生産者 2 の生産活動を逆転した生産活動を行なっている。財 1 が労働であり財 2 が林檎である場合には,生産者 1 は労働を 1 単位投入して林檎を 1 単位生産し生産者 2 は林檎を 1 単位投入して労働を 1 単位生産するが,これは不可能であろう。また財は物理的性質だけでなく受け渡しが行われる時期によっても分類されているから,財 1 がある日に受け渡される財であり財 2 がその翌日に受け渡される財であれば,生産活動 y_1 は可能だったとしても生産活動 y_2 は不可能であろう。このような意味で生産過程を逆転することは不可能であることを集計的生産過程の非可逆性は述べている。

1.3　消費者の特徴

消費者は種々の消費活動の自分にとっての望ましさに関する評価体系を持っ

---

12)　記号 $\sum_{j \in J} Y_j$ は J に属する生産者 j 全員に対して生産集合 Y_j を合計したベクトル和を表す。ベクトル和の定義については数学付録の定義 A.5.8 を参照。記号 $\mathbb{R}_-^H$ は正の成分をまったく含まない $\mathbb{R}^H$ の元全体の集合すなわち $\mathbb{R}^H$ の非正象限を表す。数学付録の定義 A.5.35 を参照。

13)　$y_J = \sum_{j \in J} y_j$ と定義する。本書では一般に,有限集合 S から有限次元実線形空間への関数 f が与えられたとき $f_S = \sum_{x \in S} f(x)$ あるいは $f^S = \sum_{x \in S} f(x)$ と表す。記号 $\prod_{j \in J} Y_j$ は J から $\mathbb{R}^H$ への対応 Y の直積を表す。この概念については数学付録の定義 A.2.25 を参照。

ていると想定される．この評価体系は「選好関係」と呼ばれ，財空間 $\mathbb{R}^H$ 上の二項関係すなわち $\mathbb{R}^H \times \mathbb{R}^H$ の部分集合で表される[14]．ここではこの選好関係を Q で表示しよう．二つの消費活動 z と $\tilde{z}$ が与えられたとき，もし $(z, \tilde{z}) \in Q$ ならば[15]，これを「選好関係 Q によれば消費 z は消費 $\tilde{z}$ と少なくとも同程度に望ましい」ことを意味すると解釈する．

Q の定義域 $\mathrm{dom}\,Q$ と値域 $\mathrm{range}\,Q$ の合併を $X(Q)$ で表し「Q-可能消費集合」と呼び，この集合に属する消費を「Q-可能消費」と呼ぶ[16]．選好関係 Q を考えていることが明らかな場合には「Q-可能消費集合」を単に「消費集合」と呼ぶことが多い．Q の定義域は $(z, \tilde{z}) \in Q$ を満足する消費 $\tilde{z}$ が存在するような消費 z 全体から成る集合であり，Q の値域は $(\tilde{z}, z) \in Q$ を満足する消費 $\tilde{z}$ が存在するような消費 z 全体から成る集合だから，Q-可能消費は当該消費者の選好関係に基づいて比較の対象となる消費が存在するような消費である．そのような消費が存在しないような消費においてはこの消費者が判断能力を失っていると考えられるから，消費者が生存できない消費であると解釈できる．ゆえに Q-可能消費はそこで消費者が生存できる消費を表していると解釈できる．

本書では消費者の評価体系である財空間 $\mathbb{R}^H$ 上の二項関係 Q は Q-可能消費集合 $X(Q)$ 上の弱順序である，すなわち $X(Q)$ 上で強連結性と推移性を満足すると仮定される[17]．強連結性は $X(Q)$ に属する任意の二つの消費 z と $\tilde{z}$ に対して $(z, \tilde{z}) \in Q$ または $(\tilde{z}, z) \in Q$ の少なくとも一方が成立することを意味するから，この条件を満足する選好関係を持つ消費者はどの二つの Q-可能消費が与えられてもその中のいずれかが他方より少なくとも同程度に望ましいと判断できる．推移性は任意の二つの Q-可能消費 z と $\tilde{z}$ に対してもし $(z, \bar{z}) \in Q$ かつ $(\bar{z}, \tilde{z}) \in Q$ となるような Q-可能消費 $\bar{z}$ が存在するならば必ず $(z, \tilde{z}) \in Q$ となることを意味する．これは評価が一種の整合性を持っている

---

[14] 二項関係の定義については数学付録の定義 A.2.2, A.2.4, A.2.7 および A.2.8 を参照．

[15] $(z, \tilde{z}) \in Q$ を $zQ\tilde{z}$ と書くこともある．

[16] 二項関係あるいは一層一般的に関係の定義域と値域の定義については，数学付録の定義 A.2.6 を参照．合併の定義については数学付録の定義 A.1.14 および A.1.15 を参照．

[17] 弱順序の定義については数学付録の定義 A.2.32 および命題 A.2.4 を，また強連結性と推移性の定義については定義 A.2.29 を参照．

ことを表す．

$(z, \tilde{z}) \in Q$ かつ $(\tilde{z}, z) \in Q$ となるとき，「選好関係 Q によれば消費 z は消費 $\tilde{z}$ と同程度に望ましい」あるいは「選好関係 Q によれば消費 z は消費 $\tilde{z}$ と無差別である」と言う．他方 $(z, \tilde{z}) \in Q$ かつ $(\tilde{z}, z) \notin Q$ となるとき，「選好関係 Q によれば消費 z は消費 $\tilde{z}$ より望ましい」と言う．

1.3.1 効用関数

選好関係は消費集合上の実数値関数で表現できる場合があり，特に微分可能な実数値関数が存在するならば分析できる内容が豊富になり便利である[18]．

定義 1.3.1. 任意の選好関係 Q に対して
$$Q = \{(x, \tilde{x}) \in X(Q) \times X(Q) \mid u(x) \geq u(\tilde{x})\}$$
を満足する $X(Q)$ 上の実数値関数 u は「Q を表現する効用関数」と呼ばれる．

与えられた選好関係を表現する効用関数は無数にあり，それらの間には次に述べる関係が存在する．

命題 1.3.1 (効用の序数性). 任意の選好関係 Q に対して，
(a) Q を表現する任意の効用関数 u と u の値域上の任意の単調増加実数値関数 f に対して[19]，任意の Q-可能消費 x に対して $v(x) = f(u(x))$ によって定義される $X(Q)$ 上の実数値関数 v は Q を表現する効用関数であり，
(b) Q を表現する任意の二つの効用関数 u と v に対して，任意の Q-可能消費 x に対して $v(x) = f(u(x))$ を満足する u の値域上の単調増加実数値関数 f が存在する．

すなわち効用関数をその値域上の任意の単調増加実数値関数で変換したものも同じ選好関係を表現する効用関数であり，同一の選好関係を表現する任意の二つの効用関数に対してその一方を他方に変換するような単調増加実数値関数が存在する．このように同一の選好関係を表現するすべての効用関数

---
[18] 第 3 章の 3.5 節を参照．
[19] 単調増加実数値関数の定義については数学付録の定義 A.8.3 を参照．

が互いの単調増加変換であるとき，選好関係 Q を表現する効用関数は「単調増加変換に関して一意である」と言われ，この性質は「効用の序数性」と呼ばれる[20]。

1.3.2 選好関係のいくつかの性質

以下の分析では選好関係に関するいくつかの性質を用いる。それらを列挙して相互の関係を考察する。

定義 1.3.2. 任意の Q-可能消費 x に対して，集合

$$U_Q(x) = \{\tilde{x} \in X(Q) \mid (\tilde{x}, x) \in Q\},$$
$$U_Q^0(x) = \{\tilde{x} \in X(Q) \mid (\tilde{x}, x) \in Q \text{ かつ } (x, \tilde{x}) \notin Q\},$$
$$L_Q(x) = \{\tilde{x} \in X(Q) \mid (x, \tilde{x}) \in Q\}$$

はそれぞれ「x の Q-上方集合」，「x の Q-狭義上方集合」，「x の Q-下方集合」あるいは単に「x の上方集合」，「x の狭義上方集合」，「x の下方集合」と呼ばれる。

x の Q-上方集合 $U_Q(x)$ は選好関係 Q の観点から見て与えられた消費 x と少なくとも同程度に望ましい消費全体の集合，すなわち x を通る無差別曲線を含めてその上方にある消費全体の集合であり，x の Q-狭義上方集合 $U_Q^0(x)$ は選好関係 Q の観点から見て与えられた消費 x より望ましい消費全体の集合，すなわち x を通る無差別曲線の上方にある消費全体の集合であり，x の Q-下方集合 $L_Q(x)$ は選好関係 Q の観点から見て与えられた消費 x と高々同程度に望ましい消費全体の集合，すなわち x を通る無差別曲線を含めてその下方にある消費全体の集合である。

定義 1.3.3. 選好関係 Q は，
(a) もし任意の Q-可能消費 x に対して x の Q-下方集合 $L_Q(x)$ が $X(Q)$ の閉部分集合ならば，「下半連続である」と言われ，

---

[20] 効用関数の性質としては，この他に「効用の可測性」と呼ばれる性質がある。これについては第 7 章の定理 7.5.1 と 7.6.1 および命題 7.7.5 を参照。

1.3 消費者の特徴

(b) もし任意の Q-可能消費 x に対して x の Q-上方集合 $U_Q(x)$ が $X(Q)$ の閉部分集合ならば,「上半連続である」と言われ,

(c) もし Q が上半連続かつ下半連続ならば,「連続である」と言われ[21],

(d) もし任意の Q-可能消費 x に対して $(\tilde{x}, x) \in Q$ と $(x, \tilde{x}) \notin Q$ を満足する消費 $\tilde{x}$ が存在するならば,「非飽和である」と言われ,

(e) もし任意の Q-可能消費 x と任意の正実数 ε に対して $(\tilde{x}, x) \in Q$, $(x, \tilde{x}) \notin Q$ と $\|\tilde{x} - x\| < \varepsilon$ を満足する消費 $\tilde{x}$ が存在するならば,「局所非飽和である」と言われ[22],

(f) もし $\tilde{x} \geq x$ を満足する任意の二つの Q-可能消費 x と $\tilde{x}$ に対して $(\tilde{x}, x) \in Q$ ならば,「弱単調である」と言われ[23],

(g) もし $\tilde{x} \gg x$ を満足する任意の二つの Q-可能消費 x と $\tilde{x}$ に対して $(\tilde{x}, x) \in Q$ かつ $(x, \tilde{x}) \notin Q$ ならば,「単調である」と言われ[24],

(h) もし $\tilde{x} > x$ を満足する任意の二つの Q-可能消費 x と $\tilde{x}$ に対して $(\tilde{x}, x) \in Q$ かつ $(x, \tilde{x}) \notin Q$ ならば,「強単調である」と言われ[25],

(i) もし $(x, \tilde{x}) \in Q$ を満足する任意の二つの Q-可能消費 x と $\tilde{x}$ および開区間 $]0, 1[$ に属する任意の実数 t に対して $((1-t)x + t\tilde{x}, \tilde{x}) \in Q$ ならば,「弱凸である」と言われ,

(j) もし $(x, \tilde{x}) \in Q$ と $(\tilde{x}, x) \notin Q$ を満足する任意の二つの Q-可能消費 x と $\tilde{x}$ および $]0, 1[$ に属する任意の実数 t に対して $((1-t)x + t\tilde{x}, \tilde{x}) \in Q$ かつ $(\tilde{x}, (1-t)x + t\tilde{x}) \notin Q$ ならば,「凸である」と言われ,

(k) もし $(x, \tilde{x}) \in Q$ を満足する互いに異なる任意の二つの Q-可能消費 x と $\tilde{x}$ および $]0, 1[$ に属する任意の実数 t に対して $((1-t)x + t\tilde{x}, \tilde{x}) \in Q$ かつ

---

21) 数学付録の定義 A.4.1 を参照。

22) $\|\tilde{x} - x\|$ は $\tilde{x} - x$ の Euclid ノルムと呼ばれ,$\tilde{x} - x$ の原点からの距離すなわち $\tilde{x}$ の x からの距離を表す。Euclid ノルムの定義については数学付録の定義 A.5.22 を参照。

23) $\tilde{x} \geq x$ は $\tilde{x}$ におけるどの財の消費量も x におけるそれを下回らないことを表している。数学付録の定義 A.5.33 を参照。

24) $\tilde{x} \gg x$ は $\tilde{x}$ におけるどの財の消費量も x におけるそれより大きいことを表している。数学付録の定義 A.5.33 を参照。

25) $\tilde{x} > x$ は $\tilde{x}$ におけるどの財の消費量も x におけるそれを下回らず少なくとも一種類の財の消費量は大きいことを表している。数学付録の定義 A.5.33 を参照。選好関係の弱単調性,単調性,強単調性を定義する場合に消費集合の包括性を要求することがあるが,本書ではそれを要求しない。包括性の定義については数学付録の定義 A.5.9 を参照。

$(\tilde{x}, (1-t)x + t\tilde{x}) \notin Q$ ならば，「強凸である」と言われる。

これらの性質の意味を考えよう。まず下半連続性の意味は次のように説明できる。任意の二つの Q-可能消費 $\hat{x}$ と $\tilde{x}$ を考えるとき，$\tilde{x}$ の限りなく近くに $\hat{x}$ より望ましくない消費が存在すれば $\hat{x}$ は $\tilde{x}$ と少なくとも同程度に望ましい。すなわち $\tilde{x}$ の限りなく近くに $\hat{x}$ より望ましくない消費が存在するにも拘わらず $\tilde{x}$ が $\hat{x}$ より望ましいことはありえない。次の例を参照。

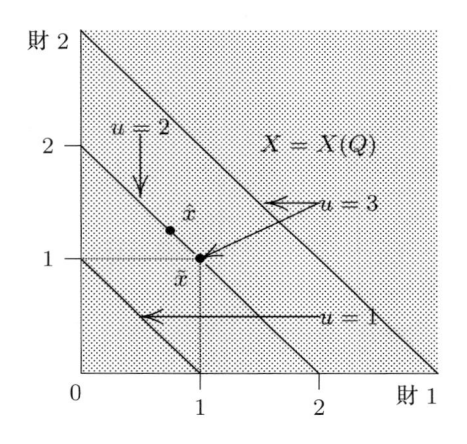

図 **1.3.1** 下半連続でない選好関係

例 1.3.1. 消費集合 $X = \mathbb{R}_+^2$ に属する任意の消費 x に対して

$$u(x) = \begin{cases} 3 & \text{if } x = (1,1), \\ x^1 + x^2 & \text{otherwise} \end{cases}$$

によって定義される効用関数 u で表現される選好関係 Q は下半連続ではない[26]。

図 1.3.1 から明らかなように，消費 $\hat{x} = (0.75, 1.25)$ の Q-下方集合は消費 $\tilde{x} = (1, 1)$ を含まず，X の閉部分集合ではない。

---

[26]　記号 $\mathbb{R}_+^2$ は 2 次元実線形空間の非負象限を表す。数学付録の定義 A.5.35 を参照。

1.3 消費者の特徴

他方，上半連続性の意味は次のように説明できる。任意の二つの Q-可能消費 $\hat{x}$ と $\tilde{x}$ を考えるとき，$\tilde{x}$ の限りなく近くに $\hat{x}$ と少なくとも同程度に望ましい消費が存在すれば $\tilde{x}$ は $\hat{x}$ と少なくとも同程度に望ましい。すなわち $\tilde{x}$ の限りなく近くに $\hat{x}$ と少なくとも同程度に望ましい消費が存在するにも拘わらず $\hat{x}$ が $\tilde{x}$ より望ましいことはありえない。以下の例 1.3.2 を参照。

下半連続性と上半連続性が同時に成立するとき選好関係は連続であると言われる。これら三つの性質は互いに微妙に異なるが，大雑把に言えば，連続性は消費活動が少し変化したとき望ましさも少し変化するに過ぎないことを表す。

非飽和性は，消費集合に属するどの消費に対してもそれより望ましい消費が同じ消費集合の中のどこかに存在することを意味する。この反対概念としての飽和は，消費集合の中に他のどの消費と比較しても望ましさの観点から劣らない，すなわち最高度に望ましい消費が存在することを意味する。非飽和とはこのような最高度に望ましい消費が存在しないことを意味する。ただし非飽和性は一層望ましい消費が比較の対象となっている消費の近くに存在するか否かには言及していない。これに対して局所非飽和性は消費集合に属する任意の消費に対してその限りなく近くに一層望ましい消費が存在することを意味する。この場合には無差別曲線はどれも幅を持たない真の曲線になり，無差別曲面は厚みを持たない真の曲面になる。

弱単調性は消費集合に属する二つの消費 x と $\tilde{x}$ を比較した場合，もし $\tilde{x}$ におけるどの財の消費量も x におけるそれを下回らないならば $\tilde{x}$ は x と少なくとも同程度に望ましいことを意味する。単調性は消費集合に属する二つの消費 x と $\tilde{x}$ を比較した場合，もし $\tilde{x}$ におけるどの財の消費量も x におけるそれより多いならば $\tilde{x}$ は x より望ましいことを意味する。強単調性は消費集合に属する二つの消費 x と $\tilde{x}$ を比較した場合，もし $\tilde{x}$ におけるどの財の消費量も x におけるそれを下回らず，少なくとも一種類の財の消費量は多いならば $\tilde{x}$ は x より望ましいことを意味する。これらは財の量が増加することは望ましいと考える選好関係の性質である。

弱凸性は消費集合に属する任意の二つの消費に対してその二つの消費の任意の加重平均はその二つの消費の中で望ましさが勝らない方と比較して少なくとも同程度に望ましいことを意味する。これに対して凸性は消費集合に属

する互いに無差別でない任意の二つの消費に対してその二つの消費の任意の加重平均は，その二つの消費の中で望ましさが劣る方と異なるかぎりそれより望ましいことを意味する．さらに強凸性は消費集合に属する互いに異なる任意の二つの消費に対してその二つの消費の任意の加重平均がその二つの消費の中で望ましさが勝らない方と一致しないかぎりそれより望ましいことを意味する．

次の命題は選好関係のいくつかの凸性の間の関係を述べている．

命題 1.3.2. 任意の選好関係 Q に対して，
(a) 選好関係 Q が弱凸であるためには任意の Q-可能消費 x に対して $U_Q(x)$ が凸であることが必要十分であり[27]，また Q が弱凸ならば任意の Q-可能消費 x に対して $U_Q^0(x)$ は凸であり，
(b) もし $X(Q)$ が凸であり Q が上半連続かつ凸ならば Q は弱凸であり，
(c) Q が強凸ならば Q は凸である．

命題 1.3.2 の (b) における消費集合 $X(Q)$ の凸性と選好関係 Q の上半連続性の役割は次の二つの例から明らかであろう．

例 1.3.2. 消費集合 $X = \{x \in \mathbb{R}_+^2 \mid x^1 + x^2 \geq 2\}$ に属する任意の消費 x に対して

$$u(x) = \begin{cases} x^1 + x^2 & \text{if } x^1 + x^2 > 2, \\ 2 & \text{if } x^1 + x^2 = 2 \text{ and } x^1 \neq x^2, \\ 1 & \text{if } x^1 + x^2 = 2 \text{ and } x^1 = x^2 \end{cases}$$

によって定義される効用関数 u で表現される選好関係 Q は凸であるが弱凸でも上半連続でもない．

図 1.3.2 から明らかなように消費 $\bar{x} = (1.5, 0.5)$ の上方集合は消費集合 X から一つの点 $\hat{x} = (1,1)$ を除去したものだから X の閉部分集合ではなく，選好関係 Q は上半連続ではない．

---

[27] 集合の凸性の定義については，数学付録の定義 A.5.10 を参照．

1.3 消費者の特徴　　　　　　　　　　　　　　15

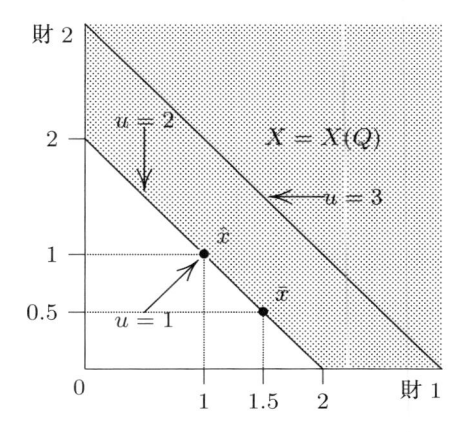

図 **1.3.2**　上半連続でなく弱凸でない凸選好関係

例 1.3.3. 消費集合 $X = \{x \in \mathbb{R}_+^2 \mid x^1 + x^2 \geq 2 \text{ かつ } x \neq (1,1)\}$ に属する任意の消費 x に対して

$$u(x) = \begin{cases} x^1 + x^2 & \text{if } x^1 + x^2 > 2, \\ 2 & \text{if } x^1 + x^2 = 2 \end{cases}$$

によって定義される効用関数 u で表現される選好関係 Q は上半連続かつ凸であるが弱凸ではない。

図 1.3.3 から明らかなように消費集合 X は財 1 の座標軸の 2 と財 2 の座標軸の 2 を結ぶ線分の中点 $\hat{x}$ を含まないから凸ではない。したがって消費 $(2,0)$ の Q-上方集合は凸ではなく Q は弱凸ではないが，Q は凸である。

また選好関係の非飽和性と局所非飽和性の間には次の関係がある。

命題 1.3.3. 任意の選好関係 Q に対して，
(a) 選好関係 Q が局所非飽和ならば Q は非飽和であり，
(b) Q が非飽和かつ凸ならば Q は局所非飽和である。

すなわち凸性を満足する選好関係に対して非飽和性と局所非飽和性は同値であるが，一般には局所非飽和性は単なる非飽和性より強い概念である。

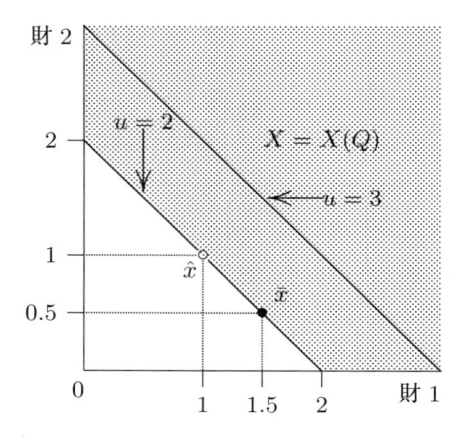

図 **1.3.3** 凸でない消費集合を伴う弱凸でない上半連続凸選好関係

例 1.3.4. 消費集合 $X = \mathbb{R}_+^2$ に属する任意の消費 x に対して

$$u(x) = \begin{cases} x^1 + x^2 & \text{if } x^1 + x^2 > 2, \\ 2 & \text{if } x^1 + x^2 \leq 2 \end{cases}$$

によって定義される効用関数 u で表現される選好関係 Q は非飽和であるが局所非飽和ではなく凸でもない。図 1.3.4 を参照。

I に属する各消費者 i に対して選好関係 $\succsim_i$ を割り当てる I から $\mathbb{R}^H$ 上の二項関係全体の集合 $\mathscr{P}(\mathbb{R}^H \times \mathbb{R}^H)$ への関数を「選好目録」と呼ぶ。以下では選好目録は記号 $\succsim$ で表示されるであろう。これは経済を構成する消費者がそれぞれどのような選好関係を持っているかを記述する。

1.4 賦存資源

経済を構成する要素の中にはこれまでに考察してきた財，消費者，生産者，選好目録，技術目録の他に分析の対象となっている期間の初期に過去の活動の結果として存在している「賦存資源」がある。これを財空間 $\mathbb{R}^H$ の元すなわち H 上の実数値関数 ω で表す。H に属する任意の h に対して $\omega(h)$ は財

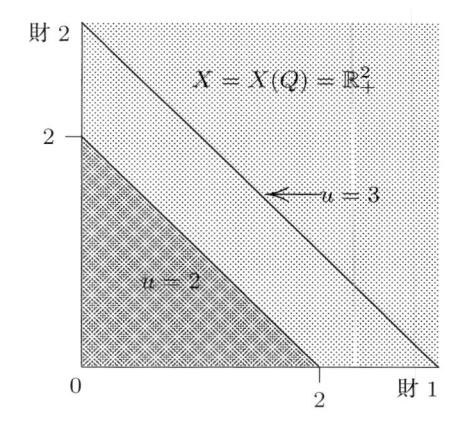

図 1.3.4　非飽和であるが局所非飽和でない選好関係

h の賦存量を表す[28]。

1.5　処分技術

　経済を構成する最後の要素としての処分技術について考える。経済の状態は各経済主体がどの活動を行っているかを記述する経済活動の目録で表現できる。これは I と J の合併 $I \cup J$ に属する各経済主体にその活動を割り当てる関数すなわち $I \cup J$ から財空間 $\mathbb{R}^H$ への関数であり，これを「配分」と呼ぶ。配分を a で表すとき，各経済主体 k に対して k が消費者である場合には $a(k)$ は消費を表し k が生産者である場合には $a(k)$ は生産を表す。配分全体の集合 $(\mathbb{R}^H)^{I \cup J}$ を「配分空間」と呼び，これを AS で表す[29]。I に属する各消費者にその活動を割り当てる関数を「消費配分」と呼び，消費配分全体の集合 $(\mathbb{R}^H)^I$ を「消費配分空間」と呼ぶ。また J に属する各生産者にその活動を割り当てる関数を「生産配分」と呼び，生産配分全体の集合 $(\mathbb{R}^H)^J$ を「生

---

28)　以下では $\omega(h)$ も ω^h と書くことが多い。
29)　以下では多くの場合 $a(k)$ を a_k と書く。すなわち経済主体を表示する記号は下付き添字で表す。

産配分空間」と呼ぶ. なお消費配分空間 $(\mathbb{R}^H)^I$ と生産配分空間 $(\mathbb{R}^H)^J$ の直積 $(\mathbb{R}^H)^I \times (\mathbb{R}^H)^J$ を配分空間 $(\mathbb{R}^H)^{I \cup J}$ と同一視して[30], 消費配分 x と生産配分 y の順序対 (x, y) で配分を表すこともある[31].

各生産者は賦存資源または他の生産者が産出した生産物を生産要素として投入して1種類以上の財を産出し, 各消費者は賦存資源または生産者が産出した財を消費する. このような活動の結果としてある財について賦存資源として存在していた量と生産者によって純粋に生み出された量の合計より消費者が消費する量の合計が多ければ, そのような活動は経済全体としては不可能である.

逆にある財について賦存資源として存在していた量と生産者によって純粋に生み出された量の合計より消費者が消費する量の合計が少なく余ることは可能であろうか. 余ったものは捨てれば済むのであればこれは可能であろう. 経済学の発展の歴史の中でかなり長い期間にわたり余ったものは廃棄できるという考えは当然のこととして認められてきた. しかし産業が発展して環境汚染の問題が重要視されている現代ではこのような考え方は必ずしも当然とは認められない. 余った財を処分するには費用がかかる場合が多いからである.

以下では賦存資源として予め存在するかあるいは生産された財の中で使用されずに残っている財を廃棄処分する技術を財空間 $\mathbb{R}^H$ の部分集合 Δ で表し, これを「処分技術」と呼ぶ. この集合は財空間の原点を頂点とし財空間の非正象限 $\mathbb{R}^H_-$ に含まれる閉凸錐であると仮定される[32]. この仮定は処分技術においては規模に関する収穫不変が成立していることを表すが, 財空間の非正象限 $\mathbb{R}^H_-$ に含まれる原点を含む凸集合であると仮定することも可能であろう.

図 1.5.1 に描かれている処分技術においては財 2 を 0.5 単位処分するためには 0.25 単位から 1 単位の間の財 1 を投入する必要があり[33], また財 1 を 1 単位処分するためには 0.5 単位から 2 単位の間の財 2 を投入する必要がある

---

30) 直積の定義については数学付録の定義 A.2.2 を参照.
31) 順序対の定義については数学付録の定義 A.2.1 を参照.
32) 閉凸錐の定義については数学付録の定義 A.5.29 を参照.
33) 「処分する」とは産出・投入という表現に置き換えるならば「投入する」ことを意味するが, 経済主体の活動の場合と異なりここでは負の量で表される.

1.6 経済と私有財産経済

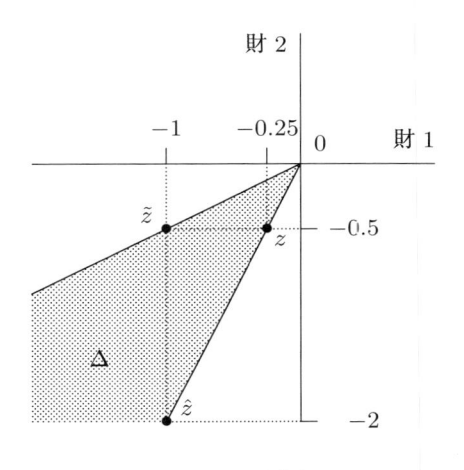

図 1.5.1 処分技術

ことを表している．財 1 を処分するためには財 2 をある程度投入する必要があるが，無制限に多く投入することはできない．財 2 を無制限に多く投入すること自体がその財を処分することを意味するから，逆に財 1 の投入を要求することになる．財 2 を処分するために投入される財 1 の量についても同様である．

この集合の役割については実現可能配分の定義を述べるときに説明する．

1.6 経済と私有財産経済

以上のように構築された経済モデルをまとめて本書で用いる「経済」という用語を次のように定義する．

定義 1.6.1. $(H, I, J, \succsim, Y, \Delta, \omega)$ は，もし
(a) H が非空有限集合であり， (財集合)
(b) I が非空有限集合であり， (消費者集合)
(c) J が I と交わらない有限集合であり， (生産者集合)
(d) $\succsim$ が，I の任意の元 i に対して $\succsim_i$ が $X(\succsim_i)$ 上の弱順序であるような I から財空間 $\mathbb{R}^H$ 上の二項関係全体の集合 $\mathscr{P}(\mathbb{R}^H \times \mathbb{R}^H)$ への関数であり，

(e) J が非空ならば Y は J から $\mathscr{P}(\mathbb{R}^H) \setminus \{\emptyset\}$ への関数であり，　　（技術目録）
(f) Δ が財空間 $\mathbb{R}^H$ の原点を頂点とする財空間の非正象限に含まれる閉凸錐であり，　　（処分技術）
(g) ω が H 上の実数値関数であるならば，　　（賦存資源）
「経済」と呼ばれる。

　経済を記述するときに七つの記号の列 $(H, I, J, \succsim, Y, \Delta, \omega)$ を常に用いることは不便だから，以下では $(\succsim, Y, \Delta, \omega)$ で代表することが多い。財集合 H は ω の定義域に等しく，消費者集合 I は $\succsim$ の定義域に等しく，生産者集合 J はもし非空ならば Y の定義域に等しいから，これらは省略しても問題がない。
　以下では分析の簡単化のために生産者が存在しない経済を考えることがある。そのために上の定義においては生産者集合 J が非空であることを要求していない。J が空集合の場合には経済 $(\succsim, Y, \Delta, \omega)$ は「消費者経済」と呼ばれ，$(\succsim, \Delta, \omega)$ と表記される。
　ここで定義された経済は制度的な性質を何も規定していないが，現実の世界における多くの経済においては私有財産権を認める制度が採用されている。分析の対象となっている期間の初期に存在する賦存資源は複数の経済主体の間で私有財産として区分所有されており，また生産者も株式会社の形をとっている場合には株主の間で区分所有されているような状況を表す「私有財産経済」のモデルとして次のようなものを以下では考えることがある。

定義 1.6.2. $(H, I, J, \succsim, Y, \Delta, \alpha, \theta)$ は，もし
(a) α が J の任意の元 j に対して $\alpha_j = 0 \in \mathbb{R}^H$ を満足する $I \cup J$ から財空間 $\mathbb{R}^H$ への関数であり，　　（賦存資源の初期割当）
(b) J が空集合でないならば θ が J の任意の元 j に対して θ_j が $\sum_{i \in I} \theta_j(i) = 1$ を満足する I から $\mathbb{R}_+$ への関数であるような J から $\mathbb{R}_+^I$ への関数であり，　　（生産者区分所有権の初期割当）
(c) $(H, I, J, \succsim, Y, \Delta, \alpha_{I \cup J})$ が経済であるならば，
「私有財産経済」と呼ばれる。

　I に属する任意の消費者 i に対して α_i は消費者 i によって初期に保有されている諸財の量を表し，生産者が初期に保有している財はないと仮定されて

いる。また $\theta_j(i)$ は消費者 i が保有する生産者 j の割合を表す[34]。生産者 j を区分所有するのは消費者だけであり，他の生産者が生産者 j を区分所有することはないと仮定する。したがって各生産者 j に対して $\sum_{i \in I} \theta_j(i) = 1$ となる。

私有財産経済も経済と同様に以下では $(\succsim, Y, \Delta, \alpha, \theta)$ と記述することがある。J が空集合である場合には私有財産経済は「純粋交換経済」と呼ばれ $(\succsim, \Delta, \alpha)$ と記される。次の命題は明らかであろう。

命題 1.6.1. 任意の私有財産経済 $(\succsim, Y, \Delta, \alpha, \theta)$ に対して $(\succsim, Y, \Delta, \alpha_{I \cup J})$ は経済である[35]。

定義 1.6.3. 任意の私有財産経済 $(\succsim, Y, \Delta, \alpha, \theta)$ に対して $(\succsim, Y, \Delta, \alpha_{I \cup J})$ は「私有財産経済 $(\succsim, Y, \Delta, \alpha, \theta)$ から誘導される経済」と呼ばれる。

定義 1.6.4. 任意の経済 $(\succsim, Y, \Delta, \omega)$ に対して私有財産経済 $(\succsim, Y, \Delta, \alpha, \theta)$ は，もし $\alpha_{I \cup J} = \omega$ ならば，「経済 $(\succsim, Y, \Delta, \omega)$ から誘導される一つの私有財産経済」と呼ばれる。

本章の以下の部分では任意の経済 $(\succsim, Y, \Delta, \omega)$ を選んで固定し，それを $\mathscr{E}$ で表す。

1.7 配分の性質

定義 1.6.1 と 1.6.2 によって経済環境が描写されるが，次に経済状態を表す配分の性質に関する概念をいくつか定義する。

定義 1.7.1. 配分 a は，もし
(a) 任意の消費者 i に対して a_i が $\succsim_i$-可能消費であり，
(b) 任意の生産者 j に対して a_j が Y_j-可能生産であり，

---

34) 以下では，$\theta_j(i)$ を θ_j^i と書くことが多い。
35) 脚注 13) での約束に基づき $\alpha_{I \cup J} = \sum_{k \in I \cup J} \alpha_k$ と定義されている。

(c) $a_{I\cup J} - \omega$ が処分技術 Δ に属するならば[36]，

「経済 $\mathscr{E}$ の実現可能配分」と呼ばれる。経済 $\mathscr{E}$ の実現可能配分全体の集合は「経済 $\mathscr{E}$ の実現可能配分集合」と呼ばれ，$F(\mathscr{E})$ で表される。

実現可能配分の条件 (a) と (b) は任意の経済主体がそれぞれ存続可能な活動を選択していることを意味する。条件 (c) に現れる $a_{I\cup J}$ は経済主体全員による諸財の純使用量の合計である。処分技術 Δ は財空間の非正象限に含まれるから，どの財についても合計純使用量が賦存資源を超過することは許されない。しかし Δ の性質に依存してある財の合計純使用量が賦存資源量を下回ることは許されるかもしれず，また他の財についてはそれが許されないかもしれない。許されている財は利用可能な量を使わないで放置する，すなわち捨てることが可能であることを意味し，許されていない財は捨てることが不可能であることを意味する。二つの極端な場合が考えられる。一つは $\Delta = \mathbb{R}^H_-$ の場合であり，この場合はどの財も費用をかけずに廃棄できるから「すべての財は無料処分可能である」と言われる。他方は $\Delta = \{0\}$ の場合であり，いかなる財も廃棄できないから「すべての財は処分不可能である」と言われる。一層一般的に $\Delta = \mathbb{R}^{H_D}_- \times \{0\}^{H\setminus H_D}$ となるような H の部分集合 H_D が存在する場合も考えうる。H_D が空集合であるならばすべての財は処分不可能であり，$H_D = H$ ならばすべての財は無料処分可能である。H_D が H の非空真部分集合であるならば「一部の財のみが無料処分可能である」と言われる[37]。Δ が財空間の非正象限に含まれる閉凸錐であるという仮定はこれらのいくつかの種類の処分可能性を特殊な場合として含む一般的な表現である。

さらに実現可能配分の中である種の望ましさを持つ配分という意味で二種類の定義を導入する。その準備として二つの定義を用意する。

定義 1.7.2. $A(\succsim) = \left(\prod_{i\in I} X(\succsim_i)\right) \times (\mathbb{R}^H)^J$ と定義する。

定義 1.7.3. (a) 配分空間 AS 上の二項関係

$$WP(\succsim) = \bigcap_{i\in I} \{(a, \tilde{a}) \in A(\succsim) \times A(\succsim) \mid a_i \succsim_i \tilde{a}_i\}$$

---

36) 脚注 13) での約束に基づき $a_{I\cup J} = \sum_{k\in I\cup J} a_k$ である。
37) 真部分集合の定義については，数学付録の定義 A.1.4 を参照。

1.7 配分の性質

は「$\succsim$-弱 Pareto 優越関係」と呼ばれ，もし $(a, \tilde{a}) \in WP(\succsim)$ ならば「配分 a は配分 $\tilde{a}$ の $\succsim$-弱 Pareto 改善である」と言われ，

(b) 配分空間 AS 上の二項関係

$$P(\succsim) = WP(\succsim) \setminus \left(\bigcap_{i \in I} \{ (a, \tilde{a}) \in A(\succsim) \times A(\succsim) \mid \tilde{a}_i \succsim_i a_i \} \right)$$

は「$\succsim$-Pareto 優越関係」と呼ばれ，もし $(a, \tilde{a}) \in P(\succsim)$ ならば「配分 a は配分 $\tilde{a}$ の $\succsim$-Pareto 改善である」と言われ，

(c) 配分空間 AS 上の二項関係

$$SP(\succsim) = \bigcap_{i \in I} \{ (a, \tilde{a}) \in A(\succsim) \times A(\succsim) \mid a_i \succ_i \tilde{a}_i \}$$

は「$\succsim$-強 Pareto 優越関係」と呼ばれ[38]，もし $(a, \tilde{a}) \in SP(\succsim)$ ならば「配分 a は配分 $\tilde{a}$ の $\succsim$-強 Pareto 改善である」と言われる。

配分 a が配分 $\tilde{a}$ の $\succsim$-弱 Pareto 改善，$\succsim$-Pareto 改善，$\succsim$-強 Pareto 改善であることは，それぞれ配分 $\tilde{a}$ から配分 a への移行に伴い，満足が減少する消費者が存在しないこと，満足が減少する消費者が存在せず少なくとも一人の消費者の満足が増加すること，すべての消費者の満足が増加することを意味する。

命題 1.7.1. $\succsim$-弱 Pareto 優越関係 $WP(\succsim)$ は $A(\succsim)$ 上の準順序である[39]。

定義 1.7.4. 経済 $\mathscr{E}$ の実現可能配分は，もしそれより $\succsim$-Pareto 優越な $\mathscr{E}$ の実現可能配分が存在しなければ，「経済 $\mathscr{E}$ の Pareto 効率的配分」と呼ばれ，あるいは単に「Pareto 効率的である」と言われる。

次の定義はこれより若干弱い性質を述べている。

定義 1.7.5. 経済 $\mathscr{E}$ の実現可能配分は，もしそれより $\succsim$-強 Pareto 優越な $\mathscr{E}$ の実現可能配分が存在しなければ，「経済 $\mathscr{E}$ の弱 Pareto 効率的配分」と呼ばれ，あるいは単に「弱 Pareto 効率的である」と言われる。

---

[38] 「$a_i \succ_i \tilde{a}_i$」は「$a_i \succsim_i \tilde{a}_i$ かつ $\tilde{a}_i \not\succsim_i a_i$」を意味する。
[39] 準順序の定義については数学付録の定義 A.2.31 を参照。

1.8 Pareto効率的配分の存在

第4章で競争市場の均衡として実現する任意の配分はPareto効率的であり，また何らかの性質を満足する任意のPareto効率的配分は賦存資源をあらかじめ適切に消費者間で再分配しておけば競争市場の均衡として実現できることが証明される．これらの命題はPareto効率的配分が存在しないような経済に関しては無意味である．そこで本節ではPareto効率的配分が存在するような経済はどのような経済であるかを見る．

定理 1.8.1 (実現可能配分集合のコンパクト性)．もし
(i) 任意の消費者 i に対して $\succsim_i$-可能消費集合 $X(\succsim_i)$ が財空間 $\mathbb{R}^H$ の下方有界な閉凸部分集合であり[40]，
(ii) 任意の生産者 j に対して生産集合 Y_j が $\mathbb{R}^H$ の原点を含む閉凸部分集合であり，
(iii) 技術目録 Y が無料生産の不可能性と集計的生産過程の非可逆性を満足し，
(iv) 賦存資源 ω が $\sum_{i \in I} X(\succsim_i)$ に属するならば，
経済 $\mathscr{E}$ の実現可能配分集合 $F(\mathscr{E})$ は配分空間 AS の非空凸コンパクト部分集合である[41]．

定理 1.8.1 の仮定 (i) において $\succsim_i$-可能消費集合の下方有界性は消費者が他の経済主体の使用のために提供できる財の数量には限度があることを意味する．たとえば一定時間の中で提供できる労働量は限られており無制限には提供できない．財空間 $\mathbb{R}^H$ の閉部分集合であるという性質は $\succsim_i$-可能消費の限りなく近くに $\succsim_i$-可能でない消費が存在するという特異な状況を排除している．凸集合であるという性質は二つの $\succsim_i$-可能消費の加重平均の中に $\succsim_i$-可能でない消費が存在するという特異な状況を排除している．

仮定 (ii) における生産集合 Y_j が財空間 $\mathbb{R}^H$ の閉凸部分集合であるという性質は仮定 (i) における対応する性質と同様の意味を持つ．$\mathbb{R}^H$ の閉部分集合

---

[40] 下方有界性の定義については数学付録の定義 A.5.36 を参照．
[41] コンパクトの定義については数学付録の定義 A.3.23 を，また Euclid 空間の部分集合のコンパクト性の必要十分条件については数学付録の定理 A.5.8 を参照．

であるという性質は定義 1.2.2 において連続性と呼ばれた．凸性と財空間 $\mathbb{R}^H$ の原点を含むという性質により規模に関する収穫逓増が存在しない場合だけが考えられていることになり，それを満足しない生産技術も十分考えられるから限定的な仮定である[42]。

仮定 (iii) の意味は定義 1.2.3 において説明されている．最後の仮定 (iv) は経済に存在する賦存資源を消費者の間で適切に分配することによってすべての消費者が生存できることを表している．

Pareto 効率的配分の存在定理を証明するためにもう一つの命題を述べる．

命題 1.8.1. 任意の消費者 i に対して選好関係 $\succsim_i$ が上半連続ならば弱 Pareto 優越関係 $WP(\succsim)$ は集合 $A(\succsim)$ 上の上半連続な準順序である．

Pareto 効率的配分が存在するための十分条件は次の定理で与えられる．

定理 1.8.2 (Pareto 効率的配分の存在). もし
(i) 任意の消費者 i に対して (i-1) $\succsim_i$-可能消費集合 $X(\succsim_i)$ が財空間 $\mathbb{R}^H$ の下方有界な閉凸部分集合であり，(i-2) 選好関係 $\succsim_i$ が上半連続であり，
(ii) 任意の生産者 j に対して生産集合 Y_j が $\mathbb{R}^H$ の原点を含む閉凸部分集合であり，
(iii) 技術目録 Y が無料生産の不可能性と集計的生産過程の非可逆性を満足し，
(iv) 賦存資源 ω が $\sum_{i \in I} X(\succsim_i)$ に属するならば，
経済 $\mathscr{E}$ の Pareto 効率的配分が存在する．

1.9　証　明

命題 1.3.1 の証明. (a) は容易に確認できるから，次の主張のみを証明する．
主張. Q を表現する任意の二つの効用関数 u と v に対して，任意の Q-可能消費 x に対して $v(x) = f(u(x))$ を満足する u の値域上の単調増加実数値関数 f が存在する．

---
[42] 一層一般的な仮定については長名 (2010) の第 1 章を参照．

主張の証明. Q を表現する任意の二つの効用関数 u と v を選ぶ。u の値域に属する任意の効用水準 a に対して $a = u(\hat{x}(a))$ となる Q-可能消費 $\hat{x}(a)$ が存在する。u の値域に属する任意の効用水準 a に対して $f(a) = v(\hat{x}(a))$ と定義する。このとき f は u の値域で定義された単調増加実数値関数であり，任意の Q-可能消費 x に対して $v(x) = f(u(x))$ となり主張が成立する。 ∎

命題 1.3.2 の証明. (a) と (c) は容易に確認できるから，(b) すなわち次の主張のみを証明する。

主張. もし $X(Q)$ が凸であり Q が上半連続かつ凸ならば Q は弱凸である。

主張の証明. 任意の Q-可能消費 x を選ぶ。$U_Q(x)$ に属する任意の二つの消費 a と b を選ぶ。一般性を失わずに $(b, a) \in Q$ と仮定できる。$K = \{c \in [a, b] \mid (c, a) \notin Q\}$ と定義する。次の主張 1 は容易に確認できる。

主張 1. K は $X(Q)$ に含まれる。

Q は上半連続だから $U_Q(a)$ は $X(Q)$ の閉部分集合であり，ゆえに $U_Q(a) = F \cap X(Q)$ を満足する $\mathbb{R}^H$ の閉部分集合 F が存在する。$G = \mathbb{R}^H \setminus F$ また $V = \{c \in X(Q) \mid (c, a) \notin Q\}$ と定義する。このとき $V = X(Q) \cap G$ だから $K = [a, b] \cap G$ となり，G は $\mathbb{R}^H$ の開部分集合だから次の主張 2 が成立する。

主張 2. K は $[a, b]$ の開部分集合である。

K が非空と仮定する。K が一元集合ならば K は $\mathbb{R}^H$ の閉部分集合だから[43]，$[a, b]$ の閉部分集合であり主張 2 と矛盾し，K の中には少なくとも二つの元 $\tilde{x}$ と $\bar{x}$ が存在する。一般性を失わずに $\tilde{x}$ は $[a, \bar{x}]$ に属すると仮定できる。Q は凸だから $(\bar{x}, \tilde{x}) \notin Q$ となるが $\bar{x}$ は $[\tilde{x}, b]$ に属するから Q の凸性により $(\tilde{x}, \bar{x}) \notin Q$ となり Q の強連結性と矛盾し，次の主張 3 が成立する。

主張 3. K は空集合である。

---

[43] 数学付録の命題 A.5.5 を参照。一元集合の定義については数学付録の定義 A.1.18 を参照。

1.9 証 明

主張 3 により K は空集合だから $[a, b]$ に属する任意の消費 c に対して $(c, a) \in Q$ かつ $(a, x) \in Q$ となり，Q の推移性により $(c, x) \in Q$ だから $U_Q(x)$ は凸であり，主張が成立する。 ∎

命題 1.3.3 および 1.7.1 の証明は容易だから省略する。

定理 1.8.1 の証明． (i) 任意の消費者 i に対して $X(\succsim_i)$ が $\mathbb{R}^H$ の下方有界な閉凸部分集合であり，(ii) 任意の生産者 j に対して Y_j が $\mathbb{R}^H$ の原点を含む閉凸部分集合であり，(iii) Y が無料生産の不可能性と集計的生産過程の非可逆性を満足し，(iv) ω が $\sum_{i \in I} X(\succsim_i)$ に属すると仮定する。仮定 (iv) により $\hat{x}_I = \omega$ を満足する消費配分 $\hat{x}$ が $\prod_{i \in I} X(\succsim_i)$ の中に存在する。任意の生産者 j に対して $\hat{y}_j = 0 \in \mathbb{R}^H$ と定義する。仮定 (ii) により $\hat{y}$ は $\prod_{j \in J} Y_j$ に属する。任意の経済主体 k に対して，もし k が消費者ならば $\hat{a}_k = \hat{x}_k$ と定義し，もし k が生産者ならば $\hat{a}_k = \hat{y}_k$ と定義する。このとき次の主張 1 が成立する。

主張 1. $\hat{a}$ は $F(\mathscr{E})$ に属する。

主張 2. $F(\mathscr{E})$ は AS のコンパクト凸部分集合である。

主張 2 の証明． Δ の閉凸性および仮定 (i) と (ii) から次の主張 2.1 が導かれる。

主張 2.1. $F(\mathscr{E})$ は AS の閉凸部分集合である。

主張 2.2. $F(\mathscr{E})$ は有界である。

主張 2.2 の証明． $F = F(\mathscr{E}) + \{-\hat{a}\}$ と定義し F が非有界と仮定する。このとき数列 $(\|a^\nu\|)$ が無限大に発散するような F の中の点列 (a^ν) が存在する[44]。一般性を失わずに任意の正整数 ν に対して $\|a^\nu\| \geq 1$ と仮定できる。任意の正整数 ν に対して $\tilde{a}^\nu = a^\nu / \|a^\nu\|$ と定義する。F は凸であり原点を含むから，任意の正整数 ν に対して $\tilde{a}^\nu$ は F に属する。任意の正整数 ν に対して

---

44) 点列の定義については数学付録の定義 A.3.11 を，また数列とその無限大への発散の定義については同章の定義 A.5.26 を参照。

$\|\tilde{a}^\nu\| = 1$ だから点列 $(\tilde{a}^\nu)$ は有界であり一般性を失わずに $\|\tilde{a}\| = 1$ を満足するある配分 $\tilde{a}$ に収束すると仮定できる[45]。ゆえに次の主張 2.2.1 が成立する。

主張 2.2.1. $\tilde{a} + \hat{a}$ は $F(\mathscr{E})$ に属する。

主張 2.2.2. $\tilde{a} = 0$ となる。

主張 2.2.2 の証明. 仮定 (i) により任意の消費者 i に対して $X(\succsim_i)$ は下方有界だから、$X(\succsim_i)$ の任意の元 z に対して $c_i \leq z$ を満足する z に依存しない $\mathbb{R}^H$ の元 c_i が存在する。任意の正整数 ν に対して $c_i \leq a_i^\nu + \hat{a}_i$ であり、他方 a^ν が $F(\mathscr{E}) + \{-\hat{a}\}$ に属するから $a^\nu + \hat{a}$ は $F(\mathscr{E})$ に属し、ゆえに $a_{I \cup J}^\nu \leq \omega - \hat{a}_{I \cup J} = 0$ だから $(1/\|a^\nu\|)(c_I - \hat{a}_I) \leq (1/\|a^\nu\|)a_I^\nu \leq -(1/\|a^\nu\|)a_J^\nu = -\tilde{a}_J^\nu$ となる。数列 $(\|a^\nu\|)$ は無限大に発散するから $\tilde{a}_J \leq 0$ となる。仮定 (iii) の前半により $\tilde{a}_J = 0$ だから仮定 (iii) の後半により任意の生産者 j に対して $\tilde{a}_j = 0$ となる。

さらに任意の消費者 i に対して $(1/\|a^\nu\|)(c_i - \hat{a}_i) \leq (1/\|a^\nu\|)a_i^\nu = \tilde{a}_i^\nu$ だから $\tilde{a}_i \geq 0$ となる。主張 2.2.1 により $\tilde{a}_I = \tilde{a}_{I \cup J} + \hat{a}_{I \cup J} - \omega \leq 0$ だから $\tilde{a} = 0$ となり、主張 2.2.2 が成立する。主張 2.2.2 は $\|\tilde{a}\| = 1$ と矛盾し、主張 2.2 が成立する。主張 2.1 と 2.2 から主張 2 が導かれる[46]。

主張 1 と 2 により定理 1.8.1 の証明が完了する。 ∎

命題 1.8.1 の証明. 命題 1.7.1 により $WP(\succsim)$ は $A(\succsim)$ 上の準順序である。
$A(\succsim)$ に属する任意の配分 a を選ぶ。二項関係 $WP(\succsim)$ の下での a の逆像 $(WP(\succsim))^{-1}(a)$ が $A(\succsim)$ の閉部分集合であることを示せばよい[47]。次の主張 1 は容易に確認できる。

主張 1. $(WP(\succsim))^{-1}(a) = \left(\prod_{i \in I} U_{\succsim_i}(a_i)\right) \times (\mathbb{R}^H)^J$ となる。

任意の消費者 i に対して、$\succsim_i$ は上半連続だから a_i の $\succsim_i$-上方集合 $U_{\succsim_i}(a_i)$ は $X(\succsim_i)$ の閉部分集合であり[48]、したがって次の主張 2 が成立する[49]。

---

45) 点列の収束の定義については数学付録の定義 A.3.14 を参照。
46) 数学付録の定理 A.5.8 を参照。
47) 数学付録の定義 A.4.1 を参照。逆像の定義については数学付録の定義 A.2.12 を参照。
48) 数学付録の定義 A.4.1 を参照。
49) 数学付録の定義 A.3.16 を参照。

1.9 証明

主張 2. 任意の消費者 i に対して $U_{\succsim_i}(a_i) = C_i \cap X(\succsim_i)$ となるような $\mathbb{R}^H$ の閉部分集合 C_i が存在する。

次の主張 3 と 4 の証明も容易に確認できる。

主張 3. $\prod_{i \in I}(C_i \cap X(\succsim_i)) = (\prod_{i \in I} C_i) \cap (\prod_{i \in I} X(\succsim_i))$ となる。

主張 4. $((\prod_{i \in I} C_i) \cap (\prod_{i \in I} X(\succsim_i))) \times (\mathbb{R}^H)^J = ((\prod_{i \in I} C_i) \times (\mathbb{R}^H)^J) \cap A(\succsim)$ となる。

主張 1 から 4 により次の主張 5 が導かれる。

主張 5. $(WP(\succsim))^{-1}(a) = ((\prod_{i \in I} C_i) \times (\mathbb{R}^H)^J) \cap A(\succsim)$ となる。

$(\prod_{i \in I} C_i) \times (\mathbb{R}^H)^J$ は AS の開部分集合だから主張 5 により $(WP(\succsim))^{-1}(a)$ は $A(\succsim)$ の開部分集合である。ゆえに $WP(\succsim)$ は上半連続であり命題 1.8.1 の証明が完了する。 ∎

定理 1.8.2 の証明. $WP(\succsim)$ の $F(\mathscr{E})$ への制限を $\widehat{WP}(\succsim) = WP(\succsim) \cap (F(\mathscr{E}) \times F(\mathscr{E}))$ によって定義し[50]、$\mathscr{E}$ の任意の実現可能配分 a を選ぶ。このとき $(\widehat{WP}(\succsim))^{-1}(a) = (WP(\succsim))^{-1}(a) \cap F(\mathscr{E})$ となる。命題 1.8.1 により $(WP(\succsim))^{-1}(a)$ は $A(\succsim)$ の閉部分集合だから $(\widehat{WP}(\succsim))^{-1}(a)$ は $F(\mathscr{E})$ の閉部分集合であり、したがって $\widehat{WP}(\succsim)$ は $F(\mathscr{E})$ 上の上半連続な準順序である。仮定 (i-1), (ii), (iii), (iv) および定理 1.8.1 により $F(\mathscr{E})$ は非空コンパクトだから、定理 1.8.2 が成立する[51]。 ∎

---

50) 二項関係の制限の定義については数学付録の定義 A.2.24 を参照。
51) 数学付録の定理 A.5.10 を参照。

第 2 章
生 産 者

―――――

　本章では経済を構成する生産者の行動を説明するモデルを設定して生産者の行動の性質を演繹する．本章では第 4 章で扱う競争市場における生産者の行動に限定して考え，どの生産者も価格を所与とみなして生産活動を選択すると仮定する．この仮定の背後には，競争市場においては同じ財の取引に参加する生産者の数が極めて多いために個別生産者は価格の決定に関してまったく支配力がないと思うであろうという考え方がある．本書では外部性を伴わない経済における生産者の行動を考えるが，外部性を伴う経済における生産者の行動の分析に拡張することは容易である．その場合には他の経済主体の活動の影響を受けるが，価格と共に他の経済主体の活動をも所与とみなして行動すると仮定するのであれば，活動水準が価格のみならず他の経済主体の活動水準に依存することになる点が異なるに過ぎない[1]．

2.1　生産者行動の理論的表現としての供給関係

　第 1 章における経済モデルの定式化に従い財集合 H を持つ経済を考える．本章では生産者集合 J に属する生産者を任意に一人選び出してその一人の生産者の行動だけを考察するから生産者を区別する記号は省略する．この生産

―――――

[1]　長名 (2010) の第 3 章を参照．

者の生産技術は財空間 $\mathbb{R}^H$ の非空部分集合 Y で表される[2]。

　生産者はこの経済に存在するすべての財を投入あるいは産出するとは限らない．実際には集合 H のごく限られた部分集合 H' に属する財だけを投入あるいは産出し，他の財は投入も産出もできないはずである[3]．たとえば $H = \{1,2,3\}$ の場合に生産者が財 3 を投入・産出できないとすれば生産集合 Y は平面 $\mathbb{R}^{\{1,2\}}$ の中に含まれるから，特定の生産者の行動だけに注目して分析するには Y を 3 次元空間 $\mathbb{R}^{\{1,2,3\}}$ の部分集合ではなく，むしろ 2 次元空間 $\mathbb{R}^{\{1,2\}}$ の部分集合とみなす方が便利である．この場合には財 3 の価格も無関係だから価格も $\mathbb{R}^{\{1,2\}}$ に含まれる部分を考える．個別生産者の行動の分析が終わって経済全体を考えるときには，削除した財 3 の投入産出量として零を付け加えた活動を考えればよい．

　本章の以下の部分では財空間 H は考察する生産者の生産集合 Y が $\mathbb{R}^H$ に含まれるような H の中で最小の集合であると考える．この考えは以下で生産集合の狭義凸性を考えるときには重要な意味を持つ．

　このように H を制限しても，生産者行動を考えるに当たり種々の意思決定の場面がありうる．H に属するすべての財の投入量あるいは産出量を自由に選択するという意思決定の場面以外に，H の部分集合 K に属する財の投入産出量の決定は後の段階で行うことにして差し当たり $H \setminus K$ に属する財の投入産出量だけを決定する問題に直面するかもしれない．このような問題として代表的なものは生産する財の産出量は後の段階で決定することにして生産要素の投入量をまず定めるという問題である．また長期的にはすべての財の投入産出量を自由に選択できるが短期的には生産要素の中の一部の投入量を変更できず残りの生産要素投入量と生産物の産出量を選ぶことだけが許されている場合の問題がある．これらは制約付生産要素需要関数と費用関数を求める問題であり，生産要素市場は競争的であるが生産物市場では不完全競争が行われている場合の生産者行動を研究するときには重要になる．H の部分集合 K の選び方としては上の選び方以外にも沢山あるが，その選び方に

---

2) 記号 Y は第 1 章においては技術目録を表すものとして使われたが，上述の約束に基づき，ここでは特定の生産者の生産技術を表す．
3) ある財をただ廃棄するという意味で無駄に投入することはここでは考慮しなくてよいであろう．

2.1 生産者行動の理論的表現としての供給関係

よって分析方法は変化しない。

以下では H の部分集合 K と $\mathbb{R}^K$ に属する投入産出量 x を任意に選んで固定し，$H \setminus K$ に属する財の投入産出量を決定する問題から考える。この問題は極めて一般的であり K が空集合の場合をも事実上含み，消費者行動の分析にもほとんどそのまま適用できるから推論の重複を避ける上で有用である。

競争市場では財の集合 $H \setminus K$ に属する任意の財 h に対して財 h の価格 p^h を割当てる実数値関数すなわち財空間 $\mathbb{R}^{H \setminus K}$ の元 p が定まると考えられる。この p を「価格体系」あるいは単に「価格」と呼ぶ。

生産者は市場で定まる価格を所与とみなして自分の生産活動を決定すると想定する。しかし $\mathbb{R}^{H \setminus K}$ に属するある価格に対しては投入産出量を決定できないという可能性，さらにある価格に対応する活動を決定できるとしても唯一の活動を確定する程に意思決定を絞り込めないという可能性をも考慮する。実際，以下で考察する行動仮説の下ではある価格に対しては活動をまったく選べないような状況，またある価格の下では唯一の活動に意思決定を絞り込めない状況が発生することが判明する。

定義 2.1.1. $\mathbb{R}^{H \setminus K} \times \mathbb{R}^K$ から $\mathbb{R}^{H \setminus K}$ への関係 S は，もし K が非空ならば「制約付き供給関係」と呼ばれて $\mathbb{R}^{H \setminus K} \times \mathbb{R}^K$ の任意の元 (p,x) に対して集合 $S(p,x)$ は「(p,x) における制約付き供給集合」と呼ばれ，もし K が空集合ならば「供給関係」と呼ばれて $\mathbb{R}^H$ の任意の元 p に対して集合 $S(p)$ は「p における供給集合」と呼ばれる[4]。もし K が非空であり $S(p,x)$ が一元集合であるような S の定義域 $\mathrm{dom}\,S$ の元 (p,x) 全体の集合が非空であるならば，S のこの集合への制限は「制約付き供給関数」と呼ばれ，集合 $S(p,x)$ とその唯一の元は同一視され，もし K が空集合であり $S(p)$ が一元集合であるような S の定義域 $\mathrm{dom}\,S$ の元 p 全体の集合が非空であるならば，S のこの集合への制限は「供給関数」と呼ばれ，集合 $S(p)$ とその唯一の元は同一視される。

すなわち集合 $\mathbb{R}^{H \setminus K}$ に属する任意の価格 p と集合 $\mathbb{R}^K$ に属する任意の投入産出量 x に対して $\mathbb{R}^{H \setminus K}$ の（空集合かもしれない）部分集合 $S(p,x)$ を割り当てる規則として生産者行動は定式化されている。ここで「供給」という表

---

[4] 集合から集合への関係の定義については，数学付録の定義 A.2.7 を参照。

現はこれで生産者行動を代表させて消費者行動を「需要」という表現で代表させることに対応する。消費者行動の中には労働その他の財を供給することも含まれ，生産者行動の中には生産要素を需要することも含まれるから，このような表現は便宜的なものに過ぎない。多くの文献では生産活動を純産出量で表すという約束が採用されているが，本書ではその逆に純投入量で表現しているから特に注意が必要である。

供給関係および制約付き供給関係は生産者行動の形式的表現であり，これだけではあまりに抽象的であり内容が空虚だから内容を与える仮説を以下で導入する。この仮説は我々が生産者行動の典型的性質と考えるものを説明できなければならない。それでは生産者行動の典型的性質にはどのようなものがあろうか。ここでは以下のような性質を考えよう。

- 生産者が産出する財の価格が上昇し他の財の価格が変化しないとき，その生産者によるその財の供給量は増加する。この性質は「供給法則」と呼ばれる。以下ではこの供給法則の変種をいくつか考えて区別する[5]。

- 生産者が生産要素として投入する財の価格が上昇し他の財の価格が変化しないとき，その生産者によるその財に対する需要量は減少する。この性質は上の供給法則に対して「需要法則」と呼びうるであろうがこの用語は消費者行動に使われるのが慣例だから，むしろ生産要素の需要量を負の供給量とみなして「供給法則」と呼ぶ[6]。

- すべての財の価格が比例的に変化するとき，生産者が産出する各財の供給量も生産要素として投入する財に対する需要量も変化しない[7]。

- 生産者が産出する財の価格が上昇するとき，その財を産出するために生産要素として投入する財に対する需要量は増加するとは限らない[8]。

これらの性質あるいはさらに他の性質を説明できる仮説が存在するか否か

---

[5] 系 2.3.1, 2.3.2, 2.4.2 の (d.4) を参照。
[6] 系 2.2.1, 2.2.2, 2.4.1 の (e.4) を参照。
[7] 定理 2.3.2 の (b) さらにまた定理 2.2.1 の (a.1) をも参照。
[8] 例 2.3.3 を参照。

2.2 制約付き供給関係：費用関数

利潤最大化仮説はすべての財の市場が競争的な場合の生産者行動を理解する上で有用であるが，一部の市場で競争が不完全な場合には，競争が不完全な財に関する活動水準の決定は別に考えることにして競争が完全に行われている市場で取引される財に関する活動水準の決定を先に考察することが多い。そのためには以下に説明する分析方法が有用である。競争が不完全な財の種類は何でもよいが，生産者行動に関する従来の多くの文献との関係で考えるならば，生産物市場の競争が不完全であり生産要素市場での競争が完全であると考えるのがわかりやすい。その理由は本節で扱う問題は従来は費用最小化仮説あるいは費用関数の問題として扱われてきたからである。そのために本節の表題はそのようなものとして選ばれているが，以下の議論はそれ以外の多くの問題に適用できる。

本節では H の非空真部分集合 K を任意に選んで固定する[9]。これは投入産出量を固定される財の種類を表すと解釈する。K に属する財の投入産出 x と $H \setminus K$ に属する財の投入産出 y から構成される生産を (x,y) で表す。これはベクトル x の成分がベクトル y の成分の左側に配列されたベクトルではない。配列の順序は重要ではなく，形式的には H に属する任意の財 h に対して

$$(x,y)(h) = \begin{cases} x^h & \text{if } h \in K, \\ y^h & \text{if } h \in H \setminus K \end{cases}$$

によって定義される H 上の実数値関数である。

定義 2.2.1. $\mathbb{R}^K$ に属する任意の投入産出 x に対して

$$V(x) = \left\{ y \in \mathbb{R}^{H \setminus K} \mid (x,y) \in Y \right\}$$

---

[9] 真部分集合の定義については，数学付録の定義 A.1.4 を参照。

と定義し，これを「x-可能投入産出集合」と呼び，$V(x)$ の元を「x-可能投入産出」と呼ぶ．

集合 $V(x)$ は $\mathbb{R}^K$ に属する所与の投入産出 x と組み合わせたときに技術的に可能となるような $\mathbb{R}^{H\setminus K}$ に属する投入産出 y を全部集めた集合である．本節では制約付き供給関係 S に関して次の仮説を考える．

仮定 2.2.1. V の定義域 $\mathrm{dom}\,V$ に属する任意の投入産出 x と $\mathbb{R}^{H\setminus K}$ に属する任意の価格 p に対して $S(p,x) = \arg\min_{y \in V(x)} p \cdot y$ が成立する[10]．

この仮定に現れる y は $H \setminus K$ に属する財の投入産出量を表すから，各財 h に対して y^h は，それが正の場合には財 h の生産要素としての投入量を表し，それが負の場合にはその絶対値 $|y^h|$ が財 h の産出量を表す．したがって $p \cdot y$ は投入産出 y における生産要素に対する支出額の合計から生産物の売上収入の合計を控除した残額であり，純損失額を表す．$S(p,x)$ はこの純損失額を最小化するような x-可能投入産出全体の集合だから，仮定 2.2.1 は「損失最小化仮説」と呼びうるが，他方 $-p \cdot y$ は純利潤を表すから，$S(p,x)$ は利潤を最大化するような x-可能投入産出全体の集合であるとみなせば仮定 2.2.1 は「利潤最大化仮説」とも呼びうる．また K として生産物全体，$H \setminus K$ として生産要素全体を選んだ場合には「費用最小化仮説」とも呼びうる．

定義 2.2.2. V の定義域 $\mathrm{dom}\,V$ に属する任意の投入産出 x と $\mathbb{R}^{H\setminus K}$ に属する任意の価格 p に対して

$$S^x(p) = S^p(x) = S(p,x)$$

と定義する．

$S^x(p)$ は x を差し当たり固定し p だけを変数として扱うための表現であり，$S^p(x)$ は p を差し当たり固定し x だけを変数として扱うための表現である．本書ではこのような表記方法を頻繁に用いる．

---

10) 記号 $p \cdot y$ は p と y の内積すなわち $\sum_{h \in H} p^h y^h$ を意味する．数学付録の定義 A.5.20 を参照．記号 $\arg\min_{y \in V(x)} p \cdot y$ は「$p \cdot y$ を最小化する x-可能投入産出 y 全体の集合」を表す．数学付録の定義 A.2.28 を参照．

2.2 制約付き供給関係：費用関数

定義 2.2.3. S の定義域 $\mathrm{dom}\, S$ の任意の元 (p, x) に対して

$$\pi(p, x) = \pi^x(p) = \pi^p(x) = -p \cdot S(p, x),$$
$$C(p, x) = C^x(p) = C^p(x) = -\pi(p, x)$$

と定義する。

π は「制約付き利潤関数」，C は「費用関数」と呼びうる。記号 $p \cdot S(p, x)$ は p と集合 $S(p, x)$ に属する任意の投入産出 y の内積 $p \cdot y$ を表す。集合 $S(p, x)$ に属する任意の投入産出 y は $p \cdot y$ を最小化するからこの内積は $S(p, x)$ の中のどの投入産出を選んでも等しく，$\pi(p, x)$ は確定した一つの実数であり，π は $\mathrm{dom}\, S$ 上の実数値関数である。

定理 2.2.1 (制約付き供給関係の基本的性質：一般化された制約付き弱供給法則). (a) V の定義域 $\mathrm{dom}\, V$ に属する任意の投入産出 x に対して
(a.1) S^x の定義域 $\mathrm{dom}\, S^x$ は $\mathbb{R}^{H\setminus K}$ の原点を頂点とする錐であり，$\mathrm{dom}\, S^x$ に属する任意の価格 p と任意の正実数 t に対して $S^x(p) = S^x(tp)$ かつ $\pi^x(tp) = t\pi^x(p)$ となり，
(a.2) $\mathrm{dom}\, S^x$ に属する任意の二つの価格 p と $\tilde{p}$, $S^x(p)$ に属する任意の投入産出 y および $S^x(\tilde{p})$ に属する任意の投入産出 $\tilde{y}$ に対して $(\tilde{p} - p) \cdot (\tilde{y} - y) \leq 0$ となり，
(a.3) $\mathrm{dom}\, S^x$ に属する任意の二つの価格 p と $\tilde{p}$ および $]0, 1[$ に属する任意の実数 t に対して，もし $(1-t)p + t\tilde{p}$ も $\mathrm{dom}\, S^x$ に属するならば

$$\pi^x((1-t)p + t\tilde{p}) \leq (1-t)\pi^x(p) + t\pi^x(\tilde{p}),$$
$$C^x((1-t)p + t\tilde{p}) \geq (1-t)C^x(p) + tC^x(\tilde{p})$$

となり，
(a.4) $\mathrm{dom}\, S^x$ が凸集合ならば π^x は凸関数また C^x は凹関数であり[11]，
(a.5) $V(x)$ が $\mathbb{R}_+^{H\setminus K}$ に含まれるならば C^x は単調非減少であり，$V(x)$ が $\mathbb{R}_{++}^{H\setminus K}$ に含まれるならば C^x は狭義単調増加であり，

---
11) 凹関数と凸関数の定義については，数学付録の定義 A.8.2 を参照。

(a.6) $\mathrm{dom}\, S^x$ の内部 $\mathrm{int}\, \mathrm{dom}\, S^x$ に属する任意の価格 p に対して[12]，もし π^x が p において微分可能ならば $S^x(p) = \{-\nabla \pi^x(p)\}$ となり，

(b) 生産集合 Y が凸ならば S^p の定義域 $\mathrm{dom}\, S^p$ が非空であるような $\mathbb{R}^{H\setminus K}$ に属する任意の価格 p に対して

(b.1) $\mathrm{dom}\, S^p$ に属する任意の二つの投入産出 x と $\tilde{x}$ および $]0,1[$ に属する任意の実数 t に対して，もし $(1-t)x + t\tilde{x}$ も $\mathrm{dom}\, S^p$ に属するならば

$$\pi^p((1-t)x + t\tilde{x}) \geq (1-t)\pi^p(x) + t\pi^p(\tilde{x}),$$
$$C^p((1-t)x + t\tilde{x}) \leq (1-t)C^p(x) + tC^p(\tilde{x})$$

となり，

(b.2) $\mathrm{dom}\, S^p$ が凸集合ならば π^p は凹関数であり C^p は凸関数である。

定理 2.2.1 の (a.1) により，制約付き供給関係 S^x の定義域に属する任意の価格 p に任意の正実数 t を乗じた価格 tp も S^x の定義域に属し，しかもそのような価格の変化に対して制約付き供給関係の値は不変であり，利潤あるいは費用だけが t 倍になる。これは「制約付き供給関係の正 0 次同次性」と呼ばれ，すべての価格が比例的に変化した場合には生産物の供給量も生産要素の需要量もまったく変わらないことを意味する[13]。これは生産者行動の典型的な性質として上に述べたものの三番目のものであり，生産者が「貨幣錯覚に陥らない」ことを表すと言われる。

(a.2) により，投入産出の変化を価格変化で加重した平均は正にならない。大雑把に言えば，純投入量は価格と反対方向に変化する，あるいは純産出量が価格と同じ方向に変化する傾向がある。これは「一般化された制約付き弱供給法則」と名付けうる。

$V(x)$ が $\mathbb{R}_+^{H\setminus K}$ に含まれるという (a.5) の仮定は一般には満たされないが，$H \setminus K$ が生産要素のみから成る場合には満たされ，その場合には C^x は文字通りの費用関数であり，これは一般に生産要素価格の単調非減少関数になる。すべての生産要素投入量が正ならば狭義単調増加関数になる。

---

12) 内部の定義については，数学付録の定義 A.3.9 を参照。
13) 正 k 次同次性の定義については，数学付録の定義 A.5.12 を参照。

2.2 制約付き供給関係：費用関数

次の段落で見るように，(a.3) と (a.4) は (a.6) と組み合わせると (a.2) すなわち弱供給法則の別表現であると解釈できる。(a.6) は Shephard の補題と呼ばれ，利潤関数 π^x が微分可能であるような価格 p においては制約付き供給関係 S^x の p における値 $S^x(p)$ が利潤関数 π^x の p における勾配 $\nabla \pi^x(p)$ だけから成る集合であることを主張している[14]。

ここで利潤関数 π^x が S^x の定義域の内部 int dom S^x 全体で 2 回連続微分可能であると仮定してみる[15]。この場合 (a.6) により S^x は微分可能関数であり $J_{S^x}(p) = -\nabla^2 \pi^x(p)$ となる。ただし $J_{S^x}(p)$ は関数 S^x の p における Jacobi 行列であり $\nabla^2 \pi^x(p)$ は π^x の p における Hesse 行列である[16]。S^x の定義域が凸集合であると仮定すれば (a.4) により π^x は凸関数であり，凸関数の Hesse 行列は非負定符号であることが知られている[17]。非負定符号行列の対角要素は非負だから，任意の財 h に対して p における財 h に対する純需要量 $S^{xh}(p)$ の財 h の価格 p^h に関する偏微係数 $S^{xh}_h(p)$ は非正である[18]。これは財 h の価格が上昇するときに財 h に対する純需要量が増加しないことを意味し，(a.2) から導かれる以下の系 2.2.1 の (a) に対応している。

財 h が生産要素として用いられる場合，Shephard の補題は生産要素 h の価格の微小な上昇による生産費の上昇分は生産要素 h の制約付き需要量に等しい率で価格上昇分に比例することを述べている。生産要素 h の価格上昇は生産要素 h に対する需要量の減少を招くが，これが生産費の上昇を抑える効果は価格上昇幅が大きい場合に初めて現れる二次的な効果である。

定理 2.2.1 の (a) の部分は生産集合 Y すなわち生産技術の性質には依存しない利潤最大化仮説あるいは費用最小化仮説だけから導かれる一般的な性質を述べているのに対して (b) の部分は生産集合の凸性から導かれる性質である。(b.2) に述べられているように変数 x の関数とみなされた場合の制約付き利潤関数は凹関数であり，費用関数は凸関数である。

---

14) 勾配の定義については数学付録の定義 A.6.10 を参照。
15) 2 回連続微分可能性の定義については，数学付録の定義 A.6.17 を参照。
16) Jacobi 行列の定義と Hesse 行列の定義については，数学付録の定義 A.6.19 と A.6.13 を参照。
17) 数学付録の定理 A.8.1 の (b) を参照。凸関数の定義および正方行列の定符号性の定義については，数学付録の定義 A.8.2 と A.8.4 を参照。
18) 数学付録の定理 A.8.4 を参照。

生産集合が凸であり財空間の原点を含む場合には生産技術は規模に関する収穫非逓増を示す。K が生産物全体の集合であり $H \setminus K$ が生産要素全体の集合ならば C^p は文字通りの費用関数である。どの生産要素の価格も正すなわち $p \gg 0$ ならば C^p は非負値であり $C^p(0) = 0$ だから，関数 C^p の凸性は「規模に関する費用逓増」ともいうべき性質を表す。

系 2.2.1 (制約付き弱供給法則と代替関係の優越性). V の定義域 $\mathrm{dom}\, V$ に属する任意の投入産出 x, $H \setminus K$ に属する任意の財 h, $H \setminus K$ に属する h 以外の任意の財 $\tilde{h}$ に対して $p^{\tilde{h}} = \tilde{p}^{\tilde{h}}$ を満足し $\mathrm{dom}\, S^x \cap \mathbb{R}_{++}^{H \setminus K}$ に属する任意の二つの価格 p と $\tilde{p}$, $S^x(p)$ に属する任意の投入産出 y および $S^x(\tilde{p})$ に属する任意の投入産出 $\tilde{y}$ に対して，

(a) $(\tilde{p}^h - p^h)(\tilde{y}^h - y^h) \leq 0$ となり，

(b) $(\tilde{p}^h - p^h)(\tilde{y}^k - y^k) \geq 0$ となる h 以外の財 k が $H \setminus K$ の中に存在する。

系 2.2.1 の主張 (a) により，生産物の供給量はその財の価格の上昇に伴って減少せず，生産要素の需要量はその生産要素の価格の上昇に伴って増加しない。主張 (b) は「代替関係の優越性」と呼ばれる性質を述べている。すなわち財 h の価格が上昇するときに供給量が増加しない h 以外の生産物 k が存在するかあるいは需要量が減少しない h 以外の生産要素 k が存在する。財 h と k が両方とも生産要素である場合あるいは両方とも生産物である場合にはこれは h と k が弱い意味で代替関係にあることを意味するから，すべての財が互いに補完財であることは不可能である。

これらの結果は生産集合 Y に関するいかなる仮定にも依存しない性質であるが，$V(x)$ が凸集合でない場合には価格の変化に伴い制約付き供給量が不連続に変化する可能性がある。実際，図 2.2.1 のような場合には価格 p においては $S^x(p) = \{y\}$ となり p の近辺の価格でも供給量は不変であるが，財 1 の価格が下がって $\bar{p}$ に等しくなると突然 $S^x(\bar{p}) = \{y, \tilde{y}\}$ となり，さらに財 1 の価格が下がると価格 $\tilde{p}$ における供給量 $S^x(\tilde{p}) = \{\tilde{y}\}$ に等しくなる。この種の不連続性は「上半連続であるが下半連続ではない」と言われる[19]。

---

19) 関係の上半連続性と下半連続性の定義については，数学付録の定義 A.4.2 を参照。

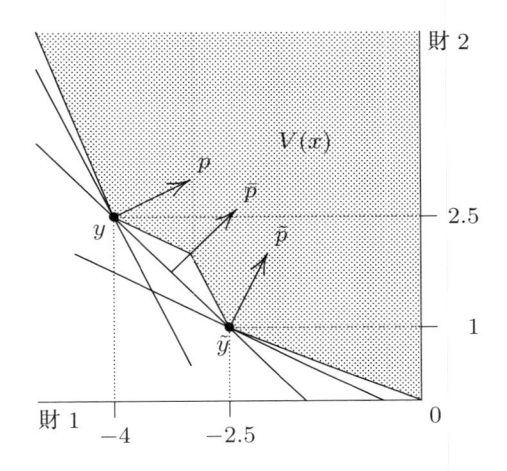

図 **2.2.1** 制約付き供給関係の不連続性

図 2.2.1 から確かめうるように定理 2.2.1 も系 2.2.1 も価格変化に伴って必ず生産活動が変化するとは主張していないが，それだけでなく価格変化に伴って生産活動自体が変化したとしても供給法則（弱供給法則ではない）が成立することも保証していない。これを保証するためには生産技術に関する仮定を設けることが必要である。

定理 **2.2.2** (制約付き供給関数の基本的性質：一般化された制約付き供給法則)．$V(x)$ が狭義凸であるような V の定義域 $\mathrm{dom}\, V$ に属する任意の投入産出 x に対して[20]，
(a) $\mathrm{dom}\, S^x \setminus \{0\}$ に属する任意の価格 p に対して $S^x(p)$ は一元集合であり，
(b) $\mathrm{dom}\, S^x$ に属する互いに異なる任意の二つの価格 p と $\tilde{p}$，$S^x(p)$ に属する任意の投入産出 y および $S^x(\tilde{p})$ に属し y とは異なる任意の投入産出 $\tilde{y}$ に対して，$(\tilde{p} - p) \cdot (\tilde{y} - y) < 0$ となる。

ここでは集合 $V(x)$ が狭義凸であると仮定することにより価格の変化に伴って投入産出が変化するならば投入産出の変化を価格変化で加重した平均が厳密に負になることが示されたが，価格の変化に伴って投入産出が必然的に変

---

20) 集合の狭義凸性の定義については，数学付録の定義 A.5.11 を参照。

化することは示されていない．後者を保証するためにはさらに生産技術が平滑的であると仮定する必要があることが 2.4 節で示されるであろう．

系 2.2.2 (制約付き供給法則と代替関係の優越性). $V(x)$ が狭義凸であるような V の定義域 $\mathrm{dom}\,V$ に属する任意の投入産出 x, $H \setminus K$ に属する任意の財 h, $H \setminus K$ に属する h 以外の任意の財 $\tilde{h}$ に対して $p^{\tilde{h}} = \tilde{p}^{\tilde{h}}$ を満足し $\mathrm{dom}\,S^x \cap \mathbb{R}_{++}^{H \setminus K}$ に属する互いに異なる任意の二つの価格 p と $\tilde{p}$, $S^x(p)$ に属する任意の投入産出 y および $S^x(\tilde{p})$ に属する y とは異なる任意の投入産出 $\tilde{y}$ に対して,

(a) $(\tilde{p}^h - p^h)(\tilde{y}^h - y^h) < 0$ となり,
(b) $(\tilde{p}^h - p^h)(\tilde{y}^k - y^k) > 0$ となる h 以外の財 k が $H \setminus K$ の中に存在する．

2.3 供給関係：利潤関数

本節では投入量あるいは産出量が予め固定されている財はなくすべての財の投入量および産出量を技術の制約の下で自由に選択できる場合を考察する．ここでは次の仮説を用いる．

仮定 2.3.1. 財空間 $\mathbb{R}^H$ に属する任意の価格 p に対して $S(p) = \arg\min_{y \in Y} p \cdot y$ となる．

この定義に現れる y は生産を表すから各財 h に対して y^h は，それが正の場合には財 h の生産要素としての投入量を表し，それが負の場合にはその絶対値 $|y^h|$ が財 h の産出量を表す．したがって $p \cdot y$ は生産 y における生産要素に対する支出額の合計から生産物の売上収入の合計を控除した残額であり純損失額を表す．$S(p)$ はこの純損失額を最小化するような Y-可能生産全体の集合である．$-p \cdot y$ は利潤を表すから $S(p)$ は利潤を最大化するような Y-可能生産全体の集合ともみなされ，仮定 2.3.1 は「利潤最大化仮説」と呼びうる．

定義 2.3.1. 供給関係 S の定義域 $\mathrm{dom}\,S$ に属する任意の価格 p に対して
$$\pi(p) = -p \cdot S(p)$$

よって定義される $\mathrm{dom}\, S$ 上の実数値関数 π は「利潤関数」と呼ばれる。

定理 2.3.1 (供給関係の基本的性質：一般化された弱供給法則). (a) 供給関係 S の定義域 $\mathrm{dom}\, S$ は財空間 $\mathbb{R}^H$ の原点を頂点とする錐であり，
(b) $\mathrm{dom}\, S$ に属する任意の価格 p と任意の正実数 t に対して $S(p) = S(tp)$ かつ $\pi(tp) = t\pi(p)$ となり，
(c) $\mathrm{dom}\, S$ に属する任意の二つの価格 p と $\tilde{p}$，$S(p)$ に属する任意の生産 y および $S(\tilde{p})$ に属する任意の生産 $\tilde{y}$ に対して $(\tilde{p}-p)\cdot(\tilde{y}-y) \leq 0$ となり，
(d) $\mathrm{dom}\, S$ に属する任意の二つの価格 p と $\tilde{p}$ および $]0,1[$ に属する任意の実数 t に対して，もし $(1-t)p + t\tilde{p}$ も $\mathrm{dom}\, S$ に属するならば $\pi((1-t)p + t\tilde{p}) \leq (1-t)\pi(p) + t\pi(\tilde{p})$ となり，
(e) $\mathrm{dom}\, S$ が凸集合ならば π は凸関数であり，
(f) $\mathrm{dom}\, S$ の内部 $\mathrm{int}\,\mathrm{dom}\, S$ に属する任意の価格 p に対して，もし利潤関数 π が p において微分可能であるならば $S(p) = \{-\nabla\pi(p)\}$ となる。

定理 2.3.1 の (a) と (b) により，供給関係 S の定義域に属する任意の価格 p に任意の正実数 t を乗じた価格 tp も S の定義域に属し，そのような価格の変化に対して供給関係の値は不変であり，利潤だけが t 倍になる。すべての価格が比例的に変化した場合には生産物の供給量も生産要素の需要量もまったく変わらず，これは「供給関係の 0 次同次性」と呼ばれる。これは生産者行動の典型的な性質として以前述べたものの三番目のものであり，生産者が「貨幣錯覚に陥らない」ことを表していると言われる。

(c) により，生産活動の変化を価格変化で加重した平均は非正である。大雑把に言えば，純投入量は価格と反対方向に変化する，あるいは純供給量は価格と同じ方向に変化する傾向がある。これは「一般化された弱供給法則」と呼びうるが，次の系で述べられるそれの特殊な場合としての「弱供給法則」に対応するものの方が理解しやすい。

(d) と (e) は (f) と組み合わせると (c) の別表現であると解釈できる。まず (f) により，利潤関数 π が微分可能であるような価格 p においては供給関数 S の p の下での像 $S(p)$ は利潤関数 π の p における勾配 $\nabla\pi(p)$ の符号を逆転

したもの $-\nabla \pi(p)$ だけから成る集合であり[21], (f) は Hotelling の補題と呼ばれる．ここで利潤関数 π が S の定義域の内部 $\mathrm{int\,dom}\,S$ 全体で 2 回連続微分可能であると仮定してみる[22]．この場合 (f) により S は微分可能関数であり $J_S(p) = -\nabla^2 \pi(p)$ となる．ただし $J_S(p)$ は関数 S の p における Jacobi 行列すなわち S の p における偏微係数から成る正方行列であり，$\nabla^2 \pi(p)$ は π の p における Hesse 行列すなわち π の p における第 2 次偏微係数から成る正方行列である．S の定義域が凸集合であると仮定すれば (e) により π は凸関数であり，したがって Hesse 行列は非負定符号である．非負定符号行列の対角要素は非負だから，任意の財 h に対して p における財 h に対する純需要量 $S^h(p)$ の財 h の価格 p^h に関する偏微係数 $S^h_h(p)$ は非正である．すなわち財 h の価格 p^h が上昇するときに財 h に対する純需要量は増加しない．

系 2.3.1 (弱供給法則と代替関係の優越性)．H に属する任意の財 h，h 以外のすべての財 $\tilde{h}$ に対して $p^{\tilde{h}} = \tilde{p}^{\tilde{h}}$ を満足し $\mathrm{dom}\,S \cap \mathbb{R}^H_{++}$ に属する任意の二つの価格 p と $\tilde{p}$，$S(p)$ に属する任意の生産 y および $S(\tilde{p})$ に属する任意の生産 $\tilde{y}$ に対して，

(a) $(\tilde{p}^h - p^h)(\tilde{y}^h - y^h) \leq 0$ となり，
(b) $(\tilde{p}^h - p^h)(\tilde{y}^k - y^k) \geq 0$ となる h 以外の財 k が存在する．

この系では財 h の価格だけが変化する場合を考えている．(a) により，財 h の価格が上昇したときに財 h の純使用量は増加しない．すなわち財 h が生産要素として投入される場合には需要量が変化するとすれば減少し，財 h が産出される場合には供給量が変化するとすれば増加するが，いずれの場合も変化する必然性はない．これは生産者行動の典型的性質として先に考えた第一と第二すなわち供給法則に対応しているが，そこに述べられているものより弱い．すなわち「需要量が減少する」あるいは「供給量が増加する」と断言しておらず，それらが不変である可能性を認めており，いわば「弱い供給法則」である．

他方，主張 (b) により，財 h の価格が変化したときにすべての財の純使用

---

21) 像の定義については，数学付録の定義 A.2.9 を参照．
22) 連続微分可能性の定義については，数学付録の定義 A.6.12 を参照．

量が財 h と同じ方向に変化することはない，すなわち財 h 以外の少なくとも一種類の財は財 h の弱い意味での代替財である．財 k が財 h に対する「弱い意味での」代替財であることは，財 h の価格だけが上昇（下落）したときに財 k の純使用量が変化するとすれば増加（減少）することを意味する．

このように価格が変化しても活動が変化しない可能性の存在は次の例から理解できるであろう．

例 2.3.1. $Y = \{y \in \mathbb{R}_+ \times \mathbb{R} \mid 2y^2 \geq \max\{-4y^1, -y^1 - 3\}\}$ によって定義される生産集合 Y を持つ生産者は価格 $p = (16, 12)$ に直面したときには財 1 を 1 単位投入して財 2 を 2 単位産出する生産活動 $y = (1, -2)$ において利潤を最大化しており，価格 $\tilde{p} = (9, 12)$ に直面したときにも同じ生産 y において利潤を最大化しているから $S(p) = S(\tilde{p}) = \{y\}$ となり財 1 の価格が 16 から 9 に下落しても財 1 の投入量を増加させようとはしない．

このように弱い供給法則が成立するに過ぎない理由は図 2.3.1 から明らかなように生産集合 Y の境界が生産 y において屈折しておりそこにおける接線が複数存在することである．この例では価格の変化に伴って生産者の活動がまったく変化しないために文字通りの供給法則が成立しないが，三種類以上の財を含む次の例では価格の変化に伴って生産活動自体は変化するが文字通りの供給法則が成立しないことがある．

例 2.3.2. $Y = \{y \in \mathbb{R}_+ \times \mathbb{R}^2 \mid 2y^2 + 2y^3 \geq \min\{-4y^1, -y^1 - 3\}\}$ によって定義される生産集合 Y を持つ生産者は価格 $p = (16, 12, 12)$ に直面したときには生産 $y = (1, -1, -1)$ において利潤を最大化しており，価格 $\tilde{p} = (9, 12, 12)$ に直面したときに生産 $\tilde{y} = (1, -0.5, -1.5)$ において利潤を最大化しているから，価格の変化に伴い生産活動自体は変化しているが，財 1 の投入量が増加するとは限らない．

この例では財 2 と財 3 は完全代替財であり，財 2 と財 3 の価格が等しいかぎり利潤最大化にはこの二種類の財の産出量の合計だけが関係してその内訳は関係しない．この二種類の財を同一財とみなせば例 2.3.1 と同じである．価格変化に伴って生産活動自体が変化したときに供給法則が成立することを保証するためには生産技術に関する仮定を設けることが必要である．

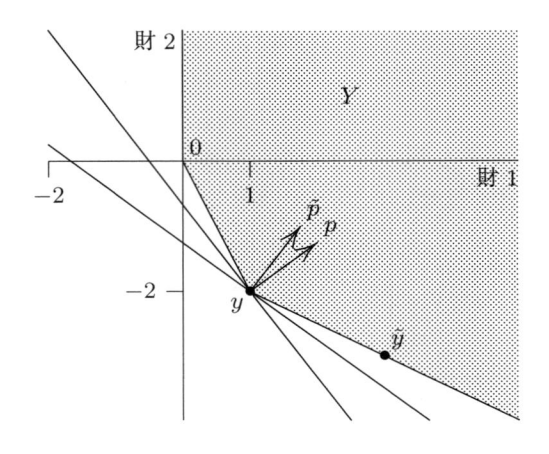

図 2.3.1　弱供給法則

定理 2.3.2 (供給関数の基本的性質：一般化された供給法則)．生産集合 Y が狭義凸ならば，
(a) 供給関係 S の定義域から原点を除いた集合 $\mathrm{dom}\, S \setminus \{0\}$ に属する任意の価格 p に対して $S(p)$ は一元集合であり，
(b) $\mathrm{dom}\, S$ に属する互いに異なる任意の二つの価格 p と $\tilde{p}$，$S(p)$ に属する任意の生産 y，$S(\tilde{p})$ に属し y とは異なる任意の生産 $\tilde{y}$ に対して，$(\tilde{p}-p)\cdot(\tilde{y}-y) < 0$ となる．

生産集合 Y が狭義凸ならば，互いに異なる任意の二つの Y-可能生産 y と $\tilde{y}$ に対してその二つの生産の平均 $\frac{1}{2}y + \frac{1}{2}\tilde{y}$ は生産集合 Y の内部に属する．図 2.3.1 の点 y と点 $\tilde{y}$ の中点は生産集合 Y の内部ではなく境界にあるから例 2.3.1 における生産集合 Y は狭義凸性を満足しない．生産集合が狭義凸であるという仮定はかなり強いから定理 2.3.2 の前提条件が一般に満たされるとは思われないが[23]，この仮定から導かれる結論は明快だからしばしば使われる．

第一の明快な結論は供給関係 S をその定義域から $\mathbb{R}^H$ の原点を除いたもの

---

[23]　特に財集合 H が問題の生産者が投入も産出もしない財を含んでいる場合には生産集合は狭義凸性を満足しない．

に制限したものが供給関数となることである．これは供給関係 S の定義域に属する任意の零でない価格 p に対して生産者が選択する活動が唯一に定まることを意味し，生産者行動の記述が極めて簡単になる．第二の明快な結論は価格が変化したときに生産活動自体も変化した場合には生産活動の変化を価格変化で加重した平均が負になることであり，定理 2.3.1 より強い．ここから次の系が導かれる．しかし図 2.3.2 から明らかなように生産集合 Y が狭義凸であっても価格の変化に伴って生産者の活動が変化するか否かはわからない．

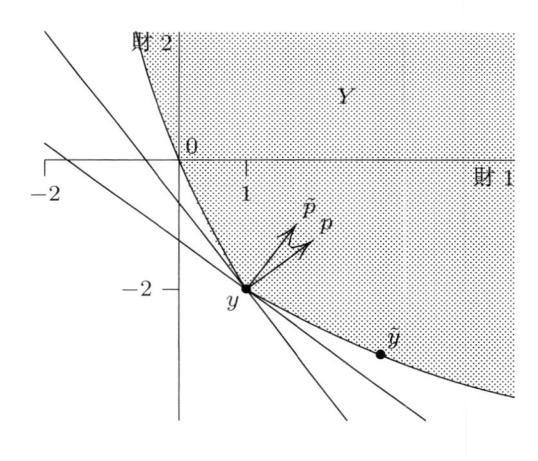

図 2.3.2　供給法則

系 2.3.2 (供給法則と代替関係の優越性)．生産集合 Y が狭義凸ならば，H に属する任意の財 h，h 以外のすべての財 $\tilde{h}$ に対して $p^{\tilde{h}} = \tilde{p}^{\tilde{h}}$ を満足し $\mathrm{dom}\, S \cap \mathbb{R}_{++}^H$ に属する互いに異なる任意の二つの価格 p と $\tilde{p}$，$S(p)$ に属する任意の生産 y および $S(\tilde{p})$ に属し y とは異なる任意の生産 $\tilde{y}$ に対して，
(a) $(\tilde{p}^h - p^h)(\tilde{y}^h - y^h) < 0$ となり，
(b) $(\tilde{p}^h - p^h)(\tilde{y}^k - y^k) > 0$ となる h 以外の財 k が存在する．

特に奇異とは思われない生産技術を持つ生産者が若干奇異と思われる仕方で行動する可能性を示す例を最後に挙げて本節を閉じる．

例 2.3.3. $y^2 + y^3 > -1$ と $1 + y^2 + \log(y^2 + y^3 + 1) > 0$ を満足する $\mathbb{R}^2$ の

元 (y^2, y^3) 全体から成る集合を Z で表し，Z の任意の元 (y^2, y^3) に対して
$$f(y^2, y^3) = \log\left(1 + y^2 + \log(y^2 + y^3 + 1)\right)$$
によって定義される Z 上の実数値関数 f を用いて定義される生産集合
$$Y = \left\{ y \in \mathbb{R}_- \times \mathbb{R}_+^2 \;\middle|\; y^1 \geq -f(y^2, y^3) \right\}$$
を持つ生産者を考える。
$$p^2 > p^3 \quad \text{かつ} \quad \frac{p^1}{p^2 - p^3} - 1 > \log\frac{p^2 - p^3}{p^3} > \frac{p^1}{p^2 - p^3} - \frac{p^2 - p^3}{p^3}$$
となるような $\mathbb{R}_{++}^3$ に属する価格 p 全体から成る集合を P で表し，
$$p^2 > p^3 \quad \text{かつ} \quad \log\frac{p^2 - p^3}{p^3} + \frac{p^2 - p^3}{p^3} > e^{-x} > \log\frac{p^2 - p^3}{p^3} + 1$$
を満足する $\mathbb{R}_{--} \times \mathbb{R}_{++}^2$ の元 (x, p^2, p^3) 全体から成る集合を Q で表し[24]，任意の負実数 x に対して
$$Q(x) = \left\{ (p^2, p^3) \in \mathbb{R}_{++}^2 \;\middle|\; (x, p^2, p^3) \in Q \right\}$$
と定義する。Q は財 1 の産出量 x と財 2 と 3 の価格 (p^2, p^3) の順序対の集合である。このとき

(a) $\mathbb{R}_+^2$ は Z に含まれ，f は Z 上の狭義単調増加狭義凹 2 回連続微分可能実数値関数であり[25]，

(b) 供給関係 S の定義域は P を含み，S の P への制限を改めて S で表せば P に属する任意の価格 p に対して

$$S(p) = \begin{bmatrix} -\log\dfrac{p^1}{p^2 - p^3} \\ \dfrac{p^1}{p^2 - p^3} - 1 - \log\dfrac{p^2 - p^3}{p^3} \\ \log\dfrac{p^2 - p^3}{p^3} + \dfrac{p^2 - p^3}{p^3} - \dfrac{p^1}{p^2 - p^3} \end{bmatrix}^T \tag{b.1}$$

---

24) 記号 $\mathbb{R}_{--}$ と $\mathbb{R}_{++}^2$ の定義については数学付録の定義 A.2.26 と A.5.35 を参照。
25) 実数値関数の狭義単調増加性と狭義凹性の定義については，数学付録の定義 A.8.3 と A.8.2 を参照。

2.3 供給関係：利潤関数

となり[26]，

(b.2) P に属する任意の価格 p に対して財 3 に対する需要関数 S^3 の p における財 1 の価格 p^1 に関する偏微係数 $S^3_1(p)$ は負であり，

(c) $(4,3,1)$ は P に属し，$S(4,3,1) = (-\log 2, 1-\log 2, \log 2)$ となり，

(d) 制約付き供給関係 S の定義域は Q を含み，S の Q への制限を改めて S で表せば，Q の任意の元 (x, p^2, p^3) に対して

$$S(x, p^2, p^3) = \begin{bmatrix} e^{-x} - 1 - \log \dfrac{p^2 - p^3}{p^3} \\ \log \dfrac{p^2 - p^3}{p^3} + \dfrac{p^2}{p^3} - 1 - e^{-x} \end{bmatrix}^T \tag{d.1}$$

となり，

(d.2) Q の任意の元 (x, p^2, p^3) に対して生産要素である財 3 に対する需要関数 S^3 の (x, p^2, p^3) における財 1 の純投入量 x に関する偏微係数 $S^3_1(x, p^2, p^3)$ は正であり，

(e) $(-\log 2, 3, 1)$ は Q に属し，$S(-\log 2, 3, 1) = (1-\log 2, \log 2)$ となる。

上の例の (a) に示されているように Y はごく普通の性質を持つ生産技術である．主張 (b.2) は生産物価格が上昇するときに供給法則によって生産物の供給量が増加するが，その生産のために投入される生産要素である財 3 に対する需要量が減少するという標準的でない現象を表現している．この現象を Hicks (1946) は逆行 (regression) と呼んだ．主張 (d.2) は生産物である財 1 の純投入量が増加するときに生産要素である財 3 に対する制約付き需要量が増加する，すなわち一層わかりやすい表現を用いるならば，生産物である財 1 の産出量が増加するときに生産要素である財 3 に対する制約付き需要量が減少するという標準的でない現象を表現している．これは財 3 が下級生産要素であることを表す．同様の現象は $\mathbb{R}^2_+$ の任意の元 (y^2, y^3) に対して $f(y^2, y^3) = \sqrt{y^2 + \log(y^2 + y^3 + 1)}$ によって表現される生産技術においても生じるであろう．

---

[26] ここで右辺の列ベクトルの右上に付けられている T は転置を意味する記号である．本書では実ベクトル空間の元は行列演算における行ベクトルとみなすから $S(p)$ も行ベクトルであり，それに合わせるために右辺を行ベクトルに変換している．

2.4 微分可能変形関数

2.2 節および 2.3 節の分析では価格が変化するときに生産者が活動を変更する必然性は説明できなかった。本節では生産技術の平滑性からそれを説明する。生産技術の平滑性を表現するには生産技術 Y を微分可能な変形関数で表現すればよい。本節では生産集合 Y を表現する任意の変形関数 f を選んで固定する。

2.4.1 制約付き供給関数

まず制約付き供給関係について考える。本項では生産技術が狭義凸性を満足することを仮定するから制約付き供給関係は原点を除くその定義域上で関数，すなわち「制約付き供給関数」となる。

定義 2.4.1. $\mathbb{R}^K$ に属する任意の投入産出 x および $\mathbb{R}^{H\setminus K}$ に属する任意の投入産出 y に対して
$$f^x(y) = f^y(x) = f(x,y)$$
と定義する。

定義 2.4.2. $\mathbb{R}^K$ に属する任意の投入産出 x と任意の実数 a に対して，集合
$$V(x,a) = \left\{ y \in \mathbb{R}^{H\setminus K} \mid f^x(y) \geq a \right\}$$
は「(x,a)-可能投入産出集合」，その各元は「(x,a)-可能投入産出」と呼ばれる。

$(x,0)$-可能投入産出集合は本来の x-可能投入産出集合 $V(x)$ と一致する。

定義 2.4.3. $\mathbb{R}^{H\setminus K} \times \mathbb{R}^K \times \mathbb{R}$ の任意の元 (p,x,a) に対して
$$G(p,x,a) = G^a(p,x) = G^{xa}(p) = G^{pa}(x) = G^{px}(a) = \underset{y \in V(x,a)}{\arg\min}\; p \cdot y$$
によって定義される $\mathbb{R}^{H\setminus K} \times \mathbb{R}^K \times \mathbb{R}$ から $\mathbb{R}^{H\setminus K}$ への関係 G は「制約付き疑似供給関係」と呼ばれる。

2.4 微分可能変形関数

定義 2.4.4. G の定義域 $\operatorname{dom} G$ の任意の元 (p, x, a) に対して

$$\sigma(p, x, a) = \sigma^a(p, x) = \sigma^{xa}(p) = \sigma^{pa}(x) = \sigma^{px}(a) = -p \cdot G(p, x, a),$$
$$C(p, x, a) = C^a(p, x) = C^{xa}(p) = C^{pa}(x) = C^{px}(a) = p \cdot G(p, x, a)$$

によって定義される $\operatorname{dom} G$ 上の実数値関数 σ と C はそれぞれ「制約付き疑似利潤関数」および「制約付き疑似費用関数」と呼ばれる。

命題 2.4.1. 制約付き供給関係 S の定義域 $\operatorname{dom} S$ の任意の元 (p, x) に対して $S(p, x) = G(p, x, 0)$ かつ $\pi(p, x) = \sigma(p, x, 0)$ となる。

この命題は制約付き疑似供給関係と制約付き疑似利潤関数は制約付き供給関係と制約付き利潤関数を一般化した概念であることを表している。

定理 2.4.1. (i) f が $\mathbb{R}^H$ 上で 2 回連続微分可能であり,
(ii) $\mathbb{R}^K$ に属する任意の投入産出 x と $\mathbb{R}^{H \setminus K}$ に属する任意の投入産出 y に対して (ii-1) $\nabla f^x(y) \gg 0$ となり, (ii-2) $\nabla f^x(y) z^T = 0$ を満足する $\mathbb{R}^{H \setminus K} \setminus \{0\}$ の任意の元 z に対して $z \nabla^2 f^x(y) z^T < 0$ ならば[27],
(a) $\operatorname{dom} G^+$ の任意の元 (p, x, a) に対して $G^{xa}(p)$ は一元集合であり $f^x(G^{xa}(p)) = a$ を満足し[28],
(b) $\operatorname{dom} G^+$ の任意の元 (p, x, a) に対して $\mu(p, x, a) \nabla f^x(G^{xa}(p)) = p$ を満足する $\operatorname{dom} G^+$ から $\mathbb{R}_{++}$ への唯一の関数 μ が存在し,
(c) G と μ は $\operatorname{int} \operatorname{dom} G^+$ 上で連続微分可能であり[29],
(d) $\operatorname{dom} G^+$ の任意の元 (p, x, a) に対して (d.1) $\mu^{xa}(p) \nabla f^{G^{xa}(p)}(x) = \nabla \sigma^{pa}(x)$ かつ (d.2) $\mu(p, x, a) = -\nabla \sigma^{px}(a)$ となり,
(e) $\operatorname{int} \operatorname{dom} G^+$ の任意の元 (p, x, a) に対して
(e.1) $\nabla \sigma^{xa}(p) = -G^{xa}(p)$ かつ $\nabla^2 \sigma^{xa}(p) = -J_{G^{xa}}(p)$ となり,
(e.2) $J_{G^{xa}}(p)$ は対称であり,

---

27) 仮定 (ii-2) の下で f は狭義準凹関数である。数学付録の定理 A.8.5 を参照。狭義準凹関数の定義については数学付録の定義 A.8.1 を参照。
28) $\operatorname{dom} G^+ = \{(p, x, a) \in \operatorname{dom} G \mid p \gg 0\}$ と定義している。
29) $\operatorname{int} \operatorname{dom} G^+ = \{(p, x, a) \in \operatorname{int} \operatorname{dom} G \mid p \gg 0\}$ と定義している。記号 $\operatorname{int} \operatorname{dom} G$ は $\operatorname{dom} G$ の内部を表す。集合の内部の定義については数学付録の定義 A.3.9 を参照。

(e.3) $J_{G^{xa}}(p)$ の階数は $|H|-|K|-1$ に等しく[30]，

(e.4) $J_{G^{xa}}(p)$ の任意の真の主座小行列は負定符号であり[31]，

(e.5) $z=tp$ となる実数 t が存在しないような $\mathbb{R}^{H\setminus K}$ の任意の元 z に対して $zJ_{G^{xa}}(p)z^T<0$ となり，

(e.6) $pJ_{G^{xa}}(p)=0$ かつ $J_{G^{xa}}(p)p^T=0^T$ となる。

定理 2.4.1 の解釈の大部分は次の系 2.4.1 の解釈として以下に述べるが，ここではその系に含まれない (d.2) の解釈だけを述べる．この命題に現れる $\mu(p,x,a)$ は生産技術の制約の下で純損失を最小化するという制約条件付き最小化問題の Lagrange 乗数であるが，(d.2) はこの Lagrange 乗数の経済的解釈を与える主張である．$-\nabla\sigma^{px}(a)$ は $\nabla C^{px}(a)$ に等しく，a の増加が費用関数を移動させる効果を表す．a の増加は生産集合を縮小させるパラメタと解釈できるから，生産技術の制約の強さを表すと考えうる．したがって Lagrange 乗数 $\mu(p,x,a)$ は生産技術の制約の強化が費用関数を上に移動させる限界効果，いわば「生産技術水準の低下の限界費用」を表すと解釈できよう．

系 2.4.1. (i) f が $\mathbb{R}^H$ 上で 2 回連続微分可能であり，

(ii) $\mathbb{R}^K$ に属する任意の投入産出 x と $\mathbb{R}^{H\setminus K}$ に属する任意の投入産出 y に対して (ii-1) $\nabla f^x(y)\gg 0$ となり，(ii-2) $\nabla f^x(y)z^T=0$ を満足する $\mathbb{R}^{H\setminus K}\setminus\{0\}$ の任意の元 z に対して $z\nabla^2 f^x(y)z^T<0$ ならば，

(a) $\mathrm{dom}\, S^+$ の任意の元 (p,x) に対して $S^x(p)$ は一元集合であり $f^x(S^x(p))=0$ を満足し[32]，

(b) $\mathrm{dom}\, S^+$ の任意の元 (p,x) に対して $\mu(p,x)\nabla f^x(S^x(p))=p$ を満足する $\mathrm{dom}\, S^+$ から $\mathbb{R}_{++}$ への唯一の関数 μ が存在し，

(c) S と μ は $\mathrm{int}\,\mathrm{dom}\, S^+$ 上で連続微分可能であり[33]，

(d) $\mathrm{dom}\, S^+$ の任意の元 (p,x) に対して $\mu^x(p)\nabla f^{S^x(p)}(x)=\nabla\pi^p(x)$ となり，

(e) $\mathrm{int}\,\mathrm{dom}\, S^+$ の任意の元 (p,x) に対して

(e.1) $\nabla\pi^x(p)=-G^x(p)$ かつ $\nabla^2\pi^x(p)=-J_{S^x}(p)$ となり，

---

30) 行列の階数の定義については数学付録の定義 A.5.17 を参照．
31) 行列の定符号性の定義については，数学付録の定義 A.8.4 を参照．
32) ここで $\mathrm{dom}\, S^+=\{(p,x)\in\mathrm{dom}\, S\mid p\gg 0\}$ と定義している．
33) ここで $\mathrm{int}\,\mathrm{dom}\, S^+=\{(p,x)\in\mathrm{int}\,\mathrm{dom}\, S\mid p\gg 0\}$ と定義している．

2.4 微分可能変形関数

(e.2) $J_{S^x}(p)$ は対称であり,

(e.3) $J_{S^x}(p)$ の階数は $|H| - |K| - 1$ に等しく,

(e.4) $J_{S^x}(p)$ の任意の真の主座小行列は負定符号であり,

(e.5) $z = tp$ となる実数 t が存在しないような $\mathbb{R}^{H\setminus K}$ の任意の元 z に対して $zJ_{S^x}(p)z^T < 0$ となり,

(e.6) $pJ_{S^x}(p) = 0$ かつ $J_{S^x}(p)p^T = 0^T$ となる。

系 2.4.1 の (e.1) の第一の主張により,制約付き利潤関数の価格に関する偏微係数から成るベクトルは制約付き供給関数の値の符号を逆転したものに等しい。K が生産物全体の集合を表し $H \setminus K$ が生産要素全体の集合を表す場合には,費用関数の価格に関する偏微係数から成るベクトルは制約付き生産要素需要関数の値すなわち生産要素需要量に等しく,これは「Shephard の補題」と呼ばれることがある。

(e.1) の第二の主張により制約付き利潤関数の価格に関する第 2 次偏微係数から成る正方行列は制約付き供給関数の価格に関する偏微係数から成る行列の符号を逆転したものに等しい。後者は各財の制約付き供給量の各財の価格変化による変化率すなわち価格変化の代替効果を表し「代替行列」とも呼ばれることがあり,前者は制約付き利潤関数の Hesse 行列であり,これは (e.2) に記されているように対称行列である。したがって第二の主張により $H \setminus K$ に属する任意の財 h の制約付き供給量の $H \setminus K$ に属する任意の財 k の価格に関する偏微係数は財 k の制約付き供給量の財 h の価格に関する偏微係数と一致する。ゆえに財 k が財 h の代替財であるならば財 h は財 k の代替財でありその逆も成立し,また財 k が財 h の補完財であるならば財 h は財 k の補完財でありその逆も成立する。この性質は「代替効果の対称性」と呼ばれる。

(e.3) により代替行列は特異行列でありしたがって $J_{S^x}(p)z^T = 0$ となるような $\mathbb{R}^{H\setminus K} \setminus \{0\}$ の元が存在するが,特に (e.6) で主張されているように,この z として価格 p を用いうる。(e.6) は制約付き供給関数 S^x の正 0 次同次性と同値である[34]。

(e.4) により代替行列の対角要素はすべて負である。対角要素は $H \setminus K$ に

---

34) 数学付録の命題 A.6.1 を参照。

属する各財 h の制約付き供給量のそれ自体の価格 p^h に関する偏微係数だから，それが負であることは各財 h の制約付き供給量がそれ自体の価格 p^h の狭義減少関数であること，すなわち「制約付き供給法則」を意味する．ここで各財の価格の上昇はその財の制約付き供給量を必ず増加させることが初めて証明された．この結論を導く仮定は生産技術の平滑性とその生産技術を表現する変形関数の狭義準凹性である．

2.4.2 供給関数

次に投入産出量を固定された財が存在しない場合の生産者の行動を表現する供給関係について考える．ここでも生産技術が狭義凸性を満足することを仮定するから供給関係は原点を除くその定義域上で関数すなわち供給関数になる．

定義 2.4.5. 任意の実数 a に対して

$$Y(a) = \left\{ y \in \mathbb{R}^H \mid f(y) \geq a \right\}$$

と定義し，これを「a によって定まる疑似生産集合」と呼ぶ．

定義 2.4.6. $\mathbb{R}^H \times \mathbb{R}$ の任意の元 (p, a) に対して

$$G(p, a) = G^a(p) = G^p(a) = \underset{y \in Y(a)}{\arg\min} \, p \cdot y$$

によって定義される $\mathbb{R}^H \times \mathbb{R}$ から $\mathbb{R}^H$ への関係 G は「疑似供給関係」と呼ばれる．

定義 2.4.7. $\mathrm{dom}\, G$ の任意の元 (p, a) に対して

$$\sigma(p, a) = \sigma^a(p) = \sigma^p(a) = -p \cdot G(p, a)$$

によって定義される $\mathrm{dom}\, G$ 上の実数値関数 σ は「疑似利潤関数」と呼ばれる．

命題 2.4.2. 供給関係 S の定義域 $\mathrm{dom}\, S$ に属する任意の価格 p に対して $S(p) = G(p, 0)$ かつ $\pi(p) = \sigma(p, 0)$ となる．

2.4 微分可能変形関数

疑似生産集合，疑似供給関係および疑似利潤関数は $a=0$ の場合にはそれぞれ本来の生産集合，供給関係および利潤関数と一致し，後者を一般化した概念である．

定理 2.4.2. (i) f が $\mathbb{R}^H$ 上で 2 回連続微分可能であり，
(ii) $\mathbb{R}^H$ に属する任意の生産 y に対して (ii-1) $\nabla f(y) \gg 0$ となり，(ii-2) $\nabla f(y) z^T = 0$ を満足する $\mathbb{R}^H \setminus \{0\}$ の任意の元 z に対して $z \nabla^2 f(y) z^T < 0$ ならば，
(a) $\mathrm{dom}\, G^+$ の任意の元 (p,a) に対して $G^a(p)$ は一元集合であり $f(G^a(p)) = a$ となり[35]，
(b) $\mathrm{dom}\, G^+$ の任意の元 (p,a) に対して $\mu(p,a) \nabla f(G^a(p)) = p$ を満足する $\mathrm{dom}\, G^+$ から $\mathbb{R}_{++}$ への唯一の関数 μ が存在し，
(c) G と μ は $\mathrm{int}\, \mathrm{dom}\, G^+$ 上で連続微分可能であり[36]，
(d) $\mathrm{dom}\, G^+$ の任意の元 (p,a) に対して $\mu(p,a) = -\nabla \sigma^p(a)$ となり，
(e) $\mathrm{int}\, \mathrm{dom}\, G^+$ の任意の元 (p,a) に対して
(e.1) $\nabla \sigma^a(p) = -G^a(p)$ かつ $\nabla^2 \sigma^a(p) = -J_{G^a}(p)$ となり，
(e.2) $J_{G^a}(p)$ は対称であり，
(e.3) $J_{G^a}(p)$ の階数は $|H|-1$ に等しく，
(e.4) $J_{G^a}(p)$ の任意の真の主座小行列は負定符号であり，
(e.5) $z = tp$ となる実数 t が存在しないような $\mathbb{R}^H$ の任意の元 z に対して $z J_{G^a}(p) z^T < 0$ となり，
(e.6) $p J_{G^a}(p) = 0$ かつ $J_{G^a}(p) p^T = 0^T$ となる．

定理 2.4.2 の解釈は定理 2.4.1 のそれとほぼ同様だから再述しない．

系 2.4.2. (i) f が $\mathbb{R}^H$ 上で 2 回連続微分可能であり，
(ii) $\mathbb{R}^H$ に属する任意の生産 y に対して (ii-1) $\nabla f(y) \gg 0$ となり，(ii-2) $\nabla f(y) z^T = 0$ を満足する $\mathbb{R}^H \setminus \{0\}$ の任意の元 z に対して $z \nabla^2 f(y) z^T < 0$ ならば，

---

[35] ここで $\mathrm{dom}\, G^+ = \{(p,a) \in \mathrm{dom}\, G \mid p \gg 0\}$ と定義している．
[36] ここで $\mathrm{int}\, \mathrm{dom}\, G^+ = \{(p,a) \in \mathrm{int}\, \mathrm{dom}\, G \mid p \gg 0\}$ と定義している．

(a) $\mathrm{dom}\, S^+$ に属する任意の価格 p に対して $S(p)$ は一元集合であり $f(S(p)) = 0$ を満足し[37],

(b) $\mathrm{dom}\, S^+$ に属する任意の価格 p に対して $\mu(p)\nabla f(S(p)) = p$ を満足する $\mathrm{dom}\, S^+$ から $\mathbb{R}_{++}$ への唯一の関数 μ が存在し,

(c) S と μ は $\mathrm{int}\,\mathrm{dom}\, S^+$ 上で連続微分可能であり[38],

(d) $\mathrm{int}\,\mathrm{dom}\, S^+$ に属する任意の価格 p に対して

(d.1) $\nabla \pi(p) = -S(p)$ かつ $\nabla^2 \pi(p) = -J_S(p)$ となり,

(d.2) $J_S(p)$ は対称であり,

(d.3) $J_S(p)$ の階数は $|H| - 1$ に等しく,

(d.4) $J_S(p)$ の任意の真の主座小行列は負定符号であり,

(d.5) $z = tp$ となる実数 t が存在しないような $\mathbb{R}^H$ の任意の元 z に対して $z J_S(p) z^T < 0$ となり,

(d.6) $p J_S(p) = 0$ かつ $J_S(p) p^T = 0^T$ となる。

系 2.4.2 の解釈も系 2.4.1 のそれとほぼ同様である。

2.5 生産者行動に含まれる生産技術に関する情報

生産技術を表す生産集合 Y と財集合 H の部分集合 K によって定義される集合 $\mathbb{R}^K$ に属する投入産出 x によって定まる x-可能投入産出集合 $V(x)$ が与えられれば, 制約付き供給関係 S^x と制約付き利潤関数 π^x あるいは費用関数 C^x が定義されてそれらの性質を調べることが可能である。また生産集合 Y が与えられれば供給関係 S と利潤関数 π が定義されてそれらの性質を調べることが可能である。

しかし生産技術は生産者が持っている私的情報であり一般に観察可能ではない。他方, 制約付き供給関係や供給関係は生産活動と価格の間の関係であり, 価格は公開された情報であり, 生産活動も生産要素の購入および生産物

---

[37] ここで $\mathrm{dom}\, S^+ = \mathrm{dom}\, S \cap \mathbb{R}^H_{++}$ と定義している。
[38] ここで $\mathrm{int}\,\mathrm{dom}\, S^+ = \mathrm{int}\,\mathrm{dom}\, S \cap \mathbb{R}^H_{++}$ と定義している。

2.5 生産者行動に含まれる生産技術に関する情報

の販売を通じて一般に観察できる情報である。実際に観察されるものは供給関係に属する有限個の情報に過ぎないが，無限回の観察を重ねれば制約付き供給関係や供給関係全体が観察できるという意味でこれらは原理的に観察可能な概念である。この観察された供給関係や制約付き供給関係から費用関数や利潤関数が定義されているから費用関数も観察可能な概念である。この費用関数や利潤関数から生産者の私的情報である生産技術が推定できるか否かをここで考察する。

ただし生産技術が推定できると言っても生産集合の形を知りうるだけであり，この生産集合を持つことを可能にした専門的知識まで知りうるという意味ではないことは言うまでもない。この専門的知識は真の私的情報である。

2.5.1 費用関数に含まれる生産技術に関する情報

本項では H の任意の部分集合 K を選んで固定し，$\mathbb{R}^K$ に属する任意の投入産出 x に対して定まる制約付き供給関係 S^x あるいはそれから定義される制約付き利潤関数 π^x あるいは費用関数 C^x から生産技術についてどの程度のことを知りうるかを考える。

定義 2.5.1. $\mathbb{R}^K$ に属する任意の投入産出 x に対して，

$$\hat{V}(x) = \bigcap_{p \in \text{dom } S^x} \left\{ y \in \mathbb{R}^{H \setminus K} \mid p \cdot y \geq -\pi^x(p) \right\}$$

と定義し，これを「観察された制約付き供給関係 S^x から推定される x-可能投入産出集合」と呼ぶ。

定義 2.5.2. $\bar{Y} = \left\{ (x, y) \in \mathbb{R}^K \times \mathbb{R}^{H \setminus K} \mid y \in \hat{V}(x) \right\}$ と定義し，これを「制約付き供給関係から推定される生産集合」と呼ぶ。

定義 2.5.3. $\mathbb{R}^{H \setminus K} \times \mathbb{R}^K$ の任意の元 (p, x) に対して

$$\hat{S}(p, x) = \hat{S}^x(p) = \underset{y \in \hat{V}(x)}{\arg\min} \, p \cdot y$$

と定義し，これを「推定される生産集合から誘導される制約付き供給関係」と呼ぶ。

定義 2.5.4. $\hat{S}$ の定義域 $\operatorname{dom}\hat{S}$ の任意の元 (p,x) に対して

$$\hat{\pi}^x(p) = -p \cdot \hat{S}^x(p)$$

と定義し，これを「推定される生産集合から誘導される制約付き利潤関数」と呼ぶ．

定理 2.5.1. 仮定 2.2.1 の下で，
(a) V の定義域 $\operatorname{dom} V$ に属する任意の投入産出 x に対して
(a.1) $\hat{V}(x)$ は $V(x)$ を含む凸集合であり，
(a.2) $V(x)$ が $\mathbb{R}^{H\setminus K}$ の閉凸部分集合ならば $V(x) = \hat{V}(x)$ となり，
(b) Y は $\bar{Y}$ に含まれ，
(c) $\operatorname{dom} V$ に属する任意の投入産出 x に対して $V(x)$ が $\mathbb{R}^{H\setminus K}$ の閉凸部分集合ならば $\bar{Y} = Y$ となり，
(d) $\mathbb{R}^{H\setminus K} \times \mathbb{R}^K$ の任意の元 (p,x) に対して $S(p,x)$ は $\hat{S}(p,x)$ に含まれ，
(e) $\operatorname{dom} S$ は $\operatorname{dom} \hat{S}$ に含まれ，
(f) 制約付き供給関係 S の定義域 $\operatorname{dom} S$ の任意の元 (p,x) に対して $\pi^x(p) = \hat{\pi}^x(p)$ となる．

　この定理の (c) は観察される制約付き供給関係 S から推定される生産集合 $\bar{Y}$ が真の生産集合 Y と完全に一致するための十分条件を述べている．この十分条件は K が生産物全体の集合である場合には等量曲面の上方集合が $\mathbb{R}^{H\setminus K}$ の閉凸部分集合であることである．この条件は比較的弱く，特に規模に関する収穫逓増という種類の非凸性が存在する場合にも成立するから，かなり一般的な状況において生産者の私的情報である生産技術は生産者の行動を観察することによって推定できることがわかる．次項では利潤関数から生産技術を正確に推定できるための条件として生産集合自体の凸性を用いるから，費用関数に関する情報の方が利潤関数に関する情報より有益であると言えよう．

　仮に真の生産集合 Y が推定できないとしても $\bar{Y}$ は知りうる．この推定された生産集合 $\bar{Y}$ からミクロ経済学理論によって誘導される制約付き供給関係 $\hat{S}$ と制約付き利潤関数 $\hat{\pi}$ は，この定理の (a), (d), (e), (f) からわかるように真の制約付き供給関係 S および制約付き利潤関数 π を近似している．

2.5.2 利潤関数に含まれる技術に関する情報

本項では供給関係 S あるいはそれから定義される利潤関数 π から生産技術についてどの程度のことを知りうるかを考える。

定義 2.5.5. $\hat{Y} = \bigcap_{p \in \text{dom } S} \{y \in \mathbb{R}^H \mid p \cdot y \geq -\pi(p)\}$ と定義し，これを「供給関係 S から推定される生産集合」と名付ける。

$\hat{Y}$ が供給関係 S を導いた本来の生産集合 Y といかなる関係にあるかがここでの問題である。

定義 2.5.6. $\mathbb{R}^H$ に属する任意の価格 p に対して $\hat{S}(p) = \arg\min_{y \in \hat{Y}} p \cdot y$ と定義し，これを「推定された生産集合から誘導される供給関係」と呼ぶ。

定義 2.5.7. $\hat{S}$ の定義域 $\text{dom } \hat{S}$ に属する任意の価格 p に対して

$$\hat{\pi}(p) = -p \cdot \hat{S}(p)$$

と定義し，これを「推定される生産集合から誘導される利潤関数」と呼ぶ。

定理 2.5.2 (利潤関数が含む情報). (a) $\hat{Y}$ は Y を含む凸集合であり，
(b) $\mathbb{R}^H$ に属する任意の価格 p に対して $S(p)$ は $\hat{S}(p)$ に含まれ，
(c) $\text{dom } S$ は $\text{dom } \hat{S}$ に含まれ，
(d) $\text{dom } S$ に属する任意の価格 p に対して $\pi(p) = \hat{\pi}(p)$ かつ $\hat{S}(p) \cap Y = S(p)$ となる。
(e) Y が $\mathbb{R}^H$ の閉凸部分集合ならば $\hat{Y} = Y$ となる。

定理 2.5.2 の主張 (a) から (d) によれば，原理的に観察可能な供給関係 S から定義される生産集合 $\hat{Y}$ は S に近似的な供給関係 $\hat{S}$ を定義し，利潤関数 $\hat{\pi}$ は本来の利潤関数 π の定義域上では完全に一致する。したがって真の供給関係 S の性質を理解するために必要な生産集合に関する知識は本質的には $\hat{Y}$ に関するものでほぼ十分であると考えられる。特に生産者の技術 Y が閉凸集合であることが予め知られているならば，(e) により真の生産技術 Y は生産者の行動 S を観察することによって完全に知りうる。生産集合 Y が $\mathbb{R}^H$ の閉凸部分集合であるという仮定は Y が $\mathbb{R}^H$ の原点を含む場合には規模に関す

る収穫逓増と両立しないから強い仮定であるが，すでに定理 2.5.1 で見たように実際には弱い仮定の下で同じ結論が成立する．

2.6 証　明

定理 2.2.1 の証明． (a.1) から (a.5) および (b) の証明は容易だから省略し，(a.6) すなわち次の主張のみを証明する．

主張． $\mathrm{dom}\, V$ に属する任意の投入産出 x と $\mathrm{int}\, \mathrm{dom}\, S^x$ に属する任意の価格 p に対して，もし π^x が p において微分可能ならば $S^x(p) = \{-\nabla \pi^x(p)\}$ となる．

主張の証明． $\mathrm{dom}\, V$ に属する任意の投入産出 x, π^x が p において微分可能であるような $\mathrm{int}\, \mathrm{dom}\, S^x$ に属する任意の価格 p と $S^x(p)$ に属する任意の投入産出 y を選び $\mathrm{dom}\, S^x$ に属する任意の価格 q に対して $g(q) = \pi^x(q) + q \cdot y$ と定義する．このとき $\mathrm{dom}\, S^x$ に属する任意の価格 q に対して，$\pi^x(q)$ の定義により $g(q) = q \cdot y - q \cdot S^x(q) \geq 0$ となる．$g(p) = 0$ だから g は p において最小化される．π^x は p で微分可能だから g も p で微分可能である．p は $\mathrm{int}\, \mathrm{dom}\, S^x$ に属するから $H \setminus K$ に属する任意の財 h に対して $0 = g_h(p) = \pi^x_h(p) + y^h$ すなわち $y = -\nabla \pi^x(p)$ となる[39]．y は $S^x(p)$ の任意の元だから $S^x(p) = \{-\nabla \pi^x(p)\}$ となり，主張が成立して定理 2.2.1 の証明が完了する．∎

系 2.2.1 の証明． $\mathrm{dom}\, V$ に属する任意の投入産出 x, $H \setminus K$ に属する任意の財 h, $H \setminus (K \cup \{h\})$ に属する任意の財 $\tilde{h}$ に対して $p^{\tilde{h}} = \tilde{p}^{\tilde{h}}$ を満足し $\mathrm{dom}\, S^x \cap \mathbb{R}_{++}^{H \setminus K}$ に属する任意の二つの価格 p と $\tilde{p}$, $S^x(p)$ に属する任意の投入産出 y と $S^x(\tilde{p})$ に属する任意の投入産出 $\tilde{y}$ を選ぶ．定理 2.2.1 から次の主張 1 が導かれる．

主張 1. $(\tilde{p}^h - p^h)(\tilde{y}^h - y^h) \leq 0$ となる．

---

[39] ここで $g_h(p)$ は g の p における p^h に関する偏微係数を，$\pi^x_h(p)$ は π^x の p における p^h に関する偏微係数を表す．本書では関数記号の下付き添字として変数の指標を明示することによって関数の偏微係数を表す．

2.6 証明

主張 2. $(\tilde{p}^h - p^h)(\tilde{y}^k - y^k) \geq 0$ を満足する h 以外の財 k が $H \setminus K$ の中に存在する。

主張 2 の証明. $H \setminus (K \cup \{h\})$ に属する任意の財 k に対して $(\tilde{p}^h - p^h)(\tilde{y}^k - y^k) < 0$ と仮定する。このとき $p^h \neq \tilde{p}^h$ となる。もし $\tilde{p}^h > p^h$ ならば，$H \setminus (K \cup \{h\})$ の中の任意の財 k に対して $\tilde{y}^k < y^k$ であり，主張 1 により $\tilde{y}^h \leq y^h$ ゆえに $\tilde{y} < y$ であり，$p \gg 0$ だから $p \cdot \tilde{y} < p \cdot y$ となり y が $S^x(p)$ に属することと矛盾し，$\tilde{p}^h \leq p^h$ となる。対称的な推論により $\tilde{p}^h \geq p^h$ したがって $p^h = \tilde{p}^h$ となり不合理だから主張 2 が成立し，系 2.2.1 の証明が完了する。 ∎

定理 2.2.2 の証明. $V(x)$ が狭義凸であるような $\text{dom}\,V$ に属する任意の投入産出 x を選ぶ。

主張 1. $\text{dom}\,S^x \setminus \{0\}$ に属する任意の価格 p に対して $S^x(p)$ は一元集合である。

主張 1 の証明. $S^x(p)$ が互いに異なる二つの投入産出 y と $\tilde{y}$ を含むような価格 p が $\text{dom}\,S^x \setminus \{0\}$ の中に存在したと仮定し，$\bar{y} = \frac{1}{2}(y + \tilde{y})$ と定義する。y と $\tilde{y}$ は $V(x)$ に属するから $V(x)$ の狭義凸性により $\bar{y}$ は $V(x)$ の内部に属し，y と $\tilde{y}$ は同じ制約の下で利潤を最大化するから $p \cdot y = p \cdot \tilde{y}$ したがって $p \cdot \bar{y} = p \cdot y$ となる。$p \neq 0$ であり $\bar{y}$ は $V(x)$ の内部に属するから $p \cdot \hat{y} < p \cdot \bar{y}$ を満足する投入産出 $\hat{y}$ が $V(x)$ の中に存在し，y が $S^x(p)$ に属することと矛盾する。

主張 2. $\text{dom}\,S^x$ に属する互いに異なる任意の二つの価格 p と $\tilde{p}$，$S^x(p)$ に属する任意の投入産出 y および $S^x(\tilde{p})$ に属し y とは異なる任意の投入産出 $\tilde{y}$ に対して，$(\tilde{p} - p) \cdot (\tilde{y} - y) < 0$ となる。

主張 2 の証明. $\text{dom}\,S^x$ に属する互いに異なる任意の二つの価格 p と $\tilde{p}$，$S^x(p)$ に属する任意の投入産出 y および $S^x(\tilde{p})$ に属し y とは異なる任意の投入産出 $\tilde{y}$ を選ぶ。$p \neq 0$ ならば，主張 1 により $S^x(p) = \{y\}$ だから $p \cdot y < p \cdot \tilde{y}$ となり他方 $\tilde{y}$ は $S^x(\tilde{p})$ に属するから $\tilde{p} \cdot \tilde{y} \leq \tilde{p} \cdot y$ ゆえに $(\tilde{p} - p) \cdot (\tilde{y} - y) < 0$ となる。次に $p = 0$ と仮定する。仮定により $\tilde{p} \neq p = 0$ であり，主張 1 に

より $S^x(\tilde{p}) = \{\tilde{y}\}$ だから $\tilde{p} \cdot \tilde{y} < \tilde{p} \cdot y$ となり他方 y は $S^x(p)$ に属するから $p \cdot y \le p \cdot \tilde{y}$ となる．ゆえに $(\tilde{p}-p) \cdot (\tilde{y}-y) < 0$ となり，主張 2 が成立する．

主張 1 と 2 により定理 2.2.2 の証明が完了する． ∎

系 2.2.2 の証明は系 2.2.1 の証明と同様だから省略する．定理 2.3.1，系 2.3.1，定理 2.3.2 および系 2.3.2 の証明は，それぞれ定理 2.2.1，系 2.2.1，定理 2.2.2 および系 2.2.2 の証明と同様だから省略する．また命題 2.4.1 の証明も容易だから省略する．

定理 2.4.1 の証明． (i) f が $\mathbb{R}^H$ 上で 2 回連続微分可能であり，(ii) $\mathbb{R}^K$ に属する任意の投入産出 x と $\mathbb{R}^{H \setminus K}$ に属する任意の投入産出 y に対して (ii-1) $\nabla f^x(y) \gg 0$ となり，(ii-2) $\nabla f^x(y) z^T = 0$ を満足する $\mathbb{R}^{H \setminus K} \setminus \{0\}$ の任意の元 z に対して $z \nabla^2 f^x(y) z^T < 0$ と仮定する．

主張 1． $\mathrm{dom}\, G^+$ の任意の元 (p, x, a) に対して $G^{xa}(p)$ は一元集合であり $f^x(G^{xa}(p)) = a$ となる．

主張 1 の証明． $\mathrm{dom}\, G^+$ の任意の元 (p, x, a) を選ぶ．p は $\mathrm{dom}\, G^{xa}$ に属するから $G^{xa}(p)$ は非空である．$G^{xa}(p)$ の任意の元 y に対して $f^x(y) = a$ となることは容易に確認できる．$G^{xa}(p)$ の中に互いに異なる二つの投入産出 y と $\tilde{y}$ が存在すると仮定し $\bar{y} = \frac{1}{2}(y + \tilde{y})$ と定義する．このとき $f^x(y) = a = f^x(\tilde{y})$ かつ $p \cdot \bar{y} = p \cdot y$ となる．仮定 (ii) により f^x は狭義準凹関数だから $f^x(\bar{y}) > a$ となる[40]．仮定 (i) により f^x は連続だから[41]，$p \cdot \hat{y} < p \cdot \bar{y} = p \cdot y$ と $f^x(\hat{y}) > a$ を満足する投入産出 $\hat{y}$ が $\mathbb{R}^{H \setminus K}$ の中に存在し y が $G^{xa}(p)$ に属することと矛盾し，主張 1 が成立する．以下では集合 $G^{xa}(p)$ とその唯一の元を同一視する．

主張 2． $\mathrm{dom}\, G^+$ の任意の元 (p, x, a) に対して $\mu(p, x, a) \nabla f^x(G^{xa}(p)) = p$ を満足する $\mathrm{dom}\, G^+$ から $\mathbb{R}_{++}$ への唯一の関数 μ が存在する．

主張 2 の証明． $\mathrm{dom}\, G^+$ の任意の元 (p, x, a) を選ぶ．主張 1 により $f^x(G^{xa}(p))$

---

40) 数学付録の定理 A.8.5 を参照．
41) 数学付録の定理 A.6.1 を参照．

$= a$ となり仮定 (ii-1) により $\operatorname{rank} \nabla f^x(G^{xa}(p)) = 1$ となる[42]。$f^x(y) = a$ を満足し $\mathbb{R}^{H\setminus K}$ に属する任意の投入産出 y に対して $p \cdot G^{xa}(p) \leq p \cdot y$ だから,$\mu(p,x,a)\nabla f^x(G^{xa}(p)) = p$ を満足する唯一の実数 $\mu(p,x,a)$ が存在する[43]。仮定 (ii-1) により $\nabla f^x(G^{xa}(p)) \gg 0$ であり,(p,x,a) は $\operatorname{dom} G^+$ に属するから $p \gg 0$ となり,したがって $\mu(p,x,a)$ は正である。

主張 3. G と μ は $\operatorname{int} \operatorname{dom} G^+$ 上で連続微分可能である。

主張 3 の証明. $\mathbb{R}^{H\setminus K} \times \mathbb{R}_{++} \times \operatorname{int} \operatorname{dom} G^+$ の任意の元 (y,m,p,x,a) に対して

$$\phi(y,m,p,x,a) = \phi^{pxa}(y,m) = \begin{bmatrix} m(\nabla f^x(y))^T - p^T \\ f^x(y) - a \end{bmatrix}$$

と定義する。仮定 (i) から次の主張 3.1 が導かれ,次の主張 3.2 も容易に確認できる。

主張 3.1. ϕ は $\mathbb{R}^{H\setminus K} \times \mathbb{R}_{++} \times \operatorname{int} \operatorname{dom} G^+$ から $\mathbb{R}^{H\setminus K} \times \mathbb{R}$ への連続微分可能関数である。

主張 3.2. $\mathbb{R}^{H\setminus K} \times \mathbb{R}_{++} \times \operatorname{int} \operatorname{dom} G^+$ の任意の元 (y,m,p,x,a) に対して

$$J_{\phi^{pxa}}(y,m) = \begin{bmatrix} m\nabla^2 f^x(y) & (\nabla f^x(y))^T \\ \nabla f^x(y) & 0 \end{bmatrix}$$

となる[44]。

主張 3.3. $\mathbb{R}^{H\setminus K} \times \mathbb{R}_{++} \times \operatorname{int} \operatorname{dom} G^+$ の任意の元 (y,m,p,x,a) に対して $J_{\phi^{pxa}}(y,m)$ は正則行列である。

---

[42] $\operatorname{rank} \nabla f^x(G^{xa}(p))$ は行列 $\nabla f^x(G^{xa}(p))$ の階数を表す。数学付録の定義 A.5.17 を参照。

[43] 数学付録の定理 A.7.3 を参照。

[44] $J_{\phi^{pxa}}(y,m)$ は ϕ^{pxa} の (y,m) における Jacobi 行列である。本書では Jacobi 行列の行は偏微分が行われる変数の座標を表し,列は偏微分が行われる関数の値の座標を表す。

主張 3.3 の証明. $J_{\phi^{pxa}}(y,m)$ が特異行列となるような $\mathbb{R}^{H\setminus K} \times \mathbb{R}_{++} \times \text{int dom}\, G^+$ の元 (y, m, p, x, a) が存在すると仮定する。このとき

$$\begin{bmatrix} m\nabla^2 f^x(y) & (\nabla f^x(y))^T \\ \nabla f^x(y) & 0 \end{bmatrix} \begin{bmatrix} z^T \\ w \end{bmatrix} = 0^T$$

を満足する $(\mathbb{R}^{H\setminus K} \times \mathbb{R}) \setminus \{0\}$ の元 (z, w) が存在する。もし $z \neq 0$ ならば仮定 (ii-2) により $0 > mz\nabla^2 f^x(y)z^T = -(\nabla f^x(y))z^T w = 0$ となり不合理だから $z = 0$ である。ゆえに $(\nabla f^x(y))^T w = 0^T$ となり，仮定 (ii-1) により $\nabla f^x(y) \gg 0$ だから $w = 0$ したがって $(z, w) = 0$ となり不合理であり，主張 3.3 が成立する。主張 3.1 から 3.3 により次の主張 3.4 が導かれる[45]。

主張 3.4. $\mathbb{R}^{H\setminus K} \times \mathbb{R}_{++} \times \text{int dom}\, G^+$ の任意の元 (y, m, p, x, a) に対して (a) $\psi(p, x, a) = (y, m)$ となり，(b) U の任意の元 $(\tilde{p}, \tilde{x}, \tilde{a})$ に対して (b.1) $(\psi(\tilde{p}, \tilde{x}, \tilde{a}), \tilde{p}, \tilde{x}, \tilde{a})$ が $\mathbb{R}^{H\setminus K} \times \mathbb{R}_{++} \times \text{int dom}\, G^+$ に属し, (b.2) $\phi(\psi(\tilde{p}, \tilde{x}, \tilde{a}), \tilde{p}, \tilde{x}, \tilde{a}) = \phi(y, m, p, x, a)$ を満足する $\text{int dom}\, G^+$ における (p, x, a) の開近傍 U と U から $\mathbb{R}^{H\setminus K} \times \mathbb{R}_{++}$ への連続微分可能関数 ψ が存在する[46]。

主張 3.5. G と μ は $\text{int dom}\, G^+$ の上で連続微分可能である。

主張 3.5 の証明. $\text{int dom}\, G^+$ の任意の元 (p, x, a) を選ぶ。

主張 3.5.1. U の任意の元 $(\tilde{p}, \tilde{x}, \tilde{a})$ に対して $\hat{\mu}(\tilde{p}, \tilde{x}, \tilde{a})\nabla f^{\tilde{x}}(\hat{G}(\tilde{p}, \tilde{x}, \tilde{a})) = \tilde{p}$ と $f^{\tilde{x}}(\hat{G}(\tilde{p}, \tilde{x}, \tilde{a})) = \tilde{a}$ を満足する $\text{int dom}\, G^+$ における (p, x, a) の開近傍 U，U から $\mathbb{R}^{H\setminus K}$ への連続微分可能関数 $\hat{G}$ および U から $\mathbb{R}_{++}$ への連続微分可能関数 $\hat{\mu}$ が存在する。

主張 3.5.1 の証明. 主張 2 により $(G^{xa}(p), \mu^{xa}(p), p, x, a)$ は $\mathbb{R}^{H\setminus K} \times \mathbb{R}_{++} \times \text{int dom}\, G^+$ に属するから，主張 3.4 により (a) $\psi(p, x, a) = (G^{xa}(p), \mu^{xa}(p))$ となり，(b) U の任意の元 $(\tilde{p}, \tilde{x}, \tilde{a})$ に対して (b.1) $(\psi(\tilde{p}, \tilde{x}, \tilde{a}), \tilde{p}, \tilde{x}, \tilde{a})$ が $\mathbb{R}^{H\setminus K} \times$

---

[45] 数学付録の定理 A.6.4 を参照。
[46] 開近傍の定義については，数学付録の定義 A.3.7 を参照。

$\mathbb{R}_{++} \times \operatorname{int} \operatorname{dom} G^+$ に属し,(b.2) $\phi(\psi(\tilde{p},\tilde{x},\tilde{a}),\tilde{p},\tilde{x},\tilde{a}) = \phi(G^{xa}(p), \mu^{xa}(p), p, x, a)$ となる.U の任意の元 $(\tilde{p},\tilde{x},\tilde{a})$ に対して

$$\psi(\tilde{p},\tilde{x},\tilde{a}) = (\hat{G}(\tilde{p},\tilde{x},\tilde{a}), \hat{\mu}(\tilde{p},\tilde{x},\tilde{a})) \in \mathbb{R}^{H\setminus K} \times \mathbb{R}_{++}$$

と表示する.このとき $\hat{G}$ は U から $\mathbb{R}^{H\setminus K}$ への連続微分可能関数であり,$\hat{\mu}$ は U から $\mathbb{R}_{++}$ への連続微分可能関数である.U の任意の元 $(\tilde{p},\tilde{x},\tilde{a})$ に対して,主張 1 と 2 により $\tilde{p} = \hat{\mu}(\tilde{p},\tilde{x},\tilde{a})\nabla f^{\tilde{x}}(\hat{G}(\tilde{p},\tilde{x},\tilde{a}))$ かつ $\tilde{a} = f^{\tilde{x}}(\hat{G}(\tilde{p},\tilde{x},\tilde{a}))$ となり,主張 3.5.1 が成立する.

$\mathbb{R}^{H\setminus K}$ の任意の元 y,任意の非負実数 λ_0,任意の実数 λ および U の任意の元 $(\tilde{p},\tilde{x},\tilde{a})$ に対して $L(y,\lambda_0,\lambda,\tilde{p},\tilde{x},\tilde{a}) = L^{\lambda_0 \lambda \tilde{p}\tilde{x}\tilde{a}}(y) = \lambda_0 \tilde{p} \cdot y + \lambda(f^{\tilde{x}}(y) - \tilde{a})$ と定義する.

主張 3.5.2. U の任意の元 $(\tilde{p},\tilde{x},\tilde{a})$ に対して
(a) $f^{\tilde{x}}(\hat{G}^{\tilde{x}}(\tilde{p},\tilde{a})) = \tilde{a}$ となり,
(b) $f^{\tilde{x}}$ の $\hat{G}^{\tilde{x}\tilde{a}}(\tilde{p})$ における Jacobi 行列 $J_{f^{\tilde{x}}}(\hat{G}^{\tilde{x}\tilde{a}}(\tilde{p}))$ の階数が 1 に等しく[47],
(c) 以下の二つの条件:(c.1) $\nabla L^{\hat{\lambda}_0 \hat{\lambda} \tilde{p}\tilde{x}\tilde{a}}(\hat{G}^{\tilde{x}\tilde{a}}(\tilde{p})) = 0$,(c.2) $\nabla f^{\tilde{x}}(\hat{G}^{\tilde{x}\tilde{a}}(\tilde{p}))z^T = 0$ を満足する $\mathbb{R}^{H\setminus K} \setminus \{0\}$ の任意の元 z に対して $z\nabla^2 L^{\hat{\lambda}_0 \hat{\lambda} \tilde{p}\tilde{x}\tilde{a}}(\hat{G}^{\tilde{x}\tilde{a}}(\tilde{p}))z^T > 0$ となる,
を満足するような非負実数 $\hat{\lambda}_0$ と実数 $\hat{\lambda}$ が存在する.

主張 3.5.2 の証明. U の任意の元 $(\tilde{p},\tilde{x},\tilde{a})$ を選ぶ.主張 3.5.1 から (a) が導かれ,仮定 (ii-1) から (b) が導かれるから (c) のみを示す.$\hat{\lambda}_0 = 1$ また $\hat{\lambda} = -\hat{\mu}(\tilde{p},\tilde{x},\tilde{a})$ と定義する.主張 3.5.1 により (c.1) が成立する.$\nabla f^{\tilde{x}}(\hat{G}^{\tilde{x}\tilde{a}}(\tilde{p}))z^T = 0$ を満足する $\mathbb{R}^{H\setminus K} \setminus \{0\}$ の任意の元 z に対して $z\nabla^2 L^{\hat{\lambda}_0 \hat{\lambda} \tilde{p}\tilde{x}\tilde{a}}(\hat{G}^{\tilde{x}\tilde{a}}(\tilde{p}))z^T = -\hat{\mu}(\tilde{p},\tilde{x},\tilde{a})z\nabla^2 f^{\tilde{x}}(G^{\tilde{x}\tilde{a}}(\tilde{p}))z^T$ となり主張 3.5.1 により $\hat{\mu}(\tilde{p},\tilde{x},\tilde{a}) > 0$ であり,仮定 (ii-2) により $z\nabla^2 f^{\tilde{x}}(G^{\tilde{x}\tilde{a}}(\tilde{p}))z^T < 0$ だから $z\nabla^2 L^{\hat{\lambda}_0 \hat{\lambda} \tilde{p}\tilde{x}\tilde{a}}(\hat{G}^{\tilde{x}\tilde{a}}(\tilde{p}))z^T > 0$ となり,(c.2) が成立して,主張 3.5.2 が導かれる.

主張 3.5.3. U の任意の元 $(\tilde{p},\tilde{x},\tilde{a})$ に対して $\hat{G}(\tilde{p},\tilde{x},\tilde{a}) = G(\tilde{p},\tilde{x},\tilde{a})$ かつ $\hat{\mu}(\tilde{p},\tilde{x},\tilde{a}) = \mu(\tilde{p},\tilde{x},\tilde{a})$ となる.

---

47) ここで $f^{\tilde{x}}$ は実数値関数だから $J_{f^{\tilde{x}}}(\hat{G}^{\tilde{x}\tilde{a}}(\tilde{p})) = \nabla f^{\tilde{x}}(\hat{G}^{\tilde{x}\tilde{a}}(\tilde{p}))$ となる.

主張 3.5.3 の証明. U の任意の元 $(\tilde{p}, \tilde{x}, \tilde{a})$ を選ぶ. 主張 3.5.2 により次の主張 3.5.3.1 が成立する.

主張 3.5.3.1. $\left\|y - \hat{G}^{\tilde{x}\tilde{a}}(\tilde{p})\right\| < \delta$ と $f^{\tilde{x}}(y) = \tilde{a}$ を満足する $\mathbb{R}^{H \setminus K} \setminus \{\hat{G}^{\tilde{x}\tilde{a}}(\tilde{p})\}$ の任意の元 y に対して $\tilde{p} \cdot \hat{G}^{\tilde{x}\tilde{a}}(\tilde{p}) < \tilde{p} \cdot y$ を満足する y に依存しない正実数 δ が存在する[48]．

主張 3.5.3.2. $\left\|y - \hat{G}^{\tilde{x}\tilde{a}}(\tilde{p})\right\| < \delta$ と $f^{\tilde{x}}(y) \geq \tilde{a}$ を満足する $\mathbb{R}^{H \setminus K} \setminus \{\hat{G}^{\tilde{x}\tilde{a}}(\tilde{p})\}$ の任意の元 y に対して $\tilde{p} \cdot \hat{G}^{\tilde{x}\tilde{a}}(\tilde{p}) < \tilde{p} \cdot y$ となる．

主張 3.5.3.2 の証明. $\left\|y - \hat{G}^{\tilde{x}\tilde{a}}(\tilde{p})\right\| < \delta$, $f^{\tilde{x}}(y) \geq \tilde{a}$ かつ $\tilde{p} \cdot \hat{G}^{\tilde{x}\tilde{a}}(\tilde{p}) \geq \tilde{p} \cdot y$ となる $\mathbb{R}^{H \setminus K} \setminus \{\hat{G}^{\tilde{x}\tilde{a}}(\tilde{p})\}$ の元 y が存在すると仮定し, $z = (1/2)(\hat{G}^{\tilde{x}\tilde{a}}(\tilde{p}) + y)$ と定義する. このとき $\tilde{p} \cdot z \leq \tilde{p} \cdot \hat{G}^{\tilde{x}\tilde{a}}(\tilde{p})$ となり, 仮定 (ii-2) により $f^{\tilde{x}}$ は狭義準凹だから[49], $f^{\tilde{x}}(z) > \min\left\{f^{\tilde{x}}(\hat{G}^{\tilde{x}\tilde{a}}(\tilde{p})), f^{\tilde{x}}(y)\right\} \geq \tilde{a}$ となる. 他方 $\tilde{z} \ll \hat{G}^{\tilde{x}\tilde{a}}(\tilde{p})$ かつ $\left\|\tilde{z} - \hat{G}^{\tilde{x}\tilde{a}}(\tilde{p})\right\| < \delta$ となる $\mathbb{R}^{H \setminus K}$ の元 $\tilde{z}$ が存在し, 仮定 (ii-1) により $f^{\tilde{x}}$ は狭義単調増加だから $f^{\tilde{x}}(\tilde{z}) < f^{\tilde{x}}(\hat{G}^{\tilde{x}\tilde{a}}(\tilde{p})) = \tilde{a}$ となり, $\tilde{p} \gg 0$ だから $\tilde{p} \cdot \tilde{z} < \tilde{p} \cdot \hat{G}^{\tilde{x}\tilde{a}}(\tilde{p})$ となる. 仮定 (i) により $f^{\tilde{x}}$ は連続だから $f^{\tilde{x}}((1-t)z + t\tilde{z}) = \tilde{a}$ となる実数 t が $]0,1[$ の中に存在する. $\hat{z} = (1-t)z + t\tilde{z}$ と定義する. このとき $\left\|\hat{z} - \hat{G}^{\tilde{x}\tilde{a}}(\tilde{p})\right\| < \delta$, $f^{\tilde{x}}(\hat{z}) = \tilde{a}$ かつ $\tilde{p} \cdot \hat{G}^{\tilde{x}\tilde{a}}(\tilde{p}) > \tilde{p} \cdot \hat{z}$ となり, 主張 3.5.3.1 と矛盾するから, 主張 3.5.3.2 が成立する.

主張 3.5.3.3. $f^{\tilde{x}}(y) \geq \tilde{a}$ を満足する $\mathbb{R}^{H \setminus K} \setminus \{\hat{G}^{\tilde{x}\tilde{a}}(\tilde{p})\}$ の任意の元 y に対して $\tilde{p} \cdot \hat{G}^{\tilde{x}\tilde{a}}(\tilde{p}) < \tilde{p} \cdot y$ となる．

主張 3.5.3.3 の証明. $f^{\tilde{x}}(y) \geq \tilde{a}$ と $\tilde{p} \cdot \hat{G}^{\tilde{x}\tilde{a}}(\tilde{p}) \geq \tilde{p} \cdot y$ を満足する $\mathbb{R}^{H \setminus K} \setminus \{\hat{G}^{\tilde{x}\tilde{a}}(\tilde{p})\}$ の元 y が存在すると仮定し, $]0,1[$ に属する任意の実数 t に対して $\hat{y}(t) = (1-t)y + t\hat{G}^{\tilde{x}\tilde{a}}(\tilde{p})$ と定義する. このとき $\left\|\hat{y}(\bar{t}) - \hat{G}^{\tilde{x}\tilde{a}}(\tilde{p})\right\| < \delta$ となる実数 $\bar{t}$ が $]0,1[$ の中に存在するから $\bar{y} = \hat{y}(\bar{t})$ と定義する. このとき $\tilde{p} \cdot \hat{G}^{\tilde{x}\tilde{a}}(\tilde{p}) \geq \tilde{p} \cdot \bar{y}$ となり, 仮定 (ii-2) により $f^{\tilde{x}}$ は狭義準凹だから $f^{\tilde{x}}(\bar{y}) > \min\{f^{\tilde{x}}(y), f^{\tilde{x}}(\hat{G}^{\tilde{x}\tilde{a}}(\tilde{p}))\} \geq \tilde{a}$ となり, 主張 3.5.3.2 と矛盾し, 主張 3.5.3.3 が成立する.

---

[48] 数学付録の定理 A.7.5 を参照．
[49] 数学付録の定理 A.8.5 を参照．

主張 3.5.3.3 により $\hat{G}^{\tilde{x}\tilde{a}}(\tilde{p})$ は $G^{\tilde{x}\tilde{a}}(\tilde{p})$ に属するが,主張 1 により $G^{\tilde{x}\tilde{a}}(\tilde{p})$ は一元集合だから,$\hat{G}^{\tilde{x}\tilde{a}}(\tilde{p}) = G^{\tilde{x}\tilde{a}}(\tilde{p})$ となる。主張 2 と主張 3.5.1 により $\mu(\tilde{p},\tilde{x},\tilde{a})\nabla f^{\tilde{x}}(G^{\tilde{x}\tilde{a}}(\tilde{p})) = \tilde{p} = \hat{\mu}(\tilde{p},\tilde{x},\tilde{a})\nabla f^{\tilde{x}}(\hat{G}^{\tilde{x}\tilde{a}}(\tilde{p}))$ だから $\hat{\mu}(\tilde{p},\tilde{x},\tilde{a}) = \mu(\tilde{p},\tilde{x},\tilde{a})$ となり,主張 3.5.3 が成立する。

主張 3.5.4. G と μ は (p,x,a) において連続微分可能である。

主張 3.5.4 の証明. 主張 3.5.3 により G と $\hat{G}$ および μ と $\hat{\mu}$ はそれぞれ (p,x,a) の開近傍 U 上で一致し,$\hat{G}$ と $\hat{\mu}$ は主張 3.5.1 により連続微分可能だから G と μ は (p,x,a) において連続微分可能であり,主張 3.5.4 が成立する。

(p,x,a) は $\mathrm{int}\,\mathrm{dom}\,G^+$ の任意の元だから,G と μ は $\mathrm{int}\,\mathrm{dom}\,G^+$ 上で連続微分可能であり,主張 3.5 したがって主張 3 が成立する。

主張 4. $\mathrm{dom}\,G^+$ の任意の元 (p,x,a) に対して $\mu(p,x,a) = -\nabla\sigma^{px}(a)$ かつ $\mu(p,x,a)\nabla f^{G(p,x,a)}(x) = \nabla\sigma^{pa}(x)$ となる。

主張 4 の証明. $\mathrm{dom}\,G^+$ の任意の元 (p,x,a) を選ぶ。主張 1 により $\mathrm{dom}\,G^+$ の任意の元 $(\tilde{p},\tilde{x},\tilde{a})$ に対して $f(\tilde{x},G(\tilde{p},\tilde{x},\tilde{a})) = f^{\tilde{x}}(G(\tilde{p},\tilde{x},\tilde{a})) = \tilde{a}$ だから,主張 3 により

$$0 = \nabla f^x(G(p,x,a))J_{G^{pa}}(x) + \nabla f^{G(p,x,a)}(x),$$
$$1 = \nabla f^x(G(p,x,a))J_{G^{px}}(a)$$

したがって主張 2 により

$$\nabla\sigma^{pa}(x) = -pJ_{G^{pa}}(x) = -\mu(p,x,a)\nabla f^x(G(p,x,a))J_{G^{pa}}(x)$$
$$= \mu(p,x,a)\nabla f^{G(p,x,a)}(x),$$
$$\nabla\sigma^{px}(a) = -pJ_{G^{px}}(a) = -\mu(p,x,a)\nabla f^x(G(p,x,a))J_{G^{px}}(a) = -\mu(p,x,a)$$

となる。

主張 5. $\mathrm{int}\,\mathrm{dom}\,G^+$ の任意の元 (p,x,a) に対して
(a) $\nabla\sigma^{xa}(p) = -G^{xa}(p)$ かつ $\nabla^2\sigma^{xa}(p) = -J_{G^{xa}}(p)$ となり,
(b) $J_{G^{xa}}(p)$ は対称であり,

(c) $J_{G^{xa}}(p)$ の階数は $|H|-|K|-1$ に等しく,
(d) $J_{G^{xa}}(p)$ の任意の真の主座小行列は負定符号であり,
(e) $z=tp$ となる実数 t が存在しないような $\mathbb{R}^{H\backslash K}$ の任意の元 z に対して $zJ_{G^{xa}}(p)z^T < 0$ となり,
(f) $pJ_{G^{xa}}(p) = 0$ かつ $J_{G^{xa}}(p)p^T = 0^T$ となる.

主張 5 の証明. int dom G^+ の任意の元 (p, x, a) を選ぶ. 主張 1 と 2 から次の主張 5.1 の (a), (b) および (c) が導かれ, $\nabla^2 \sigma^{xa}(p)$ は対称だから (c) から (d) が導かれる[50].

主張 5.1. (a) $pJ_{G^{xa}}(p) = 0$, (b) $\nabla \sigma^{xa}(p) = -G^{xa}(p)$, (c) $\nabla^2 \sigma^{xa}(p) = -J_{G^{xa}}(p)$ となり, (d) $J_{G^{xa}}(p)$ は対称である.

$$Z = \left\{ z \in \mathbb{R}^{H\backslash K} \mid J_{G^{xa}}(p)z^T = 0^T \right\} \text{ また } \tilde{Z} = \bigcup_{t \in \mathbb{R}} \left\{ z \in \mathbb{R}^{H\backslash K} \mid z = tp \right\}$$

と定義する.

主張 5.2. (a) $\mu^{xa}(p)\nabla^2 f^x(G^{xa}(p))J_{G^{xa}}(p) + (\nabla f^x(G^{xa}(p)))^T (J_{G^{px}}(a))^T$ は $|H \backslash K|$ 次単位行列であり, (b) $Z = \tilde{Z}$ となり, (c) $J_{G^{xa}}(p)$ の階数は $|H|-|K|-1$ に等しい.

主張 5.2 の証明. 主張 4 と主張 5.1 により $\nabla \mu^{xa}(p) = (J_{G^{px}}(a))^T$ だから主張 1, 2 および 3 により

$$\begin{bmatrix} \nabla^2 f^x(G^{xa}(p)) & (\nabla f^x(G^{xa}(p)))^T \\ \nabla f^x(G^{xa}(p)) & 0 \end{bmatrix} \begin{bmatrix} \mu^{xa}(p)J_{G^{xa}}(p) & J_{G^{px}}(a) \\ (J_{G^{px}}(a))^T & \nabla \mu^{px}(a)/\mu^{px}(a) \end{bmatrix}$$

は $|H \backslash K|+1$ 次単位行列であり, これから (a) が導かれる.

Z の任意の元 z を選び $t = (1/\mu^{px}(a))(J_{G^{px}}(a))^T z^T$ と定義する. このとき t は実数である. $J_{G^{xa}}(p)z^T = 0^T$ だから

$$\begin{bmatrix} \mu^{xa}(p)J_{G^{xa}}(p) & J_{G^{px}}(a) \\ (J_{G^{px}}(a))^T & \nabla \mu^{px}(a)/\mu^{px}(a) \end{bmatrix} \begin{bmatrix} z^T \\ 0 \end{bmatrix} = \begin{bmatrix} 0^T \\ (J_{G^{px}}(a))^T z^T \end{bmatrix}$$

---

50) 数学付録の定理 A.6.2 を参照.

2.6 証明

したがって
$$\begin{bmatrix} z^T \\ 0 \end{bmatrix} = \begin{bmatrix} (J_{G^{px}}(a))^T z^T (\nabla f^x (G^{px}(a)))^T \\ 0 \end{bmatrix}$$

ゆえに主張 2 により $z = (1/\mu^{px}(a))(J_{G^{px}}(a))^T z^T p = tp$ だから z は $\tilde{Z}$ に属し,Z は $\tilde{Z}$ に含まれる.主張 5.1 の (a) と (d) により $\tilde{Z}$ は Z に含まれるから $Z = \tilde{Z}$ となり (b) が成立する.

$p \gg 0$ だから $\tilde{Z}$ は $\mathbb{R}^{H \setminus K}$ の 1 次元線形部分空間であり,Z は $\mathbb{R}^{H \setminus K}$ の 1 次元線形部分空間である.$\dim Z + \operatorname{rank} J_{G^{xa}}(p) = |H| - |K|$ だから[51],$J_{G^{xa}}(p)$ の階数は $|H| - |K| - 1$ に等しく (c) が成立して主張 5.2 が導かれる.

主張 5.3. $z = tp$ となる実数 t が存在しないような $\mathbb{R}^{H \setminus K}$ の任意の元 z に対して $z J_{G^{xa}}(p) z^T < 0$ となる.

主張 5.3 の証明. $z = tp$ となる実数 t が存在しないような $\mathbb{R}^{H \setminus K}$ の任意の元 z を選び $\tilde{z} = (J_{G^{xa}}(p) z^T)^T$ と定義する.$\tilde{z} = 0$ ならば z は Z に属し主張 5.2 の (b) により $z = tp$ となる実数 t が存在して不合理だから $\tilde{z} \neq 0$ となる.主張 2 と主張 5.1 の (a) により $\nabla f^x(G^{xa}(p)) \tilde{z}^T = 0$ だから主張 5.2 の (a),主張 2,主張 5.1 の (a) および仮定 (ii-2) から $z J_{G^{xa}}(p) z^T = \mu^{xa}(p) \tilde{z} \nabla^2 f^x(G^{xa}(p)) \tilde{z}^T < 0$ が導かれる.

主張 5.4. $J_{G^{xa}}(p)$ の任意の真の主座小行列は負定符号である.

主張 5.4 の証明. $H \setminus K$ の任意の真部分集合 L を選び
$$\hat{Z} = \bigcap_{i \in (H \setminus K) \setminus L} \left\{ z \in \mathbb{R}^{H \setminus K} \setminus \{0\} \mid z_i = 0 \right\}$$

と定義する.$p \gg 0$ だから,$\hat{Z}$ の任意の元 z に対して $z = tp$ となる実数 t は存在せず,主張 5.3 により $z J_{G^{xa}}(p) z^T < 0$ となり,主張 5.4 が成立する.

主張 5.1 の (a) と (d) から次の主張 5.5 が導かれる.

主張 5.5. $p J_{G^{xa}}(p) = 0$ かつ $J_{G^{xa}}(p) p^T = 0^T$ となる.

---
51) $\dim Z$ は Z の次元を表す.数学付録の定義 A.5.16 と定理 A.5.4 を参照.

主張 5.1 から 5.5 により主張 5 が導かれ，主張 1 から 5 により定理 2.4.1 の証明が完了する．∎

系 2.4.1，命題 2.4.2 の証明は容易だから省略する．定理 2.4.2 の証明は定理 2.4.1 の証明と同様だから省略する．系 2.4.2 の証明は容易だから省略する．

定理 2.5.1 の証明． (a.1) の証明は容易であり，(b) は (a) から導かれ，(c) は (a.2) から導かれ，(d) の証明は容易であり，(e) と (f) は (c) から導かれるから，ここでは (a.2) すなわち次の主張のみを証明する．

主張． $V(x)$ が $\mathbb{R}^{H \setminus K}$ の閉凸部分集合となるような $\mathrm{dom}\, V$ に属する任意の投入産出 x に対して $V(x) = \hat{V}(x)$ となる．

主張の証明． $V(x)$ が $\mathbb{R}^{H \setminus K}$ の閉凸部分集合となるような $\mathrm{dom}\, V$ に属する任意の投入産出 x を選ぶ．(a.1) により $\hat{V}(x)$ が $V(x)$ に含まれることを示せば十分である．$\hat{V}(x) \setminus V(x)$ の元 $\hat{y}$ が存在すると仮定する．$V(x)$ は $\mathbb{R}^{H \setminus K}$ の非空閉部分集合だから $\hat{y}$ との距離が最小になるような $V(x)$ の元 $\bar{y}$ が存在する[52]．$p = \bar{y} - \hat{y}$ と定義する．このとき $p \neq 0$ である．

$p \cdot y < p \cdot \bar{y}$ となる投入産出 y が $V(x)$ の中に存在すると仮定し，任意の実数 t に対して $z(t) = (1-t)\bar{y} + ty$ また $f(t) = \|z(t) - \hat{y}\|^2$ と定義する．$V(x)$ は凸だから $[0,1]$ に属する任意の実数 t に対して $z(t)$ は $V(x)$ に属する．$\bar{y}$ の選び方により f は $[0,1]$ 上で 0 において最小化されているから，$f'(0) \geq 0$ となるが $f'(0) = 2p \cdot (\bar{y} - y) < 0$ となり不合理であり，$V(x)$ に属する任意の投入産出 y に対して $p \cdot y \geq p \cdot \bar{y}$ となる．したがって $\bar{y}$ は $S^x(p)$ に属し，$p \in \mathrm{dom}\, S^x = \mathrm{dom}\, \pi^x$ となる．$\hat{y}$ は $\hat{V}(x)$ に属するから $p \cdot \hat{y} \geq -\pi^x(p) = p \cdot \bar{y}$ となるが $p \cdot \hat{y} - p \cdot \bar{y} = -\|p\|^2 < 0$ となり不合理であり，主張が成立し，定理 2.5.1 の証明が完了する．∎

定理 2.5.2 の証明は定理 2.5.1 の証明とほとんど同じだから省略する．

---

52) 数学付録の定理 A.5.9 を参照．距離の定義については，数学付録の定義 A.3.1 を参照．

第3章
消　費　者

　本章では経済を構成する消費者の第4章で扱う競争市場における行動を説明するモデルを設定してその行動の性質を演繹する。生産者の場合と同様に競争市場においては消費者は価格の決定に関してまったく支配力がないと考えて価格を所与とみなして消費活動を選択する。

3.1　消費者行動の理論的表現としての需要関係

　第1章における経済モデルの定式化に従い財集合 H を持つ経済を考える。本章では消費者集合 I に属する消費者を任意に一人選び出してその一人の消費者の行動だけを考察するから消費者を区別する記号は省略する。

　生産者と同様に消費者はこの経済に存在するすべての財を消費するとは限らないから，本章の以下の部分では財集合 H は考察する消費者の $\succsim$-可能消費集合 $X(\succsim)$ が $\mathbb{R}^H$ に含まれるような H の中で最小の集合であると考える[1]。

　生産者は自分が持つ生産技術を表す生産集合 Y の中のいかなる生産活動をも選択できたが，消費者は市場で定まる価格と自分に与えられた所得によって定義される予算の範囲内で選択することだけが許される。この予算の制約

---

[1]　第1章において $\succsim$ は選好目録を表す記号として用い消費者 i の選好関係は $\succsim_i$ で表したが，本章では消費者を区別する記号を省略しているから $\succsim$ はここで考察している特定の消費者の選好関係を表す。

は以下のように定義される。

定義 3.1.1. 財空間 $\mathbb{R}^H$ に属する任意の価格 p と $\mathbb{R}$ に属する任意の所得 m に対して $B(p, m) = \{x \in X(\succsim) \mid p \cdot x \leq m\}$ によって定義される $\mathbb{R}^H \times \mathbb{R}$ から $\mathbb{R}^H$ への関係 B は「予算関係」と呼ばれ[2]，$B(p, m)$ は「(p, m) における予算集合」と呼ばれる。

命題 3.1.1. (a) 予算関係 B の定義域 $\mathrm{dom}\, B$ は $\mathbb{R}^H \times \mathbb{R}$ の原点を頂点とする錐であり，(b) $\mathbb{R}^H \times \mathbb{R}$ の任意の元 (p, m) と任意の正実数 t に対して $B(p, m) = B(tp, tm)$ となる。

この命題の (b) により価格と所得が比例的に変化しても予算集合は変化しない。この性質は予算関係の「正0次同次性」と呼ばれる。

消費者は予算集合が与えられたときにその中から消費活動を選ぶと想定する。しかし予算集合の与えられ方次第で消費活動を決定できないかもしれないという可能性，さらに決定できるとしても唯一の活動を確定する程に意思決定を絞り込めないかもしれないという可能性をも考慮する。すなわち消費者行動は，集合 $\mathbb{R}^H$ に属する任意の価格 p と集合 $\mathbb{R}$ に属する任意の所得 m に対して予算集合 $B(p, m)$ の空集合かもしれない部分集合 $D(p, m)$ を割り当てる規則として定式化される。以下ではこれを「需要関係」と呼ぶ。

定義 3.1.2. $\mathbb{R}^H \times \mathbb{R}$ から $\mathbb{R}^H$ への関係 D は，もし $\mathbb{R}^H \times \mathbb{R}$ の任意の元 (p, m) に対して $D(p, m)$ が $B(p, m)$ に含まれるならば，「需要関係」と呼ばれ，集合 $D(p, m)$ は「(p, m) における需要集合」と呼ばれる。もし $D(p, m)$ が一元集合であるような D の定義域 $\mathrm{dom}\, D$ の元 (p, m) 全体の集合が非空であるならば，D のこの集合への制限は「需要関数」と呼ばれ，集合 $D(p, m)$ とその唯一の元は同一視される。

需要関係は消費者行動の形式的表現であり，これだけではあまりに抽象的であり内容が空虚だから内容を与える仮説を以下で導入する。この仮説は消

---

[2] $p \cdot x$ は $\sum_{h \in H} p^h x^h$ を表す。p^h は財 h の価格を表すと解釈するから，$p^h x^h$ は財 h を x^h 単位購入するために支払うべき金額を表す。したがって $p \cdot x$ は価格 p が与えられたときに消費 x を実行するために必要な支出金額を表す。

3.1 消費者行動の理論的表現としての需要関係

費者行動の典型的性質と思われるものを説明できなければならない。そのような性質にはどのようなものがあろうか。ここでは以下のような性質を考えよう。

- すべての財の価格と所得が比例的に変化するとき，各財に対する需要量は変化しない[3]。

- 消費者が消費している財の価格が上昇し他の財の価格が変化しないときその消費者のその財に対する需要量は減少する。この性質は「需要法則」と呼ばれることがある。以下ではこの需要法則の変種をいくつか考えて区別する[4]。

- 所得が上昇するとき，少なくとも一種類の財に対する需要量は増加するけれどもすべての財に対する需要量が増加するとは限らない[5]。

- ある財の価格が上昇するとき，少なくとも一種類の他の財に対する需要量は増加するが他のすべての財に対する需要量が増加するとは限らない[6]。

これらの性質の一部あるいはさらに他の性質を説明できる仮説を吟味することが本章の主要な目的の一つである。次の仮説を考えよう。

仮定 3.1.1. $\mathbb{R}^H \times \mathbb{R}$ の任意の元 (p, m) に対して

$$D(p, m) = \bigcap_{\tilde{x} \in B(p, m)} \{x \in B(p, m) \mid x \succsim \tilde{x}\}$$

となる。

この仮定は予算集合が与えられたときに消費者が自分の選好関係で評価して予算集合の中で最良の消費全体を選択することを述べており，「選好充足仮説」と呼ばれる。この仮説は消費者行動の一種の合理性を表現しており，これから直ちに導かれる需要関係の一つの基本的性質は次の定理である。

---

3) 定理 3.1.1 を参照。
4) 定理 3.2.1，定理 3.4.1 を参照。
5) 例 3.4.1 を参照。
6) 例 3.4.1 を参照。

定理 3.1.1 (需要関係の正 0 次同次性). (a) 需要関係 D の定義域 $\mathrm{dom}\, D$ は $\mathbb{R}^H \times \mathbb{R}$ の原点を頂点とする錐であり，(b) $\mathrm{dom}\, D$ の任意の元 (p, m) と任意の正実数 t に対して $D(p, m) = D(tp, tm)$ となる．

定理 3.1.1 により，需要関係の定義域は価格と所得が形成する空間の原点を頂点とする錐であり，需要関係は価格と所得に関して正 0 次同次である．ある価格と所得の組み合わせに対して需要集合が非空である場合にはその価格と所得が比例的に変化しても需要集合は非空であるばかりでなくまったく変化しない．すなわち需要集合は本質的には価格と所得に依存しているのではなく予算集合だけに依存している．これは選好充足仮説の定義から明らかであろう．これは本章の 3.1 節で挙げた消費者行動の典型的性質の第一番目のものに対応する．これは消費者が「貨幣錯覚に陥らない」ことを表すと言われる．

3.2 Hicks 補償需要関係

選好充足仮説の下での需要関係の基本的性質を調べるには以下に定義する Hicks 補償需要関係が有用である．

定義 3.2.1. 財空間 $\mathbb{R}^H$ に属する任意の価格 p と任意の $\succsim$-可能消費 x に対して
$$C(p, x) = C^x(p) = \underset{\tilde{x} \in U_{\succsim}(x)}{\arg\min}\, p \cdot \tilde{x}$$
によって定義される $\mathbb{R}^H \times X(\succsim)$ から $X(\succsim)$ への関係 C は「Hicks 補償需要関係」と呼ばれ，集合 $C(p, x)$ は「(p, x) における Hicks 補償需要集合」と呼ばれる[7]．もし $C(p, x)$ が一元集合であるような C の定義域 $\mathrm{dom}\, C$ の元 (p, x) 全体の集合が非空であるならば，C のこの集合への制限は「Hicks 補償需要関数」と呼ばれ，集合 $C(p, x)$ とその唯一の元は同一視される．

---

7) 記号 $U_{\succsim}(x)$ は x の $\succsim$-上方集合を表す．第 1 章の定義 1.3.2 を参照．

3.2 Hicks 補償需要関係

(p,x) における Hicks 補償需要集合 $C(p,x)$ は x と少なくとも同程度に望ましい消費の中で価格 p で評価した支出金額が最小となる消費全体の集合である．

定義 3.2.2. Hicks 補償需要関係 C の定義域 $\operatorname{dom} C$ の任意の元 (p,x) に対して
$$e(p,x) = e^x(p) = e^p(x) = p \cdot C(p,x)$$
によって定義される $\operatorname{dom} C$ 上の実数値関数 e は「支出関数」と呼ばれる．

支出関数の値 $e(p,x)$ は (p,x) における Hicks 補償需要集合に属する消費を選択した場合の支出金額を表している．ここで Hicks 補償需要関係と支出関数の一般的性質をまとめて述べておこう．

定理 3.2.1 (Hicks 補償需要関係の一般的性質)．任意の $\succsim$-可能消費 $\bar{x}$ に対して
(a) $C^{\bar{x}}$ の定義域 $\operatorname{dom} C^{\bar{x}}$ は財空間 $\mathbb{R}^H$ の原点を頂点とする錐であり，$\operatorname{dom} C^{\bar{x}}$ に属する任意の価格 p と任意の正実数 t に対して $C^{\bar{x}}(p) = C^{\bar{x}}(tp)$ かつ $te^{\bar{x}}(p) = e^{\bar{x}}(tp)$ となり，
(b) $\succsim$ が強凸かつ下半連続ならば $\inf p \cdot X(\succsim) < \inf p \cdot U_{\succsim}(\bar{x})$ を満足し $\operatorname{dom} C^{\bar{x}}$ に属する任意の価格 p に対して $C^{\bar{x}}(p)$ は一元集合であり[8]，
(c) $\operatorname{dom} C^{\bar{x}}$ に属する任意の二つの価格 p と $\tilde{p}$，$C^{\bar{x}}(p)$ に属する任意の消費 x および $C^{\bar{x}}(\tilde{p})$ に属する任意の消費 $\tilde{x}$ に対して $(\tilde{p} - p) \cdot (\tilde{x} - x) \leq 0$ となり，
(d) $\operatorname{dom} C^{\bar{x}}$ に属する任意の二つの価格 p と $\tilde{p}$ および $]0,1[$ に属する任意の実数 t に対して，もし $(1-t)p + t\tilde{p}$ が $\operatorname{dom} C^{\bar{x}}$ に属するならば $e^{\bar{x}}((1-t)p + t\tilde{p}) \geq (1-t)e^{\bar{x}}(p) + te^{\bar{x}}(\tilde{p})$ となり，
(e) $\operatorname{dom} C^{\bar{x}}$ が凸ならば $e^{\bar{x}}$ は凹関数であり，
(f) $X(\succsim)$ が $\mathbb{R}_+^H$ に含まれるならば $e^{\bar{x}}$ は単調非減少であり，$X(\succsim)$ が $\mathbb{R}_{++}^H$ に含まれるならば $e^{\bar{x}}$ は狭義単調増加であり[9]，

---

[8] 記号 $\inf$ の定義については数学付録の定義 A.2.33 を参照．
[9] 実数値関数の単調非減少性と狭義単調増加性の定義については，数学付録の定義 A.8.3 を参照．

(g) $\mathrm{dom}\, C^{\bar{x}}$ の内部 $\mathrm{int}\,\mathrm{dom}\, C^{\bar{x}}$ に属する任意の価格 p に対して，もし $e^{\bar{x}}$ が p において微分可能ならば $C^{\bar{x}}(p) = \{\nabla e^{\bar{x}}(p)\}$ となる．

定理 3.2.1 の (a) は定理 3.1.1 に対応し，満足水準の基準として選ばれる消費 $\bar{x}$ を固定した場合の Hicks 補償需要関係 $C^{\bar{x}}$ の定義域は価格が形成する財空間 $\mathbb{R}^H$ の原点を頂点とする錐であることと Hicks 補償需要関係 $C^{\bar{x}}$ が正 0 次同次であり，支出関数 $e^{\bar{x}}$ が正 1 次同次であることを述べている．これも消費者が貨幣錯覚に陥らないことを表していると解釈できる．

(c) は Hicks 補償需要量の変化を価格変化で加重した平均が正にならないことを主張している．大雑把に言えば，これは Hicks 補償需要量が価格と反対方向に変化する傾向があるということであり，「Hicks 補償需要関係に関する一般化された弱需要法則」と名付けうる．

(d) と (e) は (g) と組み合わせると (c) の別表現であると解釈できる．(g) は Shephard の補題と呼ばれ，支出関数 $e^{\bar{x}}$ が微分可能であるような価格 p においては Hicks 補償需要関係 $C^{\bar{x}}$ の p における値 $C^{\bar{x}}(p)$ が支出関数 $e^{\bar{x}}$ の p における勾配 $\nabla e^{\bar{x}}(p)$ だけから成る集合であることを主張している[10]．換言すればこれは財 h の価格の微小な上昇による支出金額の上昇分は財 h の Hicks 補償需要量に等しい率で価格上昇分に比例することを述べている．財 h の価格上昇は財 h に対する Hicks 補償需要量の減少を招くが，これが支出金額の上昇を抑える効果は価格上昇幅が大きい場合に初めて現れる二次的な効果である．

ここで支出関数 $e^{\bar{x}}$ が $C^{\bar{x}}$ の定義域の内部 $\mathrm{int}\,\mathrm{dom}\, C^{\bar{x}}$ 全体で 2 回連続微分可能であると仮定してみる．この場合 (g) により $C^{\bar{x}}$ は微分可能関数であり $J_{C^{\bar{x}}}(p) = -\nabla^2 e^{\bar{x}}(p)$ となる．ただし $J_{C^{\bar{x}}}(p)$ は関数 $C^{\bar{x}}$ の p における Jacobi 行列であり $\nabla^2 e^{\bar{x}}(p)$ は $e^{\bar{x}}$ の p における Hesse 行列である[11]．$C^{\bar{x}}$ の定義域が凸集合であれば (e) により $e^{\bar{x}}$ は凹関数であり，凹関数の Hesse 行列は非正定符号であることが知られている[12]．非正定符号行列の対角要素は非正だか

---

[10] 勾配の定義については数学付録の定義 A.6.10 を参照．

[11] Jacobi 行列の定義と Hesse 行列の定義については，数学付録の定義 A.6.19 と A.6.13 を参照．

[12] 数学付録の定理 A.8.1 の (b) を参照．凹関数の定義および正方行列の定符号性の定義については，数学付録の定義 A.8.2 と A.8.4 を参照．

ら任意の財 h に対して p における財 h に対する Hicks 補償需要量 $C^{\bar{x}h}(p)$ の財 h の価格 p^h に関する偏微係数 $C_h^{\bar{x}h}(p)$ は非正である[13]。これは財 h の価格が上昇するときに財 h に対する Hicks 補償需要量が増加しないことを意味し，(c) から導かれる以下の系 3.4.1 の (a.1) に対応している。

(f) の前半は消費集合が財空間の非負象限に含まれる場合には一定水準の満足を達成するための支出を最小化した場合の支出金額は価格が上昇した場合に決して減少することがなく一般には増加することを述べている。

3.3 需要関係と Hicks 補償需要関係の間の関連

Hicks 補償需要関係と支出関数は消費者行動の表現である需要関係の性質を研究するための手段として導入された概念であり，これら自体は消費者行動から観察できない。ただしこれらは定理 3.2.1 で見たようにかなりはっきりとした特性を持っているから，需要関係と Hicks 補償需要関係の間に密接な関係が見出されれば需要関係の特性が理解できるであろう。そこで需要関係と Hicks 補償需要関係の間にどのような密接な関係が存在するかが興味深い問題となり，本節ではこれを考察する。ここで次の用語を定義する。

定義 3.3.1. 需要関係 D は，もし D の定義域 $\mathrm{dom}\, D$ の任意の元 (p,m) と $D(p,m)$ に属する任意の消費 x に対して $p \cdot x = m$ ならば，「非飽和である」と言われる。

すなわち消費者が常に予算を使い切る場合には需要関係は非飽和であると言われる。これと選好関係の非飽和性は関係があるが同じではない[14]。

定理 3.3.1 (需要関係と Hicks 補償需要関係). (a) C の定義域 $\mathrm{dom}\, C$ の任意の元 (p,x) に対して
(a.1) $D(p, e(p,x))$ は $C(p,x)$ に含まれ，

---

13) 数学付録の定理 A.8.4 を参照。Hicks 補償需要関数が微分可能である場合の詳しい議論については定理 3.5.1 を参照。
14) 以下の定理 3.4.1 の (b) を参照。

(a.2) もし $\succsim$ が下半連続であり $p \neq 0$ かつ $C(p,x)$ が int $X(\succsim)$ に含まれるならば $D(p, e(p,x)) = C(p,x)$ となり， (Slutsky 恒等式)
(b) D の定義域 dom D の任意の元 (p,m) に対して
(b.1) $C(p, D(p,m))$ は $D(p,m)$ に含まれ，
(b.2) D が非飽和ならば $C(p, D(p,m)) = D(p,m)$ かつ $e(p, D(p,m)) = m$ となる。

　主張 (a.1) は需要関係と Hicks 補償需要関係の間で一般的に成立する関係である。ここでは Hicks 補償需要関係の定義域に属する価格 p と達成すべき満足水準の基準として選ばれた消費 x を考える。消費 x から得られる満足水準と少なくとも同程度の満足水準を達成するという制約の下で最小化された支出金額は支出関数 e の (p,x) における値 $e(p,x)$ で表されている。この金額を消費者に所得として与えた場合に価格 p の下で消費者が選択する消費全体の集合は需要集合 $D(p, e(p,x))$ である。主張 (a.1) によれば，この需要集合 $D(p, e(p,x))$ は Hicks 補償需要集合 $C(p,x)$ に含まれる。これとは逆の包含関係もまた成立すれば，(a.2) に述べられているように需要集合と Hicks 補償需要集合は一致し需要関係の理解に大いに役立つが，次の例が示すようにこれは一般には成立しない。

例 3.3.1. 消費集合 $X = \{x \in \mathbb{R}_+^2 \mid x^1 + x^2 \geq 2\}$ に属する任意の消費 x に対して
$$u(x) = 2x^1 + x^2$$
によって定義される効用関数 u で表現される選好関係 $\succsim$ を持つ消費者を考え，$p = (1,1)$，$x = (1,1)$，$\hat{x} = (2,0)$ と定義する。(p,x) における Hicks 補償需要集合は $C(p,x) = [x, \hat{x}]$（図 3.3.1 の太線部分）となり X の内部 int X に含まれず $e(p,x) = 2$ だから $D(p, e(p,x)) = \{\hat{x}\}$ となり，需要集合は Hicks 補償需要集合の真部分集合になる。この例では $\succsim$ は下半連続であり価格 p は零ではない。

3.3 需要関係と Hicks 補償需要関係の間の関連

[図: 財1-財2平面上に $D(p,e(p,x)) = \{\hat{x}\}$ と $C(p,x) = [x,\hat{x}]$ を示す図]

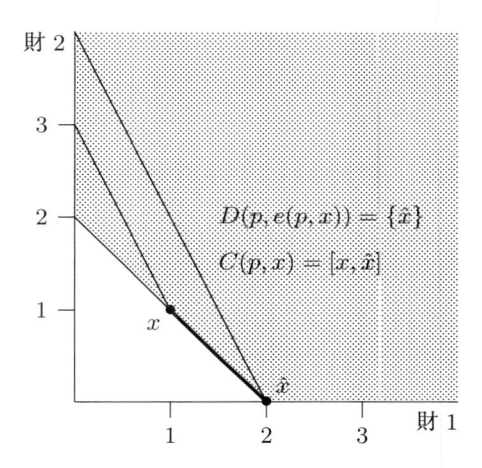

図 **3.3.1** Hicks 補償需要集合が消費集合の内部に含まれない場合

例 3.3.2. 消費集合 $X = \mathbb{R}_+^2$ に属する任意の消費 x に対して

$$u(x) = \begin{cases} 9 & \text{if } x = (3,3), \\ x^1 + x^2 & \text{if } x \neq (3,3) \text{ and } \frac{1}{2}x^1 \leq x^2 \leq 2x^1, \\ 3x^1 & \text{if } x^2 > 2x^1, \\ 3x^2 & \text{if } x^1 > 2x^2 \end{cases}$$

によって定義される効用関数 u で表現される選好関係 $\succsim$ を持つ消費者を考え，$p = (1,1)$，$\hat{x} = (3,3)$，$x = (4,2)$，$\bar{x} = (2,4)$ と定義する．このとき x の $\succsim$-下方集合（図 3.3.2 の陰をつけた部分）は X の閉部分集合ではないから，$\succsim$ は下半連続ではなく，(p,x) における Hicks 補償需要集合は $C(p,x) = [\bar{x}, x]$ （図 3.3.2 の太線部分）であり，$e(p,x) = 6$ だから $(p,e(p,x))$ における需要集合は $D(p,e(p,x)) = \{\hat{x}\}$ となり，需要集合は Hicks 補償需要集合の真部分集合になる．この例では Hicks 補償需要集合は消費集合の内部に含まれ，価格 p は零ではない．

例 3.3.3. 消費集合 $X = \mathbb{R}_+^2$ に属する任意の消費 x に対して

$$u(x) = x^1 x^2$$

第3章 消費者

$$D(p,e(p,x)) = \{\hat{x}\}$$
$$C(p,x) = [\bar{x}, x]$$

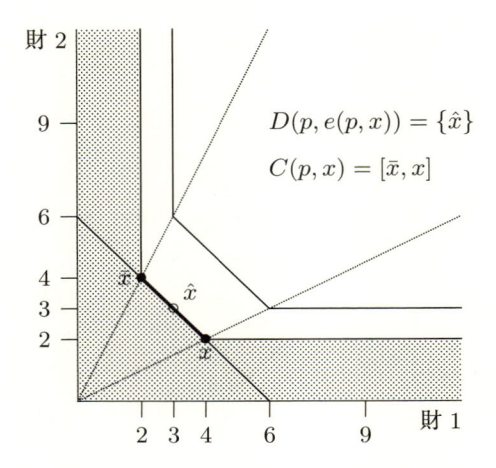

図 3.3.2　選好関係が下半連続でない場合

によって定義される効用関数 u で表現される選好関係 $\succsim$ を持つ消費者を考え，$p=(0,0)$ また $x=(1,1)$ と定義する．このとき (p,x) における Hicks 補償需要集合は

$$C(p,x) = \left\{ \tilde{x} \in \mathbb{R}^2_+ \mid u(\tilde{x}) \geq 1 \right\}$$

（図 3.3.3 で陰を付けた部分）となり，$\succsim$ が非飽和であり価格 p が零だから $(p,e(p,x))$ における需要集合 $D(p,e(p,x))$ は空集合であり，需要集合は Hicks 補償需要集合の真部分集合になる．$\succsim$ は下半連続であり $C(p,x)$ は X の内部に含まれている．

　価格が零であるために需要集合が Hicks 補償需要集合の真部分集合になる場合としてこの他に選好関係が飽和する場合がある．この場合には需要集合は飽和消費全体の集合になり，満足水準の基準として飽和消費より劣る消費を選べば需要集合は Hicks 補償需要集合の真部分集合になる．

　以上の例 3.3.1，3.3.2 および 3.3.3 からわかるように，Hicks 補償需要集合が消費集合の内部に含まれる，選好関係が下半連続である，価格が零でないという三つの条件の中のどの一つが成立しなくても需要集合は Hicks 補償需要集合の真部分集合になりうる．しかし (a.2) によれば，これらの三つの条件がすべて満たされれば Hicks 補償需要集合が需要集合に含まれるから両者

3.3 需要関係と Hicks 補償需要関係の間の関連

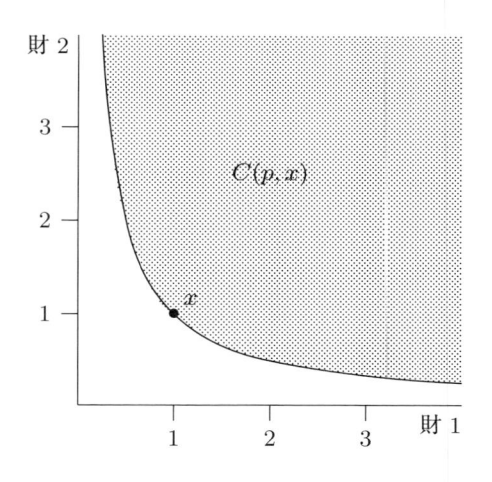

図 3.3.3 価格が零である場合

は完全に一致する．もし (a.2) の両辺に含まれる関係が微分可能な関数であるならばこの恒等式を微分することにより後に「Slutsky 恒等式」と呼ぶものが導出されるから，この恒等式自体を「Slutsky 恒等式」と名付けることも可能であろう．

　需要関係と Hicks 補償需要関係の間で一般的に成立する関係として主張 (a.1) 以外に (b.1) が存在する．需要関係の定義域に属する価格と所得の対 (p, m) が与えられたとき，需要集合 $D(p, m)$ に属するどの消費も互いに無差別であり一定の満足水準を消費者に与える．この満足水準を達成するために価格 p で評価した支出金額を最小化する消費全体の集合 $C(p, D(p, m))$ は「$(p, D(p, m))$ における Hicks 補償需要集合」と呼びうる．主張 (b.1) によれば，この Hicks 補償需要集合 $C(p, D(p, m))$ は一般に需要集合 $D(p, m)$ に含まれる．これとは逆の包含関係も成立すれば (b.2) に述べられているように需要集合と Hicks 補償需要集合は一致し需要関係の理解に大いに役立つが，次の例が示すようにこれも一般には成立しない．

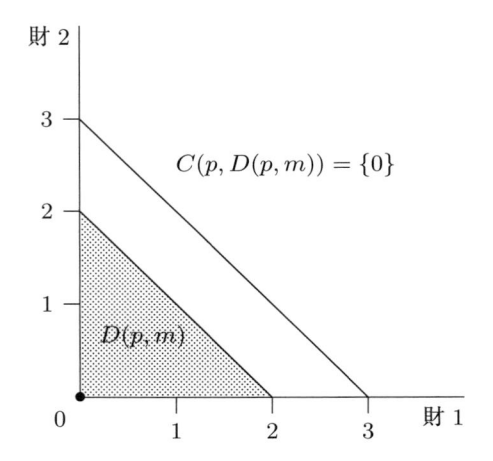

図 3.3.4　選好関係が局所非飽和でない場合

例 3.3.4. 消費集合 $X = \mathbb{R}_+^2$ に属する任意の消費 x に対して

$$u(x) = \begin{cases} 2 & \text{if } x^1 + x^2 \leq 2, \\ x^1 + x^2 & \text{otherwise} \end{cases}$$

によって定義される効用関数 u で表現される選好関係 $\succsim$ を持つ消費者を考える。この選好関係は局所非飽和ではなく，この選好関係を持つ消費者にとっては $p = (1,1)$ また $m = 2$ のとき

$$D(p,m) = \left\{ x \in \mathbb{R}_+^2 \;\middle|\; x^1 + x^2 \leq 2 \right\} \quad \text{かつ} \quad C(p, D(p,m)) = \{0\}$$

となり，$C(p, D(p,m))$ は $D(p,m)$ の真部分集合になる。

しかし (b.2) により，選好関係 $\succsim$ が局所非飽和ならばこの逆の包含関係が成立する。(a.1) と (a.2) の関係と (b.1) と (b.2) の関係は似ているがそれぞれの需要集合および補償需要集合を定義する独立変数は異なる。(a.2) や (b.2) の結論部分が成立しないような例として挙げたものはいずれもかなり特殊であり，標準的な場合には (a.2) と (b.2) は成立すると思われ，需要関係の特性を理解するためには補償需要関係の特性を研究することが有益である。

3.4 需要法則

　本節では選好充足仮説の下で需要関係 D が 3.1 節で消費者行動の典型的性質の第二として掲げた需要法則を満足するか否かを考察する．そのために需要関係が需要関数である場合に限定していくつかの概念を導入しよう．

定義 3.4.1. 需要関数 D の定義域 $\mathrm{dom}\, D$ の任意の元 (p,m) が与えられたとき，

(a) H に属する任意の財 h に対して

(a.1) もし $|\tilde{m} - m| < \varepsilon$ となり $(p, \tilde{m})$ が $\mathrm{dom}\, D$ に属するような任意の実数 $\tilde{m}$ に対して $(\tilde{m} - m)(D^h(p, \tilde{m}) - D^h(p, m)) > 0$ を満足する正実数 ε が存在するならば，「財 h は (p,m) において上級財である」と言い，

(a.2) もし $|\tilde{m} - m| < \varepsilon$ となり $(p, \tilde{m})$ が $\mathrm{dom}\, D$ に属するような任意の実数 $\tilde{m}$ に対して $(\tilde{m} - m)(D^h(p, \tilde{m}) - D^h(p, m)) < 0$ を満足する正実数 ε が存在するならば，「財 h は (p,m) において下級財である」と言い，

(b) H に属する任意の財 h に対して

(b.1) もし $|\tilde{p}^h - p^h| < \varepsilon$ となり $((p^{-h}, \tilde{p}^h), m)$ が $\mathrm{dom}\, D$ に属するような任意の実数 $\tilde{p}^h$ に対して $(\tilde{p}^h - p^h)(D^h((p^{-h}, \tilde{p}^h), m) - D^h(p, m)) < 0$ を満足する正実数 ε が存在するならば，「財 h は (p,m) において正常財である」と言い[15]，

(b.2) もし $|\tilde{p}^h - p^h| < \varepsilon$ となり $((p^{-h}, \tilde{p}^h), m)$ が $\mathrm{dom}\, D$ に属するような任意の実数 $\tilde{p}^h$ に対して $(\tilde{p}^h - p^h)(D^h((p^{-h}, \tilde{p}^h), m) - D^h(p, m)) > 0$ を満足する正実数 ε が存在するならば，「財 h は (p,m) において Giffen 財である」言い，

(c) H に属する任意の二つの財 h と k に対して

(c.1) もし $|\tilde{p}^h - p^h| < \varepsilon$ となり $((p^{-h}, \tilde{p}^h), m)$ が $\mathrm{dom}\, D$ に属するような任意の実数 $\tilde{p}^h$ に対して $(\tilde{p}^h - p^h)(D^k((p^{-h}, \tilde{p}^h), m) - D^k(p, m)) > 0$ を満足

---

[15] 文献によってはここでの「上級財」と「正常財」をそれぞれ「正常財」，「普通財」と呼ぶ場合がある．

する正実数 ε が存在するならば,「財 k は (p,m) において財 h に対する粗代替財である」と言い,

(c.2) もし $|\tilde{p}^h - p^h| < \varepsilon$ となり $((p^{-h}, \tilde{p}^h), m)$ が $\mathrm{dom}\, D$ に属するような任意の実数 $\tilde{p}^h$ に対して $(\tilde{p}^h - p^h)(D^k((p^{-h}, \tilde{p}^h), m) - D^k(p,m)) < 0$ を満足する正実数 ε が存在するならば,「財 k は (p,m) において財 h に対する粗補完財である」と言う[16]。

3.1 節で言及した需要法則が財 h に対して成立することはここでの定義によれば財 h が正常財であることと同じである。

定義 3.4.2. Hicks 補償需要関数 C の定義域 $\mathrm{dom}\, C$ の任意の元 (p,x) と H に属する任意の二つの財 h と k が与えられたとき

(c.1) もし $|\tilde{p}^h - p^h| < \varepsilon$ となり $((p^{-h}, \tilde{p}^h), x)$ が $\mathrm{dom}\, C$ に属するような任意の実数 $\tilde{p}^h$ に対して $(\tilde{p}^h - p^h)(C^k((p^{-h}, \tilde{p}^h), x) - C^k(p,x)) > 0$ を満足する正実数 ε が存在するならば,「財 k は (p,x) において財 h に対する純代替財である」と言い,

(c.2) もし $|\tilde{p}^h - p^h| < \varepsilon$ となり $((p^{-h}, \tilde{p}^h), x)$ が $\mathrm{dom}\, C$ に属するような任意の実数 $\tilde{p}^h$ に対して $(\tilde{p}^h - p^h)(C^k((p^{-h}, \tilde{p}^h), x) - C^k(p,x)) < 0$ を満足する正実数 ε が存在するならば,「財 k は (p,x) において財 h に対する純補完財である」と言う。

定義 3.4.1 と 3.4.2 において粗代替財,粗補完財,純代替財,純補完財はいずれも需要関数あるいは Hicks 補償需要関数を用いて定義されているが,ミクロ経済分析では,この他に効用関数を用いて定義される完全代替財と完全補完財の概念が用いられる。これらは直前の二つの定義に現れる代替性および補完性と直接の論理的関係はないが,それらの定義が表現したい状況には若干の共通性が見られる。

---

[16] ここに述べた粗代替財と粗補完財の定義は標準的であるが,代替財は互いに代用に役立つ財であり,補完財は一緒に使用することに適する財であるという趣旨から考えると必ずしも適切な定義とは思われない。実際,この定義は価格が変化する財が正常財である場合には上記の趣旨に沿っているが,Giffen 財の場合にはそうではない。例 3.4.1 の場合には財 1 の価格が上昇するときに財 1 の需要量が増加するが財 2 の需要量は減少しており互いに代用に役立つ財であるような状況であるが,ここでの定義に基づけば粗補完財である。

定義 3.4.3. (a) 選好関係 $\succsim$ が消費集合 $X(\succsim)$ に属する任意の消費 x に対して
$$u(x) = \sum_{h \in H} a^h x^h$$
を満足する x に依存しない $\mathbb{R}_{++}^H$ の元 a が存在するような $X(\succsim)$ 上で定義される実数値関数 u で表現されるならば，「H に属するすべての財は互いに完全代替財である」と言われ，
(b) 選好関係 $\succsim$ が消費集合 $X(\succsim)$ に属する任意の消費 x に対して
$$u(x) = \min_{h \in H} a^h x^h$$
を満足する x に依存しない $\mathbb{R}_{++}^H$ の元 a が存在するような $X(\succsim)$ 上で定義される実数値関数 u で表現されるならば，「H に属するすべての財は互いに完全補完財である」と言われる．

定義 3.4.1 に現れる Giffen 財は価格が上昇するときに需要量が増加する財であり日常の経験からは想像しにくいものであるから，このような財が存在するときには「Giffen の逆説が成立する」とも言われる．しかしこのような現象は連続性，強単調性，凸性という標準的な性質を満足する選好関係の下でも発生しうる．一般的な需要法則を述べる前にそのような選好関係の例を示す．

例 3.4.1.
$$\begin{aligned}X_1 &= \left\{ x \in \mathbb{R}_{++}^2 \;\middle|\; 5x^1 + 4x^2 \geq 20 \right\}, \\ X_2 &= \left\{ x \in \mathbb{R}_{++}^2 \;\middle|\; 5x^1 + 4x^2 \leq 20 \right\}, \\ X &= X_1 \cup X_2\end{aligned}$$

によって定義される消費集合 X に属する任意の消費 x に対して
$$u(x) = \begin{cases} u^1(x) = \dfrac{1}{21}(5x^1 + 25x^2 - 20) & \text{if } x \in X_1, \\ u^2(x) = 5x^1 + 5x^2 - 20 & \text{if } x \in X_2, \end{cases}$$

第3章 消費者

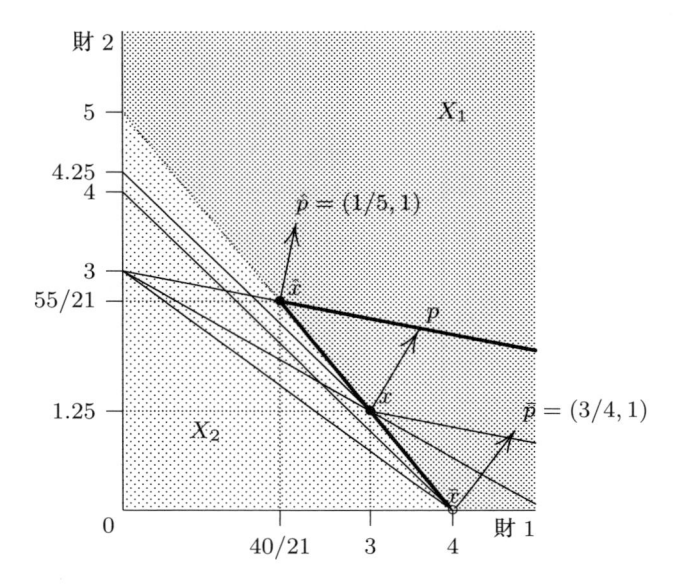

図 3.4.1 Giffen 財を持つ選好関係

によって定義される効用関数 u で表現される選好関係 $\succsim$ を持つ消費者を考える．この選好関係は連続，強単調かつ凸であり特異なものではないが，$]1/5, 3/4[$ に属する任意の実数 p^1 に対して

$$D(p^1, 1, 3) = \left(\frac{8}{5 - 4p^1}, \frac{15 - 20p^1}{5 - 4p^1} \right)$$

となり，$(p^1, 1, 3)$ において財 1 は Giffen 財である．

図 3.4.1 において所得水準 $m = 3$ と財 2 の価格 $p^2 = 1$ に対応する価格・消費曲線は太い折れ線で表示されており，価格 $\hat{p} = (1/5, 1)$ において需要集合は予算線の中の点 $\hat{x}$ の右側の部分全体（太線部分）である．開線分 $]\hat{x}, \bar{x}[$ （太線部分）が右下がりであることが，財 1 の価格 p^1 が上昇するときに財 1 に対する需要量が増加することを示しており，少なくともこの範囲では財 1 は Giffen 財である．

図 3.4.1 において価格 p^1 を $]1/5, 3/4[$ の中で固定し $p^2 = 1$ を保ったときの所得・消費曲線も財 2 の座標軸上の 5 と財 1 の座標軸上の 4 を結ぶ線分の

3.4 需要法則

一部となって右下がりの線分だから,財1は下級財である.すなわち所得が上昇した場合にすべての財に対する需要量が増加するとはかぎらない.

この例が示すように生産者の場合の供給法則とは異なり 3.1 節に消費者行動の典型的性質として掲げた需要法則は例外のない法則としては成立しえない.しかし 3.2 節の定理 3.2.1 で見たように Hicks 補償需要関係についてはこれは成立する.次の定理はこの定理に似ている.

定理 3.4.1 (一般化された弱需要法則). (a) D が非飽和ならば D の定義域 $\mathrm{dom}\, D$ の任意の二つの元 (p, m) と $(\tilde{p}, \tilde{m})$, $\tilde{p} \cdot x = \tilde{m}$ を満足し $D(p, m)$ に属する任意の消費 x および $D(\tilde{p}, \tilde{m})$ に属する任意の消費 $\tilde{x}$ に対して $(\tilde{p}-p) \cdot (\tilde{x}-x) \leq 0$ となり,
(b) $\succsim$ が局所非飽和ならば D は非飽和であり,
(c) $\succsim$ が非飽和かつ強凸ならば
(c.1) $\mathrm{dom}\, D$ の任意の元 (p, m) に対して $D(p, m)$ は一元集合であり,
(c.2) $D(p, m) \neq D(\tilde{p}, \tilde{m})$ かつ $\tilde{p} \cdot D(p, m) = \tilde{m}$ となるような $\mathrm{dom}\, D$ の任意の二つの元 (p, m) と $(\tilde{p}, \tilde{m})$ に対して $(\tilde{p} - p) \cdot (D(\tilde{p}, \tilde{m}) - D(p, m)) < 0$ となる.

ここで (a) の意味を考えよう.これは補償需要関係 C ではなく需要関係 D を扱っているから,本来の需要法則を扱っていると想像されるかもしれないがそうではない.そのことを見るために価格と所得の組み合わせが (p, m) から $(\tilde{p}, \tilde{m})$ に変化したと想定し,(p, m) における需要量すなわち $D(p, m)$ に属する消費 x と $(\tilde{p}, \tilde{m})$ における需要量すなわち $D(\tilde{p}, \tilde{m})$ に属する消費 $\tilde{x}$ を考える.このとき $(\tilde{p} - p) \cdot (\tilde{x} - x) \leq 0$ となることを (a) は主張しているが,そのとき $\tilde{p} \cdot x = \tilde{m}$ となることを仮定している.この仮定は変化前の需要量 x が変化後の価格 $\tilde{p}$ の下で丁度購入できるように所得 $\tilde{m}$ が調整されていることを意味し,一般的な価格と所得の変化を考えているのではない.特に価格だけが変化して所得が変化しない場合すなわち $m = \tilde{m}$ の場合を考えているのではない.

換言するならば (p, m) という価格と所得の状況から出発して価格だけが $\tilde{p}$ に変化したときに需要量がどのように変化するかを考えるのが本来の需要法則の問題であるが,この結論は一般に不明だから,(a) では価格変化前の消費

量 x が丁度購入できるように所得 m を $\tilde{m}$ に調整した場合の需要量の変化の方向を見ようとしている。このような状況では需要量の変化を価格変化で加重した平均が正にならないこと，大雑把に言えば需要量が価格と反対方向に変化することが主張されている。この結論だけを見ると定理 3.2.1 の (c) と同じことを主張しているように思われる。実際この二つの主張は似たことを主張しているのであるが，微妙な相違がある。ここで考えられている所得の調整の仕方は「Slutsky 所得補償」と呼ばれ，定理 3.2.1 の (c) に含まれる暗黙の所得補償と異なる。後者は以下で「Hicks 所得補償」と呼ばれる。

Slutsky 所得補償が行われる場合に価格変化が需要量に与える影響は「価格変化の Slutsky 代替効果」と呼ばれ，Hicks 所得補償が行われる場合に価格変化が需要量に与える影響は「価格変化の Hicks 代替効果」と呼ばれる。この問題を理解しやすくするために一種類の財の価格だけが変化する場合について定理 3.2.1 の (c) と定理 3.4.1 の (a) を書き換えた次の主張を考える。

系 **3.4.1** (弱需要法則：Hicks 所得補償と Slutsky 所得補償). (a) 任意の $\succsim$-可能消費 $\bar{x}$, $\operatorname{dom} C^{\bar{x}}$ に属する任意の二つの価格 p と $\tilde{p}$, $C^{\bar{x}}(p)$ に属する任意の消費 x, $C^{\bar{x}}(\tilde{p})$ に属する任意の消費 $\tilde{x}$ および H に属する任意の財 h に対して，もし
(a.i) H に属する h 以外の任意の財 $\tilde{h}$ に対して $\tilde{p}^{\tilde{h}} = p^{\tilde{h}}$ となり，
(a.ii) p と $\tilde{p}$ が両方とも $\mathbb{R}_{++}^{H}$ に属するならば，
(a.1) $(\tilde{p}^h - p^h)(\tilde{x}^h - x^h) \leq 0$ となり，
(a.2) $(\tilde{p}^h - p^h)(\tilde{x}^k - x^k) \geq 0$ となる h 以外の財 k が H の中に存在し，
(b) 需要関係 D が非飽和であり，$\operatorname{dom} D$ の任意の二つの元 (p,m) と $(\tilde{p},\tilde{m})$, $D(p,m)$ に属する任意の消費 x, $D(\tilde{p},\tilde{m})$ に属する任意の消費 $\tilde{x}$ および H に属する任意の財 h に対して，もし
(b.i) H に属する h 以外の任意の財 $\tilde{h}$ に対して $\tilde{p}^{\tilde{h}} = p^{\tilde{h}}$ となり，
(b.ii) $\tilde{p} \cdot x = \tilde{m}$ となり，
(b.iii) $\tilde{p}$ が $\mathbb{R}_{++}^{H}$ に属するならば
(b.1) $(\tilde{p}^h - p^h)(\tilde{x}^h - x^h) \leq 0$ となり，
(b.2) $(\tilde{p}^h - p^h)(\tilde{x}^k - x^k) \geq 0$ となる h 以外の財 k が H の中に存在する。

系 3.4.1 の (a) は Hicks 補償需要関係の性質を述べており，(a.1) は財 h の

価格が上昇した場合に財 h に対する Hicks 補償需要量が増加しないこと，また財 h の価格が下落した場合に財 h に対する Hicks 補償需要量が減少しないことを主張している。また (a.2) は財 h の価格が上昇した場合に Hicks 補償需要量が減少しない h 以外の財が少なくとも一種類存在すること，また財 h の価格が下落した場合に Hicks 補償需要量が増加しない h 以外の財が少なくとも一種類存在することを主張している。これはすべての財が互いに純補完財であることは不可能であることを意味し，「純代替関係の優越性」と名付けうる。

他方，(b) は Slutsky 所得補償を行った場合に価格の変化が需要量に与える影響の性質を述べており，(b.1) は財 h の価格が上昇した場合に財 h に対する需要量が増加しないこと，また財 h の価格が下落した場合に財 h に対する需要量が減少しないことを主張している。また (b.2) は財 h の価格が上昇した場合に需要量が減少しない h 以外の財が少なくとも一種類存在すること，また財 h の価格が下落した場合に需要量が増加しない h 以外の財が少なくとも一種類存在することを主張している。これもすべての財が互いに純補完財であることは不可能であることを意味し，「純代替関係の優越性」と名付けうる。

純代替関係の優越性により二種類の財のみが存在する経済においてこの二種類の財が互いに純補完財であることは不可能であるが，三種類以上の財が存在する経済においては純補完財の関係にある二種類の財は存在しうる。実際，次の例はそのような二財が存在するような選好関係を例示している。この例ではその二財は互いに粗補完財でもある。

例 3.4.2. $H = \{1, 2, 3\}$ と $X = \mathbb{R}_+^{\{1,2\}} \times \mathbb{R}^{\{3\}}$ によって定義される消費集合 X に属する任意の消費 x に対して

$$u(x) = (x^1)^\alpha (x^2)^\beta + x^3$$

によって定義される効用関数 u で表現される選好関係 $\succsim$ を持つ消費者を考える[17]。このとき

(a) $\succsim$ は連続かつ凸であり，$\succsim$ の $\operatorname{int} X$ への制限は強単調かつ強凸である[18]。

---

17) ただし α と β は $\alpha + \beta < 1$ を満足する正実定数である。
18) 二項関係の制限の定義については数学付録の定義 A.2.24 を参照。

$\mathbb{R}_{++}^H$ に属する任意の価格 p に対して

$$\phi(p) = \left(\left(\alpha^{1-\beta}\beta^\beta\right)\left(\frac{(p^3)^{\beta/(1-\alpha)}}{(p^1)^{1-\beta}(p^2)^\beta}\right)\right)^{(\alpha-1)/\gamma},$$

$$\psi(p) = \left(\left(\alpha^\alpha\beta^{1-\alpha}\right)\left(\frac{(p^3)^{\alpha/(1-\beta)}}{(p^1)^\alpha(p^2)^{1-\alpha}}\right)\right)^{(\beta-1)/\gamma}$$

と定義し[19]，

$$P = \left\{p \in \mathbb{R}_{++}^H \;\middle|\; p^1 < \phi(p) \;\;\text{かつ}\;\; p^2 < \psi(p)\right\}$$

と定義する。このとき
(b) P は非空である。

$$\delta(\alpha, \beta) = \alpha^{\alpha/\gamma}\beta^{\beta/\gamma} - \alpha^{(1-\beta)/\gamma}\beta^{\beta/\gamma} - \alpha^{\alpha/\gamma}\beta^{(1-\alpha)/\gamma}$$

と定義する。このとき
(c) $\delta(\alpha, \beta) > 0$ となる。

$\mathbb{R}_{++}^H$ に属する任意の価格 p に対して

$$\hat{x}^1(p) = \left(\left(\alpha^{1-\beta}\beta^\beta\right)\left(\frac{p^3}{(p^1)^{1-\beta}(p^2)^\beta}\right)\right)^{1/\gamma},$$

$$\hat{x}^2(p) = \left(\left(\alpha^\alpha\beta^{1-\alpha}\right)\left(\frac{p^3}{(p^1)^\alpha(p^2)^{1-\alpha}}\right)\right)^{1/\gamma}$$

と定義し，$\mathbb{R}_{++}^H \times \mathbb{R}_{++}$ の任意の元 (p, a) に対して

$$\hat{x}^3(p, a) = a - \left(\hat{x}^1(p)\right)^\alpha \left(\hat{x}^2(p)\right)^\beta,$$

$$\hat{x}(p, a) = \left(\hat{x}^1(p), \hat{x}^2(p), \hat{x}^3(p, a)\right)$$

と定義する。このとき
(d) $u(\bar{x}) = a$ を満足する $X \times \mathbb{R}_{++}$ の任意の元 $(\bar{x}, a)$ と P に属する任意の価格 p に対して

$$C(p, \bar{x}) = \{\hat{x}(p, a)\}$$

---

19) ただし $\gamma = 1 - \alpha - \beta$ と定義する。

3.4 需要法則

となり $(p, \bar{x})$ において財 1 は財 2 の純補完財である。

$\mathbb{R}_{++}^H \times \mathbb{R}$ の任意の元 (p, m) に対して

$$\bar{x}^3(p, m) = \frac{1}{p^3}\left(m - p^1 \hat{x}^1(p) - p^2 \hat{x}^2(p)\right),$$

$$\bar{x}(p, m) = \left(\hat{x}^1(p), \hat{x}^2(p), \bar{x}^3(p, m)\right)$$

と定義する。このとき

(e) $\mathbb{R}_{++}^H \times \mathbb{R}$ の任意の元 (p, m) に対して $D(p, m) = \{\bar{x}(p, m)\}$ となり (p, m) において財 1 は財 2 の粗補完財である。

系 3.4.1 によれば，Hicks 所得補償の場合も Slutsky 所得補償の場合も価格変化によって生じる需要量の変化の方向は同じである。しかし変化の大きさについては若干の相違がある。この変化の量的相違と二種類の所得補償の相違を見るために $H = \{1, 2\}$ と $h = 1$ の場合を図示しよう。

図 3.4.2 と 3.4.3 では消費集合が $X = \mathbb{R}_+^2$ で与えられ，選好関係は X に属する任意の消費 x に対して $u(x) = x^1 x^2$ によって定義される効用関数で表現されている。変化前の価格と所得は $p = (1, 2)$ と $m = 6$ で与えられ変化後の価格は $\tilde{p} = (2, 2)$ で与えられている。すなわち財 1 の価格が 1 から 2 に上昇して財 2 の価格と所得は不変に留まる状況が考えられている。変化前の需要量は $x = D(p, m) = (3, 1.5)$ であり，変化後の需要量は $\tilde{x} = D(\tilde{p}, m) = (1.5, 1.5)$ である。ここでは財 1 に対する需要量が減少して財 2 に対する需要量が不変に留まっているが，これは特別な効用関数と特別な価格と所得の状況を考えていることの帰結であり一般的な現象ではない。重要な論点は所得補償の仕方の相違である。

まず Hicks 所得補償の場合が図 3.4.2 に描かれている。ここでは価格変化前の需要量 x と少なくとも同じ満足水準を達成する消費の中で変化後の価格 $\tilde{p}$ で評価した支出金額を最小化する消費を選んだときの最小支出金額を所得として与えるという調整の仕方を選んでいる。

この Hicks 所得補償が行われた場合の予算線は財 2 の座標軸の $3\sqrt{2}$ と財 1 の座標軸の $3\sqrt{2}$ を結ぶ線分でありこの予算線と無差別曲線との接点 $x_H = (3/\sqrt{2}, 3\sqrt{2})$ が需要されるから，価格変化前の消費 $x = (3, 1.5)$ と比較して財 1 に対する需要量は財 1 の価格の上昇の影響を受けて減少しており，

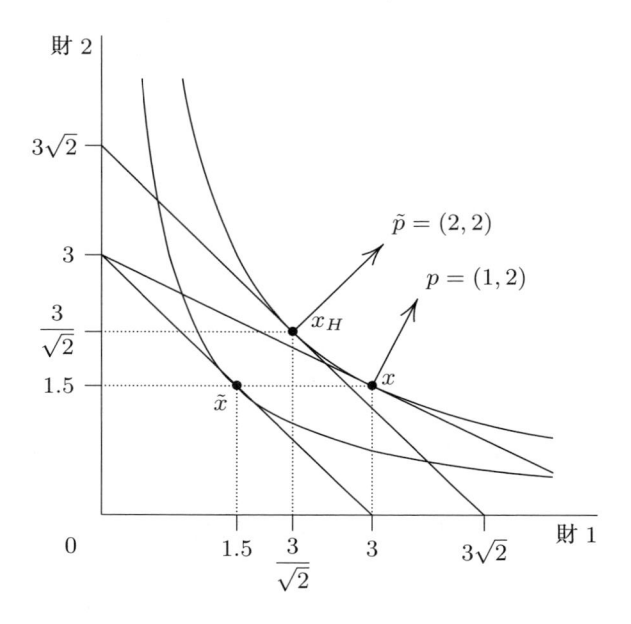

図 **3.4.2**　Hicks 代替効果

財 1 に対する需要量は増加している．価格 p から $\tilde{p}$ への変化に伴う需要量の x から x_H への変化は「Hicks 代替効果」と呼ばれる．価格変化に伴って需要量が厳密に増加したり減少したりする理由は選好関係の強凸性と平滑性であることを以下で見るが，系 3.4.1 の仮定の下ではこれは保証されず需要量はまったく変化しない可能性もある[20]．したがって一般には Hicks 所得補償の場合に財 1 の価格上昇に伴い財 1 に対する需要量が増加することはなく財 2 に対する需要量が減少することはないと言うべきである．

他方，Slutsky 所得補償の場合は図 3.4.3 に描かれている．ここでは価格が $\tilde{p}$ に変化した後にも変化前に購入していた x を丁度購入できるように，すなわち $\tilde{p} \cdot x = \tilde{m}$ となるように所得 $\tilde{m}$ を与えた場合の需要量 x_S を考えている．この Slutsky 所得補償に対応する予算線は x を通る勾配 -1 の線分すなわち財 1 の座標軸の 4.5 と財 2 の座標軸の 4.5 を結ぶ線分である．この予算線に

---

[20]　第 2 章の例 2.3.1 と図 2.3.1 と類似の例を考えればよい．

3.4 需要法則

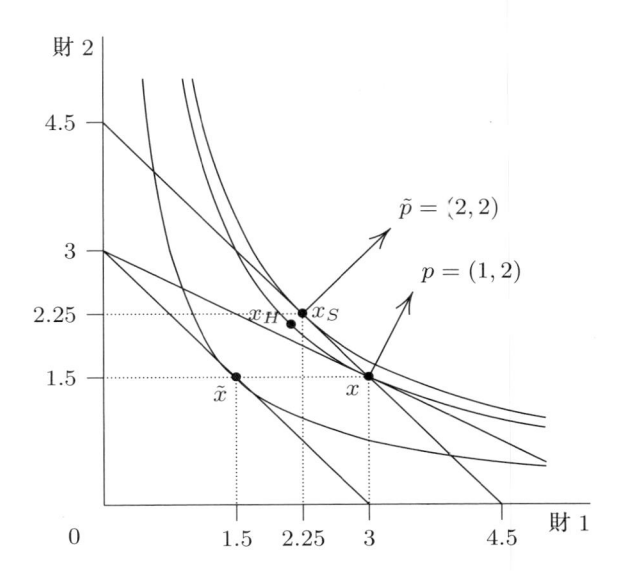

図 3.4.3 Slutsky 代替効果

直面したときにこの消費者は $x_S = (2.25, 2.25)$ を選択する。この点は x の左上にあり，財 1 に対する需要量は増加し財 2 に対する需要量は減少している。価格 p から $\tilde{p}$ への変化に伴う需要量の x から x_S への変化は「Slutsky 代替効果」と呼ばれる。系 3.4.1 の仮定の下ではこの場合も需要量はまったく変化しない可能性がある。

二種類の所得補償の下での需要量の変化の大きさを見ると $x^1 - x_H^1 > x^1 - x_S^1$ かつ $x_H^2 - x^2 < x_S^2 - x^2$ だから Hicks 所得補償の場合の方が財 1 に対する需要量の変化は大きく，財 2 に対する需要量の変化は小さい。しかし価格変化の大きさを限りなく 0 に近づけた極限ではこの差は 0 に収束して，価格変化に対する需要量の変化率はいずれの所得補償の場合も一致することを示しうる。

ここで定理 3.4.1 の主張 (b) 以下の意味を解釈しよう。これまでの定理 3.3.1 の主張 (b.2) と定理 3.4.1 の主張 (a) において「需要関係 D が非飽和である」という仮定が用いられたが，主張 (b) によれば選好関係 $\succsim$ が局所非飽和である場合にはこの仮定は満たされる。

定理 3.2.1 の (b) と定理 3.4.1 の (a) で述べられた所得補償が行われた場合の一般化された需要法則では価格が変化しても需要量は変化しないかもしれない。しかし財が三種類以上存在する場合には次の例のように価格変化に伴い異なる消費が選択されたとしても強い需要法則が成立しないことがありうる。

例 3.4.3. 消費集合 $X = \mathbb{R}^3_+$ に属する任意の消費 x に対して

$$u(x) = \min\left\{x^1, x^2 + x^3\right\}$$

によって定義される効用関数で表現される選好関係 $\succsim$ を持つ消費者，消費 $\bar{x} = (1,1,2)$，二つの価格 $p = (1,1,1)$ と $\tilde{p} = (2,1,1)$ を考える。

$A = \left\{(x^2, x^3) \in \mathbb{R}^2_+ \mid x^2 + x^3 = 1\right\}$ と定義する。$u(\bar{x}) = 1$ であり，消費 $\bar{x}$ を通る無差別曲面は図 3.4.4 に描かれている陰が付けられている二つの直交する平面全体である。$(p, \bar{x})$ と $(\tilde{p}, \bar{x})$ における Hicks 補償需要集合は $C^{\bar{x}}(p) = C^{\bar{x}}(\tilde{p}) = \{1\} \times A$ で与えられる。$\hat{x} = (1,0,1)$ また $\tilde{x} = (1,1,0)$ と定義すれば集合 $\{1\} \times A$ は $\hat{x}$ と $\tilde{x}$ を結ぶ線分である。したがって $\hat{x}$ は $C^{\bar{x}}(p)$ に属し，$\tilde{x}$ は $C^{\bar{x}}(\tilde{p})$ に属する。したがって財 1 の価格が上昇したにも拘わらず財 1 に対する Hicks 補償需要量が不変であることが可能である。

このように価格変化によって Hicks 補償需要量が変化したとしても需要法則が成立しない理由は無差別曲面に平面の一部が含まれることである。これを排除するためには選好関係が強凸であることを仮定しなければならない。この強凸性の帰結は定理 3.4.1 の主張 (c) に記されている。第 1 章の命題 1.3.2 の主張 (c) により強凸性を満足する選好関係は凸であり，命題 1.3.3 の主張 (b) により凸性と非飽和性を満足する選好関係は局所非飽和だから，ここでは需要関係 D は非飽和である。(c.1) により，選好関係が強凸ならば需要関係 D は関数であるから，(c.2) では需要集合とその唯一の元とは同一視されている。

(c.2) により，価格と所得の組み合わせが変化した結果として需要量が変化した場合には価格変化分で加重された需要量の変化分は負である。ここでは価格 p と $\tilde{p}$ が異なることが明示的に仮定されていないから $p = \tilde{p}$ の場合が許されており，それにも拘わらず厳密な不等式 $(\tilde{p} - p) \cdot (D(\tilde{p}, \tilde{m}) - D(p, m)) < 0$

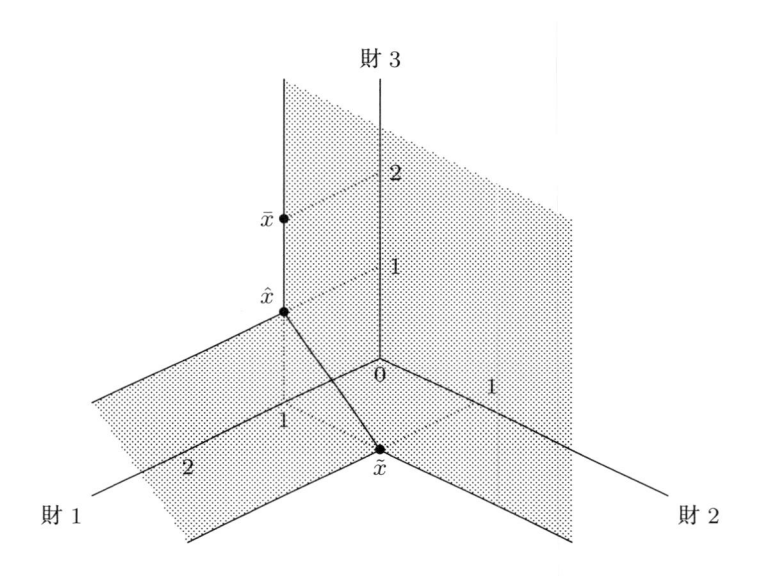

図 3.4.4　弱需要法則

となると主張されているから一見不思議に思われるかもしれない。Slutsky 所得補償の条件と D の非飽和性により，もし $\tilde{p} = p$ ならば $\tilde{m} = \tilde{p} \cdot D(p, m) = p \cdot D(p, m) = m$ だから $D(\tilde{p}, \tilde{m}) = D(p, m)$ となり需要量が変化しているという仮定と矛盾する。ゆえに $\tilde{p} = p$ となることは不可能である。

しかし (c.2) において $D(p, m) \neq D(\tilde{p}, \tilde{m})$ すなわち需要量が変化するという仮定は不可欠であり，価格と所得の組み合わせが変化したときに需要量が変化することは保証されない。これが保証される条件は次節で述べる。

3.5　微分可能効用関数

3.2 節および 3.4 節の分析では価格変化に伴い消費者が活動を変更する必然性は説明できなかった。本節では選好関係の平滑性からそれを説明する。選好関係の平滑性を表現するには選好関係 $\succsim$ を微分可能な効用関数で表現すれ

ばよい．本節では選好関係 $\succsim$ を表現する任意の効用関数 u を選んで固定し，記号の簡略化のために $X(\succsim)$ を X で表す．

3.5.1 Hicks 補償需要関数

まず補償需要関係について考える．ここでは選好関係の強凸性を仮定するから補償需要関係は価格が零でないようなその定義域上で関数となり,「補償需要関数」と呼ぶにふさわしい．本節では効用関数を用いるから，これを定義するに当たり上方集合を効用関数の値に依存して定義した方が便利である．

定義 3.5.1. 任意の実数 a に対して，集合

$$U_u(a) = \{x \in X \mid u(x) \geq a\},$$
$$L_u(a) = \{x \in X \mid u(x) \leq a\}$$

はそれぞれ「a の u-上方集合」,「a の u-下方集合」あるいは単に「a の上方集合」,「a の下方集合」と呼ばれる．

定義 3.5.2. $\mathbb{R}^H \times \mathbb{R}$ の任意の元 (p, a) に対して

$$C(p, a) = C^a(p) = C^p(a) = \underset{x \in U_u(a)}{\arg\min}\, p \cdot x$$

によって定義される $\mathbb{R}^H \times \mathbb{R}$ から $\mathbb{R}^H$ への関係 C は「効用関数 u に対応する Hicks 補償需要関係」と呼ばれ，集合 $C(p,a)$ は「(p,a) における Hicks 補償需要集合」と呼ばれる．

定義 3.5.3. $\mathrm{dom}\, C$ の任意の元 (p, a) に対して

$$e(p, a) = e^a(p) = e^p(a) = p \cdot C(p, a)$$

によって定義される $\mathrm{dom}\, C$ 上の実数値関数 e は「支出関数」と呼ばれる．

定義 3.5.4. 任意の実数 a に対して $P(a) = \{p \in \mathbb{R}^H_{++} \mid (p, a) \in \mathrm{dom}\, C\}$ と定義する．

集合 $P(a)$ は (p, a) が Hicks 補償需要関係の定義域に属するような価格 p の中で特に狭義正のもの全体を表している．

3.5 微分可能効用関数

定義 3.5.5.

$$\mathrm{dom}\, C^+ = \left\{ (p,a) \in \mathrm{dom}\, C \cap (\mathbb{R}_{++}^H \times \mathbb{R}) \mid C(p,a) \cap \mathrm{int}\, X \neq \emptyset \right\}$$

と定義する。

集合 $\mathrm{dom}\, C^+$ は Hicks 補償需要関係の定義域の中で特に価格が狭義正であり Hicks 補償需要集合 $C(p,a)$ が消費集合 X の内部 $\mathrm{int}\, X$ と交わるような価格 p と効用水準 a の順序対 (p,a) 全体の集合である。

定理 3.5.1 (微分可能な Hicks 補償需要関数). (i) 消費集合 X が凸であり,(ii) 効用関数 u が連続であり X の内部 $\mathrm{int}\, X$ 上で 2 回連続微分可能であり,(iii) $\mathrm{int}\, X$ に属する任意の消費 x に対して (iii-1) $\nabla u(x) \gg 0$ となり,(iii-2) $\nabla u(x) z^T = 0$ を満足する $\mathbb{R}^H \setminus \{0\}$ の任意の元 z に対して $z \nabla^2 u(x) z^T < 0$ となり[21],
(iv) u が準凹ならば[22],
(a) $\mathrm{dom}\, C^+$ の任意の元 (p,a) に対して $C(p,a)$ は一元集合であり、さらに $u(C(p,a)) = a$ となり,
(b) $\mathrm{dom}\, C^+$ の任意の元 (p,a) に対して $\mu(p,a)\nabla u(C(p,a)) = p$ を満足する $\mathrm{dom}\, C^+$ から $\mathbb{R}_{++}$ への唯一の関数 μ が存在し,
(c) C と μ は $\mathrm{int}\, \mathrm{dom}\, C^+$ 上で連続微分可能であり[23],
(d) $\mathrm{dom}\, C^+$ の任意の元 (p,a) に対して $\mu(p,a) = \nabla e^p(a)$ となり,
(e) $\mathrm{int}\, \mathrm{dom}\, C^+$ の任意の元 (p,a) に対して
(e.1) $\nabla e^a(p) = C(p,a)$ かつ $\nabla^2 e^a(p) = J_{C^a}(p)$ となり,
(e.2) $J_{C^a}(p)$ は対称であり,
(e.3) $J_{C^a}(p)$ の階数は $|H| - 1$ に等しく,
(e.4) $J_{C^a}(p)$ の任意の真の主座小行列は負定符号であり,

---

[21] この仮定の下で u は の $\mathrm{int}\, X$ への制限は狭義準凹関数である。数学付録の定義 A.8.1 と定理 A.8.5 を参照。
[22] 準凹関数の定義については,数学付録の定義 A.8.1 を参照。仮定 (i) から (iv) までを満足する典型的な効用関数の例としては財空間 $\mathbb{R}^H$ の非負象限 $\mathbb{R}_+^H$ に一致する消費集合上で定義された Cobb-Douglas 効用関数がある。
[23] ここで $\mathrm{int}\, \mathrm{dom}\, C^+ = \mathrm{int}\, \mathrm{dom}\, C \cap \mathrm{dom}\, C^+$ と定義している。

(e.5) $z = tp$ となる実数 t が存在しないような $\mathbb{R}^H$ の任意の元 z に対して $zJ_{C^a}(p)z^T < 0$ となり，

(e.6) $pJ_{C^a}(p) = 0$ かつ $J_{C^a}(p)p^T = 0^T$ となる。

定理 3.5.1 と第 2 章の定理 2.4.2 および 2.4.1 の構造は極めて類似しておりそれらの証明および解釈はほとんど同様である。定理 3.5.1 の解釈は以下の通りである。

主張 (a) の第一の部分により，Hicks 補償需要関係 C の $\text{dom}\, C^+$ への制限は関数だから[24]，Hicks 補償需要関数と呼ぶにふさわしい。これは効用関数 u の消費集合 X の内部 $\text{int}\, X$ への制限が狭義準凹関数であること，すなわち選好関係 $\succsim$ が消費集合の内部で強凸であるという仮定の帰結である。第二の部分により，効用水準 a を少なくとも達成するための支出金額を最小化する消費から享受される効用水準は a より高くなることはなく a に丁度等しい。これは価格 p が狭義正であることの帰結である。

主張 (b) により，制約付き支出最小化問題の 1 階条件としての Lagrange 乗数が存在し，ここから限界代替率と価格比の均等という周知の性質が導かれる。主張 (c) は Hicks 補償需要関数 C と価格と効用水準の対に Lagrange 乗数を対応させる関数 μ が連続微分可能であるという技術的な性質である。主張 (d) は Lagrange 乗数 $\mu(p, a)$ の経済的解釈を与える。$\nabla e^p(a)$ は効用水準 a の上昇が支出関数を移動させる効果を表す。ゆえに Lagrange 乗数 $\mu(p, a)$ は効用水準 a の上昇が支出関数を上に移動させる限界効果，いわば「効用水準の上昇の限界費用」を表すと解釈できよう。

主張 (e) は Hicks 補償需要関数 C の実質的に重要な性質を要約している。まず (e.1) の第一の主張により，支出関数 e の価格に関する偏微係数から成るベクトルは Hicks 補償需要関数の値に等しく，これは生産者の場合と同様に「Shephard の補題」と呼ばれることがある。

(e.1) の第二の主張により，支出関数の価格に関する第 2 次偏微係数から成る正方行列は Hicks 補償需要関数の価格に関する偏微係数から成る行列に等しい。後者は各財の Hicks 補償需要量の各財の価格変化による変化率すなわ

---

[24] 関係の制限の定義については，数学付録の定義 A.2.23 を参照。

3.5 微分可能効用関数

ち価格変化の代替効果を表し「代替行列」とも呼ばれることがあり，前者は支出関数の Hesse 行列であり (e.2) に記されているように対称行列である。したがって任意の財 h に対する Hicks 補償需要量の任意の財 k の価格に関する偏微係数は財 k に対する Hicks 補償需要量の財 h の価格に関する偏微係数と一致する。したがって財 k が財 h の純代替財ならば財 h は財 k の純代替財でありその逆も成立し，また財 k が財 h の純補完財ならば財 h は財 k の純補完財でありその逆も成立する。この性質は「代替効果の対称性」と呼ばれる。

(e.3) により代替行列は特異行列だから $J_{C^a}(p)z^T = 0^T$ を満足する $\mathbb{R}^H \setminus \{0\}$ の元が存在するが，特に (e.6) によりこの z として価格 p を用いうる。(e.6) は Hicks 補償需要関数 C^a の正 0 次同次性と同値である[25]。

(e.4) により代替行列の対角要素はすべて負である。対角要素は各財 h に対する Hicks 補償需要量のそれ自体の価格 p^h に関する偏微係数だから，それが負であるということは各財 h に対する Hicks 補償需要量がそれ自体の価格 p^h の狭義単調減少関数であること[26]，すなわち「需要法則」を意味する。ここで各財の価格の上昇はその財に対する Hicks 補償需要量を必ず減少させることが初めて証明された。この結論を導く仮定は選好関係の平滑性とその選好関係を表現する効用関数の狭義準凹性である。

3.5.2 需要関数

次に需要関係について考える。ここでも強凸性を満足する選好関係を想定するから需要関係はその定義域上で関数となり，したがって「需要関数」と呼ぶにふさわしい。以下の定理を記述するためにいくつかの定義を用意する。

定義 3.5.6.
$$\mathrm{dom}\, D^+ = \left\{ (p, m) \in \mathrm{dom}\, D \cap (\mathbb{R}_{++}^H \times \mathbb{R}) \mid D(p, m) \cap \mathrm{int}\, X \neq \emptyset \right\}$$
と定義する。

集合 $\mathrm{dom}\, D^+$ は需要関係 D の定義域 $\mathrm{dom}\, D$ の中で特に価格が狭義正であ

---

[25] 数学付録の命題 A.6.1 を参照。
[26] 実数値関数の狭義単調減少性の定義については，数学付録の定義 A.8.3 を参照。

り需要集合 $D(p,m)$ が消費集合 X の内部 $\operatorname{int} X$ と交わるような価格と所得の対 (p,m) 全体から成る集合である.

定義 3.5.7. 需要関係 D の定義域 $\operatorname{dom} D$ の任意の元 (p,m) に対して

$$v(p,m) = v^p(m) = v^m(p) = u(D(p,m))$$

によって定義される $\operatorname{dom} D$ 上の実数値関数 v は「間接効用関数」と呼ばれる.

間接効用関数は需要関係の定義域に属する価格と所得の対 (p,m) が与えられたときに予算制約の下で効用関数の値を最大化する需要集合 $D(p,m)$ に属する消費によって達成される最大効用を割り当てる関数であり, (p,m) によって定義される購入機会から得られる効用と解釈しうる.

定理 3.5.2 (微分可能な需要関数). (i) 消費集合 X が凸かつ包括的であり[27], (ii) 効用関数 u が連続であり, X の内部 $\operatorname{int} X$ で 2 回連続微分可能であり, (iii) $\operatorname{int} X$ に属する任意の消費 x に対して (iii-1) $\nabla u(x) \gg 0$ となり, (iii-2) $\nabla u(x) z^T = 0$ を満足する $\mathbb{R}^H \setminus \{0\}$ の任意の元 z に対して $z \nabla^2 u(x) z^T < 0$ となり,
(iv) u が準凹ならば,
(a) $\operatorname{dom} D^+$ の任意の元 (p,m) に対して $D(p,m)$ は一元集合であり, さらに $p \cdot D(p,m) = m$ となり,
(b) $\operatorname{dom} D^+$ の任意の元 (p,m) に対して $\nabla u(D(p,m)) = \mu(p,m)p$ を満足する $\operatorname{dom} D^+$ から $\mathbb{R}_{++}$ への唯一の関数 μ が存在し,
(c) D と μ は $\operatorname{int} \operatorname{dom} D^+$ 上で連続微分可能であり[28],
(d) $\operatorname{int} \operatorname{dom} D^+$ の任意の元 (p,m) に対して
(d.1) $\mu(p,m) = \nabla v^p(m)$ となり[29],
(d.2) $\nabla v^m(p) = -\mu(p,m)D(p,m)$ となり,

---

27) 包括性の定義については数学付録の定義 A.5.9 を参照. これは X に属する任意の消費に対してどの財の数量も減らさないようにして変更した消費はすべて X に属することを意味する. 財空間 $\mathbb{R}^H$ の非負象限 $\mathbb{R}_+^H$ は包括的である.
28) ここで $\operatorname{int} \operatorname{dom} D^+ = \operatorname{int} \operatorname{dom} D \cap \operatorname{dom} D^+$ と定義している.
29) ここで v^p は実変数の実数値関数だから記号 $\nabla v^p(m)$ は単に関数 v^p の m における微係数に過ぎない.

(d.3) $\nabla^2 v^p(m) = (J_{D^p}(m))^T \nabla^2 u(D(p,m)) J_{D^p}(m)$ となり[30],

(e) $\mathrm{dom}\, C^+$ の任意の元 (p,a) に対して $C(p,a) = D(p, p \cdot C(p,a))$ となり[31],

(f) $\mathrm{dom}\, D^+$ の任意の元 (p,m) に対して $D(p,m) = C(p, u(D(p,m)))$ かつ $m = e(p, u(D(p,m)))$ となり[32],

(g) $(p, u(D(p,m)))$ が $\mathrm{int}\,\mathrm{dom}\, C^+$ に属するような $\mathrm{int}\,\mathrm{dom}\, D^+$ の任意の元 (p,m) に対して $J_{D^m}(p) = J_{C^{u(D(p,m))}}(p) - J_{D^p}(m) \nabla e^{u(D(p,m))}(p)$ となる.

定理 3.5.2 の主張 (a) の第一の部分により,需要関係 D の $\mathrm{dom}\, D^+$ への制限は関数であり,したがって需要関数と呼ぶにふさわしい.Hicks 補償需要関数の場合と同様にこれは効用関数 u の消費集合 X への内部 $\mathrm{int}\, X$ への制限が狭義準凹関数であるという仮定の帰結である.主張 (a) の第二の部分により需要関数 D は非飽和である.これは選好関係が強単調である,すなわち効用関数 u が狭義単調増加であるという仮定 (iii-1) の帰結である[33]。選好関係が強単調である場合には局所非飽和だからこれは定理 3.4.1 の (b) に対応する.

主張 (b) により,制約付き効用最大化問題の 1 階条件としての Lagrange 乗数が存在し,ここから限界代替率と価格比の均等性が導かれる.主張 (c) は需要関数 D と価格と所得の対に Lagrange 乗数を対応させる関数 μ が連続微分可能であるという技術的な性質である.

主張 (d.1) により,Lagrange 乗数 $\mu(p,m)$ は所得の上昇が間接効用に与える限界的効果すなわち「所得の限界効用」を表す.主張 (d.2) は「Roy の恒等式」と呼ばれ,これを変形すると (p,m) における需要量 $D(p,m)$ は間接効用関数の価格に関する勾配 $\nabla v^m(p)$ を Lagrange 乗数 $\mu(p,m)$ で割った商の符号を逆転したものに等しいことがわかる.これは Hicks 補償需要関数あるいは生産者の制約付き供給関数に関する Shephard の補題に対応する主張である.主張 (d.3) は間接効用関数と効用関数との関係であり,これから導かれる一つの興味深い結論は次のものである.効用関数 u が狭義凹関数ならばその Hesse 行列は負定符号だから (d.3) により間接効用関数が狭義凹関数と

---

[30] ここでも記号 $\nabla^2 v^p(m)$ は単に関数 v^p の m における第 2 次微係数に過ぎない.

[31] 主張 (e) と次の主張 (f) は u の微分可能性には依存せず,X の内部での狭義準凹性と狭義単調増加性を仮定すれば十分である.定理 3.3.1 の (a.2) と比較せよ.

[32] 定理 3.3.1 の (b.2) と比較せよ.

[33] 選好関係の強単調性の定義については,第 1 章の定義 1.3.3 を参照.

なり，所得の限界効用は逓減する．ただし効用関数の（狭義）凹性は効用関数の単調増加変換によって維持されないから，不確実性を伴う経済分析で用いられる可測的効用関数の場合以外は無意味である[34]．

　主張 (e), (f) および (g) は需要関数と Hicks 補償需要関数との関係を示す Slutsky 恒等式である．(g) は (e) を価格で偏微分して得られる恒等式であり，通常はこれが「Slutsky 恒等式」と呼ばれる[35]．(g) の意味での Slutsky 恒等式は価格変化が需要量に与える影響を代替効果と所得効果に分割して説明することを可能にする．価格の変化は各種の財の価格の間の相対的な関係である相対価格を変化させるだけでなく一般に実質所得をも変化させる．たとえばある財の価格が上昇すると予算集合が縮小して価格変化前に購入可能であった消費の中で購入不可能になるものが発生して消費者は実質的に貧しくなり価格上昇以前に享受していた効用水準を達成できなくなる．

　Hicks 補償需要関数は価格変化によって発生する実質所得の変動を相殺して価格変化前に享受していた効用水準を丁度達成できるように所得を補償して相対価格の変化だけに基づく需要量の変化を見ようとする．この変化は「価格変化の代替効果」と呼ばれ，(g) の右辺の第一項によって表される[36]．

　(g) の右辺の第二項 $J_{D^p(m)}(m)\nabla e^{u(D(p,m))}(p)$ の $\nabla e^{u(D(p,m))}(p)$ は価格の上昇が支出金額に与える効果であり，(f) と定理 3.5.1 の (e.1) により $D(p,m)$ に等しい．価格上昇による支出金額の上昇は所得 m が不変な場合には実質所得の減少を意味するから $-\nabla e^{u(D(p,m))}(p)$ は消費される財の価格の上昇による実質所得の減少分また他の経済主体に提供される財（たとえば労働）の価格の上昇による実質所得の増加分を表す．$J_{D^p(m)}(m)$ は実質所得の変化が需要量に与える効果であり，この符号は上級財に対しては正，下級財に対しては負である．第二項全体は価格の変化が実質所得の変化を通じて需要量に与える効果を表すから「価格変化の所得効果」と呼ばれる[37]．

　この Slutsky 恒等式から得られる価格変化の代替効果と所得効果への分割を一種類の財のみの価格が変化する場合について述べ，その帰結の意味を考

---

34) 第 7 章の 7.7 節を参照．
35) 通常はむしろ「Slutsky 方程式」と呼ばれるが，これは恒等式である．
36) 図 3.4.2 における消費 x から x_H への変化分に対応する．
37) 図 3.4.2 における消費 x_H から $\bar{x}$ への変化分に対応する．

えて本節の分析を締めくくる。

系 3.5.1 (Slutsky 恒等式). (i) 消費集合 X が凸かつ包括的であり，(ii) 効用関数 u が連続であり，X の内部 $\operatorname{int} X$ で 2 回連続微分可能であり，(iii) $\operatorname{int} X$ に属する任意の消費 x に対して (iii-1) $\nabla u(x) \gg 0$ となり，(iii-2) $\nabla u(x) z^T = 0$ を満足する $\mathbb{R}^H \setminus \{0\}$ の任意の元 z に対して $z \nabla^2 u(x) z^T < 0$ となり，
(iv) u が準凹ならば，
$(p, u(D(p,m)))$ が $\operatorname{int} \operatorname{dom} C^+$ に属するような $\operatorname{int} \operatorname{dom} D^+$ の任意の元 (p,m) および H に属する任意の財 h に対して

$$D_h^h(p,m) = C_h^h(p, u(D(p,m))) - D_m^h(p,m) e_h(p, u(D(p,m)))$$

となる[38]。

系 3.5.1 の結論は周知の Slutsky 恒等式であり，その左辺 $D_h^h(p,m)$ は p^h の上昇が財 h に対する需要量に与える総合効果を表す。右辺の第一項 $C_h^h(p, u(D(p,m)))$ は p^h の上昇が財 h に対する需要量に与える効果の中で実質所得の変化を伴わない純粋に相対価格の変化を通じた効果すなわち代替効果を表す。定理 3.5.1 の (e.4) によりこれは負だから，p^h の上昇が代替効果を通じて財 h に対する需要量を減少させる効果を持つ。

右辺の第二項の第一の部分 $-e_h(p, u(D(p,m)))$ はすでに見たように財 h の価格の上昇が実質所得に与える効果を表しており，定理 3.5.1 の (e.1) と (e.4) により，h が消費される財であれば負また h が他の経済主体に提供される財であれば正である。第二の部分 $D_m^h(p,m)$ は実質所得の上昇が財 h に対する需要量に与える効果を表す。例 3.4.1 で見たように，財 h が下級財である可能性によりこの効果が正であるか負であるかは一般にわからない。第二項全体は p^h の上昇が実質所得の変化を通じて財 h に対する需要量に与える効果すなわち所得効果を表しており，代替効果が常に負であるのに対して，財 h

---

[38] $D_h^h(p,m)$ は財 h に対する需要関数 D^h の (p,m) における財 h の価格 p^h に関する偏微係数，$D_m^h(p,m)$ は D^h の (p,m) における財 h の所得 m に関する偏微係数を表し，他の下付き添字も同様の意味を表す。

が上級財の場合にはそれが消費されるときには負またそれが他の経済主体に提供されるときには正であり，下級財の場合には逆である．

したがって財 h が消費される上級財であるか他の経済主体に提供される下級財である場合には右辺全体は負であり，消費される財 h に対する需要量は価格 p^h の上昇に伴い確実に減少し，他の経済主体に提供される財 h の供給量は価格 p^h の上昇に伴い確実に増加し，3.1 節で需要関係の典型的性質の第二として掲げた需要法則が文字通りに成立する．この強い結論が成立する理由は選好関係が平滑的であるという仮定と消費される上級財あるいは他の経済主体に提供される下級財に限って考えているということである．この条件が満たされない場合でも所得効果が代替効果を相殺して有り余る程に強くなければ需要法則は成立するが，所得効果が強い場合には Giffen 財になり需要法則は成立しない．需要法則が成立しないということは我々の日常生活からの推測とは異なるためにこの現象は「Giffen の逆説」と呼ばれることもある．しかし財 h が他の経済主体に提供される財たとえば労働である場合には，h が Giffen 財であることは労働供給曲線が後方屈曲的であることを意味し，これは「逆説」と呼ぶに値する現象ではない．

生産者の場合には供給法則が例外なしに成立するが消費者の場合には需要法則が例外なしに成立するとは限らないことは消費者行動理論の弱点であるわけではない．需要法則が成立するか否かの分岐点で所得効果の大きさが働いていることを指摘することにより需要法則と Giffen の逆説の両方を説明できることはむしろ消費者行動理論の幅広さを示す長所であると考えるべきであろう．

3.6 支出関数に含まれる選好関係に関する情報

選好関係 $\succsim$ が与えられれば需要関係 D，Hicks 補償需要関係 C，および支出関数 e が定義されてその性質を調べうるが，選好関係は消費者が持っている私的情報であり観察可能ではない．他方，需要関係は消費活動と価格および所得との関係であり，価格は公開された情報であり，消費活動は財の購入量で表現されれば一般に観察可能な情報である．所得は一般に観察可能では

ないが，価格と購入量から支出金額は計算できるから非飽和な需要関係の場合には所得は支出金額に等しく間接的に観察可能といえよう．すなわち原理的には消費者行動は観察可能と想定することが許されるから，消費者行動の理論的表現としての需要関係は観察可能と想定してよい．生産者の場合には生産者行動の観察から生産技術が推定できることを示す論理は比較的単純であった[39]．消費者の場合にも消費者行動が観察できるならば選好関係を推定できるであろうか．

Hicks 補償需要関係は価格と達成目標となる満足水準を与える代表的な消費活動の対に補償需要量を対応させる関係である．達成目標となる満足水準を与える代表的な消費活動自体は原理的にも観察可能な概念ではない．しかし需要関係と Hicks 補償需要関係の間には密接な対応関係が存在し，いくつかの条件が満たされれば両者は一致することが知られている[40]

Hick 補償需要関係 C によって定義される支出関数 e を用いていくつかの概念を定義する．

定義 3.6.1. 消費集合 X に属する任意の消費 x に対して集合

$$U_e(x) = \bigcap_{p \in \mathrm{dom}\, e^x} \{\tilde{x} \in X \mid p \cdot \tilde{x} \geq e(p, x)\}$$

は「支出関数 e から誘導される x の上方集合」と呼ばれる．

この段階では $U_e(x)$ がなぜ「x の上方集合」と呼ばれるかは明らかではないが，支出関数 e を用いて以下に定義される X 上の二項関係に関する上方集合となることが判明する．支出関数 e から誘導される x の上方集合を用いて消費集合 X 上の二項関係を以下のように定義しよう．

定義 3.6.2. X 上の二項関係

$$\succsim^* = \{(x, \tilde{x}) \in X \times X \mid x \in U_e(\tilde{x})\}$$

は「支出関数 e から誘導される選好関係」と呼ばれる．

---

39) 第 2 章の定理 2.5.1 と 2.5.2 を参照．
40) 定理 3.3.1 の (a.2) と (b.2) および定理 3.5.2 の (e) と (f) を参照．

ここで $\succsim^*$ は選好関係と呼ばれているがそれが消費集合上の弱順序であることはまだ保証されていない．支出関数 e から誘導されるこの選好関係がある条件の下で本来の選好関係と一致し，したがって消費集合上の弱順序となることが以下で証明される．

定義 3.6.3. X に属する任意の消費 x に対して集合

$$U_{\succsim^*}(x) = \{\tilde{x} \in X \mid \tilde{x} \succsim^* x\}$$

は「x の $\succsim^*$-上方集合」と呼ばれる．

命題 3.6.1. X に属する任意の消費 x に対して $U_{\succsim^*}(x) = U_e(x)$ となる．

定義 3.6.4. 予算関係 B の定義域 $\mathrm{dom}\,B$ に属する価格と所得の任意の順序対 (p, m) に対して

$$D^*(p, m) = \bigcap_{\tilde{x} \in B(p,m)} \{x \in B(p, m) \mid x \succsim^* \tilde{x}\}$$

によって定義される $\mathrm{dom}\,B$ から X への関係 D^* は「支出関数 e から誘導される選好関係 $\succsim^*$ に対応する需要関係」と呼ばれる．

定義 3.6.5. $\mathbb{R}^H \times X$ に属する価格と消費の任意の順序対 (p, x) に対して

$$C^*(p, x) = \arg\min_{y \in U_{\succsim^*}(x)} p \cdot y$$

によって定義される $\mathbb{R}^H \times X$ から X への関係 C^* は「支出関数 e から誘導される選好関係 $\succsim^*$ に対応する補償需要関係」と呼ばれる．

定義 3.6.6. $\mathrm{dom}\,C^*$ に属する価格と消費の任意の順序対 (p, x) に対して

$$e^*(p, x) = p \cdot C^*(p, x)$$

によって定義される $\mathrm{dom}\,C^*$ 上の実数値関数 e^* は「支出関数 e から誘導される選好関係 $\succsim^*$ に対応する支出関数」と呼ばれる．

ここで本項の主要定理を述べよう．

定理 3.6.1 (支出関数が含む選好関係に関する情報). (a) $\succsim^*$ は弱凸であり $\succsim$ は $\succsim^*$ に含まれ,
(b) $\mathbb{R}^H \times \mathbb{R}$ に属する価格と所得の任意の順序対 (p, m) に対して $D(p, m)$ は $D^*(p, m)$ に含まれ,$\mathbb{R}^H \times X$ に属する価格と消費の任意の順序対 (p, x) に対して $C(p, x)$ は $C^*(p, x)$ に含まれ,
(c) $\mathrm{dom}\, D$ は $\mathrm{dom}\, D^*$ に含まれ $\mathrm{dom}\, C$ は $\mathrm{dom}\, C^*$ に含まれ,
(d) $\mathrm{dom}\, C$ に属する価格と消費の任意の順序対 (p, x) に対して $e(p, x) = e^*(p, x)$ かつ $C^*(p, x) \cap U_{\succsim}(x) = C(p, x)$ となり,
(e) 消費集合 X に属する任意の消費 x に対して $U_{\succsim}(x)$ が $\mathbb{R}^H$ の非空閉凸部分集合ならば $\succsim\, =\, \succsim^*$ となる.

定理 3.6.1 の主張 (a) により,支出関数 e が与えられれば観察不可能な選好関係 $\succsim$ に対して $\succsim$ が $\succsim^*$ に含まれ弱凸であるような消費集合上の二項関係 $\succsim^*$ が定義できる.この段階では選好関係 $\succsim$ については消費集合上の弱順序であること以外のいかなる性質も仮定されておらず,二項関係 $\succsim^*$ が消費集合上の弱順序であるか否かはまだわからない.

主張 (b) と (c) により,支出関数 e から誘導される選好関係 $\succsim^*$ に対応する需要関係および Hicks 補償需要関係はそれぞれ本来の需要関係と Hick 補償需要関係を上からある程度近似している.特に主張 (d) により,$\succsim^*$ に対応する Hicks 補償需要関係が本来の Hicks 補償需要関係を近似するときの誤差は達成すべき満足水準の基準として選ばれる消費の上方集合に含まれない部分を含めてしまうという誤りに限られる.

本来の選好関係 $\succsim$ が正確には知りえないとしてもそれが上半連続かつ弱凸であるという性質を持っていることが予め知られている場合には,主張 (e) により,支出関数 e に関する情報を用いて,それから誘導される選好関係 $\succsim^*$ が本来の選好関係 $\succsim$ と完全に一致するから,本来の選好関係を完全に知りうる.

しかし Hicks 補償需要関係したがってまた支出関数は直接観察可能ではないから,定理 3.3.1 の (a.2) と (b.2) および定理 3.5.2 で見た Hicks 補償需要関係と需要関係の間の対応関係から得られる間接的観察を利用できないならば,消費者行動からこの方法を用いて本来の選好関係を推定することは望め

ない。観察可能な需要関係から背後に含まれる選好関係を完全に知りうるか否かは 3.8 節で考察する。

3.7 顕示選好理論

第 1 章では消費者は選好関係によって特徴づけられると考えて本書で扱う経済モデルを構築し，本章ではその考え方に基づいて消費者行動の基本的性質を説明しようと努力してきたが，前節で強調したように選好関係は観察可能な概念であるとは思われないから，その性質を種々考えて仮定してもその妥当性を直接検証する方法はない。消費者行動理論をこのような基礎の上に構築するのではなく観察可能な概念だけに基づいて構築する方法として，Samuelson は顕示選好理論を考案した[41]。これは観察可能な需要関係に関する仮説からその主要な性質を説明しようと試みるものである。以下でそれを簡単に説明する。

本節では消費者が選好関係を持っていると仮定しないから，第 1 章のように消費集合を選好関係に依存して定まると想定できず，財空間 $\mathbb{R}^H$ の部分集合 X として独立に定まっていると考える。本節を通じてこれは固定されていると仮定し，この仮定に基づき予算関係と需要関係をあらためて定義する。

定義 3.7.1. $\mathbb{R}^H \times \mathbb{R}$ に属する価格と所得の任意の順序対 (p, m) に対して $B(p, m) = \{x \in X \mid p \cdot x \leq m\}$ によって定義される $\mathbb{R}^H \times \mathbb{R}$ から $\mathbb{R}^H$ への関係 B は「予算関係」と呼ばれ，$B(p, m)$ は「(p, m) における予算集合」と呼ばれる。

定義 3.7.2. $\mathbb{R}^H \times \mathbb{R}$ から X への関係 D は，もし $\mathbb{R}^H \times \mathbb{R}$ の任意の元 (p, m) に対して $D(p, m)$ が $B(p, m)$ に含まれるならば，「需要関係」と呼ばれ，集合 $D(p, m)$ は「(p, m) における需要集合」と呼ばれる。もし $D(p, m)$ が一元集合であるような D の定義域 $\mathrm{dom}\, D$ の元 (p, m) 全体の集合が非空ならば，D

---

41) Samuelson (1938) を参照。

3.7 顕示選好理論

のこの集合への制限は「需要関数」と呼ばれ，集合 $D(p,m)$ とその唯一の元は同一視される。

本節の以下の部分では任意の需要関係 D を選んで固定し，この需要関係について考える。

3.7.1 Samuelson の顕示選好理論

消費者が選好関係を持っていることを仮定しないから仮定 3.1.1 すなわち選好充足仮説も用いない。その代わりに需要関係 D の性質に関する基本的仮定を設定してその帰結を吟味する。本項ではまず Samuelson によって開発された顕示選好理論を説明する。

定義 3.7.3. 消費集合 X に属する二つの消費 x と $\tilde{x}$ が与えられたとき，もし
(i) x が $\tilde{x}$ と異なり，
(ii) x が $D(p,m)$ に属し $\tilde{x}$ が $B(p,m)$ に属するような価格と所得の順序対 (p,m) が需要関係 D の定義域 $\text{dom}\, D$ の中に存在するならば，
「消費 x は消費 $\tilde{x}$ より選好されることが需要関係 D によって顕示される」あるいは単に「消費 x は消費 $\tilde{x}$ より顕示選好される」と言われる。x が $\tilde{x}$ より顕示選好されるような順序対 $(x, \tilde{x})$ 全体の集合は S^D で表され，「需要関係 D によって生成される Samuelson 顕示選好関係」と呼ばれる。

S^D は消費集合 X 上の二項関係である。$(x, \tilde{x})$ が S^D に属することの意味を考えよう。条件 (ii) を満足する価格 p と所得 m に直面している消費者は消費 $\tilde{x}$ を購入できるが，それとは異なる消費 x を購入することを拒否しない。このような行動はこの消費者が消費 x を消費 $\tilde{x}$ と少なくとも同程度に望ましいと思っていることの表現であると解釈できる。以下で需要関係 D の性質として仮定する「顕示選好の Samuelson 弱公理」の下では需要関係 D は関数であることが証明される。すなわち「x が $D(p,m)$ に属する」ことは「$D(p,m) = \{x\}$」と同値である。この結論を先取りするならば，この消費者は価格と所得の順序対 (p,m) が与えられたときに $\tilde{x}$ は購入できるがそれを購入することを拒否して x のみを購入することになる。これは消費 x を消費 $\tilde{x}$ より望ましいと思っていることの表現であると解釈できる。この意味で「消

費 x は消費 $\tilde{x}$ より選好されることが需要関係 D によって顕示される」と言われる。

定義 3.7.4. 需要関係 D によって生成される Samuelson 顕示選好関係 S^D の推移的閉包 $T(S^D)$ は「需要関係 D によって生成される Houthakker 間接顕示選好関係」と呼ばれ，消費集合 X に属する二つの消費 x と $\tilde{x}$ に対して $(x, \tilde{x}) \in T(S^D)$ となるとき，「消費 x は消費 $\tilde{x}$ より選好されることが需要関係 D によって間接的に顕示される」あるいは単に「消費 x は消費 $\tilde{x}$ より間接顕示選好される」と言われる[42]。

$T(S^D)$ も X 上の二項関係である。「x が $\tilde{x}$ より間接顕示選好される」ことは，x と $\tilde{x}$ が「x が z^2 より顕示選好され，z^2 が z^3 より顕示選好され，… z^{q-1} が $\tilde{x}$ より顕示選好されるような有限の連鎖」で結びつけられることを意味する。ここでこれらの二つの顕示選好関係を用いて需要関係に関する二つの基本的仮定（公理）を述べる。

定義 3.7.5. 需要関係 D は，もし S^D が非対称ならば，「顕示選好の Samuelson 弱公理を満足する」と言われる[43]。

すなわち顕示選好の Samuelson 弱公理を満足する需要関係 D によって消費 x が消費 $\tilde{x}$ より顕示選好されるならば同じ D によって $\tilde{x}$ が x より顕示選好されることはない。

定義 3.7.6. 需要関係 D は，もし $T(S^D)$ が非対称ならば，「顕示選好の Houthakker 強公理を満足する」と言われる[44]。

すなわち顕示選好の Houthakker 強公理を満足する需要関係 D によって消費 x が消費 $\tilde{x}$ より間接的に顕示選好されるならば同じ D によって $\tilde{x}$ が x より間接的に顕示選好されることはない。需要関係 D が顕示選好の Houthakker 強公理を満足すれば顕示選好の Samuelson 弱公理を満足することは簡単に確認できる。

---

[42] 推移的閉包の定義については，数学付録の定義 A.2.30 を参照。
[43] Samuelson (1938) と Richter (1971) を参照。
[44] Houthakker (1950) と Richter (1971) を参照。

3.7 顕示選好理論

定理 3.7.1 (Samuelson 弱公理から導かれる需要関係の基本的性質). 需要関係 D が顕示選好の Samuelson 弱公理を満足するならば，D の定義域 $\mathrm{dom}\, D$ の任意の元 (p, m) に対して

(a) $D(p, m)$ は一元集合であり，

(b) (tp, tm) が $\mathrm{dom}\, D$ に属するような任意の正実数 t に対して $D(p, m) = D(tp, tm)$ となり，

(c) $\tilde{p} \cdot D(p, m) = \tilde{m}$ と $D(p, m) \neq D(\tilde{p}, \tilde{m})$ を満足する $\mathrm{dom}\, D$ の任意の元 $(\tilde{p}, \tilde{m})$ に対して $(\tilde{p} - p) \cdot (D(\tilde{p}, \tilde{m}) - D(p, m)) < 0$ となる。

定理 3.7.1 により，需要関係 D は実際には需要関数であり，正 0 次同次性を満足し，Slutsky 所得補償が行われた場合の一般化された需要法則を満足するから，選好関係を持つ消費者の場合とほぼ同じ性質が顕示選好の Samuelson 弱公理だけから演繹される[45]。3.9 節に与えられている証明は選好関係を持つ消費者についての同種の定理の証明より遥かに簡単である。

系 3.7.1. 需要関係 D が顕示選好の Samuelson 弱公理を満足するならば
(i) 財 h 以外のすべての財 $\tilde{h}$ に対して $\tilde{p}^{\tilde{h}} = p^{\tilde{h}}$，(ii) $\tilde{p} \cdot D(p, m) = \tilde{m}$，(iii) $D(p, m) \neq D(\tilde{p}, \tilde{m})$，(iv) $\tilde{p} \gg 0$ を満足する $\mathrm{dom}\, D$ の任意の二つの元 (p, m) と $(\tilde{p}, \tilde{m})$ および任意の財 h に対して

(a) $(\tilde{p}^h - p^h)(D^h(\tilde{p}, \tilde{m}) - D^h(p, m)) < 0$ となり，

(b) $\tilde{p} \cdot D(\tilde{p}, \tilde{m}) = \tilde{m}$ ならば $(\tilde{p}^h - p^h)(D^k(\tilde{p}, \tilde{m}) - D^k(p, m)) > 0$ となるような h 以外の財 k が存在する。

系 3.7.1 は Slutsky 所得補償が行われた場合に需要法則と代替関係の優越性が成立することを述べている。

3.7.2 Samuelson 弱公理と Houthakker 強公理の関係

Samuelson の顕示選好理論においては消費者が選好関係を持っていることを仮定せずに需要関係に顕示関係の Samuelson 弱公理だけを仮定することによって選好充足仮説を満足する需要関係が持つ性質のほぼすべてを説明して

---

45) しかし (b) において $\mathrm{dom}\, D$ が財空間 $\mathbb{R}^H$ の原点を頂点とする錐であることは主張されていない。

いる。それでは顕示選好の Samuelson 弱公理と選好充足仮説の説明力は真に異なるのであろうか。これについては少なくとも二つの研究成果が知られている。第一は次に述べる Rose による定理である。

定理 3.7.2 (Rose (1958)). 財集合 H が二種類の財だけから成り，需要関係 D の定義域 $\operatorname{dom} D$ が $\mathbb{R}_{++}^H \times \mathbb{R}$ に含まれ，D が顕示選好の Samuelson 弱公理を満足し，さらに非飽和ならば，D は Houthakker 強公理を満足する[46]。

二種類の財だけが存在する経済においては，この定理に述べられている若干の条件の下で顕示選好の Samuelson 弱公理と顕示選好の Houthakker 強公理とは同値である。さらに顕示選好の Houthakker 強公理を満足する需要関係を持つ消費者が選好関係を持つと想定できることも知られているから[47]，この場合には顕示選好の Samuelson 弱公理と選好充足仮説は同値である。第二は Gale による次の例である。

例 3.7.1. $H = \{1, 2, 3\}$ および $X = \mathbb{R}_+^H$ によって定義される消費集合を持つ消費者に対して以下のように $\mathbb{R}_{++}^H \times \mathbb{R}_+$ を定義域として持つ需要関数 D を定義する。行列

$$A = \begin{bmatrix} -3 & 4 & 0 \\ 0 & -3 & 4 \\ 4 & 0 & -3 \end{bmatrix}$$

と集合

$$P_A = \left\{ p \in \mathbb{R}_{++}^H \ \middle|\ pAp^T > 0 \ \text{かつ} \ Ap^T \geq 0 \right\}$$

を選び，P_A に属する任意の価格 p に対して

$$\hat{D}^A(p) = \frac{Ap^T}{pAp^T}$$

と定義し，さらに $P_A \times \mathbb{R}_+$ の任意の元 (p, m) に対して

$$D^A(p, m) = m\hat{D}^A(p)$$

---

[46] この定理の証明は本書では与えないから Rose (1958) を参照されたい。
[47] 3.7.3 項の命題 3.7.1 の (c) と 3.8 節の定理 3.8.1 と 3.8.3 を参照。

と定義する．このとき D^A は顕示選好の Samuelson 弱公理を満足する需要関数であることを証明できる．ただし D^A の定義域は $P_A \times \mathbb{R}_+$ であり $\mathbb{R}_{++}^H \times \mathbb{R}_+$ ではない．ここで

$$P_{11} = \left\{ p \in \mathbb{R}_{++}^H \mid 4p_1 \geq 3p_3 \ \& \ 4p_2 \leq 3p_1 \ \& \ 4p_3 \leq 3p_2 \right\},$$
$$P_{12} = \left\{ p \in \mathbb{R}_{++}^H \mid 4p_1 \geq 3p_3 \ \& \ 4p_2 \leq 3p_1 \ \& \ 4p_3 \geq 3p_2 \ \& \ 16p_2 \geq 9p_3 \right\},$$
$$P_{13} = \left\{ p \in \mathbb{R}_{++}^H \mid 4p_1 \geq 3p_3 \ \& \ 4p_2 \leq 3p_1 \ \& \ 4p_3 \geq 3p_2 \ \& \ 16p_2 \leq 9p_3 \right\},$$
$$P_{21} = \left\{ p \in \mathbb{R}_{++}^H \mid 4p_3 \geq 3p_2 \ \& \ 4p_1 \leq 3p_3 \ \& \ 4p_2 \leq 3p_1 \right\},$$
$$P_{22} = \left\{ p \in \mathbb{R}_{++}^H \mid 4p_3 \geq 3p_2 \ \& \ 4p_1 \leq 3p_3 \ \& \ 4p_2 \geq 3p_1 \ \& \ 16p_1 \geq 9p_2 \right\},$$
$$P_{23} = \left\{ p \in \mathbb{R}_{++}^H \mid 4p_3 \geq 3p_2 \ \& \ 4p_1 \leq 3p_3 \ \& \ 4p_2 \geq 3p_1 \ \& \ 16p_1 \leq 9p_2 \right\},$$
$$P_{31} = \left\{ p \in \mathbb{R}_{++}^H \mid 4p_2 \geq 3p_1 \ \& \ 4p_3 \leq 3p_2 \ \& \ 4p_1 \leq 3p_3 \right\},$$
$$P_{32} = \left\{ p \in \mathbb{R}_{++}^H \mid 4p_2 \geq 3p_1 \ \& \ 4p_3 \leq 3p_2 \ \& \ 4p_1 \geq 3p_3 \ \& \ 16p_3 \geq 9p_1 \right\},$$
$$P_{33} = \left\{ p \in \mathbb{R}_{++}^H \mid 4p_2 \geq 3p_1 \ \& \ 4p_3 \leq 3p_2 \ \& \ 4p_1 \geq 3p_3 \ \& \ 16p_3 \leq 9p_1 \right\},$$
$$P_1 = P_{11} \cup P_{12} \cup P_{13} = \left\{ p \in \mathbb{R}_{++}^3 \mid 4p_1 \geq 3p_3 \ \& \ 4p_2 \leq 3p_1 \right\},$$
$$P_2 = P_{21} \cup P_{22} \cup P_{23} = \left\{ p \in \mathbb{R}_{++}^3 \mid 4p_3 \geq 3p_2 \ \& \ 4p_1 \leq 3p_3 \right\},$$
$$P_3 = P_{31} \cup P_{32} \cup P_{33} = \left\{ p \in \mathbb{R}_{++}^3 \mid 4p_2 \geq 3p_1 \ \& \ 4p_3 \leq 3p_2 \right\}$$

と定義する．このとき $P_A \cup P_1 \cup P_2 \cup P_3 = \mathbb{R}_{++}^H$ となる．D^A の定義域を $\mathbb{R}_{++}^H$ に拡張するために，$\mathbb{R}_{++}^H$ に属する任意の価格 p に対して

$$p \text{ が } P_{11} \text{ に属するならば } p^{11}(p) = \left(\frac{16p_3}{9}, \frac{4p_3}{3}, p_3 \right),$$
$$p \text{ が } P_{12} \text{ に属するならば } p^{12}(p) = \left(\frac{4p_2}{3}, p_2, p_3 \right),$$
$$p \text{ が } P_{13} \text{ に属するならば } p^{13}(p) = \left(\frac{4p_2}{3}, p_2, \frac{16p_2}{9} \right),$$
$$p \text{ が } P_{21} \text{ に属するならば } p^{21}(p) = \left(\frac{4p_2}{3}, p_2, \frac{16p_2}{9} \right),$$
$$p \text{ が } P_{22} \text{ に属するならば } p^{22}(p) = \left(p_1, p_2, \frac{4p_1}{3} \right),$$

p が P_{23} に属するならば $p^{23}(p) = \left(p_1, \dfrac{16p_1}{9}, \dfrac{4p_1}{3}\right),$

p が P_{31} に属するならば $p^{31}(p) = \left(p_1, \dfrac{16p_1}{9}, \dfrac{4p_1}{3}\right),$

p が P_{32} に属するならば $p^{32}(p) = \left(p_1, \dfrac{4p_3}{3}, p_3\right),$

p が P_{33} に属するならば $p^{33}(p) = \left(\dfrac{16p_3}{9}, \dfrac{4p_3}{3}, p_3\right)$

と定義し，$p \in P_{ij}$ となる $\{1,2,3\} \times \{1,2,3\}$ の元 (i,j) が存在するときには

$$\bar{D}^A(p) = \hat{D}^A(p^{ij}(p))$$

と定義する．これは矛盾なく定義でき，$\bar{D}^A$ は $\mathbb{R}^H_{++}$ に属する任意の価格 p に対して $p\bar{D}^A(p) = 1$ となるような $\mathbb{R}^H_{++}$ から X への連続関数であることを証明できる．最後に $\mathbb{R}^H_{++} \times \mathbb{R}_+$ の任意の元 (p,m) に対して

$$D(p,m) = m\bar{D}^A(p)$$

と定義すると，D は顕示選好の Samuelson 弱公理を満足するが Houthakker 強公理を満足しないことが証明できる[48]．

この例は三種類以上の財が存在する経済においては顕示選好の Samuelson 弱公理を満足する需要関数を持つが選好関係を持っているとは想定できない消費者が存在しうることを示している．この問題については次節でも考察する．

3.7.3 顕示選好理論の変形

前項で解説した Samuelson の顕示選好の概念と弱公理は消費者行動の性質について選好関係を想定した場合とほとんど同じ性質を極めて簡単な論理で説明できる．ただし顕示選好の Samuelson 弱公理は需要関数ではなく一般の需要関係の場合には解釈しにくい内容を持っていた．獲得される結論は若干弱くなるが一層解釈しやすい公理に基づく顕示選好理論を考えてみよう．そのために顕示選好関係の変形を以下では用いる．

---

48) 以上に述べたことの証明は本書では与えないから Gale (1960) を参照されたい．

3.7 顕示選好理論

定義 3.7.7. 消費集合 X に属する二つの消費 x と $\tilde{x}$ が与えられたとき，もし x が $D(p,m)$ に属し $\tilde{x}$ が $B(p,m)$ に属するような価格と所得の対 (p,m) が需要関係 D の定義域 $\mathrm{dom}\,D$ の中に存在するならば，「消費 x は消費 $\tilde{x}$ より弱く選好されることが需要関係 D によって顕示される」あるいは単に「消費 x は消費 $\tilde{x}$ より弱顕示選好される」と言われる。x が $\tilde{x}$ より弱顕示選好されるような順序対 $(x,\tilde{x})$ 全体の集合は R^D で表され，「需要関係 D によって生成される弱顕示選好関係」と呼ばれる[49]。

この定義に現れる「x が $D(p,m)$ に属し $\tilde{x}$ が $B(p,m)$ に属するような価格と所得の対 (p,m) が需要関係 D の定義域 $\mathrm{dom}\,D$ の中に存在する」という条件の意味は容易に理解できるであろう。$\tilde{x}$ が購入できるようなある価格 p と所得 m に直面したときに x を選択することに満足するということだから，この行動は x が $\tilde{x}$ と少なくとも同程度に良いと考えていることの表現であると解釈できる。

定義 3.7.8. 消費集合 X に属する二つの消費 x と $\tilde{x}$ が与えられたとき，もし x が $D(p,m)$ に属し $\tilde{x}$ が $B(p,m) \setminus D(p,m)$ に属するような価格と所得の順序対 (p,m) が需要関係 D の定義域 $\mathrm{dom}\,D$ の中に存在するならば，「消費 x は消費 $\tilde{x}$ より強く選好されることが需要関係 D によって顕示される」あるいは単に「消費 x は消費 $\tilde{x}$ より強顕示選好される」と言われる。x が $\tilde{x}$ より強顕示選好されるような順序対 $(x,\tilde{x})$ 全体の集合は P^D で表され，「需要関係 D によって生成される強顕示選好関係」と呼ばれる[50]。

この定義に現れる「x が $D(p,m)$ に属し $\tilde{x}$ が $B(p,m) \setminus D(p,m)$ に属するような価格と所得の順序対 (p,m) が需要関係 D の定義域 $\mathrm{dom}\,D$ の中に存在する」という条件の意味も容易に理解できるであろう。$\tilde{x}$ が購入できるようなある価格 p と所得 m に直面したときに x を選択することに満足し $\tilde{x}$ を購入したくないということだから，この行動は x が $\tilde{x}$ より良いと考えていることの表現であると解釈できる。

---

49) Arrow (1959) を参照。
50) Arrow (1959) を参照。

定義 3.7.9. 需要関係 D によって生成される弱顕示選好関係 R^D の推移的閉包 $T(R^D)$ は「需要関係 D によって生成される弱間接顕示選好関係」と呼ばれ，消費集合 X に属する二つの消費 x と $\tilde{x}$ に対して $(x,y) \in T(R^D)$ となるとき，「消費 x は消費 $\tilde{x}$ より弱く選好されることが需要関係 D によって間接的に顕示される」あるいは単に「消費 x は消費 $\tilde{x}$ より弱間接顕示選好される」と言われる．

定義 3.7.10. 需要関係 D によって生成される強顕示選好関係 P^D の推移的閉包 $T(P^D)$ は「需要関係 D によって生成される強間接顕示選好関係」と呼ばれ，消費集合 X に属する二つの消費 x と $\tilde{x}$ に対して $(x,y) \in T(P^D)$ となるとき，「消費 x は消費 $\tilde{x}$ より強く選好されることが需要関係 D によって間接的に顕示される」あるいは単に「消費 x は消費 $\tilde{x}$ より強間接顕示選好される」と言われる．

これらの変形された顕示選好関係を用いて Samuelson と Houthakker の公理の変形を定義する．

定義 3.7.11. 需要関係 D は，もし $(x,\tilde{x}) \in P^D$ かつ $(\tilde{x},x) \in R^D$ となる二つの消費 x と $\tilde{x}$ が存在しないならば，「顕示選好の弱公理を満足する」と言われる[51]．

顕示選好の弱公理は消費 x が消費 $\tilde{x}$ より強く選好されることが需要関係 D によって顕示されたならば $\tilde{x}$ が x より弱く選好されることが同じ需要関係によって顕示されることはないことを主張しており，消費者行動の首尾一貫性を表すものとして理解できるであろう．

定義 3.7.12. 需要関係 D は，もし $(x,\tilde{x}) \in T(P^D)$ かつ $(\tilde{x},x) \in R^D$ となる二つの消費 x と $\tilde{x}$ が存在しないならば，「顕示選好の強公理を満足する」と言われる[52]．

顕示選好の強公理は消費 x が消費 $\tilde{x}$ より強く選好されることが需要関係 D によって間接的に顕示されたならば $\tilde{x}$ が x より弱く選好されることが同じ需

---

[51] Arrow (1959) を参照．
[52] Arrow (1959) を参照．

要関係によって顕示されることはないことを主張しており，これも消費者行動の首尾一貫性を表すものとして理解できるであろう。

これらの変形された顕示選好関係と Samuelson 顕示選好関係および Houthakker 間接顕示選好関係との関係，さらに顕示選好の Samuelson 弱公理，Houthakker 強公理，弱公理，強公理の間の関係に関する次の命題に注意する。

命題 3.7.1. (a) $P^D \subset S^D \subset R^D$ かつ $T(P^D) \subset T(S^D) \subset T(R^D)$ となり，
(b) 需要関係 D が顕示選好の Samuelson 弱公理を満足するならば D は顕示選好の弱公理を満足し，
(c) 需要関係 D が顕示選好の Houthakker 強公理を満足するならば D は顕示選好の強公理を満足する。

ここで新しい定理を述べうる。

定理 3.7.3 (顕示選好の弱公理から導かれる需要関係の基本的性質)．需要関係 D が非飽和であり顕示選好の弱公理を満足するならば，D の定義域 $\text{dom}\, D$ の任意の元 (p, m) に対して
(a) (tp, tm) が $\text{dom}\, D$ に属するような任意の正実数 t に対して $D(p, m) = D(tp, tm)$ となり，
(b) $\text{dom}\, D$ の任意の元 $(\tilde{p}, \tilde{m})$，$\tilde{p} \cdot x = \tilde{m}$ を満足し $D(p, m)$ に属する任意の消費 x および $D(\tilde{p}, \tilde{m})$ に属する任意の消費 $\tilde{x}$ に対して $(\tilde{p} - p) \cdot (\tilde{x} - x) \leq 0$ となる。

定理 3.7.3 の主張 (b) は選好充足仮説に基づく定理 3.4.1 の主張 (a) に対応する。

系 3.7.2. 需要関係 D が非飽和であり顕示選好の弱公理を満足するならば，
(i) 財 h 以外のすべての財 $\tilde{h}$ に対して $\tilde{p}^{\tilde{h}} = p^{\tilde{h}}$，(ii) $\tilde{p} \cdot x = \tilde{m}$，(iii) $\tilde{p} \gg 0$
を満足する $\text{dom}\, D$ の任意の二つの元 (p, m) と $(\tilde{p}, \tilde{m})$，$D(p, m)$ に属する任意の消費 x，$D(\tilde{p}, \tilde{m})$ に属する任意の消費 $\tilde{x}$ および任意の財 h に対して
(a) $(\tilde{p}^h - p^h)(\tilde{x}^h - x^h) \leq 0$ となり，
(b) $(\tilde{p}^h - p^h)(\tilde{x}^k - x^k) \geq 0$ を満足する h 以外の財 k が存在する。

上述の定理 3.7.3 と系 3.7.2 の結論は定理 3.7.1 と系 3.7.1 のそれより弱いが，基礎にある公理は解釈し易いであろう。

3.8 需要関係に含まれる選好関係に関する情報

3.6節までに考察してきた消費者行動の理論はまず選好関係を持っている消費者が予算の制約の下で選好を充足させるという仮説に基づいて展開されてきた。しかし観察不可能な概念である選好関係に依存せずに観察可能な需要関係に関する仮説である顕示選好のSamuelson弱公理あるいはHouthakker強公理あるいはそれを若干変形した公理に基づく顕示選好理論にも言及した。他方，Hicks補償需要関係から定義される支出関数を用いて背後にある選好関係を見いだす手続きをも考察して観察不可能な選好関係を観察可能な概念から導出する可能性を探ってきた。現実世界に住む我々自身も消費者としての自分の選好関係がどのようなものであるかを知らないから，ミクロ経済学の消費者行動の分析に選好関係を用いることの妥当性について疑問を感じる者がいるかもしれない。

消費者が選好関係を持っているという仮定にはどの程度の妥当性があるのであろうか。理論の仮定は本来それ自体が現実的である必要はなく現実を説明する上で有用でありさえすればよい。たとえば森林の中に密集して生えている樹木の葉は幹の下の方では疎らであるが幹の先端の方では密集している。この理由を説明するために樹木は光合成を行う必要があるから葉に当たる太陽光線の量を最大化するように葉の位置を定めるという仮説を考えうる。しかし樹木に意思はないからこの太陽光線が当たる葉の表面積を最大化するように葉の位置を意図的に定めているという仮説は現実的ではない。しかしこの仮説によって樹木の枝の張り方が適切に説明できるならばその仮説は妥当な仮説であるとみなしえよう[53]。

消費者が自分の選好関係を知っていて予算制約の下で選好を最大限に充足するように財の消費量を調節しているという仮説も現実的ではないであろうが，それによって消費者行動の典型的な性質が適切に説明できればその仮説は妥当であるとみなして構わない。Samuelsonの顕示選好理論における顕示

---

53) Friedman (1953) の Part I を参照。

3.8 需要関係に含まれる選好関係に関する情報

選好関係の定義もそれ自体の意味を説明しようとすると若干難しい面があり弱公理の意味付けを表現しにくかったから，前節ではそれの変形を考えた。しかし顕示選好の Samuelson 弱公理は消費者行動の性質を適切にまた簡潔に説明する上で極めて有用である。

このように仮説自体の現実性は重要問題ではないが仮説自体の意味がわかりやすいことは理論の理解を助ける。この意味で消費者が選好関係を持っているという仮定自体に良い説明が与えられることは望ましい。顕示選好の Houthakker 強公理は消費者が選好関係を持っていることを説明する一つの仮説であるが強公理自体の意味は弱公理に比較してわかりにくい。

顕示選好の Samuelson 弱公理だけでは消費者が選好関係を持っていることを説明できないことを示す Gale による例を前節で紹介したが，これまで本章で扱ってきた消費者は定義 3.1.1 または 3.7.1 で定義されているような予算関係に制約されて行動する消費者であった。これは消費集合を予算平面で区切った形の予算集合を割り当てる。これ以外に種々の形の予算関係がありうる。たとえば割当が存在するような場合あるいは購入数量に応じて価格割引が行われる場合には予算集合は異なる性質のものになる。どのような形の予算関係に直面しても消費者は意思決定できると想定することは不自然なことではない。

さらにこれまでは消費者は価格と所得を考慮して意思決定を行うと想定してきた。しかし命題 3.1.1 および定理 3.1.1 で見たように価格と所得が比例的に変化した場合には消費者は活動を変更しない。これは消費者が本質的に価格と所得を考慮して意思決定を行っているのではなく予算集合自体を考慮して意思決定を行っていることを意味する。価格と所得は予算集合を決定するパラメタであるに過ぎない。消費者行動が本質的に価格と所得に依存するのはいわゆる Veblen 効果が存在する場合に限られるであろう。したがって通常の場合には消費者はむしろ予算集合の族の上で定義された需要関係を持っていると想定できる。

このような観点から消費者行動あるいは一層一般的に経済主体の選択行動を定式化した Arrow の分析を以下で解説する。ここでは顕示選好の弱公理を満足する需要関係を持つ消費者は選好充足仮説に基づいて行動しているとみなしうることが証明される。本節の議論は極めて一般的であり，消費者の選

択対象が属する消費集合 X は財空間 $\mathbb{R}^H$ の部分集合である必要はなくどのような集合でもよい．したがって本節では X は任意の非空集合であると考える．

まず需要関係に対応する一層一般的な概念として「選択関係」と呼ばれるものを定義する．

定義 3.8.1. X の冪集合 $\mathscr{P}(X)$ から X への関係 c は，もし $\mathscr{P}(X)$ の任意の元 B に対して $c(B)$ が B に含まれるならば，「選択関係」と呼ばれる[54]．

$\mathscr{P}(X)$ の元 B はこれまでに現れた予算集合に対応し，選択の機会を表現する集合だから「機会集合」と呼ぼう．選択関係 c は機会集合 B が与えられたときにその部分集合 $c(B)$ を選択することを表す関係だから需要関係に対応する概念である．これまでに扱ってきた需要関係がここでの選択関係の特殊な場合であることを示すために三つの定義を導入する．

定義 3.8.2. 任意の需要関係 D に対して，$Z = B(p, m)$ となるような D の定義域 $\mathrm{dom}\, D$ の元 (p, m) が存在し，しかも Z の内部 $\mathrm{int}\, Z$ が非空であるような $\mathscr{P}(X)$ の元 Z は「D-許容予算集合」と呼ばれ，D-許容予算集合全体から成る集合は $\mathscr{B}(D)$ で表される．

これは定義 3.7.1 の意味での予算関係の下での像となりうる予算集合の中で内部が非空であるようなもの全体からなる集合である．これは消費者行動理論で扱われる標準的な予算集合のほとんどすべてを含んでいる．

定義 3.8.3. 任意の需要関係 D が与えられたとき，$\mathscr{B}(D)$ の任意の元 Z に対して
$$PM_D(Z) = \{(p, m) \in \mathrm{dom}\, D \mid Z = B(p, m)\}$$
と定義し，$\mathscr{P}(X)$ の任意の元 Z に対して
$$A(Z) = \bigcup_{x \in \bigcap_{(p,m) \in PM_D(Z)} D(p,m)} \{a \mid a = (Z, x)\}$$

---

[54] 冪集合の定義については，数学付録の定義 A.1.2 を参照．

と定義し,
$$\hat{c}_D = \bigcup_{Z \in \mathscr{B}(D)} A(Z)$$
と定義する。

定義 3.8.4. 任意の需要関係 D に対して
(a) $\mathscr{P}(X) \setminus \mathscr{B}(D)$ の任意の元 Z に対して $c(Z)$ が空集合であり,
(b) $\mathscr{B}(D)$ の任意の元 Z と $Z = B(p,m)$ を満足する $\operatorname{dom} D$ の任意の元 (p,m) に対して $c(Z) = D(p,m)$ を満足する
選択関係 c 全体から成る集合を $\hat{C}_D$ で表す。

条件 (a) により,集合 $\hat{C}_D$ に属する選択関係 c は消費者行動理論で扱われる標準的な予算集合を除く予算集合が与えられた場合には何も選択しない。需要関係 D は標準的でない予算集合に対しては定義されないからこの範囲では D と c は一致している。条件 (b) は標準的な予算集合に対しては c と D が一致していることを主張している。したがって集合 $\hat{C}_D$ に属する選択関係は需要関係を一般化した概念である。上で定義された $\hat{c}_D$ はこの集合 $\hat{C}_D$ の唯一の元であることが次の命題で証明される。

命題 3.8.1. 消費集合 X が財空間 $\mathbb{R}^H$ の非負象限 $\mathbb{R}^H_+$ の包括的部分集合ならば[55],
(i) D の定義域 $\operatorname{dom} D$ が $\mathbb{R}^H_{++} \times \mathbb{R}$ の原点を頂点とする錐であり,
(ii) D が正 0 次同次となるような
任意の需要関係 D に対して
(a) $\hat{c}_D$ は $\hat{C}_D$ の唯一の元であり,
(b) $\mathscr{P}(X)$ の任意の元 Z に対して
$$\hat{c}_D(Z) = \begin{cases} \bigcap_{(p,m) \in PM_D(Z)} D(p,m) & \text{if } Z \in \mathscr{B}(D), \\ \emptyset & \text{if } Z \notin \mathscr{B}(D) \end{cases}$$
となる。

---
55) 包括性の定義については数学付録の定義 A.5.9 を参照。

消費集合 X が財空間 $\mathbb{R}^H$ の非負象限 $\mathbb{R}^H_+$ の包括的部分集合であるという仮定は消費者行動理論において標準的に置かれる仮定であり，仮定 (i) と (ii) も需要関係の標準的性質である。したがってこの命題は需要関係 D が選択関係 $\hat{c}_D$ とみなされうることを主張している。

需要関係 D の一般化としての選択関係 $\hat{c}_D$ が $\mathscr{P}(X) \setminus \mathscr{B}(D)$ に属する予算集合に対して空集合の値をとることは消費者がこのような予算集合に直面した場合には意思決定できないことを仮定していることを意味し，制限的な仮定である。消費者は一層広い種類の予算集合に直面しても意思決定できるはずである。非飽和な選好関係を持つ消費者の場合には有界でない予算集合に直面した場合には意思決定できないかもしれないが，有限集合であるような予算集合の下では常に意思決定できると考えられる。そこで Arrow は許容できる予算集合の中に消費集合の三個以内の元から成る非空部分集合をすべて含めることを考える[56)]。これは穏当な仮定であると思われる。

以下では X が必ずしも財空間 $\mathbb{R}^H$ の部分集合であるとは考えず任意の非空集合であると考えて議論を進める。まず選好充足仮説の下での需要関係を一般化した選択関係を定義する。

定義 3.8.5. X 上の任意の弱順序 $\succsim$ が与えられたとき，X の任意の部分集合 Y に対して

$$D_{\succsim}(Y) = \bigcap_{y \in Y} \{x \in Y \mid x \succsim y\}$$

によって定義される $\mathscr{P}(X)$ から X への関係 $D_{\succsim}$ は「$\succsim$ によって生成される選択関係」と呼ばれる。

3.8.1 顕示選好関係と基底関係

次の二つの顕示選好関係の定義は，ここでは需要関係より一般的な選択関係に対して述べられている点を除いて，定義 3.7.7 および 3.7.8 と本質的に同じである。

---

56) 実際には Arrow (1959) は消費集合の非空有限部分集合をすべて含めることを仮定するが，証明では三個以内の元から成る非空部分集合をすべて含むという仮定だけが用いられている。Mas-Colell, Whinston and Green (1995), pp. 13 – 14 をも参照。

3.8 需要関係に含まれる選好関係に関する情報

定義 3.8.6. 選択関係 c および X の二つの元 x と y が与えられたとき，もし x が $c(Y)$ に属し y が Y に属するような X の部分集合 Y が存在するならば，「x が y より弱く選好されることが選択関係 c によって顕示される」あるいは単に「x は y より弱顕示選好される」と言われる。x が y より弱顕示選好されるような順序対 (x,y) 全体の集合は R_c で表され，「選択関係 c によって生成される弱顕示選好関係」と呼ばれる。

定義 3.8.7. 選択関係 c および X の二つの元 x と y が与えられたとき，もし x が $c(Y)$ に属し y が $Y \setminus c(Y)$ に属するような X の部分集合 Y が存在するならば，「x が y より強く選好されることが選択関係 c によって顕示される」あるいは単に「x は y より強顕示選好される」と言われる。x が y より強顕示選好されるような順序対 (x,y) 全体の集合は P_c で表され，「選択関係 c によって生成される強顕示選好関係」と呼ばれる。

定義 3.8.8. 選択関係 c が与えられたとき，
$$B_c = \{(x,y) \in X \times X \mid x \in c(\{x,y\})\}$$
によって定義される X 上の二項関係 B_c は「選択関係 c によって生成される基底関係」と呼ばれる。

「$(x,y) \in B_c$」の意味は集合 $\{x,y\}$ の中から選択する機会が与えられたときに y を選択することも可能であるが x を選択することで満足するということであるから，x を y と少なくとも同程度に良いと考えていることの表現であると解釈できる。このように言葉で表現すると弱顕示選好関係の概念と同じであるかのように見えるが，両者は論理的には直接結びつかない。

3.8.2 選択関係の合理性

まず選択関係の合理性という概念を定義する。

定義 3.8.9. 選択関係 c は，もし $c = D_{\succsim}$ となるような X 上の弱順序 $\succsim$ が存在するならば，「合理的である」と言われる。

すなわち選択関係が合理的であるということは，その定義域に属する任意の機会集合が与えられたときにその機会集合の中で最も選好されるもの全体

を選択するという性質を持つ選好関係が存在することである．本章の 3.5 節までに扱った消費者の需要関係はこの意味で合理的であった．

定義 3.8.10. 選択関係 c は，もし Y が Z に含まれ $c(Z) \cap Y$ が非空となる $\mathrm{dom}\,c$ の任意の二つの元 Y と Z に対して $c(Z) \cap Y = c(Y)$ ならば，「Arrow 公理を満足する」と言われる．

次の二つの顕示選好の弱公理と強公理は需要関係より一般的な選択関係について述べられている点を除き定義 3.7.11 および 3.7.12 と同じである．

定義 3.8.11. 選択関係 c は，もし $(x, y) \in P_c$ と $(y, x) \in R_c$ となるような X の二つの元 x と y が存在しないならば，「顕示選好の弱公理を満足する」と言われる．

定義 3.8.12. 選択関係 c は，もし $(x, y) \in T(P_c)$ かつ $(y, x) \in R_c$ となるような X の二つの元 x と y が存在しないならば，「顕示選好の強公理を満足する」と言われる．

定義 3.8.13. 選択関係 c は，もし $(x, y) \in T(P_c)$ かつ $\{x, y\} \subset c(Y)$ となるような X の二つの元 x と y および $\mathscr{P}(X)$ の元 Y が存在しないならば，「顕示選好の Uzawa 公理を満足する」と言われる．

これらの公理の間には以下のような関係がある．

定理 3.8.1 (諸公理の間の関係)．任意の選択関係 c に対して
(a) c が顕示選好の強公理を満足するときまたそのときにかぎり c は顕示選好の Uzawa 公理を満足し，
(b) c が顕示選好の強公理を満足するならば c は顕示選好の弱公理を満足し，
(c) c が顕示選好の弱公理を満足するならば c は Arrow 公理を満足し，
(d) c の定義域 $\mathrm{dom}\,c$ が X の三個以内の元から成る非空部分集合をすべて含み c が Arrow 公理を満足するならば c は顕示選好の弱公理を満足する[57]．

ここで選択関係が合理的であるための必要条件と十分条件を述べよう．

---

57) Arrow (1959), Theorem 1 を参照．

3.8 需要関係に含まれる選好関係に関する情報　　　　　125

定理 3.8.2 (合理性の必要条件)．X 上の任意の弱順序 $\succsim$ に対して
(a) $\succsim$ によって生成される選択関係 $D_{\succsim}$ の定義域 $\mathrm{dom}\, D_{\succsim}$ は X のすべての非空有限部分集合を含み，
(b) $D_{\succsim}$ は顕示選好の強公理を満足し，
(c) $B_{D_{\succsim}} = \succsim$ となる[58]。

　定理 3.8.2 の主張 (a) によれば合理的な選択関係の定義域は X のすべての非空有限部分集合を含む。3.7 節までに扱ってきた消費者行動の分析では価格と所得でパラメタ表示された予算集合だけを扱ってきたために需要関係の定義域に本来含まれている予算集合の一部分を無視してきたことになる。主張 (b) は良く知られている。主張 (c) により，顕示選好関係が $\succsim$ と一致するのではなく，選択関係 $D_{\succsim}$ によって生成される基底関係 $B_{D_{\succsim}}$ がその選択関係を生成した選好関係 $\succsim$ と一致する。

定理 3.8.3 (合理性の十分条件)．任意の選択関係 c に対して，もし (i) c の定義域 $\mathrm{dom}\, c$ が X の三個以内の元から成る非空部分集合をすべて含み，(ii) c が Arrow 公理を満足するならば，
(a) c によって生成される基底関係 B_c は X 上の弱順序であり，
(b) B_c によって生成される選択関係 D_{B_c} の定義域 $\mathrm{dom}\, D_{B_c}$ は $\mathrm{dom}\, c$ を含み，D_{B_c} の $\mathrm{dom}\, c$ への制限は c と一致する[59]。

　定理 3.8.3 により，Arrow 公理を満足し定義域が X の三個以内の元から成る非空部分集合をすべて含むような選択関係はその選択関係によって生成される基底関係によって生成される選択関係と一致する。定理 3.8.1 の主張 (c) により顕示選好の弱公理を満足する選択関係は Arrow 公理を満足するから，顕示選好の弱公理を満足し定義域が X の三個以内の元から成る非空部分集合をすべて含むような需要関係を持つ消費者の行動は需要関係によって生成される基底関係を選好関係として持つ消費者の選好充足行動として解釈できる。

　需要関係は原理的には観察可能な概念だからそれから定義される基底関係として選好関係を完全に知りうると考えてよいであろう。需要関係が原理的

---

[58] Arrow (1959), Theorem 2 を参照。
[59] Arrow (1959), Theorem 3 を参照。

に観察可能であるとはいえ実際に得られる観察データは有限個であるから実際に選好関係を完全には知りえないが，原理的に知りうるということは重要である．

価格と所得をパラメタとして持つ予算集合が与えられたときにのみ意思決定を行えると仮定した場合には，顕示選好の Samuelson 弱公理を満足するが顕示選好の Houthakker 強公理を満足しない需要関数を Gale の例 3.7.1 として紹介したが，本節の一般的議論においては次の系が示すように顕示選好の弱公理と強公理は同値になりそれらを区別する意味は消滅する．

系 3.8.1 (顕示選好の強公理と Arrow 公理の同値性)．c の定義域 $\mathrm{dom}\, c$ が X の三個以内の元から成る非空部分集合をすべて含むような任意の選択関係 c に対して，c が顕示選好の強公理を満足するときまたそのときにかぎり c は Arrow 公理を満足する[60]．

系 3.8.1 の仮定の下では，定理 3.8.1 の (d) により Arrow 公理と顕示選好の弱公理は同値だから顕示選好の強公理と顕示選好の弱公理は同値になる．

3.9 証明

命題 3.1.1，定理 3.1.1 および定理 3.2.1 の証明は容易だから省略する[61]．

定理 3.3.1 の証明．

主張 1． $\mathrm{dom}\, C$ の任意の元 (p, x) に対して (a) $D(p, e(p, x))$ は $C(p, x)$ に含まれ，(b) もし $\succsim$ が下半連続であり $p \neq 0$ かつ $C(p, x)$ が $\mathrm{int}\, X(\succsim)$ に含まれるならば $D(p, e(p, x)) = C(p, x)$ となる．

主張 1 の証明． (a) は容易に確認できるから (b) のみを証明する．$\succsim$ が下半連続であると仮定し，$p \neq 0$ かつ $C(p, x)$ が $\mathrm{int}\, X(\succsim)$ に含まれるような $\mathrm{dom}\, C$ の任意の元 (p, x) を選ぶ．次の主張 1.1 は容易に確認できる．

---

60) Arrow (1959), Corollary 1 を参照．
61) 定理 3.2.1 の (g) については第 2 章の定理 2.2.1 の (a.5) の証明を参照．

主張 1.1. $C(p,x)$ に属する任意の二つの消費 $\tilde{x}$ と $\bar{x}$ に対して $p \cdot \tilde{x} = p \cdot \bar{x}$ となる。

(p,x) は $\mathrm{dom}\, C$ に属するから $C(p,x)$ に属する消費 $\hat{x}$ が存在し，$D(p, p \cdot \hat{x}) = D(p, e(p,x))$ となる。(a) により $D(p, p \cdot \hat{x})$ は $C(p,x)$ に含まれるから次の主張 1.2 を示せばよい。

主張 1.2. $C(p,x)$ は $D(p, p \cdot \hat{x})$ に含まれる。

主張 1.2 の証明. $C(p,x) \setminus D(p, p \cdot \hat{x})$ に属する消費 $\tilde{x}$ が存在すると仮定する。$\hat{x}$ は $C(p,x)$ に属するから主張 1.1 により $p \cdot \tilde{x} = p \cdot \hat{x}$ したがって $\tilde{x}$ は $B(p, p \cdot \hat{x}) \setminus D(p, p \cdot \hat{x})$ に属し，ゆえに $p \cdot \bar{x} \leq p \cdot \hat{x}$ かつ $\bar{x} \succ \tilde{x}$ となるような $\succsim$-可能消費 $\bar{x}$ が存在する。$\tilde{x}$ は $C(p,x)$ に属するから $\tilde{x} \succsim x$ であり，$\succsim$ の推移性により $\bar{x} \succ x$ となる。$\hat{x}$ は $C(p,x)$ に属するから $p \cdot \bar{x} \geq p \cdot \hat{x}$ したがって $p \cdot \bar{x} = p \cdot \hat{x} = p \cdot \tilde{x}$ となる。ゆえに $\bar{x}$ は $C(p,x)$ に属し，仮定により $C(p,x)$ は $\mathrm{int}\, X(\succsim)$ に含まれるから $\bar{x}$ は $\mathrm{int}\, X(\succsim)$ に属する。仮定により $p \neq 0$ だから $[\bar{x}, \tilde{x}]$ は $X(\succsim)$ に含まれ $p \cdot \check{x} < p \cdot \bar{x}$ となるような $\succsim$-可能消費 $\check{x}$ が存在する。$]0,1[$ に属する任意の実数 t に対して $f(t) = (1-t)\bar{x} + t\check{x}$ と定義する。このとき $]0,1[$ に属する任意の実数 t に対して $f(t)$ は $\succsim$-可能消費である。仮定により $\succsim$ は下半連続だから x の $\succsim$-下方集合 $L_{\succsim}(x)$ は $X(\succsim)$ の閉部分集合であり，$X(\succsim) \setminus L_{\succsim}(x)$ は $X(\succsim)$ の開部分集合である。ゆえに $X(\succsim) \setminus L_{\succsim}(x) = G \cap X(\succsim)$ となるような $\mathbb{R}^H$ の開部分集合 G が存在する。$\bar{x} \in X(\succsim) \setminus L_{\succsim}(x) = G \cap X(\succsim)$ だから，$f(s)$ が G に属するような実数 s が $]0,1[$ の中に存在する。ゆえに $f(s)$ は $X(\succsim) \setminus L_{\succsim}(x)$ に属し $f(s) \succ x$ となる。しかし $p \cdot f(s) < p \cdot \bar{x} = p \cdot \tilde{x}$ だから $\tilde{x}$ が $C(p,x)$ に属することと矛盾し，主張 1.2 したがって (b) が導かれて主張 1 が成立する。

主張 2. $\mathrm{dom}\, D$ の任意の元 (p,m) に対して (a) $C(p, D(p,m))$ は $D(p,m)$ に含まれ，(b) D が非飽和ならば $C(p, D(p,m)) = D(p,m)$ かつ $e(p, D(p,m)) = m$ となる。

主張 2 の証明. (a) は容易に確認できるから (b) のみを証明する。D が非飽和であると仮定し $\mathrm{dom}\, D$ の任意の元 (p,m) を選ぶ。

主張 2.1. $C(p, D(p,m)) = D(p,m)$ となる。

主張 2.1 の証明. (p,m) は $\mathrm{dom}\, D$ に属するから，$D(p,m)$ に属する消費 x が存在する．$C(p, D(p,m)) = C(p,x)$ だから，(a) により $D(p,m)$ が $C(p,x)$ に含まれることを示せばよい．$D(p,m)$ に属する任意の消費 $\tilde{x}$ を選び $\tilde{x}$ が $C(p,x)$ に属することを示す．$\tilde{x} \succsim x$ は容易に確認できるから，$\bar{x} \succsim x$ を満足する任意の $\succsim$-可能消費 $\bar{x}$ に対して $p \cdot \tilde{x} \leq p \cdot \bar{x}$ となることを示せばよい．

$p \cdot \tilde{x} > p \cdot \bar{x}$ かつ $\bar{x} \succsim x$ となる $\succsim$-可能消費 $\bar{x}$ が存在すると仮定する．このとき $p \cdot \bar{x} < p \cdot \tilde{x} \leq m$ だから $\bar{x}$ は $B(p,m)$ に属する．$B(p,m)$ に属する任意の消費 $\hat{x}$ に対して，x は $D(p,m)$ に属するから $\bar{x} \succsim x \succsim \hat{x}$ したがって $\succsim$ の推移性により $\bar{x} \succsim \hat{x}$ となり $\bar{x}$ は $D(p,m)$ に属する．D は非飽和だから $p \cdot \bar{x} = m$ となって不合理であり，$\tilde{x}$ は $C(p,x)$ に属し，主張 2.1 が成立する．

次の主張 2.2 は主張 2.1 から容易に導かれる．

主張 2.2. $e(p, D(p,m)) = m$ となる．

主張 2.1 と 2.2 から主張 2 が導かれ，主張 1 と 2 により定理 3.3.1 の証明が完了する． ∎

定理 3.4.1 の証明. (a) と (b) は容易に確認できるから，(c) すなわち次の主張のみを証明する．

主張. $\succsim$ が非飽和かつ強凸ならば
(a) $\mathrm{dom}\, D$ の任意の元 (p,m) に対して $D(p,m)$ は一元集合であり，
(b) $D(p,m) \neq D(\tilde{p}, \tilde{m})$ かつ $\tilde{p} \cdot D(p,m) = \tilde{m}$ となるような $\mathrm{dom}\, D$ の任意の二つの元 (p,m) と $(\tilde{p}, \tilde{m})$ に対して $(\tilde{p} - p) \cdot (D(\tilde{p}, \tilde{m}) - D(p,m)) < 0$ となる．

主張の証明. $D(p,m)$ の中に互いに異なる二つの消費 x と $\tilde{x}$ が存在するような $\mathrm{dom}\, D$ の元 (p,m) が存在すると仮定し $\bar{x} = \frac{1}{2}(x + \tilde{x})$ と定義する．$\succsim$ は強凸だから $\bar{x}$ は $X(\succsim)$ に属し $\bar{x} \succ x$ となる．$p \cdot x \leq m$ かつ $p \cdot \tilde{x} \leq m$ だから $p \cdot \bar{x} \leq m$ ゆえに $\bar{x}$ は $B(p,m)$ に属し x が $D(p,m)$ に属することと矛盾し，次の主張 1 が成立する．

主張 1. $\mathrm{dom}\, D$ の任意の元 (p,m) に対して $D(p,m)$ は一元集合である．

$(\tilde{p}-p)\cdot(D(\tilde{p},\tilde{m})-D(p,m)) \geq 0$, $D(p,m) \neq D(\tilde{p},\tilde{m})$ かつ $\tilde{p}\cdot D(p,m) = \tilde{m}$ となるような $\operatorname{dom} D$ の二つの元 (p,m) と $(\tilde{p},\tilde{m})$ が存在すると仮定する。$x = D(p,m)$ また $\tilde{x} = D(\tilde{p},\tilde{m})$ と書こう。このとき $\tilde{p}\cdot x = \tilde{m}$ かつ $(\tilde{p}-p)\cdot(\tilde{x}-x) \geq 0$ となる。(a) により $(\tilde{p}-p)\cdot(\tilde{x}-x) \leq 0$ だから $0 = (\tilde{p}-p)\cdot(\tilde{x}-x) = m - p\cdot\tilde{x}$ となり $\tilde{x}$ は $B(p,m)$ に属する。主張 1 により $D(p,m) = \{x\}$ だから $x \succ \tilde{x}$ となる。しかし x は $B(\tilde{p},\tilde{m})$ に属し、主張 1 により $D(\tilde{p},\tilde{m}) = \{\tilde{x}\}$ だから $\tilde{x} \succ x$ となり $x \succ \tilde{x}$ と矛盾し、次の主張 2 が成立する。

主張 2. $D(p,m) \neq D(\tilde{p},\tilde{m})$ と $\tilde{p}\cdot D(p,m) = \tilde{m}$ を満足する $\operatorname{dom} D$ の任意の二つの元 (p,m) と $(\tilde{p},\tilde{m})$ に対して $(\tilde{p}-p)\cdot(D(\tilde{p},\tilde{m}) - D(p,m)) < 0$ となる。

主張 1 と 2 により主張が導かれ、定理 3.4.1 の証明が完了する。 ∎

系 3.4.1 の証明は容易だから省略する。

定理 3.5.1 の証明は第 2 章の定理 2.4.1 の証明とほとんど同じだから省略する。変形関数 f が $\mathbb{R}^H$ 上で 2 回連続微分可能と仮定されているのに対して、ここでは効用関数 u が $\mathbb{R}^H$ の開凸部分集合 $\operatorname{int} X$ で 2 回連続微分可能と仮定されている点が異なることに注意すればよい。

定理 3.5.2 の証明. (i) 消費集合 X が凸かつ包括的であり、
(ii) 効用関数 u が連続であり、$\operatorname{int} X$ で 2 回連続微分可能であり、
(iii) $\operatorname{int} X$ に属する任意の消費 x に対して (iii-1) $\nabla u(x) \gg 0$ となり、(iii-2) $\nabla u(x) z^T = 0$ を満足する $\mathbb{R}^H \setminus \{0\}$ の任意の元 z に対して $z\nabla^2 u(x) z^T < 0$ となり、
(iv) u が準凹である
と仮定する。

主張 1. $\operatorname{dom} D^+$ の任意の元 (p,m) に対して $D(p,m)$ は一元集合であり $p\cdot D(p,m) = m$ となる。

主張 1 の証明. $\operatorname{dom} D^+$ の任意の元 (p,m) を選ぶ。(p,m) は $\operatorname{dom} D^+$ に属するから $D(p,m) \cap \operatorname{int} X$ に属する消費 x が存在する。$D(p,m)$ の中に x 以外の消費 $\tilde{x}$ が存在すると仮定し、$z = (1/4)(3x+\tilde{x})$, $\tilde{z} = (1/4)(x+3\tilde{x})$ また $\bar{z} = (1/2)(z+\tilde{z})$ と定義する。このとき $u(x) = u(\tilde{x})$ となり、x は $\operatorname{int} X$

に属するから $\bar{z}$ は int X に属する[62]。$p \cdot x \leq m$ かつ $p \cdot \tilde{x} \leq m$ だから $\bar{z}$ は $B(p, m)$ に属し，したがって $u(x) \geq u(\bar{z})$ となるが，仮定 (iii-2) により u の int X への制限は狭義準凹だから[63]，$u(\bar{z}) > u(x)$ となって不合理であり，次の主張 1.1 が成立する。

主張 1.1. $D(p, m)$ は一元集合である。

$D(p, m)$ は $B(p, m)$ に属するから $p \cdot D(p, m) \leq m$ となる。$p \cdot D(p, m) < m$ と仮定する。$p \gg 0$ であり $D(p, m)$ は int X に属するから，$x \gg D(p, m)$ かつ $p \cdot x < m$ となるような消費 x が X の中に存在する。仮定 (iii-1) により $u(x) > u(D(p, m))$ となるが x は $B(p, m)$ に属するから $u(D(p, m)) \geq u(x)$ でなければならず不合理であり，次の主張 1.2 が成立する。

主張 1.2. $p \cdot D(p, m) = m$ となる。

主張 1.1 と 1.2 から主張 1 が導かれる。

主張 2. $\mathrm{dom}\, D^+$ の任意の元 (p, m) に対して $\nabla u(D(p, m)) = \mu(p, m) p$ を満足する $\mathrm{dom}\, D^+$ から $\mathbb{R}_{++}$ への唯一の関数 μ が存在する。

主張 2 の証明. $\mathrm{dom}\, D^+$ の任意の元 (p, m) を選び int X に属する任意の消費 x に対して $g(x) = m - p \cdot x$ と定義する。主張 1 により $g(D(p, m)) = 0$ となり rank $\nabla g(D(p, m)) = \mathrm{rank}\,(-p) = 1$ となる。$g(x) = 0$ を満足し int X に属する任意の消費 x に対して $u(D(p, m)) \geq u(x)$ だから $\nabla u(D(p, m)) = \mu(p, m) p$ となるような唯一の実数 $\mu(p, m)$ が存在し[64]，$\nabla u(D(p, m)) \gg 0$ かつ $p \gg 0$ だから $\mu(p, m) > 0$ となる。

主張 3. D と μ は int $\mathrm{dom}\, D^+$ 上で連続微分可能である。

主張 3 の証明. int $X \times \mathbb{R}_{++} \times \mathrm{int\, dom}\, D^+$ の任意の元 (x, η, p, m) に対して

$$\phi(x, \eta, p, m) = \phi^{pm}(x, \eta) = \begin{bmatrix} (\nabla u(x))^T - \eta p^T \\ m - p \cdot x \end{bmatrix}$$

---

62) 数学付録の定理 A.5.1 を参照。
63) 数学付録の定理 A.8.5 を参照。
64) 数学付録の定理 A.7.3 を参照。

3.9 証明

と定義する。主張 3 のこの後の証明は定理 3.5.1 の証明したがって第 2 章の定理 2.4.1 の証明とほとんど同じだから省略する。

主張 4. $\operatorname{int}\operatorname{dom} D^+$ の任意の元 (p,m) に対して (a) $\mu(p,m) = \nabla v^p(m)$ となり, (b) $\nabla v^m(p) = -\mu(p,m)D(p,m)$ となり, (c) $\nabla^2 v^p(m) = (J_{D^p}(m))^T \nabla^2 u(D(p,m))J_{D^p}(m)$ となる。

主張 4 の証明. $\operatorname{int}\operatorname{dom} D^+$ の任意の元 (p,m) を選ぶ。主張 1, 2 と 3 から (a) と (b) が導かれる。主張 2 と 3 により $\nabla \mu^p(m)p = (J_{D^p}(m))^T \nabla^2 u(D(p,m))$ となる。主張 1 と 3 により $pJ_{D^p}(m) = 1$ だから (a) から (c) が導かれる。

主張 5. $\operatorname{dom} C^+$ の任意の元 (p,a) に対して $C(p,a) = D(p, p \cdot C(p,a))$ となる。

主張 5 の証明. $\operatorname{dom} C^+$ の任意の元 (p,a) を選ぶ。$u(x) > u(C(p,a))$ かつ $p \cdot x \leq p \cdot C(p,a)$ となる消費 x が X の中に存在すると仮定する。$C(p,a)$ の定義により $p \cdot x = p \cdot C(p,a)$ となる。$C(p,a)$ は $\operatorname{int} X$ に属し $p \gg 0$ だから $p \cdot \tilde{x} < p \cdot C(p,a)$ となる消費 $\tilde{x}$ が X の中に存在する。u は連続だから $p \cdot ((1-t)x + t\tilde{x}) < p \cdot C(p,a)$ かつ $u((1-t)x + t\tilde{x}) > u(C(p,a)) \geq a$ となる実数 t が $]0,1[$ の中に存在し $C(p,a)$ の定義と矛盾する。ゆえに $p \cdot x \leq p \cdot C(p,a)$ を満足し X に属する任意の消費 x に対して $u(C(p,a)) \geq u(x)$ だから $C(p,a)$ は $D(p, p \cdot C(p,a))$ に属し, $(p, p \cdot C(p,a))$ は $\operatorname{dom} D^+$ に属する。主張 1 により $D(p, p \cdot C(p,a))$ は一元集合だから $C(p,a) = D(p, p \cdot C(p,a))$ となる。

主張 6. $\operatorname{dom} D^+$ の任意の元 (p,m) に対して $D(p,m) = C(p, u(D(p,m)))$ かつ $m = e(p, u(D(p,m)))$ となる。

主張 6 の証明. $\operatorname{dom} D^+$ の任意の元 (p,m) を選ぶ。$p \cdot x < p \cdot D(p,m)$ かつ $u(x) \geq u(D(p,m))$ となる消費 x が X の中に存在すると仮定する。$D(p,m)$ の定義により $u(x) = u(D(p,m))$ となる。仮定 (i) により X は包括的だから $\tilde{x} \gg x$ かつ $p \cdot \tilde{x} \leq p \cdot D(p,m)$ となる消費 $\tilde{x}$ が X の中に存在する。$\tilde{x}$ は $B(p,m)$ に属するから $u(D(p,m)) \geq u(\tilde{x})$ となる。仮定 (iii-1) により $u(\tilde{x}) > u(x) = u(D(p,m))$ だから不合理であり, ゆえに $u(x) \geq u(D(p,m))$ となるような X に属する任意の消費 x に対して $p \cdot D(p,m) \leq p \cdot x$ となり,

$D(p,m)$ は $C(p, u(D(p,m)))$ に属する。(p,m) は $\operatorname{dom} D^+$ に属するから主張 1 により $D(p,m)$ は $\operatorname{int} X$ に属し，したがって $C(p, u(D(p,m))) \cap \operatorname{int} X$ は非空であり $(p, u(D(p,m)))$ は $\operatorname{dom} C^+$ に属する。定理 3.5.1 の (a) により $C(p, u(D(p,m)))$ は一元集合だから $D(p,m) = C(p, u(D(p,m)))$ となり，ゆえに $e(p, u(D(p,m))) = m$ となる。

主張 7. $(p, u(D(p,m)))$ が $\operatorname{int} \operatorname{dom} C^+$ に属するような $\operatorname{int} \operatorname{dom} D^+$ の任意の元 (p,m) に対して $J_{D^m}(p) = J_{C^{u(D(p,m))}}(p) - J_{D^p}(m)\nabla e^{u(D(p,m))}(p)$ となる。

主張 7 の証明. $(p, u(D(p,m)))$ が $\operatorname{int} \operatorname{dom} C^+$ に属するような $\operatorname{int} \operatorname{dom} D^+$ の任意の元 (p,m) を選び $a = u(D(p,m))$ と定義する。主張 6 により $D(p,m) = C(p,a)$ だから主張 1 により $p \cdot C(p,a) = p \cdot D(p,m) = m$ となる。定理 3.5.1 の (e.6) により $pJ_{C^a}(p) = 0$ だから定理 3.5.1 の (c) により主張 5 の恒等式を p において微分し定理 3.5.1 の (e.1) と (e.6) を用いれば主張 7 が導かれる。主張 1 から 7 により定理 3.5.2 の証明が完了する。∎

系 3.5.1 は定理 3.5.2 の (g) から直ちに導かれる。命題 3.6.1 の証明は容易だから省略する。

定理 3.6.1 の証明.

主張 1. $\succsim^*$ は弱凸であり $\succsim$ は $\succsim^*$ に含まれる。

主張 1 の証明. 次の主張 1.1 は容易に確認できる。

主張 1.1. X に属する任意の消費 x に対して $U_\succsim(x)$ は $U_{\succsim^*}(x)$ に含まれる。

主張 1.2. (a) $\succsim^*$ は弱凸であり，(b) $\succsim$ は $\succsim^*$ に含まれる。

主張 1.2 の証明. (b) は容易に確認できるから，(a) のみを証明する。X に属する任意の消費 x，$U_{\succsim^*}(x)$ に属する任意の二つの消費 $\tilde{x}$ と $\bar{x}$ および $]0,1[$ に属する任意の実数 t を選び $\hat{x} = (1-t)\tilde{x} + t\bar{x}$ と定義する。$\operatorname{dom} e^x$ に属する任意の価格 p に対して $p \cdot \tilde{x} \geq e(p,x)$ かつ $p \cdot \bar{x} \geq e(p,x)$ だから $p \cdot \hat{x} \geq e(p,x)$ となり，$\hat{x}$ は $U_e(x)$ に属し $\hat{x} \succsim^* x$ となり，したがって $\hat{x}$ は $U_{\succsim^*}(x)$ に属す

る。ゆえに $U_{\succsim^*}(x)$ は凸である。x は X の中で任意だから，第 1 章の命題 1.3.2 の (a) により $\succsim^*$ は弱凸であり，主張 1.2 すなわち主張 1 が成立する．

次の主張 2 の (a) は主張 1.1 から，また (b) は主張 1 から導かれる．

主張 2. (a) $\mathbb{R}^H \times \mathbb{R}$ の任意の元 (p, m) に対して $D(p, m)$ は $D^*(p, m)$ に含まれ，(b) $\mathbb{R}^H \times X$ の任意の元 (p, x) に対して $C(p, x)$ は $C^*(p, x)$ に含まれる．

主張 2 から次の主張 3 が導かれる．

主張 3. $\mathrm{dom}\, D$ は $\mathrm{dom}\, D^*$ に含まれ $\mathrm{dom}\, C$ は $\mathrm{dom}\, C^*$ に含まれる．

主張 4. $\mathrm{dom}\, C$ の任意の元 (p, x) に対して $e(p, x) = e^*(p, x)$ かつ $C^*(p, x) \cap U_{\succsim}(x) = C(p, x)$ となる．

主張 4 の証明. $\mathrm{dom}\, C$ の任意の元 (p, x) を選ぶ．(p, x) は $\mathrm{dom}\, C$ に属するから $C(p, x)$ に属する消費 $\hat{x}$ が存在し $e(p, x) = p \cdot \hat{x}$ となる．主張 1.1 により $\hat{x} \in U_{\succsim}(x) \subset U_{\succsim^*}(x)$ だから $\hat{x} \succsim^* x$ となる．$\tilde{x} \succsim^* x$ となる任意の消費 $\tilde{x}$ は $U_e(x)$ に属するから $\mathrm{dom}\, e^x$ に属する任意の価格 $\tilde{p}$ に対して $\tilde{p} \cdot \tilde{x} \geq e(p, x)$ となり，特に $p \cdot \tilde{x} \geq e(p, x) = p \cdot \hat{x}$ だから $\hat{x}$ は $C^*(p, x)$ に属し，ゆえに $e^*(p, x) = p \cdot \hat{x} = e(p, x)$ すなわち次の主張 4.1 が成立する．

主張 4.1. $e(p, x) = e^*(p, x)$ となる．

$C^*(p, x) \cap U_{\succsim}(x)$ に属する任意の消費 $\tilde{x}$ を選ぶ．$\tilde{x} \succsim^* x$ だから $\tilde{x}$ は $U_e(x)$ に属し，$\mathrm{dom}\, e^x$ に属する任意の価格 $\tilde{p}$ に対して $\tilde{p} \cdot \tilde{x} \geq e(\tilde{p}, x)$，特に $p \cdot \tilde{x} \geq e(p, x)$ となる．$\hat{x} \succsim x$ となる任意の消費 $\hat{x}$ を選ぶ．主張 1.1 により $\hat{x} \succsim^* x$ であり，また $\tilde{x}$ は $C^*(p, x)$ に属するから $p \cdot \hat{x} \geq p \cdot \tilde{x}$ となる．$\tilde{x} \succsim x$ だから $\tilde{x}$ は $C(p, x)$ に属し，$C^*(p, x) \cap U_{\succsim}(x) \subset C(p, x)$ となる．$C(p, x)$ の定義により $C(p, x)$ は $U_{\succsim}(x)$ に含まれ，主張 2 により $C(p, x)$ は $C^*(p, x)$ に含まれるから $C(p, x) \subset C^*(p, x) \cap U_{\succsim}(x)$ となり，次の主張 4.2 が成立する．

主張 4.2. $C^*(p, x) \cap U_{\succsim}(x) = C(p, x)$ となる．

主張 4.1 と 4.2 から主張 4 が導かれる．

主張 5. X に属する任意の消費 x に対して $U_{\succsim}(x)$ が $\mathbb{R}^H$ の非空閉凸部分集合ならば $\succsim\,=\,\succsim^*$ となる.

主張 5 の証明.

主張 5.1. X に属する任意の消費 x に対して $U_{\succsim^*}(x) = U_{\succsim}(x)$ となる.

主張 5.1 の証明. 主張 1.1 により $U_{\succsim^*}(x)$ が $U_{\succsim}(x)$ に含まれることを示せば十分である. $U_{\succsim^*}(x) \setminus U_{\succsim}(x)$ に属する消費 $\hat{x}$ が存在すると仮定する. $\mathbb{R}^H$ の任意の元 $\tilde{x}$ に対して $f(\tilde{x}) = \|\hat{x} - \tilde{x}\|$ と定義する. $U_{\succsim}(x)$ は非空だから $U_{\succsim}(x)$ に属する消費 $\check{x}$ が存在する. $A = U_{\succsim}(x) \cap B_{|H|}(\hat{x}, \|\hat{x} - \check{x}\|)$ と定義する[65]. $U_{\succsim}(x)$ は $\mathbb{R}^H$ の閉部分集合だから A は $\mathbb{R}^H$ のコンパクト部分集合であり[66], $\check{x}$ は A に属するから A は非空コンパクトである. f は A 上で連続な実数値関数だから $\arg\min_{\tilde{x} \in A} f(\tilde{x})$ の元 $\bar{x}$ が存在する[67].

$\bar{x}$ が $\arg\min_{\tilde{x} \in U_{\succsim}(x)} f(\tilde{x})$ に属さないと仮定する. このとき $f(\tilde{x}) < f(\bar{x})$ となる消費 $\tilde{x}$ が $U_{\succsim}(x)$ の中に存在する. $\bar{x}$ の定義により $\tilde{x}$ は A に属さないから $\|\hat{x} - \check{x}\| < \|\hat{x} - \tilde{x}\| = f(\tilde{x}) < f(\bar{x}) = \|\hat{x} - \bar{x}\|$ となり $\bar{x}$ は A に属さず不合理である. ゆえに $\bar{x}$ は $\arg\min_{\tilde{x} \in U_{\succsim}(x)} f(\tilde{x})$ に属し, 次の主張 5.1.1 が成立する.

主張 5.1.1. $\arg\min_{\tilde{x} \in U_{\succsim}(x)} f(\tilde{x})$ に属する消費 $\bar{x}$ が存在する.

$p = \bar{x} - \hat{x}$ と定義する. このとき $p \neq 0$ となる. $p \cdot \tilde{x} < p \cdot \bar{x}$ となる消費 $\tilde{x}$ が $U_{\succsim}(x)$ の中に存在すると仮定する. 任意の実数 t に対して $z(t) = (1-t)\bar{x} + t\tilde{x}$ また $g(t) = \|z(t) - \hat{x}\|^2$ と定義する. 仮定により $U_{\succsim}(x)$ は凸だから $[0,1]$ に属する任意の実数 t に対して $z(t)$ は $U_{\succsim}(x)$ に属する. 主張 5.1.1 により g は $[0,1]$ 上で 0 において最小化されるから $g'(0) \geq 0$ となる. しかし任意の実数 t に対して $g'(t) = 2t\|\tilde{x} - \bar{x}\|^2 + 2(\tilde{x} - \bar{x}) \cdot (\bar{x} - \hat{x})$ だから $g'(0) = 2p \cdot (\tilde{x} - \bar{x}) < 0$ となって不合理であり, 次の主張 5.1.2 が成立する.

---

[65] $B_{|H|}(\hat{x}, \|\hat{x} - \check{x}\|)$ は中心 $\hat{x}$ 半径 $\|\hat{x} - \check{x}\|$ の $\mathbb{R}^H$ における閉球である. 数学付録の定義 A.5.25 を参照.
[66] 数学付録の定理 A.5.8 を参照.
[67] 数学付録の定理 A.5.9 を参照.

主張 5.1.2. $U_{\succsim}(x)$ に属する任意の消費 $\tilde{x}$ に対して $p \cdot \tilde{x} \geq p \cdot \bar{x}$ となる。

主張 5.1.1 により $\bar{x} \succsim x$ だから主張 5.1.2 により $\bar{x}$ は $C^x(p)$ に属し，$\hat{x}$ は $U_{\succsim^*}(x)$ に属するから $\hat{x} \succsim^* x$ すなわち $\hat{x}$ は $U_e(x)$ に属する。したがって $p \cdot \hat{x} \geq e^x(p) = p \cdot \bar{x}$ となる。しかし $p \cdot \bar{x} - p \cdot \hat{x} = p \cdot (\bar{x} - \hat{x}) = p \cdot p = \|p\|^2 > 0$ となって不合理であり，主張 5.1 の証明が完了する。

主張 5.2. $\succsim = \succsim^*$ となる。

主張 5.2 の証明. $x \succsim \tilde{x}$ を満足し X に属する任意の二つの消費 x と $\tilde{x}$ に対して主張 5.1 により $x \in U_{\succsim}(\tilde{x}) = U_{\succsim^*}(\tilde{x})$ だから $x \succsim^* \tilde{x}$ となり，同様に $x \succsim^* \tilde{x}$ を満足し X に属する任意の二つの消費 x と $\tilde{x}$ に対して主張 5.1 により $x \in U_{\succsim^*}(\tilde{x}) = U_{\succsim}(\tilde{x})$ だから $x \succsim \tilde{x}$ ゆえに $\succsim = \succsim^*$ となり主張 5.2 すなわち主張 5 が成立する。主張 1 から 5 により定理 3.6.1 の証明が完了する。 ■

定理 3.7.1 の証明. D が顕示選好の Samuelson 弱公理を満足すると仮定し，$\text{dom } D$ の任意の元 (p, m) を選ぶ。(a) と (b) は容易に確認できるから (c) すなわち次の主張のみを証明する。

主張. $\tilde{p} \cdot D(p, m) = \tilde{m}$ と $D(p, m) \neq D(\tilde{p}, \tilde{m})$ を満足する $\text{dom } D$ の任意の元 $(\tilde{p}, \tilde{m})$ に対して $(\tilde{p} - p) \cdot (D(\tilde{p}, \tilde{m}) - D(p, m)) < 0$ となる。

主張の証明. $x = D(p, m)$ また $\tilde{x} = D(\tilde{p}, \tilde{m})$ と書く。$x \neq \tilde{x}$ かつ x は $B(\tilde{p}, \tilde{m})$ に属するから $(\tilde{x}, x) \in S^D$ となる。$p \cdot \tilde{x} \leq m$ ならば $(x, \tilde{x}) \in S^D$ となり顕示選好の Samuelson 弱公理と矛盾するから $p \cdot \tilde{x} > m \geq p \cdot x$ ゆえに $p \cdot (\tilde{x} - x) > 0$ となる。他方 $\tilde{p} \cdot \tilde{x} \leq \tilde{m} = \tilde{p} \cdot x$ だから $\tilde{p} \cdot (\tilde{x} - x) \leq 0$ したがって $(\tilde{p} - p) \cdot (D(\tilde{p}, \tilde{m}) - D(p, m)) = (\tilde{p} - p) \cdot (\tilde{x} - x) < 0$ となり，主張が成立し，定理 3.7.1 の証明が完了する。 ■

系 3.7.1 の証明は容易だから省略する。

命題 3.7.1 の証明. (a) と (b) は容易に確認できるから，(c) すなわち次の主張を証明する。

主張. D が顕示選好の Houthakker 強公理を満足するならば D は顕示選好の強公理を満足する。

主張の証明. D が顕示選好の強公理を満足しないと仮定する。このとき $(x,\tilde{x}) \in T(P^D)$ かつ $(\tilde{x},x) \in R^D$ となる二つの消費 x と $\tilde{x}$ が存在する。$(x,\tilde{x}) \in T(P^D)$ だから $(x,\tilde{x}) = (z^1,z^q)$ となり $\{1,\ldots,q-1\}$ の任意の元 k に対して $(z^k,z^{k+1}) \in P^D$ となる X の有限部分集合 $\{z^1,\ldots,z^q\}$ が存在する。(a) により $\{1,\ldots,q-1\}$ の任意の元 k に対して $(z^k,z^{k+1}) \in S^D$ だから,$(x,\tilde{x}) \in T(S^D)$ となる。顕示選好の Houthakker 強公理により $(\tilde{x},x) \notin T(S^D)$ ゆえに $(\tilde{x},x) \notin S^D$ となる。

$(\tilde{x},x) \in R_D$ だから $\tilde{x}$ が $D(p,m)$ に属し x が $B(p,m)$ に属するような $\mathrm{dom}\, D$ の元 (p,m) が存在する。もし $x \neq \tilde{x}$ ならば $(\tilde{x},x) \in S^D$ となり不合理だから $x = \tilde{x}$ である。

$q=2$ ならば $(x,x) = (x,\tilde{x}) = (z^1,z^2) \in S^D$ となり不合理だから $q > 2$ となる。$y = z^{q-1}$ と定義する。このとき $(x,y) = (z^1,z^{q-1})$ となり $\{1,\ldots,q-2\}$ の任意の元 k に対して $(z^k,z^{k+1}) \in P^D \subset S^D$ となり,$\{z^1,\ldots,z^{q-1}\}$ は X の有限部分集合だから $(x,y) \in T(S^D)$ となる。他方 $(y,x) = (y,\tilde{x}) = (z^{q-1},z^q) \in S^D \subset T(S^D)$ だから D が顕示選好の Houthakker 強公理を満足することと矛盾し,主張が成立して命題 3.7.1 の証明が完了する。∎

定理 3.7.3 と系 3.7.2 の証明は容易だから省略する。

命題 3.8.1 の証明. X が $\mathbb{R}_+^H$ の包括的部分集合であると仮定する。

主張 1. $B(p,m) = B(\tilde{p},\tilde{m})$ であり $\mathrm{int}\, B(p,m)$ が非空であるような $\mathbb{R}_{++}^H \times \mathbb{R}$ の任意の二つの元 (p,m) と $(\tilde{p},\tilde{m})$ に対して $(\tilde{p},\tilde{m}) = (tp,tm)$ となるような正実数 t が存在する。

主張 1 の証明. $B(p,m) = B(\tilde{p},\tilde{m})$ であり $\mathrm{int}\, B(p,m)$ が非空であるような $\mathbb{R}_{++}^H \times \mathbb{R}$ の任意の二つの元 (p,m) と $(\tilde{p},\tilde{m})$ を選ぶ。$\mathrm{int}\, B(p,m)$ に属する消費 $\bar{x}$ が存在するから,中心 $\bar{x}$ 半径 r の閉球 $B_{|H|}(\bar{x},r)$ が $B(p,m)$ に含まれるような正実数 r が存在する[68]。$B_{|H|}(\bar{x},r) \subset B(p,m) \subset X \subset \mathbb{R}_+^H$ だから $\bar{x}$ は $\mathrm{int}\, X$ に属し,したがって $\bar{x} \gg 0$ となる。$p \gg 0$ であり X は包括的だから $p \cdot x = m$ かつ $x \geq \bar{x}$ となる消費 x が $\mathrm{int}\, X$ の中に存在する。したがって $x \gg 0$

---

[68] 記号 $B_{|H|}(\bar{x},r)$ については数学付録の定義 A.5.25 を参照。

となり，ゆえに $m > 0$ となる。$\tilde{p} \gg 0$, $x \gg 0$ また $x \in B(p,m) = B(\tilde{p}, \tilde{m})$ だから $\tilde{m} \geq \tilde{p} \cdot x > 0$ となり次の主張 1.1 が成立する。

主張 1.1. (a) $p \cdot x = m$ となる消費 x が $\text{int}\, X$ の中に存在し，(b) $m > 0$ かつ $\tilde{m} > 0$ となる。

$q = (1/m)p$ また $\tilde{q} = (1/\tilde{m})\tilde{p}$ と定義する。$x \in B(p,m) = B(\tilde{p}, \tilde{m})$ だから $\tilde{p} \cdot x \leq \tilde{m}$ さらに $q \cdot x = 1$ かつ $\tilde{q} \cdot x \leq 1$ となる。$\tilde{q} \cdot x < 1$ と仮定する。$\tilde{q} \gg 0$ であり X は包括的だから $\tilde{q} \cdot \tilde{x} = 1$ かつ $\tilde{x} \gg x$ となる消費 $\tilde{x}$ が X の中に存在する。$\tilde{x} \in B(\tilde{q}, 1) = B(q, 1)$ だから $q \cdot \tilde{x} \leq 1$ となるが $q \gg 0$ かつ $\tilde{x} \gg x$ だから $1 \geq q \cdot \tilde{x} > q \cdot x = 1$ となり不合理であり次の主張 1.2 が成立する。

主張 1.2. $q \cdot x = 1 = \tilde{q} \cdot x$ となる。

主張 1.3. $q = \tilde{q}$ となる。

主張 1.3 の証明． 主張 1.2 から次の主張 1.3.1 が導かれる。

主張 1.3.1. $q \not\geq \tilde{q}$ かつ $\tilde{q} \not\geq q$ となる。

$q^{\hat{h}} > \tilde{q}^{\hat{h}}$ となる財 $\hat{h}$ が H の中に存在すると仮定する。主張 1.3.1 により $q^{\bar{h}} < \tilde{q}^{\bar{h}}$ となるような $\hat{h}$ 以外の財 $\bar{h}$ が H の中に存在する。主張 1.1 により x は $\text{int}\, X$ に属するから，H に属する任意の財 h に対して

$$\tilde{x}^h = \begin{cases} x^{\hat{h}} - \varepsilon & \text{if } h = \hat{h}, \\ x^{\bar{h}} + q^{\hat{h}} \varepsilon / q^{\bar{h}} & \text{if } h = \bar{h}, \\ x^h & \text{otherwise} \end{cases}$$

によって定義される $\mathbb{R}^H$ の元 $\tilde{x}$ が X に属するような正実数 ε が存在する。主張 1.2 により $q \cdot \tilde{x} = 1$ だから $\tilde{x} \in B(q, 1) = B(\tilde{q}, 1)$ となるが，主張 1.2 により $\tilde{q} \cdot \tilde{x} > 1$ だから $\tilde{x}$ は $B(\tilde{q}, 1)$ には属さず不合理であり，次の主張 1.3.2 が成立する。

主張 1.3.2. H に属する任意の財 h に対して $q^h \leq \tilde{q}^h$ となる。

次の主張 1.3.3 の証明は主張 1.3.2 の証明と対称的である。

主張 1.3.3. H に属する任意の財 h に対して $q^{\hat{h}} \geq \tilde{q}^{\hat{h}}$ となる。

主張 1.3.2 と 1.3.3 から主張 1.3 が導かれる。

$t = \tilde{m}/m$ と定義する。このとき t は正であり，$\tilde{m} = tm$ また主張 1.3 により $\tilde{p} = (\tilde{m}/m)p = tp$ となり主張 1 が成立する。

(i) $\operatorname{dom} D$ が $\mathbb{R}_{++}^H \times \mathbb{R}$ の原点を頂点とする錐であり，(ii) D が正 0 次同次となるような任意の需要関係 D を選ぶ。主張 1 から次の主張 2 が導かれる。

主張 2. $\mathscr{B}(D)$ の任意の元 Z と $PM_D(Z)$ の任意の元 (p,m) に対して $D(p,m) = \bigcap_{(\tilde{p},\tilde{m}) \in PM_D(Z)} D(\tilde{p},\tilde{m})$ となる。

主張 2 から次の主張 3 が導かれる。

主張 3. (a) $\mathscr{P}(X)$ の任意の元 Z に対して

$$\hat{c}_D(Z) = \begin{cases} \bigcap_{(p,m) \in PM_D(Z)} D(p,m) & \text{if } Z \in \mathscr{B}(D), \\ \emptyset & \text{if } Z \notin \mathscr{B}(D) \end{cases}$$

となり，
(b) $\hat{c}_D$ は選択関係であり，
(c) $\mathscr{B}(D)$ の任意の元 Z と $Z = B(p,m)$ を満足する $\operatorname{dom} D$ の任意の元 (p,m) に対して $\hat{c}_D(Z) = D(p,m)$ となる。

主張 2 と 3 から次の主張 4 が導かれる。

主張 4. $\hat{C}_D = \{\hat{c}_D\}$ となる。

主張 3 と 4 により命題 3.8.1 の証明が完了する。■

定理 3.8.1 の証明. 任意の選択関係 c を選ぶ。

主張 1. c が顕示選好の強公理を満足するときまたそのときにかぎり c は顕示選好の Uzawa 公理を満足する。

主張 1 の証明.

主張 1.1. c が顕示選好の強公理を満足するならば c は顕示選好の Uzawa 公理を満足する。

3.9 証明

主張 1.1 の証明. c が顕示選好の Uzawa 公理を満足しないと仮定する. このとき $(x,y) \in T(P_c)$ かつ $\{x,y\} \subset c(Y)$ となるような X の二つの元 x と y および $\mathscr{P}(X)$ の元 Y が存在する. y は $C(Y)$ に属し x は Y に属するから $(y,x) \in R_c$ となる. c は顕示選好の強公理を満足し $(x,y) \in T(P_c)$ だから $(y,x) \notin R_c$ となり不合理であり, 主張 1.1 が成立する.

主張 1.2. c が顕示選好の Uzawa 公理を満足するならば c は顕示選好の強公理を満足する.

主張 1.2 の証明. c が顕示選好の強公理を満足しないと仮定する. このとき $(x,y) \in T(P_c)$ かつ $(y,x) \in R_c$ となる X の二つの元 x と y が存在する. $(y,x) \in R_c$ だから (y,x) が $c(Y) \times Y$ に属するような X の部分集合 Y が存在する. c は顕示選好の Uzawa 公理を満足するから x は $c(Y)$ に属さず, ゆえに $(y,x) \in P_c \subset T(P_c)$ となる. $(x,y) \in T(P_c)$ であり $T(P_c)$ は推移的だから[69], $(y,y) \in T(P_c)$ となり, 顕示選好の Uzawa 公理により $\{y,y\}$ は $c(Y)$ に含まれず, ゆえに y は $c(Y)$ に属さず不合理であり主張 1.2 が成立する. 主張 1.1 と 1.2 から主張 1 が導かれる.

主張 2. c が顕示選好の強公理を満足するならば c は顕示選好の弱公理を満足する.

主張 2 の証明. c が顕示選好の弱公理を満足しないと仮定する. このとき $(x,y) \in P_c$ かつ $(y,x) \in R_c$ となるような X の二つの元 x と y が存在する. $(x,y) \in P_c$ だから推移的閉包の定義により $(x,y) \in T(P_c)$ となり, c が顕示選好の強公理を満足するという仮定と矛盾する.

主張 3. c が顕示選好の弱公理を満足するならば c は Arrow 公理を満足する.

主張 3 の証明. c が Arrow 公理を満足しないと仮定する. このとき $Y \subset Z$, $c(Z) \cap Y \neq \emptyset$ および $c(Z) \cap Y \neq c(Y)$ を満足する $\mathrm{dom}\, c$ の二つの元 Y と Z が存在する. $c(Z) \cap Y \subset c(Y)$ となることは容易に確認でき $c(Z) \cap Y \neq c(Y)$

---

69) 数学付録の命題 A.2.5 を参照.

だから $c(Y) \setminus (c(Z) \cap Y)$ の元 y が存在し y は $Z \setminus c(Z)$ に属する。$c(Z) \cap Y$ は非空だから $c(Z) \cap Y$ の元 w が存在し，$(w, y) \in P_c$ となる。c は顕示選好の弱公理を満足するから $(y, w) \notin R_c$ となる。y は $c(Y)$ に属し w は Y に属するから $(y, w) \in R_c$ となり不合理であり，主張 3 が成立する。

主張 4. $\mathrm{dom}\, c$ が X の三個以内の元から成る非空部分集合をすべて含み c が Arrow 公理を満足するならば c は顕示選好の弱公理を満足する。

主張 4 の証明. c が顕示選好の弱公理を満足しないと仮定する。このとき $(x, y) \in P_c$ かつ $(y, x) \in R_c$ となるような X の二つの元 x と y が存在するから，x が $c(Y)$ に属し y が $Y \setminus c(Y)$ に属するような X の部分集合 Y が存在し，また y が $c(Z)$ に属し x が Z に属するような X の部分集合 Z が存在する。したがって $\{x, y\} \subset Y \cap Z$ かつ $\{x, y\} \cap c(Y) = \{x\}$ となる。

主張 4.1. $c(\{x, y\}) = \{x, y\} \cap c(Y) = \{x\}$ となる。

主張 4.1 の証明. $\mathrm{dom}\, c$ は X の三個以内の元から成る非空部分集合をすべて含むから $\{x, y\}$ は $\mathrm{dom}\, c$ に属し，$\{x, y\} \subset Y$ かつ $\{x, y\} \cap c(Y) = \{x\} \neq \emptyset$ だから Arrow 公理により $c(\{x, y\}) = \{x, y\} \cap c(Y) = \{x\}$ となる。

主張 4.2. $y \in \{x, y\} \cap C(Z) = C(\{x, y\})$ となる。

主張 4.2 の証明. 主張 4.1 の証明の中で見たように $\{x, y\}$ は $\mathrm{dom}\, c$ に属する。$\{x, y\} \subset Z$ かつ $y \in \{x, y\} \cap c(Z) \neq \emptyset$ となり c は Arrow 公理を満足するから $y \in \{x, y\} \cap C(Z) = C(\{x, y\})$ となり主張 4.2 が成立する。主張 4.1 と 4.2 により $x = y$ となり不合理だから，主張 4 が成立する。主張 1 から 4 により定理 3.8.1 の証明が完了する。∎

定理 3.8.2 の証明. X 上の任意の弱順序 $\succsim$ を選び $c = D_{\succsim}$ と定義する。

主張 1. $\mathrm{dom}\, c$ は X のすべての非空有限部分集合を含む。

主張 1 の証明. X の任意の非空有限部分集合 Y を選ぶ。一般性を失わずに $Y = \{x_1, \ldots, x_n\}$ と表し $x_1 \succsim x_2 \succsim \cdots \succsim x_n$ と仮定できる。Y の任意の元 y に対して $x_1 \succsim y$ だから x_1 は $c(Y)$ に属し，Y は $\mathrm{dom}\, c$ に属する。

3.9 証明

主張 2. c は顕示選好の強公理を満足する。

主張 2 の証明. c が顕示選好の強公理を満足しないと仮定する。定理 3.8.1 の (a) により c は顕示選好の Uzawa 公理を満足しないから，$(x, y) \in T(P_c)$ かつ $\{x, y\} \subset c(Y)$ を満足する X の部分集合 Y および X の二つの元 x と y が存在する。推移的閉包の定義により $(x, y) = (x_1, x_n)$ となり $\{1, \ldots, n-1\}$ の任意の元 i に対して $(x_i, x_{i+1}) \in P_c$ を満足する X の有限部分集合 $\{x_1, \ldots, x_n\}$ が存在するから，$\{1, \ldots, n-1\}$ の任意の元 i に対して x_i が $c(Y_i)$ に属し x_{i+1} が $Y_i \setminus c(Y_i)$ に属するような X の部分集合 Y_i が存在する。

$c = D_{\succsim}$ だから $\{1, \ldots, n-1\}$ の任意の元 i に対して $x_i \succ x_{i+1}$ となり，$\succsim$ の推移性により $x \succ y$ となる。したがって $y \notin D_{\succsim}(Y) = c(Y)$ となり不合理だから主張 2 が成立する。次の主張 3 は容易に確認できる。

主張 3. $B_c = \succsim$ となる。

主張 1 から 3 により定理 3.8.2 の証明が完了する。∎

定理 3.8.3 の証明. (i) $\mathrm{dom}\, c$ が X の三個以内の元から成る非空部分集合をすべて含み，(ii) c が Arrow 公理を満足するような任意の選択関係 c を選ぶ。

主張 1. B_c は X 上の弱順序である。

主張 1 の証明. $(x, y) \notin B_c$ となるような X の任意の二つの元 x と y を選ぶ。このとき x は $c(\{x, y\})$ には属さない。仮定 (i) により $\{x, y\}$ は $\mathrm{dom}\, c$ に属するから $c(\{x, y\})$ は非空であり y は $c(\{x, y\})$ に属する。ゆえに $(y, x) \in B_c$ となり次の主張 1.1 が成立する。

主張 1.1. B_c は X 上で強連結性を満足する。

主張 1.2. B_c は X 上で推移性を満足する。

主張 1.2 の証明. $(x, y) \in B_c$ かつ $(y, z) \in B_c$ となる X の元 y が存在するような X の任意の二つの元 x と z を選ぶ。$(x, z) \in B_c$ を示せばよい。$x = z$ と $x = y$ と $y = z$ の中の少なくとも一つが成立するならば $(x, z) \in B_c$ だから $x \neq y \neq z \neq x$ の場合を考えて $Y = \{x, y, z\}$ と定義する。

x が $c(Y)$ に属さず y は $c(Y)$ に属すると仮定する。このとき $\{x,y\}\cap c(Y)\neq\emptyset$ となり，c は Arrow 公理を満足するから $(x,y)\in B_c$ より $x\in c(\{x,y\})=\{x,y\}\cap c(Y)$ となり不合理である。

したがって x が $c(Y)$ に属さなければ y も $c(Y)$ に属さない。同様に x が $c(Y)$ に属さなければ z も $c(Y)$ に属さないから，仮定 (i) により x は $c(Y)$ に属し，したがって $\{x,z\}\cap c(Y)\neq\emptyset$ となる。c は Arrow 公理を満足するから $x\in\{x,z\}\cap c(Y)=c(\{x,z\})$ すなわち $(x,z)\in B_c$ となり主張 1.2 が成立する。主張 1.1 と 1.2 から主張 1 が導かれる。

主張 2. $\mathrm{dom}\,D_{B_c}$ は $\mathrm{dom}\,c$ を含み，D_{B_c} の $\mathrm{dom}\,c$ への制限は c と一致する。

主張 2 の証明. $\mathrm{dom}\,c$ の任意の元 Y と $c(Y)$ の任意の元 x を選ぶ。c は Arrow 公理を満足するから，Y の任意の元 y に対して $x\in\{x,y\}\cap c(Y)=c(\{x,y\})$ すなわち $(x,y)\in B_c$ となる。ゆえに D_{B_c} の定義により x は $D_{B_c}(Y)$ に属し，次の主張 2.1 が成立する。

主張 2.1. $c(Y)$ は $D_{B_c}(Y)$ に含まれる。

$D_{B_c}(Y)$ の任意の元 x を選ぶ。Y は $\mathrm{dom}\,c$ に属するから $c(Y)$ の元 y が存在する。y は Y に属するから $D_{B_c}(Y)$ の定義により $(x,y)\in B_c$ となり，ゆえに x は $c(\{x,y\})$ に属する。$y\in\{x,y\}\cap c(Y)\neq\emptyset$ であり c は Arrow 公理を満足するから $x\in c(\{x,y\})=\{x,y\}\cap c(Y)$ となり，次の主張 2.2 が成立する。

主張 2.2. $D_{B_c}(Y)$ は $c(Y)$ に含まれる。

主張 2.1 と 2.2 から $c(Y)=D_{B_c}(Y)$ となる。Y は $\mathrm{dom}\,c$ の任意の元だから D_{B_c} の $\mathrm{dom}\,c$ への制限は c と一致する。$\mathrm{dom}\,D_{B_c}$ が $\mathrm{dom}\,c$ を含むことは上の議論から明らかであり，主張 2 が成立する。主張 1 と 2 により定理 3.8.3 の証明が完了する。 ■

系 3.8.1 の証明. $\mathrm{dom}\,c$ が X の三個以内の元から成る非空部分集合をすべて含むような任意の選択関係 c を選ぶ。定理 3.8.1 の (b) と (c) により，c が顕示選好の強公理を満足するならば c は Arrow 公理を満足するから次の主張を証明すればよい。

主張. c が Arrow 公理を満足するならば c は顕示選好の強公理を満足する。

主張の証明. c が顕示選好の強公理を満足しないと仮定する。このとき $(x,y) \in T(P_c)$ と $(y,x) \in R_c$ を満足する X の二つの元 x と y が存在するから，$(x,y) = (x_1, x_n)$ かつ $\{1,\ldots,n-1\}$ の任意の元 i に対して $(x_i, x_{i+1}) \in P_c$ となるような X の有限部分集合 $\{x_1,\ldots,x_n\}$ が存在する。ゆえに $\{1,\ldots,n-1\}$ の任意の元 i に対して x_i が $c(Y_i)$ に属し x_{i+1} が $Y_i \setminus c(Y_i)$ に属するような X の部分集合 Y_i が存在する。$\{1,\ldots,n-1\}$ の任意の元 i に対して，Y_i は $\mathrm{dom}\, c$ に属するから定理 3.8.3 により x_i は $D_{B(c)}(Y_i)$ に属し x_{i+1} は $Y_i \setminus D_{B(c)}(Y_i)$ に属する。ゆえに $(x,y) = (x_1, x_n)$ かつ $\{1,\ldots,n-1\}$ の任意の元 i に対して $(x_i, x_{i+1}) \in P_{D_{B(c)}}$ だから $(x,y) \in T(P_{D_{B(c)}})$ となる。同様に $(y,x) \in R_c$ から $(y,x) \in R_{D_{B(c)}}$ が導かれ，$D_{B(c)}$ は顕示選好の強公理を満足しない。定理 3.8.3 の (a) と定理 3.8.2 の (b) により D_{B_c} は顕示選好の強公理を満足するから，これは不合理であり主張が成立し，系 3.8.1 の証明が完了する。∎

第4章
競争市場

　現代世界の大部分の地域で経済生活は市場経済制度の下で営まれていると言っても過言ではないであろう．市場経済のモデルの代表的なものとして完全競争市場あるいは純粋競争市場のモデルがあり，これは現実経済を描写するものとして用いられる．もちろん現代社会においては独占や寡占等のさまざまな非競争的側面が重要な役割を演じているからそれらを扱う経済モデルも研究されている．しかし競争市場のモデルは現実の描写という意味だけでなく以下に述べるある種の理想状態を実現するという意味で重要である．本章では競争市場がそのような望ましい機能を発揮する経済環境を明らかにして本章以降の議論の出発点とする．以下では一つの経済 $(\succsim, Y, \Delta, \omega)$ とそれを誘導する一つの私有財産経済 $(\succsim, Y, \Delta, \alpha, \theta)$ を選び，それらを $\mathscr{E}$ と $\mathscr{POE}$ で表し，これらの背後にある財集合，消費者集合，生産者集合をそれぞれ H, I, J で表す．

4.1　競争均衡

　ここで競争市場のモデルとしての中心的概念を定義する．競争市場では売買取引に参加する売り手と買い手の数がともに多いから，個々の経済主体は価格を左右する力を持たず価格を自分にとっては所与と見なして，消費者の場合には予算制約の下で最も望ましい消費を選び，生産者の場合には技術的な制約の下で利潤を最大化する生産を選ぶと想定される．このような状況で

各経済主体が所期の目的を達成できる,すなわち若干不正確であるが需要量と供給量が均等になる状態が均衡として実現すると考えるモデルである。この考え方を形式的に表現すると以下のようになる。

定義 4.1.1. 経済 $\mathscr{E}$ の実現可能配分 a と財空間 $\mathbb{R}^H$ に属する価格 p の順序対 (a, p) は,もし

(a) 任意の消費者 i と $p \cdot z \leq p \cdot a_i$ を満足する任意の $\succsim_i$-可能消費 z に対して $a_i \succsim_i z$ となり,

(b) 任意の生産者 j と任意の Y_j-可能生産 z に対して $p \cdot a_j \leq p \cdot z$ となり,

(c) $p \cdot (a_{I \cup J} - \omega) = 0$ となり,

(d) p が処分技術 Δ の極 Δ^* に属するならば[1],

「$\mathscr{E}$ の競争均衡」と呼ばれる。

定義 4.1.2. 経済 $\mathscr{E}$ の実現可能配分 a は,もし (a, p) が $\mathscr{E}$ の競争均衡となるような価格 p が存在するならば,「$\mathscr{E}$ の競争均衡配分」あるいは単に「$\mathscr{E}$ の競争配分」と呼ばれる。また財空間 $\mathbb{R}^H$ に属する価格 p は,もし (a, p) が $\mathscr{E}$ の競争均衡となるような経済 $\mathscr{E}$ の実現可能配分 a が存在するならば,「$\mathscr{E}$ の競争均衡価格」あるいは単に「$\mathscr{E}$ の競争価格」または「$\mathscr{E}$ の均衡価格」と呼ばれる。

競争均衡の条件 (a) から (d) の意味を考えよう。各消費者 i に対してこの消費者が選択する消費 a_i を実現するために必要な支出金額 $p \cdot a_i$ 以内で購入できる $\succsim_i$-可能ないかなる消費 z も a_i より高い満足水準を与えないという意味で,この消費者が選択している消費 a_i は「一種の予算制約」の下で最善の消費であるという性質を条件 (a) は述べている。ここでは選択している消費 a_i の支出金額が予算の上限を定めており a_i 自体がいかなる意味で予算制約を満足しているかを問わないから「一種の予算制約」と呼んでいる。この問題は以下の私有財産経済における競争均衡の定義を述べるときに扱う。

各生産者 j に対してこの生産者が選択する生産 a_j から生じる利潤 $-p \cdot a_j$ は Y_j-可能生産の中で最大であることを条件 (b) は意味する[2]。

---

1) 極の定義については,数学付録の定義 A.5.27 を参照。
2) a_j は純投入量を表すから $-p \cdot a_j = -\sum_{h \in H} p^h a_j^h$ は生産物の売上収入から投入さ

4.1 競争均衡

条件 (a) と (b) においては各消費者と各生産者が価格を自分にとって所与であり操作できないと考えていることが仮定されている．これは競争市場の仮定と呼ばれ，消費者の人数も生産者の人数も極めて多いことを要求する．人数が少なければ自分一人の需要量あるいは供給量の変更が経済全体の需要量あるいは供給量に対して無視できない影響を与えるから価格が変化する．これを知った経済主体は価格が自分にとって所与とは考えず，自分の消費活動あるいは生産活動の変化が価格に与える影響を考えながら行動するであろう．これは条件 (a) と (b) に記述されている行動の仕方とは異なる．

しかし経済主体の数がどの程度多ければ各経済主体が価格を所与とみなすかは難しい問題である．厳密に言えば経済主体の数は無限に多くなければならないであろう．現実の経済では経済主体の数は有限だから競争市場の仮定は厳密には満たされていないが，競争市場の仮定は現実の経済において近似的に満たされているとみなし，競争市場のモデルを用いて現実経済の働きを説明することがここでの意図である．I と J が無限集合である場合には分析が難しいから，ここで扱う経済モデルでは消費者集合 I も生産者集合 J も有限集合であるにも拘わらず各経済主体は価格を所与とみなして行動すると仮定している[3]．

最後の条件 (c) と (d) は若干の説明を要する．処分技術が $\Delta = \{0\}$ または $\Delta = \mathbb{R}_-^H$ を満足する特別な場合には，競争均衡において条件 (c) と (d) が成立することは容易に確認できる．実際，$\Delta = \{0\}$ ならば実現可能性により (c) は自明であり $\Delta^* = \mathbb{R}^H$ だから (d) も自明である．$\Delta = \mathbb{R}_-^H$ ならば，すべての財の価格は非負だから (d) が成立し，超過供給が発生している財の価格はすべて零だから (c) が成立する．この性質は「無料財規則」と呼ばれる[4]．したがって (c) と (d) はこの「無料財規則」の一般化とみなしうる．条件 (c) と (d) の帰結としての次の事実に注意しよう．

れた生産要素に支出される費用を差し引いた利潤を表すことは容易に理解できるであろう．
 3) 経済主体の集合を無限集合と仮定して競争市場のモデルを構成する分析方法については Hildenbrand (1974)，山崎 (1986) 等を参照されたい．
 4) 稀少な財という意味での「経済財」の価格が正になるのに対して常に供給量が需要量を超過して価格が零になる財は多くの文献では「自由財」と呼ばれる．自由財の英語は free good であり，ここで free は無料ということだから本書では「無料財」と呼ぶ．

命題 4.1.1 (一般化された無料財規則). 経済 $\mathscr{E}$ の任意の実現可能配分 a と処分技術 Δ の極 Δ^* に属する任意の価格 p に対して, もし
(i) $p \cdot (a_{I \cup J} - \omega) = 0$ となり,
(ii) p が処分技術 Δ の極 Δ^* に属するならば,
(a) ある正実数 ε に対して $(a_{I \cup J}^k - \varepsilon, a_{I \cup J}^{-k}) - \omega$ が Δ に属するような任意の財 k に対して p^k は非負であり[5],
(b) ある正実数 ε に対して $(a_{I \cup J}^k + \varepsilon, a_{I \cup J}^{-k}) - \omega$ が Δ に属するような任意の財 k に対して p^k は非正である。

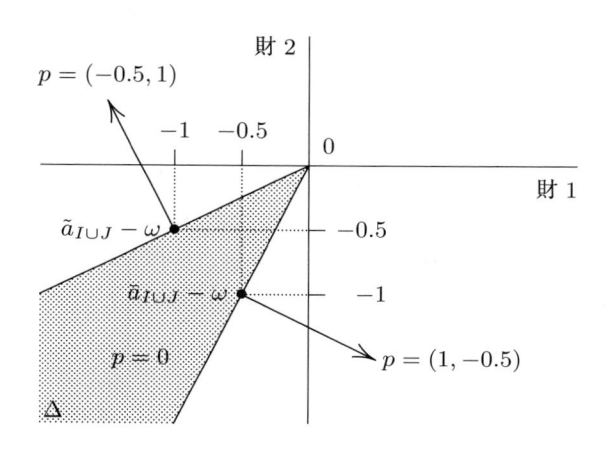

図 4.1.1 一般化された無料財規則

命題 4.1.1 の (a) により他の財の廃棄量を変えずに単独に一層多く廃棄する余地がある任意の財 k の価格は非負になる。図 4.1.1 の点 $\bar{a}_{I \cup J} - \omega$ のように原点から出て点 $(-0.5, -1)$ を通る半直線上では財 1 が, また点 $\tilde{a}_{I \cup J} - \omega$ のように原点から出て点 $(-1, -0.5)$ を通る半直線上では財 2 が, それぞれ (a) に現れる財 k に対応する。他方, 同じ命題の (b) により他の財の廃棄量を変えずに単独に一層少なく廃棄する余地がある任意の財 k の価格は非正になる。同じ図の点 $\bar{a}_{I \cup J} - \omega$ のように原点から出て点 $(-0.5, -1)$ を通る半直線上で

---

[5] $(a_{I \cup J}^k - \varepsilon, a_{I \cup J}^{-k})$ は H 上の実数値関数 $a_{I \cup J}$ の k 以外のところでの値を変えないで k における値 $a_{I \cup J}^k$ だけを $a_{I \cup J}^k - \varepsilon$ で置き換えたものを表す。

は財 2 が，また点 $\tilde{a}_{I\cup J} - \omega$ のように原点から出て点 $(-1, -0.5)$ を通る半直線上では財 1 が，それぞれ (b) に現れる財 k に対応する。

ここで競争均衡の若干の変形としての補償均衡の概念を定義する。

定義 4.1.3. 経済 $\mathscr{E}$ の実現可能配分 a と財空間 $\mathbb{R}^H$ に属する価格 p の順序対 (a, p) は，もし
(a) 任意の消費者 i と $z \succsim_i a_i$ を満たす任意の $\succsim_i$-可能消費 z に対して $p \cdot z \geq p \cdot a_i$ となり，
(b) 任意の生産者 j と任意の Y_j-可能生産 z に対して $p \cdot a_j \leq p \cdot z$ となり，
(c) $p \cdot (a_{I\cup J} - \omega) = 0$ となり，
(d) p が処分技術 Δ の極 Δ^* に属し，
(e) $p \neq 0$ ならば，
「経済 $\mathscr{E}$ の補償均衡」と呼ばれる。

定義 4.1.4. 経済 $\mathscr{E}$ の実現可能配分 a は，もし (a, p) が $\mathscr{E}$ の補償均衡となるような価格 p が存在するならば，「$\mathscr{E}$ の補償均衡配分」あるいは単に「$\mathscr{E}$ の補償配分」と呼ばれる。また財空間 $\mathbb{R}^H$ に属する価格 p は，もし (a, p) が $\mathscr{E}$ の補償均衡となるような $\mathscr{E}$ の実現可能配分 a が存在するならば，「$\mathscr{E}$ の補償均衡価格」あるいは単に「$\mathscr{E}$ の補償価格」と呼ばれる。

補償均衡の条件 (a) と (e) は競争均衡と異なる。競争均衡の条件 (a) は一種の予算制約の下で消費者が最善の消費を選択することを表していたが，補償均衡の条件 (a) は一定の満足水準を達成するための支出金額を最小化する消費を選択することを表している。これは選好充足仮説を満たす需要関係で表現された消費者行動に対して Hicks 補償需要関係で表現された消費者行動を用いた概念である。このように置き換えると $p = 0$ であれば条件 (a) から (d) までは常に成立するから，条件 (e) を追加して限定している。この概念は以下で厚生経済学の第二基本定理を証明するときに有用である。

次に私有財産経済における競争均衡の定義を考えよう。

定義 4.1.5. 経済 $\mathscr{E}$ の実現可能配分 a と財空間 $\mathbb{R}^H$ に属する価格 p の順序対 (a, p) は，もし

(a) 任意の消費者 i に対して (a.1) $p \cdot a_i \leq p \cdot \alpha_i - \sum_{j \in J} \theta^i_j p \cdot a_j$ となり，(a.2) $p \cdot z \leq p \cdot \alpha_i - \sum_{j \in J} \theta^i_j p \cdot a_j$ を満足する任意の $\succsim_i$-可能消費 z に対して $a_i \succsim_i z$ となり，
(b) 任意の生産者 j と任意の Y_j-可能生産 z に対して $p \cdot a_j \leq p \cdot z$ となり，
(c) $p \cdot (a - \alpha)_{I \cup J} = 0$ となり，
(d) p が処分技術 Δ の極 Δ^* に属するならば，
「$\mathscr{POE}$ の競争均衡」と呼ばれる．

ここでは所得という概念が発生する．任意の消費者 i を考えよう．消費者 i は各生産者 j について θ^i_j の割合を所有しているから，それに応じて配当所得が発生する．競争配分 a において生産者 j の利潤は $-p \cdot a_j$ だからこの生産者からの配当は $-\theta^i_j p \cdot a_j$ であり，したがって配当所得の合計は $-\sum_{j \in J} \theta^i_j p \cdot a_j$ となる[6]．他方，消費者 i は賦存資源の初期割当 α_i を持っているから消費 a_i を実現するには $a_i - \alpha_i$ だけ購入する必要があり，その代金は $p \cdot (a_i - \alpha_i)$ である．これを配当所得から支払うから予算制約は (a.1) で与えられたものになり，これは競争配分において各消費者 i が選択する消費 a_i が予算制約を満足していることを表している．条件 (a.2) は a_i が同じ予算制約を満足する消費全体の中で最大の満足水準をもたらすことを表している．条件 (b)，(c) および (d) の意味は定義 4.1.1 における条件と同じである．

次の定義は特に説明を要しないであろう．

定義 4.1.6. 経済 $\mathscr{E}$ の実現可能配分 a は，もし (a, p) が私有財産経済 $\mathscr{POE}$ の競争均衡であるような価格 p が財空間 $\mathbb{R}^H$ に属する価格 p が存在するならば，「私有財産経済 $\mathscr{POE}$ の競争均衡配分」あるいは単に「私有財産経済 $\mathscr{POE}$ の競争配分」と呼ばれる．また財空間 $\mathbb{R}^H$ に属する価格 p は (a, p) が私有財産経済 $\mathscr{POE}$ の競争均衡であるような経済 $\mathscr{E}$ の実現可能配分 a が存在するならば，「私有財産経済 $\mathscr{POE}$ の競争均衡価格」あるいは単に「私有財産経済 $\mathscr{POE}$ の競争価格」と呼ばれる．

私有財産経済 $\mathscr{POE}$ の競争均衡（競争配分，競争価格）は $\mathscr{POE}$ から誘導

---

[6] $\theta^i_j = 0$ となるような生産者 j もありうる．

される経済 $\mathscr{E}$ の競争均衡（競争配分，競争価格）である[7]。

4.2 競争配分と Pareto 効率的配分

　競争的な市場制度が Pareto 効率的配分を実現する優れた制度であることは経済学の創始者と呼ばれる Adam Smith が「見えざる手」による誘導という表現で述べたように昔から認識されていた[8]。しかしそれが厚生経済学の基本定理として厳密に証明されることは Arrow や Debreu による分析まで待たねばならなかった[9]。厚生経済学の基本定理は，任意の競争配分が Pareto 効率的であることを主張する第一基本定理と若干の条件を満足する任意の Pareto 効率的配分が資源をあらかじめ適切に再分配した後の競争配分となることを主張する第二基本定理の二つの部分から成る．まず第一基本定理を述べる．

定理 4.2.1（厚生経済学の第一基本定理）．任意の消費者 i に対して $\succsim_i$ が局所非飽和ならば経済 $\mathscr{E}$ の任意の競争配分は $\mathscr{E}$ の Pareto 効率的配分である．

　定理 4.2.1 の仮定の下で私有財産経済の任意の競争配分が Pareto 効率的であることは明らかであろう．競争配分が Pareto 効率的配分であることを示すには局所非飽和性の仮定を用いる必要があるが，次の定理が示すように競争配分が弱 Pareto 効率的配分であることを示すにはその仮定は不要である．

定理 4.2.2（厚生経済学の第一基本定理：弱い主張）．経済 $\mathscr{E}$ の任意の競争配分は $\mathscr{E}$ の弱 Pareto 効率的配分である．

　ここでも私有財産経済の任意の競争配分が弱 Pareto 効率的であることは明らかであろう．競争配分が Pareto 効率的であるために選好関係の局所非飽和性が重要な役割を果たすが弱 Pareto 効率的であるためには不必要であることは図 4.2.1 から理解される．配分 x は弱 Pareto 効率的な競争配分であるが

---

[7] 私有財産経済から誘導される経済の定義については第 1 章の定義 1.6.3 を参照．
[8] Smith (1937), Book IV, Chapter II, p. 423 を参照．
[9] Arrow (1951) および Debreu (1951) と Debreu (1954) を参照．

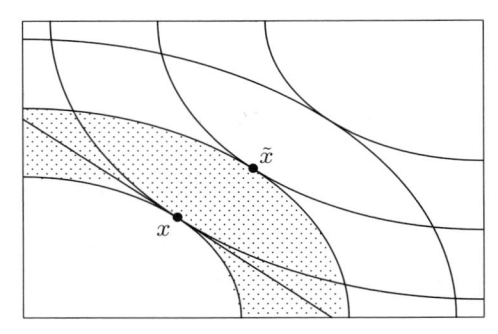

図 4.2.1 競争配分の Pareto 効率性における局所非飽和性の役割

Pareto 効率的ではない. 消費者 1 の選好関係は局所非飽和性を満足せず, x を Pareto 改善する実現可能配分 $\tilde{x}$ が存在する.

第二基本定理を述べる前に一つの重要な命題を述べる.

命題 4.2.1. (i) 任意の消費者 i に対して (i-1) $X(\succsim_i)$ が凸であり, (i-2) $\succsim_i$ が上半連続かつ凸であり, (ii) $\sum_{j \in J} Y_j$ が凸ならば, 少なくとも一人の消費者 k に対して $\succsim_k$ が $\hat{a}_k$ において非飽和であるような経済 $\mathscr{E}$ の任意の Pareto 効率的配分 $\hat{a}$ は $\mathscr{E}$ の補償配分である[10].

この命題から次の厚生経済学の第二基本定理は容易に導かれる.

定理 4.2.3 (厚生経済学の第二基本定理). (i) 任意の消費者 i に対して (i-1) $X(\succsim_i)$ が凸であり, (i-2) $\succsim_i$ が連続かつ凸であり, (ii) $\sum_{j \in J} Y_j$ が凸であるならば, 任意の消費者 i に対して $\succsim_i$ が $\hat{a}_i$ において飽和しているかあるいは任意の消費者 i に対して $\hat{a}_i$ が $X(\succsim_i)$ の内部 int $X(\succsim_i)$ に属するような経済 $\mathscr{E}$ の任意の Pareto 効率的配分 $\hat{a}$ は $\mathscr{E}$ の競争配分である[11].

---

10) 「$\succsim_k$ が $\hat{a}_k$ において非飽和である」とは「$z \succ_k \hat{a}_k$ となる $\succsim_k$-可能消費 z が存在する」ことを意味する.

11) 「$\succsim_i$ が $\hat{a}_i$ において飽和している」とは「任意の $\succsim_i$-可能消費 z に対して $\hat{a}_i \succsim_i z$ となる」ことを意味する.

4.2 競争配分と Pareto 効率的配分

本来の厚生経済学の第二基本定理は Pareto 効率的配分が私有財産経済の競争配分として達成できることを主張しているが，これには但し書きが付く．定理 4.2.3 によって存在が証明される競争均衡価格で評価された各消費者の賦存資源初期割当の価値は Pareto 効率的配分におけるその消費者の消費の価値と一致する必然性がないから Pareto 効率的配分における消費が予算集合に含まれないかもしれない．したがって賦存資源の初期割当を Pareto 効率的配分における各消費者の消費が予算集合に属するように予め再分配しておく必要がある．この再分配は市場機構を用いては行いえないから，政府による干渉のような手段を用いる必要がある．この準備をした後であれば競争市場の働きで Pareto 効率的配分が競争配分として達成される．これが厚生経済学の第二基本定理の趣旨である．

任意の消費者 i に対して $\succsim_i$ が $\hat{a}_i$ において飽和しているような Pareto 効率的配分が競争配分であるという主張は，価格 $p = 0$ においてどの消費者も $\hat{a}_i$ を需要し，どの生産者もその Pareto 効率的配分における生産で利潤を最大化しているから，自明であり深い意味はない．他方，Pareto 効率的配分が競争配分であるためにその配分における各消費者の消費がその消費者の消費集合の内部にあるという条件が重要な役割を果たすことは次の例 4.2.1 で示される[12]．

例 4.2.1. $H = \{1, 2\}$, $I = \{1, 2\}$, $J = \emptyset$ と仮定し，消費者 1 は消費集合

$$X_1 = \left\{ z \in \mathbb{R}_+^2 \,\middle|\, z^1 + 2z^2 \geq 4 \right\}$$

に属する任意の消費 z に対して

$$u_1(z) = z^1(4 + z^2)$$

によって定義される効用関数 u_1 で表現される選好関係 $\succsim_1$ を持ち，消費者 2 は消費集合 $X_2 = \mathbb{R}_+^H$ に属する任意の消費 z に対して

$$u^2(z) = (z^1 + 2)z^2$$

---

[12] この例は Arrow の反例として知られている．Arrow (1951) を参照．

によって定義される効用関数 u^2 で表現される選好関係 $\succsim_2$ を持ち，資源賦存量が $\omega = (6, 4)$ であるような経済を考える。

二人の消費者の選好関係は凸である。配分 $x = (x_1, x_2) = ((2, 1), (4, 3))$ を考えよう。これは以下で見るように Pareto 効率的であるが競争配分ではない。

消費者 1 の消費集合は図 4.2.2 に描かれている Edgeworth 箱の線分 AB の右上方の部分であり，消費者 2 の消費集合は同図の右上の頂点の左下方の部分であるから実現可能配分集合は陰を付けた領域で表される。消費者 1 の消費 x_1 に対応する無差別曲線は点 x を通る曲線である[13]。財空間の正象限 $\mathbb{R}_{++}^H$ に属する任意の消費 z に対して $u_1^2(z) = z^2$ かつ $u_2^2(z) = z^1 + 2$ だから消費 x_2 における消費者 2 の限界代替率は $u_1^2(x_2)/u_2^2(x_2) = 1/2$ となり消費 x_2 を通る消費者 2 の無差別曲線は図 4.2.2 の線分 AB と点 x において接している。したがって配分 x を Pareto 改善する実現可能配分は存在せず，x は Pareto 効率的配分である。

他方，x が競争配分であると仮定してみる。このとき消費者 2 が消費 x_2 を選択するから価格は $p = (1, 2)$ またはこれと正比例しなければならない。その場合，消費者 1 の予算集合は線分 AB と一致し，消費 x_1 より点 A における消費 $(4, 0)$ の方が望ましいから消費者 1 は x_1 を選択せず不合理である。したがって x は競争配分ではない。

厚生経済学の第二基本定理の顕著な性質は消費集合の凸性，選好関係の凸性，さらに集計された生産集合の凸性が仮定されていることである。この凸性は証明の中で本質的に使われており不可欠である。これは大部分の Pareto 効率的配分が競争配分であることを証明するために使われる仮定であり，Pareto 効率的配分が競争配分であるための必要条件であるということではない。実際，次の例 4.2.2 に示されているように一人の消費者の選好関係が凸でなくても Pareto 効率的配分が競争配分であることは可能である。

---

13) x は配分であるから，Edgeworth 箱の中の点 x は消費者 1 の観点からは配分 x における消費者 1 の消費 x_1 を表している。

4.2 競争配分と Pareto 効率的配分

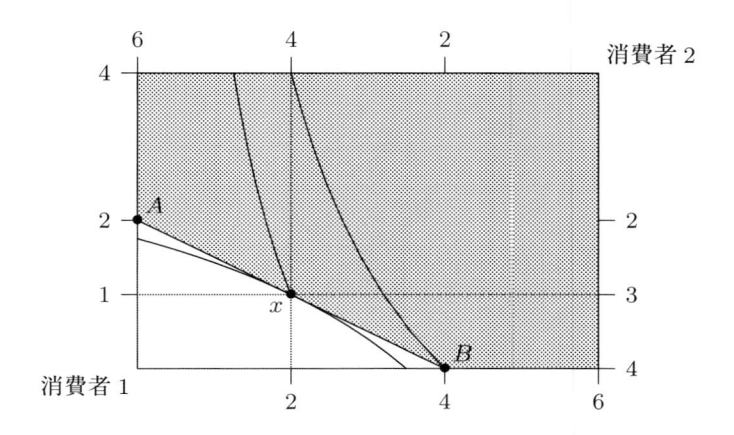

図 4.2.2 消費集合の境界での消費を伴う Pareto 効率的配分が競争配分でない経済

例 4.2.2. $H = \{1, 2\}$, $I = \{1, 2\}$, $J = \emptyset$ と仮定し，消費者 1 は財空間の非負象限 $\mathbb{R}_+^H$ に属する任意の消費 z に対して

$$u^1(z) = \begin{cases} 112(3z^1 + z^2) & \text{if } 2z^1 \leq z^2, \\ 140(2z^1 + z^2) & \text{if } z^1 \leq z^2 \leq 2z^1, \\ 105(z^1 + 3z^2) & \text{if } 3z^2 \leq 3z^1 \leq 4z^2, \\ 195(z^1 + z^2) & \text{if } 4z^2 \leq 3z^1 \leq 6z^2, \\ 117(z^1 + 3z^2) & \text{if } 4z^2 \leq z^1, \end{cases}$$

によって定義される効用関数 u^1 で表現される選好関係 $\succsim_1$ を持ち，消費者 2 は財空間の非負象限 $\mathbb{R}_+^H$ に属する任意の消費 z に対して

$$u^2(z) = z^1 z^2$$

によって定義される効用関数 u^2 で表現される選好関係 $\succsim_2$ を持ち，資源賦存量が $\omega = (4, 4)$ であるような経済を考える．

消費者 2 の選好関係は凸であるが消費者 1 の選好関係は凸ではない．しかし Pareto 効率的配分全体の集合と競争配分全体の集合はいずれも $0 \leq x_1^1 = x_1^2 = 4 - x_2^1 = 4 - x_2^2 \leq 4$ を満足する配分 x 全体と一致する．図 4.2.3 を参照．

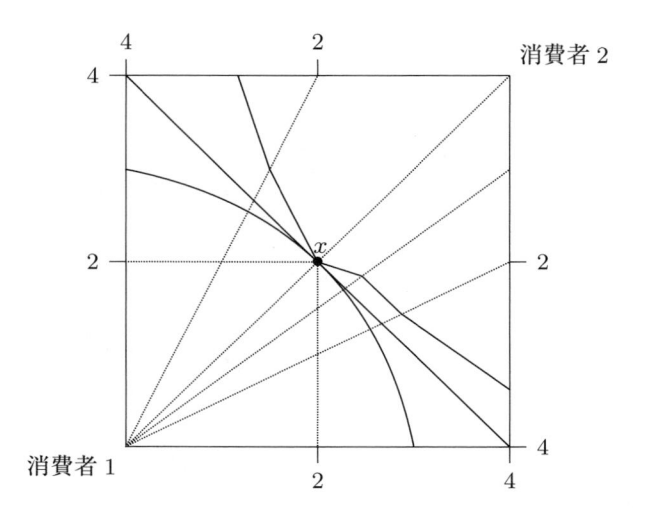

図 4.2.3　選好関係が凸性を満足しないけれども Pareto 効率的配分と競争配分が一致する経済

この例を次のように少し変えれば Pareto 効率的配分は競争配分ではない。

例 4.2.3. $H = \{1, 2\}$, $I = \{1, 2\}$, $J = \emptyset$ と仮定し，消費者 1 は財空間の非負象限 $\mathbb{R}_+^H$ に属する任意の消費 z に対して

$$u^1(z) = \begin{cases} 1232(3z^1 + z^2) & \text{if } 2z^1 \leq z^2, \\ 1540(2z^1 + z^2) & \text{if } z^1 \leq z^2 \leq 2z^1, \\ 1155(z^1 + 3z^2) & \text{if } 3z^2 \leq 3z^1 \leq 4z^2, \\ 1365(2z^1 + z^2) & \text{if } 4z^2 \leq 3z^1 \leq 12z^2, \\ 1755(z^1 + 3z^2) & \text{if } 4z^2 \leq z^1, \end{cases}$$

によって定義される効用関数 u^1 で表現される選好関係 $\succsim_1$ を持ち，消費者 2 は財空間の非負象限 $\mathbb{R}_+^H$ に属する任意の消費 z に対して

$$u^2(z) = z^1 z^2$$

によって定義される u^2 で表現される選好関係 $\succsim_2$ を持ち，資源賦存量が $\omega = (4, 4)$ であるような経済を考える．

消費者 2 の選好関係は凸であるが消費者 1 の選好関係は凸ではない。配分 $x = (x_1, x_2) = ((2,2), (2,2))$ は Pareto 効率的配分であるが競争配分ではなく，さらにこの経済には競争配分は存在しない．

実際，図 4.2.4 から明らかなように x において二人の消費者の無差別曲線は互いに交わらないから x は Pareto 効率的配分である．消費者 2 が消費 x_2 を選ぶためには財 1 の価格と財 2 の価格は等しくなければならないが，その場合，消費者 1 は x_1 を購入できる支出金額で消費 $y_1 = (3.2, 0.8)$ を購入でき，しかも $y_1 \succ_1 x_1$ だから x_1 を購入せず，ゆえに x は競争配分ではない．

次にこの経済には競争配分が存在しないことを見よう．まず消費者 1 の予算線の勾配が図 4.2.4 の点 x と z を結ぶ線分の勾配より緩くなるような価格の場合には消費者 1 は自分の消費集合の原点から出る勾配 1/4 の半直線上またはその右下方で選択するが，消費者 2 はその半直線の左上方で選択するから需給は均衡しない．他方，消費者 1 の予算線の勾配がこの線分の勾配と一致するような価格の場合には消費者 1 は原点から出る勾配 1 の半直線上か勾配 1/4 の半直線上のいずれかを選択するが，消費者 2 は同じ二つの半直線の間で選択するから需給は均衡しない．最後に消費者 1 の予算線の勾配がこの線分の勾配より急になるような価格の場合には消費者 1 は原点から出る勾配 1 の半直線上かその左上方で選択するが，消費者 2 は同じ半直線の右下方で選択するから需給は均衡しえない．このように需給が均衡する価格は存在せず，したがって競争配分は存在しない．

厚生経済学の第一基本定理においては選好関係の凸性や生産集合の凸性は仮定されていない．Pareto 効率的配分が競争配分であるために選好関係の凸性が重要な役割を果たすが，競争配分が Pareto 効率的であるために選好関係の凸性は不必要であることは定理 4.2.1 および 4.2.2 の証明からもまたすでに見た例 4.2.2 からもわかる．しかし厚生経済学の第一基本定理は競争配分全体の集合が Pareto 効率的配分全体の集合の部分集合であることを主張しているに過ぎず，この主張は競争配分が存在しない場合には空虚である．結局，厚生経済学の第一基本定理が実質的な意味を持つのは競争配分が存在する場合であり，例 4.2.3 からわかるように凸性の仮定は重要である．

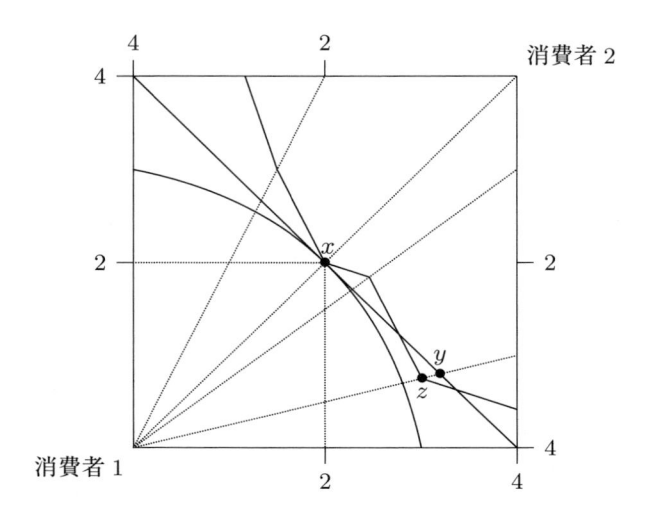

図 4.2.4 選好関係が凸性を満足しないために Pareto 効率的配分が競争配分とならない経済

4.3 競争均衡の存在

前節の厚生経済学の基本定理の実質的な意味を考える意味でも，またさらに現実の市場経済の働きを競争市場の均衡として理解しようとするミクロ経済学の基本的な分析方法を正当化する意味でも，競争均衡が存在するような経済モデルを構築することは基本的な重要性を持つ．本節ではそのような経済モデルの特性を考える．そのためにまず競争均衡と若干異なる概念を定義する．

定義 4.3.1. 経済 $\mathscr{E}$ の実現可能配分 a と財空間 $\mathbb{R}^H$ に属する価格 p の順序対 (a, p) は，もし
(a) 任意の消費者 i に対して
(a.1) $p \cdot a_i = p \cdot \alpha_i - \sum_{j \in J} \theta_j^i p \cdot a_j$ となり[14]，

---

14) この条件を定義 4.1.5 の条件 (a.1) と同様に不等号を用いて定義することも考えられるが，以下では等号が成立する場合を用いることを考慮してこのように定義する．

(a.2) 次の二つの条件：(a.2.1) $p \cdot z \leq p \cdot \alpha_i - \sum_{j \in J} \theta_j^i p \cdot a_j$ を満足する任意の $\succsim_i$-可能消費 z に対して $a_i \succsim_i z$, (a.2.2) $p \cdot a_i = \min p \cdot X(\succsim_i)$ のうちの少なくとも一方が成立し，
(b) 任意の生産者 j と任意の Y_j-可能生産 z に対して $p \cdot a_j \leq p \cdot z$ となり，
(c) $p \cdot (a - \alpha)_{I \cup J} = 0$ となり，
(d) p が処分技術 Δ の極 Δ^* に属し，
(e) $p \neq 0$ ならば，
私有財産経済 $\mathscr{POE}$ の「準均衡」と呼ばれる[15]。

まずここで準均衡が存在するための十分条件を述べる。

命題 4.3.1. もし
(i) 任意の消費者 i に対して (i-1) $\succsim_i$-可能消費集合 $X(\succsim_i)$ が賦存資源の i への初期割当 α_i を含む財空間 $\mathbb{R}^H$ の下方有界な閉凸部分集合であり，(i-2) 選好関係 $\succsim_i$ が連続，非飽和，凸であり，
(ii) 任意の生産者 j に対して生産集合 Y_j が $\mathbb{R}^H$ の原点を含む閉凸部分集合であり，
(iii) 技術目録 Y が無料生産の不可能性と集計的生産過程の非可逆性を満足し，
(iv) $\Delta = \mathbb{R}_-^{H_D} \times \{0\}^{H \setminus H_D}$ となるような H の部分集合 H_D が存在するならば，
$\mathscr{E}$ の補償均衡でもあるような $\mathscr{POE}$ の準均衡 (a, p) が存在する。

この命題から次の競争均衡の存在定理は簡単に導かれる。

定理 4.3.1. もし
(i) 任意の消費者 i に対して (i-1) $\succsim_i$-可能消費集合 $X(\succsim_i)$ が賦存資源の i への初期割当 α_i をその内部 $\mathrm{int}\, X(\succsim_i)$ に含む財空間 $\mathbb{R}^H$ の下方有界な閉凸部分集合であり，(i-2) 選好関係 $\succsim_i$ が連続，非飽和，凸であり，
(ii) 任意の生産者 j に対して生産集合 Y_j が $\mathbb{R}^H$ の原点を含む閉凸部分集合であり，
(iii) 技術目録 Y が無料生産の不可能性と集計的生産過程の非可逆性を満足し，

---

15) この概念については Debreu (1962) を参照。

(iv) $\Delta = \mathbb{R}_{-}^{H_D} \times \{0\}^{H \setminus H_D}$ となるような H の部分集合 H_D が存在するならば,
$\mathscr{POE}$ から誘導される経済 $\mathscr{E}$ の補償均衡でもあるような私有財産経済 $\mathscr{POE}$ の競争均衡が存在する.

4.4 比較静学

　前節までの分析は与えられた経済において各経済主体が前章までに定式化された意味で合理的な行動をする競争市場で価格と資源配分がどのように定まるかを説明し，その資源配分が多くの場合に Pareto 効率性を満足することを説明する．しかし二つの異なる経済における競争均衡価格や競争配分を比較することも興味深い問題である．
　このような比較の一つの例として一つの国のある年の経済と異なる年の経済を比較することが考えられる．この二つの年の間には天候の変化に基づいて農業技術が変化したかもしれず，あるいは科学技術の進歩に基づいてさまざまな生産者の生産技術が変化したかもしれず，あるいは消費者の好みが変化したかもしれない．また異なる国の経済を比較するという例も考えられる．ある国は農業技術において優れており，他の国は工業技術において優れているかもしれない．また本書のこれまでの分析の中において政府による課税が存在する場合は扱われていないがそれを導入することは困難ではない．その場合には課税が導入される前後の比較という問題が考えられる．
　このような経済の変化に基づく競争均衡の変化の分析は「比較静学」と呼ばれる．経済の変化の仕方にはさまざまなものがあるからこれを一般的に扱うことは容易ではないが，これまでに考察してきた経済モデルは原理的にはそのような比較静学分析が可能なモデルである．実際に何らかのはっきりとした結論を得るためには経済の変化の仕方を具体的に指定する必要があり，そのためにはさまざまな簡単化が必要である．この簡単化の方法によりいくつかの応用経済学の分野が生まれる．
　異なる経済を比較する分析を含むものとして貿易理論あるいは一層広い分

野としての国際経済学が存在する．ここでは異なる国が関係を持たない自給自足経済の状態と貿易関係を結んだ後の状態を比較するという比較静学分析が行われるが，多くの場合には二種類か三種類の財だけが存在するような単純化された経済モデルが使われる．また課税効果の研究を含むものとして租税理論あるいは一層広い分野としての財政学が存在する．いずれの応用経済学もここで扱う比較静学以外の多くの問題を扱うことは言うまでもない．

4.4.1 市場超過需要関係

一つの私有財産経済 $(\succsim, Y, \Delta, \alpha, \theta)$ を考える．各生産者 j に対してその供給関係を S_j で表し，各消費者 i に対してその需要関係を D_i で表そう．各消費者の需要関係は非飽和であると仮定する．この仮定が成立するための十分条件は第 3 章で求めた[16]．$P_J = \bigcap_{j \in J} \mathrm{dom}\, S_j$ と定義する．任意の消費者 i に対して P_J に属する価格 p が与えられたときの所得は定義 4.1.5 の (a.1) からわかるように $m_i(p) = p \cdot \alpha_i - \sum_{j \in J} \theta_j^i p \cdot S_j(p)$ で定義される．任意の消費者 i に対して $P_i = \{p \in P_J \mid (p, m_i(p)) \in \mathrm{dom}\, D_i\}$ と定義し，P_i に属する任意の価格 p に対して $\hat{D}_i(p) = D_i(p, m_i(p))$ と定義する．$P = \bigcap_{i \in I} P_i$ と定義し，P に属する任意の価格 p に対して

$$E(p) = \sum_{i \in I} \hat{D}_i(p) + \sum_{j \in J} S_j(p) - \{\alpha_{I \cup J}\}$$

と定義する．この E は市場超過需要関係と呼ばれる．任意の消費者 i に対して需要関係 D_i は非飽和だから，P に属する任意の価格 p に対して $p \cdot \hat{D}_i(p) = m_i(p)$ となる．各生産者の供給関係 S_j は正 0 次同次だから[17]，各消費者 i に対して，m_i は正 1 次同次であり需要関係 D_i は正 0 次同次だから[18]，$\hat{D}_i$ も正 0 次同次である．任意の経済主体 k に対して P_k は財空間 $\mathbb{R}^H$ の原点を頂点とする錐だから，P も $\mathbb{R}^H$ の原点を頂点とする錐であり市場超過需要関係 E は正 0 次同次である．さらに P に属する任意の価格 p に対して $p \cdot E(p) = 0$ となることは容易に確認できる．この恒等式は「Walras 法則」と呼ばれる．

---

16) 定理 3.4.1 を参照．
17) 第 2 章の定理 2.3.1 を参照．
18) 第 3 章の定理 3.1.1 を参照．

本節の分析は正 0 次同次性と Walras 法則を満足する市場超過需要関係が与えられたところから始め，背後にある私有財産経済の細部の特徴に言及せずに市場超過需要関係という概念を直接定義する[19]。

定義 4.4.1. 関係 E は，もし
(a) 定義域 $\mathrm{dom}\, E$ が財空間 $\mathbb{R}^H$ の原点を頂点とする錐であり，
(b) 値域 $\mathrm{range}\, E$ が財空間 $\mathbb{R}^H$ の部分集合であり，
(c) $\mathrm{dom}\, E \times \mathbb{R}_{++}$ の任意の元 (p,t) に対して $E(p) = E(tp)$ となり，
(d) $\mathrm{dom}\, E$ に属する任意の価格 p と $E(p)$ の任意の元 z に対して $p \cdot z = 0$ ならば，
「市場超過需要関係」と呼ばれる。

条件 (c) は正 0 次同次性を表し，条件 (d) は Walras 法則を表している。市場超過需要関係 E が与えられれば，その背後にある私有財産経済が考えられその競争均衡，特に競争均衡価格を考察できる。以下の議論のために本節ではすべての財の無料処分可能性を仮定して一層の単純化を行う。このとき競争均衡価格は以下のように定義される。

定義 4.4.2. 市場超過需要関係 E が与えられたとき，財空間 $\mathbb{R}^H$ の非負象限 $\mathbb{R}^H_+$ に属する価格 p は，もし $z \leq 0$ となるような $E(p)$ の元 z が存在するならば，「E の競争均衡価格」あるいは単に「E の均衡価格」と呼ばれる。

すべての財の無料処分可能性により均衡価格は非負であり，この定義の下では本来の無料財規則が成立する[20]。これは以下の議論において重要な役割を果たし，一般化された無料財規則の下では以下の議論は必ずしも成立しない。

命題 4.4.1. 任意の市場超過需要関係 E の任意の均衡価格 p，$z \leq 0$ を満足する $E(p)$ の任意の元 z および任意の財 h に対して $p^h z^h = 0$ となる。

ここから先は市場超過需要関係が関数である場合のみを考えて分析を単純化する。異なる市場超過需要関数を考えることは背後にある別の私有財産経

---

19) 以下の議論は Morishima (1964) に基づく。
20) 命題 4.1.1 に述べられている一般化された無料財規則と比較せよ。

4.4 比較静学

済を考えることを意味する．以下の議論をわかりやすくするために，二つの市場超過需要関数の間の特別な関係を考えてその関係に一つの名称を与えよう．

定義 4.4.3. 二つの市場超過需要関数 E と $\tilde{E}$, E と $\tilde{E}$ の定義域の共通部分に属する価格 p, 二つの財 h と $\tilde{h}$ が与えられたとき，もし
(a) $\tilde{E}^{\tilde{h}}(p) > E^{\tilde{h}}(p)$ となり，
(b) h と $\tilde{h}$ 以外の任意の財 k に対して $E^k(p) = \tilde{E}^k(p)$ ならば[21],

「E から $\tilde{E}$ への変化に伴い p における市場超過需要は財 h から財 $\tilde{h}$ に転移する」と言われる．

次の性質も重要な単純化である．個々の消費者の需要関数が顕示選好の弱公理を満足することは合理的行動の仮定として自然であるが経済全体にわたって集計された市場超過需要関数がこの公理を満足するという仮定は必ずしも正当化されない．しかしこの仮定が満たされたときにいかなる比較静学の結果が導かれるかは一つの思考実験として興味深い．

命題 4.4.2. 任意の市場超過需要関数 E, E の任意の均衡価格 p および $E(p) \neq E(\tilde{p})$ となる任意の非負の価格 $\tilde{p}$ に対して，次の二つの条件は同値である：
(a) $p \cdot E(p) < p \cdot E(\tilde{p})$ または $\tilde{p} \cdot E(p) > \tilde{p} \cdot E(\tilde{p})$ となる．
(b) $p \cdot E(\tilde{p}) > 0$ となる．

市場超過需要関数 E を一人の消費者の（超過）需要関数とみなした場合に E が顕示選好の Samuelson 弱公理を満足するならば命題 4.4.2 の (a) が成立する．このことから次の定義が示唆される．

定義 4.4.4. 市場超過需要関数 E は，もし E の任意の均衡価格 p と E の定義域 $\mathrm{dom}\, E$ に属する E の均衡価格ではない任意の価格 $\tilde{p}$ に対して $p \cdot E(\tilde{p}) > 0$ ならば，「顕示選好の Samuelson 弱公理を満足する」と言われる．

定理 4.4.1 (Hicks の第一法則). $\mathbb{R}_+^H$ に属する任意の二つの価格 p と $\tilde{p}$ および任意の二つの財 h と $\tilde{h}$ に対して，もし

---

[21] このとき Walras 法則により $p^h E^h(p) + p^{\tilde{h}} E^{\tilde{h}}(p) + \sum_{k \in H \setminus \{h, \tilde{h}\}} p^k E^k(p) = 0 = p^h \tilde{E}^h(p) + p^{\tilde{h}} \tilde{E}^{\tilde{h}}(p) + \sum_{k \in H \setminus \{h, \tilde{h}\}} p^k \tilde{E}^k(p)$ すなわち $p^h(E^h(p) - \tilde{E}^h(p)) = p^{\tilde{h}}(\tilde{E}^{\tilde{h}}(p) - E^{\tilde{h}}(p)) > 0$ だから $E^h(p) > \tilde{E}^h(p)$ となる．

(i) p^h, $p^{\tilde{h}}$, $\tilde{p}^h$ および $\tilde{p}^{\tilde{h}}$ がいずれも正であり，
(ii) p は $\tilde{E}$ の定義域に属する E の均衡価格であり，$\tilde{p}$ は E の定義域に属する $\tilde{E}$ の均衡価格であり，
(iii) E から $\tilde{E}$ への変化に伴い p における市場超過需要が財 h から財 $\tilde{h}$ に転移するような

市場超過需要関数 E と顕示選好の Samuelson 弱公理を満足する市場超過需要関数 $\tilde{E}$ が存在するならば，

$$\frac{\tilde{p}^{\tilde{h}}}{\tilde{p}^h} > \frac{p^{\tilde{h}}}{p^h}$$

となる[22]。

　市場超過需要関数 E の顕示選好の弱公理を満足する市場超過需要関数 $\tilde{E}$ への変化に伴い p における市場超過需要が財 h から財 $\tilde{h}$ に転移した場合，定理 4.4.1 によれば財 $\tilde{h}$ の財 h に対する相対価格が上昇する。この結論は「Hicks の第一法則」と呼ばれ，直観的にわかりやすい。

　第 3 章では個別消費者にとってのある特定の価格と所得における二つの財の間の粗代替性が定義されたが，本節では同じ趣旨ではあるが市場超過需要関数に対して任意の財の間で定義域全体で成立する粗代替性を定義する。ここでは他の財の価格が下落しない場合に価格が変化しない財の需要量が減少しないという弱粗代替性が定義される。

定義 4.4.5. 市場超過需要関数 E は，もし $p^h = \tilde{p}^h$ と $p \leq \tilde{p}$ を満足し E の定義域 $\mathrm{dom}\, E$ に属する任意の二つの価格 p と $\tilde{p}$ および任意の財 h に対して $E^h(p) \leq E^h(\tilde{p})$ ならば，「弱粗代替性を満足する」と言われる。

定義 4.4.6. 市場超過需要関数 E は，もし
(i) $\hat{H}$ に属する任意の財 h に対して $p^h = \tilde{p}^h$ となり，
(ii) $H \setminus \hat{H}$ に属する任意の財 h に対して $p^h < \tilde{p}^h$ となるような

---

[22] 定理 4.4.1 を始めとして本節に現れる以下の定理群は Morishima (1964) において証明された。

H の任意の非空真部分集合 $\hat{H}$ と E の定義域 $\operatorname{dom} E$ に属する任意の二つの価格 p と $\tilde{p}$ に対して $E^h(p) \neq E^h(\tilde{p})$ となるような財 h が $\hat{H}$ の中に存在するならば,「分解不可能性を満足する」と言われる.

すなわち市場超過需要関数の分解不可能性とは,財集合 H の任意の非空真部分集合 $\hat{H}$ と $\hat{H}$ に属する任意の財の価格が不変であり $\hat{H}$ に属さない任意の財の価格が同一方向に変化するような任意の二つの価格 p と $\tilde{p}$ に対して価格が変化していない $\hat{H}$ に属する少なくとも一つの財に対する市場超過需要量が $\hat{H}$ の補集合に属する財の価格変化の影響を受けて変化することを意味する.

定理 4.4.2 (Hicks の第二第三弱法則). $\mathbb{R}_{++}^H$ に属する任意の二つの価格 p と $\tilde{p}$ および任意の二つの財 h と $\tilde{h}$ に対して, もし
(i) p と $\tilde{p}$ がそれぞれ E と $\tilde{E}$ の均衡価格であり,
(ii) E から $\tilde{E}$ への変化に伴い p における市場超過需要が財 h から財 $\tilde{h}$ に転移するような
市場超過需要関数 E と分解不可能性と弱粗代替性を満足する市場超過需要関数 $\tilde{E}$ が存在するならば,
(a) 任意の財 k に対して $\dfrac{\tilde{p}^k}{\tilde{p}^h} \geq \dfrac{p^k}{p^h}$ となり,
(b) $\dfrac{\tilde{p}^{\tilde{h}}/\tilde{p}^h}{p^{\tilde{h}}/p^h} = \max_{k \in H} \dfrac{\tilde{p}^k/\tilde{p}^h}{p^k/p^h}$ となる.

定理 4.4.2 によれば,市場超過需要関数 E が分解不可能性と弱粗代替性を満足する市場超過需要関数 $\tilde{E}$ に変化するに伴い p における市場超過需要が財 h から財 $\tilde{h}$ に転移した場合, 財 $\tilde{h}$ の財 h に対する相対価格のみならず h 以外の任意の財 k の財 h に対する相対価格は少なくとも下落することはなく,財 $\tilde{h}$ の財 h に対する相対価格の上昇率は最大である. この前半の結論 (a) は「Hicks の第二弱法則」と呼ばれ後半の結論 (b) は「Hicks の第三弱法則」と呼ばれ, これらも直観的にわかりやすい.

市場超過需要関数の分解不可能性を若干強化することによりこの結論は強化できる. 財集合 H のある非空真部分集合 $\hat{H}$ に属する任意の財の価格が変化せず, その補集合 $H \setminus \hat{H}$ に属する任意の財の価格が同一方向に変化するような任意の二つの価格 p と $\tilde{p}$ を考えたときに, 価格が変化していない $\hat{H}$ に属する少なくとも二つの財に対する市場超過需要量が集合 $H \setminus \hat{H}$ に属する財

に生じた価格変化の影響を受ける場合，市場超過需要関数は「強分解不可能性」を満足すると言われる．

定義 4.4.7. 市場超過需要関数 E は，もし
(i) $\hat{H}$ が少なくとも二つの財を含み，
(ii) $\hat{H}$ に属する任意の財 h に対して $p^h = \tilde{p}^h$ となり，
(iii) $H \setminus \hat{H}$ に属する任意の財 h に対して $p^h < \tilde{p}^h$ となるような
H の任意の非空真部分集合 $\hat{H}$ と E の定義域 $\mathrm{dom}\, E$ に属する任意の二つの価格 p と $\tilde{p}$ に対して $E^h(p) \neq E^h(\tilde{p})$ となるような $\hat{H}$ に属する財 h 全体の集合が二つ以上の財を含むならば，「強分解不可能性を満足する」と言われる．

定理 4.4.3 (Hick の第二第三強法則). $\mathbb{R}_{++}^H$ に属する任意の二つの価格 p と $\tilde{p}$ および任意の二つの財 h と $\tilde{h}$ に対して，もし
(i) p と $\tilde{p}$ がそれぞれ E と $\tilde{E}$ の均衡価格であり，
(ii) E から $\tilde{E}$ への変化に伴い p における市場超過需要が財 h から財 $\tilde{h}$ に転移するような

市場超過需要関数 E および強分解不可能性と弱粗代替性を満足する市場超過需要関数 $\tilde{E}$ が存在するならば，
(a) h 以外の任意の財 k に対して $\tilde{p}^k/\tilde{p}^h > p^k/p^h$ となり，
(b) $\dfrac{\tilde{p}^{\tilde{h}}/\tilde{p}^h}{p^{\tilde{h}}/p^h} > \max_{k \in H \setminus \{\tilde{h}\}} \dfrac{\tilde{p}^k/\tilde{p}^h}{p^k/p^h}$ となる．

定理 4.4.3 によれば，市場超過需要関数 E が強分解不可能性と弱粗代替性を満足する市場超過需要関数 $\tilde{E}$ に変化するに伴い p における市場超過需要が財 h から財 $\tilde{h}$ に転移した場合，財 $\tilde{h}$ の財 h に対する相対価格のみならず h 以外の任意の財の財 h に対する相対価格が上昇し，財 $\tilde{h}$ の財 h に対する相対価格の上昇率は他のどの財の相対価格の上昇率より大きい．この前半の結論 (a) は「Hicks の第二強法則」と呼ばれ後半の結論 (b) は「Hicks の第三強法則」と呼ばれ，これらも強い結論であるとはいえ直観的にわかりやすい．

定義 4.4.8. 市場超過需要関数 E は，もし $p > \tilde{p}$ と $p^h = \tilde{p}^h$ を満足し E の定義域 $\mathrm{dom}\, E$ に属する任意の二つの価格 p と $\tilde{p}$ および任意の財 h に対して $E^h(p) > E^h(\tilde{p})$ ならば，「強粗代替性を満足する」と言われる．

定理 4.4.4 (強 Le Chatelier-Samuelson 原理). $\mathbb{R}_{++}^H$ に属する任意の二つの価格 $\tilde{p}$ と $\hat{p}$, 任意の二つの財 h と $\hat{h}$ および H の任意の部分集合 $\hat{H}$ に対して, もし

(i) p, $\tilde{p}$ と $\hat{p}$ がそれぞれ E, $\tilde{E}$ と $\hat{E}$ の均衡価格であり,
(ii) $h \neq \hat{h} \neq \tilde{h} \neq h$ かつ $\{h, \tilde{h}, \hat{h}\} \cap \hat{H} = \emptyset$ となり,
(iii) E から $\tilde{E}$ への変化に伴い p における市場超過需要が財 h から財 $\tilde{h}$ に転移し,
(iv) $H \setminus (\hat{H} \cup \{h, \hat{h}\})$ に属する任意の財 k に対して $\hat{E}^k(\hat{p}) = \tilde{E}^k(\hat{p})$ となり,
(v) $\hat{H}$ に属する任意の財 k に対して $\tilde{p}^k/\tilde{p}^h = \hat{p}^k/\hat{p}^h = p^k/p^h$ となり,
(vi) $\hat{p}^{\hat{h}}/\hat{p}^h = p^{\hat{h}}/p^h$ となるような

二つの市場超過需要関数 E と $\hat{E}$ および強粗代替性を満足する市場超過需要関数 $\tilde{E}$, $\mathbb{R}_{++}^H$ に属する価格 p および一つの財 $\tilde{h}$ が存在するならば,
$H \setminus (\hat{H} \cup \{h, \hat{h}\})$ に属する任意の財 k に対して $\tilde{p}^k/\tilde{p}^h > \hat{p}^k/\hat{p}^h$ となる。

この定理の意味を考えよう。仮定 (i) から (vi) を満足する $\mathbb{R}_{++}^H$ に属する任意の二つの価格 $\tilde{p}$ と $\hat{p}$, 任意の二つの財 h と $\hat{h}$ および H の任意の部分集合 $\hat{H}$ を選ぶ。仮定 (i) から (vi) の意味を以下で考察する。財 h の価格は 1 に固定されているわけではないが, 他の財の価格変化の大きさを比較するときに財 h の価格に対する比を考えるから価値基準財の役割を持つものとして扱う。上記の価格 $\tilde{p}$ と $\hat{p}$ は仮定 (i) に限定されているように, それぞれある市場超過需要関数 $\tilde{E}$ と $\hat{E}$ の均衡価格である。この他にもう一つの市場超過需要関数 E とその均衡価格 p が考えられる。ここでは E から $\tilde{E}$ あるいは $\hat{E}$ への市場超過需要の変化が想定されている。仮定 (iii) により市場超過需要関数 $\tilde{E}$ は財 h からある財 $\tilde{h}$ に市場超過需要が転移した後のものであり, 強粗代替性を満足すると仮定される。仮定 (ii) により財 h, $\hat{h}$ および $\tilde{h}$ は互いに異なり, いずれも集合 $\mathbb{R}_{++}^H \setminus \hat{H}$ に属する。仮定 (iv) から (vi) は市場超過需要関数 E から $\tilde{E}$ と $\hat{E}$ への変化の仕方を限定しており, この違いが定理 4.4.4 の結論に本質的に関係する。$\hat{E}$ については仮定 (iv) から (vi) に記されている限定以外のものは課されていないが, E から $\hat{E}$ への変化に伴い p において市場超過需要が財 h から財 $\tilde{h}$ に転移すると仮定した方が解釈が容易になるであろう。

仮定 (iv) 自体に深い意味はないが $H \setminus (\hat{H} \cup \{h, \hat{h}\})$ に属する任意の財 k の

市場超過需要関数がまったく変化しないという仮定 $E^k = \tilde{E}^k = \hat{E}^k$ から導かれる．定理 4.4.4 の証明にはこの後者の仮定全体は用いられず仮定 (iv) の部分だけが用いられる．

仮定 (v) により集合 $\hat{H}$ に属する任意の財 k に対して三つの市場超過需要関数の下での財 k の均衡価格（財 h に対する相対価格）は不変である．E から $\tilde{E}$ への変化に伴い E の均衡価格 p において市場超過需要が財 h から財 $\tilde{h}$ に転移するから，$\hat{H}$ に属する任意の財 k の均衡価格にも一般的には何らかの影響があると思われる．その影響がないということは E から $\tilde{E}$ への変化を引き起こした原因，たとえば消費者の嗜好の変化，と同時にその変化が $\hat{H}$ に属する財の市場超過需要に与える影響を相殺する何らかの変化，たとえば，供給側の調整が行われたと解釈できる．仮定 (v) ではさらに E から $\hat{E}$ への変化においても同様な調整がなされていることを述べている．

仮定 (v) ではこれらの調整が $\hat{H}$ に属する任意の財に対して行われていることが規定されているが，仮定 (vi) ではさらに財 $\hat{h}$ に対しても市場超過需要関数 $\hat{E}$ において行われていることが規定されている．したがって $\hat{E}$ においては $\tilde{E}$ より多くの調整が行われている．このような調整を短期に行うことは一般に困難であるから，E から $\tilde{E}$ への変化より E から $\hat{E}$ への変化の方が一層長い期間を通じての変化を表していると解釈できよう．

定理 4.4.4 によれば，集合 $\hat{H} \cup \{\hat{h}\}$ に含まれる財と「価値基準財」h を除く任意の財 k の均衡価格の変化は，財 $\hat{h}$ に関する調整が行われない場合の方が行われた場合より大きくなる．たとえば短期経済に対して長期経済のように経済を規定する制約が緩和されている場合の方が経済のある変化が均衡価格に与える影響が小さくなる．

4.5 長期均衡

完全競争の重要な性質の中に自由参入・自由退出の仮定がある．すなわち生産者は正の利潤を獲得できる見込みがあるならばいつでも生産活動を開始でき，また損失の見込みがあるならばいつでも生産活動を中止できると仮定され

ている。生産者が支払わなければならないものは生産活動のために投入した生産要素の購入に当てられる支出分だけであり，生産活動の開始と中止に伴う特別な費用は存在しないと仮定されている。完全競争からこの自由参入・自由退出の性質を除去したものを Chamberlin (1938) に従って Samuelson (1947) は「純粋競争」と呼ぶ。競争市場または競争経済という表現で完全競争と純粋競争のいずれが意味されているかは必ずしも明らかではない。Arrow and Debreu (1954), Debreu (1959), Arrow and Hahn (1970) による競争市場の均衡の定式化を以下では「Arrow-Debreu モデル」と呼ぼう。Arrow-Debreu モデルは生産者の数を任意の正整数に固定しており，そのかぎりでは自由参入・自由退出の仮定が考慮されていないから，純粋競争のモデルと解釈できよう。前節までに考察したモデルも Arrow-Debreu モデルである。

しかしこの固定された生産者の数は潜在的な生産者も全部考慮しており，この中で無活動を選択している生産者は退出しているとみなせばよいという考え方もあるかもしれない。しかし競争均衡において正の利潤を獲得している生産者が存在するとすればその生産者が用いている技術を模倣して参入したいと考える潜在的生産者がいると想定できる。長期的に技術の模倣が可能であると仮定するならば生産者数が固定されていて競争均衡において正の利潤を獲得する生産者が存在しうるようなモデルが自由参入・自由退出を考慮しているとみなすことは困難であろう。

投入量を変化できる生産要素を「可変生産要素」と呼び，投入量を変化できない生産要素を「固定生産要素」と呼ぼう。一般にある生産要素が固定生産要素であるか否かは考察されている期間の長さに依存すると思われる。たとえば 50 年の賃借契約で借り入れている農地は天候その他の理由で実際の耕作面積が年々変化するとしても少なくとも 50 年間は毎年一定の賃借料を支払わなければならないという意味では投入量を変化できない生産要素であるが，50 年を超える期間では賃借契約の更改により借り入れ面積を変更できるから固定生産要素ではなくなる。

そこで固定生産要素が少なくとも一種類存在するような期間を「短期」と呼び，固定生産要素がまったく存在しない期間を「長期」と呼ぶという分類基準があり，この基準に基づく長期は「Marshall の長期」と呼ばれる。Arrow-Debreu モデルでは固定生産要素は明示的には考慮されておらず，すべての

生産要素は可変生産要素であるとみなしうるから Arrow-Debreu モデルは Marhsall の意味で長期のモデルと呼びうると考えられるかもしれない．しかし Arrow-Debreu モデルでは各生産者の生産技術が規模に関する収穫不変の性質を持つとは仮定されていない．この仮定の中にモデルの背後に固定生産要素が存在すると考えるべきであり Marshall の意味での長期のモデルと呼びえないという見方が存在する．この問題については次項で考察する．

4.5.1 生産者の概念

上で考えた二つの長期の概念，すなわち，自由参入・自由退出の仮定の下で生産者数が調整されて決定された長期と固定生産要素が存在しない Marshall の長期はまったく無関係ではない．前節以前で我々は「生産者とは何か」という問題を深く考えずに単に「生産技術としての生産集合を所有しておりそれを用いて利潤を最大化する生産活動を選択する経済主体」とみなしただけである．しかしこのような経済主体とは一体誰を指すのであろうか．消費者は消費集合という消費活動の能力を示す集合を背後に含む選好関係を持ち，その選好関係を予算の制約の下で最大限に充足する消費活動を選択する，あるいは顕示選好の弱公理あるいは強公理を満足するという意味での合理的選択を行う経済主体である．後者は一つの人格を持つ社会の構成員として理解できるが，生産者とは一体どのような実態を持つ個人あるいは個人の集合であるのかが明確に規定されていない．現実の社会においてすべての個人は消費者としての側面を持つ経済主体であると考えられる．生産者は個人であることも法人としての企業であることもあり，法人の場合には一般に複数の個人から構成される．

生産者を「企業家職能」を持つ経済主体とみなすことは一つの重要な見方であろう．本来，企業家職能は時間と共に変動する経済環境の中で発明等を通じて進歩する技術を取り入れたり，さまざまな金融的問題や事業経営に関する洞察力を用いて長期的に企業を維持し発展させていく能力を意味するであろうが，本書で扱うミクロ経済学のモデルの中で考えた場合，それは生産者が持っている技術すなわち生産集合を完全に熟知してそれを最大限に用いて利潤を最大化する生産活動を選択する能力とみなしえよう．これは上記の生産者の見方と変わらないがこれを社会を構成する個人としての消費者とど

4.5 長期均衡

のように関係づけるかが重要である．基本的にはこの企業家職能は消費者としての個人が所有しているとみなすことが望ましいと思われる．

自営業としての生産者の場合にはその生産技術と企業家職能は同一視できるであろう．他方，法人としての生産者の場合にはその法人を構成する個人の企業家職能はその組織の中で果たす重要性の評価に基づき生産技術を表す生産集合の一定割合を占めるものとして数量化することが可能かもしれず，この考え方は便利である．

本章で定義された私有財産経済では生産者 j が獲得する利潤に対して消費者 i が持っている請求権を θ_j^i で表した．生産者 j が株式会社である場合には，これは消費者 i を生産者 j の株式の区分所有者とみなしてその区分所有割合に応じて利潤の一部を配当として受け取る権利を持つと解釈される．これは生産者 j の生産集合 Y_j の θ_j^i の割合に相当する $\theta_j^i Y_j$ を消費者 i が所有しているとみなすことと同じである．$\theta_j^i = 0$ であるような消費者 i はこの生産者 j の所有者ではなく，したがって利潤に対する請求権を持たない．

他方，法人としての生産者 j の中で消費者 i が果たす企業家職能の重要性の割合を θ_j^i で表せばこの消費者 i は生産者 j の生産能力 Y_j の θ_j^i の割合 $\theta_j^i Y_j$ に相当する企業家職能を発揮しているとみなしうる．$\theta_j^i = 0$ であるような消費者 i はこの法人の経営に参加せずそこでは何の貢献もしない．生産者 j が獲得する利潤は企業家職能を用いて経営に参加した消費者の貢献に対する報酬とみなすことが可能であり，その場合には経営に参加した消費者は自らの貢献分に相当する報酬を受け取ることになる．

この二つの見方においては生産者の利潤の解釈がまったく異なる．前者においては，利潤は生産者の区分所有者すなわち株主としての消費者がその一部を配当として受け取る権利を持つ対象である．これは株式取得に当たって支払った出資額に比例する報酬である．生産者をこのように株式会社とみなす考え方は企業の所有と経営が分離されている近代的な企業概念を表すが，Arrow-Debreu モデルは株式取引の可能性まで考慮しているモデルではない．

他方，生産者を企業家職能を提供する経営者としての消費者の集合とみなす場合には利潤は企業家職能という生産要素に対する報酬として支払われるべき要素所得を構成する．しかし企業家職能をこのように生産要素とみなすとしても二通りの扱い方が可能である．一つはこの生産要素を財集合の中に

含める扱い方であるが，上記の扱い方はこれとは異なり，企業家職能は企業によって私的に所有されていて市場で売買される生産要素ではなく，財集合の元とはみなされていない。財集合に含まれない生産要素の存在は規模に関する収穫逓減の発生を正当化する理由とみなされうる[23]。この場合には正の利潤が発生する可能性があり，その利潤は上記の方法で経営に参加した消費者に分配される。

　この場合，企業の所有者（株主）としての消費者が利潤の一部を配当として受け取る余地がなくなるが，その余地を残す形式的な方法は存在する。任意の生産者 j と任意の消費者 i に対して θ_i^j が生産者 j の利潤の中で株主としての配当請求権と企業家職能の提供者としての報酬請求権の合計を表すと解釈すればよい。その場合，もしこの消費者 i が企業家職能の提供者でない場合には θ_i^j の全体が配当請求権を表し，また株主ではない場合には θ_i^j は企業家職能に対する報酬請求権を表すことになる。

　他方，企業家職能を財空間に含まれる生産要素とみなす場合には，若干注意すべき問題がある。これはこの生産要素の市場が存在し，そこでこの生産要素の価格が定まって取引が行われることを想定することを意味する。生産者は企業家職能を持つ一人の消費者あるいは消費者の集合として解釈されており，この企業家職能の売り手はそれを持っている消費者である。それに対して買い手は生産者（企業）である筈であるが，これは売り手である消費者の集合であるから，この集合が個々人の立場ではなく法人として独自の意思決定を行うと想定すべきであろう。しかしその意思決定の基準は，諸々の生産要素に対する支出に加えて企業家職能に対する支出を生産物の売上収入から控除した利潤の最大化であると考えるのが自然であろう。企業家職能の市場が競争的であるならばその市場で定まる価格を所与とみなしてこの利潤最大化問題を解くことは可能であろうが，企業家職能は一人の生産者（一つの企業）に固有であり，その買い手はこの企業だけと思われ，この企業家職能の市場が競争的であるとは想定しにくい。独占市場であれば競争市場を扱う本章の問題ではなくなる。

　このような理由で本章では企業家職能を財集合に含まれる生産要素として

---

23) Arrow and Debreu (1954), p. 267 の脚注, McKenzie (1959), p. 66 等を参照。

は扱わずに，生産者の生産集合自体と同一視する．形式的には任意の生産者 j に対してその経営に参加する消費者 i の企業家職能が生産者 Y_j の θ_i^j の割合に相当する役割を果たすとみなして以下の議論を展開する．

4.5.2 長期経済のモデル

第 1 章で導入された経済モデル $(\succsim, Y, \Delta, \omega)$ に現れる Y は有限集合上で定義された財空間 $\mathbb{R}^H$ の非空部分集合全体の集合 $\mathscr{P}(\mathbb{R}^H) \setminus \{\emptyset\}$ への関数であり，技術目録と呼ばれた[24]．技術目録はどの生産者がどの技術を持つかを表すが，本節では利用可能な技術を全部集めた集合を $\mathscr{Y}$ で表し，「技術集合」と呼ぶ．これは財空間 $\mathbb{R}^H$ の非空部分集合全体から成る集合 $\mathscr{P}(\mathbb{R}^H) \setminus \{\emptyset\}$ の非空有限部分集合であると仮定する[25]．この段階で長期経済は次のように定義される．

定義 4.5.1. $(\succsim, \mathscr{Y}, \Delta, \omega)$ は，もし
(a) $\succsim$ が，I の任意の元 i に対して $\succsim_i$ が $X(\succsim_i)$ 上の弱順序であるような I から $\mathbb{R}^H$ 上の二項関係全体の集合 $\mathscr{P}(\mathbb{R}^H \times \mathbb{R}^H)$ への関数であり，　　（選好目録）
(b) $\mathscr{Y}$ が $\mathscr{P}(\mathbb{R}^H) \setminus \{\emptyset\}$ の非空有限部分集合であり，　　（技術集合）
(c) Δ が $\mathbb{R}^H$ の原点を頂点とする $\mathbb{R}_-^H$ に含まれる閉凸錐であり，　　（処分技術）
(d) ω が H 上の実数値関数である　　（賦存資源）
ならば，「長期経済」と呼ばれる．

どの技術に対してもそれを模倣して利用できる潜在的な生産者全体の集合が可算無限集合であると想定する[26]．生産者はそれが採用している技術の種類すなわち $\mathscr{Y}$ の元 Y と正整数 n の順序対 (Y, n) で表される．

定義 4.5.2. $J = \mathscr{Y} \times \mathbb{Z}_{++}$ と定義する．

---

[24] 本章でも財集合 H と消費者集合 I は暗黙裡に固定されており，経済を記述するときには省略される．
[25] これが固定されていることは新しい技術の開発の可能性を考えていないという意味で限定された長期の問題を扱っていることになる．
[26] 「可算無限集合」とはその集合と正整数全体の集合の間の全単射が存在することを意味する．これは潜在的な生産者が無限人存在するということを表現する数学的方法である．

J は潜在的に参入可能な生産者全体の集合を表す。短期的には J のある非空有限部分集合 L が参入しており，その期間の間は固定されている。

定義 4.5.3. $(\succsim, \mathscr{Y}, L, \Delta, \omega)$ は，もし $(\succsim, \mathscr{Y}, \Delta, \omega)$ が長期経済であり L が J の非空有限部分集合ならば，「短期経済」と呼ばれる。

ここまでの段階では個々の生産者がどのような組織であるかはまったく不明である。この先の定式化についてはさまざまな可能性があろうが，ここでは J に属するどの生産者 (Y,n) に対してもその生産者（企業）を構成する企業家職能を持つ消費者の集合とそれぞれの消費者が持つ企業家職能の貢献割合が予め定まっているものと想定する。これは J の任意の元 (Y,n) に対して $\sum_{i \in I} \theta_{(Y,n)}(i) = 1$ を満足する I から $\mathbb{R}_+$ への実数値関数 $\theta_{(Y,n)}$ によって与えられ，この関数を用いて次のように長期私有財産経済が定義される。

定義 4.5.4. $(\succsim, \mathscr{Y}, \Delta, \alpha, \theta)$ は，もし
(a) α が J の任意の元 j に対して $\alpha_j = 0 \in \mathbb{R}^H$ を満足する $I \cup J$ から $\mathbb{R}^H$ への関数であり， （賦存資源の初期割当）
(b) θ が J の任意の元 (Y,n) に対して $\theta_{(Y,n)}$ が $\sum_{i \in I} \theta_{(Y,n)}(i) = 1$ を満足する I から $\mathbb{R}_+$ への関数であるような J から $\mathbb{R}_+^I$ への関数であり，
 （企業家職能報酬請求権の初期割当）
(c) $(\succsim, \mathscr{Y}, \Delta, \alpha_{I \cup J})$ が長期経済である
ならば，「長期私有財産経済」と呼ばれる。

長期的には，存在する任意の技術を修得して単独にあるいは他の消費者と共に潜在的な生産者の一員となって参入する可能性がどの消費者にも与えられている[27]。しかし本書では消費者による参入の意思決定の問題までは扱わない。

J は可算無限集合だから，どの消費者 i に対しても i が企業家職能を発揮できる生産者 (Y,n) の数に上限は存在しない。一人の消費者 i が同じ生産技

---

[27] ここではどの消費者も長期にわたって生存できると仮定している。長期が 100 年を超えるような期間を意味するとすればこれは明らかに不自然だから，そのような場合には消費者は一人の個人ではなく長期にわたって継続する家計と解釈することが望ましいかもしれない。本来は世代重複モデルのようなものを考えるべきかもしれないが，ここでは個人の寿命程度の長さの長期を想定する。

術 Y を持つ幾つもの生産者の下で企業家職業を発揮する可能性は認められている。以下で定義される長期私有財産経済の競争均衡においてその数は有限になるが，その数はそれぞれの競争均衡に応じて定まり，予めその上限が存在するわけではない。この点は誤解し易いから注意する必要がある。短期私有財産経済は次のように定義される。

定義 4.5.5. $(\succsim, \mathscr{Y}, L, \Delta, \alpha, \theta)$ は，もし $(\succsim, \mathscr{Y}, \Delta, \alpha, \theta)$ が長期私有財産経済であり L が J の非空有限部分集合ならば，「短期私有財産経済」と呼ばれる。

定義 4.5.5 に現れる L は潜在的に存在する可算無限人の生産者全員の集合 J の非空有限部分集合であり，短期私有財産経済 $(\succsim, \mathscr{Y}, L, \Delta, \alpha, \theta)$ はこの L がある短期に参入して実現するものである。これに対して長期私有財産経済はこのような短期私有財産経済全体の集合の「合併」ともいうべきものであり，長期私有財産経済自体が短期より長い何らかの「長期」という期間で実現する経済を意味するとは考えられていないことに注意する必要がある。

4.5.3 短期競争均衡と長期競争均衡

本項では長期経済 $(\succsim, \mathscr{Y}, \Delta, \omega)$ とそれを誘導する長期私有財産経済 $(\succsim, \mathscr{Y}, \Delta, \alpha, \theta)$ をそれぞれ一つずつ選ぶ。以下では考察される各短期ごとに参入している生産者が異なる可能性があるから長期およびすべての短期に共通な表現方法を採用する。

定義 4.5.6. $(\mathbb{R}^H)^{I \cup J}$ の元 a は「長期経済 $(\succsim, \mathscr{Y}, \Delta, \omega)$ の配分」と呼ばれる。

定義 4.5.7. J の任意の非空有限部分集合 L に対して，長期経済 $(\succsim, \mathscr{Y}, \Delta, \omega)$ の配分 a は，もし $J \setminus L$ に属する任意の生産者 (Y, n) に対して $a_{(Y,n)} = 0$ ならば，「短期経済 $(\succsim, \mathscr{Y}, L, \Delta, \omega)$ の配分」と呼ばれる。

すなわち短期経済 $(\succsim, \mathscr{Y}, L, \Delta, \omega)$ の配分は潜在的生産者を含むすべての経済主体の経済活動の目録であるが，参入していない生産者の活動は財空間の原点であることが要求される。

定義 4.5.8. J の任意の非空有限部分集合 L に対して，短期経済 $(\succsim, \mathscr{Y}, L, \Delta, \omega)$ の配分 a は，もし

(a) I に属する任意の消費者 i に対して a_i が $\succsim_i$-可能消費であり，
(b) L に属する任意の生産者 (Y,n) に対して $a_{(Y,n)}$ が Y-可能生産であり，
(c) $a_{I\cup L} - \omega$ が処分技術 Δ に属する[28)]

ならば，「$(\succsim, \mathscr{Y}, L, \Delta, \omega)$ の実現可能配分」と呼ばれる。$(\succsim, \mathscr{Y}, L, \Delta, \omega)$ の実現可能配分全体の集合は $F(\succsim, \mathscr{Y}, L, \Delta, \omega)$ で表される。

定義 4.5.9. 長期経済 $(\succsim, \mathscr{Y}, \Delta, \omega)$ の配分 a は，もし a が短期経済 $(\succsim, \mathscr{Y}, L, \Delta, \omega)$ の実現可能配分であるような J の非空有限部分集合 L が存在するならば，「$(\succsim, \mathscr{Y}, \Delta, \omega)$ の実現可能配分」と呼ばれる。$(\succsim, \mathscr{Y}, \Delta, \omega)$ の実現可能配分全体の集合は $F(\succsim, \mathscr{Y}, \Delta, \omega)$ で表される。

長期経済の実現可能配分とは何らかの有限人の生産者を含む短期経済の実現可能配分であるような配分を意味する。ここで短期経済の競争均衡と短期私有財産経済の競争均衡を定義する。

定義 4.5.10. J の任意の非空有限部分集合 L に対して，短期経済 $(\succsim, \mathscr{Y}, L, \Delta, \omega)$ の実現可能配分 a と財空間 $\mathbb{R}^H$ に属する価格 p の順序対 (a,p) は，もし
(a) 任意の消費者 i と $p\cdot z \leq p\cdot a_i$ を満足する任意の $\succsim_i$-可能消費 z に対して $a_i \succsim_i z$ となり，
(b) L に属する任意の生産者 (Y,n) と任意の Y-可能生産 z に対して $p\cdot a_{(Y,n)} \leq p\cdot z$ となり，
(c) $p\cdot (a_{I\cup L} - \omega) = 0$ となり，
(d) p が処分技術 Δ の極 Δ^* に属するならば，

短期経済 $(\succsim, \mathscr{Y}, L, \Delta, \omega)$ の「競争均衡」と呼ばれる。また $(\succsim, \mathscr{Y}, L, \Delta, \omega)$ の実現可能配分 a は，もし (a,p) が $(\succsim, \mathscr{Y}, L, \Delta, \omega)$ の競争均衡であるような財空間 $\mathbb{R}^H$ に属する価格 p が存在するならば，「$(\succsim, \mathscr{Y}, L, \Delta, \omega)$ の競争配分」と呼ばれる。

定義 4.5.11. J の任意の非空有限部分集合 L に対して，短期経済 $(\succsim, \mathscr{Y}, L, \Delta, \omega)$ の実現可能配分 a と財空間 $\mathbb{R}^H$ に属する価格 p の順序対 (a,p) は，

---

28) 定義 4.5.7 により $a_{I\cup J} = a_{I\cup L}$ となる。

4.5 長期均衡

もし
(a) 任意の消費者 i に対して (a.1) $p \cdot a_i \leq p \cdot \alpha_i - \sum_{(Y,n) \in L} \theta^i_{(Y,n)} p \cdot a_{(Y,n)}$ となり，(a.2) $p \cdot z \leq p \cdot \alpha_i - \sum_{(Y,n) \in L} \theta^i_{(Y,n)} p \cdot a_{(Y,n)}$ を満足する任意の $\succsim_i$-可能消費 z に対して $a_i \succsim_i z$ となり，
(b) L に属する任意の生産者 (Y, n) と任意の Y-可能生産 z に対して $p \cdot a_{(Y,n)} \leq p \cdot z$ となり，
(c) $p \cdot (a - \alpha)_{I \cup L} = 0$ となり，
(d) p が処分技術 Δ の極 Δ^* に属するならば，
短期私有財産経済 $(\succsim, \mathscr{Y}, L, \Delta, \alpha, \theta)$ の「競争均衡」と呼ばれる．

これらは定義 4.1.1 および 4.1.5 と実質的に同じである．次に定義する長期経済あるいは長期私有財産経済の競争均衡は既存の生産者にとって退出の誘因がなく，また潜在的生産者にとって参入の誘因がなく，したがって生産者数の変化が生じないような競争均衡である．このためには既存の生産者の利潤が零であり潜在的生産者が期待できる利潤が正でないことが必要である．

定義 4.5.12. 長期経済 $(\succsim, \mathscr{Y}, \Delta, \omega)$ の実現可能配分 a と財空間 $\mathbb{R}^H$ に属する価格 p の順序対 (a, p) は，もし
(a) 次の二つの条件：
(a.1) (a, p) が短期経済 $(\succsim, \mathscr{Y}, L, \Delta, \omega)$ の競争均衡であり，
(a.2) L に属する任意の生産者 (Y, n) に対して $p \cdot a_{(Y,n)} \leq 0$ となる，
を満足する J の非空有限部分集合 L が存在し，
(b) $\mathscr{Y}$ の任意の元 Y に対して $\inf p \cdot Y \geq 0$ ならば，
「$(\succsim, \mathscr{Y}, \Delta, \omega)$ の競争均衡」と呼ばれる．また $(\succsim, \mathscr{Y}, \Delta, \omega)$ の実現可能配分 a は，もし (a, p) が $(\succsim, \mathscr{Y}, \Delta, \omega)$ の競争均衡であるような $\mathbb{R}^H$ に属する価格 p が存在するならば，「$(\succsim, \mathscr{Y}, \Delta, \omega)$ の競争配分」と呼ばれる．

定義 4.5.13. 長期経済 $(\succsim, \mathscr{Y}, \Delta, \omega)$ の実現可能配分 a と財空間 $\mathbb{R}^H$ に属する価格 p の順序対 (a, p) は，もし
(a) 次の二つの条件：
(a.1) (a, p) が短期私有財産経済 $(\succsim, \mathscr{Y}, L, \Delta, \alpha, \theta)$ の競争均衡であり，
(a.2) L に属する任意の生産者 (Y, n) に対して $p \cdot a_{(Y,n)} \leq 0$ となる，

を満足する J の非空有限部分集合 L が存在し，
(b) $\mathscr{Y}$ の任意の元 Y に対して $\inf p \cdot Y \geq 0$ ならば，
「長期私有財産経済 $(\succsim, \mathscr{Y}, \Delta, \alpha, \theta)$ の競争均衡」と呼ばれる。

長期（私有財産）経済の競争均衡の条件 (a) は何らかの有限人の生産者が参入している短期私有財産経済の競争均衡であることを意味する。条件 (a.2) により参入しているどの生産者にも損失は発生しておらず，条件 (b) によりその最大利潤は零である。また (b) により参入していないどの潜在的生産者にとっても参入によって価格が変化しないかぎり，正の利潤を獲得できる見込みはないから参入の誘因は存在しない。この意味で長期（私有財産）経済の競争均衡と呼ぶにふさわしいであろう。

しかし参入によって価格が変動して利潤が発生する可能性を考慮していないという意味で長期経済の競争均衡の定義として弱いと考えられるかもしれない。完全競争下では既存の生産者と同様に潜在的生産者についても共同的行動はないと考えられるから，どの潜在的生産者も参入を試みる場合には単独に参入することの効果を考え，したがって価格に影響を及ぼさないと予想するであろう。この意味で上の定義は適切であると言えよう。したがって以下では参入によって価格が変動する可能性は考えない。

4.5.4　長期生産技術と規模に関する収穫不変

長期（私有財産）経済の競争均衡においてはどの生産者が獲得する利潤も零に等しいから，生産物の価値はその生産物の生産に貢献した生産要素に完全に分配し尽くされる。この事実が個々の生産者の技術が規模に関する収穫不変の仮定に依存しないことは確かである。しかし以下に示すように長期においては経済全体の技術は規模に関する収穫不変に服することになるから，完全分配の命題は事実上規模に関する収穫不変の仮定に依存すると考えた方がよい。

定義 4.5.14. 財空間 $\mathbb{R}^H$ の任意の非空部分集合 S に対して，$\sum_{i \in \text{dom } s} s(i) = z$ を満足する非空有限集合から S への関数 s が存在するような $\mathbb{R}^H$ の元 z 全体から成る集合を $T(S)$ で表す。

集合 $T(S)$ は S の元の有限和全体の集合である。$\mathscr{Y}$ に属する任意の生産技

術 Y と $T(Y)$ の任意の元 z を考える。このとき z は生産技術 Y を持つ生産者が有限人活動することによって実現できる純投入である。この場合 z を実現するために必要な生産者の数は z に依存して異なる可能性がある。このような z を全部集めた集合 $T(S)$ は，同じ技術 Y を持つ生産者が何人か参入することによって可能となる生産全体の集合だから，「長期生産集合」と呼びえよう。

定理 4.5.1. 財空間 $\mathbb{R}^H$ の原点を含む任意の凸部分集合 S に対して $T(S)$ は $\mathbb{R}^H$ の原点を頂点とする S を含む凸錐である。

短期生産集合が財空間の閉部分集合であっても次の例が示すように長期生産集合が閉部分集合になるとは限らない。

例 4.5.1. $S = \left\{ z \in \mathbb{R}_+ \times \mathbb{R}_- \mid z^2 \geq -\sqrt{z^1} \right\}$ と定義する。このとき $T(S) = \left\{ z \in \mathbb{R}_+ \times \mathbb{R}_- \mid z^2 = 0 \text{ または } z^1 > 0 \right\}$ となり，S は $\mathbb{R}^2$ の閉部分集合であるが $T(S)$ は閉部分集合ではない。図 4.5.1 を参照。

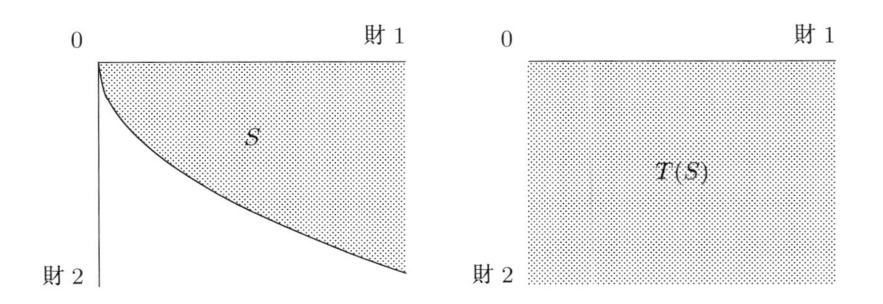

図 4.5.1　閉集合ではない長期生産集合

この例では集合 S を短期生産集合とみなすと，S は全域で特に原点の近傍で狭義の規模に関する収穫逓減に服している。短期生産集合が財空間の閉部分集合であり原点の近傍で規模に関する収穫逓減が生じていないならば長期生産集合も閉部分集合になることが次の定理で示される。

定理 4.5.2. 財空間 $\mathbb{R}^H$ の原点を含む任意の閉凸部分集合 S に対して，もし $0 < \|z\| < \delta$ となる S の任意の元 z に対して $(\delta/\|z\|)z$ が S に属するよう

な z に依存しない正実数 δ が存在するならば,$T(S)$ は $\mathbb{R}^H$ の閉部分集合である.

この定理では原点からの距離がある正実数 δ 未満の短期生産集合 S に属する任意の生産活動 y は原点からの距離が δ に達するまでの範囲で比例的に拡大しても S に属することが仮定されている.これは原点からの距離が δ 未満の範囲内では規模に関する収穫逓減が生じていないことを意味する.

競争均衡の存在証明の多くから知られるように生産集合の閉性は競争均衡の存在を保証する重要な条件の一つである.定理 4.5.2 で与えられた長期生産集合の閉性の十分条件は長期(私有財産)経済の競争均衡の存在を保証するための重要な条件であることを次のように直接見ることも可能である.短期生産集合が定理 4.5.2 の仮定を満足せず例 4.5.1 のように原点の近傍においても狭義凸性を満足すると仮定しよう[29].このとき原点で生産が行われる場合にのみ生産者の最大利潤が零になるから,長期(私有財産)経済の競争均衡では個別の生産者は実質的には経済からの退出を強いられて自明でない競争均衡は存在しない.ゆえに興味深い競争均衡を考えるためには短期生産技術が原点の近傍で狭義の規模に関する収穫逓減に服することを排除する必要があろう.

4.5.5 疑似長期経済の競争均衡

ここでは定義 4.5.1 や定義 4.5.4 と異なる疑似長期経済および疑似長期私有財産経済の概念を考える.これは長期の生産技術が規模に関する収穫不変に服さなければならないという条件を考慮して生産に関する部分を簡略化したモデルである.本章の本節以前で考察して来た経済モデルにおいては生産者が複数存在するという仮定は特別に一般的ではなくすべての生産者の生産集合の和で定義される集計的生産集合を持つ唯一の生産者から成る経済を考えても構わない[30].このように考えて以下のような定義を用いる.

---

29) 集合の狭義凸性の定義については,数学付録の定義 A.5.11 を参照.
30) 消費者はこのようには扱えず,また本書で扱わない生産における外部性が存在するような経済においても集計的生産集合を持つ生産者は想定できない.

4.5 長期均衡

定義 4.5.15. $(\succsim, Y, \Delta, \omega)$ は，もし
(a) $\succsim$ が，I の任意の元 i に対して $\succsim_i$ が $X(\succsim_i)$ 上の弱順序であるような I から $\mathbb{R}^H$ 上の二項関係全体の集合 $\mathscr{P}(\mathbb{R}^H \times \mathbb{R}^H)$ への関数であり，　　（選好目録）
(b) Y が $\mathbb{R}^H$ の原点を頂点とする錐であり，　　（長期集計的生産技術）
(c) Δ が財空間 $\mathbb{R}^H$ の原点を頂点とする財空間の非正象限 $\mathbb{R}^H_-$ に含まれる閉凸錐であり，　　（処分技術）
(d) ω が H 上の実数値関数である　　（賦存資源）
ならば，「疑似長期経済」と呼ばれる。

定義 4.5.16. $(\succsim, Y, \Delta, \alpha)$ は，もし α が I から財空間 $\mathbb{R}^H$ への関数であり $(\succsim, Y, \Delta, \alpha_I)$ が疑似長期経済であるならば，「疑似長期私有財産経済」と呼ばれる[31]。

　疑似長期私有財産経済においては規模に関する収穫不変の集計的生産技術をもつ唯一の生産者の最大利潤は常に零となるから消費者の間での利潤に対する請求権（あるいは企業家職能に対する報酬請求権）の初期割当を考える必要がなく θ を定義に含めない。疑似長期経済の配分と実現可能配分は次のように定義される。

定義 4.5.17. $(\mathbb{R}^H)^I \times \mathbb{R}^H$ の元 (x, y) は「疑似長期経済 $(\succsim, Y, \Delta, \omega)$ の配分」と呼ばれる。

定義 4.5.18. 疑似長期経済 $(\succsim, Y, \Delta, \omega)$ の配分 (x, y) は，もし
(a) I に属する任意の消費者 i に対して x_i が $\succsim_i$-可能消費であり，
(b) y が Y-可能生産であり，
(c) $x_I + y - \omega$ が処分技術 Δ に属する
ならば，「$(\succsim, Y, \Delta, \omega)$ の実現可能配分」と呼ばれる。$(\succsim, Y, \Delta, \omega)$ の実現可能配分全体の集合は $F(\succsim, Y, \Delta, \omega)$ で表される。

　疑似長期私有財産経済の競争均衡は次のように定義される。

---

31) ここでは α の定義域に生産者を含めていないが，これまでも任意の生産者 j に対して $\alpha_j = 0$ が仮定されていたから実質的な変化はない。

定義 4.5.19. 疑似長期私有財産経済 $(\succsim, Y, \Delta, \alpha)$ が与えられたとき，疑似長期経済 $(\succsim, Y, \Delta, \alpha_I)$ の実現可能配分 (x, y) と財空間 $\mathbb{R}^H$ に属する価格 p の順序対 $((x, y), p)$ は，もし
(a) 任意の消費者 i に対して (a.1) $p \cdot x_i \leq p \cdot \alpha_i$ となり，(a.2) $p \cdot z \leq p \cdot \alpha_i$ を満足する任意の $\succsim_i$-可能消費 z に対して $x_i \succsim_i z$ となり，
(b) 任意の Y-可能生産 z に対して $p \cdot y \leq p \cdot z$ となり，
(c) $p \cdot (x_I + y - \alpha_I) = 0$ となり，
(d) p が処分技術 Δ の極 Δ^* に属するならば，
「$(\succsim, Y, \Delta, \alpha)$ の競争均衡」と呼ばれる。

　この均衡概念には生産者の数は現れず参入・退出の現象は背後に隠されている。集計的生産集合 Y は原点を頂点とする錐だから，上の条件 (b) により唯一の生産者の最大利潤は零に等しく消費者の予算に利潤からの配当所得は含まれない。McKenzie (1959) は Walras の経済モデルを定式化するに当たりこのような競争均衡を考えたから「Mckenzie-Walras 均衡」と呼びえよう[32]。
　長期私有財産経済の競争均衡と疑似長期私有財産経済の競争均衡の間には次のような対応関係がある。

定理 4.5.3. (a) 任意の疑似長期私有財産経済 $(\succsim, Y, \Delta, \alpha)$ と $\sum_{i \in I} \theta^i = 1$ を満足する I から $\mathbb{R}_+$ への任意の関数 θ に対して，$(\succsim, Y, \Delta, \alpha)$ の任意の競争均衡は長期私有財産経済 $(\succsim, \{Y\}, \Delta, \alpha, \theta)$ の競争均衡であり[33]，
(b) 任意の長期私有財産経済 $(\succsim, \mathscr{Y}, \Delta, \alpha, \theta)$，$J$ の任意の非空有限部分集合 L および $(\succsim, \mathscr{Y}, \Delta, \alpha, \theta)$ の任意の競争均衡 (a, p) に対して，もし (a, p) が短期私有財産経済 $(\succsim, \mathscr{Y}, L, \Delta, \alpha, \theta)$ の競争均衡ならば，$((a|_I, a_L), p)$ は疑似長期私有財産経済 $(\succsim, T(\bigcup \mathscr{Y}(L)), \Delta, \alpha)$ の競争均衡である[34]。ただし $\mathscr{Y}(L) = \{Y \mid (Y, n) \in L$ となる正整数 n が存在する$\}$ と定義する。

---

[32] McKenzie は最大利潤が零に等しい理由として参入・退出の誘因がない長期経済の競争均衡ならびに企業家職能を一つの生産要素とみなすことによって正当化される規模に関する収穫不変が成立する短期経済の競争均衡の双方を考えている。
[33] この長期私有財産経済においては唯一の生産技術 Y が利用可能である。
[34] ここで $a|_I$ は $I \cup J$ から $\mathbb{R}^H$ への関数 a の I への制限を表し，a_L は第 1 章の脚注 13) に基づき $\sum_{j \in L} a_j$ を表す。

4.5.6 長期経済の Pareto 効率的配分

短期経済の Pareto 効率的配分は次のように定義される。

定義 4.5.20. 短期経済 $(\succsim, \mathscr{Y}, L, \Delta, \omega)$ の実現可能配分 a は，もし
(a) 任意の消費者 i に対して $\tilde{a}_i \succsim_i a_i$ となり，
(b) $\tilde{a}_i \succ_i a_i$ となる消費者 i が存在するような
$(\succsim, \mathscr{Y}, L, \Delta, \omega)$ の実現可能配分 $\tilde{a}$ が存在しないならば，「$(\succsim, \mathscr{Y}, L, \Delta, \omega)$ の Pareto 効率的配分」と呼ばれる。

他方，長期経済の Pareto 効率的配分は次のように定義される。

定義 4.5.21. 長期経済 $(\succsim, \mathscr{Y}, \Delta, \omega)$ の実現可能配分 a は，もし
(a) 任意の消費者 i に対して $\tilde{a}_i \succsim_i a_i$ となり，
(b) $\tilde{a}_k \succ_k a_k$ となる消費者 k が存在するような
$(\succsim, \mathscr{Y}, \Delta, \omega)$ の実現可能配分 $\tilde{a}$ が存在しないならば，「$(\succsim, \mathscr{Y}, \Delta, \omega)$ の Pareto 効率的配分」と呼ばれる。

定理 4.5.4. 任意の長期経済 $(\succsim, \mathscr{Y}, \Delta, \omega)$，$(\succsim, \mathscr{Y}, \Delta, \omega)$ の任意の Pareto 効率的配分 a および a が $(\succsim, \mathscr{Y}, L, \Delta, \omega)$ の実現可能配分となるような J の任意の非空有限部分集合 L に対して，a は $(\succsim, \mathscr{Y}, L, \Delta, \omega)$ の Pareto 効率的配分である。

定理 4.5.4 によれば，長期経済の任意の Pareto 効率的配分はそれを実現可能配分として持つ任意の短期経済の Pareto 効率的配分であるが，短期経済の実現可能配分集合は一般に長期経済の実現可能配分集合の真部分集合だから，短期経済の Pareto 効率的配分が長期経済の Pareto 効率的配分であることは必ずしも期待できない。4.2 節の定理 4.2.1 で短期経済の競争配分が Pareto 効率的配分であることは見た。次の定理で主張されているように長期経済の競争配分も Pareto 効率的である。

定理 4.5.5. (i) 任意の消費者 i に対して $\succsim_i$ が局所非飽和であり，(ii) $\mathscr{Y}$ に属する任意の生産技術 Y が $\mathbb{R}^H$ の原点を含むような任意の長期経済 $(\succsim, \mathscr{Y}, \Delta, \omega)$ に対して，$(\succsim, \mathscr{Y}, \Delta, \omega)$ の任意の競争配分は $(\succsim, \mathscr{Y}, \Delta, \omega)$ の Pareto 効率的配分である。

4.6 証 明

命題 4.1.1 の証明. (i) $p\cdot(a_{I\cup J}-\omega)=0$ となり，(ii) p が Δ^* に属するような $\mathscr{E}$ の任意の実現可能配分 a と Δ^* に属する任意の価格 p を選び $z=a_{I\cup J}-\omega$ と定義する。$(z^k-\varepsilon,z^{-k})$ が Δ に属するような正実数 ε と $p^k<0$ となる財 k が存在すれば，仮定 (ii) により p は Δ^* に属するから仮定 (i) により $0\geq p\cdot(z^k-\varepsilon,z^{-k})=-\varepsilon p^k>0$ となり不合理であり，ある正実数 ε に対して $(z^k-\varepsilon,z^{-k})$ が Δ に属するような任意の財 k に対して p^k は非負である。同様に，ある正実数 ε に対して $(z^k+\varepsilon,z^{-k})$ が Δ に属するような任意の財 k に対して p^k は非正であり，命題 4.1.1 の証明が完了する。∎

定理 4.2.1 の証明. 任意の消費者 i に対して $\succsim_i$ が局所非飽和であり，$\mathscr{E}$ の Pareto 効率的配分でない競争配分 a が存在すると仮定する。このとき
(a) 任意の消費者 i と $p\cdot z\leq p\cdot a_i$ を満足する任意の $\succsim_i$-可能消費 z に対して $a_i\succsim_i z$ となり，
(b) 任意の生産者 j と任意の Y_j-可能生産 z に対して $p\cdot a_j\leq p\cdot z$ となり，
(c) $p\cdot(a_{I\cup J}-\omega)=0$ となり，
(d) p が Δ^* に属するような
価格 p が財空間 $\mathbb{R}^H$ の中に存在し，a は Pareto 効率的配分ではないから，
(e) 任意の消費者 i に対して $\tilde{a}_i\succsim_i a_i$ となり，
(f) $\tilde{a}_k\succ_k a_k$ となる消費者 k が存在するような
経済 $\mathscr{E}$ の実現可能配分 $\tilde{a}$ が存在する。

$p\cdot\tilde{a}_i<p\cdot a_i$ となる消費者 i が存在すると仮定する。このとき $\|z-\tilde{a}_i\|<\varepsilon^*$ を満足する $\mathbb{R}^H$ の任意の元 z に対して $p\cdot z<p\cdot a_i$ となるような z に依存しない正実数 ε^* が存在する[35]。局所非飽和性により $z\succ_i \tilde{a}_i$ かつ $\|z-\tilde{a}_i\|<\varepsilon^*$ となるような $\succsim_i$-可能消費 z が存在するから $p\cdot z<p\cdot a_i$ となるが，$z\succ_i \tilde{a}_i$ だから (a) により $p\cdot z>p\cdot a_i$ となって不合理であり次の主張 1 が成立する。

---

[35] これは図 4.6.1 から直観的に容易に理解できるであろう。厳密な証明は練習問題とする。

主張 1. 任意の消費者 i に対して $p \cdot \tilde{a}_i \geq p \cdot a_i$ となる。

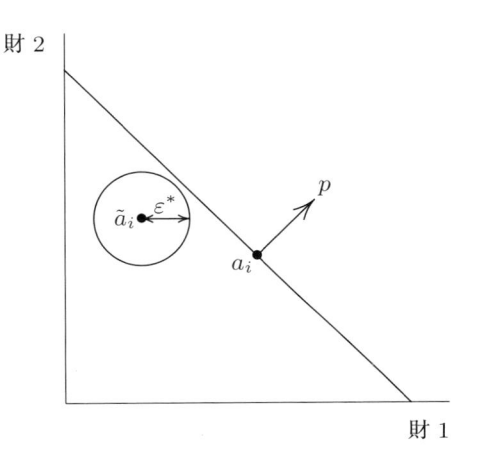

図 4.6.1 ε^* の存在

(b) から次の主張 2 が導かれる。

主張 2. 任意の生産者 j に対して $p \cdot a_j \leq p \cdot \tilde{a}_j$ となる。

$\tilde{a}$ の実現可能性，(c) および主張 1 と 2 から次の主張 3 が導かれる。

主張 3. $\sum_{i \in I}(p \cdot a_i - p \cdot \tilde{a}_i) = \sum_{j \in J}(p \cdot \tilde{a}_j - p \cdot a_j) = 0$ となる。

主張 1 と 3 から次の主張 4 が導かれる。

主張 4. 任意の消費者 i に対して $p \cdot a_i = p \cdot \tilde{a}_i$ となる。

(f) により $\tilde{a}_k \succ_k a_k$ だから (a) により $p \cdot \tilde{a}_k > p \cdot a_k$ となって主張 4 と矛盾し，定理 4.2.1 の証明が完了する。■

定理 4.2.2 の証明は定理 4.2.1 よりはるかに簡単だから省略する。

命題 4.2.1 の証明． (i) 任意の消費者 i に対して (i-1) $X(\succsim_i)$ が凸であり，(i-2) $\succsim_i$ が連続かつ凸であり，(ii) $\sum_{j \in J} Y_j$ が凸であると仮定し，少なくとも一人の消費者 k に対して $\succsim_k$ が $\hat{a}_k$ において非飽和であるような $\mathscr{E}$ の任意の

Pareto 効率的配分 $\hat{a}$ を選び,

$$G = \sum_{i \in I} U_{\succsim_i}(\hat{a}_i) + \left(\sum_{j \in J} Y_j\right),$$

$$G^0 = U^0_{\succsim_k}(\hat{a}_k) + \sum_{i \in I \setminus \{k\}} U_{\succsim_i}(\hat{a}_i) + \left(\sum_{j \in J} Y_j\right)$$

と定義する[36]。

$U_{\succsim_k}(\hat{a}_k)$ に属する任意の消費 z を選ぶ。$z \succ_k \hat{a}_k$ ならば $z \in U^0_{\succsim_k}(\hat{a}_k) \subset \mathrm{cl}\, U^0_{\succsim_k}(\hat{a}_k)$ だから $\hat{a}_k \succsim_k z$ と仮定する。仮定 (ii) により $\tilde{z} \succ_k \hat{a}_k$ を満足する $\succsim_k$-可能消費 $\tilde{z}$ が存在し $\tilde{z} \succ_k z$ となる。$]0,1[$ に属する任意の実数 t に対して $c(t) = (1-t)z + t\tilde{z}$ と定義する。仮定 (i-1) と (i-2) により $]0,1[$ に属する任意の実数 t に対して $c(t)$ は $\succsim_k$-可能消費であり $c(t) \succ_k z \sim_k \hat{a}_k$ だから $c(t)$ は $U^0_{\succsim_k}(\hat{a}_k)$ に属し,ゆえに z は $\mathrm{cl}\, U^0_{\succsim_k}(\hat{a}_k)$ に属し,次の主張 1 が成立する。

主張 1. $U_{\succsim_k}(\hat{a}_k)$ は $\mathrm{cl}\, U^0_{\succsim_k}(\hat{a}_k)$ に含まれる[37]。

第 1 章の命題 1.3.2 の (a) と (b) から次の主張 2 が導かれる。

主張 2. 各消費者 i に対して $U_{\succsim_i}(\hat{a}_i)$ は凸であり $U^0_{\succsim_k}(\hat{a}_k)$ も凸である。

主張 2 により G^0 は凸であり[38],$\hat{a}$ は Pareto 効率的配分だから $G^0 \cap (\Delta + \{\omega\})$ は空集合であり,ゆえに次の主張 3 が成立する[39]。

主張 3. $\mathrm{cl}\, G^0 \times (\Delta + \{\omega\})$ の任意の元 (b, c) に対して $p \cdot b \geq p \cdot c$ となるような (b, c) に依存しない $\mathbb{R}^H \setminus \{0\}$ の元 p が存在する。

主張 1 により $G \subset \mathrm{cl}\, U^0_{\succsim_k}(\hat{a}_k) + \left(\sum_{i \in I \setminus \{k\}} U_{\succsim_i}(\hat{a}_i)\right) + \left(\sum_{j \in J} Y_j\right) \subset \mathrm{cl}\, G^0$ だから[40],主張 3 から次の主張 4 が導かれる。

---

[36] $U_{\succsim_i}(\hat{a}_i)$ は $\hat{a}_i$ の $\succsim_i$-上方集合であり,$U^0_{\succsim_k}(\hat{a}_k)$ は $\hat{a}_k$ の $\succsim_k$-狭義上方集合である。第 3 章の定義 1.3.2 を参照。

[37] $\mathrm{cl}\, U^0_{\succsim_k}(\hat{a}_k)$ は集合 $U^0_{\succsim_k}(\hat{a}_k)$ の閉包を表す。閉包の定義については数学付録の定義 A.3.10 を参照。

[38] 数学付録の定理 A.5.11 を参照。

[39] 数学付録の定理 A.5.13 を参照。

[40] 数学付録の定理 A.5.12 を参照。

4.6 証明

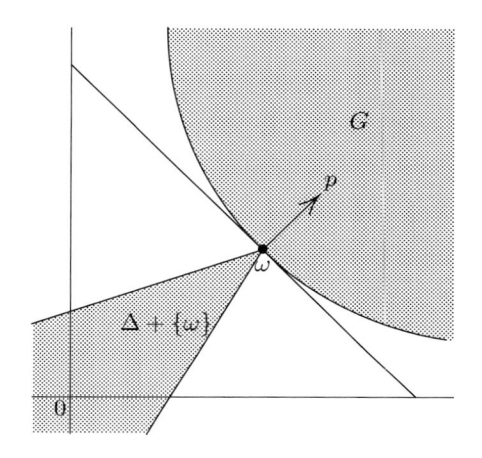

図 **4.6.2** 主張 3 と 4 の証明

主張 4. $G \times (\Delta + \{\omega\})$ の任意の元 (b, c) に対して $p \cdot b \geq p \cdot c$ となり，特に G の任意の元 b に対して $p \cdot \omega \leq p \cdot b$ となる。

$\hat{z} = \hat{a}_{I \cup J} - \omega$ と定義する。$\hat{a}$ は実現可能だから $\hat{z}$ は Δ に属し，Δ は $\mathbb{R}^H$ の原点を頂点とする錐だから $2\hat{z} + \omega$ は $\Delta + \{\omega\}$ に属する。$\hat{a}_{I \cup J}$ は G に属するから主張 4 により $p \cdot \hat{z} = p \cdot (\hat{a}_{I \cup J} - \omega) \geq 2p \cdot \hat{z}$ すなわち $p \cdot \hat{z} \leq 0$ となる。$\hat{z} + \omega$ は G に属するから主張 4 により $p \cdot \hat{z} \geq 0$ したがって $p \cdot \hat{z} = 0$ となる。$\hat{a}_{I \cup J}$ は G に属するから，主張 4 により Δ の任意の元 z に対して $p \cdot z \leq p \cdot (\hat{a}_{I \cup J} - \omega) = 0$ となり，p は Δ^* に属し，次の主張 5 が導かれる。

主張 5. $p \cdot (\hat{a}_{I \cup J} - \omega) = 0$ となり p は Δ^* に属する。

任意の消費者 i と $z \succsim_i \hat{a}_i$ を満足する任意の $\succsim_i$-可能消費 z に対して $z + \hat{a}_{(I \cup J) \setminus \{i\}}$ は G に属するから主張 4 と 5 により $p \cdot (z + \hat{a}_{(I \cup J) \setminus \{i\}}) \geq p \cdot \omega = p \cdot \hat{a}_{I \cup J}$ すなわち $p \cdot z \geq p \cdot \hat{a}_i$ となり，次の主張 6 の (a) また同様に (b) が成立する。

主張 6. (a) 任意の消費者 i と $z \succsim_i \hat{a}_i$ を満足する任意の $\succsim_i$-可能消費 z に対して $p \cdot \hat{a}_i \leq p \cdot z$ となり，(b) 任意の生産者 j と任意の Y_j-可能生産 z に対して $p \cdot \hat{a}_j \leq p \cdot z$ となる。

主張 3，5 および 6 により命題 4.2.1 の証明が完了する。　■

定理 4.2.3 の証明．(i) 任意の消費者 i に対して，(i-1) $X(\succsim_i)$ が凸であり，(i-2) $\succsim_i$ が連続かつ凸であり，(ii) $\sum_{j \in J} Y_j$ が凸であると仮定し，任意の消費者 i に対して $\succsim_i$ が $\hat{a}_i$ において飽和しているか，あるいは任意の消費者 i に対して $\hat{a}_i$ が int $X(\succsim_i)$ に属するような $\mathscr{E}$ の任意の Pareto 効率的配分 $\hat{a}$ を選ぶ。すべての消費者 i に対して $\succsim_i$ が $\hat{a}_i$ において飽和しているならば $\hat{a}$ は競争価格 $p = 0$ を伴う競争配分だから，少なくとも一人の消費者 k に対して $\succsim_k$ が $\hat{a}_k$ において非飽和であると仮定する。このとき命題 4.2.1 により $\hat{a}$ は経済 $\mathscr{E}$ の補償配分だから，

(a) 任意の消費者 i と $z \succsim_i \hat{a}_i$ を満足する任意の $\succsim_i$-可能消費 z に対して $p \cdot z \geq p \cdot \hat{a}_i$ となり，

(b) 任意の生産者 j と任意の Y_j-可能生産 z に対して $p \cdot \hat{a}_j \leq p \cdot z$ となり，

(c) $p \cdot (\hat{a}_{I \cup J} - \omega) = 0$ となり，

(d) p が Δ^* に属し，

(e) $p \neq 0$ となるような

$\mathbb{R}^H$ に属する価格 p が存在する。次の主張を証明すればよい。

主張． 任意の消費者 i と $p \cdot z \leq p \cdot \hat{a}_i$ を満足する任意の $\succsim_i$-可能消費 z に対して $\hat{a}_i \succsim_i z$ となる。

主張の証明． 任意の消費者 i と $p \cdot z \leq p \cdot \hat{a}_i$ を満足する任意の $\succsim_i$-可能消費 z を選ぶ。$p \cdot z < p \cdot \hat{a}_i$ ならば (a) により $\hat{a}_i \succ_i z$ だから $p \cdot z = p \cdot \hat{a}_i$ の場合だけを考えれば十分である。(e) により $p \neq 0$ であり，仮定により $\hat{a}_i$ は int $X(\succsim_i)$ に属するから $p \cdot \tilde{z} < p \cdot \hat{a}_i$ を満足する $\succsim_i$-可能消費 $\tilde{z}$ が存在する。$]0, 1[$ に属する任意の実数 t に対して，$c(t) = (1 - t)z + t\tilde{z}$ と定義する。$]0, 1[$ に属する任意の実数 t に対して $p \cdot c(t) < p \cdot \hat{a}_i$ だから (a) により $\hat{a}_i \succ_i c(t)$ したがって $\hat{a}_i \succsim_i c(t)$ となる。仮定 (i-2) により $\succsim_i$ は下半連続だから $\hat{a}_i \succsim_i z$ となり主張が成立して，定理 4.2.3 の証明が完了する。　■

命題 4.3.1 の証明．(i) 任意の消費者 i に対して (i-1) $X(\succsim_i)$ が α_i を含む $\mathbb{R}^H$ の下方有界な閉凸部分集合であり，(i-2) $\succsim_i$ が連続，非飽和，凸であり，(ii) 任意の生産者 j に対して Y_j が $\mathbb{R}^H$ の原点を含む閉凸部分集合であり，

4.6 証明

(iii) Y が無料生産の不可能性と集計的生産過程の非可逆性を満足し，
(iv) $\Delta = \mathbb{R}^{H_D}_- \times \{0\}^{H \setminus H_D}$ となるような H の部分集合 H_D が存在する
と仮定する．仮定 (i-1), (ii), (iii) および第 1 章の定理 1.8.1 により $F(\mathscr{E})$ は
非空凸コンパクトだから，次の主張 1 が成立する．

主張 1. $(F(\mathscr{E}) \cup \{0\}) \subset (\text{int } K)^{I \cup J}$ を満足する $\mathbb{R}^H$ のコンパクト凸部分集合 K が存在する．

$$P = \{p \in \Delta^* \mid \|p\| \leq 1\}$$

と定義する．P は $\mathbb{R}^H$ の原点を含み，Δ^* は $\mathbb{R}^H$ の閉凸部分集合だから[41]，次の主張 2 が成立する．

主張 2. P は $\mathbb{R}^H$ の非空コンパクト凸部分集合である．

任意の生産者 j に対して

$$\hat{Y}_j = Y_j \cap K$$

さらに P に属する任意の価格 p に対して

$$S_j(p) = \underset{z \in \hat{Y}_j}{\arg \min} \, p \cdot z \quad \text{また} \quad \pi_j(p) = -p \cdot S_j(p)$$

と定義する．

主張 3. 任意の生産者 j に対して，(a) S_j は P から K への凸値閉対応であり[42]，(b) π_j は P から $\mathbb{R}_+$ への連続関数である．

主張 3 の証明. 任意の生産者 j を選ぶ．仮定 (ii) により $\hat{Y}_j$ は $\mathbb{R}^H$ の非空コンパクト凸部分集合である．P に属する任意の価格 p に対して $\bar{Y}_j(p) = \hat{Y}_j$ と定義する．$\bar{Y}_j$ は P から K へのコンパクト値連続対応だから[43]，S_j は P から K へのコンパクト値上半連続対応であり π_j は P 上の連続な実数値関数である[44]．K はコンパクト距離空間だから S_j は P から K への閉対応であ

---

[41] 数学付録の命題 A.5.6 を参照．
[42] 関係あるいは対応の閉性の定義については，数学付録の定義 A.4.9 を参照．
[43] 関係あるいは対応の連続性の定義については数学付録の定義 A.4.4 を参照．
[44] 数学付録の定理 A.4.5 を参照．

り[45]，Y_j が凸だから S_j は凸値であり，$\hat{Y}_j$ が原点を含むから π_j は非負値であり，主張 3 が成立する。

任意の消費者 i に対して

$$\hat{X}_i = X(\succsim_i) \cap K,$$

さらに P に属する任意の価格 p に対して

$$B_i(p) = \left\{ z \in \hat{X}_i \;\middle|\; p \cdot (z - \alpha_i) \leq (1 - \|p\|) + \sum_{j \in J} \theta_j^i \pi_j(p) \right\},$$

$$B_i^0(p) = \left\{ z \in \hat{X}_i \;\middle|\; p \cdot (z - \alpha_i) < (1 - \|p\|) + \sum_{j \in J} \theta_j^i \pi_j(p) \right\},$$

$$D_i^0(p) = \left\{ z \in B_i(p) \;\middle|\; B_i^0(p) \cap U_{\succsim_i}^0(z) = \emptyset \right\}$$

と定義する。

主張 4. 任意の消費者 i に対して D_i^0 は P から K への凸値閉対応である。

主張 4 の証明. 任意の消費者 i を選ぶ。

主張 4.1. D_i^0 は P から K への閉対応である。

主張 4.1 の証明. 任意の正整数 ν に対して z^ν が $D_i^0(p^\nu)$ に属するような $P \times K$ の中の任意の収束点列 $((p^\nu, z^\nu))$ を選ぶ。このとき $p = \lim_{\nu \to \infty} p^\nu$ かつ $z = \lim_{\nu \to \infty} z^\nu$ となるような $P \times K$ の元 (p, z) が存在する。

任意の正整数 ν に対して $z^\nu \in \hat{X}_i = X(\succsim_i) \cap K$ かつ $p^\nu \cdot (z^\nu - \alpha_i) \leq (1 - \|p^\nu\|) + \sum_{j \in N} \theta_j^i \pi_j(p^\nu)$ であり仮定 (i-1) により $\hat{X}_i$ は $\mathbb{R}^H$ の閉部分集合だから z は $\hat{X}_i$ に属し，主張 3 により任意の生産者 j に対して π_j は連続だから $p \cdot (z - \alpha_i) \leq (1 - \|p\|) + \sum_{j \in N} \theta_j^i \pi_j(p)$ となり，次の主張 4.1.1 が成立する。

主張 4.1.1. z は $B_i(p)$ に属する。

---

45) 数学付録の定理 A.4.3 を参照。

z が $D_i^0(p)$ に属さないと仮定する。このとき $\tilde{z} \succ_i z$ となる消費 $\tilde{z}$ が $B_i^0(p)$ の中に存在する。$\hat{z} = (1/2)(\tilde{z}+z)$ と定義する。仮定 (i-1) と主張 1 により $\hat{X}_i$ は凸だから $\hat{z}$ は $\hat{X}_i$ に属し、主張 4.1.1 により $p \cdot (z-\alpha_i) \leq (1-\|p\|) + \sum_{j \in J} \theta_j^i \pi_j(p)$ となる。$\tilde{z}$ は $B_i^0(p)$ に属するから $p \cdot (\tilde{z}-\alpha_i) < (1-\|p\|) + \sum_{j \in J} \theta_j^i \pi_j(p)$ したがって $p \cdot (\hat{z}-\alpha_i) < (1-\|p\|) + \sum_{j \in J} \theta_j^i \pi_j(p)$ となる。ゆえに $\tilde{\nu}$ 以上の任意の整数 ν に対して $p^\nu \cdot (\hat{z}-\alpha_i) < (1-\|p^\nu\|) + \sum_{j \in N} \theta_j^i \pi_j(p^\nu)$ となる正整数 $\tilde{\nu}$ が存在する。

他方、仮定 (i-2) により $\succsim_i$ は凸だから $\hat{z} \succ_i z$ となる。仮定 (i-2) により $\succsim_i$ は連続だから $\bar{\nu}$ 以上の任意の整数 ν に対して $\hat{z} \succ_i z^\nu$ となる正整数 $\bar{\nu}$ が存在する。$\nu = \max\{\tilde{\nu}, \bar{\nu}\}$ と定義する。このとき $\hat{z}$ は $B_i^0(p) \cap U_{\succsim_i}^0(z^\nu)$ に属するから z^ν は $D_i^0(p^\nu)$ に属さず不合理であり、次の主張 4.1.2 が成立する。

主張 4.1.2. z は $D_i^0(p)$ に属する。

主張 4.1.2 により D_i^0 は $P \times K$ の閉部分集合だから D_i^0 は P から K への閉対応であり[46]、主張 4.1 が成立する。

主張 4.2. P に属する任意の価格 p に対して $D_i^0(p)$ は凸である。

主張 4.2 の証明. P に属する任意の価格 p、$D_i^0(p)$ に属する任意の二つの消費 z と $\tilde{z}$ および $]0,1[$ に属する任意の実数 t を選び $\hat{z} = (1-t)z + t\tilde{z}$ と定義する。一般性を失わずに $\tilde{z} \succsim_i z$ と仮定できる。仮定 (i-2) により $\succsim_i$ は上半連続かつ凸だから $\succsim_i$ は弱凸であり[47]、したがって $\hat{z} \succsim_i z$ となる。仮定 (i-1) により $X(\succsim_i)$ は凸だから $\hat{X}_i$ も凸であり、ゆえに $B_i(p)$ は凸であり $\hat{z}$ は $B_i(p)$ に属する。z は $D_i^0(p)$ に属するから、$B_i^0(p)$ に属する任意の消費 $\bar{z}$ に対して $\hat{z} \succsim_i z \succsim_i \bar{z}$ したがって $\hat{z}$ は $D_i^0(p)$ に属し、主張 4.2 が成立する。主張 4.1 と 4.2 から主張 4 が導かれる。

$$\Omega = \{a \in AS \mid a_{I \cup J} \in \Delta\}$$

---

46) 数学付録の命題 A.4.5 を参照。
47) 第 1 章の命題 1.3.2 の (b) を参照。

さらに P に属する任意の価格 p に対して

$$\sigma(p) = \underset{a \in K^{I \cup J} \cap \Omega}{\arg\max} \; p \cdot a_{I \cup J}$$

と定義する。

主張 5. σ は P から $K^{I \cup J}$ への凸値閉対応である。

主張 5 の証明. 凸値性は容易に確認できる。Ω は AS の非空閉凸部分集合だから $K^{I \cup J} \cap \Omega$ は $K^{I \cup J}$ の非空凸コンパクト部分集合である。P に属する任意の価格 p に対して $\hat{K}(p) = K^{I \cup J} \cap \Omega$ と定義する。$\hat{K}$ は P から $K^{I \cup J}$ へのコンパクト凸値連続対応だから σ は P から $K^{I \cup J}$ へのコンパクト値上半連続対応である[48]。$K^{I \cup J}$ はコンパクト距離空間だから σ は P から $K^{I \cup J}$ への閉対応であり[49]，主張 5 が成立する。

$K^{I \cup J} \times K^{I \cup J}$ の任意の元 (a, c) に対して

$$\mu(a, c) = \underset{p \in P}{\arg\min} \; p \cdot (c + \alpha - a)_{I \cup J}$$

と定義する。主張 5 と同様に次の主張 6 が導かれる。

主張 6. μ は $K^{I \cup J} \times K^{I \cup J}$ から P への凸値閉対応である。

P に属する任意の価格 p に対して

$$\lambda(p) = \begin{cases} \left\{ \dfrac{1}{\|p\|} p \right\} & \text{if } \; p \neq 0, \\ P & \text{otherwise} \end{cases}$$

と定義する。

主張 7. λ は P からそれ自体への凸値閉対応である。

主張 7 の証明. 凸値性は容易に確認できる。$P \times P$ のある元 (p, q) に収束する λ のグラフの中の任意の点列 $((p^\nu, q^\nu))$ を選ぶ。もし $p = 0$ ならば $q \in P = \lambda(p)$

---

[48] 数学付録の定理 A.4.5 を参照。
[49] 数学付録の定理 A.4.3 を参照。

となる。もし $p \neq 0$ ならば $\bar{\nu}$ 以上の任意の整数 ν に対して $p^\nu \neq 0$ となる正整数 $\bar{\nu}$ が存在し，$\bar{\nu}$ 以上の任意の整数 ν に対して $q^\nu = (1/\|p^\nu\|)p^\nu$ だから，$q = (1/\|p\|)p \in \lambda(p)$ となる。

したがって λ のグラフは $P \times P$ の閉部分集合であり，λ は P からそれ自体への閉対応であり[50]，主張7が成立する。

P に属する任意の価格 p と任意の経済主体 k に対して

$$E_k(p) = \begin{cases} D_k^0(p) & \text{if } k \in I, \\ S_k(p) & \text{if } k \in J \end{cases}$$

さらに

$$C(p) = \prod_{k \in I \cup J} E_k(p)$$

と定義する。$P \times P \times K^{I \cup J} \times K^{I \cup J}$ の任意の元 (p, q, a, c) に対して

$$\Phi(p, q, a, c) = \lambda(q) \times \mu(a, c) \times C(p) \times \sigma(p)$$

と定義する。

主張 8. Φ は $P \times P \times K^{I \cup J} \times K^{I \cup J}$ からそれ自体への凸値閉対応である。

主張 8 の証明. 凸値性は容易に確認できる。P と K はコンパクト距離空間だから，主張3から7により λ, μ および σ はコンパクト値上半連続対応であり，任意の経済主体 k に対して E_k はコンパクト値上半連続対応である。したがって Φ は $P \times P \times K^{I \cup J} \times K^{I \cup J}$ からそれ自体へのコンパクト値上半連続対応であり[51]，$P \times P \times K^{I \cup J} \times K^{I \cup J}$ はコンパクト距離空間だから，Φ は $P \times P \times K^{I \cup J} \times K^{I \cup J}$ からそれ自体への閉対応であり[52]，主張8が成立する。

主張8により $(\hat{p}, \hat{q}, \hat{a}, \hat{c})$ が $\Phi(\hat{p}, \hat{q}, \hat{a}, \hat{c})$ に属するような $P \times P \times K^{I \cup J} \times K^{I \cup J}$ の元 $(\hat{p}, \hat{q}, \hat{a}, \hat{c})$ が存在するから[53]，次の主張9が成立する。

---
50) 数学付録の命題 A.4.5 を参照．
51) 数学付録の定理 A.4.4 を参照．
52) 数学付録の定理 A.4.3 を参照．
53) 数学付録の定理 A.5.14 を参照．

主張 9. (a) $\hat{p}$ は $\lambda(\hat{q})$ に属し，(b) $\hat{q}$ は $\mu(\hat{a}, \hat{c})$ に属し，(c) $\hat{c}$ は $\sigma(\hat{p})$ に属し，(d) 任意の経済主体 k に対して $\hat{a}_k$ が $E_k(\hat{p})$ に属するような $P \times P \times K^{I \cup J} \times K^{I \cup J}$ の元 $(\hat{p}, \hat{q}, \hat{a}, \hat{c})$ が存在する．

主張 10. (a) $\hat{a}$ は $\mathscr{E}$ の実現可能配分であり $(\operatorname{int} K)^{I \cup J}$ に属し，(b) $\|\hat{p}\| = 1$ となり，(c) 任意の消費者 i に対して $\hat{p} \cdot (\hat{a}_i - \alpha_i) = -\sum_{j \in J} \theta_j^i \hat{p} \cdot \hat{a}_j$ となり，(d) $\hat{p} \cdot (\hat{a} - \alpha)_{I \cup J} = 0$ となり，(e) $\hat{p}$ は Δ^* に属する．

主張 10 の証明．

主張 10.1. (a) $\hat{p} \cdot (\hat{c} + \alpha)_{I \cup J} \geq \hat{p} \cdot \hat{a}_{I \cup J}$ となり，(b) もし $\hat{q} \neq 0$ ならば $\hat{p} \cdot (\hat{c} + \alpha)_{I \cup J} \geq \hat{p} \cdot \alpha_{I \cup J} \geq \hat{p} \cdot \hat{a}_{I \cup J}$ となる．

主張 10.1 の証明． 主張 9 の (b) により $\hat{q}$ は $\mu(\hat{a}, \hat{c})$ に属するから，もし $\hat{q} = 0$ ならば P に属する任意の価格 p に対して $0 = \hat{q} \cdot (\hat{c} + \alpha - \hat{a})_{I \cup J} \leq p \cdot (\hat{c} + \alpha - \hat{a})_{I \cup J}$ 特に $\hat{p} \cdot (\hat{c} + \alpha)_{I \cup J} \geq \hat{p} \cdot \hat{a}_{I \cup J}$ となり，次の主張 10.1.1 が成立する．

主張 10.1.1. $\hat{q} = 0$ ならば $\hat{p} \cdot (\hat{c} + \alpha)_{I \cup J} \geq \hat{p} \cdot \hat{a}_{I \cup J}$ となる．

$\hat{q} \neq 0$ と仮定する．主張 9 の (a) により $\|\hat{p}\| = 1$ となり主張 9 の (d) により $\hat{p} \cdot \hat{a}_{I \cup J} \leq \hat{p} \cdot \alpha_{I \cup J}$ となる．主張 1 により $K^{I \cup J}$ は AS の原点を含み，Ω も Δ の定義により AS の原点を含むから，主張 9 の (c) により $\hat{p} \cdot \hat{c}_{I \cup J} \geq 0$ したがって $\hat{p} \cdot (\hat{c} + \alpha)_{I \cup J} \geq \hat{p} \cdot \alpha_{I \cup J} \geq \hat{p} \cdot \hat{a}_{I \cup J}$ となり次の主張 10.1.2 が成立する．

主張 10.1.2. $\hat{q} \neq 0$ ならば $\hat{p} \cdot (\hat{c} + \alpha)_{I \cup J} \geq \hat{p} \cdot \alpha_{I \cup J} \geq \hat{p} \cdot \hat{a}_{I \cup J}$ となる．

主張 10.1.1 と 10.1.2 から主張 10.1 が導かれる．

主張 10.2. $\hat{q} \cdot (\hat{c} + \alpha)_{I \cup J} = \hat{q} \cdot \alpha_{I \cup J} = \hat{q} \cdot \hat{a}_{I \cup J}$ となる．

主張 10.2 の証明． $\hat{q} = 0$ ならば自明だから $\hat{q} \neq 0$ と仮定する．主張 9 の (a) により $\hat{p}$ は $\lambda(\hat{q})$ に属するから $\hat{p} = \hat{q}/\|\hat{q}\|$ となる．

$p = 0 \in \mathbb{R}^H$ と定義する．このとき p は P に属する．主張 9 の (b) により $\hat{q}$ は $\mu(\hat{a}, \hat{c})$ に属するから $\hat{q} \cdot (\hat{c} + \alpha - \hat{a})_{I \cup J} \leq p \cdot (\hat{c} + \alpha - \hat{a})_{I \cup J} = 0$ すなわ

ち $\hat{q} \cdot (\hat{c} + \alpha)_{I \cup J} \leq \hat{q} \cdot \hat{a}_{I \cup J}$ となる。$\hat{p} = \hat{q}/\|\hat{q}\|$ だから主張 10.1 の (a) により $\hat{q} \cdot (\hat{c} + \alpha)_{I \cup J} \geq \hat{q} \cdot \hat{a}_{I \cup J}$ したがって次の主張 10.2.1 が成立する。

主張 10.2.1. $\hat{q} \cdot (\hat{c} + \alpha)_{I \cup J} = \hat{q} \cdot \hat{a}_{I \cup J}$ となる。

$\hat{p} = \hat{q}/\|\hat{q}\| \neq 0$ だから主張 10.1 の (b) により次の主張 10.2.2 が成立する。

主張 10.2.2. $\hat{q} \cdot (\hat{c} + \alpha)_{I \cup J} \geq \hat{q} \cdot \alpha_{I \cup J} \geq \hat{q} \cdot \hat{a}_{I \cup J}$ となる。

主張 10.2.1 と 10.2.2 により主張 10.2 が成立する。主張 9 の (b) により $\hat{q}$ は $\mu(\hat{a}, \hat{c})$ に属するから,主張 10.2 から次の主張 10.3 が導かれる。

主張 10.3. P に属する任意の価格 p に対して $p \cdot (\hat{c} + \alpha - \hat{a})_{I \cup J} \geq 0$ となる。

Δ^* に属する任意の価格 p に対して,もし $p = 0$ ならば $p \cdot (\hat{a} - \alpha - \hat{c})_{I \cup J} \leq 0$ となり,$p \neq 0$ ならば $p/\|p\|$ は P に属するから主張 10.3 により $p \cdot (\hat{a} - \alpha - \hat{c})_{I \cup J} \leq 0$ となる。ゆえに $(\hat{a} - \alpha - \hat{c})_{I \cup J} \in (\Delta^*)^* = \Delta$ となり,次の主張 10.4 が成立する。

主張 10.4. $(\hat{a} - \alpha - \hat{c})_{I \cup J}$ は Δ に属する。

主張 9 の (d) により $\hat{a}$ は $\left(\prod_{i \in I} X(\succsim_i)\right) \times \left(\prod_{j \in J} Y_j\right)$ に属する。主張 9 の (c) と仮定 (iv) により $\hat{c}_{I \cup J}$ は $\mathbb{R}_-^{H_D} \times \{0\}^{H \setminus H_D}$ に属するから,主張 10.4 と仮定 (iv) により $(\hat{a} - \alpha)_{I \cup J}$ は Δ に属し,$\hat{a}$ は $\mathscr{E}$ の実現可能配分である。ゆえに主張 1 により $\hat{a}$ は $(\operatorname{int} K)^{I \cup J}$ に属するから次の主張 10.5 が成立する。

主張 10.5. $\hat{a}$ は $\mathscr{E}$ の実現可能配分であり $(\operatorname{int} K)^{I \cup J}$ に属する。

主張 9 の (a) から次の主張 10.6 が導かれる。

主張 10.6. $\hat{p}$ は Δ^* に属する。

任意の消費者 i を選ぶ。主張 9 の (d) により $\hat{a}_i$ は $D_i^0(\hat{p})$ に属するから,$\hat{p} \cdot (\hat{a}_i - \alpha_i) \leq (1 - \|\hat{p}\|) + \sum_{j \in J} \theta_j^i \pi_j(\hat{p})$ となる。

$\hat{p} \cdot (\hat{a}_i - \alpha_i) < (1 - \|\hat{p}\|) + \sum_{j \in J} \theta_j^i \pi_j(\hat{p})$ と仮定する。$\succsim_i$ は非飽和だから $z \succ_i \hat{a}_i$ を満足する $\succsim_i$-可能消費 z が存在する。主張 10.5 により $\hat{a}_i$ は $\operatorname{int} K$ に属する。仮定 (i-1) により $X(\succsim_i)$ は凸だから $(1-t)\hat{a}_i + tz \in X(\succsim_i) \cap K = \hat{X}_i$ と $\hat{p} \cdot ((1-t)\hat{a}_i + tz - \alpha_i) < (1 - \|\hat{p}\|) + \sum_{j \in J} \theta_j^i \pi_j(\hat{p})$ を満足する実数 t が

$]0,1]$ の中に存在し，$(1-t)\hat{a}_i + tz$ は $B_i^0(\hat{p})$ に属する。仮定 (i-2) により $\succsim_i$ は凸だから $(1-t)\hat{a}_i + tz \succ_i \hat{a}_i$ となり $\hat{a}_i$ が $D_i^0(\hat{p})$ に属することと矛盾する。

ゆえに $\hat{p} \cdot (\hat{a}_i - \alpha_i) = (1 - \|\hat{p}\|) + \sum_{j \in J} \theta_j^i \pi_j(\hat{p})$ となる。主張 9 の (d) により任意の生産者 j に対して $\hat{a}_j$ は $S_j(\hat{p})$ に属するから $\pi_j(\hat{p}) = -\hat{p} \cdot \hat{a}_j$ となり，したがって次の主張 10.7 が成立する。

主張 10.7. 任意の消費者 i に対して $\hat{p} \cdot (\hat{a}_i - \alpha_i) = (1 - \|\hat{p}\|) - \sum_{j \in J} \theta_j^i \hat{p} \cdot \hat{a}_j$ となる。

主張 10.5 により $(\hat{a} - \alpha)_{I \cup J}$ は Δ に属し，主張 10.6 により $\hat{p}$ は Δ^* に属するから，主張 10.7 により $0 = \hat{p} \cdot (\hat{a} - \alpha)_{I \cup J} - |I|(1 - \|\hat{p}\|) \leq -|I|(1 - \|\hat{p}\|)$ すなわち $\|\hat{p}\| \geq 1$ となる。$\hat{p}$ は P に属するから次の主張 10.8 が成立する。

主張 10.8. $\|\hat{p}\| = 1$ となる。

主張 10.7 と 10.8 により，任意の消費者 i に対して $\hat{p} \cdot (\hat{a}_i - \alpha_i) = -\sum_{j \in J} \theta_j^i \hat{p} \cdot \hat{a}_j$ だから，次の主張 10.9 が成立する。

主張 10.9. $\hat{p} \cdot (\hat{a} - \alpha)_{I \cup J} = 0$ となる。

主張 10.5，10.6，10.8 および 10.9 から主張 10 が導かれる。

$\hat{p} \cdot \hat{a}_j > \hat{p} \cdot z$ を満足する生産者 j と Y_j-可能生産 z が存在すると仮定する。主張 10 の (a) により $\hat{a}_j$ は $\text{int } K$ に属するから $(1-t)\hat{a}_j + tz$ が K に属するような実数 t が $]0,1]$ の中に存在する。z と $\hat{a}_j$ は両方とも Y_j-可能生産であり，仮定 (ii) により Y_j は凸だから，$(1-t)\hat{a}_j + tz$ は Y_j-可能生産であり，したがって $(1-t)\hat{a}_j + tz \in Y_j \cap K = \hat{Y}_j$ となる。しかし $\hat{p} \cdot ((1-t)\hat{a}_j + tz) < \hat{p} \cdot \hat{a}_j$ であり，主張 9 の (d) と矛盾するから次の主張 11 が成立する。

主張 11. 任意の生産者 j と任意の Y_j-可能生産 z に対して $\hat{p} \cdot \hat{a}_j \leq \hat{p} \cdot z$ となる。

$z \succ_i \hat{a}_i$ かつ $\hat{p} \cdot (z - \alpha_i) < -\sum_{j \in J} \theta_j^i \hat{p} \cdot \hat{a}_j$ となる消費者 i と $\succsim_i$-可能消費 z が存在すると仮定する。主張 10 の (a) により $\hat{a}_i$ は $\text{int } K$ に属するから，$(1-t)\hat{a}_i + tz \in X(\succsim_i) \cap K = \hat{X}_i$ かつ $\hat{p} \cdot ((1-t)\hat{a}_i + tz - \alpha_i) < -\sum_{j \in J} \theta_j^i \hat{p} \cdot \hat{a}_j$ となる実数 t が $]0,1]$ の中に存在し，$(1-t)\hat{a}_i + tz$ は $B_i^0(\hat{p})$ に属する。$\succsim_i$

は凸だから $(1-t)\hat{a}_i + tz \succ_i \hat{a}_i$ となり主張 9 の (d) と矛盾し次の主張 12 が成立する。

主張 12. 任意の消費者 i と $\hat{p} \cdot (z - \alpha_i) < -\sum_{j \in J} \theta_j^i \hat{p} \cdot \hat{a}_j$ を満足する任意の $\succsim_i$-可能消費 z に対して $\hat{a}_i \succsim_i z$ となる。

主張 13. 任意の消費者 i に対して,
(a) $\hat{p} \cdot (\hat{a}_i - \alpha_i) = -\sum_{j \in J} \theta_j^i \hat{p} \cdot \hat{a}_j$ となり,
(b) $\hat{p} \cdot (z - \alpha_i) \leq -\sum_{j \in J} \theta_j^i \hat{p} \cdot \hat{a}_j$ を満足する任意の $\succsim_i$-可能消費 z に対して $\hat{a}_i \succsim_i z$ となるか,または $\hat{p} \cdot \hat{a}_i = \min \hat{p} \cdot X(\succsim_i)$ となる。

主張 13 の証明. 任意の消費者 i を選ぶ。(a) は主張 10 の (c) から導かれるから (b) のみを証明する。(b) が偽であると仮定する。このとき $\hat{p} \cdot (z - \alpha_i) \leq -\sum_{j \in J} \theta_j^i \hat{p} \cdot \hat{a}_j$ と $z \succ_i \hat{a}_i$ を満足する $\succsim_i$-可能消費 z が存在し,また $\hat{p} \cdot \tilde{z} < \hat{p} \cdot \hat{a}_i$ を満足する $\succsim_i$-可能消費 $\tilde{z}$ が存在する。主張 10 の (c) により $\hat{p} \cdot z \leq \hat{p} \cdot \hat{a}_i$ となる。$[0,1]$ に属する任意の実数 t に対して $c(t) = (1-t)z + t\tilde{z}$ と定義する。仮定 (i-2) により $\succsim_i$ は連続だから $c(\hat{t}) \succ_i \hat{a}_i$ となるような実数 $\hat{t}$ が $]0,1[$ の中に存在する。仮定 (i-1) により $X(\succsim_i)$ は凸だから $c(\hat{t})$ は $\succsim_i$-可能消費である。$\hat{p} \cdot c(\hat{t}) < \hat{p} \cdot \hat{a}_i$ だから $\hat{p} \cdot (c(\hat{t}) - \alpha_i) < \hat{p} \cdot (\hat{a}_i - \alpha_i) = -\sum_{j \in J} \theta_j^i \hat{p} \cdot \hat{a}_j$ となり主張 12 と矛盾し,(b) が成立し主張 13 が導かれる。

主張 14. 任意の消費者 i と $z \succsim_i \hat{a}_i$ を満足する任意の $\succsim_i$-可能消費 z に対して $\hat{p} \cdot z \geq \hat{p} \cdot \hat{a}_i$ となる。

主張 14 の証明. $\hat{p} \cdot z < \hat{p}_i \cdot \hat{a}_i$ かつ $z \succsim_i \hat{a}_i$ となる消費者 i と $\succsim_i$-可能消費 z が存在すると仮定する。仮定 (i-2) により $\succsim_i$ は非飽和かつ凸だから $\succsim_i$ は局所非飽和であり[54],したがって,$\tilde{z} \succ_i \hat{a}_i$ かつ $\hat{p} \cdot \tilde{z} < \hat{p} \cdot \hat{a}_i$ となるような $\succsim_i$-可能消費 $\tilde{z}$ が存在する。主張 13 の (a) により $\hat{p} \cdot (\tilde{z} - \alpha_i) < -\sum_{j \in J} \theta_j^i \hat{p} \cdot \hat{a}_j$ となり主張 12 と矛盾し,主張 14 が成立する。

主張 10, 11, 13 および 14 により命題 4.3.1 の証明が完了する。 ■

---

54) 命題 1.3.3 を参照。

定理 4.3.1 の証明. (i) 任意の消費者 i に対して (i-1) $X(\succsim_i)$ が α_i を $\operatorname{int} X(\succsim_i)$ に含む $\mathbb{R}^H$ の下方有界な閉凸部分集合であり，(i-2) $\succsim_i$ が連続，非飽和，凸であり，

(ii) 任意の生産者 j に対して Y_j が $\mathbb{R}^H$ の原点を含む閉凸部分集合であり，

(iii) Y が無料生産の不可能性と集計的生産過程の非可逆性を満足し，

(iv) $\Delta = \mathbb{R}_-^{H_D} \times \{0\}^{H \setminus H_D}$ となるような H の部分集合 H_D が存在すると仮定する．命題 4.3.1 により

(a) 任意の消費者 i に対して

(a.1) $p \cdot a_i = p \cdot \alpha_i - \sum_{j \in J} \theta_j^i p \cdot a_j$ となり，

(a.2) $p \cdot z \leq p \cdot \alpha_i - \sum_{j \in J} \theta_j^i p \cdot a_j$ を満足する任意の $\succsim_i$-可能消費 z に対して $a_i \succsim_i z$ となるか，または $p \cdot a_i = \min p \cdot X(\succsim_i)$ となり，

(a.3) $z \succsim_i a_i$ を満足する任意の $\succsim_i$-可能消費 z に対して $p \cdot z \geq p \cdot a_i$ となり，

(b) 任意の生産者 j と任意の Y_j-可能生産 z に対して $p \cdot a_j \leq p \cdot z$ となり，

(c) $p \cdot (a - \alpha)_{I \cup J} = 0$ となり，

(d) p が Δ^* に属するような

$\mathscr{E}$ の実現可能配分 a と $\mathbb{R}^H \setminus \{0\}$ に属する価格 p が存在する．次の主張を証明すれば十分である．

主張． 任意の消費者 i と $p \cdot z \leq p \cdot \alpha_i - \sum_{j \in J} \theta_j^i p \cdot a_j$ を満足する任意の $\succsim_i$-可能消費 z に対して $a_i \succsim_i z$ となる．

主張の証明． 仮定 (i-1) により α_i は $\operatorname{int} X(\succsim_i)$ に属するから $p \neq 0$ より $p \cdot z < p \cdot \alpha_i$ となるような $\succsim_i$-可能消費 z が存在する．仮定 (ii) により任意の生産者 j に対して Y_j は $\mathbb{R}^H$ の原点を含むから (b) により $p \cdot a_j \leq 0$ となり，ゆえに (a.1) により $p \cdot a_i = p \cdot \alpha_i - \sum_{j \in J} \theta_j^i p \cdot a_j \geq p \cdot \alpha_i > p \cdot z$ したがって $p \cdot a_i \neq \min p \cdot X(\succsim_i)$ となる．(a.2) から主張が導かれ定理 4.3.1 の証明が完了する． ∎

命題 4.4.1 と命題 4.4.2 の証明は容易だから省略する．

定理 4.4.1 の証明. (i) p^h, $p^{\tilde{h}}$, $\tilde{p}^h$ および $\tilde{p}^{\tilde{h}}$ がいずれも正であり，(ii) p は $\bar{E}$ の定義域に属する E の均衡価格であり，$\tilde{p}$ は E の定義域に属する $\tilde{E}$ の均衡価格であり，(iii) E から $\tilde{E}$ への変化に伴い p における市場超過需要が財 h

から財 $\tilde{h}$ に転移するという条件を満足する市場超過需要関数 E と顕示選好の Samuelson 弱公理を満足する市場超過需要関数 $\tilde{E}$ が存在するような $\mathbb{R}_+^H$ に属する任意の二つの価格 p と $\tilde{p}$ および任意の二つの財 h と $\tilde{h}$ を選ぶ．仮定 (i) と (iii)，命題 4.4.1 および顕示選好の Samuelson 弱公理から次の主張 1 が導かれる．

主張 1. $\tilde{p} \cdot \tilde{E}(p) > 0$ かつ $\tilde{E}^{\tilde{h}}(p) > 0$ となる．

命題 4.4.1 と仮定 (iii) から次の主張 2 が導かれる．

主張 2. h と $\tilde{h}$ 以外の任意の財 k に対して $\tilde{E}^k(p) \leq 0$ かつ $p^k \tilde{E}^k(p) = p^k E^k(p) = 0$ となる．

$\tilde{p}$ は $\tilde{E}$ の均衡価格だから h と $\tilde{h}$ 以外の任意の財 k に対して $\tilde{p}^k$ は非負であり，p は E の均衡価格だから $E^k(p)$ は非正であり，仮定 (iii) により $\tilde{p}^k \tilde{E}^k(p) = \tilde{p}^k E^k(p) \leq 0$ となる．ゆえに主張 1 と 2 から次の主張 3 が導かれる．

主張 3. $0 < \tilde{p} \cdot \tilde{E}(p) \leq \tilde{p}^h \tilde{E}^h(p) + \tilde{p}^{\tilde{h}} \tilde{E}^{\tilde{h}}(p)$ となる．

Walras 法則と主張 2 により $p^h \tilde{E}^h(p) + p^{\tilde{h}} \tilde{E}^{\tilde{h}}(p) = 0$ だから $p^h \tilde{p}^h \tilde{E}^h(p) + p^h \tilde{p}^{\tilde{h}} \tilde{E}^{\tilde{h}}(p) = 0$，また仮定 (i) により $p^h > 0$ だから主張 3 により $(p^h \tilde{p}^{\tilde{h}} - \tilde{p}^h p^{\tilde{h}}) \tilde{E}^{\tilde{h}}(p) = p^h \tilde{p}^h \tilde{E}^h(p) + p^h \tilde{p}^{\tilde{h}} \tilde{E}^{\tilde{h}}(p) > 0$ となり，次の主張 4 が成立する．

主張 4. $(p^h \tilde{p}^{\tilde{h}} - \tilde{p}^h p^{\tilde{h}}) \tilde{E}^{\tilde{h}}(p) > 0$ となる．

主張 1 と 4 により $\tilde{p}^{\tilde{h}}/\tilde{p}^h > p^{\tilde{h}}/p^h$ となり定理 4.4.1 の証明が完了する． ∎

定理 4.4.2 の証明． (i) p と $\tilde{p}$ がそれぞれ E と $\tilde{E}$ の均衡価格であり，(ii) E から $\tilde{E}$ への変化に伴い p における市場超過需要が財 h から財 $\tilde{h}$ に転移するような市場超過需要関数 E と分解不可能性と弱粗代替性を満足する市場超過需要関数 $\tilde{E}$ が存在するという条件を満足し $\mathbb{R}_{++}^H$ に属する任意の二つの価格 p と $\tilde{p}$ および任意の二つの財 h と $\tilde{h}$ を選び，任意の財 k に対して $\mu^k = (\tilde{p}^k/\tilde{p}^h)/(p^k/p^h)$ と定義し，さらに $\mu = \min_{k \in H \setminus \{h\}} \mu^k$ また $\hat{H} = \{k \in H \setminus \{h\} \mid \mu^k = \mu\}$ と定義する．

主張 1. 任意の財 k に対して $\tilde{p}^k/\tilde{p}^h \geq p^k/p^h$ すなわち $\mu^k \geq 1$ となる．

主張 1 の証明. $\mu \geq 1$ を示せばよい。$\mu < 1$ と仮定する。$\mu p^h/p^h < p^h/p^h = \tilde{p}^h/\tilde{p}^h$ であり $H \setminus (\hat{H} \cup \{h\})$ に属する任意の財 k に対して $\mu < \mu^k = (\tilde{p}^k/\tilde{p}^h)/(p^k/p^h)$ すなわち $\mu p^k/p^h < \tilde{p}^k/\tilde{p}^h$ だから，$H \setminus \hat{H}$ に属する任意の財 k に対して $\mu p^k/p^h < \tilde{p}^k/\tilde{p}^h$ となり，$\hat{H}$ に属する任意の財 k に対して $\mu p^k/p^h = \tilde{p}^k/\tilde{p}^h$ となる。$\tilde{E}$ は分解不可能だから $\tilde{E}^{\hat{h}}(\tilde{p}/\tilde{p}^h) \neq \tilde{E}^{\hat{h}}(\mu p/p^h)$ となる財 $\hat{h}$ が $\hat{H}$ の中に存在する。$\mu p/p^h < \tilde{p}/\tilde{p}^h$ かつ $\mu p^{\hat{h}}/p^h = \tilde{p}^{\hat{h}}/\tilde{p}^h$ であり $\tilde{E}$ は弱粗代替性を満足するから $\tilde{E}^{\hat{h}}(\tilde{p}/\tilde{p}^h) \geq \tilde{E}^{\hat{h}}(\mu p/p^h)$ したがって $0 = \tilde{E}^{\hat{h}}(\tilde{p}/\tilde{p}^h) > \tilde{E}^{\hat{h}}(\mu p/p^h) = \tilde{E}^{\hat{h}}(p)$ となり，次の主張 1.1 が成立する。

主張 1.1. $\tilde{E}^{\hat{h}}(p) < 0$ となる財 $\hat{h}$ が $\hat{H}$ の中に存在する。

仮定 (ii) により $\tilde{E}^{\tilde{h}}(p) > E^{\tilde{h}}(p) = 0$ となり h と $\tilde{h}$ 以外の任意の財 k に対して $\tilde{E}^k(p) = E^k(p) = 0$ だから，h 以外の任意の財 k に対して $\tilde{E}^k(p) \geq 0$ となり次の主張 1.2 が成立する。

主張 1.2. h 以外の任意の財 k に対して $\tilde{E}^k(p) \geq 0$ となる。

主張 1.2 は主張 1.1 と矛盾するから主張 1 が成立する。

主張 2. $(\tilde{p}^{\tilde{h}}/\tilde{p}^h)/(p^{\tilde{h}}/p^h) = \max_{k \in H}(\tilde{p}^k/\tilde{p}^h)/(p^k/p^h)$ となる。

主張 2 の証明. $\nu = \max_{k \in H} \mu^k$ また $\bar{H} = \{k \in H \mid \mu^k = \nu\}$ と定義する。

$\nu \leq 1$ と仮定する。主張 1 により $\nu = \max_{k \in H} \mu^k \geq \min_{k \in H \setminus \{h\}} \mu^k = \mu \geq 1$ だから $\nu = 1$ となる。任意の財 k に対して $\mu^k \leq 1$ また主張 1 により任意の財 k に対して $\mu^k \geq 1$ だから，任意の財 k に対して $\mu^k = 1$ すなわち $p/p^h = \tilde{p}/\tilde{p}^h$ ゆえに仮定 (ii) により $0 = \tilde{E}^{\tilde{h}}(\tilde{p}/\tilde{p}^h) = \tilde{E}^{\tilde{h}}(p) > E^{\tilde{h}}(p) = 0$ となり不合理であり，次の主張 2.1 が成立する。

主張 2.1. $\nu > 1$ となる。

次の主張 2.2 は容易に確かめられる。

主張 2.2. (a) $\bar{H}$ に属する任意の財 k に対して $\nu p^k/p^h = \tilde{p}^k/\tilde{p}^h$ となり，(b) $\bar{H}$ に属さない任意の財 k に対して $\nu p^k/p^h > \tilde{p}^k/\tilde{p}^h$ となる。

$\tilde{E}$ の分解不可能性と主張 2.2 により $\tilde{E}^{\hat{h}}(\tilde{p}/\tilde{p}^h) \neq \tilde{E}^{\hat{h}}(\nu p/p^h)$ となる財 $\hat{h}$ が $\bar{H}$ の中に存在する。$\tilde{E}$ の弱粗代替性と主張 2.2 により $\tilde{E}^{\hat{h}}(\tilde{p}/\tilde{p}^h) \leq \tilde{E}^{\hat{h}}(\nu p/p^h)$

ゆえに $\tilde{E}^{\hat{h}}(\tilde{p}/\tilde{p}^h) < \tilde{E}^{\hat{h}}(\nu p/p^h)$ となる。$\tilde{p}$ は $\tilde{E}$ の均衡価格だから正 0 次同次性により $0 = \tilde{E}^{\hat{h}}(\tilde{p}/\tilde{p}^h) < \tilde{E}^{\hat{h}}(\nu p/p^h) = \tilde{E}^{\hat{h}}(p)$ となる。他方 p は E の均衡価格であり狭義正だから仮定 (ii) により h と $\tilde{h}$ 以外の任意の財 k に対して $\tilde{E}^k(p) = E^k(p) = 0$ となり，$\hat{h}$ は $\{h, \tilde{h}\}$ に含まれる。$\hat{h}$ は $\bar{H}$ に属するから $\mu^{\hat{h}} = \nu > 1 = \mu^h$ したがって $\hat{h} \neq h$ であり $\tilde{h} = \hat{h} \in \bar{H}$ ゆえに $(p\tilde{p}^{\tilde{h}}/\tilde{p}^h)/(p^{\tilde{h}}/p^h) = \mu^{\tilde{h}} = \nu = \max_{k \in H}(\tilde{p}^k/\tilde{p}^h)/(p^k/p^h)$ となり主張 2 が成立し，主張 1 と 2 により定理 4.4.2 の証明が完了する。∎

定理 4.4.3 の証明． (i) p と $\tilde{p}$ がそれぞれ E と $\tilde{E}$ の均衡価格であり，(ii) E から $\tilde{E}$ への変化に伴い p における市場超過需要が財 h から財 $\tilde{h}$ に転移するような市場超過需要関数 E および強分解不可能性と弱粗代替性を満足する市場超過需要関数 $\tilde{E}$ が存在するという条件を満足し $\mathbb{R}^H_{++}$ に属する任意の二つの価格 p と $\tilde{p}$ および任意の二つの財 h と $\tilde{h}$ を選び，任意の財 k に対して $\mu^k = (\tilde{p}^k/\tilde{p}^h)/(p^k/p^h)$ と定義し，$\mu = \min_{k \in H \setminus \{h\}} \mu^k$ また $\hat{H} = \{k \in H \setminus \{h\} \mid \mu^k = \mu\}$ と定義する。

主張 1. $\mu > 1$ となる。

主張 1 の証明． 定理 4.4.2 の仮定はすべて満たされているから $\mu \geq 1$ となる。$\mu = 1$ と仮定する。

$\hat{H} \cup \{h\} = H$ ならば $p/p^h = \tilde{p}/\tilde{p}^h$ であり $\tilde{p}$ は $\tilde{E}$ の均衡価格だから，正 0 次同次性と仮定 (ii) により $0 = \tilde{E}^{\tilde{h}}(\tilde{p}/\tilde{p}^h) = \tilde{E}^{\tilde{h}}(p/p^h) = \tilde{E}^{\tilde{h}}(p) > E^{\tilde{h}}(p)$ となり p が E の狭義正の均衡価格であることと矛盾し，次の主張 1.1 が成立する。

主張 1.1. $\hat{H} \cup \{h\} \neq H$ となる。

主張 1.2. (a) $\hat{H} \cup \{h\}$ は少なくとも二つの財を含み，(b) $\hat{H} \cup \{h\}$ に属する任意の財 k に対して $p^k/p^h = \tilde{p}^k/\tilde{p}^h$ となり，(c) $H \setminus (\hat{H} \cup \{h\})$ に属する任意の財 k に対して $p^k/p^h < \tilde{p}^k/\tilde{p}^h$ となる。

主張 1.2 の証明． $1 = \mu = \min_{k \in H \setminus \{h\}} \mu^k = \mu^{\bar{h}}$ となる財 $\bar{h}$ が $H \setminus \{h\}$ の中に存在し，したがって $\bar{h}$ は $\hat{H}$ に属し，h は $\hat{H} \cup \{h\}$ に属するから (a) が成立する。$\hat{H}$ に属する任意の財 k に対して $\mu^k = \mu = 1$ だから $p^k/p^h = $

$\mu p^k/p^h = \mu^k p^k/p^h = \tilde{p}^k/\tilde{p}^h$ となり,明らかに $p^h/p^h = 1 = \tilde{p}^h/\tilde{p}^h$ だから (b) が成立する。$H \setminus (\hat{H} \cup \{h\})$ に属する任意の財 k に対して $\mu^k > \mu = 1$ だから $\tilde{p}^k/\tilde{p}^h = \mu^k p^k/p^h > p^k/p^h$ となり (c) したがって主張 1.2 が成立する。

$\bar{H} = \left\{ k \in \hat{H} \cup \{h\} \,\middle|\, \tilde{E}^k(p/p^h) \neq \tilde{E}^k(\tilde{p}/\tilde{p}^h) \right\}$ と定義する。$\tilde{E}$ は強分解不可能性と弱粗代替性を満足するから主張 1.2 により $\bar{H}$ は少なくとも二つ以上の財を含む。ゆえに $\bar{H}$ に属する h 以外の財 $\hat{h}$ すなわち $\hat{H}$ に属する財 $\hat{h}$ が存在し $\tilde{E}^{\hat{h}}(p/p^h) \neq \tilde{E}^{\hat{h}}(\tilde{p}/\tilde{p}^h)$ となる。$\tilde{E}$ は弱粗代替性を満足するから主張 1.2 により $\tilde{E}^{\hat{h}}(p/p^h) \leq \tilde{E}^{\hat{h}}(\tilde{p}/\tilde{p}^h)$ ゆえに $\tilde{E}^{\hat{h}}(p/p^h) < \tilde{E}^{\hat{h}}(\tilde{p}/\tilde{p}^h)$ となる。$\tilde{p}$ は $\tilde{E}$ の均衡価格だから,正 0 次同次性により $\tilde{E}^{\hat{h}}(p) = \tilde{E}^{\hat{h}}(p/p^h) < \tilde{E}^{\hat{h}}(\tilde{p}/\tilde{p}^h) = \tilde{E}^{\hat{h}}(\tilde{p}) = 0$ となり,次の主張 1.3 が成立する。

主張 1.3. $\tilde{E}^{\hat{h}}(p) < 0$ となるような財 $\hat{h}$ が $\hat{H}$ の中に存在する。

仮定 (i) と (ii) により $\tilde{E}^{\bar{h}}(p) > E^{\bar{h}}(p) = 0$ また h と $\bar{h}$ 以外の任意の財 k に対して $\tilde{E}^k(p) = E^k(p) = 0$ だから,h 以外の任意の財 k に対して $\tilde{E}^k(p) \geq 0$,特に $\tilde{E}^{\hat{h}}(p) \geq 0$ となり主張 1.3 と矛盾し,主張 1 が成立する。

$\nu = \max_{k \in H} \mu^k$ また $K = \{k \in H \mid \mu^k = \nu\}$ と定義する。定義により $\nu \geq \mu$ となり,主張 1 により $\mu > 1$ だから $\nu > 1$ となる。

主張 2. $K = \{\bar{h}\}$ となる。

主張 2 の証明. 定理 4.4.2 の (b) により $\bar{h}$ は K に属する。$\bar{h}$ 以外の財が K の中に存在すると仮定する。このとき
(1) K は少なくとも二つの財を含み,
(2) K に属する任意の財 k に対して $\nu p^k/p^h = \tilde{p}^k/\tilde{p}^h$ となり,
(3) $H \setminus K$ に属する任意の財 k に対して $\nu p^k/p^h > \tilde{p}^k/\tilde{p}^h$ となる。

$L = \left\{ k \in K \,\middle|\, \tilde{E}^k(\nu p/p^h) \neq \tilde{E}^k(\tilde{p}/\tilde{p}^h) \right\}$ と定義する。$\tilde{E}$ の強分解不可能性および (1) から (3) により L には少なくとも二つの財が含まれるから $\bar{h}$ 以外の財 $\bar{\bar{h}}$ が L の中に存在し $\tilde{E}^{\bar{\bar{h}}}(\nu p/p^h) \neq \tilde{E}^{\bar{\bar{h}}}(\tilde{p}/\tilde{p}^h)$ となる。$\tilde{E}$ は弱粗代替性を満足するから (2) と (3) により $\tilde{E}^{\bar{\bar{h}}}(\nu p/p^h) \geq \tilde{E}^{\bar{\bar{h}}}(\tilde{p}/\tilde{p}^h)$ したがって $\tilde{E}^{\bar{\bar{h}}}(\nu p/p^h) > \tilde{E}^{\bar{\bar{h}}}(\tilde{p}/\tilde{p}^h)$ となる。$\tilde{p}$ は $\tilde{E}$ の均衡価格だから $\tilde{E}$ の正 0 次同次性により $\tilde{E}^{\bar{\bar{h}}}(p) = \tilde{E}^{\bar{\bar{h}}}(\nu p/p^h) > \tilde{E}^{\bar{\bar{h}}}(\tilde{p}/\tilde{p}^h) = 0$ となる。仮定 (ii) により h と $\bar{h}$ 以外の任意の財 k に対して $\tilde{E}^k(p) = E^k(p) = 0$ だから $\bar{h}$ は

4.6 証明

$\{h, \tilde{h}\}$ に含まれる。$\bar{h} \neq \tilde{h}$ だから $h = \bar{h} \in L \subset K$ となる。したがって $1 = (\tilde{p}^h/\tilde{p}^h)/(p^h/p^h) = \mu^h = \nu > 1$ となり不合理であり主張 2 が成立する。

主張 2 から次の主張 3 が導かれる。

主張 3. $(\tilde{p}^{\tilde{h}}/\tilde{p}^h)/(p^{\tilde{h}}/p^h) > \max_{k \in H \setminus \{\tilde{h}\}} (\tilde{p}^k/\tilde{p}^h)/(p^k/p^h)$ となる。

主張 1 と 3 により定理 4.4.3 の証明が完了する。 ∎

定理 4.4.4 の証明. (i) p, $\tilde{p}$ と $\hat{p}$ がそれぞれ E, $\tilde{E}$ と $\hat{E}$ の均衡価格であり，(ii) $h \neq \hat{h} \neq \tilde{h} \neq h$ かつ $\{h, \tilde{h}, \hat{h}\} \cap \hat{H} = \emptyset$ となり，(iii) E から $\tilde{E}$ への変化に伴い p における市場超過需要が財 h から財 $\tilde{h}$ に転移し，(iv) $H \setminus (\hat{H} \cup \{h, \hat{h}\})$ に属する任意の財 k に対して $\hat{E}^k(\hat{p}) = \tilde{E}^k(\hat{p})$ となり，(v) $\hat{H}$ に属する任意の財 k に対して $\tilde{p}^k/\tilde{p}^h = \hat{p}^k/\hat{p}^h = p^k/p^h$ となり，(vi) $\hat{p}^{\hat{h}}/\hat{p}^h = p^{\hat{h}}/p^h$ となるという六つの条件を満足する二つの市場超過需要関数 E と $\hat{E}$ および強粗代替性を満足する市場超過需要関数 $\tilde{E}$，$\mathbb{R}^H_{++}$ に属する価格 p および一つの財 $\tilde{h}$ が存在するような $\mathbb{R}^H_{++}$ に属する任意の二つの価格 $\tilde{p}$ と $\hat{p}$，任意の二つの財 h と $\hat{h}$ および H の任意の部分集合 $\hat{H}$ を選ぶ。p と $\tilde{p}$ はそれぞれ E と $\tilde{E}$ の均衡価格であり $\tilde{E}$ の正 0 次同次性により $p/p^h = \tilde{p}/\tilde{p}^h$ ならば仮定 (iii) により $0 = \tilde{E}^{\tilde{h}}(\tilde{p}) = \tilde{E}^{\tilde{h}}(p) > E^{\tilde{h}}(p) = 0$ となり不合理であり，次の主張 1 が成立する。

主張 1. $p/p^h \neq \tilde{p}/\tilde{p}^h$ となる.

$\mu = \min_{k \in H \setminus (\hat{H} \cup \{h\})} (\tilde{p}^k/\tilde{p}^h)/(p^k/p^h)$ と定義する。

主張 2. $\mu > 1$ となる。

主張 2 の証明. $\mu \leq 1$ と仮定する。仮定 (v) と μ の定義により $\tilde{p}/\tilde{p}^h \geq \mu p/p^h$ となる。$\tilde{p}/\tilde{p}^h = \mu p/p^h$ ならば，p と $\tilde{p}$ はそれぞれ E と $\tilde{E}$ の均衡価格だから正 0 次同次性と仮定 (iii) により $0 = \tilde{E}^{\tilde{h}}(\tilde{p}) = \tilde{E}^{\tilde{h}}(p) > E^{\tilde{h}}(p) = 0$ となり不合理であり次の主張 2.1 が成立する。

主張 2.1. $\tilde{p}/\tilde{p}^h > \mu p/p^h$ となる。

$\tilde{E}$ の強粗代替性により μ の定義と主張 2.1 から次の主張 2.2 が導かれる。

主張 2.2. $\tilde{E}^t(p) < 0$ と $\mu = (\tilde{p}^t/\tilde{p}^h)/(p^t/p^h)$ を満足する財 t が $H \setminus (\hat{H} \cup \{h\})$ の中に存在する。

p は E の均衡価格だから，$t = \tilde{h}$ ならば主張 2.2 と仮定 (iii) により $0 > \tilde{E}^t(p) = \tilde{E}^{\tilde{h}}(p) > E^{\tilde{h}}(p) = 0$ となり不合理であり，次の主張 2.3 が成立する。

主張 2.3. t は $H \setminus (\hat{H} \cup \{h, \tilde{h}\})$ に属する。

p は E の均衡価格だから主張 2.2 と 2.3 および仮定 (iii) により $0 > \tilde{E}^t(p) = E^t(p) = 0$ となる[55]。これは不合理だから主張 2 が成立する。

仮定 (ii) と主張 2 から次の主張 3 が導かれる。

主張 3. $\tilde{p}^{\hat{h}}/\tilde{p}^h > p^{\hat{h}}/p^h$ となる。

$\nu = \max_{k \in H \setminus (\hat{H} \cup \{h, \hat{h}\})} (\hat{p}^k/\hat{p}^h)/(\tilde{p}^k/\tilde{p}^h)$ と定義する。

主張 4. $\nu < 1$ となる。

主張 4 の証明. $\nu \geq 1$ と仮定する。ν の定義，主張 3 および仮定 (v) と (vi) により $\nu \tilde{p}/\tilde{p}^h > \hat{p}/\hat{p}^h$ となり，$\tilde{E}$ は強粗代替性を満足し $\tilde{p}$ は $\tilde{E}$ の均衡価格だから $0 > \tilde{E}^t(\hat{p})$ となり，ν の定義により $\nu = (\hat{p}^t/\hat{p}^h)/(\tilde{p}^t/\tilde{p}^h)$ となるような財 t が $H \setminus (\hat{H} \cup \{h, \hat{h}\})$ の中に存在する。ゆえに t は $H \setminus (\hat{H} \cup \{h, \hat{h}\})$ に属し，仮定 (iv) により $0 > \tilde{E}^t(\hat{p}) = \hat{E}^t(\hat{p})$ だから $\hat{p}$ が $\hat{E}$ の均衡価格であるという仮定 (i) と矛盾し，主張 4 が成立する。主張 4 により $H \setminus (\hat{H} \cup \{h, \hat{h}\})$ に属する任意の財 k に対して $\tilde{p}^k/\tilde{p}^h > \hat{p}^k/\hat{p}^h$ となり定理 4.4.4 の証明が完了する。 ∎

定理 4.5.1 の証明. $\mathbb{R}^H$ の原点を含む任意の凸部分集合 S を選ぶ。

主張 1. (a) S は $T(S)$ の部分集合であり，(b) $T(S)$ は $\mathbb{R}^H$ の原点を頂点とする錐である。

主張 1 の証明. (a) は容易に確認できるから，(b) のみを証明する。$T(S)$ の任意の元 z と任意の正実数 t を選ぶ。このとき $t \leq m$ となる正整数 m が存在する。z は $T(S)$ に属するから $\sum_{i \in \mathrm{dom}\, s} s(i) = z$ を満足する非空有限集合から S への関数 s が存在する。$\mathrm{dom}\, s$ の任意の元 i に対して $r(i) = (t/m)s(i)$

---

[55] 定義 4.4.3 の (b) を参照。

と定義する．S は $\mathbb{R}^H$ の原点を含む $\mathbb{R}^H$ の凸部分集合だから $\operatorname{dom} s$ の任意の元 i に対して $r(i)$ は S に属する．

$A = \operatorname{dom} s \times \{1, \ldots, m\}$ また A の任意の元 (i, k) に対して $u(i, k) = r(i)$ と定義する．このとき A は非空有限集合であり u は A から S への関数である．

$$\sum_{(i,k) \in A} u(i,k) = \sum_{i \in \operatorname{dom} s} \sum_{k=1}^{m} r(i) = \sum_{i \in \operatorname{dom} s} m r(i) = \sum_{i \in \operatorname{dom} s} t s(i) = tz$$

だから tz は $T(S)$ に属し，$T(S)$ は $\mathbb{R}^H$ の原点を頂点とする錐である．

主張 2. $T(S)$ は凸である．

主張 2 の証明. $T(S)$ の任意の二つの元 x と y および $]0,1[$ に属する任意の実数 t を選ぶ．このとき $x = \sum_{i \in \operatorname{dom} a} a(i)$ と $y = \sum_{i \in \operatorname{dom} b} b(i)$ を満足する非空有限集合から S への二つの関数 a と b が存在する．$\operatorname{dom} a \cup \operatorname{dom} b$ の任意の元 i に対して

$$c(i) = \begin{cases} (1-t)a(i) + tb(i) & \text{if } i \in \operatorname{dom} a \cap \operatorname{dom} b, \\ (1-t)a(i) & \text{if } i \in \operatorname{dom} a \setminus \operatorname{dom} b, \\ tb(i) & \text{if } i \in \operatorname{dom} b \setminus \operatorname{dom} a \end{cases}$$

と定義する．S は $\mathbb{R}^H$ の原点を含む $\mathbb{R}^H$ の凸部分集合だから，$\operatorname{dom} a \cup \operatorname{dom} b$ の任意の元 i に対して $c(i)$ は S に属する．したがって c は非空有限集合 $\operatorname{dom} a \cup \operatorname{dom} b$ から S への関数であり，

$$(1-t)x + ty = (1-t)\sum_{i \in \operatorname{dom} a} a(i) + t \sum_{i \in \operatorname{dom} b} b(i) = \sum_{i \in \operatorname{dom} a \cup \operatorname{dom} b} c(i)$$

となり $(1-t)x + ty$ は $T(S)$ に属し主張 2 が成立する．

主張 1 と 2 により定理 4.5.1 の証明が完了する． ∎

定理 4.5.2 の証明. $0 < \|z\| < \delta$ となる S の任意の元 z に対して $(\delta/\|z\|)z$ が S に属するという性質を持つ z に依存しない正実数 δ が存在するような $\mathbb{R}^H$ の原点を含む任意の閉凸部分集合 S を選び，$Z = \{z \in S \mid \|z\| \leq \delta/2\}$ と定義する．

主張 1. $T(Z) = T(S)$ となる。

主張 1 の証明. $T(Z)$ が $T(S)$ に含まれることは容易に確認できるから,$T(S)$ が $T(Z)$ に含まれることのみを示す。$T(S)$ の任意の元 z を選ぶ。$z = 0$ ならば $z = 0 \in Z \subset T(Z)$ だから $z \neq 0$ の場合を考える。このとき $z = \sum_{i \in \text{dom } s} s(i)$ となるような非空有限集合から $S \setminus \{0\}$ への関数 s が存在する。$\text{dom } s$ の任意の元 i に対して $m(i) \geq 2\|s(i)\|/\delta$ となる正整数 $m(i)$ が存在するから $a(i) = s(i)/m(i)$ と定義する。このとき a は $\text{dom } s$ から Z への関数である。
$D = \bigcup_{i \in \text{dom } s} \{i\} \times \{1, \ldots, m(i)\}$ と定義し,D の任意の元 (i, k) に対して $b(i, k) = a(i)$ と定義する。このとき D は非空有限集合であり,a は $\text{dom } s$ から Z への関数だから b は D から Z への関数であり,$z = \sum_{(i,k) \in D} b(i, k)$ だから z は $T(Z)$ に属し,主張 1 が成立する。

主張 2. $T(Z)$ は $\mathbb{R}^H$ の閉部分集合である。

主張 2 の証明. $\mathbb{R}^H$ のある元 z に収束する $T(Z)$ の中の任意の点列 (z^ν) を選ぶ。一般性を失わずに任意の正整数 ν に対して $z^\nu \neq 0$ と仮定できる。このとき $n \geq 4\|z\|/\delta$ となる正整数 n が存在する。$\|z\| \leq n\delta/4$ であり点列 (z^ν) は z に収束するから,一般性を失わずに任意の正整数 ν に対して $\|z^\nu\| \leq n\delta/2$ と仮定できる。任意の正整数 ν に対して $a^\nu = z^\nu/n$ と定義する。このとき次の主張 2.1 が成立する。

主張 2.1. 任意の正整数 ν に対して $(\delta/\|a^\nu\|)a^\nu$ は S に属する。

主張 2.1 から次の主張 2.2 が導かれる。

主張 2.2. 任意の正整数 ν に対して a^ν は Z に属する。

主張 2.3. z は $T(Z)$ に属する。

主張 2.3 の証明. $a = z/n$ と定義する。(z^ν) は z に収束する $T(Z)$ の中の点列だから,主張 2.2 により (a^ν) は a に収束する Z の中の点列である。仮定により S は $\mathbb{R}^H$ の閉部分集合だから Z も $\mathbb{R}^H$ の閉部分集合であり,ゆえに a は Z に属する。$\{1, \ldots, n\}$ の任意の元 i に対して $s(i) = a$ と定義する。このとき s は $\{1, \ldots, n\}$ から Z への関数であり $z = na = \sum_{i \in \text{dom } s} s(i)$ だから

z は $T(Z)$ に属し，主張 2.3 が成立する．主張 2.3 から主張 2 が導かれ，主張 1 と 2 により定理 4.5.2 の証明が完了する． ∎

定理 4.5.3 の証明．

主張 1. 任意の疑似長期私有財産経済 $(\succsim, Y, \Delta, \alpha)$ と $\sum_{i \in I} \theta^i = 1$ を満たす I から $\mathbb{R}_+$ への任意の関数 θ に対して，$(\succsim, Y, \Delta, \alpha)$ の任意の競争均衡は長期私有財産経済 $(\succsim, \{Y\}, \Delta, \alpha, \theta)$ の競争均衡である．

主張 1 の証明． 任意の疑似長期私有財産経済 $(\succsim, Y, \Delta, \alpha)$，$\sum_{i \in I} \theta^i = 1$ を満足する I から $\mathbb{R}_+$ への任意の関数 θ および $(\succsim, Y, \Delta, \alpha)$ の任意の競争均衡 $((x,y), p)$ を選ぶ．定義 4.5.19 により (x, y) は疑似長期経済 $(\succsim, Y, \Delta, \alpha_I)$ の実現可能配分だから次の主張 1.1 が成立する．

主張 1.1. (a) I に属する任意の消費者 i に対して x_i は $\succsim_i$-可能消費であり，(b) y は Y-可能生産であり，(c) $x_I + y - \alpha_I$ は Δ に属する．

定義 4.5.19 により次の主張 1.2 が成立する．

主張 1.2. (a) 任意の消費者 i に対して (a.1) $p \cdot x_i \leq p \cdot \alpha_i$ となり，(a.2) $p \cdot z \leq p \cdot \alpha_i$ を満足する任意の $\succsim_i$-可能消費 z に対して $x_i \succsim_i z$ となり，(b) 任意の Y-可能生産 z に対して $p \cdot y \leq p \cdot z$ となり，(c) $p \cdot (x_I + y - \alpha_I) = 0$ となり，(d) p は Δ^* に属する．

$L = \{(Y, 1)\}$ と定義する．このとき次の主張 1.3 が成立する．

主張 1.3. L は $\{Y\} \times \mathbb{Z}_{++}$ の非空有限部分集合であり $(\succsim, \{Y\}, L, \Delta, \alpha, \theta)$ は短期私有財産経済である．

主張 1.4. $((x, y), p)$ は $p \cdot y = 0$ を満足する $(\succsim, \{Y\}, L, \Delta, \alpha, \theta)$ の競争均衡である．

主張 1.4 の証明． Y は $\mathbb{R}^H$ の原点を頂点とする錐だから主張 1.2 の (b) により $p \cdot y = 0$ となり，したがって主張 1.2 により

(a) 任意の消費者 i に対して (a.1) $p \cdot x_i \leq p \cdot \alpha_i - \theta^i p \cdot y$ となり，(a.2) $p \cdot z \leq p \cdot \alpha_i - \theta^i p \cdot y$ を満足する任意の $\succsim_i$-可能消費 z に対して $a_i \succsim_i z$ となり，
(b) 任意の Y-可能生産 z に対して $p \cdot y \leq p \cdot z$ となり，
(c) $p \cdot (x_I + y - \alpha_I) = 0$ となり，
(d) p は Δ^* に属するから，
$((x, y), p)$ は $(\succsim, \{Y\}, L, \Delta, \alpha, \theta)$ の競争均衡であり，主張 1.4 が成立する．

主張 1.5. $((x, y), p)$ は $(\succsim, \{Y\}, \Delta, \alpha, \theta)$ の競争均衡である．

主張 1.5 の証明． 主張 1.4 により $\inf p \cdot Y \geq 0$ だから主張 1.4 により $((x, y), p)$ は $(\succsim, \{Y\}, \Delta, \alpha, \theta)$ の競争均衡であり，主張 1.5 ゆえに主張 1 が成立する．

主張 2. 任意の長期私有財産経済 $(\succsim, \mathscr{Y}, \Delta, \alpha, \theta)$，$J$ の任意の非空有限部分集合 L および $(\succsim, \mathscr{Y}, \Delta, \alpha, \theta)$ の任意の競争均衡 (a, p) に対して，もし (a, p) が短期私有財産経済 $(\succsim, \mathscr{Y}, L, \Delta, \alpha, \theta)$ の競争均衡ならば，$((a|_I, a_L), p)$ は疑似長期私有財産経済 $(\succsim, T(\bigcup \mathscr{Y}(L)), \Delta, \alpha)$ の競争均衡である．

主張 2 の証明． (a, p) が短期私有財産経済 $(\succsim, \mathscr{Y}, L, \Delta, \alpha, \theta)$ の競争均衡であるような任意の長期私有財産経済 $(\succsim, \mathscr{Y}, \Delta, \alpha, \theta)$，$J$ の任意の非空有限部分集合 L および $(\succsim, \mathscr{Y}, \Delta, \alpha, \theta)$ の任意の競争均衡 (a, p) を選ぶ．定義 4.5.13 と 4.5.11 から次の主張 2.1 が導かれる．

主張 2.1. (a) 任意の消費者 i に対して (a.1) $p \cdot a_i \leq p \cdot \alpha_i - \sum_{(Y,n) \in L} \theta^i_{(Y,n)} p \cdot a_{(Y,n)}$ となり，(a.2) $p \cdot z \leq p \cdot \alpha_i - \sum_{(Y,n) \in L} \theta^i_{(Y,n)} p \cdot a_{(Y,n)}$ を満足する任意の $\succsim_i$-可能消費 z に対して $a_i \succsim_i z$ となり，
(b) L に属する任意の生産者 (Y, n) と任意の Y-可能生産 z に対して $p \cdot a_{(Y,n)} \leq p \cdot z$ となり，
(c) $p \cdot (a - \alpha)_{I \cup J} = 0$ となり，
(d) p が Δ^* に属し，
(e) L に属する任意の生産者 (Y, n) に対して $p \cdot a_{(Y,n)} \leq 0$ となり，
(f) $\mathscr{Y}$ の任意の元 Y に対して $\inf p \cdot Y \geq 0$ となる．

主張 2.1 の (e) と (f) により次の主張 2.2 が成立する．

4.6 証明

主張 2.2. L に属する任意の生産者 (Y, n) に対して $p \cdot a_{(Y,n)} = 0$ となる。

主張 2.2 および主張 2.1 の (a) から次の主張 2.3 が導かれる。

主張 2.3. 任意の消費者 i に対して (a) $p \cdot a_i \leq p \cdot \alpha_i$ となり，(b) $p \cdot z \leq p \cdot \alpha_i$ を満足する任意の $\succsim_i$-可能消費 z に対して $a_i \succsim_i z$ となる。

主張 2.4. $T(\bigcup \mathscr{Y}(L))$ に属する任意の生産 z に対して $p \cdot a_L \leq p \cdot z$ となる。

主張 2.4 の証明. $T(\bigcup \mathscr{Y}(L))$ に属する任意の生産 z を選ぶ。このとき $z = \sum_{j \in \mathrm{dom}\, s} s(j)$ を満足する非空有限集合から $\bigcup \mathscr{Y}(L)$ への関数 s が存在する。

$\mathrm{dom}\, s$ の任意の元 j を選ぶ。$s(j)$ は $\bigcup \mathscr{Y}(L)$ に属するから $s(j)$ を含む $\mathscr{Y}(L)$ の元 $Y_{s(j)}$ が存在し，ゆえに $(Y_{s(j)}, n_{s(j)})$ が L に属するような正整数 $n_{s(j)}$ が存在する。主張 2.1 の (b) と主張 2.2 により $p \cdot s(j) \geq p \cdot a_{(Y_{s(j)}, n_{s(j)})} = 0$ となる。

j は $\mathrm{dom}\, s$ の任意の元だから $p \cdot z = p \cdot \sum_{j \in \mathrm{dom}\, s} s(j) \geq 0$ となり，主張 2.2 により L に属する任意の生産者 (Y, n) に対して $p \cdot a_{(Y,n)} = 0$ だから $p \cdot a_L = 0 \leq p \cdot z$ となり主張 2.4 が成立する。

次の主張 2.5 は主張 2.1 の (c) と (d) から導かれる。

主張 2.5. (a) $p \cdot (a - \alpha)_{I \cup L} = 0$ となり，(b) p は Δ^* に属する。

主張 2.3 から 2.5 により主張 2 が成立する。主張 1 と 2 により定理 4.5.3 の証明が完了する。■

定理 4.5.4 の証明は容易だから省略する。

定理 4.5.5 の証明. (i) 任意の消費者 i に対して $\succsim_i$ が局所非飽和であり，(ii) $\mathscr{Y}$ に属する任意の生産技術 Y が $\mathbb{R}^H$ の原点を含むような長期経済 $(\succsim, \mathscr{Y}, \Delta, \omega)$ と Pareto 効率的でないような $(\succsim, \mathscr{Y}, \Delta, \omega)$ の競争配分 a が存在すると仮定する。このとき次の主張 1 が成立する。

主張 1. (a) 任意の消費者 i に対して $\tilde{a}_i \succsim_i a_i$ となり，(b) $\tilde{a}_k \succ_k a_k$ となる消費者 k が存在するような $(\succsim, \mathscr{Y}, \Delta, \omega)$ の実現可能配分 $\tilde{a}$ が存在する。

主張 1 により $\tilde{a}$ は $(\succsim, \mathscr{Y}, \Delta, \omega)$ の実現可能配分だから定義 4.5.9 により $\tilde{a}$ が $(\succsim, \mathscr{Y}, \tilde{L}, \Delta, \omega)$ の実現可能配分となるような J の非空有限部分集合 $\tilde{L}$ が存在し，定義 4.5.7 と 4.5.8 により次の主張 2 が成立する。

主張 2. (a) I に属する任意の消費者 i に対して $\tilde{a}_i$ が $\succsim_i$-可能消費であり,
(b) $\tilde{L}$ に属する任意の生産者 (Y,n) に対して $\tilde{a}_{(Y,n)}$ が Y-可能生産であり,
(c) $\tilde{a}_{I\cup J} - \omega$ が Δ に属し,
(d) $J \setminus \tilde{L}$ に属する任意の生産者 (Y,n) に対して $\tilde{a}_{(Y,n)} = 0$ となるような J の非空有限部分集合 $\tilde{L}$ が存在する。

a は $(\succsim, \mathscr{Y}, \Delta, \omega)$ の競争配分だから (a,p) が $(\succsim, \mathscr{Y}, \Delta, \omega)$ の競争均衡であるような $\mathbb{R}^H$ に属する価格 p が存在する。定義 4.5.7,4.5.10 と 4.5.12 により次の主張 3 が成立する。

主張 3. (a) 任意の消費者 i と $p \cdot z \leq p \cdot a_i$ を満足する任意の $\succsim_i$-可能消費 z に対して $a_i \succsim_i z$ となり,
(b) L に属する任意の生産者 (Y,n) と任意の Y-可能生産 z に対して $p \cdot a_{(Y,n)} \leq p \cdot z$ となり,
(c) $p \cdot (a_{I \cup J} - \omega) = 0$ となり,
(d) p が Δ^* に属し,
(e) $J \setminus L$ に属する任意の生産者 (Y,n) に対して $a_{(Y,n)} = 0$ となり,
(f) $\mathscr{Y}$ の任意の元 Y に対して $\inf p \cdot Y \geq 0$ となるような
$\mathbb{R}^H$ に属する価格 p と J の非空有限部分集合 L が存在する。

主張 3 の (b) と (e) から次の主張 4 が導かれる。

主張 4. J に属する任意の生産者 (Y,n) に対して
(a) (Y,n) が L に属するならば任意の Y-可能生産 z に対して $p \cdot a_{(Y,n)} \leq p \cdot z$ となり,
(b) (Y,n) が L に属さないならば $p \cdot a_{(Y,n)} = 0$ となる。

仮定 (i) により定理 4.2.1 の証明の中の主張 1 と同様に,主張 1 の (a) と主張 3 の (a) から次の主張 5 が導かれる。

主張 5. 任意の消費者 i に対して $p \cdot \tilde{a}_i \geq p \cdot a_i$ となる。

J に属する任意の生産者 (Y,n) を選ぶ。(Y,n) が L に属すると仮定する。(Y,n) が $\tilde{L}$ に属するならば主張 2 の (b) と主張 4 の (a) により $p \cdot \tilde{a}_{(Y,n)} \geq p \cdot a_{(Y,n)}$ となり,(Y,n) が $\tilde{L}$ に属さなければ主張 2 の (d),仮定 (ii) と主張

4 の (a) により $p \cdot \tilde{a}_{(Y,n)} \geq p \cdot a_{(Y,n)}$ となる。次に (Y, n) が L に属さない場合を考える。主張 3 の (e) により $a_{(Y,n)} = 0$ となる。(Y, n) が $\tilde{L}$ に属するならば主張 2 の (b) と主張 3 の (f) により $p \cdot \tilde{a}_{(Y,n)} \geq p \cdot a_{(Y,n)}$ となり,(Y, n) が $\tilde{L}$ に属さなければ主張 2 の (d) により $p \cdot \tilde{a}_{(Y,n)} = p \cdot a_{(Y,n)}$ となる。いずれの場合も $p \cdot \tilde{a}_{(Y,n)} \geq p \cdot a_{(Y,n)}$ となり,(Y, n) は J の中で任意だから $p \cdot \tilde{a}_J \geq p \cdot a_J$ となる。主張 1 の (b),主張 3 の (a) および主張 5 により $p \cdot \tilde{a}_I > p \cdot a_I$ だから次の主張 6 が成立する。

主張 6. $p \cdot a_{I \cup J} < p \cdot \tilde{a}_{I \cup J}$ となる。

主張 1 により $\tilde{a}$ は $(\succsim, \mathscr{Y}, \Delta, \omega)$ の実現可能配分だから $\tilde{a}_{I \cup J} - \omega$ は Δ に属し主張 3 の (d) により p は Δ^* に属するから $p \cdot (\tilde{a}_{I \cup J} - \omega) \leq 0$ となり,他方,主張 3 の (c) により $p \cdot (a_{I \cup J} - \omega) = 0$ だから $p \cdot (a_{I \cup J} - \omega) \geq p \cdot (\tilde{a}_{I \cup J} - \omega)$ すなわち $p \cdot a_{I \cup J} \geq p \cdot \tilde{a}_{I \cup J}$ となり次の主張 7 が成立する。

主張 7. $p \cdot a_{I \cup J} \geq p \cdot \tilde{a}_{I \cup J}$ となる。

主張 7 は主張 6 と矛盾し定理 4.5.5 の証明が完了する。 ∎

第 5 章
公　共　財

———————

　これまでの諸章で扱ってきた財は，林檎のように，もしその総量が100個でありその中の10個をある経済主体が使用すれば残りの経済主体はその残りの90個の中から使用できるに過ぎないという性質を持っている。この性質は「競合性」と呼ばれる。さらにこれまでに扱ってきた財を入手するためには経済主体はその価格によって定まる対価を支払うことが必要であり，対価を支払わない者はそれを入手できない。この性質は「排除可能性」と呼ばれる。この競合性と排除可能性を持つ財は「私的財」と呼ばれる。

　これに対して政府によって供給される外交政策や国防から得られる便益を一人の消費者が享受しても残りの国民はこの消費者が享受した便益の残りの部分の便益だけを享受できるわけではなく供給された便益全体を享受できるから競合性が存在しない。またたとえこれらの外交政策や国防から得られる便益に対する対価の支払いを個々の経済主体に求めたとしても支払わない者が便益を受けられないように排除できないから，排除可能性も成立しない。このような財（用役）は「公共財」と呼ばれる。国の政府によって供給される外交政策や国防などは，特に経済を構成するすべての消費者に対して「非競合性」と「排除不可能性」を満足するから，「純粋公共財」と呼ばれる。

　林檎のような有形の財の場合には競合性はごく自然な性質であるが，逆に非競合性を満足する有形財は考えにくい。非競合性を満足する有形財の場合にはその有形財自体を消費するのではなくその有形財が生み出す無形用役の消費を考えることが多い。政府の外交政策や国防も同様であり，国防に用いられる武器や航空機や船舶を国民が共用するのではなく，それらの機材を用

いて提供される用役を共用する。ラジオ放送やテレビ放送も用役を消費する公共財である。有形財自体の消費の場合には有形財の受け渡しを伴うからその受け渡しの際に対価の支払いを要求することは比較的に容易であるが，用役の消費の場合には有形財の受け渡しを伴わないから対価の受け取りの確保が困難な場合が多く，それが多くの場合に面倒な問題の原因となる。

　私的財と純粋公共財の中間的な性質を持つ財も存在する。有線放送のような用役は料金を支払う契約者以外の経済主体の使用を排除できるから排除可能性を満足するが，契約者が増加しても一人の契約者が享受できる便益は減少しないから競合性は存在せず非競合性を満足する。このような財（用役）は「クラブ財」と呼ばれる。有料道路の場合には有線放送と同様に排除可能性を満足するが，利用者が増加すると混雑が生じて一人の利用者が享受できる便益が減少して非競合性が満たされなくなる場合があり，クラブ財と呼ぶには必ずしもふさわしくない。

	競合性	非競合性
排除可能性	私的財	クラブ財
排除不可能性	コモンプール財	純粋公共財

表 5.1　私的財と公共財の分類基準

　他方，一般道が提供する用役は有料道路と異なり，料金の支払いを要求しても料金を支払わない経済主体の使用を排除することは困難であり，事実上排除可能性は成立せず排除不可能性を満足するが，混雑が発生した場合には競合性を満足する。このような財は「コモンプール財」と呼ばれる。一般道の利用可能性は全国民に開かれているが，特定の地域の居住者だけに便益が供給されるような下水道などは料金を支払わない居住者の利用を妨げえないかぎり排除不可能性を満足し，また非競合性も満足すると考えられ純粋公共財と類似しているが，共用対象者の地域限定のゆえにこれは「地方公共財」と呼ばれることが多い。純粋公共財以外のこれらのクラブ財，コモンプール財，地方公共財は「準公共財」と総称され，純粋公共財と準公共財は「公共財」と総称される。

公共財は消費者全員あるいは消費者の一部の集団によって共用される財であるが，生産者全員あるいは生産者の一部の集団によって共用される財も考慮でき，それは「公共生産要素」と呼ばれる。これも公共財と同様に非競合性と排除不可能性の程度に応じて「クラブ生産要素」，「コモンプール生産要素」，「地方公共生産要素」の概念を定義できる。

5.1 公共財を含む経済モデル

上で考察した種々の公共財および公共生産要素を経済モデルに組み込んで分析することは必ずしも簡単ではないが，以下ではこれらの中のいくつかのものを明示的に組み込んだミクロ経済モデルを構築する。まず本書では消費活動と生産活動を一般に正負いずれの値をもとりうる純消費・純投入という概念で表現してきた。生産活動の場合には活動水準が正である財は生産要素として用いられており，負である財は生産物として産出されている。したがって同じ財がある生産者にとっては生産物であり他の生産者にとっては生産要素になり，この考え方は本章でも採用される。本来，財（生産物）・生産要素という分類は使用状況に依存するものであり，本書のように活動水準を純消費・純投入で表現する場合には誤解を招きかねない。しかし「公共財」と「公共生産要素」という用語を「公共財」に統一することはかえって混乱を招くであろうから，消費者が共用する財を「公共財」と呼び，生産者が共用する財を「公共生産要素」と呼ぶ習慣を踏襲する。その代わりに「共用」という用語を「財あるいは生産要素を自分たちで共同で用いる」ことだけでなく「財あるいは生産要素を他者の使用のために共同で提供する」ことをも意味するものとして用いる。

ここで「他者の使用のために共同で提供される」財とはどのようなものであるかを理解しておこう。複数の生産者が共同で提供する財とは，単独の生産者で生産することは不可能であり複数の生産者が協力して生産せざるをえず，消費者にとっては普通の私的財であるか，あるいは，その財の生産に係

わらない生産者にとっては私的生産要素として用いうる財である[1]。他方，複数の消費者が共同で提供する財とは，単独の消費者が提供しても役に立たないが複数の消費者が協力して提供すれば，生産者にとって有益な私的生産要素として投入しうる特殊な労働用役であるか[2]，あるいは，その提供集団に属さない他の消費者にとっては私的財として享受できる労働用役である[3]。ここで「共同で提供する」ということは当該共用集団に属する経済主体が当該財に関して同一の活動水準を選択するということで表現され，その集団に属する少なくとも一人の経済主体が異なる活動水準を選択した場合には実現不可能になる[4]。

このような理解を前提として共用関係という概念を導入する。

定義 5.1.1. 財空間 $\mathbb{R}^H$ から経済主体集合 $I \cup J$ への関係 χ は，もし任意の財 h に対して $\chi(h)$ が，少なくとも二人の消費者から成る I の部分集合，少なくとも二人の生産者から成る J の部分集合，空集合のいずれかであるならば，「共用関係」と呼ばれる。与えられた財 h に対して $\chi(h)$ は「h の共用集団」と呼ばれる[5]。

共用関係は各財についてその財が共用される経済主体全体の集合を指定する。この定義では，ある財が消費者と生産者の両方によって共用されるような状況は排除される。消費者の集団によって共用される財は公共財であり，生産者の集団によって共用される財は公共生産要素である。$\chi(h) = I$ となる財 h は純粋公共財であり，$\chi(h) = J$ となる財 h は純粋公共生産要素である。

他方，$\chi(h)$ が空集合であるような財 h は私的財あるいは私的生産要素である[6]。$\chi(h)$ が少なくとも二人の消費者から成る I の真部分集合であるような財 h は，価格を共用消費者に支払うことを強制できる場合にはクラブ財を表

---

　1)　たとえば，共通商標で販売される財が考えられる。
　2)　たとえば，複数の消費者から成る消費者集団の特殊な共同作業が一人あるいはそれ以上の生産者の生産活動で用いうる場合が考えられる。
　3)　たとえば，入場料を支払って鑑賞できる演劇や音楽演奏が考えられる。
　4)　以下の定義 5.1.5 と 5.1.8 を参照。
　5)　本章では I と J は交わらない，すなわち消費者でもあり生産者でもあるような経済主体は存在しないと仮定する。
　6)　私的財あるいは私的生産要素は $\chi(h)$ が I あるいは J の唯一の元から成る集合であるものと定義しても構わない。

し，強制できない場合にはコモンプール財を表す．$\chi(h)$ が少なくとも二人の生産者から成る J の真部分集合であるような財 h は，価格を共用生産者に支払うことを強制できる場合にはクラブ生産要素を表し，強制できない場合にはコモンプール生産要素を表す．以下ではコモンプール財とコモンプール生産要素は考えない．

定義 5.1.2. 共用関係 χ が与えられたとき

$$H_\chi^{PRG} = \{h \in H \mid \chi(h) = \emptyset\},$$
$$H_\chi^{PBG} = \{h \in H \mid \emptyset \neq \chi(h) \subset I\},$$
$$H_\chi^{PBF} = \{h \in H \mid \emptyset \neq \chi(h) \subset J\}$$

と定義し，H_χ^{PRG} の任意の元を「χ-私的財」，H_χ^{PBG} の任意の元を「χ-公共財」，H_χ^{PBF} の任意の元を「χ-公共生産要素」と呼ぶ．

公共財と公共生産要素はそれぞれそれらの共用集団に属する経済主体に対して排除不可能性や非競合性を持つが，それらの共用集団に属さない経済主体に対してはそれらの性質を持たず普通の私的財と同じであり，当該経済主体の消費集合あるいは生産集合の性質が許せば，私的財として消費・投入・産出できる．

命題 5.1.1. 任意の共用関係 χ に対して $\{H_\chi^{PRG}, H_\chi^{PBG}, H_\chi^{PRF}\}$ は H の分割である[7]．

定義 5.1.3. $(H, I, J, \chi, \succsim, Y, \Delta, \omega)$ は，もし
(a) H が非空有限集合であり， (財集合)
(b) I が非空有限集合であり， (消費者集合)
(c) J が I と交わらない非空有限集合であり[8]， (生産者集合)
(d) χ が共用関係であり，
(e) $\succsim$ が，I に属する任意の消費者 i に対して $\succsim_i$ が $X(\succsim_i)$ 上の弱順序であるような I から財空間上の二項関係全体の集合 $\mathscr{P}(\mathbb{R}^H \times \mathbb{R}^H)$ への関数であり， (選好目録)

---
7) 分割の定義については，数学付録の定義 A.1.21 を参照．
8) 本章では生産者集合 J が非空の場合のみを考える．

(f) Y が J から $\mathscr{P}(\mathbb{R}^H) \setminus \{\emptyset\}$ への関数であり， (技術目録)
(g) Δ が私的財空間 $\mathbb{R}^{H^{PRG}_\chi}$ の原点を頂点とする私的財空間の非正象限に含まれる閉凸錐であり， (処分技術)
(h) ω が $\omega|_{H^{PBG}_\chi \cup H^{PBF}_\chi} = 0$ となるような財空間 $\mathbb{R}^H$ の元であるならば[9]， (私的財の賦存資源)

「公共財を含む経済」と呼ばれる。

　公共財については有形財自体を使用するのではなくその有形財から提供される用役を使用すると考えることが多くの場合自然だから供給された用役の量から使用された用役の量を控除した残余の処分の問題はあまり重要とは思われない。たとえば政府によって生産される国防用役の中の一部だけを経済主体が消費して残余が廃棄されるというような現象は考えにくい。したがって以下では公共財（生産要素）については生産された公共財（生産要素）は自動的にその共用集団によって全量が必然的に使用されるとみなし，それゆえに公共財を含む経済における処分技術は私的財の処分のみに係わると想定される。同様に用役としての公共財（生産要素）については賦存資源を考えることはせず，私的財の賦存資源だけが与えられると想定する。

　私的財の賦存資源が複数の経済主体の間で区分所有され，生産者が消費者の間で区分所有されている私有財産経済は次のように定義される。

定義 5.1.4. $(H, I, J, \chi, \succsim, Y, \Delta, \alpha, \theta)$ は，もし
(a) α が任意の消費者 i に対して $\alpha_i|_{H^{PBG}_\chi \cup H^{PBF}_\chi} = 0$ また任意の生産者 j に対して $\alpha_j = 0$ となるような $I \cup J$ から財空間 $\mathbb{R}^H$ への関数であり， (私的財賦存資源の初期割当)
(b) θ が，J に属する任意の生産者 j に対して θ_j が $\sum_{i \in I} \theta_j(i) = 1$ を満足する I から $\mathbb{R}_+$ への関数であるような J から $\mathbb{R}^I_+$ への関数であり， (利潤請求権の初期割当)
(c) $(H, I, J, \chi, \succsim, Y, \Delta, \alpha_{I \cup J})$ が公共財を含む経済であるならば，
「公共財を含む私有財産経済」と呼ばれる。

---

[9] $\omega|_{H^{PBG}_\chi \cup H^{PBF}_\chi}$ は H 上の実数値関数 ω の $H^{PBG}_\chi \cup H^{PBF}_\chi$ への制限を表す。制限の定義については，数学付録の定義 A.2.23 を参照。

5.1 公共財を含む経済モデル

　第 1 章の場合と同様に私的財の賦存資源は消費者間で区分所有され，生産者の利潤に対する請求権も消費者の間で区分所有されると仮定されている。

　本章の以下の部分では公共財を含む任意の経済 $(H,I,J,\chi,\succsim,Y,\Delta,\omega)$ を選んで固定して考え，記号を簡略化するためにこの経済を $\mathscr{E}$ で表す。さらに $\omega = \alpha_{I \cup J}$ となるような公共財を含む私有財産経済 $(H,I,J,\chi,\succsim,Y,\Delta,\alpha,\theta)$ を任意に選んで固定し，それを $\mathscr{POE}$ で表す。

　公共財を含む経済における技術目録の二つの性質すなわち無料生産の不可能性と集計的非可逆性は以下に記すように公共財を含まない経済の場合とは若干異なる表現を持つ。公共財を含まない経済における可能生産配分全体の集合はすべての生産者の生産集合の直積 $\prod_{j \in J} Y_j$ であるが，公共財を含む経済における可能生産配分全体の集合は次のように定義される。

定義 5.1.5. 集合

$$\hat{Y} = \bigcap_{h \in H^{PBF}_\chi} \left\{ y \in \prod_{j \in J} Y_j \;\middle|\; \bigcap_{j \in \chi(h)} \{y^h_j\} \neq \emptyset \right\}$$

の各元は「Y-可能生産配分」と呼ばれる。

　任意の Y-可能生産配分 y に対しては，その配分における各生産者 j の生産 y_j がその生産集合 Y_j に属するだけでなく，任意の公共生産要素 h に対してその共用生産者集団に属する任意の二人の生産者 j と k に対してその使用量が等しい，すなわち $y^h_j = y^h_k$ となる必要がある。

定義 5.1.6. 任意の生産配分 y と任意の財 h に対して

$$\zeta^h(y) = \begin{cases} v^h(y) + y^h_{J \setminus \chi(h)} & \text{if } h \in H^{PBF}_\chi \text{ and } \bigcap_{j \in \chi(h)} \{y^h_j\} \neq \emptyset, \\ y^h_J & \text{otherwise} \end{cases}$$

と定義する。ただし $v^h(y)$ は $\bigcap_{j \in \chi(h)} \{y^h_j\}$ の唯一の元を表す。

　y が Y-可能生産配分であり h が χ-公共生産要素である場合には，$\bigcap_{j \in \chi(h)} \{y^h_j\}$ は非空であり，$v^h(y)$ は公共生産要素 h の共用生産者集団による共通投入量を表し，$-y^h_{J \setminus \chi(h)}$ は h の共用生産者集団に属さない生産者の総産出量

を表すから，$\zeta^h(y)$ は生産配分 y における公共生産要素 h の生産者集団による純投入量を表す。他方，h が私的財または公共財である場合には y_J^h は生産者集団による財 h の純投入量を表す。したがって任意の財 h に対して $\zeta^h(y)$ は生産者集団による h の純投入量を表す。無料生産の不可能性と集計的非可逆性はこの $\hat{Y}$ を用いて次のように表現される。

定義 5.1.7. 技術目録 Y は，
(a) もし $\bigcup_{y \in \hat{Y}} \{z \in \mathbb{R}^H_- \mid z = \zeta(y)\} \subset \{0\}$ ならば，「無料生産の不可能性を満足する」と言われ，
(b) $\zeta(y) = 0$ を満足し $\hat{Y}$ に属する任意の生産配分 y に対して $y = 0$ ならば，「集計的生産過程の非可逆性を満足する」と言われる。

定義 5.1.8. 公共財を含む経済 $\mathscr{E}$ の配分 a は，もし
(a) 任意の χ-公共財 h と $\chi(h)$ に属する任意の消費者 i に対して $a_i^h = -a_{(I \setminus \chi(h)) \cup J}^h$ となり[10]，
(b) 任意の χ-公共生産要素 h と $\chi(h)$ に属する任意の生産者 j に対して $a_j^h = -a_{I \cup (J \setminus \chi(h))}^h$ ならば[11]，
「χ-許容配分」と呼ばれる。χ-許容配分全体の集合は「χ-許容配分空間」と呼ばれ A_χ で表される。

χ-許容配分の条件 (a) は χ-公共財 h に関してはその財の共用消費者集団 $\chi(h)$ に属する消費者全員が共用消費者集団に属さない経済主体全員から提供される総量 $-a_{(I \setminus \chi(h)) \cup J}^h$ を共用することを表し，条件 (b) は χ-公共生産要素 h に関してはその生産要素の共用生産者集団 $\chi(h)$ に属する生産者全員が共用生産者集団に属さない経済主体全員から提供される総量 $-a_{I \cup (J \setminus \chi(h))}^h$ を共用することを表す。

命題 5.1.2. χ-許容配分空間 A_χ は配分空間 AS の閉凸部分集合である。

---

10) 第 1 章の脚注 13) の約束に基づき $a_{(I \setminus \chi(h)) \cup J}^h = \sum_{k \in (I \setminus \chi(h)) \cup J} a_k^h$ と定義される。
11) 第 1 章の脚注 13) の約束に基づき $a_{I \cup (J \setminus \chi(h))}^h = \sum_{k \in I \cup (J \setminus \chi(h))} a_k^h$ と定義される。

定義 5.1.9. 公共財を含む経済 $\mathscr{E}$ の χ-許容配分 a は，もし
(a) 任意の消費者 i に対して a_i が $\succsim_i$-可能消費であり，
(b) 任意の生産者 j に対して a_j が Y_j-可能生産であり，
(c) $(a_{I \cup J} - \omega)|_{H_\chi^{PRG}}$ が Δ に属するならば，
「$\mathscr{E}$ の実現可能配分」と呼ばれる。$\mathscr{E}$ の実現可能配分全体の集合は「$\mathscr{E}$ の実現可能配分集合」と呼ばれ，$F(\mathscr{E})$ で表される。

定理 5.1.1 (実現可能配分集合のコンパクト性). (i) 任意の消費者 i に対して $\succsim_i$-可能消費集合 $X(\succsim_i)$ が財空間 $\mathbb{R}^H$ の下方有界な閉凸部分集合であり[12]，
(ii) 任意の生産者 j に対してその生産集合 Y_j が財空間 $\mathbb{R}^H$ の原点を含む閉凸部分集合であり，
(iii) 技術目録 Y が無料生産の不可能性と集計的生産過程の非可逆性を満足し，
(iv) 任意の生産者 j に対して $\hat{a}_j = 0$ となり，任意の消費者 i に対して $\hat{a}_i|_{H_\chi^{PBG} \cup H_\chi^{PBF}} = 0$ となり，さらに $\hat{a}_I|_{H_\chi^{PRG}} = \omega|_{H_\chi^{PRG}}$ となるような実現可能配分 $\hat{a}$ が存在するならば，
公共財を含む経済 $\mathscr{E}$ の実現可能配分集合 $F(\mathscr{E})$ は配分空間 AS の非空コンパクト凸部分集合である。

定理 5.1.1 の仮定 (iv) は生産者がまったく活動せず消費者間で私的財の賦存資源を適切に再分配することによって定義される配分が実現可能であることを意味する．他の仮定は比較的に標準的なものである[13]。

ひとたび実現可能配分が定義されれば Pareto 効率的配分あるいは弱 Pareto 効率的配分の概念は公共財を含まない経済の場合とまったく同様に定義できる．念のためにそれらを再述する．

定義 5.1.10. 公共財を含む経済 $\mathscr{E}$ の実現可能配分 a は，もし a より $\succsim$-Pareto 優越な経済 $\mathscr{E}$ の実現可能配分が存在しないならば，「$\mathscr{E}$ の Pareto 効率的配分」と呼ばれ，あるいは単に「Pareto 効率的である」と言われる．$\mathscr{E}$ の Pareto 効率的配分全体の集合は「$\mathscr{E}$ の Pareto 効率的配分集合」と呼ばれて $P(\mathscr{E})$ で表される。

---

[12] 下方有界性の定義については，数学付録の定義 A.5.36 を参照。
[13] 第 1 章の定理 1.8.1 を参照。

定義 5.1.11. 公共財を含む経済 $\mathscr{E}$ の実現可能配分 a は，もし a より $\succsim$-強 Pareto 優越な $\mathscr{E}$ の実現可能配分が存在しないならば，「$\mathscr{E}$ の弱 Pareto 効率的配分」と呼ばれ，あるいは単に「弱 Pareto 効率的である」と言われる。$\mathscr{E}$ の弱 Pareto 効率的配分全体の集合は「$\mathscr{E}$ の弱 Pareto 効率的配分集合」と呼ばれて $WP(\mathscr{E})$ で表される。

5.2　公共財経済の私的財経済による表現

　公共財を含む経済の種々の性質を研究するためにはこの経済を私的財だけから成る経済とみなして考えることが極めて有用であることが以下で明らかになる[14]。本節ではこの手続きを説明する。

定義 5.2.1.

$$H_r = H_\chi^{PRG},$$
$$H_g = \bigcup_{h \in H_\chi^{PBG}} \{h\} \times \chi(h),$$
$$H_f = \bigcup_{h \in H_\chi^{PBF}} \{h\} \times \chi(h),$$
$$\mathbf{H} = H_r \cup H_g \cup H_f$$

と定義し[15]，集合 $\mathbf{H}$ を「拡大財集合」と呼ぶ。

命題 5.2.1. (a) H_g の任意の元 η に対して $\eta = (\hat{h}(\eta), \hat{i}(\eta))$ となる H_χ^{PBG} の唯一の元 $\hat{h}(\eta)$ と $\chi(\hat{h}(\eta))$ の唯一の元 $\hat{i}(\eta)$ が存在し，
(b) H_f の任意の元 η に対して $\eta = (\hat{h}(\eta), \hat{j}(\eta))$ となる H_χ^{PBF} の唯一の元 $\hat{h}(\eta)$ と $\chi(\hat{h}(\eta))$ の唯一の元 $\hat{j}(\eta)$ が存在する。

---

　14)　この考え方については Foley (1967) を参照。
　15)　添字 r は p(r)ivate good, g は public (g)ood, f は public (f)actor を想起させることを意図している。

5.2 公共財経済の私的財経済による表現 223

定義 5.2.2. H_r の元 h は「通常私的財 h」と呼ばれる。H_g の元 η は「消費者 $\hat{i}(\eta)$ によって消費される公共財 $\hat{h}(\eta)$」と呼ばれ，H_g の元が $\eta = (h, i)$ と表示される場合には「消費者 i によって消費される公共財 h」あるいは単に「財 (h, i)」と呼ばれる。H_f の元 η は「生産者 $\hat{j}(\eta)$ によって投入される公共生産要素 $\hat{h}(\eta)$」と呼ばれ，H_f の元が $\eta = (h, j)$ と表示される場合には「生産者 j によって投入される公共生産要素 h」あるいは単に「財 (h, j)」と呼ばれる[16]。

「通常私的財 h」，「消費者 $\hat{i}(\eta)$ によって消費される公共財 $\hat{h}(\eta)$」，「生産者 $\hat{j}(\eta)$ によって投入される公共生産要素 $\hat{h}(\eta)$」はどれも拡大財集合の元であり，これらは私的財として扱われる。拡大財集合 $\mathbf{H}$ に対応する拡大財空間 $\mathbb{R}^{\mathbf{H}}$ の中の各消費者の消費集合と各生産者の生産集合を定義するために，本来の財空間 $\mathbb{R}^H$ における経済主体の活動が与えられたときの拡大財空間における活動を次のように定義する。

定義 5.2.3. (a) 任意の消費者 i と拡大財集合 $\mathbf{H}$ の任意の元 η に対して財空間 $\mathbb{R}^H$ 上の実数値関数 φ_i^η を，$\mathbb{R}^H$ の任意の元 z に対して

$$\varphi_i^\eta(z) = \begin{cases} z^\eta & \text{if } \eta \in H_r, \\ z^{\hat{h}(\eta)} & \text{if } \eta \in H_g \ \& \ i = \hat{i}(\eta), \\ 0 \in \mathbb{R} & \text{if } \eta \in H_g \ \& \ i \in \chi(\hat{h}(\eta)) \setminus \{\hat{i}(\eta)\}, \\ z^{\hat{h}(\eta)} & \text{if } \eta \in H_g \ \& \ i \notin \chi(\hat{h}(\eta)), \\ z^{\hat{h}(\eta)} & \text{if } \eta \in H_f \end{cases}$$

によって定義し，
(b) 任意の生産者 j と拡大財集合 $\mathbf{H}$ の任意の元 η に対して財空間 $\mathbb{R}^H$ 上の実

---

[16] 5.1 節の冒頭で注意したように，ここで「公共財」と呼ばれるものはその共用集団が消費者だけから成る財を意味し，生産要素として生産者に提供されるものであるかもしれない。同様に，「公共生産要素」と呼ばれるものもその共有集団が生産者だけから成る財を意味し，財として消費者に提供されるものであるかもしれない。

数値関数 φ_j^η を，$\mathbb{R}^H$ の任意の元 z に対して

$$\varphi_j^\eta(z) = \begin{cases} z^\eta & \text{if } \eta \in H_r, \\ z^{\hat{h}(\eta)} & \text{if } \eta \in H_f \ \& \ j = \hat{j}(\eta), \\ 0 \in \mathbb{R} & \text{if } \eta \in H_f \ \& \ j \in \chi(\hat{h}(\eta)) \setminus \{\hat{j}(\eta)\}, \\ z^{\hat{h}(\eta)} & \text{if } \eta \in H_f \ \& \ j \notin \chi(\hat{h}(\eta)), \\ z^{\hat{h}(\eta)} & \text{if } \eta \in H_g \end{cases}$$

によって定義し，
(c) 任意の経済主体 k に対して財空間 $\mathbb{R}^H$ から拡大財空間 $\mathbb{R}^{\mathbf{H}}$ への関数 φ_k を，$\mathbb{R}^H$ の任意の元 z と $\mathbf{H}$ の任意の元 η に対して

$$(\varphi_k(z))(\eta) = \varphi_k^\eta(z)$$

によって定義し，
(d) 配分空間 AS から $(\mathbb{R}^{\mathbf{H}})^{I\cup J}$ への関数 φ を，AS の任意の元 a と任意の経済主体 k に対して

$$(\varphi(a))(k) = \varphi_k(a_k)$$

によって定義する。

　この定義の (a) と (b) の部分は特に複雑だからその意味を詳しく考えよう。任意の消費者 i の公共財を含む経済における任意の消費活動 z および拡大財集合 $\mathbf{H}$ に属する任意の財 η を考える。η が H_r に属するならば，この消費者の通常私的財 η の消費量 $\varphi_i^\eta(z)$ は z^η に等しい。

　η が H_g に属する場合を考える。この η は「消費者 $\hat{i}(\eta)$ によって消費される公共財 $\hat{h}(\eta)$」と呼ばれる私的財である。これは三つの場合に分類される。まず $i = \hat{i}(\eta)$ ならば消費者 i は公共財 $\hat{h}(\eta)$ の共用集団 $\chi(\hat{h}(\eta))$ に属するから公共財を含む経済における活動 z における公共財 $\hat{h}(\eta)$ の消費量 $z^{\hat{h}(\eta)}$ に等しい量の「消費者 $i(=\hat{i}(\eta))$ によって消費される公共財 $\hat{h}(\eta)$」と呼ばれる私的財 η を消費し，したがって $\varphi_i^\eta(z) = z^{\hat{h}(\eta)}$ となる。他方 $i \neq \hat{i}(\eta)$ の場合は i が $\hat{h}(\eta)$ の共用集団 $\chi(\hat{h}(\eta))$ に属する場合と属さない場合の二通りに分類される。

5.2 公共財経済の私的財経済による表現

まず i が $\chi(\hat{h}(\eta))$ に属する場合を考え $h = \hat{h}(\eta)$ また $\tilde{\eta} = (h,i)$ と定義する。このとき i は「消費者 $i(=\hat{i}(\tilde{\eta}))$ によって消費される公共財 $\hat{h}(\tilde{\eta})(=h=\hat{h}(\eta))$」と呼ばれる私的財を消費するが,自分とは異なる「消費者 $\hat{i}(\eta)$ によって消費される公共財 $\hat{h}(\eta)$」と呼ばれる私的財はその定義により消費できず,また h の共用集団 $\chi(h)$ の一員として h を共用しているから,物理的に同じ財である「消費者 $\hat{i}(\eta)$ によって消費される公共財 $\hat{h}(\eta)$」を私的財として供給することもできないと考え,$\varphi_i^\eta(z) = 0 \in \mathbb{R}$ となると仮定される[17]。

次に i が $\hat{h}(\eta)$ の共用集団 $\chi(\hat{h}(\eta))$ に属さない場合を考える。このとき η は「消費者 $\hat{i}(\eta)$ によって消費される公共財 $\hat{h}(\eta)$」と呼ばれる私的財であり,i はこの η を消費できないが,この消費者の消費集合が許すかぎり私的財として自分で消費するか他の経済主体に提供する可能性を認める。したがって消費者 i による活動 z における公共財 $\hat{h}(\eta)$ の私的財としての消費量あるいは提供量 $z^{\hat{h}(\eta)}$ は拡大財空間 $\mathbb{R}^\mathbf{H}$ における「消費者 $\hat{i}(\eta)$ によって消費される公共財 $\hat{h}(\eta)$」と呼ばれる私的財の消費量あるいは提供量 $\varphi_i^\eta(z)$ に等しく $\varphi_i^\eta(z) = z^{\hat{h}(\eta)}$ となる。

$\chi(\hat{h}(\eta))$ に属する任意の消費者 k を選び,$\tilde{\eta} = (\hat{h}(\eta), k)$ と定義する。このとき $\tilde{\eta}$ は H_g に属し $i \notin \chi(\hat{h}(\eta)) = \chi(\hat{h}(\tilde{\eta}))$ だから $\varphi_i^\eta(z) = z^{\hat{h}(\eta)} = z^{\hat{h}(\tilde{\eta})} = \varphi_i^{\tilde{\eta}}(z) = \varphi_i^{(\hat{h}(\eta),k)}(z)$ となる。ゆえに z における消費者 i による公共財 h の私的財としての消費量あるいは提供量 $z^{\hat{h}(\eta)}$ は $\hat{h}(\eta)$ の共用集団 $\chi(\hat{h}(\eta))$ に属する任意の消費者 k に対して「消費者 k によって消費される公共財 $\hat{h}(\eta)$」の消費量を $z^{\hat{h}(\eta)}$ だけ同時に増減させる[18]。

最後に η が H_f に属する場合を考える。この η は生産者 $\hat{j}(\eta)$ によって投入される公共生産要素 $\hat{h}(\eta)$ であり,消費者 i は $\hat{h}(\eta)$ の共用集団に属さないから,これを公共生産要素として利用できないが,この消費者の消費集合が許すかぎり私的財として消費するか他の経済主体に提供する可能性を認める。したがって消費者 i による活動 z における公共生産要素 $\hat{h}(\eta)$ の私的財としての消費量または提供量 $z^{\hat{h}(\eta)}$ は拡大財空間 $\mathbb{R}^\mathbf{H}$ における「生産者 $\hat{j}(\eta)$ によって投入される公共生産要素 $\hat{h}(\eta)$」と呼ばれる私的生産要素の消費量あるいは

---

17) この仮定は以下の定義 5.2.4 の (a.1) における $\mathbf{X}_i$ の定義の中で表現されている。
18) この点については,以下の例 5.2.1 を参照。

提供量 $\varphi_i^\eta(z)$ に等しく $\varphi_i^\eta(z) = z^{\hat{h}(\eta)}$ となり，これも公共生産要素 $\hat{h}(\eta)$ の共用者集団 $\chi(\hat{h}(\eta))$ に属する任意の生産者による投入量を $z^{\hat{h}(\eta)}$ だけ同時に増減させる．

このように消費者 i の公共財を含む経済における任意の消費活動 z が与えられたときの拡大財空間における消費活動は $\varphi_i(z)$ で記述できる．生産者の場合もまったく対称的に扱いうる．この表現を用いて拡大財空間における消費者の選好関係と生産者の生産集合を以下のように定義する．

定義 5.2.4. (a) 任意の消費者 i に対して
(a.1) $\mathbf{X}_i = \varphi_i(X(\succsim_i))$ によって定義される $\mathbb{R}^\mathbf{H}$ の部分集合 $\mathbf{X}_i$ は「拡大財空間における i の消費集合」と呼ばれ，
(a.2) $\mathbf{z} = \varphi_i(z)$，$\tilde{\mathbf{z}} = \varphi_i(\tilde{z})$ かつ $z \succsim_i \tilde{z}$ となる $X(\succsim_i)$ の二つの元 z と $\tilde{z}$ が存在するような $\mathbf{X}_i$ の元の順序対 $(\mathbf{z}, \tilde{\mathbf{z}})$ 全体の集合 $\hat{\succsim}_i$ は「拡大財空間における i の選好関係」と呼ばれる．
(b) 任意の消費者 i に対して $\hat{\succsim}_i$ を割り当てる I から $\mathscr{P}(\mathbb{R}^\mathbf{H} \times \mathbb{R}^\mathbf{H})$ への関数 $\hat{\succsim}$ は「拡大財空間における選好目録」と呼ばれる．

定義 5.2.5. (a) 任意の生産者 j に対して
$\mathbf{Y}_j = \varphi_j(Y_j)$ によって定義される $\mathbb{R}^\mathbf{H}$ の部分集合 $\mathbf{Y}_j$ は「拡大財空間における j の生産集合」と呼ばれる．
(b) 任意の生産者 j に対して $\mathbf{Y}_j$ を割り当てる J から $\mathscr{P}(\mathbb{R}^\mathbf{H}) \setminus \{\emptyset\}$ への関数 $\mathbf{Y}$ は「拡大財空間における技術目録」と呼ばれる．

ここまでに説明した公共財を私的財とみなして拡大財空間における消費集合（したがって選好関係）と生産集合を定義する手続きは若干複雑だから次の例で理解を確認することが望ましい．

例 5.2.1. ここでは $H_\chi^{PRG} = \{1\}$，$H_\chi^{PBG} = \{2,3\}$，$H_\chi^{PBF} = \{4,5\}$，$I = \{1,2,3\}$，$J = \{4,5,6\}$，$\chi(1) = \emptyset$，$\chi(2) = \{1,2\}$，$\chi(3) = \{2,3\}$，$\chi(4) = \{4,5\}$，$\chi(5) = \{5,6\}$ と仮定する．すなわち私的財が一種類，公共財が二種類，公共生産要素が二種類，消費者が三人，生産者が三人，公共財 2 の共用集団は消費者 1 と 2，公共財 3 の共用集団は消費者 2 と 3，公共生産

要素 4 の共用集団は生産者 4 と 5，公共生産要素 5 の共用集団は生産者 5 と 6 から成っている．財の新しい分類を次のように定義する．

$$H_r = H_\chi^{PRG} = \{1\},$$
$$H_g = \{(2,1),(2,2),(3,2),(3,3)\},$$
$$H_f = \{(4,4),(4,5),(5,5),(5,6)\}$$

と定義する．H_r は通常私的財全体の集合であり，H_g の元 (h,i) は「消費者 i によって消費される公共財 h」という名称の私的財であり，同様に H_f の元 (h,j) は「生産者 j によって投入される公共生産要素 h」という名称の私的財である．新しい財集合を

$$\mathbf{H} = H_r \cup H_g \cup H_f$$

によって定義する．$H_g \cup H_f$ に属する八種類の財は以下では私的財とみなされる．

三人の消費者 1，2，3 の新しい財集合 $\mathbf{H}$ に対応する財空間 $\mathbb{R}^{\mathbf{H}}$ の部分集合としての消費集合は

$$\mathbf{X}_1 = \left\{(a_1^1, a_1^2, 0, a_1^3, a_1^3, a_1^4, a_1^4, a_1^5, a_1^5) \,\middle|\, (a_1^1, a_1^2, a_1^3, a_1^4, a_1^5) \in X(\succsim_1)\right\},$$
$$\mathbf{X}_2 = \left\{(a_2^1, 0, a_2^2, a_2^3, 0, a_2^4, a_2^4, a_2^5, a_2^5) \,\middle|\, (a_2^1, a_2^2, a_2^3, a_2^4, a_2^5) \in X(\succsim_2)\right\},$$
$$\mathbf{X}_3 = \left\{(a_3^1, a_3^2, a_3^2, 0, a_3^3, a_3^4, a_3^4, a_3^5, a_3^5) \,\middle|\, (a_3^1, a_3^2, a_3^3, a_3^4, a_3^5) \in X(\succsim_3)\right\}$$

と定義され，三人の生産者 4，5，6 の新しい財集合 $\mathbf{H}$ に対応する財空間 $\mathbb{R}^{\mathbf{H}}$ の部分集合としての生産集合は

$$\mathbf{Y}_4 = \left\{(a_4^1, a_4^2, a_4^2, a_4^3, a_4^3, a_4^4, 0, a_4^5, a_4^5) \,\middle|\, (a_4^1, a_4^2, a_4^3, a_4^4, a_4^5) \in Y_1\right\},$$
$$\mathbf{Y}_5 = \left\{(a_5^1, a_5^2, a_5^2, a_5^3, a_5^3, 0, a_5^4, a_5^5, 0) \,\middle|\, (a_5^1, a_5^2, a_5^3, a_5^4, a_5^5) \in Y_5\right\},$$
$$\mathbf{Y}_6 = \left\{(a_6^1, a_6^2, a_6^2, a_6^3, a_6^3, a_6^4, 0, a_6^5) \,\middle|\, (a_6^1, a_6^2, a_6^3, a_6^4, a_6^5) \in Y_6\right\}$$

と定義される．

本来の公共財経済には私的財 1，公共財 2 と 3，公共生産要素 4 と 5 の 5 種類の財が存在するから各経済主体 k の本来の消費集合あるいは生産集合に

属する活動 $(a_k^1, a_k^2, a_k^3, a_k^4, a_k^5)$ は5次元ベクトルであるが，新しい財空間の部分集合としての新しく定義された消費集合と生産集合の元は9次元ベクトルであり，その第1座標は通常私的財1の量，第2座標は消費者1によって消費される公共財2の量，第3座標は消費者2によって消費される公共財2の量，第4座標は消費者2によって消費される公共財3の量，第5座標は消費者3によって消費される公共財3の量，第6座標は生産者4によって投入される公共生産要素4の量，第7座標は生産者5によって投入される公共生産要素4の量，第8座標は生産者5によって投入される公共生産要素5の量，第9座標は生産者6によって投入される公共生産要素5の量を表す．

この定義の意味を理解するためにまず消費者1の拡大財空間における消費集合 $\mathbf{X}_1$ に属する消費 $\mathbf{a}_1$ について考える．このとき $\mathbf{a}_1 = \varphi_1(a_1)$ となる $X(\succsim_1)$ に属する消費 a_1 が存在する．$\mathbf{a}_1$ の第1座標は $\mathbf{a}_1^1 = a_1^1$ すなわち私的財1の消費量であり，第2座標は $\mathbf{a}_1^2 = a_1^2$ すなわち公共財2の消費量である．しかし「消費者2によって消費される公共財2」は定義により消費者1は消費できないと考え，第3座標は $\mathbf{a}_1^3 = 0$ と仮定される．消費者1は公共財3の共用集団 $\chi(3)$ に属さないからこの公共財3を公共財として消費できないが，定義5.1.2の説明において言及したように，ここではこの公共財を生産者が私的財（生産要素）として産出（投入）できるのと同様に消費者1もこの財を私的財として自分で消費するか他の経済主体に提供する可能性を認める．この場合，その量 a_1^3 は消費者2と3によって共用される公共財3の消費可能量に同時に影響するから $\mathbf{a}_1^4 = \mathbf{a}_1^5 = a_1^3$ となる．同様に公共生産要素4と5についても消費者1はそれらの共用集団に属さないが，それらを私的財として自分で使用するか他の経済主体に提供する可能性を認めるから，第6座標と第7座標は $\mathbf{a}_1^6 = \mathbf{a}_1^7 = a_1^4$ また第8座標と第9座標は $\mathbf{a}_1^8 = \mathbf{a}_1^9 = a_1^5$ となる．

消費者2は公共財2と3の両財の共用集団に属するから若干異なる．この消費者は「消費者1によって消費される公共財2」も「消費者3によって消費される公共財3」も定義によって消費できないと考え，この部分の消費量は0に等しいと仮定されている．しかし公共生産要素については消費者1の場合と同様である．

消費者3の場合は消費者1と対称的である．三人の生産者についても考え

5.2 公共財経済の私的財経済による表現

方は消費者の場合と同様である。

ここで関数 φ の形式的な性質を述べておこう。

命題 5.2.2. (a) 任意の経済主体 k に対して φ_k は財空間 $\mathbb{R}^H$ から拡大財空間 $\mathbb{R}^\mathbf{H}$ への単調非減少な線形単射であり,
(b) φ は配分空間 AS から $(\mathbb{R}^\mathbf{H})^{I \cup J}$ への単調非減少な線形単射である[19]。

ここで公共財を含む経済 $\mathscr{E}$ および公共財を含む私有財産経済 $\mathscr{POE}$ から拡大財集合を持つ（公共財を含まない）経済と私有財産経済を定義できる。まず拡大財空間における処分技術を定義する。

定義 5.2.6.
$$\boldsymbol{\Delta} = \left\{ \mathbf{z} \in \mathbb{R}^\mathbf{H} \mid \mathbf{z}|_{H_r} \in \Delta \ \text{かつ} \ \mathbf{z}|_{H_g \cup H_f} = 0 \right\}$$
は「拡大財空間における処分技術」と呼ばれる[20]。

次に拡大財空間における賦存資源を定義する。

定義 5.2.7. 拡大財集合 $\mathbf{H}$ の任意の元 η に対して
$$\boldsymbol{\omega}^\eta = \begin{cases} \omega^\eta & \text{if } \eta \in H_r, \\ 0 \in \mathbb{R} & \text{otherwise} \end{cases}$$
によって定義される $\mathbf{H}$ 上の実数値関数 $\boldsymbol{\omega}$ は「拡大財空間における賦存資源」と呼ばれる。

公共財を含む私有財産経済の私的財賦存資源の初期割当から拡大財空間における賦存資源の初期割当を次のように定義する。

定義 5.2.8. 任意の経済主体 k に対して $\boldsymbol{\alpha}_k = \varphi_k(\alpha_k)$ によって定義される $I \cup J$ から $\mathbb{R}^\mathbf{H}$ への関数 $\boldsymbol{\alpha}$ は「拡大財空間における賦存資源の初期割当」と呼ばれる。

---

19) 線形関数および単射の定義については，数学付録の定義 A.5.14 と A.2.20 を参照。
20) $\mathbf{H}$ の任意の部分集合 K に対して記号 $\mathbf{z}|_K$ は $\mathbf{H}$ 上の実数値関数 $\mathbf{z}$ の K への制限を表す。制限の定義については，数学付録の定義 A.2.23 を参照。

ここで拡大財集合を持つ公共財を含まない経済と私有財産経済を次のように定義できる。

定義 5.2.9. $\mathbf{E} = (\mathbf{H}, I, J, \succsim_i, \mathbf{Y}, \mathbf{\Delta}, \boldsymbol{\omega})$ また $\mathbf{POE} = (\mathbf{H}, I, J, \succsim_i, \mathbf{Y}, \mathbf{\Delta}, \boldsymbol{\alpha}, \theta)$ と定義する。

これらがそれぞれ第 1 章の定義 1.6.1 の意味での公共財を伴わない経済また私有財産経済であることが次の命題で確認される。

命題 5.2.3. (a) 任意の消費者 i に対して $\succsim_i$ は $\mathbf{X}_i$ 上の弱順序であり,
(b) 任意の生産者 j に対して $\mathbf{Y}_j$ は $\mathbb{R}^{\mathbf{H}}$ の非空部分集合であり,
(c) $\mathbf{\Delta}$ は拡大財空間 $\mathbb{R}^{\mathbf{H}}$ の原点を頂点とする $\mathbb{R}^{\mathbf{H}}$ の非正象限に含まれる閉凸錐であり,
(d) $\mathbf{E}$ は経済であり,
(e) $\mathbf{POE}$ は私有財産経済である。

経済 $\mathbf{E}$ の実現可能配分集合は第 1 章の定義 1.7.1 によれば次のように定義される。

定義 5.2.10. $(\mathbb{R}^{\mathbf{H}})^{I \cup J}$ に属する配分 $\mathbf{a}$ は, もし
(a) 任意の消費者 i に対して $\mathbf{a}_i$ が $\mathbf{X}_i$ に属し,
(b) 任意の生産者 j に対して $\mathbf{a}_j$ が $\mathbf{Y}_j$ に属し,
(c) $\mathbf{a}_{I \cup J} - \boldsymbol{\omega}$ が処分技術 $\mathbf{\Delta}$ に属するならば,
「経済 $\mathbf{E}$ の実現可能配分」と呼ばれる。経済 $\mathbf{E}$ の実現可能配分全体の集合は「経済 $\mathbf{E}$ の実現可能配分集合」と呼ばれ, $\mathbf{F}(\mathbf{E})$ で表される。

Pareto 効率的配分と弱 Pareto 効率的配分は次のように定義される。

定義 5.2.11. 経済 $\mathbf{E}$ の実現可能配分 $\mathbf{a}$ は, もし
(a) 任意の消費者 i に対して $\tilde{\mathbf{a}}_i \succsim_i \mathbf{a}_i$ となり,
(b) 少なくとも一人の消費者 k に対して $\tilde{\mathbf{a}}_k \succ_k \mathbf{a}_k$ となるような
$\mathbf{E}$ の実現可能配分 $\tilde{\mathbf{a}}$ が存在しないならば,「$\mathbf{E}$ の Pareto 効率的配分」と呼ばれ, あるいは単に「Pareto 効率的である」と言われる。$\mathbf{E}$ の Pareto 効率的配分全体の集合は「$\mathbf{E}$ の Pareto 効率的配分集合」と呼ばれ, $\mathbf{P}(\mathbf{E})$ で表される。

5.2 公共財経済の私的財経済による表現

定義 5.2.12. 経済 $\mathscr{E}$ の実現可能配分 $\mathbf{a}$ は，もし任意の消費者 i に対して $\tilde{\mathbf{a}}_i \hat{\succsim}_i \mathbf{a}_i$ となるような $\mathbf{E}$ の実現可能配分 $\tilde{\mathbf{a}}$ が存在しないならば，「$\mathbf{E}$ の弱 Pareto 効率的配分」と呼ばれ，あるいは単に「弱 Pareto 効率的である」と言われる。$\mathbf{E}$ の弱 Pareto 効率的配分全体の集合は「$\mathbf{E}$ の弱 Pareto 効率的配分集合」と呼ばれ，$\mathbf{WP}(\mathbf{E})$ で表される。

命題 5.2.4. φ の $F(\mathscr{E})$ への制限は $\varphi(F(\mathscr{E})) = \mathbf{F}(\mathbf{E})$, $\varphi(P(\mathscr{E})) = \mathbf{P}(\mathbf{E})$ および $\varphi(WP(\mathscr{E})) = \mathbf{WP}(\mathbf{E})$ を満足する $F(\mathscr{E})$ から $\mathbf{F}(\mathbf{E})$ の上への線形全単射である。

すなわち，これら二つの経済の実現可能配分集合，Pareto 効率的配分集合，弱 Pareto 効率的配分集合はそれぞれ関数 φ で一対一に対応している。

次の命題は公共財を含む経済 $\mathscr{E}$ の性質が上のように定義された拡大財集合を持つ経済 $\mathbf{E}$ の性質としてそのまま引き継がれることを主張している。

命題 5.2.5. (a) 任意の消費者 i に対して
(a.1) $\succsim_i$-可能消費集合 $X(\succsim_i)$ が下方有界ならば消費集合 $\mathbf{X}_i$ は下方有界であり，
(a.2) $X(\succsim_i)$ が財空間 $\mathbb{R}^H$ の閉部分集合ならば $\mathbf{X}_i$ は拡大財空間 $\mathbb{R}^{\mathbf{H}}$ の閉部分集合であり，
(a.3) $X(\succsim_i)$ が凸ならば $\mathbf{X}_i$ は凸であり，
(a.4) α_i が $X(\succsim_i)$ に属するならば $\boldsymbol{\alpha}_i$ は $\mathbf{X}_i$ に属し，
(a.5) 選好関係 $\succsim_i$ が連続ならば選好関係 $\hat{\succsim}_i$ は連続であり，
(a.6) $\succsim_i$ が非飽和ならば $\hat{\succsim}_i$ は非飽和であり，
(a.7) $\succsim_i$ が凸ならば $\hat{\succsim}_i$ は凸であり，
(b) 任意の生産者 j に対して
(b.1) 生産集合 Y_j が財空間 $\mathbb{R}^H$ の原点を含むならば生産集合 $\mathbf{Y}_j$ は拡大財空間 $\mathbb{R}^{\mathbf{H}}$ の原点を含み，
(b.2) Y_j が財空間 $\mathbb{R}^H$ の閉部分集合ならば $\mathbf{Y}_j$ は拡大財空間 $\mathbb{R}^{\mathbf{H}}$ の閉部分集合であり，
(b.3) Y_j が凸ならば $\mathbf{Y}_j$ は凸であり，
(c) 経済 $\mathscr{E}$ の実現可能配分集合 $F(\mathscr{E})$ が非空コンパクトならば経済 $\mathbf{E}$ の実現可能配分集合 $\mathbf{F}(\mathbf{E})$ は非空コンパクトである。

5.3 Lindahl均衡

競争市場においては一種類の財に対しては一つの価格が成立し同一の財を異なる購入者に異なる価格で受け渡すことはしない．しかし公共財に対しては共用消費者集団に属するすべての消費者が同一量を需要する必要がある．それぞれの消費者は一般に異なる選好関係を持つから同一価格に直面したときに同一量を需要することは期待できず，したがって公共財を含む経済において競争均衡に対応するものが実現することは望めず，競争市場とは異なる資源配分機構によって配分を決定することが求められる．Pareto効率的配分を達成する機構としてはLindahlによって考案されたLindahl機構が知られている[21]．

以下では公共財を含む経済のLindahl均衡とLindahl配分を定義しLindahl配分とPareto効率的配分の間の関係を確かめる．ここでは私有財産経済は考えず，公共財を含む私有財産経済のLindahl均衡は以下で考える．

Lindahl均衡の競争均衡との著しい相違点は各経済主体は他の経済主体とは異なる独自の価格に直面することである．このような価格は以下で個人別価格と呼ばれる配分空間 AS の元である．

定義 5.3.1. 配分空間 AS の任意の元 p に対して

$$\Lambda(p) = \bigcap_{k \in I \cup J} \left\{ p_k |_{H_\chi^{PRG}} \right\}$$

と定義し[22]，また $\Lambda(p)$ が非空である場合の $\Lambda(p)$ の唯一の元を $\lambda(p)$ で表す．

$\lambda(p)$ は以下で定義されるLindahl均衡における私的財の価格を表すものとして用いられる．実際，Lindahl均衡における価格は少なくとも次の性質を持つことが要求される．

---

21) Lindahl機構については Lindahl (1958) と Johansen (1963) を参照．
22) 記号 $p_k|_{H_\chi^{PRG}}$ は H 上の実数値関数 p_k の H_χ^{PRG} への制限を表す．制限の定義については，数学付録の定義 A.2.23 を参照．

5.3 Lindahl 均衡

定義 5.3.2. 配分空間 AS の元 p は，もし任意の財 h に対して
(a) h が χ-私的財であるとき任意の経済主体 k に対して $p_k^h = \lambda^h(p)$ となり，
(b) h が χ-公共財または χ-公共生産要素であるとき $(I \cup J) \setminus \chi(h)$ に属する任意の経済主体 k に対して $p_k^h = p_{\chi(h)}^h$ ならば[23]，
「χ-許容価格」と呼ばれる。χ-許容価格全体の集合は P_χ で表される。

χ-許容価格の意味を理解するために任意の財 h を考える。条件 (a) は h が私的財である場合にはその価格はすべての経済主体の間で共通であることを表現している。条件 (b) は h が公共財（公共生産要素）である場合には財 h の共用集団に属さない任意の経済主体は共用集団に属する消費者（生産者）の個人別価格の合計 $p_{\chi(h)}^h$ に等しい共通の価格に直面し，この価格で公共財（公共生産要素）を私的財のように売買できることを表現している。

定義 5.3.3. 公共財を含む経済 $\mathscr{E}$ の実現可能配分 a と χ-許容価格 p の順序対 (a,p) は，もし
(a) 任意の消費者 i と $p_i \cdot z \leq p_i \cdot a_i$ を満足する任意の $\succsim_i$-可能消費 z に対して $a_i \succsim_i z$ となり，
(b) 任意の生産者 j と 任意の Y_j-可能生産 z に対して $p_j \cdot z \geq p_j \cdot a_j$ となり，
(c) $\lambda(p) \cdot (a_{I \cup J} - \omega)|_{H_\chi^{PRG}} = 0$ となり[24]，
(d) $\lambda(p)$ が処分技術 Δ の極 Δ^* に属するならば，
「$\mathscr{E}$ の Lindahl 均衡」と呼ばれる。

定義 5.3.4. 公共財を含む経済 $\mathscr{E}$ の実現可能配分 a は，もし (a,p) が $\mathscr{E}$ の Lindahl 均衡となるような χ-許容価格 p が存在するならば，「$\mathscr{E}$ の Lindahl 配分」と呼ばれる。

Lindahl 均衡の条件 (a) は，任意の消費者 i に対して，配分 a における消費者 i の消費 a_i の消費者 i の個人別価格 p_i で評価された価値 $p_i \cdot a_i$ に等しい所得を与えられた場合に，その個人別価格とその所得によって定まる予算集合の下で最善の消費を選んでいることを表す。条件 (b) は，任意の生産者

---

[23] 第 1 章の脚注 13) での約束により $p_{\chi(h)}^h = \sum_{k \in \chi(h)} p_k^h$ と定義されている。
[24] 記号 $(a_{I \cup J} - \omega)|_{H_\chi^{PRG}}$ は H 上の実数値関数 $a_{I \cup J} - \omega$ の H_χ^{PRG} への制限を表す。

j に対して，配分 a における生産者 j の生産 a_j から得られる生産者 j の個人別価格 p_j で評価された利潤 $-p_j \cdot a_j$ がこの生産者の技術 Y_j の下で最大化されていることを表す．個人別価格が用いられていることを除けばこの二つの条件は競争均衡の定義と似ている．

公共財および公共生産要素については処分の問題を考える必要がないと仮定しているが私的財についてはその問題を考える必要があるから，条件 (c) と (d) で一般化された無料財規則が指定されている．

Lindahl 配分と Pareto 効率的配分の間の関係を調べるには（強）Lindahl-Hicks 均衡と（強）Lindahl-Hicks 配分という概念を導入すると便利である．

定義 5.3.5. 公共財を含む経済 $\mathscr{E}$ の実現可能配分 a と χ-許容価格 p の順序対 (a,p) は，もし

(a) 任意の消費者 i と $z \succsim_i a_i$ を満足する任意の $\succsim_i$-可能消費 z に対して $p_i \cdot z \geq p_i \cdot a_i$ となり，

(b) 任意の生産者 j と任意の Y_j-可能生産 z に対して $p_j \cdot z \geq p_j \cdot a_j$ となり，

(c) $\lambda(p) \cdot (a_{I \cup J} - \omega)|_{H_\chi^{PRG}} = 0$ となり，

(d) $\lambda(p)$ が処分技術 Δ の極 Δ^* に属し，

(e) 任意の消費者 i に対して $p_i \neq 0$ ならば，

「$\mathscr{E}$ の強 Lindahl-Hicks 均衡」と呼ばれる．

定義 5.3.6. 公共財を含む経済 $\mathscr{E}$ の実現可能配分 a は，もし (a,p) が $\mathscr{E}$ の強 Lindahl-Hicks 均衡となるような χ-許容価格 p が存在するならば，「$\mathscr{E}$ の強 Lindahl-Hicks 配分」と呼ばれる．

定義 5.3.7. 公共財を含む経済 $\mathscr{E}$ の実現可能配分 a と χ-許容価格 p の順序対 (a,p) は，もし

(a) 任意の消費者 i と $z \succsim_i a_i$ を満足する任意の $\succsim_i$-可能消費 z に対して $p_i \cdot z \geq p_i \cdot a_i$ となり，

(b) 任意の生産者 j と任意の Y_j-可能生産 z に対して $p_j \cdot z \geq p_j \cdot a_j$ となり，

(c) $\lambda(p) \cdot (a_{I \cup J} - \omega)|_{H_\chi^{PRG}} = 0$ となり，

(d) $\lambda(p)$ が処分技術 Δ の極 Δ^* に属し，

(e) $p_k \neq 0$ となる消費者 k が存在するならば，

「$\mathscr{E}$ の Lindahl-Hicks 均衡」と呼ばれる．

5.3 Lindahl 均衡

定義 5.3.8. 公共財を含む経済 $\mathscr{E}$ の実現可能配分 a は，もし (a,p) が $\mathscr{E}$ の Lindahl-Hicks 均衡となるような χ-許容価格 p が存在するならば，「$\mathscr{E}$ の Lindahl-Hicks 配分」と呼ばれる。

命題 5.3.1. もし任意の消費者 i に対して i の選好関係 $\succsim_i$ が局所非飽和ならば，公共財を含む経済 $\mathscr{E}$ の任意の Lindahl 均衡は $\mathscr{E}$ の強 Lindahl-Hicks 均衡である。

次の命題は定義から直ちに導かれる。

命題 5.3.2. 公共財を含む経済 $\mathscr{E}$ の任意の強 Lindahl-Hicks 均衡は $\mathscr{E}$ の Lindahl-Hicks 均衡である。

次の二つの定理は私的財だけから成る経済における厚生経済学の第一基本定理に対応する。

定理 5.3.1. 任意の消費者 i に対して $\succsim_i$ が局所非飽和であるならば公共財を含む経済 $\mathscr{E}$ の任意の Lindahl 配分は Pareto 効率的である。

局所非飽和性を満足しない消費者が存在する経済に Pareto 効率的でない Lindahl 配分が存在しうることは次の例で示される。

例 5.3.1. $H = \{1,2\}$, $I = \{1,2\}$, $J = \{3\}$, $\chi(1) = \emptyset$, $\chi(2) = I$, さらに $\mathbb{R}_+^H$ の任意の元 z に対して

$$u_1(z) = \begin{cases} z^1 + z^2 & \text{if } z^1 + z^2 < 6, \\ 6 & \text{if } 6 \leq z^1 + z^2 \leq 7, \\ z^1 + z^2 - 1 & \text{if } z^1 + z^2 > 7, \end{cases}$$

$$u_2(z) = 4z^1 + z^2,$$

また

$$\succsim_1 = \left\{ (z, \tilde{z}) \in \mathbb{R}_+^H \times \mathbb{R}_+^H \mid u_1(z) \geq u_1(\tilde{z}) \right\},$$
$$\succsim_2 = \left\{ (z, \tilde{z}) \in \mathbb{R}_+^H \times \mathbb{R}_+^H \mid u_2(z) \geq u_2(\tilde{z}) \right\},$$

$$Y_3 = \left\{ z \in \mathbb{R}_+ \times \mathbb{R}_- \,\middle|\, 8z^1 + 10z^2 \geq 0 \right\},$$
$$\Delta = \{0\} \subset \mathbb{R},$$
$$\omega = (10, 0)$$

によって定義される経済 $(H, I, J, \chi, \succsim, Y, \Delta, \omega)$ を選ぶ．このとき配分 $a = (a_1, a_2, a_3) = ((5,2), (2.5, 2), (2.5, -2))$ と価格 $p = (p_1, p_2, p_3) = ((4, 4), (4, 1), (4, 5))$ の順序対 (a, p) はこの経済の Lindahl 均衡であるが a は Pareto 効率的ではない．実際，配分 $\tilde{a} = (\tilde{a}_1, \tilde{a}_2, \tilde{a}_3) = ((4, 2), (3.5, 2), (2.5, -2))$ は実現可能配分であり a より Pareto 優越である．

この経済において財 1 は私的財であり財 2 は純粋公共財であり，経済主体 1 と 2 は消費者であり，経済主体 3 は生産者である．図 5.3.1 において私的財の量は横軸に沿って測られ，公共財の量は縦軸に沿って測られている．消費者 1 の無差別曲線は勾配 -1 の直線であるが効用水準 6 に対応する無差別曲線だけは同図の濃い影をつけてある帯状の部分であり局所非飽和性を満足していない．消費者 2 の無差別曲線は勾配 -4 の直線であり局所非飽和性を満足する．生産者は私的財 1 単位を投入することによって公共財 0.8 単位を産出する技術を持っておりその生産集合 Y は同図の薄い影をつけた領域で示されている．この経済においてはすべての私的財は処分不可能であり，私的財の賦存量は 10 単位であり公共財の賦存量は 0 単位である．

消費者 1 の個人別価格 p_1 で評価した消費 a_1 の価値に対応する等支出線は a_1 を通る勾配 -1 の直線だから効用水準 6 に対応する無差別曲線（帯状）の右上方境界と一致する．他方，消費者 2 の個人別価格 p_2 で評価した消費 a_2 の価値に対応する等支出線は a_2 を通る勾配 -4 の直線だから効用水準 12 に対応する無差別曲線と一致し，ゆえに定義 5.3.3 の条件 (a) が満たされる．

生産者の個人別価格 p_3 で評価した生産 a_3 の価値に対応する等支出線は a_3 を通る勾配 -0.8 の直線であり生産集合 Y の左下方境界と一致するから定義 5.3.3 の条件 (b) が満たされ，$(a_1 + a_2 + a_3 - \omega)^1 = 0$ だから定義 5.3.3 の条件 (c) が満たされる．すべての私的財は処分不可能だから $\Delta^* = \mathbb{R}$ となり，定義 5.3.3 の条件 (d) が満たされ，したがって (a, p) は Lindahl 均衡である．

しかし消費者 1 は消費 $\tilde{a}_1$ においても a_1 と同じ効用を享受できるから，a_1

5.3 Lindahl 均衡

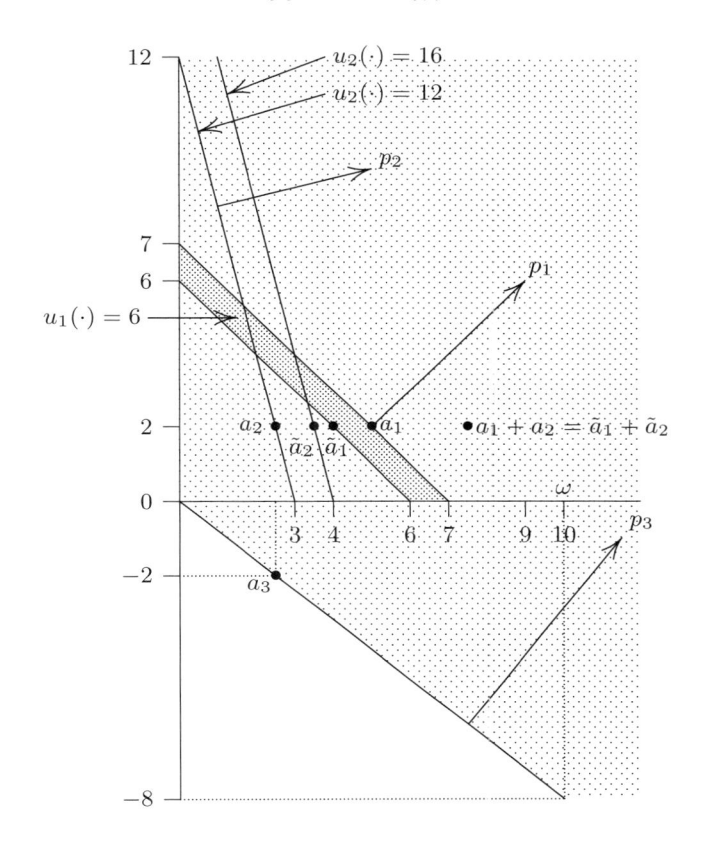

図 5.3.1　Pareto 効率的でない Lindahl 配分

から $\tilde{a}_1$ への変化に伴う私的財の減少分を消費者 2 に与えることにより消費者 2 の消費を a_2 から $\tilde{a}_2$ に変更することが可能であり，これにより消費者 2 の効用水準は 16 に上昇する．したがって配分 $\tilde{a}$ は実現可能であり a より Pareto 優越だから a は Pareto 効率的でない．

定理 5.3.2. 公共財を含む経済 $\mathscr{E}$ の任意の Lindahl 配分は弱 Pareto 効率的である．

定理 5.3.1 と 5.3.2 が主張するように，Lindahl 配分は確かに Pareto 効率的または弱 Pareto 効率的であり公共財が存在しない私的財経済における競争

配分と同様の望ましい性質を持っている。しかし Lindahl 配分には競争配分が持たないような弱点がある。競争配分は各経済主体がそれぞれ価格に対する支配力を持たず価格受容者として行動するという競争市場の基本的仮説に依存する概念であり，この仮説自体は同一財を取引する多数の経済主体が存在するという仮定によって支えられる。

Lindahl 配分も各経済主体がそれぞれ価格に対する支配力を持たず価格受容者として行動するという基本的仮説に依存する概念であるが，この仮説は多数の経済主体が存在するという仮定によっては支えられない。公共財は競合性または排除可能性のいずれかを満足しない。競合性を満足しない場合には公共財が一度供給されてしまえばその共用集団に属する経済主体は供給された全量を自由に消費できる。さらに排除可能性を満足しない場合には Lindahl 均衡で指定される個人別価格を支払わなくても共用集団から排除されないから，その個人別価格を支払う誘因は存在せず，いわゆる「無賃乗車」が可能である。

したがって Lindahl 均衡が実際に機能するためには無賃乗車を防ぐための何らかの法的措置を講じる必要がある。私的財だけの経済においても競争市場が完全な意味で機能するためには窃盗や万引きなどの行為を防ぐための法的措置が必要であることには代わりがなく社会生活における基本的秩序が成立していることは必要だから，この種の困難は公共財独特の問題とは言い切れないが無視できない問題である。

私的財だけから成る経済における厚生経済学の第二基本定理に対応するものが成立するか否かを見るには拡大財集合 $\mathbf{H}$ を持つ経済 $\mathbf{E}$ との関係で考えるのが便利である。公共財を含む経済 $\mathscr{E}$ の Lindahl 均衡あるいはその変種における価格 p と拡大財集合 $\mathbf{H}$ を持つ私有財産経済 $\mathbf{POE}$ の競争均衡あるいはその変種における価格 $\mathbf{p}$ の間の関係は次の関数 ϕ と ψ で関係付けられることが以下でわかる。

定義 5.3.9. (a) 拡大財空間 $\mathbb{R}^{\mathbf{H}}$ の任意の元 $\mathbf{p}$, $I \cup J$ の任意の元 k および財集合 H の任意の元 h に対して

5.3 Lindahl 均衡

$$\phi_k^h(\mathbf{p}) = \begin{cases} \mathbf{p}^h & \text{if } \chi(h) = \emptyset, \\ \mathbf{p}^{(h,k)} & \text{if } \chi(h) \neq \emptyset \text{ and } k \in \chi(h), \\ \sum_{t \in \chi(h)} \mathbf{p}^{(h,t)} & \text{if } \chi(h) \neq \emptyset \text{ and } k \notin \chi(h) \end{cases}$$

と定義し,

(b) 任意の χ-許容価格 p と拡大財集合 $\mathbf{H}$ の任意の元 η に対して

$$\psi^\eta(p) = \begin{cases} \lambda^\eta(p) & \text{if } \eta \in H_r, \\ p_{\hat{i}(\eta)}^{\hat{h}(\eta)} & \text{if } \eta \in H_g, \\ p_{\hat{j}(\eta)}^{\hat{h}(\eta)} & \text{if } \eta \in H_f \end{cases}$$

と定義する。

命題 5.3.3. (a) $\mathbb{R}^\mathbf{H}$ の任意の元 $\mathbf{p}$ に対して (a.1) $\phi(\mathbf{p})$ は χ-許容価格であり, (a.2) $\psi(\phi(\mathbf{p})) = \mathbf{p}$ となり,
(b) 任意の χ-許容価格 p に対して $\phi(\psi(p)) = p$ となる。

任意の経済主体 k の拡大財集合 $\mathbf{H}$ を持つ経済 $\mathbf{E}$ における活動 $\mathbf{z}$ の価格 $\mathbf{p}$ で評価した価値 $\mathbf{p} \cdot \mathbf{z}$ と公共財を含む経済 $\mathscr{E}$ における $z = \varphi_k^{-1}(\mathbf{z})$ によって定義される活動 z の $p = \phi(\mathbf{p})$ によって定義される χ-許容価格 p における p_k で評価した価値 $p_k \cdot z$ は等しいという基本的性質をここで述べる。

命題 5.3.4. (a) 任意の経済主体 k, 拡大財集合 $\mathbf{H}$ を持つ経済 $\mathbf{E}$ における任意の活動 $\mathbf{z}$ および $\mathbb{R}^\mathbf{H}$ の任意の元 $\mathbf{p}$ に対して $\mathbf{p} \cdot \mathbf{z} = \phi_k(\mathbf{p}) \cdot \varphi_k^{-1}(\mathbf{z})$ となり,
(b) 任意の経済主体 k, 公共財を含む経済 $\mathscr{E}$ における任意の活動 z および任意の χ-許容価格 p に対して $\psi(p) \cdot \varphi_k(z) = p_k \cdot z$ となる。

次の関係も以下で用いられる。

命題 5.3.5. 任意の二つの χ-許容配分 a と $\tilde{a}$ および任意の χ-許容価格 p に対して

$$\psi(p) \cdot \sum_{k \in I \cup J} ((\varphi(a))(k) - (\varphi(\tilde{a}))(k)) = \lambda(p) \cdot (a_{I \cup J} - \tilde{a}_{I \cup J})|_{H_\chi^{PRG}}$$

となる。

経済 E の補償均衡は第 4 章の定義 4.1.3 と同様に次のように定義される。

定義 5.3.10. 経済 E の実現可能配分 $\mathbf{a}$ と拡大財空間 $\mathbb{R}^{\mathbf{H}}$ に属する価格 $\mathbf{p}$ の順序対 $(\mathbf{a}, \mathbf{p})$ は，もし
(a) 任意の消費者 i と $\mathbf{z} \succsim_i \mathbf{a}_i$ を満足し $\mathbf{X}_i$ に属する任意の消費 $\mathbf{z}$ に対して $\mathbf{p} \cdot \mathbf{z} \geq \mathbf{p} \cdot \mathbf{a}_i$ となり，
(b) 任意の生産者 j と $\mathbf{Y}_j$ に属する任意の生産 $\mathbf{z}$ に対して $\mathbf{p} \cdot \mathbf{z} \geq \mathbf{p} \cdot \mathbf{a}_j$ となり，
(c) $\mathbf{p} \cdot (\mathbf{a}_{I \cup J} - \boldsymbol{\omega}) = 0$ となり，
(d) $\mathbf{p}$ が処分技術 Δ の極 Δ^* に属し，
(e) $\mathbf{p} \neq 0$ ならば，
「経済 E の補償均衡」と呼ばれる。

定義 5.3.11. 経済 E の実現可能配分 $\mathbf{a}$ は，もし $(\mathbf{a}, \mathbf{p})$ が経済 E の補償均衡となるような価格 $\mathbf{p}$ が存在するならば，「経済 E の補償均衡配分」あるいは単に「経済 E の補償配分」と呼ばれる。また拡大財空間 $\mathbb{R}^{\mathbf{H}}$ に属する価格 $\mathbf{p}$ は，もし $(\mathbf{a}, \mathbf{p})$ が経済 E の補償均衡となるような経済 E の実現可能配分 $\mathbf{a}$ が存在するならば，「経済 E の補償均衡価格」あるいは単に「経済 E の補償価格」と呼ばれる。

ここで生産技術の性質に関する一つの定義を述べる。

定義 5.3.12. 生産技術 V は，もし $V + A \subset V$ ならば，「公共生産要素の無料処分可能性を満足する」と言われる。ただし

$$A = \left\{ z \in \mathbb{R}^H \mid z|_{H_\chi^{PBF}} \geq 0 \text{ かつ } z|_{H_\chi^{PRG} \cup H_\chi^{PBG}} = 0 \right\}$$

と定義する。

z が V-可能生産ならば公共生産要素の投入量を増加させて他の財の投入産出量を不変に保つような任意の生産 $\tilde{z}$ は V-可能であることをこの条件は表している。これは公共生産要素を不必要に多量に投入することが技術的に可能であることを意味する。これは個別の生産者が持つ技術に含まれる無料処分可能性であり，経済全体の処分技術 Δ の特性とは別であると想定されている。

次の命題は公共財を含む経済の Lindahl-Hicks 均衡と拡大財集合を持つ経済の補償均衡の間の関係を記述している.

命題 5.3.6. 公共財を含む経済 $\mathscr{E}$ の任意の許容配分 a と拡大財空間 $\mathbb{R}^\mathbf{H}$ に属する任意の価格 $\mathbf{p}$ に対して,
(a) もし $(a, \phi(\mathbf{p}))$ が $\mathscr{E}$ の Lindahl-Hicks 均衡ならば $(\varphi(a), \mathbf{p})$ は経済 $\mathbf{E}$ の補償均衡であり,
(b) もし
(b.1) 任意の生産者 j に対して生産技術 Y_j が公共生産要素の無料処分可能性を満足し,
(b.2) $(\varphi(a), \mathbf{p})$ が経済 $\mathbf{E}$ の補償均衡ならば
$(a, \phi(\mathbf{p}))$ は $\mathscr{E}$ の Lindahl-Hicks 均衡である.

公共財を含む経済の Pareto 効率的配分が Lindahl-Hicks 配分となるための十分条件は次の命題で与えられる.

命題 5.3.7. (i) 任意の消費者 i に対して (i-1) $X(\succsim_i)$ が凸であり, (i-2) 選好関係 $\succsim_i$ が連続かつ凸であり,
(ii) 任意の生産者 j に対して生産集合 Y_j が凸であり公共生産要素の無料処分可能性を満足するならば,
$\succsim_k$ が a_k において非飽和であるような消費者 k が存在するような公共財を含む経済 $\mathscr{E}$ の任意の Pareto 効率的配分 a は $\mathscr{E}$ の Lindahl-Hicks 配分である.

私的財だけから成る経済に関する厚生経済学の第二基本定理に対応する主張は次の定理で与えられる.

定理 5.3.3. (i) 任意の消費者 i に対して (i-1) $X(\succsim_i)$ が凸であり, (i-2) $\succsim_i$ が連続かつ凸であり, (i-3) 任意の二つの $\succsim_i$-可能消費 z と $\tilde{z}$ に対して $\left(w, \tilde{z}|_{H_\chi^{PBG} \cup H_\chi^{PBF}}\right)$ が $\succsim_i$-可能消費であり $\left(w, \tilde{z}|_{H_\chi^{PBG} \cup H_\chi^{PBF}}\right) \succ_i z$ となるような $\mathbb{R}^{H_\chi^{PRG}}$ の元 w が存在し,
(ii) 任意の生産者 j に対して Y_j が凸であり $\mathbb{R}^H$ の原点を含むならば,
任意の消費者 i に対して $\succsim_i$ が a_i において飽和しているかあるいは任意の消費者 i に対して a_i が $X(\succsim_i)$ の内部 $\text{int} X(\succsim_i)$ に属するような公共財を含む経済 $\mathscr{E}$ の Pareto 効率的配分 a は経済 $\mathscr{E}$ の Lindahl 配分である.

定理 5.3.3 の仮定 (i-3) は選好関係に関する若干強い限定であり説明を要するであろう．任意の消費者 i の任意の二つの $\succsim_i$-可能消費 z と $\tilde{z}$ が与えられたと想定する．このとき z における公共財消費量と公共生産要素の私的財としての消費量または提供量 $z|_{H_\chi^{PBG} \cup H_\chi^{PBF}}$ と $\tilde{z}$ における公共財消費量と公共生産要素の私的財としての消費量または提供量 $\tilde{z}|_{H_\chi^{PBG} \cup H_\chi^{PBF}}$ の間にどのような関係があるかわからないが，それにも拘わらず $\tilde{z}$ における私的財の消費量 $\tilde{z}|_{H_\chi^{PRG}}$ だけを w に変更することによって z より厳密に望ましい消費に到達できることをこの仮定は述べている．すなわち公共財・公共生産要素の消費量がどのように悪いものに変更されても私的財の消費量の変更によってその悪化を十分相殺できることを述べている．これは次節の定理 5.4.1 の仮定 (i-3) より強い．

5.4　公共財を含む私有財産経済の Lindahl 均衡

5.3 節では公共財を含む経済の Lindahl 均衡の概念を導入したが，本節では公共財を含む私有財産経済の Lindahl 均衡の概念を考える．

定義 5.4.1. 公共財を含む経済 $\mathscr{E}$ の実現可能配分 a と χ-許容価格 p の順序対 (a, p) は，もし
(a) 任意の消費者 i に対して
(a.1) $p_i \cdot a_i \leq p_i \cdot \alpha_i - \sum_{j \in J} \theta_j^i p_j \cdot a_j$ となり，
(a.2) $p_i \cdot z \leq p_i \cdot \alpha_i - \sum_{j \in J} \theta_j^i p_j \cdot a_j$ を満足する任意の $\succsim_i$-可能消費 z に対して $a_i \succsim_i z$ となり，
(b) 任意の生産者 j と任意の Y_j-可能生産 z に対して $p_j \cdot z \geq p_j \cdot a_j$ となり，
(c) $\lambda(p) \cdot (a_{I \cup J} - \alpha_{I \cup J})|_{H_\chi^{PRG}} = 0$ となり，
(d) $\lambda(p)$ が処分技術 Δ の極 Δ^* に属するならば，
「公共財を含む私有財産経済 $\mathscr{P}\!\mathscr{O}\!\mathscr{E}$ の Lindahl 均衡」と呼ばれる．

Lindahl 均衡の存在を証明するためには若干異なる次の Lindahl 準均衡の存在を先ず証明することが有用である．

5.4 公共財を含む私有財産経済の Lindahl 均衡

定義 5.4.2. 公共財を含む経済 $\mathscr{E}$ の実現可能配分 a と χ-許容価格 p の順序対 (a, p) は，もし
(a) 任意の消費者 i に対して
(a.1) $p_i \cdot a_i = p_i \cdot \alpha_i - \sum_{j \in J} \theta_j^i p_j \cdot a_j$ となり[25]，
(a.2) 次の二つの条件：
(a.2.1) $p_i \cdot z \leq p_i \cdot \alpha_i - \sum_{j \in J} \theta_j^i p_j \cdot a_j$ を満足する任意の $\succsim_i$-可能消費 z に対して $a_i \succsim_i z$，
(a.2.2) $p_i \cdot a_i = \min p_i \cdot X(\succsim_i)$，
のうちの少なくとも一方が成立し，
(b) 任意の生産者 j と任意の Y_j-可能生産 z に対して $p_j \cdot z \geq p_j \cdot a_j$ となり，
(c) $\lambda(p) \cdot (a_{I \cup J} - \alpha_{I \cup J})|_{H_\chi^{PRG}} = 0$ となり，
(d) $\lambda(p)$ が処分技術 Δ の極 Δ^* に属し，
(e) $p \neq 0$ ならば，
「公共財を含む私有財産経済 $\mathscr{POE}$ の Lindahl 準均衡」と呼ばれる。

本節ではかなり広い範囲の私有財産経済に Lindahl 準均衡が存在することを証明するが，ここでも拡大財集合を持つ私的財経済の準均衡の存在定理を適用するという手法を用いる。私有財産経済 **POE** の競争均衡と準均衡は第 4 章の定義 4.1.5 と 4.3.1 と同様に次のように定義される。

定義 5.4.3. 私有財産経済 **POE** が与えられたとき，経済 **E** の実現可能配分 $\mathbf{a}$ と拡大財空間 $\mathbb{R}^{\mathbf{H}}$ に属する価格 $\mathbf{p}$ の順序対 $(\mathbf{a}, \mathbf{p})$ は，もし
(a) 任意の消費者 i に対して
(a.1) $\mathbf{p} \cdot \mathbf{a}_i \leq \mathbf{p} \cdot \boldsymbol{\alpha}_i - \sum_{j \in J} \theta_j^i \mathbf{p} \cdot \mathbf{a}_j$ となり，
(a.2) $\mathbf{p} \cdot \mathbf{z} \leq \mathbf{p} \cdot \boldsymbol{\alpha}_i - \sum_{j \in J} \theta_j^i \mathbf{p} \cdot \mathbf{a}_j$ を満足し $\mathbf{X}_i$ に属する任意の消費 $\mathbf{z}$ に対して $\mathbf{a}_i \succsim_i \mathbf{z}$ となり，
(b) 任意の生産者 j と $\mathbf{Y}_j$ に属する任意の生産 $\mathbf{z}$ に対して $\mathbf{p} \cdot \mathbf{z} \geq \mathbf{p} \cdot \mathbf{a}_j$ となり，
(c) $\mathbf{p} \cdot (\mathbf{a}_{I \cup J} - \boldsymbol{\alpha}_I) = 0$ となり，

---
[25] この条件を Lindahl 均衡の条件 (a.1) と同様に不等号を用いて定義することも考えられるが，以下では等号が成立する場合を用いることを考慮してこのように定義する。

(d) $\mathbf{p}$ が処分技術 $\boldsymbol{\Delta}$ の極 $\boldsymbol{\Delta}^*$ に属するならば,

私有財産経済 **POE** の「競争均衡」と呼ばれる.

定義 5.4.4. 私有財産経済 **POE** が与えられたとき,経済 **E** の実現可能配分 $\mathbf{a}$ と拡大財空間 $\mathbb{R}^{\mathbf{H}}$ に属する価格 $\mathbf{p}$ の順序対 $(\mathbf{a}, \mathbf{p})$ は,もし
(a) 任意の消費者 i に対して
(a.1) $\mathbf{p} \cdot \mathbf{a}_i = \mathbf{p} \cdot \boldsymbol{\alpha}_i - \sum_{j \in J} \theta_j^i \mathbf{p} \cdot \mathbf{a}_j$ となり,
(a.2) 次の二つの条件: (a.2.1) $\mathbf{p} \cdot \mathbf{z} \leq \mathbf{p} \cdot \boldsymbol{\alpha}_i - \sum_{j \in J} \theta_j^i \mathbf{p} \cdot \mathbf{a}_j$ を満足し $\mathbf{X}_i$ に属する任意の消費 $\mathbf{z}$ に対して $\mathbf{a}_i \overset{\circ}{\succsim}_i \mathbf{z}$, (a.2.2) $\mathbf{p} \cdot \mathbf{a}_i = \min \mathbf{p} \cdot \mathbf{X}_i$ のうちの少なくとも一方が成立し,
(b) 任意の生産者 j と $\mathbf{Y}_j$ に属する任意の生産 $\mathbf{z}$ に対して $\mathbf{p} \cdot \mathbf{z} \geq \mathbf{p} \cdot \mathbf{a}_j$ となり,
(c) $\mathbf{p} \cdot (\mathbf{a}_{I \cup J} - \boldsymbol{\alpha}_{I \cup J}) = 0$ となり,
(d) $\mathbf{p}$ が処分技術 $\boldsymbol{\Delta}$ の極 $\boldsymbol{\Delta}^*$ に属し,
(e) $\mathbf{p} \neq 0$ ならば,

私有財産経済 **POE** の「準均衡」と呼ばれる.

Lindahl 準均衡の存在を保証する十分条件は次の命題で与えられる.

命題 5.4.1. (i) 任意の消費者 i に対して (i-1) $\succsim_i$-可能消費集合 $X(\succsim_i)$ が賦存資源の i への初期割当 α_i を含む財空間 $\mathbb{R}^H$ の下方有界な閉凸部分集合であり,(i-2) 選好関係 $\succsim_i$ が連続,非飽和,凸であり,
(ii) 任意の生産者 j に対して生産集合 Y_j が財空間 $\mathbb{R}^H$ の原点を含む閉凸部分集合であり,
(iii) 技術目録 Y が無料生産の不可能性と集計的生産過程の非可逆性を満足し,
(iv) $\Delta = \mathbb{R}_{-\chi}^{H_\chi^{PRG}}$ となり,
(v) 任意の生産者 j に対して $\hat{a}_j = 0$ となり,任意の消費者 i に対して $\hat{a}_i|_{H_\chi^{PBG} \cup H_\chi^{PBF}} = 0$ となり,さらに $\hat{a}_I|_{H_\chi^{PRG}} = \omega|_{H_\chi^{PRG}}$ となるような実現可能配分 $\hat{a}$ が存在するならば,

$\mathscr{E}$ の Lindahl-Hicks 均衡でもあるような公共財を含む私有財産経済 $\mathscr{POE}$ の Lindahl 準均衡が存在する.

5.4 公共財を含む私有財産経済の Lindahl 均衡

仮定を若干強化することにより Lindahl 均衡の存在を証明できる. そのために各消費者の賦存資源初期割当がその消費集合の内部に含まれることを仮定し, さらに各消費者 i の任意の $\succsim_i$-可能消費において私的財の消費量だけを変更することによって一層望ましい消費に到達できることを仮定する[26]。

定理 5.4.1 (Lindahl 均衡の存在). (i) 任意の消費者 i に対して (i-1) $\succsim_i$-可能消費集合 $X(\succsim_i)$ が賦存資源の i への初期割当 α_i をその内部 $\operatorname{int} X(\succsim_i)$ に含む財空間 $\mathbb{R}^H$ の下方有界な閉凸部分集合であり, (i-2) 選好関係 $\succsim_i$ が連続, 非飽和, 凸であり, (i-3) 任意の $\succsim_i$-可能消費 z に対して $\left(\tilde{z}, z|_{H_\chi^{PBG} \cup H_\chi^{PBF}}\right)$ が $\succsim_i$-可能消費であり $\left(\tilde{z}, z|_{H_\chi^{PBG} \cup H_\chi^{PBF}}\right) \succ_i z$ となるような $\mathbb{R}^{H_\chi^{PRG}}$ の元 $\tilde{z}$ が存在し,

(ii) 任意の生産者 j に対してその生産集合 Y_j が公共生産要素の無料処分可能性を満足する財空間 $\mathbb{R}^H$ の原点を含む閉凸部分集合であり,

(iii) 技術目録 Y が無料生産の不可能性と集計的生産過程の非可逆性を満足し,

(iv) $\Delta = \mathbb{R}_-^{H_\chi^{PRG}}$ となり,

(v) 任意の生産者 j に対して $\hat{a}_j = 0$ となり, 任意の消費者 i に対して $\hat{a}_i|_{H_\chi^{PBG} \cup H_\chi^{PBF}} = 0$ となり, さらに $\hat{a}_I|_{H_\chi^{PRG}} = \omega|_{H_\chi^{PRG}}$ となるような実現可能配分 $\hat{a}$ が存在するならば,

公共財を含む私有財産経済 $\mathscr{POE}$ の Lindahl 均衡が存在する。

この存在定理はいくつかの制限的仮定を含んでいる. 賦存資源初期割当 α_i が $\succsim_i$-可能消費集合の内部に属するという仮定 (i-1) は特に望ましくない. 公共財と公共生産要素の初期割当量は零であると仮定されているから, これは消費量が負になりうる, すなわちそれらの正の量を他の生産者に提供できることを意味する. しかしこの種の望ましくない仮定は公共財を含む経済に特有の問題ではなく, 私的財だけの経済の競争均衡の存在定理にしばしば生じる問題である[27]。

---

26) これらの仮定は Milleron (1972) によって用いられた。
27) Arrow and Hahn (1970), Chapter 5, Section 4 を参照。

5.5 証明

命題 5.1.1 と命題 5.1.2 の証明は容易だから省略する。

定理 5.1.1 の証明. $A = \left\{ a \in AS \,\middle|\, (a_{I \cup J} - \omega)|_{H_\chi^{PRG}} \in \Delta \right\}$ と定義する。Δ は $\mathbb{R}^{H_\chi^{PRG}}$ の閉凸部分集合だから A は AS の閉凸部分集合である。$B = \left(\prod_{i \in I} X(\succsim_i) \right) \times \left(\prod_{j \in J} Y_j \right)$ と定義する。仮定 (i) と (ii) により B は AS の閉凸部分集合である。$F(\mathscr{E}) = A \cap B \cap A_\chi$ だから命題 5.1.2 から次の主張 1 が導かれる。

主張 1. $F(\mathscr{E})$ は AS の閉凸部分集合である。

主張 2. $F(\mathscr{E})$ は有界である。

主張 2 の証明. 仮定 (iv) により配分 $\hat{a}$ は $F(\mathscr{E})$ に属する。$F = F(\mathscr{E}) + \{-\hat{a}\}$ と定義する。主張 1 により F は AS の原点を含む閉凸部分集合である。この F が有界であることを示せばよい。

F が有界でないと仮定する。このとき数列 $(\|a^\nu\|)$ が無限大に発散するような点列 (a^ν) が F の中に存在する[28]。一般性を失わずに任意の正整数 ν に対して $\|a^\nu\| \geq 1$ と仮定できる。任意の正整数 ν に対して $\tilde{a}^\nu = a^\nu / \|a^\nu\|$ と定義する。F は凸であり原点を含むから任意の正整数 ν に対して $\tilde{a}^\nu$ は F に属し、したがって $(\tilde{a}^\nu)$ は F の中の有界点列であり、一般性を失わずに $\|\tilde{a}\| = 1$ となるような AS に属するある配分 $\tilde{a}$ に収束すると仮定できる[29]。F は AS の閉部分集合だから $\tilde{a}$ は F に属し、次の主張 2.1 が成立する。

主張 2.1. $\tilde{a} + \hat{a}$ は $F(\mathscr{E})$ に属する。

主張 2.2. $\tilde{a} = 0$ となる。

主張 2.2 の証明.

---

28) 点列の定義については、数学付録の定義 A.3.11 を、また数列のおよび無限大への発散の定義については数学付録の定義 A.5.26 を参照。

29) 点列の収束の定義については、数学付録の定義 A.3.14 を参照。

主張 2.2.1. 任意の生産者 j に対して $\tilde{a}_j = 0$ となる。

主張 2.2.1 の証明. 仮定 (i) により任意の消費者 i に対して，$X(\succsim_i)$ は下方有界だから $X(\succsim_i)$ の任意の元 z に対して $c_i \leq z$ となるような z に依存しない $\mathbb{R}^H$ の元 c_i が存在する．任意の生産者 j に対して $\tilde{y}_j = \tilde{a}_j$ また任意の正整数 ν に対して $\tilde{y}_j^\nu = \tilde{a}_j^\nu$ と定義する．任意の正整数 ν に対して，$a^\nu + \hat{a}$ は $F(\mathscr{E})$ に属するから，任意の消費者 i に対して $a_i^\nu + \hat{a}_i$ は $X(\succsim_i)$ に属し，したがって $c_i \leq a_i^\nu + \hat{a}_i$ となる．ゆえに任意の正整数 ν と任意の財 h に対して
(a.1) h が χ-公共財ならば，定義 5.1.8 の (a) により $\chi(h)$ に属する任意の消費者 i に対して

$$\frac{1}{\|a^\nu\|}(c_i^h + c_{I\setminus\chi(h)}^h - \hat{a}_i^h - \hat{a}_{I\setminus\chi(h)}^h) \leq \frac{1}{\|a^\nu\|}((a_i^\nu)^h + (a_{I\setminus\chi(h)}^\nu)^h) = -\zeta^h(\tilde{y}^\nu)$$

となり，
(a.2) h が χ-公共生産要素ならば，定義 5.1.8 の (b) により $\chi(h)$ に属する任意の生産者 j に対して

$$\frac{1}{\|a^\nu\|}(c_I^h - \hat{a}_I^h) \leq \frac{1}{\|a^\nu\|}(a_I^\nu)^h = -\frac{1}{\|a^\nu\|}((a_j^\nu)^h + (a_{J\setminus\chi(h)}^\nu)^h) = -\zeta^h(\tilde{y}^\nu)$$

となり，
(a.3) h が χ-私的財ならば，定義 5.1.9 の (c) により $(a_{I\cup J}^\nu)^h = (a_{I\cup J}^\nu)^h + \hat{a}_{I\cup J}^h - \omega^h \leq 0$ だから $c_I^h - \omega^h \leq (a_I^\nu)^h + \hat{a}_I^h - \omega^h = (a_I^\nu)^h \leq -(a_J^\nu)^h = -\|a^\nu\|\zeta^h(\tilde{y}^\nu)$ したがって

$$\frac{1}{\|a^\nu\|}(c_I^h - \omega^h) \leq -\zeta^h(\tilde{y}^\nu)$$

となる．

数列 $(\|a^\nu\|)$ は無限大に発散するから，(a.1) から (a.3) および ζ の連続性により $\zeta(\tilde{y}) \leq 0$ となる．主張 2.1 により $\tilde{a} + \hat{a}$ は $F(\mathscr{E})$ に属するから，任意の生産者 j に対して $\tilde{y}_j = \tilde{a}_j = (\tilde{a} + \hat{a})_j \in Y_j$ となる．また $\tilde{a} + \hat{a}$ は χ-許容配分だから，任意の χ-公共生産要素 h と $\chi(h)$ に属する任意の生産者 j に対して $\tilde{y}_j^h = \tilde{a}_j^h = (\tilde{a} + \hat{a})_j^h = -(\tilde{a} + \hat{a})_{I\cup(J\setminus\chi(h))}^h$ したがって $\bigcap_{j\in\chi(h)}\{\tilde{y}_j^h\}$ は非空となり，定義 5.1.5 により $\tilde{y}$ は Y-可能生産配分である．$\zeta(\tilde{y}) \leq 0$ であり仮定 (iii) により Y は無料生産の不可能性を満たすから $\zeta(\tilde{y}) = 0$ となり，ま

た仮定 (iii) により Y は集計的生産過程の非可逆性を満足するから $\tilde{y} = 0$ すなわち任意の生産者 j に対して $\tilde{a}_j = 0$ となる．

主張 2.2.2. 任意の消費者 i に対して $\tilde{a}_i = 0$ となる．

主張 2.2.2 の証明. 任意の消費者 i と任意の正整数 ν に対して $(1/\|a^\nu\|)(c_i - \hat{a}_i) \leq (1/\|a^\nu\|)a_i^\nu = \tilde{a}_i^\nu$ だから $\tilde{a}_i \geq 0$ となり，次の主張 2.2.2.1 が成立する．

主張 2.2.2.1. 任意の消費者 i に対して $\tilde{a}_i \geq 0$ となる．

主張 2.1 により $\tilde{a} + \hat{a}$ は $F(\mathscr{E})$ に属するから $(\tilde{a}_{I \cup J} + \hat{a}_{I \cup J} - \omega)|_{H_\chi^{PRG}}$ は Δ に属する．ゆえに任意の χ-私的財 h に対して仮定 (iv) により $\tilde{a}_{I \cup J}^h + \omega^h = \tilde{a}_{I \cup J}^h + \hat{a}_{I \cup J}^h \leq \omega^h$ となり，主張 2.2.1 により $\tilde{a}_J^h = 0$ だから $\tilde{a}_I^h = \tilde{a}_{I \cup J}^h \leq 0$ となる．主張 2.2.2.1 により $\tilde{a}_I^h = 0$ だから，ふたたび主張 2.2.2.1 により任意の消費者 i に対して $\tilde{a}_i^h = 0$ となり，次の主張 2.2.2.2 が成立する．

主張 2.2.2.2. 任意の消費者 i と任意の χ-私的財 h に対して $\tilde{a}_i^h = 0$ となる．

任意の消費者 i と任意の χ-公共財 h を選ぶ．i が $\chi(h)$ に属するならば定義 5.1.8 の (a) および主張 2.2.1 と主張 2.2.2.1 により，

$$0 = (\tilde{a} + \hat{a})_{\{i\} \cup ((I \setminus \chi(h)) \cup J)}^h = \tilde{a}_{\{i\} \cup ((I \setminus \chi(h)) \cup J)}^h = \tilde{a}_i^h + \tilde{a}_{I \setminus \chi(h)}^h \geq \tilde{a}_i^h$$

となり，i が $\chi(h)$ に属さないならば $\chi(h)$ に属する消費者 k が存在し主張 2.2.1 と主張 2.2.2.1 により

$$0 = (\tilde{a} + \hat{a})_{\{k\} \cup ((I \setminus \chi(h)) \cup J)}^h = \tilde{a}_k^h + \tilde{a}_i^h + \tilde{a}_{I \setminus (\chi(h) \cup \{i\})}^h \geq \tilde{a}_i^h$$

となり，いずれの場合も $\tilde{a}_i^h \leq 0$ となるから次の主張 2.2.2.3 が成立する．

主張 2.2.2.3. 任意の消費者 i と任意の χ-公共財 h に対して $\tilde{a}_i^h \leq 0$ となる．

任意の消費者 i と任意の χ-公共生産要素 h を選ぶ．$\chi(h)$ に属する生産者 j が存在する．主張 2.2.1 と χ-許容配分の条件 (b) により i は $\chi(h)$ に属さないから，主張 2.2.1 と主張 2.2.2.1 により $0 = (\tilde{a} + \hat{a})_{\{j\} \cup I \cup (J \setminus \chi(h))}^h \geq \tilde{a}_{\{j\} \cup (J \setminus \chi(h)) \cup \{i\}}^h = \tilde{a}_i^h$ となり次の主張 2.2.2.4 が成立する．

主張 2.2.2.4. 任意の消費者 i と任意の χ-公共生産要素 h に対して $\tilde{a}_i^h \leq 0$ となる．

主張 2.2.2.1 から 2.2.2.4 により主張 2.2.2 が導かれ，主張 2.2.1 と 2.2.2 から主張 2.2 が導かれる．主張 2.2 は $\|\tilde{a}\| = 1$ と矛盾し，主張 2 が成立する．主張 1 から 2 により定理 5.1.1 の証明が完了する． ∎

命題 5.2.1，命題 5.2.2 および命題 5.2.3 の証明は容易だから省略する．

命題 5.2.4 の証明．

主張 1. $\varphi(F(\mathscr{E})) = \mathbf{F}(\mathbf{E})$ となる．

主張 1 の証明．

主張 1.1. $\varphi(F(\mathscr{E}))$ は $\mathbf{F}(\mathbf{E})$ に含まれる．

主張 1.1 の証明． $\varphi(F(\mathscr{E}))$ の任意の元 $\mathbf{a}$ を選ぶ．このとき $\mathbf{a} = \varphi(a)$ となる $F(\mathscr{E})$ の元 a が存在する．定義 5.1.8 と 5.1.9 により次の主張 1.1.1 が成立する．

主張 1.1.1. (a) 任意の χ-公共財 h と $\chi(h)$ に属する任意の消費者 i に対して $a_i^h = -a_{(I \setminus \chi(h)) \cup J}^h$ となり，
(b) 任意の χ-公共生産要素 h と $\chi(h)$ に属する任意の生産者 j に対して $a_j^h = -a_{I \cup (J \setminus \chi(h))}^h$ となり，
(c) 任意の消費者 i に対して a_i は $\succsim_i$-可能消費であり，
(d) 任意の生産者 j に対して a_j は Y_j-可能生産であり，
(e) $(a_{I \cup J} - \omega)|_{H_\chi^{PRG}}$ は処分技術 Δ に属する．

次の主張 1.1.2 は主張 1.1.1 の (c) と (d)，定義 5.2.3，定義 5.2.4 の (a.1) および定義 5.2.5 の (a) から導かれる．

主張 1.1.2. (a) 任意の消費者 i に対して $\mathbf{a}_i$ は $\mathbf{X}_i$ に属し，(b) 任意の生産者 j に対して $\mathbf{a}_j$ は $\mathbf{Y}_j$ に属する．

定義 5.2.6，主張 1.1.1 の (e)，定義 5.2.7，定義 5.2.3 の (a) と (b)，および定義 5.1.8 の (a) から次の主張 1.1.3 が導かれる．

主張 1.1.3. $\mathbf{a}_{I \cup J} - \boldsymbol{\omega}$ は処分技術 $\boldsymbol{\Delta}$ に属する．

主張 1.1.1 から 1.1.3 により主張 1.1 が成立する．

主張 1.2. $\mathbf{F}(\mathbf{E})$ は $\varphi(F(\mathscr{E}))$ に含まれる。

主張 1.2 の証明. $\mathbf{F}(\mathbf{E})$ の任意の元 $\mathbf{a}$ を選ぶ。定義 5.2.10 から次の主張 1.2.1 が導かれる。

主張 1.2.1. (a) 任意の消費者 i に対して $\mathbf{a}_i$ は $\mathbf{X}_i$ に属し，(b) 任意の生産者 j に対して $\mathbf{a}_j$ は $\mathbf{Y}_j$ に属し，(c) $\mathbf{a}_{I\cup J} - \boldsymbol{\omega}$ は処分技術 $\boldsymbol{\Delta}$ に属する。

定義 5.2.4 と 5.2.5 から次の主張 1.2.2 が導かれる。

主張 1.2.2. (a) 任意の消費者 i に対して $\mathbf{a}_i = \varphi_i(a_i)$ となる $X(\succsim_i)$ の元 a_i が存在し，(b) 任意の生産者 j に対して $\mathbf{a}_j = \varphi_i(a_j)$ となる Y_j の元 a_j が存在する。

任意の経済主体 k に対して $a(k) = a_k$ と定義する。主張 1.2.1 の (c) により $(\mathbf{a}_{I\cup J} - \boldsymbol{\omega})|_{H^{PRG}_\chi}$ は $\boldsymbol{\Delta}$ に属する。任意の χ-私的財 h を選ぶ。定義 5.2.3 により任意の経済主体 k に対して $\varphi^h_k(a_k) = a^h_k$ となり定義 5.2.7 により $\boldsymbol{\omega}^h = \omega^h$ だから，$a^h_{I\cup J} - \omega^h = \mathbf{a}^h_{I\cup J} - \boldsymbol{\omega}^h$ ゆえに次の主張 1.2.3 が成立する。

主張 1.2.3. $(a_{I\cup J} - \omega)|_{H^{PRG}_\chi}$ は $\boldsymbol{\Delta}$ に属する。

任意の χ-公共財 h と $\chi(h)$ に属する任意の消費者 i を選び $\eta = (h, i)$ と定義する。主張 1.2.1 の (c) と定義 5.2.3 により $0 = \mathbf{a}^\eta_{I\cup J} - \boldsymbol{\omega}^\eta = a^h_i + a^h_{(I\setminus\chi(h))\cup J}$ だから，χ-許容配分の条件 (a) が成立する。同様に条件 (b) も成立するから次の主張 1.2.4 が成立する。

主張 1.2.4. a は χ-許容配分である。

主張 1.2.2 から 1.2.4 により次の主張 1.2.5 の (a) が成立し，主張 1.2.2 と定義 5.2.3 により主張 1.2.5 の (b) が成立する。

主張 1.2.5. (a) a は $F(\mathscr{E})$ に属し，(b) $\mathbf{a} = \varphi(a)$ となる。

主張 1.2.5 から主張 1.2 が導かれ，主張 1.1 と 1.2 から主張 1 が導かれる。

主張 1 と命題 5.2.2 から，次の主張 2 が導かれる。

主張 2. φ の $F(\mathscr{E})$ への制限は $F(\mathscr{E})$ から $\mathbf{F}(\mathbf{E})$ の上への線形全単射である。

定義 5.2.4 の (a.2) から次の主張 3 が導かれる。

5.5 証 明

主張 3. $\varphi(P(\mathscr{E})) = \mathbf{P}(\mathbf{E})$ かつ $\varphi(WP(\mathscr{E})) = \mathbf{WP}(\mathbf{E})$ となる。

主張 2 と 3 により命題 5.2.4 の証明が完了する。 ∎

命題 5.2.5 の証明は容易だから省略する。

命題 5.3.1 の証明. 任意の消費者 i に対して $\succsim_i$ が局所非飽和であると仮定し，$\mathscr{E}$ の任意の Lindahl 均衡 (a, p) を選ぶ。このとき (a) 任意の消費者 i と $p_i \cdot z \leq p_i \cdot a_i$ を満足する任意の $\succsim_i$-可能消費 z に対して $a_i \succsim_i z$ となり，(b) 任意の生産者 j と任意の Y_j-可能生産 z に対して $p_j \cdot z \geq p_j \cdot a_j$ となり，(c) $\lambda(p) \cdot (a_{I \cup J} - \omega)|_{H_\chi^{PRG}} = 0$ となり，(d) $\lambda(p)$ が Δ^* に属する。

任意の消費者 i を選ぶ。(a) と局所非飽和性により $p_i \neq 0$ だから，$z \succsim_i a_i$ を満足する任意の $\succsim_i$-可能消費 z に対して $p_i \cdot z \geq p_i \cdot a_i$ となることを示せばよい。$z \succsim_i a_i$ を満足する任意の $\succsim_i$-可能消費 z を選ぶ。もし $z \succ_i a_i$ ならば (a) により $p_i \cdot z > p_i \cdot a_i$ だから $a_i \succsim_i z$ の場合を考える。

$p_i \cdot a_i > p_i \cdot z$ と仮定する。このとき $\|\tilde{z} - z\| < \varepsilon$ を満足する $\mathbb{R}^H$ の任意の元 $\tilde{z}$ に対して $p_i \cdot a > p_i \cdot \tilde{z}$ を満足する $\tilde{z}$ に依存しない正実数 ε が存在する。$\succsim_i$ は局所非飽和だから $\tilde{z} \succ_i z$ と $\|\tilde{z} - z\| < \varepsilon$ を満足する $\succsim_i$-可能消費 $\tilde{z}$ が存在する。したがって $p_i \cdot a_i > p_i \cdot \tilde{z}$，ゆえに (a) により $a_i \succsim_i \tilde{z}$ となる。仮定により $z \sim_i a_i$ だから $z \succsim_i \tilde{z}$ となり不合理である。したがって $p_i \cdot a_i \leq p_i \cdot z$ となり，命題 5.3.1 の証明が完了する。 ∎

命題 5.3.2 の証明は容易だから省略する。

定理 5.3.1 の証明. 任意の消費者 i に対して $\succsim_i$ が局所非飽和であり，Pareto 効率的でない $\mathscr{E}$ の Lindahl 配分 a が存在したと仮定する。このとき
(a) 任意の消費者 i と $p_i \cdot z \leq p_i \cdot a_i$ を満足する任意の $\succsim_i$-可能消費 z に対して $a_i \succsim_i z$ となり，
(b) 任意の生産者 j と任意の Y_j-可能生産 z に対して $p_j \cdot z \geq p_j \cdot a_j$ となり，
(c) $\lambda(p) \cdot (a_{I \cup J} - \omega)|_{H_\chi^{PRG}} = 0$ となり，
(d) $\lambda(p)$ が Δ^* に属するような
χ-許容価格 p が存在し，a は Pareto 効率的ではないから
(e) 任意の消費者 i に対して $\tilde{a}_i \succsim_i a_i$ となり，
(f) $\tilde{a}_k \succ_k a_k$ となる消費者 k が存在するような
$\mathscr{E}$ の実現可能配分 $\tilde{a}$ が存在する。

第 4 章の定理 4.2.1 の証明における主張 1 と同様に次の主張 1 の (a) が導かれ，(b) から主張 1 の (b) が直ちに導かれる．

主張 1. (a) 任意の消費者 i に対して $p_i \cdot \tilde{a}_i \geq p_i \cdot a_i$ となり，(b) 任意の生産者 j に対して $p_j \cdot \tilde{a}_j \geq p_j \cdot a_j$ となる．

$\tilde{a}$ は実現可能配分だから $(\tilde{a}_{I\cup J} - \omega)|_{H_\chi^{PRG}}$ は Δ に属し，したがって (d) により $\lambda(p) \cdot \omega|_{H_\chi^{PRG}} \geq \lambda(p) \cdot \tilde{a}_{I\cup J}|_{H_\chi^{PRG}}$ となり，定義 5.1.8 の (a) と (b)，定義 5.3.2 の (a) と (b)，主張 1 および (c) により，$\lambda(p) \cdot \tilde{a}_{I\cup J}|_{H_\chi^{PRG}} = p \cdot \tilde{a} \geq p \cdot a = \lambda(p) \cdot \omega|_{H_\chi^{PRG}} \geq \lambda(p) \cdot \tilde{a}_{I\cup J}|_{H_\chi^{PRG}}$ だから次の主張 2 が成立する．

主張 2. $p \cdot \tilde{a} = p \cdot a$ となる．

主張 1 と 2 から次の主張 3 が導かれる．

主張 3. (a) 任意の消費者 i に対して $p_i \cdot \tilde{a}_i = p_i \cdot a_i$ となり，(b) 任意の生産者 j に対して $p_j \cdot \tilde{a}_j = p_j \cdot a_j$ となる．

(a) と (f) は主張 3 と矛盾するから定理 5.3.1 の証明が完了する． ∎

定理 5.3.2 の証明は第 4 の定理 4.2.2 の証明と同様だから省略する．命題 5.3.3 の証明は容易だから省略する．

命題 5.3.4 の証明．

主張 1. 任意の経済主体 k，$\mathbf{E}$ における任意の活動 $\mathbf{z}$ および $\mathbb{R}^\mathbf{H}$ の任意の元 $\mathbf{p}$ に対して $\mathbf{p} \cdot \mathbf{z} = \phi_k(\mathbf{p}) \cdot \varphi_k^{-1}(\mathbf{z})$ となる．

主張 1 の証明． 任意の経済主体 k，$\mathbf{E}$ における任意の活動 $\mathbf{z}$ および $\mathbb{R}^\mathbf{H}$ の任意の元 $\mathbf{p}$ を選び $p = \phi(\mathbf{p})$ と定義する．

主張 1.1. k が消費者ならば $\mathbf{p} \cdot \mathbf{z} = \phi_k(\mathbf{p}) \cdot \varphi_k^{-1}(\mathbf{z})$ となる．

主張 1.1 の証明． $z = \varphi_k^{-1}(\mathbf{z})$ と書く．$\mathbf{p} \cdot \mathbf{z} = p_k \cdot z$ を示せばよい．

$$H_g^1(k) = \{(h,t) \in H_g \mid t = k\},$$
$$H_g^2(k) = \{(h,t) \in H_g \mid t \neq k \in \chi(h)\},$$
$$H_g^3(k) = \{(h,t) \in H_g \mid k \notin \chi(h)\}$$

と定義する[30]。この定義から次の主張 1.1.1 が導かれる。

主張 1.1.1. (a) $H_g^1(k) = \left(H_\chi^{PBG} \cap \chi^{-1}(k)\right) \times \{k\}$ となり,
(b) $H_g^3(k) = \bigcup_{h \in H_\chi^{PBG} \setminus \chi^{-1}(k)} \{h\} \times \chi(h)$ となり,
(c) $\{H_g^1(k), H_g^2(k), H_g^3(k)\}$ は H_g の分割であり[31],
(d) $\hat{h}\left(H_g^1(k)\right) = \hat{h}\left(H_g^2(k)\right) = H_\chi^{PBG} \cap \chi^{-1}(k)$ となる。

主張 1.1.1, 定義 5.2.3 の (a), 定義 5.3.9 の (a), 定義 5.3.2 の (b), 定義 5.2.1 および命題 5.1.1 から次の主張 1.1.2 が導かれる。

主張 1.1.2. $\mathbf{p} \cdot \mathbf{z} = p_k \cdot z$ となる。

主張 1.1.2 から主張 1.1 が導かれる。消費者と生産者の立場を入れ替えて主張 1.1 と同様に次の主張 1.2 が証明される。

主張 1.2. k が生産者ならば $\mathbf{p} \cdot \mathbf{z} = \phi_k(\mathbf{p}) \cdot \varphi_k^{-1}(\mathbf{z})$ となる。

主張 1.1 と 1.2 から主張 1 が導かれる。

主張 2. 任意の経済主体 k, $\mathscr{E}$ における任意の活動 z および任意の χ-許容価格 p に対して $\psi(p) \cdot \varphi_k(z) = p_k \cdot z$ となる。

主張 2 の証明. 任意の経済主体 k, $\mathscr{E}$ における任意の活動 z および任意の χ-許容価格 p を選び $\mathbf{z} = \varphi_k(z)$ また $\mathbf{p} = \psi(p)$ と定義する。このとき命題 5.2.2 の (a) により $z = \varphi_k^{-1}(\mathbf{z})$ であり, 命題 5.3.3 の (b) により $\phi(\mathbf{p}) = p$ だから, 主張 1 により $\psi(p) \cdot \varphi_k(z) = \mathbf{p} \cdot \mathbf{z} = \phi_k(\mathbf{p}) \cdot \varphi_k^{-1}(\mathbf{z}) = p_k \cdot z$ となり主張 2 が成立する。主張 1 と 2 により命題 5.3.4 の証明が完了する。 ∎

命題 5.3.5 の証明. 定義 5.1.8, 5.3.2, 命題 5.2.2 の (a), および命題 5.3.4 の (b) から容易に導かれる。 ∎

---

30) これらの集合の解釈は以下の証明に無関係であるが, 以下のように解釈できるであろう。$H_g^1(k)$ は「消費者 k によって消費される公共財 h」と呼ばれる私的財 (h, k) 全体の集合を表し, $H_g^2(k)$ は消費者 k が共用集団 $\chi(h)$ に属するが「k 以外の消費者 t によって消費される公共財 h」と呼ばれる私的財 (h, t) 全体の集合を表し, $H_g^3(k)$ は k が共用集団 $\chi(h)$ に属さない「消費者 t によって消費される公共財 h」と呼ばれる私的財 (h, t) 全体の集合を表す。
31) 分割の定義については, 数学付録の定義 A.1.21 を参照。

命題 **5.3.6** の証明. $\mathscr{E}$ の任意の許容配分 a と $\mathbb{R}^{\mathbf{H}}$ に属する任意の価格 $\mathbf{p}$ を選び $\mathbf{a} = \varphi(a)$ また $p = \phi(\mathbf{p})$ と定義する。命題 5.3.3 により p は χ-許容価格である。

主張 1. $\mathbf{p} \cdot (\mathbf{a}_{I \cup J} - \boldsymbol{\omega}) = \lambda(p) \cdot (a_{I \cup J} - \omega)|_{H_\chi^{PRG}}$ となる。

主張 1 の証明. 任意の経済主体 k と任意の財 h に対して

$$\tilde{a}_k^h = \begin{cases} (1/|I|)\omega^h & \text{if } k \in I \text{ and } h \in H_\chi^{PRG}, \\ 0 \in \mathbb{R} & \text{otherwise} \end{cases}$$

と定義する。このとき $\tilde{a}$ は χ-許容配分である。さらに $\tilde{\mathbf{a}} = \varphi(\tilde{a})$ と定義する。a は仮定により許容配分だから、定義 5.2.7、命題 5.3.3 の (a.2) および命題 5.3.5 から

$$\begin{aligned}
\mathbf{p} \cdot (\mathbf{a}_{I \cup J} - \boldsymbol{\omega}) &= \mathbf{p} \cdot (\mathbf{a}_{I \cup J} - \tilde{\mathbf{a}}_{I \cup J}) = \mathbf{p} \cdot \sum_{k \in I \cup J}((\varphi(a))(k) - (\varphi(\tilde{a}))(k)) \\
&= \psi(\phi(\mathbf{p})) \cdot \sum_{k \in I \cup J}((\varphi(a))(k) - (\varphi(\tilde{a}))(k)) \\
&= \psi(p) \cdot \sum_{k \in I \cup J}((\varphi(a))(k) - (\varphi(\tilde{a}))(k)) \\
&= \lambda(p)(a_{I \cup J} - \tilde{a}_{I \cup J})|_{H_\chi^{PRG}} = \lambda(p)(a_{I \cup J} - \omega)|_{H_\chi^{PRG}}
\end{aligned}$$

となる。

主張 2. (a, p) が $\mathscr{E}$ の Lindahl-Hicks 均衡ならば $(\mathbf{a}, \mathbf{p})$ は $\mathbf{E}$ の補償均衡である。

主張 2 の証明. Lindahl-Hicks 均衡の定義により次の主張 2.1 が成立する。

主張 2.1. (a) 任意の消費者 i と $z \succsim_i a_i$ を満足する任意の $\succsim_i$-可能消費 z に対して $p_i \cdot z \geq p_i \cdot a_i$ となり、
(b) 任意の生産者 j と任意の Y_j-可能生産 z に対して $p_j \cdot z \geq p_j \cdot a_j$ となり、
(c) $\lambda(p) \cdot (a_{I \cup J} - \omega)|_{H_\chi^{PRG}} = 0$ となり、
(d) $\lambda(p)$ が Δ^* に属し、
(e) $p_k \neq 0$ となるような消費者 k が存在する。

主張 2.2. (a) 任意の消費者 i と $\mathbf{z} \succsim_i \mathbf{a}_i$ を満足し $\mathbf{X}_i$ に属する任意の消費 $\mathbf{z}$ に対して $\mathbf{p} \cdot \mathbf{z} \geq \mathbf{p} \cdot \mathbf{a}_i$ となり,
(b) 任意の生産者 j と $\mathbf{Y}_j$ に属する任意の生産 $\mathbf{z}$ に対して $\mathbf{p} \cdot \mathbf{z} \geq \mathbf{p} \cdot \mathbf{a}_j$ となり,
(c) $\mathbf{p} \cdot (\mathbf{a}_{I \cup J} - \boldsymbol{\omega}) = 0$ となり,
(d) $\mathbf{p}$ が $\boldsymbol{\Delta}^*$ に属し,
(e) $\mathbf{p} \neq 0$ となる。

主張 2.2 の証明. 定義 5.2.4, 主張 2.1 の (a) と命題 5.3.4 により (a) が成立し, 定義 5.2.5 の (a), 主張 2.1 の (b) と命題 5.3.4 により (b) が成立し, 主張 1 と主張 2.1 の (c) により (c) が成立する。

I は非空だから少なくとも一人の消費者 i が存在する[32]。$\boldsymbol{\Delta}$ の任意の元 $\mathbf{z}$ を選び $z = \varphi_i^{-1}(\mathbf{z})$ と定義する。定義 5.2.6 と 5.2.3 により $z|_{H_\chi^{PRG}} = \mathbf{z}|_{H_r} \in \boldsymbol{\Delta}$ また $H_\chi^{PBG} \cup H_\chi^{PBF}$ の任意の元 h に対して $z^h = 0$ となる。命題 5.3.4 と主張 2.1 の (d) により $\mathbf{p} \cdot \mathbf{z} = \phi_i(\mathbf{p}) \cdot \varphi_i^{-1}(\mathbf{z}) = p_i \cdot z = \lambda(p) \cdot z|_{H_\chi^{PRG}} \leq 0$ となり, $\mathbf{z}$ は $\boldsymbol{\Delta}$ の任意の元だから $\mathbf{p}$ は $\boldsymbol{\Delta}^*$ に属し, (d) が成立する。

主張 2.1 の (e) により $p_k \neq 0$ となる消費者 k が存在し $p_k^h \neq 0$ となる財 h が存在する。定義 5.3.9 により,
(e.1) $\chi(h)$ が空集合ならば $\mathbf{p}^h \neq 0$ となり,
(e.2) $\chi(h)$ が非空であり k が $\chi(h)$ に属するならば $\mathbf{p}^{(h,k)} \neq 0$ となる。

定義 5.3.2 の (b) により,
(e.3) $\chi(h)$ が非空であり k が $\chi(h)$ に属さないならば $\mathbf{p}^{(h,t)} \neq 0$ となる経済主体 t が存在する。

(e.1) から (e.3) により (e) が成立して主張 2.2 したがって主張 2 が成立する。

主張 3. もし任意の生産者 j に対して Y_j が公共生産要素の無料処分可能性を満足し $(\mathbf{a}, \mathbf{p})$ が $\mathbf{E}$ の補償均衡ならば (a, p) は $\mathscr{E}$ の Lindahl-Hicks 均衡である。

主張 3 の証明. 定義 5.3.10 により次の主張 3.1 が成立する。

---

[32] 実際には生産者を用いてもよい。

主張 3.1. (a) 任意の消費者 i と $\mathbf{z} \succsim_i \mathbf{a}_i$ を満足し $\mathbf{X}_i$ に属する任意の消費 $\mathbf{z}$ に対して $\mathbf{p} \cdot \mathbf{z} \geq \mathbf{p} \cdot \mathbf{a}_i$ となり,
(b) 任意の生産者 j と $\mathbf{Y}_j$ に属する任意の生産 $\mathbf{z}$ に対して $\mathbf{p} \cdot \mathbf{z} \geq \mathbf{p} \cdot \mathbf{a}_j$ となり,
(c) $\mathbf{p} \cdot (\mathbf{a}_{I \cup J} - \boldsymbol{\omega}) = 0$ となり,
(d) $\mathbf{p}$ が $\boldsymbol{\Delta}^*$ に属し,
(e) $\mathbf{p} \neq 0$ となる。

主張 3.2. (a) 任意の消費者 i と $z \succsim_i a_i$ を満足する任意の $\succsim_i$-可能消費 z に対して $p_i \cdot z \geq p_i \cdot a_i$ となり,
(b) 任意の生産者 j と任意の Y_j-可能生産 z に対して $p_j \cdot z \geq p_j \cdot a_j$ となり,
(c) $\lambda(p) \cdot (a_{I \cup J} - \omega)|_{H_\chi^{PRG}} = 0$ となり,
(d) $\lambda(p)$ が Δ^* に属し,
(e) 任意の χ-公共生産要素 h と $\chi(h)$ に属する任意の生産者 j に対して $p_j^h \geq 0$ となり,
(f) $p_k \neq 0$ となるような消費者 k が存在する。

主張 3.2 の証明. 定義 5.2.4 の (a), 主張 3.1 の (a) と命題 5.3.4 の (a) により (a) が成立し, 定義 5.2.5 の (a), 主張 3.1 の (b) と命題 5.3.4 の (a) により (b) が成立し, 主張 1 と主張 3.1 の (c) により (c) が成立する。

　I は非空だから少なくとも一人の消費者 i が存在する[33]。Δ の任意の元 z を選び, H の任意の元 h に対して

$$\bar{z}^h = \begin{cases} z^h & \text{if } h \in H_\chi^{PRG}, \\ 0 \in \mathbb{R} & \text{otherwise} \end{cases}$$

さらに $\mathbf{z} = \varphi_i(\bar{z})$ と定義する。このとき $\mathbf{z}|_{H_r} = \bar{z}|_{H_r} = z \in \Delta$ かつ $\mathbf{z}|_{H_g \cup H_f} = 0$ だから $\mathbf{z}$ は $\boldsymbol{\Delta}$ に属し, p が χ-許容価格であること, 命題 5.3.4 の (a) と主張 3.1 の (d) により $\lambda(p) \cdot z = p_i \cdot \bar{z} = \phi_i(\mathbf{p}) \cdot \varphi_i^{-1}(\mathbf{z}) = \mathbf{p} \cdot \mathbf{z} \leq 0$ となる。z は Δ の任意の元だから $\lambda(p)$ は Δ^* に属し, (d) が成立する。

---

[33] 実際には生産者を用いてもよい。

$p_j^h < 0$ となるような χ-公共生産要素 h と $\chi(h)$ に属する生産者 j が存在すると仮定し，任意の財 s に対して

$$z^s = \begin{cases} a_j^h + 1 & \text{if } s = h, \\ a_j^s & \text{otherwise} \end{cases}$$

と定義する．Y_j は公共生産要素の無料処分可能性を満足するから z は Y_j-可能生産であり，$p_j \cdot z < p_j \cdot a_j$ となり (b) と矛盾するから[34]，(e) が成立する．

主張 3.1 の (e) により $\mathbf{p} \neq 0$ だから $\mathbf{p}^\eta \neq 0$ となる $\mathbf{H}$ の元 η が存在する．定義 5.3.9 の (a) により，η が H_r に属するならば任意の消費者 i に対して $p_i^\eta = \phi_i^\eta(\mathbf{p}) = \mathbf{p}^\eta \neq 0$ だから，特に

(f.1) η が H_r に属するならば $p_k \neq 0$ となる消費者 k が存在する．

η が H_r に属さないと仮定する．η は $H_g \cup H_f$ に属するから $\eta = (h, t)$ となる $H_\chi^{PBG} \cup H_\chi^{PBF}$ の元 h と $\chi(h)$ の元 t が存在する．h が H_χ^{PBG} に属するならば t は消費者であり $p_t \neq 0$ だから $k = t$ と書く．このとき $p_k \neq 0$ となる．次に h が H_χ^{PBF} に属する場合を考える．$\eta = (h, t)$ であり h は H_χ^{PBF} に属するから $t \in \chi(h) \subset J$ である．したがって (e) により $0 \leq p_t^h = \phi_t^h(\mathbf{p}) = \mathbf{p}^{(h,t)} = \mathbf{p}^\eta \neq 0$ すなわち $\mathbf{p}^\eta > 0$ となる．I は非空だから I に属する消費者 k が存在する．k は $\chi(h)$ に属さないから定義 5.3.9 の (a) と主張 3.2 により $p_k^h = \mathbf{p}^\eta + \sum_{j \in \chi(h) \setminus \{t\}} p_j^h \geq \mathbf{p}^\eta > 0$ となり，したがって $p_k \neq 0$ となり，したがって

(f.2) η が H_r に属さないならば $p_k \neq 0$ となる消費者 k が存在する．

(f.1) と (f.2) から (f) が導かれ，主張 3.2 したがって主張 3 が成立する．主張 2 と 3 により命題 5.3.6 の証明が完了する． ∎

命題 5.3.7 の証明． (i) 任意の消費者 i に対して $X(\succsim_i)$ が凸であり $\succsim_i$ が連続かつ凸であり，(ii) 任意の生産者 j に対して Y_j が凸であり公共生産要素の無料処分可能性を満足すると仮定する．このとき命題 5.2.5 から次の主張 1 が導かれる．

---

34) 公共生産要素の無料処分可能性の定義については，定義 5.3.12 を参照．

主張 1. (a) 任意の消費者 i に対して (a.1) $\mathbf{X}_i$ は凸であり，(a.2) $\succsim_i$ は連続かつ凸であり，(b) $\sum_{j \in J} \mathbf{Y}_j$ が凸である．

$\succsim_k$ が a_k において非飽和であるような消費者 k が存在するような $\mathscr{E}$ の任意の Pareto 効率的配分 a を選び $\mathbf{a} = \varphi(a)$ と定義する．このとき $z \succ_k a_k$ となる $\succsim_k$-可能消費 z が存在するから $\mathbf{z} = \varphi_k(z)$ と定義する．定義 5.2.4 の (a.2) により $\mathbf{z} \succ_k \mathbf{a}_k$ だから次の主張 2 が成立する．

主張 2. $\hat{\succsim}$ は $\mathbf{a}_k$ において非飽和である．

a は $\mathscr{E}$ の Pareto 効率的配分だから命題 5.2.4 により次の主張 3 が成立する．

主張 3. $\mathbf{a}$ は $\mathbf{E}$ の Pareto 効率的配分である．

主張 1 から 3 および第 4 章の命題 4.2.1 により次の主張 4 が成立する．

主張 4. $(\mathbf{a}, \mathbf{p})$ が $\mathbf{E}$ の補償均衡であるような $\mathbb{R}^H$ に属する価格 $\mathbf{p}$ が存在する．

仮定 (ii) の後半と命題 5.3.6 の (b) により，a は $\mathscr{E}$ の Lindahl-Hicks 配分であり，命題 5.3.7 の証明が完了する． ∎

定理 5.3.3 の証明． (i) 任意の消費者 i に対して (i-1) $X(\succsim_i)$ が凸であり，(i-2) $\succsim_i$ が連続かつ凸であり，(i-3) 任意の二つの $\succsim_i$-可能消費 z と $\tilde{z}$ に対して $\left(w, \tilde{z}|_{H_X^{PBG} \cup H_X^{PBF}}\right)$ が $\succsim_i$-可能消費であり $\left(w, \tilde{z}|_{H_X^{PBG} \cup H_X^{PBF}}\right) \succ_i z$ となる $\mathbb{R}^{H_X^{PRG}}$ の元 w が存在し，(ii) 任意の生産者 j に対して Y_j が凸であり $\mathbb{R}^H$ の原点を含むと仮定する．命題 5.2.5 から次の主張 1 が導かれる．

主張 1. (a) 任意の消費者 i に対して (a.1) $\mathbf{X}_i$ は凸であり，(a.2) $\hat{\succsim}_i$ は連続かつ凸であり，(b) $\sum_{j \in J} \mathbf{Y}_j$ は凸である．

(i) 任意の消費者 i に対して $\succsim_i$ が a_i において飽和しているか，あるいは (ii) 任意の消費者 i に対して a_i が $\operatorname{int} X(\succsim_i)$ に属するような $\mathscr{E}$ の任意の Pareto 効率的配分 a を選ぶ．(i) の場合には a は明らかに $\mathscr{E}$ の Lindahl 配分だから，(ii) の場合のみを考えて $\mathbf{a} = \varphi(a)$ と定義する．命題 5.3.7 により a は $\mathscr{E}$ の Lindahl-Hicks 配分だから次の主張 2 が成立する．

5.5 証 明

主張 2. (a) 任意の消費者 i と $z \succsim_i a_i$ を満足する任意の $\succsim_i$-可能消費 z に対して $p_i \cdot z \geq p_i \cdot a_i$ となり,
(b) 任意の生産者 j と任意の Y_j-可能生産 z に対して $p_j \cdot z \geq p_j \cdot a_j$ となり,
(c) $\lambda(p) \cdot (a_{I \cup J} - \omega)|_{H_\chi^{PRG}} = 0$ となり,
(d) $\lambda(p)$ が Δ^* に属し,
(e) $p_k \neq 0$ となる消費者 k が存在するような
AS に属する価格 p が存在する。

$\mathbf{p} = \psi(p)$ と定義する。命題 5.3.3 により $p = \phi(\mathbf{p})$ だから, 命題 5.3.6 の (a) により $(\mathbf{a}, \mathbf{p})$ は $\mathbf{E}$ の補償均衡であり, したがって次の主張 3 が成立する。

主張 3. (a) 任意の消費者 i と $\mathbf{z} \succsim_i \mathbf{a}_i$ を満足し $\mathbf{X}_i$ に属する任意の消費 $\mathbf{z}$ に対して $\mathbf{p} \cdot \mathbf{z} \geq \mathbf{p} \cdot \mathbf{a}_i$ となり,
(b) 任意の生産者 j と $\mathbf{Y}_j$ に属する任意の生産 $\mathbf{z}$ に対して $\mathbf{p} \cdot \mathbf{z} \geq \mathbf{p} \cdot \mathbf{a}_j$ となり,
(c) $\mathbf{p} \cdot (\mathbf{a}_{I \cup J} - \boldsymbol{\omega}) = 0$ となり,
(d) $\mathbf{p}$ が $\boldsymbol{\Delta}^*$ に属し,
(e) $\mathbf{p} \neq 0$ となる。

主張 4. 任意の消費者 i に対して $\mathbf{p} \cdot \mathbf{a}_i \neq \min \mathbf{p} \cdot \mathbf{X}_i$ となる。

主張 4 の証明. $\mathbf{p} \cdot \mathbf{a}_t = \min \mathbf{p} \cdot \mathbf{X}_t$ となる消費者 t が存在すると仮定する。

主張 4.1. 任意の私的財 h に対して $\mathbf{p}^h = 0$ となる。

主張 4.1 の証明. $\mathbf{p} \cdot \mathbf{a}_t = \min \mathbf{p} \cdot \mathbf{X}_t = \min \mathbf{p} \cdot \varphi_t(X(\succsim_t))$ だから, 命題 5.3.4 の (b) により任意の $\succsim_t$-可能消費 z に対して $p_t \cdot a_t = \mathbf{p} \cdot \mathbf{a}_t \leq \mathbf{p} \cdot \varphi_t(z) = p_t \cdot z$ となり, a_t は $\succsim_t$-可能消費だから $p_t \cdot a_t = \min p_t \cdot X(\succsim_t)$ となる。

a_t は $\operatorname{int} X(\succsim_t)$ に属するから中心 a_t と半径 ε を持つ $\mathbb{R}^H$ の中の開球 B の任意の元 z が $\succsim_t$-可能消費であるような正実数 ε が存在する。B の任意の元 z に対して $p_t \cdot a_t \leq p_t \cdot z$ だから $p_t = 0$ となる。定義 5.3.9 の (b) により, 任意の私的財 h に対して $\mathbf{p}^h = \psi^h(p) = \lambda^h(p) = p_t^h = 0$ となる。

主張 4.2. 任意の消費者 i に対して $\mathbf{p} \cdot \mathbf{a}_i = \min \mathbf{p} \cdot \mathbf{X}_i$ となる。

主張 4.2 の証明. $\mathbf{p} \cdot \mathbf{a}_k \neq \min \mathbf{p} \cdot \mathbf{X}_k$ となる消費者 k が存在すると仮定する。このとき $\mathbf{p} \cdot \mathbf{z} < \mathbf{p} \cdot \mathbf{a}_k$ となる $\mathbf{X}_k$ の元 $\mathbf{z}$ が存在する。$z = \varphi_k^{-1}(\mathbf{z})$ と定義する。命題 5.3.4 の (b) により $p_k \cdot z = \mathbf{p} \cdot \mathbf{z} < \mathbf{p} \cdot \mathbf{a}_k = p_k \cdot a_k$ となる。仮定 (i-3) により $\left(w, z|_{H_X^{PBG} \cup H_X^{PBF}}\right)$ が $\succsim_k$-可能消費であり，$\left(w, z|_{H_X^{PBG} \cup H_X^{PBF}}\right) \succ_k a_k$ となるような $\mathbb{R}^{H_X^{PRG}}$ の元 w が存在する。$\tilde{z} = \left(w, z|_{H_X^{PBG} \cup H_X^{PBF}}\right)$ また $\tilde{\mathbf{z}} = \varphi_k(\tilde{z})$ と定義する。このとき $\tilde{\mathbf{z}}$ は $\mathbf{X}_k$ に属し $\tilde{z} \succ_k a_k$ となる。$]0,1[$ に属する任意の実数 t に対して $\hat{\mathbf{z}}(t) = (1-t)\tilde{\mathbf{z}} + t\mathbf{z}$ と定義する。主張 1 の (a.2) により $\succsim_k$ は連続であり $\tilde{z} \succ_k a_k$ だから $\hat{z}(t) \succ_k a_k$ となる実数 t が $]0,1[$ の中に存在する。主張 4.1 により H_r の任意の元 η に対して $\mathbf{p}^\eta = 0$ であり，$H_g \cup H_f$ の任意の元 η に対して $\hat{\mathbf{z}}^\eta(t) = \mathbf{z}^\eta$ だから $\mathbf{p} \cdot \hat{\mathbf{z}}(t) = \mathbf{p} \cdot \mathbf{z} < \mathbf{p} \cdot \mathbf{a}_k$ となり，主張 3 の (a) と矛盾して主張 4.2 が成立する。

主張 4.3. 任意の消費者 i に対して $p_i = 0$ となる。

主張 4.3 の証明. 任意の消費者 i を選ぶ。主張 4.2 により $\mathbf{p} \cdot \mathbf{a}_i = \min \mathbf{p} \cdot \varphi_i(X(\succsim_i))$ だから $X(\succsim_i)$ の任意の元 z に対して $p_i \cdot a_i = \mathbf{p} \cdot \mathbf{a}_i \leq \mathbf{p} \cdot \varphi_i(z) = p_i \cdot z$ となり，a_i が $X(\succsim_i)$ に属するから $p_i \cdot a_i = \min p_i \cdot X(\succsim_i)$ となる。

a_i は $\operatorname{int} X(\succsim_i)$ に属するから中心 a_i と半径 ε を持つ $\mathbb{R}^H$ の中の開球 B が $X(\succsim_i)$ に含まれるような正実数 ε が存在する。B の任意の元 z に対して $p_i \cdot a_i \leq p_i \cdot z$ だから $p_i = 0$ となり主張 4.3 が成立する。

主張 4.3 は主張 2 の (e) と矛盾し，主張 4 が成立する。

主張 5. 任意の消費者 i と $\mathbf{p} \cdot \mathbf{z} \leq \mathbf{p} \cdot \mathbf{a}_i$ を満足し $\mathbf{X}_i$ に属する任意の消費 $\mathbf{z}$ に対して $\mathbf{a}_i \succsim_i \mathbf{z}$ となる。

主張 5 の証明. 任意の消費者 i と $\mathbf{p} \cdot \mathbf{z} \leq \mathbf{p} \cdot \mathbf{a}_i$ を満足し $\mathbf{X}_i$ に属する任意の消費 $\mathbf{z}$ を選ぶ。主張 3 の (a) により，$\mathbf{p} \cdot \mathbf{z} < \mathbf{p} \cdot \mathbf{a}_i$ ならば $\mathbf{a}_i \succsim_i \mathbf{z}$ だから $\mathbf{p} \cdot \mathbf{z} = \mathbf{p} \cdot \mathbf{a}_i$ と仮定する。主張 4 により $\mathbf{p} \cdot \tilde{\mathbf{z}} < \mathbf{p} \cdot \mathbf{a}_i$ となる $\mathbf{X}_i$ の元 $\tilde{\mathbf{z}}$ が存在する。$z = \varphi_i^{-1}(\mathbf{z})$ また $\tilde{z} = \varphi_i^{-1}(\tilde{\mathbf{z}})$ と定義する。このとき z と $\tilde{z}$ は $X(\succsim_i)$ に属し $p_i \cdot \tilde{z} = \mathbf{p} \cdot \tilde{\mathbf{z}} < \mathbf{p} \cdot \mathbf{a}_i = p_i \cdot a_i$ だから主張 2 の (a) により $a_i \succ_i \tilde{z}$ となる。

$z \succ_i a_i$ と仮定して $]0,1[$ に属する任意の実数 t に対して $\hat{z}(t) = (1-t)z + t\tilde{z}$ と定義する。仮定 (i-2) により $\succsim_i$ は連続だから $\hat{z}(t) \succ_i a_i$ となる実数 t が

]0,1[の中に存在する．主張 5.2 の仮定により $p_i \cdot z = \mathbf{p} \cdot \mathbf{z} = \mathbf{p} \cdot \mathbf{a}_i = p_i \cdot a_i$ だから $p_i \cdot \tilde{z} < p_i \cdot a_i$ より $p_i \cdot \hat{z}(t) < p_i \cdot a_i$ となり主張 2 の (a) により $a_i \succ_i \hat{z}(t)$ となり不合理である．ゆえに $a_i \succsim_i z$ したがって $\mathbf{a}_i \hat{\succsim}_i \mathbf{z}$ となり，主張 5 が成立する．命題 5.3.4 の (b) と主張 5 から次の主張 6 が導かれる．

主張 6. 任意の消費者 i と $p_i \cdot z \leq p_i \cdot a_i$ を満足する任意の $\succsim_i$-可能消費 z に対して $a_i \succsim_i z$ となる．

主張 2 と 6 により (a, p) は $\mathcal{E}$ の Lindahl 均衡であり，したがって a は $\mathcal{E}$ の Lindahl 配分であり，定理 5.3.3 の証明が完了する． ∎

命題 5.4.1 の証明. (i) 任意の消費者 i に対して (i-1) $X(\succsim_i)$ が α_i を含む $\mathbb{R}^H$ の下方有界な閉凸部分集合であり，(i-2) $\succsim_i$ が連続，非飽和，凸であり，
(ii) 任意の生産者 j に対して Y_j が $\mathbb{R}^H$ の原点を含む閉凸部分集合であり，
(iii) Y が無料生産の不可能性と集計的生産過程の非可逆性を満足し，
(iv) $\Delta = \mathbb{R}_-^{H_\chi^{PRG}}$ となり，
(v) 任意の生産者 j に対して $\hat{a}_j = 0$ となり，任意の消費者 i に対して $\hat{a}_i|_{H_\chi^{PBG} \cup H_\chi^{PBF}} = 0$ となり，さらに $\hat{a}_I|_{H_\chi^{PRG}} = \omega|_{H_\chi^{PRG}}$ となるような実現可能配分 $\hat{a}$ が存在する
と仮定する．命題 5.2.5 から次の主張 1 が導かれる．

主張 1. (a) 任意の消費者 i に対して，(a.1) $\mathbf{X}_i$ は $\boldsymbol{\alpha}_i$ を含む $\mathbb{R}^\mathbf{H}$ の下方有界な閉凸部分集合であり，(a.2) $\hat{\succsim}_i$ は連続，非飽和，凸であり，
(b) 任意の生産者 j に対して $\mathbf{Y}_j$ は $\mathbb{R}^\mathbf{H}$ の原点を含む閉凸部分集合であり，
(c) $\mathbf{F}(\mathbf{E})$ は非空コンパクトであり，
(d) $\boldsymbol{\Delta} = \mathbb{R}_-^{H_r} \times \{0\}^{H_g \cup H_f}$ となる．

主張 1 および第 4 章の命題 4.3.1 から次の主張 2 が導かれる[35]．

主張 2. (a) 任意の消費者 i に対して
(a.1) $\mathbf{p} \cdot \mathbf{a}_i = \mathbf{p} \cdot \boldsymbol{\alpha}_i - \sum_{j \in J} \theta_j^i \mathbf{p} \cdot \mathbf{a}_j$ となり，

---

[35] 命題 4.3.1 の証明において技術目録が無料生産の不可能性と集計的生産過程の非可逆性を満足するという仮定は実現可能配分集合のコンパクト性の証明のためにだけ用いられているから主張 1 の (c) があれば主張 2 は導かれる．

(a.2) 次の二つの条件：(a.2.1) $\mathbf{p}\cdot\mathbf{z} \leq \mathbf{p}\cdot\boldsymbol{\alpha}_i - \sum_{j\in J}\theta_j^i\mathbf{p}\cdot\mathbf{a}_j$ を満足し $\mathbf{X}_i$ に属する任意の消費 $\mathbf{z}$ に対して $\mathbf{a}_i \succsim_i \mathbf{z}$, (a.2.2) $\mathbf{p}\cdot\mathbf{a}_i = \min\mathbf{p}\cdot\mathbf{X}_i$ のうちの少なくとも一方が成立し，

(b) 任意の生産者 j と $\mathbf{Y}_j$ に属する任意の生産 $\mathbf{z}$ に対して $\mathbf{p}\cdot\mathbf{z} \geq \mathbf{p}\cdot\mathbf{a}_j$ となり，

(c) $\mathbf{p}\cdot(\mathbf{a}_{I\cup J} - \boldsymbol{\alpha}_{I\cup J}) = 0$ となり，

(d) $\mathbf{p}$ が $\boldsymbol{\Delta}^*$ に属し，

(e) $\mathbf{p} \neq 0$ となり，

(f) 任意の消費者 i と $\mathbf{z} \succsim_i \mathbf{a}_i$ を満足し $\mathbf{X}_i$ に属する任意の消費 $\mathbf{z}$ に対して $\mathbf{p}\cdot\mathbf{z} \geq \mathbf{p}\cdot\mathbf{a}_i$ となるような

$\mathbf{E}$ の実現可能配分 $\mathbf{a}$ と $\mathbb{R}^H$ に属する価格 $\mathbf{p}$ が存在する．

$a = \varphi^{-1}(\mathbf{a})$ また $p = \phi(\mathbf{p})$ と定義する．a は $\mathbf{E}$ の実現可能配分だから命題 5.2.4 と命題 5.3.3 から次の主張 3 が導かれる．

主張 3. a は $\mathscr{E}$ の実現可能配分であり p は χ-許容価格である．

主張 4. 任意の消費者 i に対して

(a) $p_i\cdot a_i = p_i\cdot\alpha_i - \sum_{j\in J}\theta_j^i p_j\cdot a_j$ となり，

(b) 次の二つの条件 (b.1) $p_i\cdot z \leq p_i\cdot\alpha_i - \sum_{j\in J}\theta_j^i p_j\cdot a_j$ を満足する任意の $\succsim_i$-可能消費 z に対して $a_i \succsim_i z$ と (b.2) $p_i\cdot a_i = \min p_i\cdot X(\succsim_i)$ のうちの少なくとも一方が成立する．

主張 4 の証明． 任意の消費者 i を選ぶ．(a) は主張 2 の (a.1) と命題 5.3.4 の (a) から導かれ，(b) は主張 2 の (a.2) と命題 5.3.4 の (a) から導かれる．

主張 2 の (b) と命題 5.3.4 から次の主張 5 が導かれる．

主張 5. 任意の生産者 j と任意の Y_j-可能生産 z に対して $p_j\cdot z \geq p_j\cdot a_j$ となる．

α は χ-許容配分だから命題 5.3.5 と 5.3.3 および主張 2 の (c) から次の主張 6 が導かれる．

主張 6. $\lambda(p)\cdot(a_{I\cup J} - \alpha_{I\cup J})|_{H_\chi^{PRG}} = 0$ となる．

5.5 証明

Δ の任意の元 z を選び，任意の財 h に対して，もし h が H_χ^{PRG} に属するならば $\bar{z}^h = z^h$ と定義し，それ以外の場合には $\bar{z}^h = 0 \in \mathbb{R}$ と定義する。$I \cup J$ は非空だから，その中に少なくとも一人の経済主体 k が存在する。$\mathbf{z} = \varphi_k(\bar{z})$ と定義する。このとき定義 5.2.3 により $\mathbf{z}|_{H_r} = z \in \Delta$ かつ $\mathbf{z}_{H_g \cup H_f} = 0$ だから $\mathbf{z}$ は $\mathbf{\Delta}$ に属する。主張 2 の (d) により $\mathbf{p}$ は $\mathbf{\Delta}^*$ に属するから，命題 5.3.3 の (a.2) と定義 5.3.9 の (b) により $\lambda(p) \cdot z = \mathbf{p} \cdot \mathbf{z} \leq 0$ となる。z は Δ の任意の元だから，次の主張 7 が成立する。

主張 7. $\lambda(p)$ は Δ^* に属する。

主張 2 の (e) と定義 5.3.9 の (a) から次の主張 8 が導かれる。

主張 8. $p \neq 0$ となる。

主張 2 の (f) から次の主張 9 が導かれる。

主張 9. 任意の消費者 i と $z \succsim_i a_i$ を満足する任意の $\succsim_i$-可能消費 z に対して $p_i \cdot z \geq p_i \cdot a_i$ となる。

主張 4，5，6，7 および 8 により (a, p) は $\mathscr{POE}$ の Lindahl 準均衡であり，主張 9 により命題 5.4.1 の証明が完了する。∎

定理 5.4.1 の証明. (i) 任意の消費者 i に対して (i-1) $X(\succsim_i)$ が α_i を int $X(\succsim_i)$ に含む $\mathbb{R}^H$ の下方有界な閉凸部分集合であり，(i-2) $\succsim_i$ が連続，非飽和，凸であり，(i-3) 任意の $\succsim_i$-可能消費 z に対して $\left(\tilde{z}, z|_{H_\chi^{PBG} \cup H_\chi^{PBF}}\right)$ が $\succsim_i$-可能消費であり $\left(\tilde{z}, z|_{H_\chi^{PBG} \cup H_\chi^{PBF}}\right) \succ_i z$ となるような $\mathbb{R}^{H_\chi^{PRG}}$ の元 $\tilde{z}$ が存在し，(ii) 任意の生産者 j に対してその生産集合 Y_j が公共生産要素の無料処分可能性を満足する $\mathbb{R}^H$ の原点を含む閉凸部分集合であり，(iii) Y が無料生産の不可能性と集計的生産過程の非可逆性を満足し，(iv) $\Delta = \mathbb{R}_-^{H_\chi^{PRG}}$ となり，(v) 任意の生産者 j に対して $\hat{a}_j = 0$ となり，任意の消費者 i に対して $\hat{a}_i|_{H_\chi^{PBG} \cup H_\chi^{PBF}} = 0$ となり，さらに $\hat{a}_I|_{H_\chi^{PRG}} = \omega|_{H_\chi^{PRG}}$ となるような実現可能配分 $\hat{a}$ が存在する

と仮定する。仮定 (i-1)，(i-2)，(ii)，(iii)，(iv) と (v) および命題 5.4.1 により次の主張 1 が成立する。

主張 1. (a) 任意の消費者 i に対して,
(a.1) $p_i \cdot a_i = p_i \cdot \alpha_i - \sum_{j \in J} \theta_j^i p_j \cdot a_j$ となり,
(a.2) 次の二つの条件：(a.2.1) $p_i \cdot z \leq p_i \cdot \alpha_i - \sum_{j \in J} \theta_j^i p_j \cdot a_j$ を満足する任意の $\succsim_i$-可能消費 z に対して $a_i \succsim_i z$, (a.2.2) $p_i \cdot a_i = \min p_i \cdot X(\succsim_i)$ のうちの少なくとも一方が成立し,
(b) 任意の生産者 j と任意の Y_j-可能生産 z に対して $p_j \cdot z \geq p_j \cdot a_j$ となり,
(c) $\lambda(p) \cdot (a_{I \cup J} - \alpha_{I \cup J})|_{H_\chi^{PRG}} = 0$ となり,
(d) $\lambda(p)$ が Δ^* に属し
(e) $p \neq 0$ となり,
(f) 任意の消費者 i と $z \succsim_i a_i$ を満足する任意の $\succsim_i$-可能消費 z に対して $p_i \cdot z \geq p_i \cdot a_i$ となるような
$\mathscr{E}$ の実現可能配分 a と χ-許容価格 p が存在する。

$\mathbf{a} = \varphi(a)$ また $\mathbf{p} = \psi(p)$ と定義する。

主張 2. (a) 任意の消費者 i に対して
(a.1) $\mathbf{p} \cdot \mathbf{a}_i = \mathbf{p} \cdot \boldsymbol{\alpha}_i - \sum_{j \in J} \theta_j^i \mathbf{p} \cdot \mathbf{a}_j$ となり,
(a.2) 次の二つの条件：(a.2.1) $\mathbf{p} \cdot \mathbf{z} \leq \mathbf{p} \cdot \boldsymbol{\alpha}_i - \sum_{j \in J} \theta_j^i \mathbf{p} \cdot \mathbf{a}_j$ を満足し $\mathbf{X}_i$ に属する任意の消費 $\mathbf{z}$ に対して $\mathbf{a}_i \succsim_i \mathbf{z}$ と (a.2.2) $\mathbf{p} \cdot \mathbf{a}_i = \min \mathbf{p} \cdot \mathbf{X}_i$ のうちの少なくとも一方が成立し,
(b) 任意の生産者 j と $\mathbf{Y}_j$ に属する任意の生産 $\mathbf{z}$ に対して $\mathbf{p} \cdot \mathbf{z} \geq \mathbf{p} \cdot \mathbf{a}_j$ となり,
(c) $\mathbf{p} \cdot (\mathbf{a}_{I \cup J} - \boldsymbol{\alpha}_{I \cup J}) = 0$ となり,
(d) $\mathbf{p}$ が $\boldsymbol{\Delta}^*$ に属し,
(e) $\mathbf{p} \neq 0$ となり,
(f) 任意の消費者 i と $\mathbf{z} \succsim_i \mathbf{a}_i$ を満足し $\mathbf{X}_i$ に属する任意の消費 $\mathbf{z}$ に対して $\mathbf{p} \cdot \mathbf{z} \geq \mathbf{p} \cdot \mathbf{a}_i$ となる。

主張 2 の証明. 主張 1 の (a.1) と命題 5.3.4 により (a) が成立する。(b), (d) と (e) は命題 5.3.6 の証明の中の主張 2.2 の (b), (d) と (e) と同様に証明できる。α は χ-許容配分だから主張 1 の (c) と命題 5.3.5 から (c) が導かれる。(f) は主張 1 の (f) からが導かれ主張 2 が成立する。

主張 3. 任意の消費者 i に対して $\mathbf{p} \cdot \mathbf{a}_i \neq \min \mathbf{p} \cdot \mathbf{X}_i$ となる。

主張 3 の証明. $\mathbf{p} \cdot \mathbf{a}_i = \min \mathbf{p} \cdot \mathbf{X}_i$ となる消費者 i が存在すると仮定する。

主張 3.1. (a) 任意の生産者 j に対して $\mathbf{p} \cdot \mathbf{a}_j \leq 0$ となり，(b) 任意の私的財 h に対して $\mathbf{p}^h = 0$ となる。

主張 3.1 の証明. 任意の生産者 j に対して，仮定 (ii) と命題 5.2.5 の (b.1) により $\mathbf{Y}_j$ も $\mathbb{R}^{\mathbf{H}}$ の原点を含むから $\mathbf{p} \cdot \mathbf{a}_j \leq 0$ となり，主張 2 の (a.1) により $\mathbf{p} \cdot \boldsymbol{\alpha}_i = \mathbf{p} \cdot \mathbf{a}_i + \sum_{j \in J} \theta_j^i \mathbf{p} \cdot \mathbf{a}_j \leq \mathbf{p} \cdot \mathbf{a}_i = \min \mathbf{p} \cdot \mathbf{X}_i$ となる。仮定 (i-1) により α_i は $X(\succsim_i)$ に属するから $\boldsymbol{\alpha}_i$ は $\mathbf{X}_i$ に属し，したがって $\mathbf{p} \cdot \boldsymbol{\alpha}_i = \min \mathbf{p} \cdot \mathbf{X}_i = \min \mathbf{p} \cdot \varphi_i(X(\succsim_i))$ となる。任意の $\succsim_i$-可能消費 z に対して $p_i \cdot \alpha_i = \mathbf{p} \cdot \boldsymbol{\alpha}_i \leq \mathbf{p} \cdot \varphi_i(z) = p_i \cdot z$ となり，α_i は $\succsim_i$-可能消費だから，$p_i \cdot \alpha_i = \min p_i \cdot X(\succsim_i)$ となる。

$\alpha_i|_{H_\chi^{PBG} \cup H_\chi^{PBF}} = 0$ であり仮定 (i-1) により α_i は $\text{int } X(\succsim_i)$ に属するから，中心 $\alpha_i|_{H_\chi^{PRG}}$ と半径 ε を持つ $\mathbb{R}^{H_\chi^{PRG}}$ の中の開球 B の任意の元 w に対して $(w, 0)$ が $\succsim_i$-可能消費であるような正実数 ε が存在する。B の任意の元 w に対して $\sum_{h \in H_\chi^{PRG}} p_i^h \alpha_i^h = p_i \cdot \alpha_i \leq p_i \cdot (w, 0) = \sum_{h \in H_\chi^{PRG}} p_i^h w^h$ だから，任意の私的財 h に対して $\mathbf{p}^h = p_i^h = 0$ となる。

主張 3.2. 任意の消費者 i に対して $\mathbf{p} \cdot \mathbf{a}_i = \min \mathbf{p} \cdot \mathbf{X}_i$ となる。

主張 3.2 の証明. $\mathbf{p} \cdot \mathbf{a}_k \neq \min \mathbf{p} \cdot \mathbf{X}_k$ となる消費者 k が存在すると仮定する。主張 1 により a_k は $\succsim_k$-可能消費だから仮定 (i-3) により $\left(w, a_k|_{H_\chi^{PBG} \cup H_\chi^{PBF}}\right)$ が $\succsim_k$-可能消費であり $\left(w, a_k|_{H_\chi^{PBG} \cup H_\chi^{PBF}}\right) \succ_k a_k$ となるような $\mathbb{R}^{H_\chi^{PRG}}$ の元 w が存在する。$z = \left(w, a_k|_{H_\chi^{PBG} \cup H_\chi^{PBF}}\right)$ また $\mathbf{z} = \varphi_k(z)$ と定義する。このとき $\mathbf{z}$ は $\mathbf{X}_k$ に属し $\mathbf{z} \succ_k \mathbf{a}_k$ となる。$\mathbf{p} \cdot \mathbf{a}_k \neq \min \mathbf{p} \cdot \mathbf{X}_k$ だから主張 2 の (a.1) と (a.2) により $\mathbf{p} \cdot \mathbf{z} > \mathbf{p} \cdot \boldsymbol{\alpha}_i - \sum_{j \in J} \theta_j^i \mathbf{p} \cdot \mathbf{a}_j = \mathbf{p} \cdot \mathbf{a}_k$ となる。しかし主張 3.1 の (b) により任意の私的財 h に対して $p_k^h = \mathbf{p}^h = 0$ であり $H_\chi^{PBG} \cup H_\chi^{PBF}$ の任意の元 h に対して $z^h = a_k^h$ だから $\mathbf{p} \cdot \mathbf{z} = \mathbf{p} \cdot \mathbf{a}_k$ となり不合理である。

主張 3.3. $\mathbf{p}^{(s,t)} \neq 0$ となる $H_\chi^{PBG} \cup H_\chi^{PBF}$ の元 s と $\chi(s)$ の元 t が存在する。

主張 3.3 の証明. 主張 2.5 により $\mathbf{p} \neq 0$ であり,主張 3.1 により任意の私的財 h に対して $\mathbf{p}^h = 0$ だから $\mathbf{p}^{\hat{\eta}} \neq 0$ となる $H_g \cup H_f$ の元 $\hat{\eta}$ が存在する.したがって $\hat{\eta} = (s, t)$ となる $H_\chi^{PBG} \cup H_\chi^{PBF}$ の元 s と $\chi(s)$ の元 t が存在し,主張 3.3 が成立する.

任意の消費者 i,任意の財 h および任意の実数 w に対して

$$z_i^h(w) = \begin{cases} \alpha_i^h & \text{if } h \in H_\chi^{PRG}, \\ w & \text{if } h = s, \\ 0 & \text{if } h \in (H_\chi^{PBG} \cup H_\chi^{PBF}) \setminus \{s\} \end{cases}$$

と定義する.任意の消費者 i に対して $\alpha_i|_{H_\chi^{PBG} \cup H_\chi^{PBF}} = 0$ であり,仮定 (i-1) により α_i は $\mathrm{int}\, X\,(\succsim_i)$ に属するから,次の主張 3.4 が成立する.

主張 3.4. (a) もし s が公共財ならば t は消費者であり,$]-\varepsilon, \varepsilon[$ に属する任意の実数 w に対して $z_t(w)$ が $\succsim_t$-可能消費であるような正実数 ε が存在し,(b) もし s が公共生産要素ならば $]-\varepsilon, \varepsilon[$ に属する任意の実数 w に対して $z_i(w)$ が $\succsim_i$-可能消費であるような正実数 ε と $\chi(s)$ に属さない消費者 i が存在する.

主張 3.5. (a) s が公共財ならば $p_t^s w < 0$ となる実数 w が $]-\varepsilon, \varepsilon[$ の中に存在し,
(b) s が公共生産要素ならば $p_i^s w < 0$ となる実数 w が $]-\varepsilon, \varepsilon[$ の中に存在する.

主張 3.5 の証明. 定義 5.3.9 により,s が公共財ならば $p_t^s = \phi_t^s(\mathbf{p}) = \mathbf{p}^{(s,t)} \neq 0$ であり (a) が成立する.次に s が公共生産要素の場合を考える.

$p_j^s < 0$ となる生産者 j が $\chi(s)$ の中に存在すると仮定する.H に属する任意の財 h に対して,もし $h = s$ ならば $u^h = 1$,それ以外の場合には $u^h = 0$ と定義する.仮定 (ii) により Y_j は公共生産要素の無料処分可能性を満足するから $a_j + u$ は Y_j に属し $p_j \cdot (a_j + u) = p_j \cdot a_j + p_j \cdot u = p_j \cdot a_j + p_j^s < p_j \cdot a_j$ となり主張 1 の (b) と矛盾する.ゆえに $\chi(s)$ に属する任意の生産者 j に対して $p_j^s \geq 0$,特に主張 3.3 により $p_t^s = \phi_t^s(\mathbf{p}) = \mathbf{p}^{(s,t)} \neq 0$ だから $p_t^s > 0$ したがって $p_{\chi(s)}^s > 0$ となる.ゆえに $p_i^s = \phi_i^s(\mathbf{p}) = \sum_{j \in \chi(s)} \mathbf{p}^{(s,j)} = \sum_{j \in \chi(s)} \phi_j^s(\mathbf{p}) = \sum_{j \in \chi(s)} p_j^s = p_{\chi(s)}^s > 0$ となり,(b) が成立して主張 3.5 が導かれる.

s が公共財ならば $\mathbf{z}(w) = \varphi_t(z_t(w))$ と定義し，s が公共生産要素ならば $\mathbf{z}(w) = \varphi_i(z_i(w))$ と定義する．φ_t および φ_i の線形性，定義 5.2.3, 5.2.8 と 5.3.9, 命題 5.3.3 および主張 3.5 から次の主張 3.6 が導かれる．

主張 3.6. (a) s が公共財ならば $\mathbf{p} \cdot (\mathbf{z}(w) - \boldsymbol{\alpha}_t) = p_t^s w < 0$ となり，(b) s が公共生産要素ならば $\mathbf{p} \cdot (\mathbf{z}(w) - \boldsymbol{\alpha}_i) = p_i^s w < 0$ となる．

s が公共財ならば，主張 3.6 の (a), 主張 3.1 の (a), 主張 2.1 の (a) および主張 3.2 により $\mathbf{p} \cdot \mathbf{z}(w) < \mathbf{p} \cdot \boldsymbol{\alpha}_t \leq \mathbf{p} \cdot \mathbf{a}_t = \min \mathbf{p} \cdot \mathbf{X}_t$ となるが，$z_t(w)$ が $X(\succsim_t)$ に属するから $\mathbf{z}(w)$ は $\mathbf{X}_t$ に属し $\mathbf{p} \cdot \mathbf{z}(w) \geq \min \mathbf{p} \cdot \mathbf{X}_t$ となり不合理だから，s は公共財ではなく公共生産要素である．そのとき主張 3.6 の (b), 主張 3.1 の (a), 主張 2.1 の (a) および主張 3.2 により $\mathbf{p} \cdot \mathbf{z}(w) < \mathbf{p} \cdot \boldsymbol{\alpha}_i \leq \mathbf{p} \cdot \mathbf{a}_i = \min \mathbf{p} \cdot \mathbf{X}_i$ となるが，$z_i(w)$ が $X(\succsim_i)$ に属するから $\mathbf{z}(w)$ は $\mathbf{X}_i$ に属し $\mathbf{p} \cdot \mathbf{z}(w) \geq \min \mathbf{p} \cdot \mathbf{X}_i$ となり不合理であり，主張 3 が成立する．

主張 2 の (a.2) と主張 3 から次の主張 4 が導かれる．

主張 4. 任意の消費者 i と $\mathbf{p} \cdot \mathbf{z} \leq \mathbf{p} \cdot \boldsymbol{\alpha}_i - \sum_{j \in J} \theta_j^i \mathbf{p} \cdot \mathbf{a}_j$ を満足し $\mathbf{X}_i$ に属する任意の消費 $\mathbf{z}$ に対して $\mathbf{a}_i \succsim_i \mathbf{z}$ となる．

主張 5. 任意の消費者 i と $p_i \cdot z \leq p_i \cdot \alpha_i - \sum_{j \in J} \theta_j^i p_j \cdot a_j$ を満足する任意の $\succsim_i$-可能消費 z に対して $a_i \succsim_i z$ となる．

主張 5 の証明． 任意の消費者 i と $p_i \cdot z \leq p_i \cdot \alpha_i - \sum_{j \in J} \theta_j^i p_j \cdot a_j$ を満足する任意の $\succsim_i$-可能消費 z を選び $\mathbf{z} = \varphi_i(z)$ と定義する．命題 5.3.4 により $\mathbf{p} \cdot \mathbf{z} \leq \mathbf{p} \cdot \boldsymbol{\alpha}_i - \sum_{j \in J} \theta_j^i \mathbf{p} \cdot \mathbf{a}_j$ だから，主張 4 により $\mathbf{a}_i \succsim_i \mathbf{z}$ となり，$\succsim_i$ の定義により $a_i \succsim_i z$ となり，主張 5 が成立する．

主張 1 と 5 により (a, p) は $\mathscr{POE}$ の Lindahl 均衡であり，定理 5.4.1 の証明が完了する． ∎

第6章

部分均衡分析の基礎

―――――――

　これまでの諸章では経済活動の水準を何らかの均衡状態として説明するという均衡分析の方法を用いてきたが，特に一つの経済を構成するすべての財，すべての消費者，すべての生産者を同時に考えて全体が相互に依存する関係を考慮して経済活動がどのように決定されるかを説明しようとしてきた。このような分析方法は一般均衡分析と呼ばれ，種々の相互依存関係を同時に考慮できるという一般性を持つ一方，複雑であるために個別の問題に対する明確な結論が得難いという問題が残る。

　このような一般均衡分析に対して種々の相互依存関係を無視して一部の財と一部の経済主体の活動だけに注目し，決定される経済活動水準の性質に関する一層明確な結論を得ようとする部分均衡分析と呼ばれる分析方法がある。部分均衡分析のモデルは比較的に単純であり扱い易くまた示唆に富む結論が容易に獲得できるから，経済理論の応用分野では広く用いられる。このような部分均衡分析の妥当性は種々の相互依存関係を無視することがどの程度許されるかに依存する。本章では部分均衡分析が妥当であるいくつかの特別な場合を特定することを試みる。

6.1　Hicks 合成財定理

　与えられた経済に存在する財集合をこれまでと同様に非空有限集合 H で表

し，この H の分割 $\{H_B, H_C\}$ を考える[1]。以下では集合 H_C に属する財をまとめて一種類の財とみなすことがいかなる意味で可能であるかを考える。本書のこれまでの部分で二種類の財のみが存在するような経済を考えて 2 次元平面に描かれた図を用いていろいろな事柄を説明することがあった。このように二種類の財のみが存在する経済を考えることは非現実的な仮定であると思われるかもしれないが，一種類の財を除く残りのすべての財をまとめて一種類の財とみなすことが可能であるならば 2 次元平面に描かれた図を用いることは非現実的な仮定であることにはならない。

Hicks はこの種の合成財を考えうることを主張し，それは「Hicks 合成財定理」として知られる[2]。この定理の本質は本来の財空間における選好関係の諸性質が合成財を含む財空間における選好関係の性質としてそのまま継承されることであると考えられる。以下でこの意味での合成財定理を述べて証明する。この問題は生産者についても存在するがここでは消費者行動の理論の枠組で考える。そのために任意の消費者と財空間 $\mathbb{R}^H$ の直積 $\mathbb{R}^H \times \mathbb{R}^H$ の部分集合としてのこの消費者の選好関係を任意に選び，それを消費者を特定する記号を省略して $\succsim$ で表し，本節全体を通じてそれについて考える。

6.1.1 合成財を含む財空間における消費集合と選好関係

価格が固定されている財の集合は合成財として一つの財にまとめて扱いうるという主張を本節で示す。

定義 6.1.1. $\mathbb{R}^{H_C} \times \mathbb{R}^{H_B} \times \mathbb{R}$ の任意の元 (p, b, w) に対して

$$Y_{\succsim}(p, b, w) = \left\{ c \in \mathbb{R}^{H_C} \mid (b, c) \in X(\succsim) \text{ かつ } p \cdot c = w \right\},$$

$$\hat{Y}_{\succsim}(p, b, w) = \bigcap_{\tilde{c} \in Y_{\succsim}(p, b, w)} \left\{ c \in Y_{\succsim}(p, b, w) \mid (b, c) \succsim (b, \tilde{c}) \right\}$$

---

[1] 分割の定義については数学付録の定義 A.1.21 を参照。
[2] Hicks (1946), p. 312 において Hicks は合成財に関する Slutsky 方程式の代替項が負であることを証明する。Samuelson (1947), p. 143 において Samuelson は合成財に関する Slutsky 方程式の代替行列が負定符号であることを示す。

6.1 Hicks 合成財定理

と定義する[3]。

集合 $Y_{\succsim}(p,b,w)$ は合成されて一つの財とみなされるべき財の集合 H_C の補集合 H_B に属する財の消費量 b と組み合わせたときに (b,c) が $\succsim$-可能消費であるような H_C に属する財の消費量 c の中で特に価格 p で評価した価値が w に等しいという条件を満足するもの全体から成る集合である。$\hat{Y}_{\succsim}(p,b,w)$ は $Y_{\succsim}(p,b,w)$ の中で $\succsim$ の観点から最良の消費 c 全体から成る集合である。

定義 6.1.2. $\mathbb{R}^{H_C}$ の任意の元 p に対して集合

$$X_{\succsim}(p) = \left\{ (b,w) \in \mathbb{R}^{H_B} \times \mathbb{R} \,\middle|\, Y_{\succsim}(p,b,w) \neq \emptyset \right\}$$

は「p が与えられたときの合成財を含む財空間における消費集合」と呼ばれる。

集合 $X_{\succsim}(p)$ の元 (b,w) は合成されない財の集合 H_B に属する財の消費量 b と実数 w の順序対であるが、w は b と組み合わせた消費 (b,c) が $\succsim$-可能消費であるような合成されるべき財の集合 H_C に属する財の消費量 c の価格 p で評価された価値 (金額) であり、この w は合成財の量を表現すると解釈される。合成財を含む消費活動 (b,w) から集合 $X_{\succsim}(p)$ は構成されており、これは価格 p が与えられたときの消費者の合成財を含む財空間における消費集合と呼ばれる。合成財の量は金額で表示されているからその価格は常に 1 であり、価値基準財として扱われる。

合成財を含む財空間における消費集合上の選好関係は以下のように定義される。

定義 6.1.3. $\mathbb{R}^{H_C}$ の任意の元 p が与えられたとき、$(b,c) \succsim (\tilde{b},\tilde{c})$ となる $\hat{Y}_{\succsim}(p,b,w)$ の元 c と $\hat{Y}_{\succsim}(p,\tilde{b},\tilde{w})$ の元 $\tilde{c}$ が存在するような $X_{\succsim}(p)$ の二つの元 (b,w) と $(\tilde{b},\tilde{w})$ の順序対 $((b,w),(\tilde{b},\tilde{w}))$ 全体の集合を $\succsim^p$ で表し、一般に

---

[3] 記号 (b,c) は H に属する任意の財 h に対して

$$z^h = \begin{cases} b^h & \text{if } h \in H_B, \\ c^h & \text{if } h \in H_C \end{cases}$$

によって定義される財空間 $\mathbb{R}^H$ の元 z を表す。すなわち b が c の左側に配置されていることに特別な意味はない。

$((b,w),(\tilde{b},\tilde{w})) \in \succsim^p$ を $(b,w) \succsim^p (\tilde{b},\tilde{w})$ と書いて,「選好関係 $\succsim^p$ によれば (b,w) は $(\tilde{b},\tilde{w})$ と少なくとも同程度に望ましい」と言う.

6.1.2 選好関係の性質の継承

本項では本来の財空間における消費集合と選好関係の諸性質が合成財を含む財空間における消費集合と選好関係によって継承されることを示す.まず次の命題は消費集合の基本的性質が継承されることを示している.

命題 6.1.1. $\mathbb{R}^{H_C}_{++}$ の任意の元 p に対して
(a) $X(\succsim)$ が非空ならば $X_{\succsim}(p)$ は非空であり,
(b) $X(\succsim)$ が下方有界ならば $X_{\succsim}(p)$ は下方有界であり,
(c) $X(\succsim)$ が $\mathbb{R}^H$ の下方有界な閉部分集合ならば $X_{\succsim}(p)$ は $\mathbb{R}^{H_B} \times \mathbb{R}$ の閉部分集合であり,
(d) $X(\succsim)$ が凸ならば $X_{\succsim}(p)$ は凸である[4].

定義 6.1.4. $X(\succsim)$ の任意の元 (b,c) に対して
$$\bar{Y}_{\succsim}(b,c) = \left\{ \tilde{c} \in \mathbb{R}^{H_C} \mid (b,\tilde{c}) \succsim (b,c) \right\},$$
$$U_{\succsim}(b,c) = \{ \tilde{x} \in X(\succsim) \mid \tilde{x} \succsim (b,c) \}$$
と定義する.

次の命題は以下の定理の証明の中でしばしば用いられる.

命題 6.1.2. $\mathbb{R}^{H_C}_{++}$ の任意の元 p と $X_{\succsim}(p)$ の任意の元 (b,w) に対して,もし (i) $X(\succsim)$ が $\mathbb{R}^H$ の非空閉部分集合であり,(ii) $\succsim$ が上半連続であり,(iii) (b,c) が $X(\succsim)$ に属するような $\mathbb{R}^{H_C}$ の任意の元 c に対して $\bar{Y}_{\succsim}(b,c)$ が下方有界であるならば,$\hat{Y}_{\succsim}(p,b,w)$ は非空である.

次の定理は本節の主要定理であり,これにより当初の財空間 $\mathbb{R}^H$ における選好関係の基本的性質がいくつかの財をまとめて一つの財に合成した後の縮小された財空間における選好関係にそのまま継承されることがわかる.

---
4) 合成される個別の財の価格の中に正でないものが存在する場合には $Y_{\succsim}(p,b,w)$ のコンパクト性が保証されないために以下の議論は成立しない.

定理 6.1.1 (Hicks 合成財定理). もし (i) $X(\succsim)$ が $\mathbb{R}^H$ の非空閉部分集合であり, (ii) $\succsim$ が上半連続であり, (iii) $X(\succsim)$ の任意の元 x に対して $\bar{Y}_{\succsim}(x)$ が下方有界ならば, $\mathbb{R}^{H_C}_{++}$ の任意の元 p に対して,
(a) $\succsim$ が $X(\succsim)$ 上の弱順序ならば $\succsim^p$ は $X_{\succsim}(p)$ 上の弱順序であり,
(b) $\succsim$ が非飽和ならば $\succsim^p$ は非飽和であり,
(c) $\succsim$ が局所非飽和ならば $\succsim^p$ は局所非飽和であり,
(d) $X(\succsim)$ が包括的であり $\succsim$ が弱単調ならば $\succsim^p$ は弱単調であり,
(e) $X(\succsim)$ が包括的であり $\succsim$ が単調ならば $\succsim^p$ は単調であり,
(f) $X(\succsim)$ が包括的であり $\succsim$ が強単調ならば $\succsim^p$ は強単調であり,
(g) $\succsim$ が弱凸ならば $\succsim^p$ は弱凸であり,
(h) $\succsim$ が凸ならば $\succsim^p$ は凸であり,
(i) $\succsim$ が強凸ならば $\succsim^p$ は強凸であり,
(j) $X(\succsim)$ の任意の元 x に対して $U_{\succsim}(x)$ が下方有界ならば $\succsim^p$ は上半連続であり,
(k) もし $X(\succsim) = \mathbb{R}^{H_C}_+ \times \mathbb{R}^{H_B}$ かつ $\succsim$ が下半連続ならば $\succsim^p$ は連続である.

6.1.3 効用関数表示の Hicks 合成財定理

選好関係が効用関数で表現される場合の Hicks 合成財定理は定理 6.1.1 から直ちに導かれるが, ここでは連続な効用関数を用いた場合の簡単な証明を例示するために限られたいくつかの性質が継承されることを示す. そのために選好関係 $\succsim$ を表現する効用関数 u を任意に選んで本項を通じて固定する.

定義 6.1.5. $\mathbb{R}^{H_C} \times \mathbb{R}^{H_B} \times \mathbb{R}$ の任意の元 (p, b, w) に対して

$$Y_u(p, b, w) = \left\{ c \in \mathbb{R}^{H_C} \mid (b, c) \in X(\succsim) \text{ かつ } p \cdot c = w \right\},$$
$$\hat{Y}_u(p, b, w) = \arg\max_{c \in Y_u(p,b,w)} u(b, c)$$

と定義する.

定義 6.1.6. $\mathbb{R}^{H_C}$ の任意の元 p に対して集合

$$X_u(p) = \left\{ (b, w) \in \mathbb{R}^{H_B} \times \mathbb{R} \mid Y_u(p, b, w) \neq \emptyset \right\}$$

は「p が与えられたときの合成財を含む財空間における消費集合」と呼ばれる.

ここで合成財を含む新しい財空間における効用関数 v^p を定義する。この効用関数を定義する方法は間接効用関数を定義する方法の一般化である。実際 $H_C = H$ の場合には v^p は間接効用関数になる。

定義 6.1.7. $\mathbb{R}^{H_C}$ の任意の元 p と $X_u(p)$ の任意の元 (b, w) に対して $v^p(b, w) = u(b, \hat{Y}_u(p, b, w))$ と定義する.

次の定理は選好関係が効用関数で表現される場合の Hicks 合成財定理の内容の一部である。

定理 6.1.2 (効用関数表示の Hicks 合成財定理). $X(\succsim) = \mathbb{R}_+^H$ であり u が連続ならば $\mathbb{R}_{++}^{H_C}$ の任意の元 p に対して
(a) u が単調非減少ならば v^p は単調非減少であり,
(b) u が準凹ならば v^p は準凹である.

三種類の財を持つ当初の財空間における無差別曲面の形状が持つ性質が二つの財をまとめた合成財を含む財空間における無差別曲線に継承される様子を図示するための例を考えよう.

例 6.1.1. $H = \{1, 2, 3\}$, $H_B = \{1\}$, $H_C = \{2, 3\}$, $X(\succsim) = \mathbb{R}_+^H$, さらに $X(\succsim)$ の任意の元 z に対して

$$u(z) = (z^1 + 1)(z^2 + 1)(z^3 + 1)$$

によって定義される $X(\succsim)$ 上の効用関数 u で表現される選好関係を持つ消費者が $\mathbb{R}_{++}^{H_C}$ に属する任意の価格 p に直面したときの財 1 と合成財から成る財空間における消費集合は $X_u(p) = \mathbb{R}_+^2$ であり, $X_u(p)$ に属する任意の消費 (b, w) における効用は

$$v^p(b, w) = \begin{cases} \dfrac{1}{4p^2 p^3}(b+1)(w + p^2 + p^3)^2 & \text{if } w \geq p^2 - p^3, \\ \dfrac{1}{p^3}(b+1)(w + p^3) & \text{if } w \leq p^2 - p^3 \end{cases}$$

によって定義される.

6.1 Hicks 合成財定理

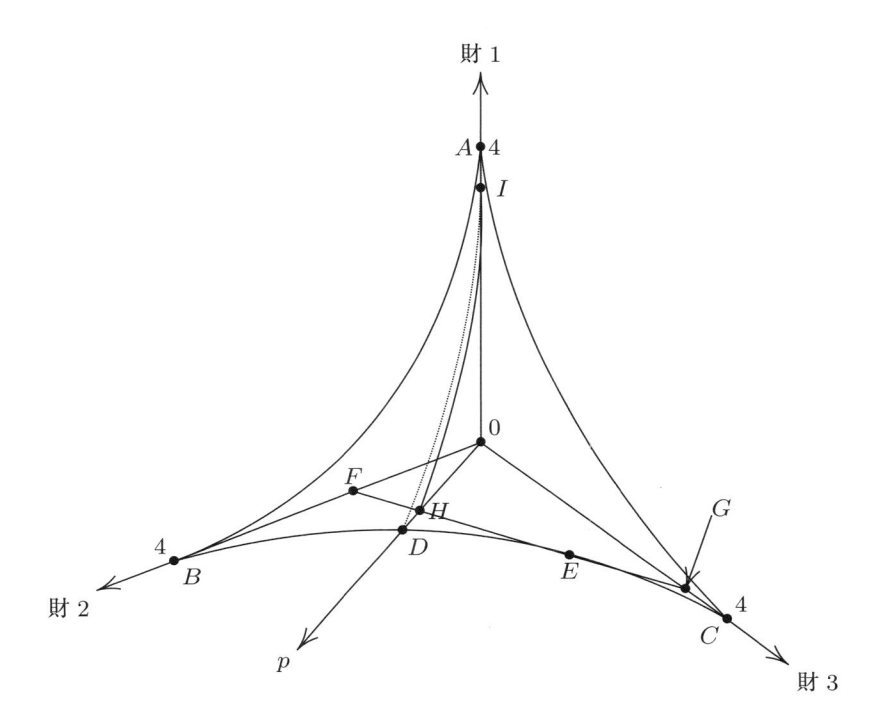

図 6.1.1 Hicks 合成財定理

　この例における効用関数 u は狭義単調増加狭義準凹であり，無差別曲面は図 6.1.1 に描かれているような原点に対して強凸の曲面になる。$p=(2,1)$ の場合の効用水準 5 に対応する v^p の無差別曲線がどのようなものになるかをこの図の中で考えよう。この図には効用水準 5 に対応する効用関数 u の無差別曲面が描かれており，この無差別曲面の各財の座標軸切片は 4 である。財 2 の座標軸と財 3 の座標軸が張る平面（これを以下では財 2 財 3 平面と呼ぶ）上に原点から価格 p の方向に半直線を描く。

　u の効用水準が 5 に等しい無差別曲面の財 2 財 3 平面との共通部分は点 B, D, E, C を通る曲線であり，これは財 1 の消費量が 0 に等しい場合の財 2 と財 3 に関する無差別曲線とみなしうる。財 2 財 3 平面上に描かれている線分 FG はこの無差別曲線と点 E で接している。点 E はこの無差別曲線の中で

価格 p で評価された支出金額が最小であるような財 2 と財 3 の消費量を表す。この金額を w_0 で表そう。これと財 1 の消費量 0 の対 $(w_0, 0)$ は $v^p(0, w_0) = 5$ を満足する[5]。財 2 財 3 平面の原点から価格 p の方向に描かれた半直線上の点の原点からの距離を適切に定めることにより，この対 $(w_0, 0)$ は点 H を表すとみなしうる。

$0 < b < 4$ を満足する財 1 の任意の消費量を選び図 6.1.1 の中に高さ b の水平面を描き，この水平面と u の効用水準が 5 に等しい無差別曲面との共通部分を考えて，これを財 1 の消費量が b に等しい場合の財 2 と財 3 に関する無差別曲線とみなして上記の議論を繰り返して財 2 と 3 への最小支出金額 w_b を求める。このとき (w_b, b) は $v^p(b, w_b) = 5$ を満足する。

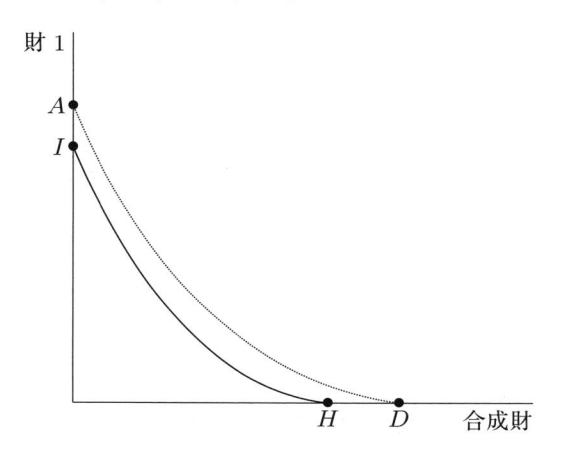

図 **6.1.2** 合成財を含む財空間における無差別曲線

このようにして求められた対 (w_b, b) の全体は効用水準 5 に対応する効用関数 v^p の無差別曲線を形成する。この無差別曲線は図 6.1.1 の中の財 2 財 3 平面上に原点から p の方向に描かれた半直線と財 1 の座標軸が張る平面（これを $1-p$ 平面と呼ぶ）上に描かれた曲線 HI である。効用関数 u の効用水

---

5) 本章では関数 v^p の独立変数は合成財の量が最後の変数になるように並べているから，$v^p(0, w_0)$ と表示するが図 6.1.1 では水平軸に沿って合成財の量を測り，垂直軸に沿って合成されない財 1 の量を測っているから $(w_0, 0)$ と表示している。

準5に対応する無差別曲面と $1-p$ 平面の共通部分である同図の点線で描かれた曲線 DA は合成財を含む財空間における無差別曲線ではない。点 H が点 D より財1の座標軸に近い理由と同じ理由でこの無差別曲線 HI は曲線 DA より財1の座標軸に近いところに位置する。この無差別曲線 HI はこの平面を原点を左側に価格 p の方向を右側に見る視点から眺めると右下がりで原点に対して強凸の形状を持つことは容易に想像できるであろう。これは定理 6.1.2 の (b) が主張する性質であり，図 6.1.2 が描いている状況でもある。

本節の結果は選好関係の上半連続性を仮定して得られた。ここで上半連続性がいかなる意味で重要であるかを示す例を考える。選好関係の上半連続性は特異な条件ではないから上半連続性を満足しない選好関係の例は逆にかなり特異なものにならざるをえない。以下の例は単調性や凸性も満足せず選好関係の例として良いとは言えないが，本項の結果にとっての上半連続性の役割を説明するだけの目的には資すると思われる。

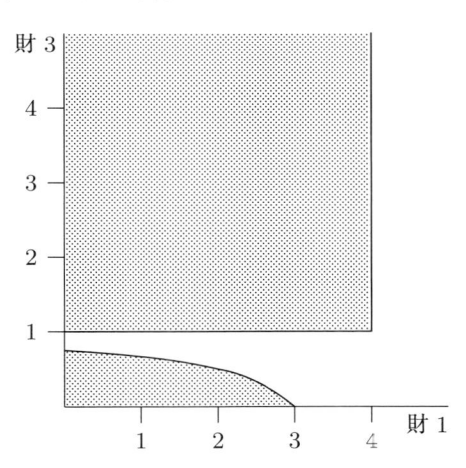

図 **6.1.3** 消費 $(4, x^2, 1)$ の $\succsim$-下方集合

例 6.1.2. $H = \{1, 2, 3\}$, $H_B = \{1\}$, $H_C = \{2, 3\}$, $X(\succsim) = \mathbb{R}_+^H$, さらに

$X(\succsim)$ の任意の元 z に対して

$$u(z) = \begin{cases} z^1 + 1/(1-z^3) & \text{if } z^3 < 1, \\ z^1 & \text{otherwise} \end{cases}$$

によって定義される $X(\succsim)$ 上の効用関数 u で表現される選好関係 $\succsim$ を持つ消費者，価格 $p = (1,1) \in \mathbb{R}_{++}^{H_C}$，合成財を含む財空間における消費 $(b,w) = (1,1)$ を選ぶ。このとき $Y_{\succsim}(p,b,w) = \left\{ c \in \mathbb{R}_+^{H_C} \mid c^2 + c^3 = 1 \right\}$ となり $\hat{Y}_{\succsim}(p,b,w)$ は空集合だから $(b,w) \succsim^p (b,w)$ とはならず $\succsim^p$ は反射性を満足しない。$\succsim$ は下半連続であるが，$c^3 < 1$ となる $X(\succsim)$ の任意の元 (b,c) に対して $\succsim$ は (b,c) において上半連続ではない。

図 6.1.3 において影を付けてある部分は消費 $(4,c^2,1)$ の $\succsim$-下方集合である。効用関数 u は財 2 の消費量から独立であるから，下方集合は財 1 と財 3 の座標軸を持つ平面に描かれている。影を付けてある部分の境界部分はすべてこの下方集合に属するから，この下方集合は 2 次元平面の閉部分集合であり，したがって選好関係 $\succsim$ は下半連続である。

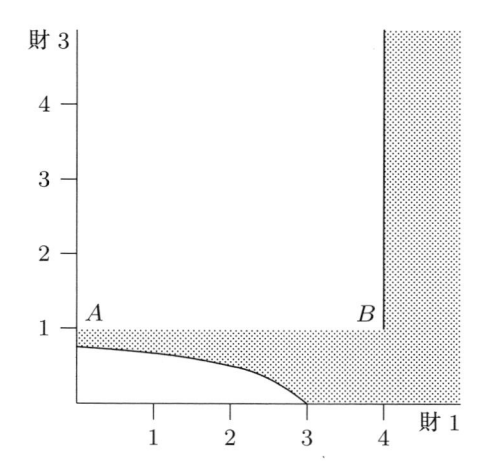

図 **6.1.4** 消費 $(4,b^2,1)$ の $\succsim$-上方集合

他方，図 6.1.4 において影を付けてある部分は消費 $(4,c^2,1)$ の $\succsim$-上方集合である。影を付けてある部分の境界部分の中の線分 AB はこの上方集合に属

さないから，この上方集合は2次元平面の閉部分集合ではなく，したがって選好関係 $\succsim$ は上半連続ではない。

6.2 準線形選好関係

前節に引き続いて本節でも任意に選ばれた一人の消費者を固定して考え，その選好関係を $\succsim$ で表す。以下ではこの選好関係を表現する効用関数 u が存在する場合のみを考える。準線形効用関数が存在するならばこの選好関係は準線形であると言われる。準線形効用関数は以下のように定義される。

定義 6.2.1. $\Gamma = \left\{ q \in \mathbb{R}_{++}^{H_C} \,\middle|\, \sum_{h \in H_C} q^h = 1 \right\}$ と定義する。

集合 Γ は以下では H_C に属する財の価格全体および準線形選好関係のパラメタ全体の集合を表すために用いられる。

定義 6.2.2. $\mathbb{R}^{H_B}$ の部分集合上の任意の実数値関数 f，$\mathbb{R}^{H_C} \setminus \{0\}$ の任意の元 γ および $\mathrm{dom}\, f \times \mathbb{R}^{H_C}$ の任意の元 (b, c) に対して $u^{f\gamma}(b, c) = f(b) + \gamma \cdot c$ と定義する。

定義 6.2.3. 効用関数 u は，もし $u = u^{f\gamma}$ となるような $\mathbb{R}^{H_B}$ の部分集合上の実数値関数 f と Γ の元 γ が存在するならば，「準線形である」と言われる。

定義 6.2.4. $\mathbb{R}^{H_B}$ の部分集合上の任意の実数値関数 f と Γ の任意の元 γ に対して

$$\succsim^{f\gamma} = \left\{ ((b, c), (\tilde{b}, \tilde{c})) \in (\mathrm{dom}\, f \times \mathbb{R}^{H_C})^2 \,\middle|\, f(b) + \gamma \cdot c \geq f(\tilde{b}) + \gamma \cdot \tilde{c} \right\}$$

と定義する。

定義 6.2.5. 選好関係 $\succsim$ は，もし $X(\succsim) = \mathrm{dom}\, f \times \mathbb{R}^{H_C}$ かつ $\succsim = \succsim^{f\gamma}$ となるような $\mathbb{R}^{H_B}$ の部分集合上の実数値関数 f と Γ の元 γ が存在するならば，「準線形である」と言われる。

準線形選好関係においては集合 H_C に属する財は互いに完全代替財の関係にある[6]。

定義 6.2.6. $\mathbb{R}^{H_B}$ の部分集合上の任意の実数値関数 f と $\mathbb{R}^{H_B}$ の任意の元 p に対して $\hat{X}_f(p) = \arg\max_{b \in \text{dom } f}(f(b) - p \cdot b)$ と定義する。

関数 f は集合 H_B に属する財に関する効用関数であると解釈され，集合 $\hat{X}_f(p)$ は集合 H_B に属する財から得られる効用からその財に対する支出金額を控除したものを最大化するような H_B に属する財の消費量全体の集合を表す。これは若干の制限の下で 6.5 節で定義される消費者余剰を最大化する消費量を表すことが示されるであろう[7]。

定理 6.2.1. もし $\text{dom } u = X_B \times \mathbb{R}^{H_C}$ となるような $\mathbb{R}^{H_B}$ の非空部分集合 X_B が存在し u が微分可能であるならば，Γ の任意の元 γ に対して次の二つの条件は互いに同値である:

(a) $\text{dom } u$ の任意の元 (b, c) に対して $\nabla u^b(c) = \gamma$ となる[8]，
(b) $\text{dom } u$ の任意の元 (b, c) に対して $u(b, c) = f(b) + \gamma \cdot c$ となるような X_B 上の実数値関数 f が存在する。

定理 6.2.1 により，微分可能な効用関数が準線形であるためには限界効用が一定であるような財の集合が存在することが必要十分である。

定理 6.2.2. $\mathbb{R}^{H_B}$ の非空凸部分集合上の任意の実数値関数 f と $\mathbb{R}^{H_C} \setminus \{0\}$ の任意の元 γ に対して，

(a) f が凹関数ならば $u^{f\gamma}$ は凹関数であり，
(b) H_C が一元集合ならば $u^{f\gamma}$ が狭義準凹関数であるためには f が狭義凹関数であることが必要十分である。

以下で用いる記号を用いて需要関係と Hicks 補償需要関係を定義し直そう。まず需要関係を定義するために予算関係を定義する。

---

    6) 完全代替財の定義については第 3 章の定義 3.4.3 を参照。
    7) 命題 6.5.4 を参照。
    8) ここで $u^b(c) = u(b, c)$ であり $\nabla u^b(c)$ は X_B の元 b が与えられたときの $\mathbb{R}^{H_C}$ 上の実数値関数 u^b の c における勾配を表す。勾配の定義については数学付録の定義 A.6.10 を参照。

6.2 準線形選好関係

定義 6.2.7. $\mathbb{R}^{H_B} \times \Gamma \times \mathbb{R}$ の任意の元 (p, q, m) に対して

$$B(p,q,m) = \{(b,c) \in X(\succsim) \mid p \cdot b + q \cdot c \leq m\}$$

と定義する。

定義 6.2.8. $\mathbb{R}^{H_B} \times \Gamma \times \mathbb{R}$ の任意の元 (p, q, m) に対して

$$D^{\succsim}(p,q,m) = D^u(p,q,m) = \underset{(b,c) \in B(p,q,m)}{\arg\max} \, u(b,c)$$

と定義する。

定義 6.2.9. $\mathbb{R}^{H_B} \times \Gamma \times \mathbb{R}$ の任意の元 (p, q, a) に対して

$$C^u(p,q,a) = \underset{(b,c) \in U_u(a)}{\arg\min} \, p \cdot b + q \cdot c$$

と定義する[9]。

D^u と C^u はそれぞれ効用関数 u を持つ消費者の需要関係と Hicks 補償需要関係を表す。本節の以下の部分では $\succsim$ は準線形であることを仮定する。すなわち次の仮定を設ける。

仮定 6.2.1. $X(\succsim) = \mathrm{dom}\, f \times \mathbb{R}^{H_C}$ かつ $\succsim = \succsim^{f\gamma}$ となるような $\mathbb{R}^{H_B}$ の部分集合上の実数値関数 f と Γ の元 γ が存在する。

定義 6.2.10. $\mathbb{R}^{H_B} \times \Gamma \times \mathbb{R} \times \mathbb{R}^{H_B}$ の任意の元 (p, q, m, b) に対して

$$\hat{B}(p,q,m,b) = \left\{ c \in \mathbb{R}^{H_C} \mid q \cdot c \leq m - p \cdot b \right\}$$

と定義する。

定義 6.2.11. $\mathbb{R}^{H_B} \times \Gamma \times \mathbb{R} \times \mathbb{R}^{H_B}$ の任意の元 (p, q, m, b) に対して

$$\hat{X}^D_\gamma(p,q,m,b) = \underset{c \in \hat{B}(p,q,m,b)}{\arg\max} \, \gamma \cdot c$$

と定義する。

---

[9] 記号 $U_u(a)$ は a の u-上方集合を表す。第 3 章の定義 3.5.1 を参照。

集合 $\hat{X}_\gamma^D(p,q,m,b)$ は集合 H_B に属する財の消費量 b が与えられたときの集合 H_C に属する財に対する需要集合を表す。

定義 6.2.12. $\mathbb{R} \times \mathrm{dom}\, f$ の任意の元 (a,b) に対して

$$\hat{U}(a,b) = \left\{ c \in \mathbb{R}^{H_C} \mid f(b) + \gamma \cdot c \geq a \right\}$$

と定義する。

定義 6.2.13. $\Gamma \times \mathbb{R} \times \mathrm{dom}\, f$ の任意の元 (q,a,b) に対して

$$\hat{X}_\gamma^C(q,a,b) = \mathop{\arg\min}_{c \in \hat{U}(a,b)} q \cdot c$$

と定義する。

集合 $\hat{X}_\gamma^C(q,a,b)$ は集合 H_B に属する財の消費量 b が与えられたときの集合 H_C に属する財に対する Hicks 補償需要集合を表す。H_C が二つ以上の財を含むならば $\hat{X}_\gamma^D(p,q,m,b)$ と $\hat{X}_\gamma^C(q,a,b)$ は H_C に属する財の価格 q が選好関係のパラメタ γ に一致する場合にのみ定義されることが次の命題で示される。この意味で本節で考察している準線形選好関係は H_C が二つ以上の財を含む場合にはあまり興味深い選好関係とは思われない。

命題 6.2.1. 仮定 6.2.1 の下で，(a) $\mathrm{dom}\,\hat{X}_\gamma^D = \mathbb{R}^{H_B} \times \{\gamma\} \times \mathbb{R} \times \mathbb{R}^{H_B}$ また，(b) $\mathrm{dom}\,\hat{X}_\gamma^C = \{\gamma\} \times \mathbb{R} \times \mathrm{dom}\, f$ となる。

定義 6.2.14. $\mathbb{R}^{H_B} \times \Gamma \times \mathbb{R}$ の任意の元 (p,q,m) に対して

$$\bar{D}^{f\gamma}(p,q,m) = \left\{ (b,c) \in \hat{X}_f(p) \times \mathbb{R}^{H_C} \;\middle|\; c \in \hat{X}_\gamma^D(p,q,m,b) \right\}$$

と定義する。

定義 6.2.15. $\mathbb{R}^{H_B} \times \Gamma \times \mathbb{R}$ の任意の元 (p,q,a) に対して

$$\bar{C}^{f\gamma}(p,q,a) = \left\{ (b,c) \in \hat{X}_f(p) \times \mathbb{R}^{H_C} \;\middle|\; c \in \hat{X}_\gamma^C(q,a,b) \right\}$$

と定義する。

集合 $\bar{D}^{f\gamma}(p,q,m)$ と $\bar{C}^{f\gamma}(p,q,a)$ の著しい特性は H_B に属する財に対する需要集合あるいは Hicks 補償需要集合が基本的に H_B に属する財の価格 p だけに依存し，H_C に属する財の価格 q と所得 m から独立になることである．以下の系 6.2.1 で示されるようにこれは特に関数 f が狭義凹関数であり $\hat{X}_f$ が関数になる場合は文字通りの事実となる．

定理 6.2.3. 仮定 6.2.1 の下で，(a) $\mathrm{dom}\,\bar{D}^{f\gamma} = \mathrm{dom}\,\hat{X}_f \times \{\gamma\} \times \mathbb{R} = \mathrm{dom}\,\bar{C}^{f\gamma}$，(b) $D^u = \bar{D}^{f\gamma}$ かつ (c) $C^u = \bar{C}^{f\gamma}$ となる．

定理 6.2.3 の (b) と (c) により，準線形選好関係によって定義される需要関係と Hicks 補償需要関係における H_B に属する財に対する需要量はそれぞれ所得水準および効用水準から独立である．

系 6.2.1. 仮定 6.2.1 の下で，f が狭義凹関数ならば
(a) $\hat{X}_f$ は $\mathrm{dom}\,\hat{X}_f$ から $\mathrm{dom}\,f$ への関数であり，
(b) $\mathrm{dom}\,D^u$ の任意の元 (p,q,m) に対して

$$D^u(p,q,m) = \hat{X}_f(p) \times \hat{X}^D_\gamma(p,q,m,\hat{X}_f(p))$$

となり，
(c) $\mathrm{dom}\,C^u$ の任意の元 (p,q,a) に対して

$$C^u(p,q,a) = \hat{X}_f(p) \times \hat{X}^C_\gamma(q,a,\hat{X}_f(p))$$

となる[10]．

6.3 準正 1 次同次選好関係

本節でも任意の消費者とその選好関係 $\succsim$ を選んで固定し，それが効用関数 u で表現される場合を考える．ただしここでは準正 1 次同次選好関係と呼ぶ

---

10) H_C が二つ以上の財を含む場合には，$\hat{X}^D_\gamma(p,q,m,\hat{X}_f(p))$ と $\hat{X}^C_\gamma(q,a,\hat{X}_f(p))$ は一元集合ではないから D^u と C^u は関数ではない．

ものを考える。これは集合 H_B に属する財と集合 H_C に属する財に関する選好が加法的分離可能である点では準線形選好関係と類似しているが，準線形選好関係の場合には H_C に属する財が互いに一種の完全代替財の関係にあるのに対して H_C に属する財が互いに完全補完財の関係にある点が異なる[11]。

定義 6.3.1. $\mathbb{R}_+^{H_C}$ の任意の元 c に対して $g(c) = \min_{h \in H_C} c^h$ と定義する。

この関数 g は $\mathbb{R}_+^{H_C}$ 上の連続な正 1 次同次実数値関数である。

定義 6.3.2. $\mathbb{R}^{H_B}$ の部分集合上の任意の実数値関数 f と $\operatorname{dom} f \times \mathbb{R}_+^{H_C}$ の任意の元 (b, c) に対して $u^f(b, c) = f(b) + g(c)$ と定義する。

定義 6.3.3. 効用関数 u は，もし $u = u^f$ となるような $\mathbb{R}^{H_B}$ の部分集合上の実数値関数 f が存在するならば，「準正 1 次同次である」と言われる[12]。

定義 6.3.4. $\mathbb{R}^{H_B}$ の部分集合上の任意の実数値関数 f に対して

$$\succsim^f = \left\{ ((b, c), (\tilde{b}, \tilde{c})) \in (\operatorname{dom} f \times \mathbb{R}_+^{H_C})^2 \;\middle|\; f(b) + g(c) \geq f(\tilde{b}) + g(\tilde{c}) \right\}$$

と定義する。

定義 6.3.5. 選好関係 $\succsim$ は，もし $X(\succsim) = \operatorname{dom} f \times \mathbb{R}_+^{H_C}$ かつ $\succsim = \succsim^f$ となるような $\mathbb{R}^{H_B}$ の部分集合上の実数値関数 f が存在するならば，「準正 1 次同次である」と言われる。

f の凹性と u^f の準凹性は同値であり，特に u^f が狭義準凹ならば f は狭義凹であることが次の定理から導かれる。

定理 6.3.1. (a) g は $\mathbb{R}_+^{H_C}$ 上の凹関数であり，
(b) $\mathbb{R}^{H_B}$ の非空凸部分集合上の任意の実数値関数 f に対して
(b.1) f が凹関数ならば u^f は凹関数であり，

---

[11] 完全補完財の定義については第 3 章の定義 3.4.3 を参照。
[12] 関数 g は確かに正 1 次同次ではあるがこれは正 1 次同次な唯一の関数ではないから，この呼称は一般的過ぎるが本書ではこのように呼ぶ。一般的な準正 1 次同次関数の定義については，数学付録の定義 A.5.13 を参照。一般的な準正 1 次同次関数に対して以下の議論がどの程度拡張できるかという問題は興味深い。

6.3 準正 1 次同次選好関係

(b.2) u^f が狭義準凹関数ならば f は狭義凹関数であり，

(b.3) u^f が準凹関数ならば f は凹関数であり，

(b.4) u^f が準凹関数ならば u^f は凹関数である。

定義 6.3.6. $\mathbb{R}^{H_B}$ の部分集合上の任意の実数値関数 f に対して

$$AD_f = \mathrm{dom}\,\hat{X}_f \times \Gamma \times \left] \sup_{p \in \mathrm{dom}\,\hat{X}_f} \sup_{b \in \hat{X}_f(p)} p \cdot b, \to \right[$$

と定義する[13]。

準正 1 次同次選好関係を定義する関数 f が与えられたとき，集合 AD_f は需要関係 D^u の定義域を十分大きい所得を持つものに限定するために用いられる。以下ではこのような制限が必要になる場合が発生する。本節の以下の部分では $\succsim$ は準正 1 次同次であることを仮定する，すなわち次の仮定を設ける。

仮定 6.3.1. $X(\succsim) = \mathrm{dom}\,f \times \mathbb{R}_+^{H_C}$ かつ $\succsim = \succsim^f$ となるような $\mathbb{R}^{H_B}$ の部分集合上の実数値関数 f が存在する。

定義 6.3.7. $\mathbb{R}^{H_B} \times \Gamma \times \mathbb{R} \times \mathbb{R}^{H_B}$ の任意の元 (p, q, m, b) に対して

$$\hat{B}_+(p, q, m, b) = \left\{ c \in \mathbb{R}_+^{H_C} \mid q \cdot c \leq m - p \cdot b \right\}$$

と定義する。

次の集合 $\check{X}^D(p, q, m, b)$ は，集合 H_B に属する財の消費量 b が与えられたときの H_C に属する財に対する需要集合を表すと解釈される。

定義 6.3.8. $\mathbb{R}^{H_B} \times \Gamma \times \mathbb{R} \times \mathbb{R}^{H_B}$ の任意の元 (p, q, m, b) に対して

$$\check{X}^D(p, q, m, b) = \underset{c \in \hat{B}_+(p, q, m, b)}{\arg\max}\, g(c)$$

と定義する。

---

[13] 記号 sup の定義については数学付録の定義 A.2.33 および A.2.34 を参照。

定義 6.3.9. $\mathbb{R}^{H_B} \times \mathbb{R} \times \mathbb{R}^{H_B}$ の任意の元 (p, m, b) および H_C の任意の元 h に対して $\check{c}_D^h(p, m, b) = m - p \cdot b$ と定義する。

定義 6.3.10. $Z = \left\{ (p, q, m, b) \in \mathbb{R}^{H_B} \times \Gamma \times \mathbb{R} \times \mathbb{R}^{H_B} \mid m \geq p \cdot b \right\}$ と定義する。

命題 6.3.1. 仮定 6.3.1 の下で,
(a) $\mathrm{dom}\, \check{X}^D = \mathrm{dom}\, \hat{B}_+ = Z$ となり,
(b) $\check{X}^D$ の定義域の任意の元 (p, q, m, b) に対して,
(b.1) $\check{c}_D(p, m, b)$ は $\hat{B}_+(p, q, m, b)$ に属し, 特に $p \cdot b + q \cdot \check{c}_D(p, m, b) = m$ となり,
(b.2) $\hat{B}_+(p, q, m, b)$ の任意の元 c に対して, c が $\check{X}^D(p, q, m, b)$ に属するためには $g(c) = m - p \cdot b$ となることが必要十分であり,
(b.3) $\check{X}^D(p, q, m, b) = \{\check{c}_D(p, m, b)\}$ となる。

定義 6.3.11. $\mathbb{R}^{H_B} \times \Gamma \times \mathbb{R}$ の任意の元 (p, q, m) に対して

$$\bar{D}^f(p, q, m) = \left\{ (b, c) \in \hat{X}_f(p) \times \mathbb{R}_+^{H_C} \,\middle|\, c \in \check{X}^D(p, q, m, b) \right\}$$

と定義する。

$\succsim$ が準線形選好関係の場合には D^u と $\bar{D}^{f\gamma}$ が一致して H_B に属する財に対する需要は H_C に属する財の価格と所得から本質的に独立になることが示された[14]。しかしこの独立性は $X(\succsim) = \mathrm{dom}\, f \times \mathbb{R}^{H_C}$ という仮定すなわち H_C に属する財の消費可能性が下方有界でないという仮定に依存している。本節では $X(\succsim) = \mathrm{dom}\, f \times \mathbb{R}_+^{H_C}$ を仮定しているから H_C に属する財の消費可能性は下方有界である。さらに H_C が一元集合ならば, 準正 1 次同次選好関係は準線形選好関係の特殊な場合になる。この場合には H_B に属する財に対する需要が所得から独立になる必然性がないことが次の例からわかる。

例 6.3.1. $H_B = \{1\}$, $H_C = \{2\}$ と仮定し, $\mathbb{R}_+^{H_B}$ の任意の元 b に対して $f(b) = \sqrt{b + (1/16)}$ と定義し, 消費集合 $\mathbb{R}_+^{H_B} \times \mathbb{R}_+^{H_C}$ の任意の元 (b, c) に対

---

14) 定理 6.2.3 と系 6.2.1 を参照。

して $u(b,c) = f(b)+c$ によって定義される効用関数 u で表現される準線形選好関係を持つ消費者を考える。このとき $\mathrm{dom}\,\hat{X}_f = \mathbb{R}_{++}$ となり, f の狭義凹性により任意の正実数 p に対して

$$\hat{X}_f(p) = \begin{cases} \dfrac{4-p^2}{16p^2} & \text{if } p \leq 2, \\ 0 & \text{otherwise} \end{cases}$$

となる。他方,$\Gamma = \{1\}$ だから $q=1$ の場合だけを考える。

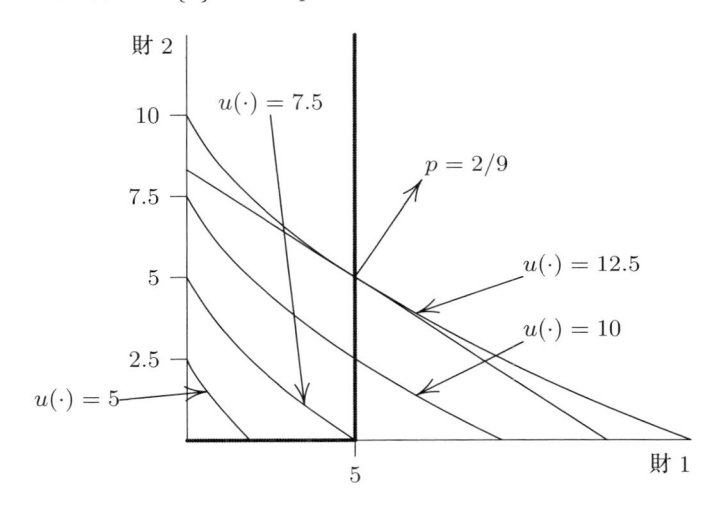

図 6.3.1 財 1 に対する需要量の所得からの独立性

$\mathbb{R}_{++} \times \mathbb{R}$ の任意の元 (p,m) に対して

$$\hat{B}_+(p,q,m,\hat{X}_f(p)) = \left\{ c \in \mathbb{R}_+ \;\middle|\; p\max\left\{0, \frac{4-p^2}{16p^2}\right\} + c \leq m \right\}$$

だから $\hat{B}_+(p,q,\hat{X}_f(p))$ が非空であるためには $\max\{0,(4-p^2)/(16p)\} \leq m$ でなければならず,所得 m には p によって定められる下限が存在する。図 6.3.1 では $p = 2/9$ の場合が描かれており所得・消費曲線は横軸上の $[0,5]$ と財 1 の消費量が 5 に等しい横軸上から出る垂直線との二つの部分(太線の部分)から構成される。垂直線の部分では財 1 に対する需要量は財 1 の価格 p だけに依存して所得水準から独立である。しかしこの独立性は所得 m が $10/9$

以上の場合に保証されるに過ぎず，10/9 未満の場合には財 2 の消費量の非負性を維持するために財 1 の消費量は所得に比例して減少する．

集合 H_B に属する財に対する需要量が所得から独立になることを保証するためには，例 6.3.1 から想像されるように所得水準が十分高いことが要求される．これを保証するために以下では定義 6.3.6 に与えられている集合 AD_f に限定して考える場合がある．

定理 6.3.2. 仮定 6.3.1 の下で，
(a) $\operatorname{dom} \bar{D}^f$ の任意の元 (p,q,m) に対して $\bar{D}^f(p,q,m)$ は $D^u(p,q,m)$ に含まれ，
(b) $AD_f \cap \operatorname{dom} D^u$ の任意の元 (p,q,m) に対して $D^u(p,q,m)$ は $\bar{D}^f(p,q,m)$ に含まれ，
(c) $AD_f \cap \operatorname{dom} D^u = AD_f \cap \operatorname{dom} \bar{D}^f$ となる．

定理 6.3.2 により，所得水準が十分高ければ準正 1 次同次選好関係によって定義される需要関係における H_B に属する財に対する需要量が所得水準から独立になる．この定理においては関数 f の性質に関しては何も仮定されていないから集合 H_B に属する財に対する需要関係は一般に需要関数にはならない．f が狭義凹関数ならば，次の系 6.3.1 が主張するように $\hat{X}_f$ は関数になる．

系 6.3.1. 仮定 6.3.1 の下で，もし $\operatorname{dom} f$ が凸であり f が狭義凹ならば
(a) $\hat{X}_f$ は関数であり，
(b) $\operatorname{dom} \bar{D}^f$ の任意の元 (p,q,m) に対して

$$\bar{D}^f(p,q,m) = \hat{X}_f(p) \times \check{X}^D(p,q,m,\hat{X}_f(p))$$

となり，
(c) $\operatorname{dom} \bar{D}^f = \left\{ (p,q,m) \in \operatorname{dom} \hat{X}_f \times \Gamma \times \mathbb{R} \,\middle|\, m \geq p \cdot \hat{X}_f(p) \right\}$ となり，
(d) $AD_f \cap \operatorname{dom} D^u$ の任意の元 (p,q,m) に対して $D^u(p,q,m) = \bar{D}^f(p,q,m)$ となる．

定義 6.3.12. $\mathbb{R} \times \operatorname{dom} f$ の任意の元 (p,a,b) および H_C の任意の元 h に対して $\check{c}_C^h(a,b) = a - f(b)$ と定義する．

定義 6.3.13. $\mathbb{R}^{H_B} \times \Gamma \times \mathbb{R}$ の任意の元 (p, q, a) に対して
$$\bar{C}^f(p, q, a) = \left\{ (b, c) \in \hat{X}_f(p) \times \mathbb{R}_+^{H_C} \mid c = \check{c}_C(a, b) \right\}$$
と定義する。

定理 6.3.3. 仮定 6.3.1 の下で，$C^u = \bar{C}^f$ となる。

定理 6.3.3 により準正 1 次同次選好関係によって定義される Hicks 補償需要関係における H_B に属する財に対する需要量が効用水準から独立になる。

系 6.3.2. 仮定 6.3.1 の下で，もし $\mathrm{dom}\, f$ が凸であり f が狭義凹ならば $\mathrm{dom}\, \bar{C}^f$ の任意の元 (p, q, a) に対して $\bar{C}^f(p, q, a) = \hat{X}_f(p) \times \{\check{c}_C(a, \hat{X}_f(p))\}$ となる。

6.4 部分均衡分析の基礎

本節では純粋交換経済の競争市場と独占者としての生産者が存在する経済を考える。生産者が存在する競争市場については読者に委ねる。競争市場については，一部の財の市場における競争均衡価格が残りの市場の価格から独立になるための十分条件を求める。独占については，通常の独占の経済モデルで用いられる独占者としての生産者の生産物に対する市場需要関数が独占者が観察できないと思われる所得分配から独立に定義されるための十分条件を求める。

6.4.1 純粋交換経済の競争市場

本項では任意の純粋交換経済 $(H, \succsim, \Delta, \alpha)$ を選んで固定して $\mathscr{E}$ で表し，財集合 H の分割 $\{H_C, H_B\}$ が存在すると仮定する。

定義 6.4.1. (a) Γ の任意の元 q に対して
$$P(q, \mathscr{E}) = \left\{ p \in \mathbb{R}^{H_B} \;\middle|\; \left(\{\alpha_I|_{H_B}\} \times \mathbb{R}^{H_C}\right) \cap \sum_{i \in I} D^{\succsim_i}(p, q, (p, q) \cdot \alpha_i) \neq \emptyset \right\}$$
と定義し，

(b) $\mathbb{R}^{H_B}$ の任意の元 p に対して

$$Q(p,\mathscr{E}) = \left\{ q \in \Gamma \;\middle|\; \mathbb{R}^{H_B} \times \{\alpha_I|_{H_C}\} \cap \sum_{i \in I} D^{\succsim_i}(p,q,(p,q)\cdot\alpha_i) \neq \emptyset \right\}$$

と定義する。

$P(q,\mathscr{E})$ は集合 Γ に属する価格 q が与えられたときに集合 H_B に属する財の市場での需給が均衡するような $\mathbb{R}^{H_B}$ に属する価格全体の集合を表し，$Q(p,\mathscr{E})$ は集合 $\mathbb{R}^{H_B}$ に属する価格 p が与えられたときに集合 H_C に属する財の市場での需給が均衡するような Γ に属する価格全体の集合を表す。もし集合 $P(q,\mathscr{E})$ が q から独立に定まれば，集合 H_B に属する財の競争均衡価格は集合 H_C に属する財の価格によって影響を受けないから，価格 p の決定を考えるときには H_C に属する財の価格の影響を無視して集合 H_B に属する財だけに注意を集中するという部分均衡分析が正当化される。逆に集合 $Q(p,\mathscr{E})$ が p から独立に定まれば集合 H_C に属する財の市場だけに注意を集中する部分均衡分析が正当化される。

定理 6.2.3 から次の定理が導かれる。

定理 6.4.1. もし

(i) 任意の消費者 i に対して，(i-1) $X(\succsim_i) = X_i \times \mathbb{R}^{H_C}$ となる $\mathbb{R}^{H_B}$ の非空凸部分集合 X_i が存在し，(i-2) $\succsim_i = \succsim^{f_i \gamma_i}$ となるような X_i 上の連続実数値関数 f_i と Γ の元 γ_i が存在し，

(ii) $\Delta = \{0\} \subset \mathbb{R}^H$ すなわちすべての財は無料処分可能ならば，

(a) $P(q,\mathscr{E})$ が非空となる Γ の任意の元 q と I に属する任意の消費者 i に対して $q = \gamma_i$ となり，

(b) $Q(p,\mathscr{E})$ が非空となる $\mathbb{R}^{H_B}$ の任意の元 p と I に属する任意の消費者 i に対して $Q(p,\mathscr{E}) = \{\gamma_i\}$ となる。

定理 6.4.1 の (a) により，H_C に属する財の価格が Γ の中で任意に与えられたとき，H_B に属する財の市場が均衡するような価格 p が存在するという条件だけですべての消費者 i に対して γ_i が共通であり q が γ_i の共通値に等しいことが要求され価格の自由度がまったくないから，H_B に属する財の市場の均衡価格 p は q に依存せずに定まるという性質は特に重要ではなく興味

深いとは言い難い。同様に定理 6.4.1 の (b) により，H_B に属する価格 p が $\mathbb{R}^{H_B}$ の中で任意に与えられたとき，H_C に属する財の市場が均衡する価格 q が存在するという条件だけですべての消費者 i に対して γ_i が共通であり H_C に属する財の価格 q が γ_i の共通値に等しいことが要求され，p の変化は q の水準の変化に影響するのではなく，この一定値の q が存在するかしないかに影響するだけである。この意味で準線形選好関係は競争市場の部分均衡分析の基礎としては極めて限定的なものである。

以下では準正 1 次同次選好関係の場合を考えよう。

定義 6.4.2. $\mathbb{R}^{H_B}$ の部分集合上の任意の実数値関数 f と $\mathbb{R}_+^H$ の任意の元 ω に対して
$$P_{f\omega} = \bigcap_{q \in \Gamma} \left\{ p \in \mathrm{dom}\,\hat{X}_f \mid (p, q, (p, q) \cdot \omega) \in AD_f \right\}$$
と定義する[15]。

$P_{f\omega}$ は $\mathbb{R}^{H_B}$ の部分集合上の効用関数 f と賦存資源 ω が与えられたときに集合 H_C に属する財の Γ に属する任意の価格 q に対して価格 (p,q) の下で賦存資源 ω から生じる所得と (p,q) との組み合わせ $(p, q, (p,q) \cdot \omega)$ が集合 AD_f に属することを保証するような $\mathrm{dom}\,\hat{X}_f$ の元 p 全体の集合である。

定理 6.4.2. もし
(i) 任意の消費者 i に対して，(i-1) $X(\succsim_i) = X_i \times \mathbb{R}_+^{H_C}$ となる $\mathbb{R}^{H_B}$ の包括的な非空凸部分集合 X_i が存在し[16]，(i-2-1) $\succsim_i = \succsim^{f_i}$ となり，(i-2-2) H_C に属する任意の財 h に対して $\alpha_i^h = \beta_i$ となり，(i-2-3) $P_{f_i, \alpha_i} = \mathbb{R}_{++}^{H_B}$ を満足する X_i 上の狭義単調増加凹実数値関数 f_i と h に依存しない正実数 β_i が存在し，
(ii) すべての財が無料処分不可能すなわち $\Delta = \{0\} \subset \mathbb{R}^H$ ならば，
(a) $\sum_{i \in I} \hat{X}_{f_i}(p) = \sum_{i \in I} \alpha_i|_{H_B}$ を満足する $\bigcap_{i \in I} P_{f, \alpha_i}$ の任意の元 p に対して $Q(p, \mathscr{E}) = \Gamma$ となり，
(b) Γ の任意の二つの元 q と $\tilde{q}$ に対して $P(q, \mathscr{E}) = P(\tilde{q}, \mathscr{E})$ となる。

---
15) 集合 AD_f の定義については定義 6.3.6 を参照。
16) 包括性の定義については数学付録の定義 A.5.9 を参照。

定理 6.4.2 の (a) により，集合 H_B に属する財の市場が均衡するような $\bigcap_{i \in I} P_{f_i \alpha_i}$ に属する価格 p が与えられた場合，集合 H_C に属する財の均衡価格 q が固定されないだけでなく，Γ に属する任意の q の下で H_C に属する財の市場は均衡する．すなわち H_C に属する財の均衡価格は H_B に属する財の均衡価格には依存しない．他方，定理 6.4.2 の (b) により，集合 H_B に属する財の均衡価格の集合も q から独立であり，q の水準を考慮することなく集合 H_B に属する財の均衡価格の決定を説明でき，この意味で部分均衡分析が正当化される．ただし定理 6.4.2 にはいくつかの制限的な仮定が置かれている．特に集合 H_C に属する財が互いに完全補完財であるようなすべての消費者に共通の選好関係が存在するという強い仮定に依存している．

仮定 (i-2) を満足する関数 f_i と賦存資源の初期割当 α_i の例としては，次のものが考えられる．任意の消費者 i に対して $X_i = \mathbb{R}_{++}^{H_B}$ の任意の元 b に対して $f_i(b) = \sum_{h \in H_B} \log b^h$ と定義する．このとき f_i は X_i 上の狭義単調増加凹実数値関数である．

任意の消費者 i に対して $\alpha_i|_{H_B} \geq 0$ また H_C に属する任意の財 h に対して $\alpha_i^h = \beta_i > |H_B|$ となると仮定しよう．このとき仮定 (i-2-2) が満たされる．$\mathbb{R}_{++}^{H_B}$ の任意の元 p に対して $X_{f_i}(p) = (1/p^h)_{h \in H_B}$ だから $p \cdot \hat{X}_{f_i}(p) = |H_B|$ したがって $AD_{f_i} = \mathbb{R}_{++}^{H_B} \times \Gamma \times]|H_B|, \infty[$ となる．

$\mathbb{R}_{++}^{H_B}$ の任意の元 p と Γ の任意の元 q を選ぶ．消費者 i の所得は

$$(p, q) \cdot \alpha_i = p \cdot \alpha_i|_{H_B} + q \cdot \alpha_i|_{H_C} = p \cdot \alpha_i|_{H_B} + \beta_i$$

を満足し，したがって

$$\sup_{r \in \mathrm{dom}\, \hat{X}_{f_i}} \sup_{b \in \hat{X}_{f_i}(r)} r \cdot b = \sup_{r \in \mathrm{dom}\, \hat{X}_{f_i}} r \cdot \hat{X}_{f_i}(r) = |H_B| < \beta_i = q \cdot \alpha_i|_{H_C}$$

$$\leq p \cdot \alpha_i|_{H_B} + q \cdot \alpha_i|_{H_C} = (p, q) \cdot \alpha_i$$

となり p は $\mathrm{dom}\, \hat{X}_{f_i}$ に属するから，$(p, q, (p, q) \cdot \alpha_i)$ は AD_{f_i} に属する．q は Γ の任意の元だから p は $P_{f_i \alpha_i}$ に属する．p は $\mathbb{R}_{++}^{H_B}$ の任意の元だから $\mathbb{R}_{++}^{H_B} \subset P_{f_i \alpha_i}$ となる．逆に $P_{f_i \alpha_i}$ の任意の元 p に対して $p \in \mathrm{dom}\, \hat{X}_{f_i} \subset \mathbb{R}_{++}^{H_B}$ だから $P_{f_i \alpha_i} \subset \mathbb{R}_{++}^{H_B}$ となり，仮定 (i-2-3) も満たされる．

集合 H_B に属する財に関する選好関係がこのような対数関数で与えられること，集合 H_C に属するすべての財について賦存資源の割当が等量であるこ

とはいずれも強い仮定である．集合 H_C に属する財が互いに完全補完財であるような選好関係が仮定されているために H_C に属する各財の賦存資源の割当が等しくない，すなわち $\alpha_i^h \neq \alpha_i^{\tilde{h}}$ となるような H_C に属する二つの財 h と $\tilde{h}$ が存在する場合には，価格 (p, q) の下で購入していた H_B に属する財の量が q が $\tilde{q}$ に変化した後では購入できず，それだけの理由で集合 H_B に属する財の均衡価格が p とは異なる価格 $\tilde{p}$ に変化せざるをえないことになり，$P(q, \mathscr{E})$ は q に依存して定理 6.4.2 は成立しない．

定理 6.4.1 と 6.4.2 から純粋交換経済の競争均衡の部分均衡分析を正当化する一般的条件を見出すことはかなり困難であることが予想される．若干弱い仮定の下で同様の結果を確立することは可能かもしれないがあまり興味深い結果は得られないのではないかと思われる．

6.4.2 独占

部分均衡分析が行われる代表的な例は独占の経済分析である．独占の部分均衡分析の根拠とは一体何であろうか．競争市場の部分均衡分析の根拠は集合 H_B に属する財の市場の均衡価格が残りの財の価格から独立になることであるという見方を前項で採用した．一種類あるいは数種類の生産物を独占的に供給する生産者はそれらの財に対する市場需要関数とそれらの財以外の財の競争市場における価格を知って自分が供給する財の独占価格を決定する[17]．したがって独占価格は他の財の価格から独立であると想定すべき理由はなくこの独立性は独占の部分均衡分析の根拠ではない．

独占の部分均衡分析の重要な根拠はむしろ独占者が自分の行動を決定するために必要とする市場需要関数に関する正確な情報を獲得できる可能性にあると思われる．通常は個々の消費者の需要関数はすべての財の価格とその消費者の所得に依存するから，市場需要関数もすべての財の価格と所得分配に依存する．すべての財の価格は公開された情報だから独占者はその情報を獲得できると想定することは妥当であるが，所得分配に関する情報は入手する

---

[17] 多くの教科書に現れる独占のモデルでは費用関数は独占者の生産物の供給量だけの関数であるかのように書かれているが，その財の生産に用いられる生産要素の価格に当然依存しているのであり，その価格を明示的に示していないのは単なる便宜に過ぎない．

のが一般に困難であり，したがって独占者が供給する財に対する市場需要関数を独占者が正確に知っているという仮定は一般に満たされないと思われる。しかしこの市場需要関数が財の価格だけに依存するのであれば市場調査を通じて独占者はこの市場需要関数に関する正確な情報を入手できるという仮定は満たされやすいであろう．本節で考察してきた特別な選好関係はこの根拠を提供する．

以下では私有財産経済 $(H, \succsim, Y, \Delta, \alpha, \theta)$ を考えてこれを $\mathscr{POE}$ で表す．この私有財産経済 $\mathscr{POE}$ から誘導される経済 $(H, \succsim, Y, \Delta, \alpha_I)$ を $\mathscr{E}$ で表す．$\mathscr{POE}$ については以下の仮定を設ける．

仮定 6.4.1. (a) 財集合 H の分割 $\{H_B, H_C\}$ が存在し，
(b) $0 \in Y_0 \subset \mathbb{R}^{H_B} \times \mathbb{R}_+^{H_C}$ を満足し J に属する唯一の生産者 0 が存在し[18]，
(c) 0 以外の任意の生産者 j に対して Y_j は $\mathbb{R}_+^{H_B} \times \mathbb{R}^{H_C}$ の原点を含む狭義凸部分集合であり，
(d) 任意の消費者 i に対して (d.1) $X(\succsim_i) = \mathrm{dom}\, f_i \times \mathbb{R}_+^{H_C}$ となり，(d.2) $\mathrm{dom}\, f_i$ が $\mathbb{R}^{H_B}$ の包括的な非空凸部分集合であり，(d.3) $\succsim^i = \succsim^{f_i}$ となり，(d.4) $P_{f_i \alpha_i} = \mathbb{R}_{++}^{H_B}$ を満足する狭義単調増加狭義凹実数値関数 f_i が存在し，
(e) $\alpha \geq 0$ となり，
(f) $\Delta = \{0\}$ となる．

生産者 0 は H_C に属する財を産出できず，0 以外のどの生産者も H_B に属する財を産出できない．仮定 (c) における 0 以外の生産者の生産集合の狭義凸性は生産要素に対する需要量が一意に確定することを保証するため，また仮定 (d) における集合 H_B に属する財の消費に関する消費者の効用関数の狭義凹性はこれらの財に対する需要量が一意に確定することを保証するための仮定である．これらによって生産者 0 の生産物に対する市場需要が関数として確定する．

---

[18] 実際には H_B に属する財が唯一の生産者 0 によって独占的に供給されると仮定する必要はなく H_B の分割が存在して分割された各集合に属する財が異なる生産者によって独占的に供給されると仮定するだけで十分であるが，記号の簡略化のためにこのように仮定する．

定義 6.4.3. $\mathbb{R}^{H_C}$ の元 q が与えられたとき, $\mathscr{E}$ の実現可能配分 a と $\mathbb{R}^{H_B}$ の元 p の順序対 (a,p) は, もし

(a) 任意の消費者 i に対して

(a.1) $(p,q) \cdot a_i \leq (p,q) \cdot \alpha_i - \sum_{j \in J} \theta^i_j (p,q) \cdot a_j$ となり,

(a.2) $(p,q) \cdot z \leq (p,q) \cdot \alpha_i - \sum_{j \in J} \theta^i_j(p,q) \cdot a_j$ を満たす任意の $\succsim_i$-可能消費 z に対して $a_i \succsim_i z$ となり,

(b) 0 以外の任意の生産者 j と任意の Y_j-可能生産 z に対して $(p,q) \cdot a_j \leq (p,q) \cdot z$ となり,

(c) Y_0 の任意の元 $\tilde{a}_0$ と $\mathbb{R}^{H_B}$ に属する任意の価格 $\tilde{p}$ に対して

(c.1) 0 以外の任意の生産者 j に対して

(c.1.i) $\tilde{a}_j$ が Y_j-可能生産であり,

(c.1.ii) 任意の Y_j-可能生産 z に対して $(\tilde{p},q) \cdot \tilde{a}_j \leq (\tilde{p},q) \cdot z$ となり,

(c.2) 任意の消費者 i に対して

(c.2.i) $\tilde{a}_i$ が $\succsim_i$-可能消費であり,

(c.2.ii) $(\tilde{p},q) \cdot \tilde{a}_i \leq (\tilde{p},q) \cdot \alpha_i - \sum_{j \in J} \theta^i_j (\tilde{p},q) \cdot \tilde{a}_j$ となり,

(c.2.iii) $(\tilde{p},q) \cdot z \leq (\tilde{p},q) \cdot \alpha_i - \sum_{j \in J} \theta^i_j (\tilde{p},q) \cdot \tilde{a}_j$ を満たす任意の $\succsim_i$-可能消費 z に対して $\tilde{a}_i \succsim_i z$ となり,

(c.3) $\tilde{a}_{I \cup J}|_{H_B} = \alpha_I |_{H_B}$ となり,

(c.4) $(\tilde{p},q) \cdot \tilde{a}_0 \leq 0$ となり,

(c.5) $(\tilde{a}_0 |_{H_B}, z)$ が Y_0 に属するような $\mathbb{R}^{H_C}$ の任意の元 z に対して $q \cdot \tilde{a}_0 |_{H_C} \leq q \cdot z$ となるような

$(\mathbb{R}^H)^{(I \cup J) \setminus \{0\}}$ の元 $(\tilde{a}_k)_{k \in (I \cup J) \setminus \{0\}}$ が存在するとき

$(p,q) \cdot a_0 \leq (\tilde{p},q) \cdot \tilde{a}_0$ ならば,

「q に対する私有財産経済 $\mathscr{POE}$ の独占均衡」と呼ばれる。

　この定義は競争市場で決定されるべき集合 H_C に属する財の価格 q が与えられたときの独占均衡として適切であると思われる[19]。条件 (a) は消費者の予算制約下の通常の競争的行動を表現し, (b) は生産者 0 以外の任意の生産

---

19) 本項を通じて価格 q は固定されるから, Hicks 合成財定理により H_C に属する財は一つの合成財として纏められ, 実際には H_C は一元集合と仮定できて以下の議論は簡略化できる。

者の技術的な制約の下で利潤を最大にする競争的行動を表現し，(c) は他の生産者と消費者の競争的行動を考慮した上での生産者 0 による価格 p の最適選択と H_C に属する生産要素の需要量の競争的選択を表現している．

　(c) に表現されている他の経済主体の最適選択は本来生産者 0 の予想を表すものであり実際の選択を表すものではない．換言するならば (c.1) と (c.2) は生産者 0 が自分が供給する財に対する実際の市場需要関数ではなくそれに関する生産者 0 の予想を表す．(c.3) は H_B に属する財の代替的価格 $\tilde{p}$ と生産者 0 自身の代替的活動 $\tilde{a}_0$ を考えるときに他の経済主体の予想される活動 $\tilde{a}|_{(I\cup J)\setminus\{0\}}$ と組み合わせたときに生産者 0 が供給する H_B に属する財の需給が均衡するように決めることを表しており，このとき以下の条件 (c.5) によって記述される生産者 0 が選択する H_C に属する財に対する需要量が他の経済主体の活動と組み合わせたときに需給を均衡させるか否かは考慮しない[20]．(c.4) は生産者 0 が自分の利潤が負になるような代替的価格と活動は候補に含めないことを表している．(c.5) は生産者 0 の H_C に属する財の代替的購入量 $\tilde{a}_0|_{H_C}$ は H_B に属する財の代替的産出量と生産技術の制約を満足する範囲で，生産者 0 が制御できない競争価格 q の下での支出金額を最小化するように競争的に決定されることを表している．条件 (c) 全体はこのような代替的価格と代替的活動の範囲内で利潤を最大化する独占価格 p と活動 a_0 が選択されることを表す．生産者 0 が他の経済主体の最適選択あるいは市場需要関数に関してどの程度正確な予想を形成できるかは一般にはわからないから，この部分の定式化については種々の可能性がある．

　生産者 0 は次のように考えると想定するのが自然かもしれない．生産者 0 が販売する財の価格 p を $\tilde{p}$ に変更したとすれば，各消費者はそれらの財の購入に係わる支出金額の変更は考慮するけれども，価格変化から生じる生産者 0 の利潤がどのように変化するかを計算できないから利潤の変化から生じる配当の変化も計算できないであろう．このために条件 (c.2.ii) と (c.2.iii) に現れる式の中で利潤の部分は変化後の価格 $\tilde{p}$ ではなく変化前の価格 p で評価さ

---

[20] H_C に属する財の市場での供給量については，競争的に行動する他の経済主体と同様に何の情報も持ち合わせていないと仮定される．

れると考えるべきかもしれない[21]。

しかしここでは生産者 0 が本来の市場需要関数を予測できると想定する。これにより以下の定理 6.4.3 が成立して分析は簡単になる。次の定理を記述するために 0 以外の生産者の供給関数の表現を導入する。

定義 6.4.4. 0 以外の任意の生産者 j と $\mathbb{R}^{H_B} \times \mathbb{R}^{H_C}$ の任意の元 (p,q) に対して

$$S_j(p,q) = \underset{(b,c) \in Y_j}{\arg\min} \, (p,q) \cdot (b,c)$$

また $\mathrm{dom}\, S_j \setminus \{0\}$ の任意の元 (p,q) に対して

$$S_j^B(p,q) = (S_j(p,q))|_{H_B}$$

と定義する[22]。

定理 6.3.2 で求められている集合 H_B に属する財に対する各消費者 i の需要関数 $\hat{X}_{f_i}$ と上で定義された同じ財に対する 0 以外の各生産者 j の需要関数 S_j^B を用いてこれらの財に対する市場需要関数は次のように定義される。

定義 6.4.5. $\mathbb{R}^{H_B} \times \mathbb{R}^{H_C}$ の任意の元 (p,q) に対して

$$D_B(p,q) = D_B^q(p) = \sum_{i \in I} \hat{X}_{f_i}(p) + \sum_{j \in J \setminus \{0\}} S_j^B(p,q) - \{\alpha_I|_{H_B}\}$$

によって定義される $\mathbb{R}^{H_B} \times \mathbb{R}^{H_C}$ から $\mathbb{R}^{H_B}$ への関係 D_B は「H_B に属する財に対する市場需要関係」と呼ばれる。

さらに H_B に属する財の生産に関する生産者 0 の費用関数は次のように定義される。まず生産技術 Y_0 を持つ生産者 0 の集合 H_B に属する財の産出水準 b が与えられたときにそれを生産することを可能にする集合 H_C に属する財の投入全体の集合は第 2 章の定義 2.2.1 と同様に次のように定義される。

---

21) 変化前の利潤でさえ消費者は計算できないはずであるが,均衡における配当 $\sum_{j \in J} \theta_j^i(p,q) \cdot a_j$ 自体は知りうると想定してよいであろう。
22) Y_j は狭義凸だから第 2 章の定理 2.3.2 により S_j の $\mathrm{dom}\, S_j \setminus \{0\}$ への制限は $\mathbb{R}^H$ への関数であり,$(S_j(p,q))|_{H_B}$ は $\mathbb{R}^H$ の元すなわち H 上の実数値関数としての $S_j(p,q)$ の H_B への制限を表し,$S_j^B(p,q)$ は定義される。

定義 6.4.6. $\mathbb{R}^{H_B}$ の任意の元 b に対して

$$V_0(b) = \left\{ c \in \mathbb{R}^{H_C} \mid (b, c) \in Y_0 \right\}$$

と定義する．

定義 6.4.7. $\mathbb{R}^{H_C} \times \mathbb{R}^{H_B}$ の任意の元 (q, b) に対して

$$S_0(q, b) = S_0^b(q) = \underset{c \in V_0(b)}{\arg\min}\, q \cdot c$$

と定義し，S_0 の定義域の任意の元 (q, b) に対して

$$C_0(q, b) = C_0^q(b) = q \cdot S_0(q, b)$$

と定義する．$\mathbb{R}^{H_C} \times \mathbb{R}^{H_B}$ から $\mathbb{R}^{H_C}$ への関係 S_0 は「生産者 0 の制約付き供給関係」と呼ばれ[23]，S_0 の定義域 $\mathrm{dom}\, S_0$ 上の実数値関数 C は「生産者 0 の費用関数」と呼ばれる．

系 6.3.1 を用いて定義 6.4.3 は次のように書き換えられる．

定理 6.4.3. 仮定 6.4.1 の下で，Γ の任意の元 q，$\mathscr{E}$ の任意の実現可能配分 a および $\mathbb{R}^{H_B}_{++}$ の任意の元 p に対して，(a, p) が q に対する私有財産経済 $\mathscr{POE}$ の独占均衡であるときまたそのときにかぎり
(a) 任意の消費者 i に対して a_i が

$$\hat{X}_{f_i}(p) \times \check{X}^D \left(p, q, (p, q) \cdot \alpha_i - \sum_{j \in J} \theta_j^i(p, q) \cdot a_j, \hat{X}_{f_i}(p) \right)$$

に属し，
(b) 0 以外の任意の生産者 j に対して $a_j = S_j(p, q)$ となり，
(c) $(\tilde{p}, q)$ が集合 H_B に属する財に対する市場需要関係 D_B の定義域に属し[24]，$(q, -D_B(\tilde{p}, q))$ が C_0 の定義域に属し，さらに $C_0(q, -D_B(\tilde{p}, q)) \leq \tilde{p} \cdot D_B(\tilde{p}, q)$ を満足する $\mathbb{R}^{H_B}$ の任意の元 $\tilde{p}$ に対して

---

23) この呼称は本書に特有であり，通常は「生産者 0 の制約付き生産要素需要関係」と呼ばれる．本書では生産者の行動を「供給」という用語で統一している．
24) 以下では $\mathbb{R}^{H_B}_{++} \times \Gamma$ に属する価格のみが扱われ，この範囲では D_B は関数である．

6.4 部分均衡分析の基礎

(c.1) $C_0(q, -D_B(\tilde{p}, q)) - \tilde{p} \cdot D_B(\tilde{p}, q) \geq (p, q) \cdot a_0$ となり，

(c.2) $\tilde{p} \gg 0$ となる。

　この定理の (c) は生産者 0 が供給する H_B に属する財に対する市場需要関数 D_B が所得の分布に依存しない関数であることを生産者 0 が知っており[25]，H_C に属する財の競争市場における価格 q を所与とみなしてこの市場需要関数の制約の下で利潤を最大化する価格 p を選んでいることを主張している。ここでは $C_0(q, -D_B(\tilde{p}, q)) \leq \tilde{p} \cdot D_B(\tilde{p}, q)$ となる，すなわち利潤が負にならない範囲で利潤を最大化することを仮定している。この限定は単なる利潤最大化より弱い性質である。この条件はむしろ利潤が負になり，したがって生産者 0 からの配当が負になるような価格 $\tilde{p}$ を生産者 0 が選ぶことはないと他の経済主体が想定していること，その想定に基づいて定まる生産者 0 の生産物に対する需要量 $D_B(\tilde{p}, q)$ を生産者 0 が知って利潤最大化するような独占価格を選択するという行動を表現している。これは通常の独占の部分均衡分析の状況であると思われる。他方，H_C に属する財の市場では生産者 0 を含むすべての経済主体が競争的に行動している。

　私有財産経済の独占均衡がこのように単純な理論で記述できる背後には各消費者の選好関係が 6.3 節で扱った準正 1 次同次選好関係であるという仮定が重要な役割を演じている。

　集合 H_C に属する財の価格 q に対する私有財産経済の独占均衡の簡単な例を挙げておこう。

例 6.4.1. 財集合 $H = \{1, 2\}$ および $H_B = \{1\}$ と $H_C = \{2\}$ によって定義される H の分割 $\{H_B, H_C\}$，消費者集合 $I = \{2\}$，生産者集合 $J = \{0, 1\}$ を考え，生産者 0 と 1 の生産技術はそれぞれ

$$Y_0 = \left\{ (b_0, c_0) \in \mathbb{R} \times \mathbb{R}_+ \mid b_0 \geq -\sqrt{12 c_0} \right\},$$
$$Y_1 = \left\{ (b_1, c_1) \in \mathbb{R}_+ \times \mathbb{R} \mid c_1 \geq -4 \log(b_1 + 1) \right\}$$

---

[25] 生産者 0 が経済 $\mathscr{E}$ の構造を知っていると想定することは難しいから，生産者 0 は市場調査の結果 D_B が所得分配に依存していると結論すべき資料が得られなかったために価格だけに依存すると推定したと解釈すべきであろう。

で定義され[26]，消費者 2 の選好関係 $\succsim_2$ は消費集合 $X = \mathbb{R}_{++} \times \mathbb{R}_+$ に属する任意の消費 (b_2, c_2) に対して

$$u(b_2, c_2) = f(b_2) + c_2 = 4\log b_2 + c_2$$

によって定義される効用関数で表現され，賦存資源の初期割当は $\alpha_2 = 0$ であり，処分技術は $\Delta = \{0\}$ で与えられていると想定する。

まず H_C は一元集合だから $\Gamma = \{1\}$ であり，財 2 の価格としては $q = 1$ のみを考え，価格 (p, q) は q を省略して p のみを表示する。このとき

(a) 生産者 1 の供給関数 S_1 は $]0, 4[$ に属する任意の実数 p に対して

$$S_1(p) = \left(\frac{4}{p} - 1, -4\log\frac{4}{p}\right)$$

を満足し，

(b) 消費者 2 の需要関数 D_2 は $\mathbb{R}_{++} \times [4, \infty[$ の任意の元 (p, m) に対して

$$D_2(p, m) = \left(\frac{4}{p}, m - 4\right)$$

を満足する。したがって

(c) 集合 H_B に属する財 1 に対する市場需要関数 D_B は $]0, 4[$ に属する任意の実数 p に対して

$$D_B(p) = \frac{8}{p} - 1$$

を満足する $]0, 4[$ から $]1, \infty[$ の上への狭義単調減少全射である。

(d) 市場需要関数 D_B の逆関数 P は $]1, \infty[$ に属する任意の実数 x に対して

$$P(x) = \frac{8}{x+1}$$

を満足する $]1, \infty[$ から $]0, 4[$ の上への狭義単調減少全射であり，収入関数 R は $]1, \infty[$ に属する任意の実数 x に対して

$$R(x) = \frac{8x}{x+1}$$

---

[26] 本書全体での約束に基づき各財の産出量は負の投入量とみなされ，負実数値で表される。

6.4 部分均衡分析の基礎

を満足する $]1,\infty[$ から $]0,8[$ の上への狭義単調増加全射である.したがって
(e) 限界収入関数 R' は $]1,\infty[$ に属する任意の実数 x に対して

$$R'(x) = \frac{8}{(x+1)^2}$$

を満足する $]1,\infty[$ から $]0,2[$ の上への狭義単調減少全射である.
(f) 生産者 0 の費用関数を通常の慣行に従って非負実数として表示された産出量の関数とみなし,任意の非負実数 x に対して $C(x) = C_0(1,-x)$ によって定義すれば,任意の非負実数 b に対して

$$C(x) = \frac{1}{12}x^2$$

を満足し,産出量 x における限界費用は

$$C'(x) = \frac{x}{6}$$

を満足する.

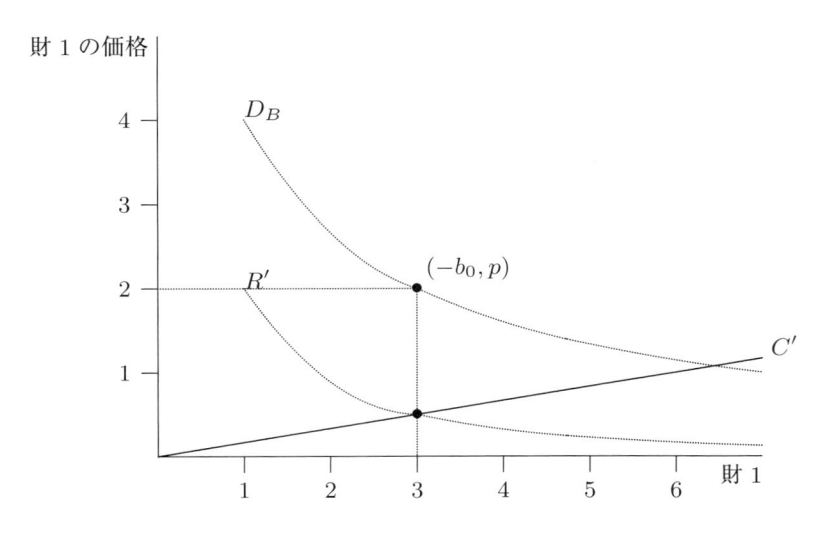

図 **6.4.1** 独占均衡

(g) $q=1$ に対する独占均衡を $(a,p) = (a_2, a_0, a_1, p)$ で表せば

(g.1) $a_2 = (2, 4\log 2 - 3/4)$, $a_0 = (-3, 3/4)$, $a_1 = (1, -4\log 2)$, $p = 2$ となり,

(g.2) 生産者 0 の利潤と生産者 1 の利潤はそれぞれ $-(p, q) \cdot a_0 = 21/4$ と $-(p, q) \cdot a_1 = 4\log 2 - 2$ であり,

(g.3) 消費者が享受する効用水準は $u(a_2) = 8\log 2 - 3/4$ である。

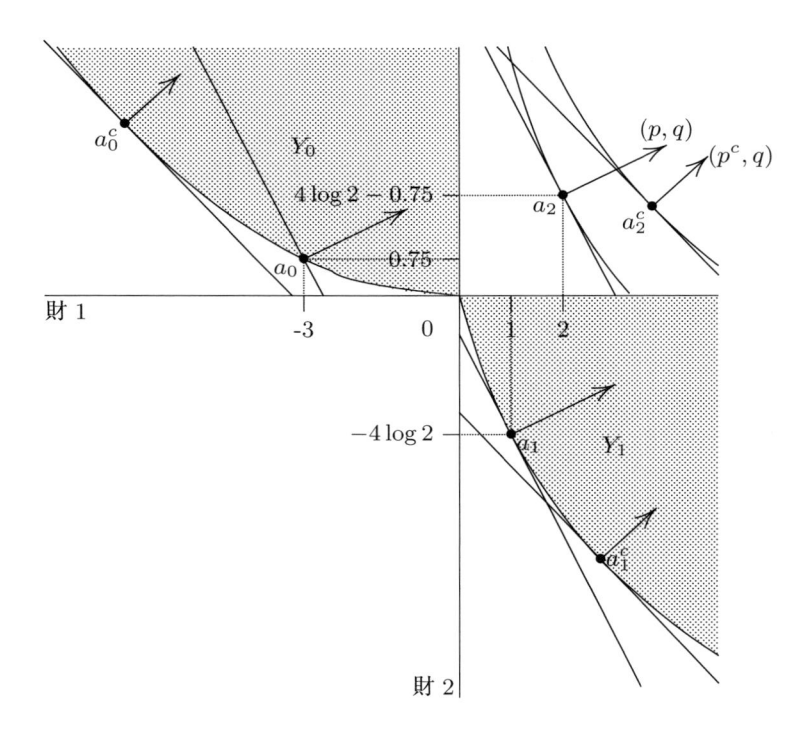

図 6.4.2 独占均衡配分

(h) 生産者 0 が価格受容者として競争的に行動した場合の供給関数 S_0 は任意の正実数 p に対して
$$S_0(p) = (-6p, 3p^2)$$
を満足し,

(h.1) 競争均衡を $(a^c, p^c) = (a_2^c, a_0^c, a_1^c, p^c)$ で表せば

$$a_2^c = \left(\frac{48}{\sqrt{193}-1}, 4\log\frac{48}{\sqrt{193}-1} + \frac{\sqrt{193}-97}{24}\right),$$
$$a_0^c = \left(\frac{1-\sqrt{193}}{2}, \frac{97-\sqrt{193}}{24}\right),$$
$$a_1^c = \left(\frac{49-\sqrt{193}}{\sqrt{193}-1}, -4\log\frac{48}{\sqrt{193}-1}\right),$$
$$p^c = \frac{\sqrt{193}-1}{12}$$

となり,

(h.2) 生産者 0 の利潤と生産者 1 の利潤はそれぞれ $-(p^c, q) \cdot a_0^c = \frac{97-\sqrt{193}}{24}$ と $-(p^c, q) \cdot a_1^c = \frac{\sqrt{193}-49}{12} + 4\log\frac{48}{\sqrt{193}-1}$ であり,

(h.3) 消費者が享受する効用水準は $u(a_2^c) = 8\log\frac{48}{\sqrt{193}-1} + \frac{\sqrt{193}-97}{24}$ である。

(i) $u(a_2) < u(a_2^c)$ となり競争均衡において消費者 2 が享受する効用水準は生産者 0 が独占者として行動する独占均衡において享受する効用水準より高い。

　図 6.4.1 にはこの例における市場需要曲線, 限界収入曲線, 限界費用曲線が描かれており, 限界収入曲線と限界費用曲線の交点で生産者の産出量 a_0^1 が決定されてそれに対応する市場需要曲線上の点で価格 p が定まっていることが表現されている。図 6.4.2 には独占均衡配分と競争均衡配分が図示されている。生産者 0 の生産 a_0 において価格 (p, q) は生産集合 Y_0 の a_0 における支持価格にはなっていない。

6.5　消費者余剰

　本章ではこれまで部分均衡分析の中で経済現象を説明することを目的とする部分を扱ってきたが, 本節では規範的な部分均衡分析において用いられる消費者余剰の概念を考察する。経済分析用具の中でも消費者余剰のようにその妥当性が疑われつつも長い期間にわたって使用され続けているものは珍しい。これは経済分析が多くの場合に部分均衡分析に頼らざるをえないという

事実と無関係ではないと思われる。一般均衡分析の枠組における規範的分析においては，通常，Pareto 改善の基準に基づく Pareto 効率性が消費者余剰の最大化という基準の代わりに用いられる。

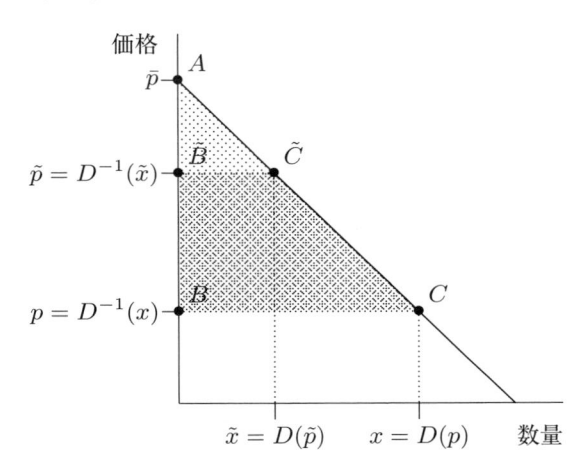

図 6.5.1 消費者余剰

消費者余剰の概念は Dupuit (1844) によって考案され，Marshall (1890) によって積極的に用いられた。ある財の需要関数 D がその財の価格だけに依存すると仮定しよう。簡単化のためにこのグラフは右下がりの直線であると仮定して図 6.5.1 に描かれている。その財の価格が p に等しいときの需要量は $x = D(p)$ であり，三角形 ABC の面積は当該消費者がこの財を価格 p で購入することから得る消費者余剰と呼ばれる。同様にこの財を価格 $\tilde{p}$ で購入することから得る消費者余剰は三角形 $A\tilde{B}\tilde{C}$ で表される。この二つの三角形の面積の差すなわち台形 $BC\tilde{C}\tilde{B}$ の面積は価格が p から $\tilde{p}$ に上昇することから生じる消費者余剰の減少分あるいは価格が $\tilde{p}$ から p に下落することから生じる消費者余剰の増加分と呼ばれる。この消費者余剰には Dupuit および Marshall によって次のような意味が付与された。

需要曲線はある需要関数 D のグラフであるが，この需要関数の逆関数すなわち逆需要関数 D^{-1} のグラフとも解釈できる。この逆需要関数は各購入数量 x に対して需要価格 $D^{-1}(x)$ を対応させると読む。数量 x に対する需要価

格 $D^{-1}(x)$ とは x 単位を購入するに当り当該消費者がその財に対して支払う用意のある価格である。したがって，0 単位から x 単位までを購入するために消費者はそれぞれに対する需要価格の合計すなわち

$$\int_0^x D^{-1}(s)ds$$

だけ支払う用意があるはずであり，これは「x に対する支払い用意」と呼ばれる。x 単位購入するときに消費者は $xD^{-1}(x)$ だけ支払うに過ぎないから差額

$$\int_0^x D^{-1}(s)ds - xD^{-1}(x)$$

は支払う用意のある額の実際に支払う額に対する超過分である。

図 6.5.1 において数量 x に対する需要価格 $D^{-1}(x)$ は p だから $p = D^{-1}(x)$ となり，これは価格 p における需要量が x に等しいことと同値である。この図では価格が $\bar{p}$ に等しいときに需要量が 0 に等しいこと，すなわち $D(\bar{p}) = 0$ が仮定されている。このとき次の命題が成立する。

命題 6.5.1. 任意の正実数 $\bar{p}$ と $D(\bar{p}) = 0$ を満足する $[0, \bar{p}]$ から $\mathbb{R}_+$ への任意の狭義単調減少連続関数 D に対して，もし D^{-1} が微分可能ならば，$[0, \bar{p}]$ に属する任意の実数 p に対して

$$\int_0^{D(p)} D^{-1}(s)ds - D(p)D^{-1}(D(p)) = \int_p^{\bar{p}} D(t)dt$$

となる。

図 6.5.1 におけるように $x = D(p)$ と書けばこの命題に現れる等式の両辺は三角形 ABC の面積に等しいことは図から明らかであろう。

一般に p から $\bar{p}$ への価格変化から生じる消費者余剰の変化分は

(1) $$-\int_p^{\bar{p}} D(t)dt$$

となる。ここで考えられている p から $\bar{p}$ への価格変化は実数直線上の変化であり，その変化の仕方について特別な指定はないが，p から $\bar{p}$ への一定速度での一方的な変化が指定されていると考えることができよう。これ以外の変化の仕方としては途中で逆戻りする可能性と速度変化を伴う変化が考えられ

る。このような一般的な変化経路は $\phi(0) = p$ と $\phi(1) = \tilde{p}$ を満足する $[0,1]$ 上で定義された任意の連続微分可能実数値関数 ϕ で表現される。このような変化経路に対して次の積分

$$(2) \qquad -\int_0^1 D(\phi(t))\phi'(t)dt$$

を考えよう。このとき次の命題が成立する。

命題 6.5.2. $\tilde{p} > p$ を満足する任意の二つの非負実数 p と $\tilde{p}$, $[p,\tilde{p}]$ を含む $\mathbb{R}_+$ のある開部分集合から $\mathbb{R}_+$ への任意の連続微分可能関数 D および $\phi(0) = p$ と $\phi(1) = \tilde{p}$ を満足する $[0,1]$ から $\mathrm{dom}\, D$ への任意の連続微分可能関数 ϕ に対して

$$\int_p^{\tilde{p}} D(t)dt = \int_0^1 D(\phi(t))\phi'(t)dt$$

となる。

　この消費者余剰の概念を厚生の指標として用いることの妥当性に関する批判は二つの点に要約できる。第一は消費者余剰自体よりむしろ補償原理に関する批判であり，消費者余剰を複数個人から成る社会の厚生基準として用いることの妥当性に対するものである。この批判は消費者余剰が単一個人に対して定義できない場合にも定義できるものとして Hicks が考案した補償変分や等価変分に対しても当てはまるが，本稿ではこの問題は扱わない。
　第二は需要曲線の下の領域の面積で表される消費者余剰が Dupuit あるいは Marshall が意図している金額，すなわちその財をまったく消費しないで済ますよりむしろその財を消費するために消費者が支出することを厭わない金額が実際に支払われる金額を超過する分を表現できるのは，特殊な場合に限られるというものである。一層具体的には所得の限界効用あるいは一層正確に言えば価値基準財の限界効用が一定である場合，すなわち選好関係が価値基準財に関して準線形あるいは準正 1 次同次である場合に限られ，一般には意図される金額を表さないことである。これは逆需要関数が需要価格を表すと解釈できるか否かに係わる。ある購入量 z に対する需要価格は z を購入するときに消費者が支払う用意がある価格を意味するが，「支払う用意がある価格」とは，正確に表現すれば，「その財をまったく消費しないときに享受して

いる満足水準を少なくとも維持するという制約の下で支払いうる最高の価格」である。これはその財をまったく消費しない場合の満足水準に対応する補償需要関数の逆関数の値だから，需要関数が補償需要関数と一致しなければ需要価格を表しえない。この両者は一般に所得効果の分だけ乖離して一致せず，一致するのは所得効果が存在しない場合に限られる。

需要曲線の下の領域の面積としての消費者余剰が Dupuit や Marshall が意図した意味を持ちうるか否かの問題は興味深いことに複数の財を考察する場合には一層深刻であり，需要曲線の下の領域の面積に対応するものが一意に定まらず消費者余剰自体が定義できないかもしれない。唯一の財が存在する場合には，価格 p が $\tilde{p}$ へ変化する場合の消費者余剰は，その意味付けには上で述べたような問題があるとしても，台形 $BC\tilde{C}\tilde{B}$ の面積として確定する。

しかしたとえば財が二種類ある場合には，各財 h に対する需要関数を D^h と書けば，価格 p から $\tilde{p}$ への経路すなわち $\phi(0) = p$ と $\phi(1) = \tilde{p}$ を満足する $[0,1]$ から $\mathbb{R}^2_{++}$ への微分可能な関数について (2) 式に対応する表現は

$$-\int_0^1 D(\phi(t)) \cdot \phi'(t)dt = -\int_0^1 D^1(\phi(t))\phi'_1(t)dt - \int_0^1 D^2(\phi(t))\phi'_2(t)dt$$

となるが，この値は一般には経路 ϕ の選び方から独立にはならず，独立になるのは選好関係が価値基準財に関して準線形あるいは準正 1 次同次になる場合に限られることが以下で示される。

選好関係の価値基準財に関する準線形性あるいは準正 1 次同次性が制限的な仮定であることは言うまでもないが，準線形性は分析を極めて単純化するために多くの研究者によって好んで用いられる。この仮定を用いて得られた結果の意味また消費者余剰による規範的分析の意義を正しく理解するためにも消費者余剰という概念が選好関係の準線形性あるいは準正 1 次同次性に依存する仕方を確認しておくことは有益である。

この主張の証明には線積分の性質を用いる必要があるが，線積分に関する説明は経済学研究者にとって利用しやすい形では存在しないように思われる[27]。Auerbach (1985) は二つの特別な経路からの独立性だけを考察して示唆的な

---

27) たとえば Rudin (1976), pp. 275 – 276 を参照。

解説を与えている．消費者余剰が定義されるために線積分の経路独立性が必要であることを初めて主張したのは Hotelling (1938) であると思われる．

次項では消費者余剰が定義されるための条件をできるだけ積分の初歩的知識だけに基づいて説明する．

6.5.1 線積分の経路独立性

定義 6.5.1. 正整数 n，$\mathbb{R}^n$ の部分集合 P および P の元の順序対 $(p, \tilde{p})$ が与えられたとき，$\phi(0) = p$ と $\phi(1) = \tilde{p}$ を満足する $[0,1]$ から P への連続微分可能関数 ϕ は「p から $\tilde{p}$ に至る P における微分可能経路」と呼ばれる．P の元の順序対 $(p, \tilde{p})$ が与えられたとき，p から $\tilde{p}$ に至る P における微分可能経路全体の集合を $\Phi_P(p, q)$ で表す．

定理 6.5.1. 任意の正整数 n，$\mathbb{R}^n$ の任意の部分集合 X および $\mathbb{R}^n$ の凸部分集合から X への任意の関数 f に対して，もし
(i) $\operatorname{dom} f$ の任意の元 p に対して $\prod_{k=1}^n \left[\min\{p^k, \tilde{p}^k\}, \max\{p^k, \tilde{p}^k\}\right]$ が $\operatorname{dom} f$ に含まれるような p に依存しない $\operatorname{dom} f$ の元 $\tilde{p}$ が存在し[28]，
(ii) f が $\operatorname{dom} f$ の内部 $\operatorname{int} \operatorname{dom} f$ 上で連続微分可能ならば，
次の二つの条件は互いに同値である：
(a) $\operatorname{int} \operatorname{dom} f$ の元の任意の順序対 $(p, \tilde{p})$ と $\Phi_{\operatorname{int} \operatorname{dom} f}(p, \tilde{p})$ の任意の元 ϕ に対して
$$\int_0^1 f(\phi(t)) \cdot \phi'(t) dt = c$$
となるような ϕ に依存しない実数 c が存在する．
(b) $\operatorname{int} \operatorname{dom} f$ の任意の元 p に対して f の Jacobi 行列 $J_f(p)$ は対称である[29]．

定理 6.5.1 の (a) に現れる積分は線積分と呼ばれ，この値が積分経路 ϕ から常に独立になるための必要十分条件は関数 f の Jacobi 行列の対称性であることが主張されている．

---

28) この条件を満足する $\operatorname{dom} f$ としては，$\mathbb{R}^n$ の非負象限 $\mathbb{R}^n_+$ や $\mathbb{R}^n$ のある元を中心とする閉球その他さまざまな集合が考えられる．
29) Jacobi 行列の定義については数学付録の定義 A.6.19 を参照．

6.5.2 補償変分と等価変分

本節の以下の部分では一人の消費者だけを考え，その選好関係を $\succsim$ で表し，選好充足仮説を満足する需要関係を D で表す．本項では以下の仮定を設ける．

仮定 6.5.1. $X(\succsim)$ は $\mathbb{R}^H$ の非空包括的凸部分集合であり，$\succsim$ は $X(\succsim)$ 上で定義された単調増加狭義準凹実数値関数 u で表現される[30]．

定義 6.5.2. (a) (p,a) と $(\tilde{p},a)$ が支出関数 e の定義域 $\mathrm{dom}\,e$ に属するような $\mathbb{R}_{++}^H \times \mathbb{R}_{++}^H \times \mathrm{range}\,u$ の元 $(p,\tilde{p},a)$ 全体の集合を D^* で表し[31]，
(b) (p,m) が需要関係 D の定義域 $\mathrm{dom}\,D$ に属し $(p,\tilde{p},v(p,m))$ が D^* に属するような $\mathbb{R}_{++}^H \times \mathbb{R}_{++}^H \times \mathbb{R}$ の元 $(p,\tilde{p},m)$ 全体の集合を C^* で表し[32]，
(c) $(\tilde{p},m)$ が需要関係 D の定義域 $\mathrm{dom}\,D$ に属し $(p,\tilde{p},v(\tilde{p},m))$ が D^* に属するような $\mathbb{R}_{++}^H \times \mathbb{R}_{++}^H \times \mathbb{R}$ の元 $(p,\tilde{p},m)$ 全体の集合を E^* で表す．

定義 6.5.3. C^* の任意の元 $(p,\tilde{p},m)$ に対して

$$CV(p,\tilde{p},m) = e(\tilde{p},v(p,m)) - m$$

によって定義される C^* 上の実数値関数 CV は「補償変分」と呼ばれ，C^* の任意の元 $(p,\tilde{p},m)$ に対して実数 $CV(p,\tilde{p},m)$ は「所得 m の下で価格が p から $\tilde{p}$ に変化するときの補償変分」と呼ばれる．

定義 6.5.4. E^* の任意の元 $(p,\tilde{p},m)$ に対して

$$EV(p,\tilde{p},m) = m - e(p,v(\tilde{p},m))$$

によって定義される E^* 上の実数値関数 EV は「等価変分」と呼ばれ，E^* の任意の元 $(p,\tilde{p},m)$ に対して実数 $EV(p,\tilde{p},m)$ は「所得 m の下で価格が p から $\tilde{p}$ に変化するときの等価変分」と呼ばれる．

---

30) 単調増加性の定義については数学付録の定義 A.8.3 を参照．
31) 支出関数 e は第 3 章の定義 3.5.3 に基づき，同章の定義 3.2.2 には基づかない．
32) v は間接効用関数を表す．間接効用関数の定義については，第 3 章の定義 3.5.7 を参照．

価格が p から $\tilde{p}$ に変化した後に消費者に価格変化前の満足水準を達成させるために必要な所得の補整額が補償変分であり，価格が p から $\tilde{p}$ に変化する前に消費者に価格変化後の満足水準を達成させるために必要な所得補整額が等価変分である．補償変分と等価変分が一般に一致するとは限らないことは次の例からわかる．

例 6.5.1. $H = \{1, 2\}$ と仮定し，消費集合 $X = \mathbb{R}_+^H$ に属する任意の消費 x に対して $u(x) = x^1 x^2$ によって定義される効用関数で表現される選好関係を考える．所得は $m = 3$ に固定されており，価格が $p = (1/2, 1)$ から $\tilde{p} = (1, 1)$ に変化する，すなわち財 1 の価格が $1/2$ から 1 に上昇して財 2 の価格は不変に留まると仮定する．価格変化前の需要量は $x = D(p, m) = (3, 3/2)$ であり，変化後の需要量は $\tilde{x} = D(\tilde{p}, m) = (3/2, 3/2)$ である．間接効用はそれぞれ $v(p, m) = 9/2$ と $v(\tilde{p}, m) = 9/4$ である．$(\tilde{p}, v(p, m))$ における Hicks 補償需要量は $C(\tilde{p}, v(p, m)) = (3\sqrt{2}/2, 3\sqrt{2}/2)$ であり，$(p, v(\tilde{p}, m))$ における Hicks 補償需要量は $C(p, v(\tilde{p}, m)) = (3\sqrt{2}/2, 3\sqrt{2}/4)$ である．図 6.5.2 では $C(\tilde{p}, v(p, m))$ を x_C で表し，$C(p, v(\tilde{p}, m))$ を x_E で表している．

したがってこの価格変化による補償変分は $CV(p, \tilde{p}, m) = 3(\sqrt{2} - 1)$ であり等価変分は $EV(p, \tilde{p}, m) = 3(2 - \sqrt{2})/2$ だから $CV(p, \tilde{p}, m) > EV(p, \tilde{p}, m)$ となり，両者は一致しない．$p_2 = 1$ だから補償変分と等価変分は図 6.5.2 の縦座標軸上に表示できる．補償変分は 3 と $3\sqrt{2}$ を結ぶ線分の長さで表され，等価変分は $(3/2)\sqrt{2}$ と 3 を結ぶ線分の長さで表される．

この例では選好関係は準線形でも準正 1 次同次でもないが，選好関係が準線形または準正 1 次同次である場合には補償変分と等価変分が一致することを以下で見る．

定義 6.5.5. D^* の任意の元 $(p, \tilde{p}, a)$ に対して $V(p, \tilde{p}, a) = e(\tilde{p}, a) - e(p, a)$ と定義する．

この定義は補償変分と等価変分，さらに後に考える消費者余剰（の変化分）を表現するのに有用である．まず補償変分と等価変分はこの記号を用いて次のように表現される．

命題 6.5.3. 仮定 6.5.1 の下で，

6.5 消費者余剰

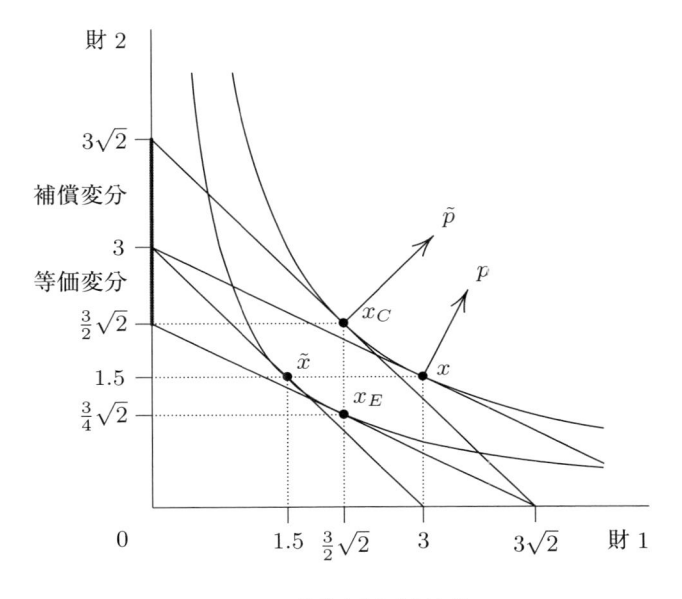

図 6.5.2 補償変分と等価変分

(a) C^* の任意の元 $(p, \tilde{p}, m)$ に対して $CV(p, \tilde{p}, m) = V(p, \tilde{p}, v(p, m))$ となり,
(b) E^* の任意の元 $(p, \tilde{p}, m)$ に対して $EV(p, \tilde{p}, m) = V(p, \tilde{p}, v(\tilde{p}, m))$ となる。

次の定理によれば補償変分も等価変分も補償需要関数の線積分である。

定理 6.5.2. 仮定 6.5.1 の下で, e^a が $\operatorname{int}\operatorname{dom} C^a$ 上で微分可能であるような D^* の任意の元 $(p, \tilde{p}, a)$ と $\Phi_{\operatorname{int}\operatorname{dom} C^a}(p, \tilde{p})$ の任意の元 ϕ に対して

$$V(p, \tilde{p}, a) = \int_0^1 C^a(\phi(t)) \cdot \phi'(t) dt$$

となる。ただし C は効用関数 u に対応する Hicks 補償需要関係また e は C によって定義される支出関数である[33]。

---

33) 効用関数 u に対応する Hicks 補償需要関係の定義については第 3 章の定義 3.5.2 を参照。ここでは u の狭義準凹性により, C は実際には関数であり, 上記の積分は通常の定義に基づく。以下では C が関数ではない場合についても上記の積分が意味を持つ場合を考える。定理 6.5.3 を参照。

6.5.3 準線形選好関係と消費者余剰

本項では H の任意の分割 $\{H_B, H_C\}$ を考えて,次の仮定を置く.

仮定 6.5.2. (i) $X(\succsim) = \mathbb{R}_+^{H_B} \times \mathbb{R}^{H_C}$ であり,(ii) $X(\succsim)$ に属する任意の消費 (b,c) に対して $u(b,c) = f(b) + \gamma \cdot c$ を満足し $\mathbb{R}_+^{H_B}$ 上で狭義凹単調増加であるような $\mathbb{R}_+^{H_B}$ の開近傍上の 2 回連続微分可能実数値関数 f と Γ の元 γ が存在する[34].

次の定理を記述するためにいくつかの記号を定義する.

定義 6.5.6. $\hat{X}_{f++} = \left\{ p \in \text{int dom}\, \hat{X}_f \,\middle|\, \hat{X}_f(p) \subset \mathbb{R}_{++}^{H_B} \right\}$ と定義する.

定義 6.5.7. (a) $((p,q),(\tilde{p},q),m)$ が $C^* \cap E^*$ に属するような $\hat{X}_{f++} \times \hat{X}_{f++} \times \Gamma \times \mathbb{R}$ の元 $((p,\tilde{p}),(q,m))$ 全体の集合を M^D で表し,
(b) $((p,q,a),(\tilde{p},q,a))$ が $\text{dom}\, C \times \text{dom}\, C$ に属するような $\hat{X}_{f++} \times \hat{X}_{f++} \times \Gamma \times \mathbb{R}$ の元 $((p,\tilde{p}),(q,a))$ 全体の集合を A^C で表す.

以下では集合 M^D と A^C を $\hat{X}_{f++} \times \hat{X}_{f++}$ から $\Gamma \times \mathbb{R}$ への関係とみなす.

定理 6.5.3. 仮定 6.5.2 の下で,
(a) $\hat{X}_{f++} \times \hat{X}_{f++}$ から $\Gamma \times \mathbb{R}$ への関係 M^D の定義域 $\text{dom}\, M^D$ の任意の元 $(p,\tilde{p})$ と少なくとも一つの実数 m に対して (q,m) が $M^D(p,\tilde{p})$ に属するような Γ の任意の元 q に対して $q = \gamma$ となり,
(b) $\text{dom}\, M^D$ の任意の元 $(p,\tilde{p})$,(γ, m) が $M^D(p,\tilde{p})$ に属するような任意の実数 m および $\Phi_{\hat{X}_{f++}}(p,\tilde{p})$ の任意の元 ϕ に対して

$$v^{\gamma m}(p) - v^{\gamma m}(\tilde{p}) = \int_0^1 D^{\gamma m}(\phi(t))|_{H_B} \cdot \phi'(t) dt = \int_0^1 \hat{X}_f(\phi(t)) \cdot \phi'(t) dt$$

となり[35],

---

34) Γ の定義については定義 6.2.1 を参照.
35) $v^{\gamma m}(p) = v((p,\gamma),m)$ と定義する.この記号は関数 v の独立変数 p,γ,m の中で γ と m を当面固定して p の関数とみなすためのものであり,$v^{\gamma m}(\tilde{p})$ も同様である.

6.5 消費者余剰

(c) $\hat{X}_{f++} \times \hat{X}_{f++}$ から $\Gamma \times \mathbb{R}$ への関係 A^C の定義域 $\text{dom}\, A^C$ の任意の元 $(p,\tilde{p})$, $(\gamma, v((p,\gamma),m))$ と $(\gamma, v((\tilde{p},\gamma),m))$ が $A^C(p,\tilde{p})$ に属し (γ, m) が $M^D(p,\tilde{p})$ に属するような任意の実数 m と $\Phi_{\hat{X}_{f++}}(p,\tilde{p})$ の任意の元 ϕ に対して

$$\int_0^1 \hat{X}_f(\phi(t)) \cdot \phi'(t) dt = CV((p,\gamma),(\tilde{p},\gamma),m) = EV((p,\gamma),(\tilde{p},\gamma),m)$$

となり,

(d) $\text{dom}\, M^D$ の任意の元 $(p,\tilde{p})$ と $\Phi_{\hat{X}_{f++}}(p,\tilde{p})$ の任意の元 ϕ に対して

$$\hat{V}(p,\tilde{p}) = \int_0^1 \hat{X}_f(\phi(t)) \cdot \phi'(t) dt$$

となる $\text{dom}\, M^D$ 上の実数値関数 $\hat{V}$ が存在する.

定理 6.5.3 によれば,準線形選好関係の場合には,所得 m の下で集合 H_B に属する財の価格が p から $\tilde{p}$ に変化するときの補償変分 $CV((p,q),(\tilde{p},q),m)$,等価変分 $EV((p,q),(\tilde{p},q),m)$,消費者余剰の変化分 $\int_0^1 D^{qm}(\phi(t))|_{H_B} \cdot \phi'(t) dt$ (準線形選好関係の場合に使用できる表現を用いるならば $\int_0^1 \hat{X}_f(\phi(t)) \cdot \phi'(t) dt$) および(間接)効用の変化分 $v^{qm}(p) - v^{qm}(\tilde{p})$ のすべてが一致する.この事実を図を伴う簡単な例を用いて視覚的にも確認しておこう.

例 6.5.2. $H_B = \{1\}$,$H_C = \{2\}$ と仮定し,$\mathbb{R}_+^{H_B}$ の任意の元 b に対して $f(b) = 10\sqrt{(b/10) + (1/16)}$ と定義し,消費集合 $\mathbb{R}_+^{H_B} \times \mathbb{R}_+^{H_C}$ に属する任意の消費 (b,c) に対して $u(b,c) = f(b) + c$ によって定義される効用関数 u で表現される準線形選好関係を持つ消費者を考える.所得は $m = 115/16$ に固定されており,価格が $p = (1/2, 1)$ から $\tilde{p} = (1,1)$ に変化すると想定する.(p,m) における需要量 $D(p,m) = (75/8, 5/2)$ と $(\tilde{p},m)$ における需要量 $D(\tilde{p},m) = (15/8, 85/16)$ は図 6.5.3 ではそれぞれ x と $\tilde{x}$ で表されている.

財 1 の価格が $1/2$ から 1 に上昇することにより消費者の満足水準が減少しているが,変化後の価格 $\tilde{p}$ において x で享受していた満足水準と同じ満足水準を享受するためには同図の点 x_C で表される消費での支出金額に等しい所得 m_C を補償しなければならない.$x_C = (15/8, 15/2)$ であることがわかるから $m_C = \tilde{p} \cdot x_C = 75/8$ となり,補償変分は $m_C - m = 35/16$ となる.

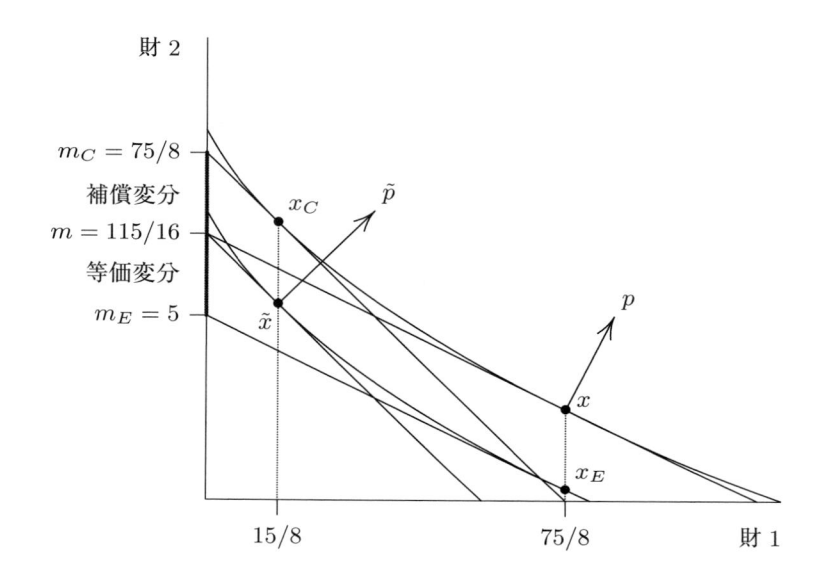

図 **6.5.3** 準線形選好関係の場合の補償変分と等価変分の一致

他方，財 1 の価格が 1/2 から 1 に上昇した後に消費者が享受する満足水準と同じ満足水準を価格が変化する前に享受できるためには同図の点 x_E で表される消費での支出金額に等しい所得 m_E を与えなければならない。$x_E = (75/8, 5/16)$ だから $m_E = p \cdot x_E = 5$ となり，等価変分は $m - m_E = 35/16$ となる。したがって補償変分と等価変分は等しい。

6.5.4 準正 1 次同次選好関係と消費者余剰

前項に引き続いて本項でも H の任意の分割 $\{H_B, H_C\}$ を考えて，次の仮定を置く。

仮定 6.5.3. (i) $X(\succsim) = \mathbb{R}_+^{H_B} \times \mathbb{R}_+^{H_C}$ であり，(ii) $X(\succsim)$ に属する任意の消費 (b, c) に対して $u(b, c) = f(b) + g(c)$ を満足し，$\operatorname{dom} \hat{X}_f$ が凸であり，$\mathbb{R}_+^{H_B}$ 上で狭義凹単調増加であるような $\mathbb{R}_+^{H_B}$ の開近傍上の 2 回連続微分可能実数

値関数 f が存在する[36]。

準線形選好関係の場合と同様の結果が成立する。

定理 6.5.4. 仮定 6.5.3 の下で，
(a) $\hat{X}_{f++} \times \hat{X}_{f++}$ から $\Gamma \times \mathbb{R}$ への関係 M^D の定義域 $\mathrm{dom}\, M^D$ の任意の元 $(p, \tilde{p})$，$\sup_{r \in \mathrm{dom}\, \hat{X}_f} \sup_{b \in \hat{X}_f(r)} r \cdot b < m$ を満足する $M^D(p, \tilde{p})$ の任意の元 (q, m) と $\Phi_{\hat{X}_{f++}}(p, \tilde{p})$ の任意の元 ϕ に対して

$$v^{qm}(p) - v^{qm}(\tilde{p}) = \int_0^1 D^{qm}(\phi(t))|_{H_B} \cdot \phi'(t) dt = \int_0^1 \hat{X}_f(\phi(t)) \cdot \phi'(t) dt$$

となり，
(b) $\hat{X}_{f++} \times \hat{X}_{f++}$ から $\Gamma \times \mathbb{R}$ への関係 A^C の定義域 $\mathrm{dom}\, A^C$ の任意の元 $(p, \tilde{p})$，$(q, v((p,q), m))$ と $(q, v((\tilde{p}, q), m))$ が $A^C(p, \tilde{p})$ に属するような $M^D(p, \tilde{p})$ の任意の元 (q, m) と $\Phi_{\hat{X}_{f++}}(p, \tilde{p})$ の任意の元 ϕ に対して

$$\int_0^1 \hat{X}_f(\phi(t)) \cdot \phi'(t) dt = CV((p,q), (\tilde{p}, q), m) = EV((p,q), (\tilde{p}, q), m)$$

となり，
(c) $\mathrm{dom}\, M^D$ の任意の元 $(p, \tilde{p})$ および $\sup_{r \in \mathrm{dom}\, \hat{X}_f} \sup_{b \in \hat{X}_f(r)} r \cdot b < m$ を満足する $\Gamma \times \mathbb{R}$ の任意の元 (q, m) に対して

$$\hat{V}(p, \tilde{p}) = v^{qm}(p) - v^{qm}(\tilde{p})$$

を満足する $\mathrm{dom}\, M^D$ 上の実数値関数 $\hat{V}$ が存在する。

定理 6.5.4 が主張することは定理 6.5.3 と同様であるが，例 6.3.1 で扱った状況を排除するために，消費者の所得が十分大きい場合に限定されている。

6.5.5 消費者余剰の簡単な表現

定理 6.5.3 と 6.5.4 で共通に現れる関数 f を用いた消費者余剰は若干の条件が成立する場合には極めて簡単な表現が与えられる。

---

[36] 関数 g の定義については，定義 6.3.1 を参照。

命題 6.5.4. (i) $f(0) = 0$ を満足し,(ii) f が $\mathbb{R}_+^{H_B}$ 上で狭義凹であり,(iii) ∇f の $\mathbb{R}_+^{H_B}$ への制限が $\mathbb{R}_+^{H_B}$ から $\mathbb{R}_{++}^{H_B}$ への単射であり,$(\nabla f)^{-1}$ が $\nabla f(\mathbb{R}_{++}^{H_B})$ 上で連続微分可能であるような $\mathbb{R}_+^{H_B}$ のある開近傍上の任意の連続微分可能実数値関数 f,$\mathbb{R}_+^{H_B}$ の任意の元 x および $\Phi_{\nabla f(\mathbb{R}_{++}^{H_B})}(\nabla f(x), \nabla f(0))$ の任意の元 ϕ に対して

$$\int_0^1 \hat{X}_f(\phi(t)) \cdot \phi'(t) dt = f(x) - x \cdot \nabla f(x)$$

となる[37]。

　線積分の新しい表現 $f(x) - x \cdot \nabla f(x)$ には極めて簡単な解釈が与えられる。$f(x)$ は集合 H_B に属する財の消費 x から得られる金額表示の効用であり,Dupuit や Marshall による「x に対する支払い用意」を表すと解釈できる。$x \gg 0$ の場合には $\nabla f(x)$ は H_B に属する財の価格 p に等しいから,$x \cdot \nabla f(x)$ は x を購入するために実際に支払われる金額である。したがって $f(x) - x \cdot \nabla f(x)$ は支払い用意から支払い金額を控除した残余すなわち消費者余剰と呼ぶにふさわしい量である。

　命題 6.5.4 の仮定を満足する関数 f の例としては次の例に示されるような Cobb-Douglas 関数を負象限の方向に平行移動したものが考えられる。

例 6.5.3. $H_B = \{1, 2\}$ また $X =]-1, \infty[\times]-1, \infty[$ と定義し,$\alpha + \beta < 1$ となる $\mathbb{R}_{++}^2$ の任意の元 (α, β) を考え,X の任意の元 x に対して

$$f(x) = (x^1 + 1)^\alpha (x^2 + 1)^\beta - 1$$

と定義する。このとき
(a) X は $\mathbb{R}_+^{H_B}$ の開近傍であり,
(b) f は $f(0) = 0$ を満足し $\mathbb{R}_+^{H_B}$ の開近傍上で狭義凹連続微分可能な X 上の連続実数値関数であり,
(c) $\mathrm{range}\, \nabla f$ は $\mathbb{R}_{++}^{H_B}$ の凸部分集合であり,

---

[37] この結論を得るために仮定 (i) から (iii) が真に必要か否かは疑問である。一層の一般化が望まれる。

(d) ∇f は X から $\mathbb{R}_{++}^{H_B}$ への連続微分可能単射であり,
(e) 連続微分可能な ∇f の逆関数が存在する。

6.6 Pareto 効率性と消費者余剰

以下では第 1 章で扱った私有財産経済 $(H, \succsim, Y, \Delta, \alpha, \theta)$ とそれから誘導される経済 $(H, \succsim, Y, \Delta, \alpha_{I\cup J})$ を考え，それらを $\mathscr{POE}$ と $\mathscr{E}$ で表す。厚生経済学の第一基本定理により，各消費者の選好関係が局所非飽和ならば，任意の競争配分が Pareto 効率的であることが知られているが，以下では消費者の選好関係が準正 1 次同次である場合に限定して，競争配分において任意の消費者の消費者余剰が最大化され，消費者の効用の合計が最大化され，また消費者余剰の合計と生産者余剰の合計の和としての社会的余剰も最大化されることを示し，また独占を伴う均衡における消費者の効用の合計と社会的余剰が競争均衡におけるそれらより厳密に小さくなるという意味で独占が存在する場合にはいわゆる「死荷重損失」が発生することを示す。

競争均衡を扱うための私有財産経済に関しては次の仮定を設ける。そこでは消費者の選好関係は準正 1 次同次である。

仮定 6.6.1. (a) 財集合 H の分割 $\{H_B, H_C\}$ が存在し，
(b) 任意の消費者 i に対して (b.1) $X(\succsim_i) = \text{dom}\, f_i \times \mathbb{R}_+^{H_C}$ となり，(b.2) $\succsim^i = \succsim^{f_i}$ となり，(b.3) $P_{f_i, \alpha_i} = \mathbb{R}_{++}^{H_B}$ となるような狭義単調増加実数値関数 f_i が存在し，
(c) 任意の生産者 j に対して Y_j は $\mathbb{R}^H$ の原点を含む。

私有財産経済 $\mathscr{POE}$ の競争均衡は第 4 章の定義 4.1.5 によって定義されるが，ここでは財集合の分割 $\{H_B, H_C\}$ に応じて価格を (p, q) と表示しているから以下のように再述する。

定義 6.6.1. 経済 $\mathscr{E}$ の実現可能配分 a と $\mathbb{R}^{H_B} \times \Gamma$ の元 (p, q) の順序対 $(a, (p, q))$ は，もし
(a) 任意の消費者 i に対して

(a.1) $(p,q) \cdot a_i \leq (p,q) \cdot \alpha_i - \sum_{j \in J} \theta_j^i (p,q) \cdot a_j$ となり，

(a.2) $(p,q) \cdot z \leq (p,q) \cdot \alpha_i - \sum_{j \in J} \theta_j^i (p,q) \cdot a_j$ を満足する任意の $\succsim_i$-可能消費 z に対して $a_i \succsim_i z$ となり，

(b) J に属する任意の生産者 j と任意の Y_j-可能生産 z に対して $(p,q) \cdot a_j \leq (p,q) \cdot z$ となり，

(c) $(p,q) \cdot (a_{I \cup J} - \alpha_I) = 0$，

(d) (p,q) が Δ^* に属するならば，

「私有財産経済 $\mathscr{POE}$ の競争均衡」と呼ばれる。

定理 6.6.1. 仮定 6.6.1 の下で，私有財産経済 $\mathscr{POE}$ の任意の競争均衡 $(a,(p,q))$ と $\mathscr{E}$ の任意の実現可能配分 $\tilde{a}$ に対して

(a) 任意の消費者 i に対して $f_i(a_i|_{H_B}) - p \cdot a_i|_{H_B} \geq f_i(\tilde{a}_i|_{H_B}) - p \cdot \tilde{a}_i|_{H_B}$ となり，

(b) $\sum_{i \in I} u^{f_i}(a_i) \geq \sum_{i \in I} u^{f_i}(\tilde{a}_i)$，

(c) $\sum_{i \in I}(f_i(a_i|_{H_B}) - p \cdot a_i|_{H_B}) - (p,q) \cdot a_J \geq \sum_{i \in I}(f_i(\tilde{a}_i|_{H_B}) - p \cdot \tilde{a}_i|_{H_B}) - (p,q) \cdot \tilde{a}_J$ となる。

したがって競争配分において，各消費者の消費者余剰が最大化され[38]，すべての消費者についての効用の合計は最大化されており，消費者余剰の合計と生産者余剰の合計の和としての社会的余剰も最大化されている。

競争均衡と独占均衡の両方を扱う私有財産経済に関しては次の仮定を設ける。

仮定 6.6.2. (a) 財集合 H の分割 $\{H_B, H_C\}$ が存在し，

(b) Y_0 が $\mathbb{R}^{H_B} \times \mathbb{R}_+^{H_C}$ の凸部分集合であるような J に属する唯一の生産者 0 が存在し[39]，

---

[38] 命題 6.5.4 が成立するような環境では，このように解釈できる。

[39] 実際には H_B に属する財が唯一の生産者 0 によって独占的に供給されると仮定する必要はなく，H_B の分割が存在して分割された各集合に属する財が異なる生産者によって独占的に供給されると仮定するだけで十分であるが，記号の簡略化のためにこのように仮定する。ただし，H_B に属する財を生産要素として投入して H_C に属する財を産出する生産者が存在すると以下の分析は難しくなるから，存在しないと仮定する。

6.6 Pareto効率性と消費者余剰

(c) 0以外の任意の生産者 j に対して Y_j は狭義凸であり $0 \in Y_j \subset \mathbb{R}_+^{H_B} \times \mathbb{R}^{H_C}$ を満足し，

(d) 任意の消費者 i に対して

(d.1) $X(\succsim_i) = \mathbb{R}_+^{H_B} \times \mathbb{R}_+^{H_C}$ となり，

(d.2) $\succsim^i = \succsim^{f_i}$, $\hat{X}_{f_i}^{-1}(\mathbb{R}_{++}^{H_B}) \subset \mathbb{R}_{++}^{H_B}$ かつ $f_i(0) = 0$ となり，

(d.3) f_i の定義域 $\mathrm{dom}\, f_i$ の任意の元 x に対して，もし x が $\mathrm{dom}\, f_i$ の内部 $\mathrm{int}\,\mathrm{dom}\, f_i$ に属するならば $\nabla f_i(x) \gg 0$ となり，もし x が $\mathrm{int}\,\mathrm{dom}\, f_i$ に属さないならば $\lim_{z \to x} \nabla f_i(z) \gg 0$ となり，

(d.4) ∇f_i の値域 $\mathrm{range}\, \nabla f_i$ で定義され $\mathrm{range}\, \nabla f_i$ の内部 $\mathrm{int}\,\mathrm{range}\, f_i$ 上で連続微分可能な逆関数 $(\nabla f_i)^{-1}$ が存在し，

(d.5) $P_{f_i \alpha_i} = \mathbb{R}_{++}^{H_B}$ となるような $\mathbb{R}_{++}^{H_B}$ 上で2回連続微分可能かつ狭義凹な $\mathbb{R}_+^{H_B}$ で定義された実数値関数 f_i が存在し，

(e) $\Delta = \{0\}$ となる。

定理 6.6.2. 仮定 6.6.2 の下で，私有財産経済 $\mathscr{POE}$ の任意の競争均衡 $(a^c, (p^c, q))$ と q に対する任意の独占均衡 (a^m, p^m) に対して，もし

(i) 任意の消費者 i に対して b_i^c と b_i^m が $\mathrm{int}\,\mathrm{dom}\, f_i$ に属し，

(ii) b_0^c が $\mathbb{R}_{--}^{H_B}$ に属し，

(iii) D_B^q が $\mathrm{dom}\, D_B^q$ 上で連続であり p^c において連続微分可能であり，

(iv) C_0^q が $\mathrm{dom}\, C_0^q$ で連続であり $D_B^q(p^c)$ において連続微分可能ならば，

(a) $\sum_{i \in I} u^{f_i}(a_i^c) > \sum_{i \in I} u^{f_i}(a_i^m)$ かつ

(b) もし $\alpha_I = 0$ ならば $\sum_{i \in I}(f_i(a_i^c|_{H_B}) - p^c \cdot a_i^c|_{H_B}) - (p^c, q) \cdot a_J^c > \sum_{i \in I}(f_i(a_i^m|_{H_B}) - p^m \cdot a_i^m|_{H_B}) - (p^m, q) \cdot a_J^m$ となる。

定理 6.6.2 の (a) は競争均衡における消費者の総効用は独占均衡における消費者の総効用より大きいことを主張しており，(b) は資源賦存量が零ならば競争均衡における消費者余剰の総和と生産者余剰の総和，すなわち，社会的余剰が独占均衡における社会的余剰より大きいことを主張している。競争均衡における社会的余剰と独占均衡における社会的余剰の差は独占による「死荷重損失 (dead-weight loss)」と呼ばれることがある。

定理 6.6.2 の仮定 (iii) と (iv) が成立することを保証するためにはすべての生産者の生産技術の平滑性を仮定する必要があろう[40]。

6.7 証 明

命題 6.1.1 の証明. $\mathbb{R}_{++}^{H_C}$ の任意の元 p を選ぶ. (a), (b) および (d) は容易に確認できるから, (c) すなわち次の主張のみを証明する.

主張. $X(\succsim)$ が $\mathbb{R}^H$ の下方有界な閉部分集合ならば $X_{\succsim}(p)$ は $\mathbb{R}^{H_B} \times \mathbb{R}$ の閉部分集合である.

主張の証明. $\mathbb{R}^{H_B} \times \mathbb{R}$ のある元 (b_0, w_0) に収束する $X_{\succsim}(p)$ の中の任意の点列 $((b_\nu, w_\nu))$ を選ぶ. 任意の正整数 ν に対して (b_ν, c_ν) が $X(\succsim)$ に属し $p \cdot c_\nu = w_\nu$ を満足する $\mathbb{R}^{H_C}$ の元 c_ν が存在する. $d = w_0 + 1$ と定義する. 数列 (w_ν) は w^0 に収束するから, 一般性を失わずに任意の正整数 ν に対して $w_\nu < d$ と仮定できる. $X(\succsim)$ は下方有界だから $X(\succsim)$ の任意の元 z に対して $z \geq \bar{z}$ となるような z に依存しない $\mathbb{R}^H$ の元 $\bar{z}$ が存在する. $Y = \{c \in \mathbb{R}^{H_C} \mid p \cdot c \leq d \text{ かつ } \bar{z}|_{H_C} \leq c\}$ と定義する. Y が $\mathbb{R}^{H_C}$ の閉部分集合であることは容易に確認でき, また明らかに Y は下方有界である. H_C の任意の元 h に対して $\bar{c}^h = (d - \sum_{s \in H_C \setminus \{h\}} p^s \bar{z}^s)/p^h$ と定義する. このとき Y の任意の元 c と H_C の任意の元 h に対して $p^h c^h \leq p^h \bar{c}^h$ すなわち $c^h \leq \bar{c}^h$ だから Y は上方有界したがって有界であり, ゆえにコンパクトである.

任意の正整数 ν に対して, (b_ν, c_ν) は $X(\succsim)$ に属するから $c_\nu \geq \bar{z}|_{H_C}$ また $p \cdot c_\nu = w_\nu < d$ となり, ゆえに c_ν は Y に属する. Y はコンパクトだから一般性を失わずに点列 (c_ν) は Y のある元 c_0 に収束すると仮定できる. したがって $p \cdot c_0 = w_0$ となり, $X(\succsim)$ は $\mathbb{R}^H$ の閉部分集合だから (b_0, c_0) は $X(\succsim)$ に属し, ゆえに c^0 は $Y_{\succsim}(p, b_0, w_0)$ に属し, (b_0, w_0) は $X_{\succsim}(p)$ に属する. これで主張が成立し, 命題 6.1.1 の証明が完了する. ∎

---

[40] 第 2 章の 2.4 節を参照.

6.7 証明

命題 6.1.2 の証明. (i) $X(\succsim)$ が $\mathbb{R}^H$ の非空閉部分集合であり，(ii) $\succsim$ が上半連続であり，(iii) (b, c) が $X(\succsim)$ に属するような $\mathbb{R}^{H_C}$ の任意の元 c に対して $\bar{Y}_{\succsim}(b, c)$ が下方有界となる $\mathbb{R}^{H_C}_{++}$ の任意の元 p および $X_{\succsim}(p)$ の任意の元 (b, w) を選ぶ．定義 6.1.2 により $Y_{\succsim}(p, b, w)$ の元 $\bar{z}$ が存在するから $Y = \bar{Y}_{\succsim}(b, \bar{z}) \cap Y_{\succsim}(p, b, w)$ と定義する．

主張 1. Y は非空コンパクトである．

主張 1 の証明. $\bar{z}$ が Y に属するから Y は非空である．仮定 (i) と (ii) により Y は $\mathbb{R}^{H_C}$ の閉部分集合だから，Y が有界であることを示せばよい．

仮定 (iii) により $\bar{Y}_{\succsim}(b, \bar{z})$ が下方有界だから Y も下方有界であり，Y の任意の元 c に対して $c \geq \hat{z}$ となる c に依存しない $\mathbb{R}^{H_C}$ の元 $\hat{z}$ が存在する．H_C の任意の元 h に対して $\bar{c}^h = (w - \sum_{s \in H_C \setminus \{h\}} p^s \hat{z}^s)/p^h$ と定義する．このとき Y の任意の元 c と H_C の任意の元 h に対して $p^h c^h \leq p^h \bar{c}^h$ すなわち $c^h \leq \bar{c}^h$ だから Y は上方有界である．Y は上方有界かつ下方有界だから有界であり[41]，主張 1 が成立する．

主張 2. $\hat{Y}_{\succsim}(p, b, w)$ は非空である．

主張 2 の証明. Y 上の二項関係 $\succeq$ を $\succeq = \{(c, \tilde{c}) \in Y \times Y \mid (b, c) \succsim (b, \tilde{c})\}$ によって定義する．仮定 (ii) により $\succeq$ は Y 上の上半連続な弱順序だから $\succeq$ に関する Y の極大元 $\hat{c}$ が存在する[42]．$\succeq$ は強連結だから $\hat{c}$ は $\succeq$ に関する Y の最大元である．

$(b, \tilde{c}) \succ (b, \hat{c})$ となるような $Y_{\succsim}(p, b, w)$ の元 $\tilde{c}$ が存在すると仮定する．もし $\tilde{c}$ が Y に属するならば $\tilde{c} \succ \hat{c}$ となり $\hat{c}$ が $\succeq$ に関する Y の最大元であることに矛盾するから $\tilde{c}$ は Y に属さず，したがって $\bar{Y}_{\succsim}(b, \bar{z})$ に属さない．ゆえに $(b, \bar{z}) \succ (b, \tilde{c})$ となる．$(b, \tilde{c}) \succ (b, \hat{c})$ だから $\succsim$ の推移性により $(b, \bar{z}) \succ (b, \hat{c})$ となる．しかし $\bar{z}$ は Y に属し $\hat{c}$ は $\succeq$ に関する Y の最大元だから $\hat{c} \succeq \bar{z}$ したがって $(b, \hat{c}) \succsim (b, \bar{z})$ となり不合理である．

---

[41] 数学付録の定義 A.5.36 と命題 A.5.8 を参照．
[42] 数学付録の定理 A.5.10 を参照．

ゆえに $Y_{\succsim}(p,b,w)$ の任意の元 $\bar{c}$ に対して $(b,\hat{c}) \succsim (b,\bar{c})$ となり $\hat{c}$ は $\hat{Y}_{\succsim}(p,b,w)$ に属し，主張 2 が成立し，命題 6.1.2 の証明が完了する。∎

定理 6.1.1 の証明. (i) $X(\succsim)$ が $\mathbb{R}^H$ の非空閉部分集合であり，(ii) $\succsim$ が上半連続であり，(iii) $X(\succsim)$ の任意の元 x に対して $\bar{Y}_{\succsim}(x)$ が下方有界であると仮定し，$\mathbb{R}_{++}^{H_C}$ の任意の元 p を選ぶ．次の主張 1 は容易に確認できる。

主張 1. (a) $\succsim$ が $X(\succsim)$ 上の弱順序ならば $\succsim^p$ は $X_{\succsim}(p)$ 上の弱順序であり，(b) $\succsim$ が非飽和ならば $\succsim^p$ は非飽和である。

主張 2. $\succsim$ が局所非飽和ならば $\succsim^p$ は局所非飽和である。

主張 2 の証明. $X_{\succsim}(p)$ の任意の元 (b,w) および任意の正実数 ε を選ぶ．仮定 (i) から (iii)，命題 6.1.2 と $\succsim$ の局所非飽和により次の主張 2.1 が成立する。

主張 2.1. $\left\|(\tilde{b},\bar{c}) - (b,c)\right\|_2 < \varepsilon/(2|H_C|\max\{1,\|p\|_2\})$ かつ $(\tilde{b},\bar{c}) \succ (b,c)$ となる $X(\succsim)$ の元 $(\tilde{b},\bar{c})$ と $\hat{Y}_{\succsim}(p,b,w)$ の元 c が存在する[43]。

$\tilde{w} = p \cdot \bar{c}$ と定義する。このとき主張 2.1 から次の主張 2.2 の (a) が導かれ，したがって $Y_{\succsim}(p,\tilde{b},\tilde{w})$ は非空だから $(\tilde{b},\tilde{w})$ は $X_{\succsim}(p)$ に属し，仮定 (i) から (iii) および命題 6.1.2 から次の主張 2.2 の (b) が導かれる。

主張 2.2. (a) $\bar{c}$ は $Y_{\succsim}(p,\tilde{b},\tilde{w})$ に属し，(b) $\hat{Y}_{\succsim}(p,\tilde{b},\tilde{w})$ の元 $\tilde{c}$ が存在する。

主張 2.2 により $(\tilde{b},\bar{c}) \succsim (\tilde{b},\bar{c})$ だから主張 2.1 と $\succsim$ の推移性により次の主張 2.3 の (a) が成立し，したがって主張 2.1 と主張 2.2 の (b) により主張 2.3 の (b) が成立する。

主張 2.3. (a) $(\tilde{b},\tilde{c}) \succ (b,c)$ また (b) $(\tilde{b},\tilde{w}) \succ^p (b,w)$ となる。

主張 2.4. $\left\|(\tilde{b},\tilde{w}) - (b,w)\right\|_2 < \varepsilon$ となる。

主張 2.4 の証明. 主張 2.1 により $|\tilde{w} - w| < \varepsilon$ ゆえにまた主張 2.1 により $\left\|(\tilde{b},\tilde{w}) - (b,w)\right\|_2 < \varepsilon$ となり主張 2.4 が成立する。主張 2.3 の (b) と 2.4 から主張 2 が導かれる。

---

43) 記号 $\|p\|_2$ は p のノルムを表す．ノルム $\|\cdot\|_2$ の定義については，数学付録の定義 A.5.21 と A.5.22 を参照。

6.7 証明

主張 3. $X(\succsim)$ が包括的であり $\succsim$ が弱単調ならば $\succsim^p$ は弱単調である。

主張 3 の証明. $(\tilde{b}, \tilde{w}) \geq (b, w)$ となる $X_{\succsim}(p)$ の任意の二つの元 (b, w) と $(\tilde{b}, \tilde{w})$ を選ぶ。仮定 (i) から (iii) と命題 6.1.2 により次の主張 3.1 が成立する。

主張 3.1. $\hat{Y}_{\succsim}(p, b, w)$ の元 c と $\hat{Y}_{\succsim}(p, \tilde{b}, \tilde{w})$ の元 $\bar{c}$ が存在する。

H_C の任意の元 h に対して $\bar{c}^h = c^h + (\tilde{w} - w)/(p^h |H_C|)$ と定義する。$(\tilde{b}, \bar{c}) \geq (b, c)$ となり (b, c) は $X(\succsim)$ に属し $X(\succsim)$ は包括的だから $(\tilde{b}, \bar{c})$ は $X(\succsim)$ に属する。$p \cdot \bar{c} = \tilde{w}$ だから $\bar{c}$ は $Y_{\succsim}(p, \tilde{b}, \tilde{w})$ に属し，$\succsim$ の弱単調性により $(\tilde{b}, \bar{c}) \succsim (b, c)$ となる。$\tilde{c}$ は $\hat{Y}_{\succsim}(p, \tilde{b}, \tilde{w})$ に属し $\bar{c}$ は $Y_{\succsim}(p, \tilde{b}, \tilde{w})$ に属するから $(\tilde{b}, \tilde{c}) \succsim (\tilde{b}, \bar{c})$，ゆえに $\succsim$ の推移性により $(\tilde{b}, \tilde{c}) \succsim (b, c)$ となり次の主張 3.2 が成立する。

主張 3.2. $(\tilde{b}, \tilde{c}) \succsim (b, c)$ となる。

主張 3.1 と 3.2 により $(\tilde{b}, \tilde{w}) \succsim^p (b, w)$ となり主張 3 が成立し，主張 3 と同様に次の主張 4 が導かれる。

主張 4. (a) $X(\succsim)$ が包括的であり $\succsim$ が単調ならば $\succsim^p$ は単調であり，(b) $X(\succsim)$ が包括的であり $\succsim$ が強単調ならば $\succsim^p$ は強単調である。

主張 5. $\succsim$ が弱凸ならば $\succsim^p$ は弱凸である。

主張 5 の証明. $(\tilde{b}, \tilde{w}) \succsim^p (b, w)$ となる $X_{\succsim}(p)$ の任意の二つの元 (b, w) と $(\tilde{b}, \tilde{w})$ および $]0, 1[$ に属する任意の実数 t を選び $(\hat{b}, \hat{w}) = (1-t)(b, w) + t(\tilde{b}, \tilde{w})$ と定義する。定義 6.1.3 により次の主張 5.1 が成立する。

主張 5.1. $(\tilde{b}, \tilde{c}) \succsim (b, c)$ となるような $\hat{Y}_{\succsim}(p, b, w)$ の元 c と $\hat{Y}_{\succsim}(p, \tilde{b}, \tilde{w})$ の元 $\tilde{c}$ が存在する。

$\bar{c} = (1-t)c + t\tilde{c}$ と定義する。

主張 5.2. (a) $(\hat{b}, \bar{c}) \succsim (b, c)$ となり，(b) $\bar{c}$ は $Y_{\succsim}(p, \hat{b}, \hat{w})$ に属し，(c) $(\hat{b}, \hat{c}) \succsim (\hat{b}, \bar{c})$ となる $\hat{Y}_{\succsim}(p, \hat{b}, \hat{w})$ の元 $\hat{c}$ が存在し，(d) $(\hat{b}, \hat{c}) \succsim (b, c)$ となる。

主張 5.2 の証明. $\succsim$ は弱凸だから (a) が成立し，$(\hat{b}, \bar{c})$ は $X(\succsim)$ に属し $p \cdot \bar{c} = \hat{w}$ だから $\bar{c}$ は $Y_{\succsim}(p, \hat{b}, \hat{w})$ に属し (b) が成立する。$(\hat{b}, \hat{w})$ は $X_{\succsim}(p)$ に属するか

ら仮定 (i) から (iii) と命題 6.1.2 により $\hat{Y}_{\succsim}(p, \hat{b}, \hat{w})$ に属する $\hat{c}$ が存在し，(b) により $(\hat{b}, \hat{c}) \succsim (\hat{b}, \bar{c})$ だから (c) が成立する．$\succsim$ は推移的だから (a) と (c) から (d) が導かれ主張 5.2 が成立する．

主張 5.1 および主張 5.2 の (c) と (d) から $(\hat{b}, \hat{w}) \succsim^p (b, w)$ となり主張 5 が導かれる．主張 5 の証明とほぼ同様に次の主張 6 が導かれる．

主張 6. (a) $\succsim$ が凸ならば $\succsim^p$ は凸であり，(b) $\succsim$ が強凸ならば $\succsim^p$ は強凸である．

主張 7. $X(\succsim)$ の任意の元 x に対して $U_{\succsim}(x)$ が下方有界ならば $\succsim^p$ は上半連続である．

主張 7 の証明． $X_{\succsim}(p)$ の任意の元 (b, w) と $X_{\succsim}(p)$ のある元 $(\hat{b}, \hat{w})$ に収束する (b, w) の $\succsim^p$-上方集合の中の任意の点列 $((b_\nu, w_\nu))$ を選ぶ．

主張 7.1. (a) $\hat{Y}_{\succsim}(p, b, w)$ の元 c が存在し，(b) 任意の正整数 ν に対して $(b_\nu, c_\nu) \succsim (b, c)$ となるような $\hat{Y}_{\succsim}(p, b_\nu, w_\nu)$ の元 c_ν が存在する．

主張 7.1 の証明． 任意の正整数 ν に対して $(b_\nu, w_\nu) \succsim^p (b, w)$ だから $\succsim^p$ の定義により，次の主張 7.1.1 が成立する．

主張 7.1.1. 任意の正整数 ν に対して $(b_\nu, c_\nu) \succsim (b, \tilde{c}_\nu)$ となるような $\hat{Y}_{\succsim}(p, b_\nu, w_\nu)$ の元 c_ν と $\hat{Y}_{\succsim}(p, b, w)$ の元 $\tilde{c}_\nu$ が存在する．

$c = \tilde{c}_1$ と定義する．主張 7.1.1 から次の主張 7.1.2 の (a) が導かれ，任意の正整数 ν に対して $\tilde{c}_\nu$ は $\hat{Y}_{\succsim}(p, b, w)$ に属し $c = \tilde{c}_1 \in \hat{Y}_{\succsim}(p, b, w) \subset Y_{\succsim}(p, b, w)$ だから (b) が成立する．

主張 7.1.2. (a) c は $\hat{Y}_{\succsim}(p, b, w)$ に属し，(b) 任意の正整数 ν に対して $(b, \tilde{c}_\nu) \succsim (b, c)$ となる．

$\succsim$ は推移的だから主張 7.1.1 と 7.1.2 により $(b_\nu, c_\nu) \succsim (b, c)$ となり主張 7.1 が成立する．$U_{\succsim}(b, c)$ は下方有界だから次の主張 7.2 が成立する．

主張 7.2. $U_{\succsim}(b, c)$ の任意の元 $(\tilde{b}, \tilde{c})$ に対して $(\tilde{b}, \tilde{c}) \geq (\bar{b}, \bar{c})$ となるような $(\tilde{b}, \tilde{c})$ に依存しない $\mathbb{R}^H$ の元 $(\bar{b}, \bar{c})$ が存在する．

$\hat{Y} = \{c \in \mathbb{R}^{H_C} \mid c \geq \bar{c} \text{ かつ } p \cdot c \leq \hat{w} + 1\}$ と定義する。主張 7.1 の (b) により任意の正整数 ν に対して，(b_ν, c_ν) は $U_{\succsim}(b, c)$ に属するから主張 7.2 により $c_\nu \geq \bar{c}$ となり，数列 (w_ν) は $\hat{w}$ に収束するから一般性を失わずに任意の正整数 ν に対して c_ν は $\hat{Y}$ に属すると仮定できる。$\hat{Y}$ はコンパクトだから，一般性を失わずに点列 (c_ν) は $\hat{Y}$ のある元 $\check{c}$ に収束すると仮定でき，ゆえに主張 7.1 と $\succsim$ の上半連続性により $(\hat{b}, \check{c}) \succsim (b, c)$ となる。任意の正整数 ν に対して，(b_ν, c_ν) は $X(\succsim)$ に属し $X(\succsim)$ は $\mathbb{R}^H$ の閉部分集合だから $(\hat{b}, \check{c})$ は $X(\succsim)$ に属し，また $p \cdot c_\nu = w_\nu$ だから $p \cdot \check{c} = \hat{w}$ となり，$\check{c}$ は $Y_{\succsim}(p, \hat{b}, \hat{w})$ に属し，次の主張 7.3 が成立する。

主張 7.3. $(\hat{b}, \check{c}) \succsim (b, c)$ となる $Y_{\succsim}(p, \hat{b}, \hat{w})$ の元 $\check{c}$ が存在する。

$(\hat{b}, \hat{w})$ は $X_{\succsim}(p)$ に属するから，仮定 (i) から (iii) と命題 6.1.2 により $\hat{Y}_{\succsim}(p, \hat{b}, \hat{w})$ の元 $\hat{c}$ が存在する。主張 7.3 により $\check{c}$ は $Y_{\succsim}(p, \hat{b}, \hat{w})$ に属するから $(\hat{b}, \hat{c}) \succsim (\hat{b}, \check{c})$ また主張 7.3 により $(\hat{b}, \check{c}) \succsim (b, c)$ だから $\succsim$ の推移性により次の主張 7.4 が成立する。

主張 7.4. $(\hat{b}, \hat{c}) \succsim (b, c)$ となる $\hat{Y}_{\succsim}(p, \hat{b}, \hat{w})$ の元 $\hat{c}$ が存在する。

主張 7.1 の (a) と主張 7.4 により $(\hat{b}, \hat{w}) \succsim^p (b, w)$ となり，$\succsim^p$ は上半連続であり，主張 7 が成立する。

主張 8. もし $X(\succsim) = \mathbb{R}_+^{H_B} \times \mathbb{R}^{H_C}$ かつ $\succsim$ が下半連続ならば $\succsim^p$ は連続である。

主張 8 の証明. $X_{\succsim}(p) = \mathbb{R}_+^{H_B} \times \mathbb{R}$ となることに注意する。任意の実数 w に対して $K(w) = \{c \in \mathbb{R}^{H_C} \mid p \cdot c = w\}$ と定義する。このとき次の主張 8.1 が成立する。

主張 8.1. $X_{\succsim}(p)$ の任意の元 (b, w) に対して $K(w) = Y_{\succsim}(p, b, w)$ となる。

$X_{\succsim}(p)$ の任意の元 (b, w) と $X_{\succsim}(p)$ のある元 $(\tilde{b}, \tilde{w})$ に収束する (b, w) の $\succsim^p$-下方集合の中の任意の点列 $((b_\nu, w_\nu))$ を選ぶ。

主張 8.2. (a) $\hat{Y}_{\succsim}(p, b, w)$ の元 c が存在し，(b) 任意の正整数 ν に対して $(b, c) \succsim (b_\nu, c_\nu)$ となるような $\hat{Y}_{\succsim}(p, b_\nu, w_\nu)$ の元 c_ν が存在する。

主張 8.2 の証明. 任意の正整数 ν に対して $(b,w) \succsim^p (b_\nu, w_\nu)$ だから $\succsim^p$ の定義により，次の主張 8.2.1 が成立する．

主張 8.2.1. 任意の正整数 ν に対して $(b, \tilde{c}_\nu) \succsim (b_\nu, c_\nu)$ となるような $\hat{Y}_{\succsim}(p, b, w)$ の元 $\tilde{c}_\nu$ と $\hat{Y}_{\succsim}(p, b_\nu, w_\nu)$ の元 c_ν が存在する．

$c = \tilde{c}_1$ と定義する．主張 8.2.1 から次の主張 8.2.2 の (a) が導かれ，$c = \tilde{c}_1 \in \hat{Y}_{\succsim}(p, b, w)$ であり，任意の正整数 ν に対して $\tilde{c}_\nu \in \hat{Y}_{\succsim}(p, b, w) \subset Y_{\succsim}(p, b, w)$ したがって $(b, c) \succsim (b, \tilde{c}_\nu)$ となり，(b) が成立する．

主張 8.2.2. (a) c は $\hat{Y}_{\succsim}(p, b, w)$ に属し，(b) 任意の正整数 ν に対して $(b, c) \succsim (b, \tilde{c}_\nu)$ となる．

主張 8.2.2 の (a) から主張 8.2 の (a) が導かれ，$\succsim$ は推移的だから主張 8.2.1 と 8.2.2 の (b) により $(b, c) \succsim (b_\nu, c_\nu)$ となり主張 8.2 の (b) したがって主張 8.2 が成立する．

$(\tilde{b}, \tilde{w})$ は $X_{\succsim}(p)$ に属するから仮定 (i) から (iii) および命題 6.1.2 から次の主張 8.3 が導かれる．

主張 8.3. $\hat{Y}_{\succsim}(p, \tilde{b}, \tilde{w})$ の元 $\tilde{c}$ が存在する．

主張 8.4. $(b, c) \succsim (\tilde{b}, \tilde{c})$ となる．

主張 8.4 の証明. H_C は非空だから H_C の元 h が存在する．任意の正整数 ν と H_C の任意の元 s に対して，もし $s = h$ ならば $z_\nu^s = \tilde{c}^h + (w_\nu - \tilde{w})/p^h$ それ以外の場合には $z_\nu^s = \tilde{c}^s$ と定義する．

主張 8.4.1. (a) 任意の正整数 ν に対して z_ν は $Y_{\succsim}(p, b_\nu, w_\nu)$ に属し，(b) 点列 (z_ν) は $\tilde{c}$ に収束する．

主張 8.4.1 の証明. 数列 (w_ν) は $\tilde{w}$ に収束するから (b) が成立する．任意の正整数 ν に対して主張 8.3 により $p \cdot z_\nu = w_\nu$ かつ $(b_\nu, z_\nu) \in \mathbb{R}_+^{H_B} \times \mathbb{R}^{H_C} = X(\succsim)$ だから z_ν は $Y_{\succsim}(p, b_\nu, w_\nu)$ に属し (a) が成立して主張 8.4.1 が導かれる．

任意の正整数 ν に対して，主張 8.2 の (b) により $c_\nu \in \hat{Y}_{\succsim}(p, b_\nu, w_\nu)$ に属し，主張 8.4.1 の (a) により z_ν は $Y_{\succsim}(p, b_\nu, w_\nu)$ に属するから $(b_\nu, c_\nu) \succsim (b_\nu, z_\nu)$ となり次の主張 8.4.2 が成立する．

主張 8.4.2. 任意の正整数 ν に対して $(b_\nu, c_\nu) \succsim (b_\nu, z_\nu)$ となる。

$\succsim$ は推移的だから主張 8.2 の (b) と主張 8.4.2 から次の主張 8.4.3 が導かれる。

主張 8.4.3. 任意の正整数 ν に対して $(b, c) \succsim (b_\nu, z_\nu)$ となる。

$\succsim$ は下半連続性だから主張 8.4.1 の (b) と主張 8.4.3 により $(b, c) \succsim (\tilde{b}, \tilde{c})$ となり，主張 8.4 が成立する．主張 8.2 の (a) および主張 8.3 と 8.4 により $(b, w) \succsim^p (\tilde{b}, \tilde{w})$ となり $\succsim^p$ は下半連続であり，主張 7 により上半連続だから主張 8 が成立する．主張 1 から 8 により定理 6.1.1 の証明が完了する． ∎

定理 6.1.2 の証明． $X(\succsim) = \mathbb{R}_+^H$ であり u が連続であると仮定して $\mathbb{R}_{++}^{H_C}$ の任意の元 p を選ぶ．このとき $X_u(p)$ の任意の元 (b, w) に対して $Y_u(p, w) = Y_u(p, b, w)$ と書ける．

主張 1. u が単調非減少ならば v^p は単調非減少である．

主張 1 の証明． $(\tilde{b}, \tilde{w}) \geq (b, w)$ となる $X_u(p)$ の任意の二つの元 $(\tilde{b}, \tilde{w})$ と (b, w) を選ぶ．$Y_u(p, w)$ と $Y_u(p, \tilde{w})$ は非空コンパクトだから $\hat{Y}_u(p, b, w)$ の元 c と $\hat{Y}_u(p, \tilde{b}, \tilde{w})$ の元 $\tilde{c}$ が存在する[44]．H_C の任意の元 h に対して $\bar{c}^h = c^h + (\tilde{w} - w)/(p^h |H_C|)$ と定義する．$(b, \bar{c}) \geq (b, c) \in X(\succsim) = \mathbb{R}_+^H$ だから $(b, \bar{c})$ は $X(\succsim)$ に属する．$p \cdot \bar{c} = \tilde{w}$ だから $\bar{c}$ は $Y_u(p, \tilde{b}, \tilde{w})$ に属し，u の単調非減少性により $u(\tilde{b}, \bar{c}) \geq u(b, c)$ となる．$\tilde{c}$ は $\hat{Y}_u(p, \tilde{b}, \tilde{w})$ に属し $\bar{c}$ は $Y_u(p, \tilde{b}, \tilde{w})$ に属するから $v^p(\tilde{b}, \tilde{w}) = u(\tilde{b}, \tilde{c}) \geq u(\tilde{b}, \bar{c}) \geq u(b, c) = v^p(b, w)$ となる．

主張 2. u が準凹ならば v^p は準凹である．

主張 2 の証明． $v^p(\tilde{b}, \tilde{w}) \geq v^p(b, w)$ となる $X_u(p)$ の任意の二つの元 (b, w) と $(\tilde{b}, \tilde{w})$ および $]0, 1[$ に属する任意の実数 t を選び $(\hat{b}, \hat{w}) = (1-t)(b, w) + t(\tilde{b}, \tilde{w})$ と定義する．定義 6.1.7 により次の主張 2.1 が成立する．

主張 2.1. $u(\tilde{b}, \tilde{c}) \geq u(b, c)$ となる $\hat{Y}_u(p, \tilde{b}, \tilde{w})$ の元 $\tilde{c}$ と $\hat{Y}_u(p, b, w)$ の元 c が存在する．

---
[44] 数学付録の定理 A.5.9 を参照．

$\bar{c} = (1-t)c + t\tilde{c}$ と定義する．u は準凹だから次の主張 2.2 が成立する．

主張 2.2. $u(\hat{b}, \bar{c}) \geq u(b, c)$ となる．

主張 2.3. (a) $\bar{c}$ は $Y_u(p, \hat{b}, \hat{w})$ に属し，(b) $u(\hat{b}, \hat{c}) \geq u(\hat{b}, \bar{c})$ となる $\hat{Y}_u(p, \hat{b}, \hat{w})$ の元 $\hat{c}$ が存在する．

主張 2.3 の証明． $(\hat{b}, \bar{c}) \in \mathbb{R}_+^H = X(\succsim)$ かつ $p \cdot \bar{c} = \hat{w}$ だから $\bar{c}$ は $Y_u(p, \hat{b}, \hat{w})$ に属し (a) が成立する．$Y_u(p, \hat{b}, \hat{w})$ が非空だから $(\hat{b}, \hat{w})$ は $X_u(p)$ に属し，u の連続性により $\succsim$ は連続だから，命題 6.1.2 により $\hat{Y}_u(p, \hat{b}, \hat{w})$ に属する $\hat{c}$ が存在し，そのとき $u(\hat{b}, \hat{c}) \geq u(\hat{b}, \bar{c})$ だから (b) が成立し，主張 2.3 が導かれる．主張 2.3 の (b) と主張 2.2 から次の主張 2.4 が導かれる．

主張 2.4. $u(\hat{b}, \hat{c}) \geq u(b, c)$ となる．

主張 2.1, 主張 2.3 の (b) および主張 2.4 により $v^p(\hat{b}, \hat{w}) = u(\hat{b}, \hat{c}) \geq u(b, c) = v^p(b, w)$ となり主張 2 が成立する．

主張 1 と 2 により定理 6.1.2 の証明が完了する．∎

定理 6.2.1 の証明． $\operatorname{dom} u = X_B \times \mathbb{R}^{H_C}$ となるような $\mathbb{R}^{H_B}$ の非空部分集合 X_B が存在し u が微分可能であると仮定し，Γ の任意の元 γ を選ぶ．もし $\operatorname{dom} u$ の任意の元 (b, c) に対して $u(b, c) = f(b) + \gamma \cdot c$ となるような X_B 上の実数値関数 f が存在するならば，$\operatorname{dom} u$ の任意の元 (b, c) に対して $\nabla u^b(c) = \gamma$ となることは容易に確認できるから，次の主張のみを証明する．

主張． もし $\operatorname{dom} u$ の任意の元 (b, c) に対して $\nabla u^b(c) = \gamma$ ならば，$\operatorname{dom} u$ の任意の元 (b, c) に対して $u(b, c) = f(b) + \gamma \cdot c$ となるような X_B 上の実数値関数 f が存在する．

主張の証明． X_B の任意の元 b に対して $f(b) = u(b, 0)$ と定義する．f は X_B 上の実数値関数である．$\operatorname{dom} u$ の任意の元 (b, c) を選び，$\{1, \ldots, m+1\}$ の任意の元 j に対して，もし k が $\{1, \ldots, j-1\}$ に属するならば $c_j^k = 0 \in \mathbb{R}$ それ以外の場合には $c_j^k = c^k$ と定義する[45]．このとき $c_1 = c$ かつ $c_{m+1} = 0$ だ

---

45) ここでは $H_C = \{1, \ldots, m\}$ と表している．

から

$$u(b,c) - f(b) = \sum_{j=1}^{m} \int_0^{c^j} u_j(b, c_j^1, \ldots, c_j^{j-1}, s, c_j^{j+1}, \ldots, c_j^m) ds = \gamma \cdot c$$

となり主張が成立し，定理 6.2.1 の証明が完了する。∎

定理 6.2.2 の証明． $\mathbb{R}^{H_B}$ の非空凸部分集合上の任意の実数値関数 f と $\mathbb{R}^{H_C} \setminus \{0\}$ の任意の元 γ を選ぶ．f が凹関数ならば $u^{f\gamma}$ は凹関数であることは容易に確認できる．数学付録の命題 A.8.3 の (d) により，H_C が一元集合ならば，$u^{f\gamma}$ が狭義準凹関数であるためには f が狭義凹関数であることが必要十分だから，定理 6.2.2 が成立する．∎

命題 6.2.1 の証明．

主張 1. $\operatorname{dom} \hat{X}_\gamma^D = \mathbb{R}^{H_B} \times \{\gamma\} \times \mathbb{R} \times \mathbb{R}^{H_B}$ となる。

主張 1 の証明．

主張 1.1. $\mathbb{R}^{H_B} \times \{\gamma\} \times \mathbb{R} \times \mathbb{R}^{H_B}$ は $\operatorname{dom} \hat{X}_\gamma^D$ に含まれる。

主張 1.1 の証明． $\mathbb{R}^{H_B} \times \{\gamma\} \times \mathbb{R} \times \mathbb{R}^{H_B}$ の任意の元 (p,q,m,b) を選ぶ．H_C は非空だから H_C の元 h が存在する．$c^h = (m - p \cdot b)/\gamma^h$ と定義し，h 以外の H_C の任意の元 k に対して $c^k = 0$ と定義する．このとき c は $\hat{X}_\gamma^D(p,q,m,b)$ に属するから (p,q,m,b) は $\operatorname{dom} \hat{X}_\gamma^D$ に属する．

主張 1.2. $\operatorname{dom} \hat{X}_\gamma^D$ は $\mathbb{R}^{H_B} \times \{\gamma\} \times \mathbb{R} \times \mathbb{R}^{H_B}$ に含まれる。

主張 1.2 の証明． $\operatorname{dom} \hat{X}_\gamma^D$ の任意の元 (p,q,m,b) を選ぶ．H_C が一元集合ならば $\Gamma = \{1\}$ だから $q = 1 = \gamma$ となる．以下では H_C が二つ以上の財から構成される場合を考えて，H_C の任意の元 h に対して $c^h = \gamma^h/q^h$ と定義し，さらに $\bar{c} = \max_{h \in H_C} c^h$ また $\check{c} = \min_{h \in H_C} c^h$ と定義する．$\bar{c} = \check{c}$ を示せば十分である．$\bar{c} \neq \check{c}$ と仮定する．このとき $c^{\bar{h}} = \bar{c}$ となる H_C の元 $\bar{h}$ と $c^{\check{h}} = \check{c}$ となる H_C の元 $\check{h}$ が存在する．任意の非負実数 t に対して $c^{\bar{h}}(t) = t$ また $c^{\check{h}}(t) = (m - p \cdot b - tq^{\bar{h}})/q^{\check{h}}$，さらに $\bar{h}$ と $\check{h}$ 以外の H_C の任意の元 h に対して $c^h(t) = 0 \in \mathbb{R}$ と定義する．このとき任意の非負実数 t に対し

て $c(t)$ は $\hat{B}(p,q,m,b)$ に属する.他方,任意の非負実数 t に対して $\gamma \cdot c(t)$ $= (\gamma^{\bar{h}}/q^{\bar{h}})(m - p \cdot b) + tq^{\bar{h}}\left(c^{\bar{h}} - c^{\bar{h}}\right)$ だから t を大きく選ぶことにより $\gamma \cdot c(t)$ は無制限に大きくすることが可能であり,したがって $\hat{X}_\gamma^D(p,q,m,b)$ は空集合であり,(p,q,m,b) が $\hat{X}_\gamma^D$ の定義域に属するという仮定と矛盾する.ゆえに $\bar{c} = \check{c}$ となり主張 1.2 が成立する.主張 1.1 と 1.2 から主張 1 が導かれる.

次の主張 2 の証明も同様であるから省略する.

主張 2. $\operatorname{dom} \hat{X}_\gamma^C = \{\gamma\} \times \mathbb{R} \times \operatorname{dom} f$ となる.

主張 1 と 2 により命題 6.2.1 の証明が完了する.∎

定理 6.2.3 の証明. 命題 6.2.1 の (a) と (b),定義 6.2.14 および定義 6.2.15 から次の主張 1 が導かれる.

主張 1. $\operatorname{dom} \bar{D}^{f\gamma} = \operatorname{dom} \hat{X}_f \times \{\gamma\} \times \mathbb{R} = \operatorname{dom} \bar{C}^{f\gamma}$ となる.

主張 2. $D^u = \bar{D}^{f\gamma}$ となる.

主張 2 の証明.

主張 2.1. $\operatorname{dom} \bar{D}^{f\gamma}$ の任意の元 (p,q,m) に対して $\bar{D}^{f\gamma}(p,q,m)$ は $D^u(p,q,m)$ に含まれる.

主張 2.1 の証明. $\operatorname{dom} \bar{D}^{f\gamma}$ の任意の元 (p,q,m) と $\bar{D}^{f\gamma}(p,q,m)$ の任意の元 (b,c) を選ぶ.次の主張 2.1.1 の (a) は容易に確認でき,(b) は命題 6.2.1 の (a) から導かれる.

主張 2.1.1. (a) $q \cdot c = m - p \cdot b$ また (b) $q = \gamma$ となる.

主張 2.1.2. (b,c) は $D^u(p,q,m)$ に属する.

主張 2.1.2 の証明. (b,c) が $D^u(p,q,m)$ に属さないと仮定する.このとき $f(b) + \gamma \cdot c = u(b,c) < u(\tilde{b},\tilde{c}) = f(\tilde{b}) + \gamma \cdot \tilde{c}$ となる $B(p,q,m)$ の元 $(\tilde{b},\tilde{c})$ が存在するから主張 2.1.1 により $f(\tilde{b}) - p \cdot \tilde{b} > f(b) - p \cdot b$ となる.したがって b は $\hat{X}_f(p)$ に属さず,(b,c) が $\bar{D}^{f\gamma}(p,q,m)$ に属することと矛盾し,主張 2.1.2 が成立する.主張 2.1.2 から主張 2.1 が導かれる.

6.7 証 明

主張 2.2. $\mathrm{dom}\, D^u$ の任意の元 (p,q,m) に対して $D^u(p,q,m)$ は $\bar{D}^{f\gamma}(p,q,m)$ に含まれる。

主張 2.2 の証明. $\mathrm{dom}\, D^u$ の任意の元 (p,q,m) と $D^u(p,q,m)$ の任意の元 (b,c) を選ぶ。このとき $(b,c) \in B(p,q,m) \subset X(\succsim) = \mathrm{dom}\, f \times \mathbb{R}^{H_C}$ となる。

主張 2.2.1. $p \cdot b + q \cdot c = m$ となる。

主張 2.2.1 の証明. $(b,c) \in D^u(p,q,m) \subset B(p,q,m)$ だから $p \cdot b + q \cdot c \leq m$ となる。$p \cdot b + q \cdot c < m$ と仮定する。このとき $p \cdot b + q \cdot \tilde{c} = m$ かつ $c < \tilde{c}$ となる $\mathbb{R}^{H_C}$ の元 $\tilde{c}$ が存在する。仮定 6.2.1 により $(b,\tilde{c})$ は $B(p,q,m)$ に属し $u(b,c) < u(b,\tilde{c})$ だから (b,c) が $D^u(p,q,m)$ に属するという仮定と矛盾する。

主張 2.2.2. $q = \gamma$ となる。

主張 2.2.2 の証明. $q \neq \gamma$ と仮定する。命題 6.2.1 の (a) により (p,q,m,b) は $\hat{X}_\gamma^D$ の定義域に属さず,$\gamma \cdot \tilde{c} > f(b) + \gamma \cdot c - f(b)$ となるような $\hat{B}(p,q,m,b)$ の元 $\tilde{c}$ が存在する。ゆえに $(b,\tilde{c})$ は $B(p,q,m)$ に属し,また $u(b,c) < u(b,\tilde{c})$ だから,(b,c) が $D^u(p,q,m)$ に属するという仮定と矛盾する。

主張 2.2.3. b は $\hat{X}_f(p)$ に属する。

主張 2.2.3 の証明. b が $\hat{X}_f(p)$ に属さないと仮定する。このとき $f(b) - p \cdot b < f(\tilde{b}) - p \cdot \tilde{b}$ となる $\mathrm{dom}\, f$ の元 $\tilde{b}$ が存在し,$q \cdot \tilde{c} = m - p \cdot \tilde{b}$ となる $\mathbb{R}^{H_C}$ の元 $\tilde{c}$ が存在する。仮定 6.2.1 により $(\tilde{b},\tilde{c})$ は $B(p,q,m)$ に属する。しかし,主張 2.2.1 と 2.2.2 より $u(b,c) < u(\tilde{b},\tilde{c})$ となり,(b,c) が $D^u(p,q,m)$ に属するという仮定と矛盾する。

主張 2.2.4. c は $\hat{X}_\gamma^D(p,q,m,b)$ に属する。

主張 2.2.4 の証明. 主張 2.2.1 により c は $\hat{B}(p,q,m,b)$ に属する。主張 2.2.2 により $\hat{B}(p,q,m,b)$ の任意の元 z に対して $\gamma \cdot c \geq \gamma \cdot z$ だから c は $\hat{X}_\gamma^D(p,q,m,b)$ に属し,主張 2.2.4 が成立する。主張 2.2.3 と 2.2.4 から主張 2.2 が導かれ,主張 2.1 と 2.2 から主張 2 が導かれる。

主張 3. $C^u = \bar{C}^{f\gamma}$ となる。

主張 3 の証明.

主張 3.1. $\mathrm{dom}\,\bar{C}^{f\gamma}$ の任意の元 (p,q,a) に対して $\bar{C}^{f\gamma}(p,q,a)$ は $C^u(p,q,a)$ に含まれる。

主張 3.1 の証明. $\mathrm{dom}\,\bar{C}^{f\gamma}$ の任意の元 (p,q,a) と $\bar{C}^{f\gamma}(p,q,a)$ の任意の元 (b,c) を選ぶ。$c \in \hat{X}_\gamma^C(q,a,b) \subset \hat{U}(a,b)$ だから $\gamma \cdot c \geq a - f(b)$ となる。$\gamma \cdot c > a - f(b)$ と仮定する。$\gamma \cdot z \geq a - f(b)$ かつ $c > z$ となる $\mathbb{R}^{H_C}$ の元 z が存在する。z は $\hat{U}(a,b)$ に属し $q \cdot c > q \cdot z$ だから c が $\hat{X}_\gamma^C(q,a,b)$ に属するという事実と矛盾し，次の主張 3.1.1 が成立する。

主張 3.1.1. $\gamma \cdot c = a - f(b)$ となる。

命題 6.2.1 の (b) により，次の主張 3.1.2 が成立する。

主張 3.1.2. $q = \gamma$ となる。

(b,c) が $C^u(p,q,a)$ に属さないと仮定する。このとき $p \cdot b + q \cdot c > p \cdot \tilde{b} + q \cdot \tilde{c}$ となる $U_u(a)$ の元 $(\tilde{b},\tilde{c})$ が存在する。$(\tilde{b},\tilde{c})$ は $U_u(a)$ に属するから主張 3.1.1 と 3.1.2 により $f(\tilde{b}) - p \cdot \tilde{b} > f(b) - p \cdot b$ となり，b は $\hat{X}_f(p)$ に属さず，(b,c) が $\bar{C}^{f\gamma}(p,q,a)$ に属するという仮定と矛盾し，(b,c) は $C^u(p,q,a)$ に属し，主張 3.1 が成立する。

主張 3.2. $\mathrm{dom}\,C^u$ の任意の元 (p,q,a) に対して $C^u(p,q,a)$ は $\bar{C}^{f\gamma}(p,q,a)$ に含まれる。

主張 3.2 の証明. $\mathrm{dom}\,C^u$ の任意の元 (p,q,a) と $C^u(p,q,a)$ の任意の元 (b,c) を選ぶ。$(b,c) \in C^u(p,q,a) \subset U_u(a)$ だから $f(b) + \gamma \cdot c = u(b,c) \geq a$ となる。$f(b) + \gamma \cdot c > a$ と仮定する。このとき $u(b,\tilde{c}) = a$ かつ $c > \tilde{c}$ となる $\mathbb{R}^{H_C}$ の元 $\tilde{c}$ が存在する。仮定 6.2.1 により $(b,\tilde{c})$ は $U_u(a)$ に属し $p \cdot b + q \cdot c > p \cdot b + q \cdot \tilde{c}$ だから (b,c) が $C^u(p,q,a)$ に属することと矛盾し，次の主張 3.2.1 が成立する。

主張 3.2.1. $f(b) + \gamma \cdot c = a$ となる。

$q \neq \gamma$ と仮定する。命題 6.2.1 の (b) により (q,a,b) は $\hat{X}_\gamma^C$ の定義域に属さず，したがって $p \cdot b + q \cdot \tilde{c} < p \cdot b + q \cdot c$ となるような $\hat{U}(a,b)$ の元 $\tilde{c}$ が存在する。ゆえに $u(b,\tilde{c}) = f(b) + \gamma \cdot \tilde{c} \geq a$ かつ $p \cdot b + q \cdot c > p \cdot b + q \cdot \tilde{c}$ とな

り，(b,c) が $C^u(p,q,a)$ に属するという仮定と矛盾し，次の主張 3.2.2 が成立する．

主張 3.2.2. $q = \gamma$ となる．

b が $\hat{X}_f(p)$ に属さないと仮定する．このとき $f(b) - p \cdot b < f(\tilde{b}) - p \cdot \tilde{b}$ となる $\operatorname{dom} f$ の元 $\tilde{b}$ および $\gamma \cdot \tilde{c} = a - f(\tilde{b})$ となる $\mathbb{R}^{H_C}$ の元 $\tilde{c}$ が存在する．仮定 6.2.1 により $(\tilde{b}, \tilde{c})$ は $U_u(a)$ に属する．主張 3.2.1 と 3.2.2 より $p \cdot b + q \cdot c > p \cdot \tilde{b} + q \cdot \tilde{c}$ だから (b,c) が $C^u(p,q,a)$ に属することと矛盾し，次の主張 3.2.3 が成立する．

主張 3.2.3. b は $\hat{X}_f(p)$ に属する．

主張 3.2.1 により c は $\hat{U}(a,b)$ に属し，主張 3.2.2 により $\hat{U}(a,b)$ の任意の元 z に対して $q \cdot c \leq q \cdot z$ だから，次の主張 3.2.4 が成立する．

主張 3.2.4. c は $\hat{X}_\gamma^C(q,a,b)$ に属する．

主張 3.2.3 と 3.2.4 により主張 3.2 が成立し，主張 3.1 と 3.2 から主張 3 が導かれ，主張 1 から 3 により定理 6.2.3 の証明が完了する． ∎

系 6.2.1 の証明は容易だから省略する．

定理 6.3.1 の証明． 次の主張 1 は容易に確認できる．

主張 1. g は凹関数である．

主張 2. $\mathbb{R}^{H_B}$ の非空凸部分集合上の任意の実数値関数 f に対して，
(a) f が凹関数ならば u^f は凹関数であり，
(b) u^f が狭義準凹関数ならば f は狭義凹関数であり，
(c) u^f が準凹関数ならば f は凹関数であり，
(d) u^f が準凹関数ならば u^f は凹関数である．

主張 2 の証明． (a) は容易に確認できる．f が狭義凹関数ではないと仮定する．このとき $f((1-t)b + t\tilde{b}) \leq (1-t)f(b) + tf(\tilde{b})$ となる $\operatorname{dom} f$ の互いに異なる二つの元 b と $\tilde{b}$ および $]0, 1[$ に属する実数 t が存在する．$\mathbb{R}_{++}^{H_C}$ の任意の元 c に対して $g(c) > 0$ だから $\lambda(c) = (f(b) - f(\tilde{b}) + g(c))/g(c)$ が定義でき，g の正 1 次同次性により $\lambda(c) > 0$ となる $\mathbb{R}_{++}^{H_C}$ の元 c が存在する．このとき $u^f(\tilde{b}, \lambda(c)c) = u^f(b,c)$ したがってまた $u^f((1-t)(b,c) + t(\tilde{b}, \lambda(c)c)) \leq$

$\min\{u^f(\tilde{b}, \lambda(c)c), u^f(b,c)\}$ となるが $b \neq \tilde{b}$ だから u^f は狭義準凹ではなく，(b) が成立する．(b) と同様に (c) が証明され，(a) と (c) から (d) が導かれ，定理 6.3.1 の証明が完了する． ■

命題 6.3.1 の証明は容易だから省略する．

定理 6.3.2 の証明．

主張 1． $\text{dom}\,\bar{D}^f$ の任意の元 (p,q,m) に対して $\bar{D}^f(p,q,m)$ は $D^u(p,q,m)$ に含まれる．

主張 1 の証明． $\text{dom}\,\bar{D}^f$ の任意の元 (p,q,m) と $\bar{D}^f(p,q,m)$ の任意の元 (b,c) を選ぶ．このとき c は $\check{X}^D(p,q,m,b)$ に属するから，命題 6.3.1 の (b) より次の主張 1.1 が導かれる．

主張 1.1． $g(c) = m - p \cdot b = q \cdot c$ となる．

主張 1.2． (b,c) は $D^u(p,q,m)$ に属する．

主張 1.2 の証明． (b,c) が $D^u(p,q,m)$ に属さないと仮定する．このとき命題 6.3.1 の (a) により次の主張 1.2.1 が成立する．

主張 1.2.1． $f(b) + g(c) < f(\tilde{b}) + g(\tilde{c})$ となり，$\tilde{c}$ が $\check{X}^D(p,q,m,\tilde{b})$ に属するような $B(p,q,m)$ の元 $(\tilde{b},\tilde{c})$ が存在する．

主張 1.1，主張 1.2.1 と命題 6.3.1 の (b) から次の主張 1.2.2 が導かれる．

主張 1.2.2． $f(\tilde{b}) - p \cdot \tilde{b} > f(b) - p \cdot b$ となる．

仮定により (b,c) は $\bar{D}^f(p,q,m)$ に属するから b は $\hat{X}_f(p)$ に属し，主張 1.2.2 は不合理であり，主張 1.2 が成立する．主張 1.2 から主張 1 が導かれる．

主張 2． $AD_f \cap \text{dom}\,D^u$ の任意の元 (p,q,m) に対して $D^u(p,q,m)$ は $\bar{D}^f(p,q,m)$ に含まれる．

主張 2 の証明． $AD_f \cap \text{dom}\,D^u$ の任意の元 (p,q,m) と $D^u(p,q,m)$ の任意の元 (b,c) を選ぶ．

主張 2.1． $p \cdot b + q \cdot c = m$ となる．

6.7 証明

主張 2.1 の証明. $(b,c) \in D^u(p,q,m) \subset B(p,q,m)$ だから $p \cdot b + q \cdot c \leq m$ となる。$p \cdot b + q \cdot c < m$ と仮定する。(b,c) が $D^u(p,q,m)$ に属するという仮定から $c \gg 0$ が導かれる。$q \cdot c < m - p \cdot b$ だから $q \cdot tc \leq m - p \cdot b$ となる 1 より大きい実数 t が存在し, tc は $\hat{B}_+(p,q,m,b)$ に属する。他方 $g(tc) = tg(c) > g(c)$ だから (b, tc) は $B(p,q,m)$ に属し, $f(b) + g(c) < f(b) + g(tc)$ となり, (b,c) が $D^u(p,q,m)$ に属するという仮定と矛盾し, 主張 2.1 が成立する。

主張 2.2. b は $\hat{X}_f(p)$ に属する。

主張 2.2 の証明. b が $\hat{X}_f(p)$ に属さないと仮定する。(p,q,m) は AD_f に属するから p は $\mathrm{dom}\, \hat{X}_f$ に属し, したがって

$$\inf_{\tilde{b} \in \hat{X}_f(p)} p \cdot \tilde{b} \leq \sup_{\tilde{p} \in \mathrm{dom}\, \hat{X}_f} \sup_{\tilde{b} \in \hat{X}_f(\tilde{p})} \tilde{p} \cdot \tilde{b} < m$$

だから $p \cdot \hat{b} < m$ となる $\hat{X}_f(p)$ の元 $\hat{b}$ が存在する。H_C の任意の元 h に対して $\hat{c}^h = m - p \cdot \hat{b}$ と定義する。このとき $\hat{c} \gg 0$ かつ $p \cdot \hat{b} + q \cdot \hat{c} = m$ だから $(\hat{b}, \hat{c})$ は $B(p,q,m)$ に属する。b は $\hat{X}_f(p)$ に属さず $\hat{b}$ は $\hat{X}_f(p)$ に属するから, $f(\hat{b}) - p \cdot \hat{b} > f(b) - p \cdot b$ となる。ゆえに主張 2.1 により $f(\hat{b}) + g(\hat{c}) > f(b) + g(c)$ となり (b,c) が $D^u(p,q,m)$ に属することと矛盾し, 主張 2.2 が成立する。

主張 2.3. $c \in \check{X}^D(p,q,m,b) = \{\check{c}_D(p,m,b)\}$ となる。

主張 2.3 の証明. $(b,c) \in D^u(p,q,m) \subset B(p,q,m)$ だから c は $\hat{B}_+(p,q,m,b)$ に属する。$\hat{B}_+(p,q,m,b)$ の任意の元 z を選ぶ。このとき (b,z) は $B(p,q,m)$ に属し (b,c) は $D^u(p,q,m)$ に属するから $g(c) \geq g(z)$ となり, c は $\check{X}^D(p,q,m,b)$ に属し, したがって命題 6.3.1 の (b.3) により主張 2.3 が成立する。主張 2.2 と 2.3 により (b,c) は $\bar{D}^f(p,q,m)$ に属し主張 2 が成立する。主張 1 と 2 から次の主張 3 が導かれる。

主張 3. $AD_f \cap \mathrm{dom}\, D^u = AD_f \cap \mathrm{dom}\, \bar{D}^f$ となる。

主張 1 から 3 により定理 6.3.2 の証明が完了する。 ∎

系 6.3.1 の証明. 定理 6.3.2 から直ちに導かれる。 ∎

定理 6.3.3 の証明.

主張 1. $\operatorname{dom} \bar{C}^f$ の任意の元 (p,q,a) に対して $\bar{C}^f(p,q,a)$ は $C^u(p,q,a)$ に含まれる。

主張 1 の証明. $\operatorname{dom} \bar{C}^f$ の元 (p,q,a) と $\bar{C}^f(p,q,a) \setminus C^u(p,q,a)$ の元 (b,c) が存在すると仮定する。(b,c) は $\bar{C}^f(p,q,a)$ に属するから定義 6.3.13 により b は $\hat{X}_f(p)$ に属し,H_C の任意の元 h に対して $c^h = a - f(b)$ となり,したがって次の主張 1.1 が成立する。

主張 1.1. (a) b は $\hat{X}_f(p)$ に属し,(b) $g(c) = a - f(b) = q \cdot c$ となる。

主張 1.1 の (b) により $f(b) + g(c) = a$ だから (b,c) は $U_u(a)$ に属し,(b,c) は $C^u(p,q,a)$ に属さないから次の主張 1.2 が成立する。

主張 1.2. $p \cdot b + q \cdot c > p \cdot \tilde{b} + q \cdot \tilde{c}$ となる $U_u(a)$ の元 $(\tilde{b},\tilde{c})$ が存在する。

b は $\hat{X}_f(p)$ に属するから,主張 1.1 と 1.2 により $f(\tilde{b}) + q \cdot \tilde{c} < a$ となり $(\tilde{b},\tilde{c})$ は $U_u(a)$ に属するから $f(\tilde{b}) + g(\tilde{c}) \geq a > f(\tilde{b}) + q \cdot \tilde{c}$ ゆえに $g(\tilde{c}) > q \cdot \tilde{c} \geq \sum_{k \in H_C} q^k \min_{h \in H_C} \tilde{c}^h = g(\tilde{c})$ となり不合理であり,主張 1 が成立する。

主張 2. $\operatorname{dom} C^u$ の任意の元 (p,q,a) に対して $C^u(p,q,a)$ は $\bar{C}^f(p,q,a)$ に含まれる。

主張 2 の証明. $\operatorname{dom} C^u$ の元 (p,q,a) と $C^u(p,q,a) \setminus \bar{C}^f(p,q,a)$ の元 (b,c) が存在すると仮定する。

b が $\hat{X}_f(p)$ に属さないと仮定する。このとき $f(\tilde{b}) - p \cdot \tilde{b} > f(b) - p \cdot b$ を満足する $\operatorname{dom} f$ の元 $\tilde{b}$ が存在する。H_C の任意の元 h に対して $\tilde{c}^h = a - f(\tilde{b})$ と定義する。このとき $u(\tilde{b},\tilde{c}) = a$ となり (b,c) は $C^u(p,q,a)$ に属するから $p \cdot \tilde{b} + q \cdot \tilde{c} < p \cdot b + q \cdot c$ となり (b,c) が $C^u(p,q,a)$ に属することと矛盾し,次の主張 2.1 が成立する。

主張 2.1. b は $\hat{X}_f(p)$ に属する。

主張 2.2. $c = \check{c}_C(a,b)$ となる。

主張 2.2 の証明. (b,c) は $C^u(p,q,a)$ に属するから $f(b) + g(c) \geq a$ となる。$f(b) + g(c) > a$ と仮定し $\tilde{c} = \check{c}_C(a,b)$ と定義する。このとき $u(b,\tilde{c}) = a$ か

つ $p \cdot b + q \cdot \tilde{c} < p \cdot b + q \cdot c$ となり，(b,c) が $C^u(p,q,a)$ に属することと矛盾するから $f(b) + g(c) = a$ したがって $\min_{h \in H_C} c^h = g(c) = a - f(b)$ ゆえに $c \geq \check{c}_C(a,b)$ となる。

$c \neq \check{c}_C(a,b)$ と仮定し $c^h \neq \check{c}_C^h(a,b)$ となる H_C の元全体の集合を K で表す。このとき K は非空であり，K の任意の元 h に対して $c^h > \check{c}_C^h(a,b)$ となる。$q \gg 0$ だから $p \cdot b + q \cdot c > p \cdot b + q \cdot \check{c}_C(a,b)$ かつ $u(b,\check{c}_C(a,b)) = a$ となり，(b,c) が $C^u(p,q,a)$ に属することと矛盾し，$c = \check{c}_C(a,b)$ となり，主張 2.2 が成立する。

$(b,c) \in C^u(p,q,a) \subset X(\succsim) = \mathrm{dom}\, f \times \mathbb{R}_+^{H_C}$ だから次の主張 2.3 が成立する。

主張 2.3. $c \geq 0$ となる。

主張 2.1 から 2.3 により (b,c) は $\bar{C}^f(p,q,a)$ に属し不合理だから，主張 2 が成立し，主張 1 と 2 により定理 6.3.3 の証明が完了する。 ■

系 6.3.2 の証明. f は狭義凹関数だから系 6.2.1 の (a) により $\hat{X}_f$ は関数であり，したがって定義 6.3.13 から直ちに導かれる。 ■

定理 6.4.1 の証明. (i) 任意の消費者 i に対して，(i-1) $X(\succsim_i) = X_i \times \mathbb{R}^{H_C}$ となる $\mathbb{R}^{H_B}$ の非空凸部分集合 X_i が存在し，(i-2) $\succsim_i = \succsim^{f_i \gamma_i}$ となるような X_i 上の連続実数値関数 f_i と Γ の元 γ_i が存在し，(ii) $\Delta = \{0\} \subset \mathbb{R}^H$ と仮定する。

主張 1. $P(q,\mathscr{E})$ が非空となる Γ の任意の元 q と I に属する任意の消費者 i に対して $q = \gamma_i$ となる。

主張 1 の証明. $P(q,\mathscr{E})$ が非空となる Γ の任意の元 q を選ぶ。このとき $(\{\alpha_I|_{H_B}\} \times \mathbb{R}^{H_C}) \cap \sum_{i \in I} D^{\succsim_i}(p,q,(p,q) \cdot \alpha_i)$ が非空となる $\mathbb{R}^{H_B}$ の元 p が存在し，したがって $(\{\alpha_I|_{H_B}\} \times \mathbb{R}^{H_C}) \cap \sum_{i \in I} D^{\succsim_i}(p,q,(p,q) \cdot \alpha_i)$ の元 (z^b, z^c) が存在する。ゆえに $(z^b, z^c) = a_I$ かつ任意の消費者 i に対して a_i が $D^{\succsim_i}(p,q,(p,q) \cdot \alpha_i)$ に属するような配分 a が存在する。

任意の消費者 i を選ぶ。定理 6.2.3 の (b) により $a_i \in D^{\succsim_k}(p,q,(p,q) \cdot \alpha_i) =$

$\bar{D}^{f_i\gamma_i}(p,q,(p,q)\cdot\alpha_i)$, ゆえに $a_i|_{H_C}$ は $\hat{X}^D_{\gamma_i}(p,q,(p,q)\cdot\alpha_i,a_i|_{H_B})$ に属し[46], $(p,q,(p,q)\cdot\alpha_i,a_i|_{H_B})$ は $\hat{X}^D_{\gamma_i}$ の定義域に属するから, 命題 6.2.1 の (a) により $q=\gamma_i$ となり, 主張 1 が成立する.

主張 2. $Q(p,\mathscr{E})$ が非空となる $\mathbb{R}^{H_B}$ の任意の元 p と I に属する任意の消費者 i に対して $Q(p,\mathscr{E})=\{\gamma_i\}$ となる.

主張 2 の証明. $Q(p,\mathscr{E})$ が非空となる $\mathbb{R}^{H_B}$ の任意の元 p と I に属する任意の消費者 i を選ぶ.

$Q(p,\mathscr{E})$ の任意の元 q に対して, $\sum_{k\in I} D^{\succsim_k}(p,q,(p,q)\cdot\alpha_k)$ は非空だから定理 6.2.3 により $(p,q,(p,q)\cdot\alpha_i)\in \mathrm{dom}\,D^{\succsim_i}=\bar{D}^{f_i\gamma_i}=\mathrm{dom}\,\hat{X}_{f_i}\times\{\gamma_i\}\times\mathbb{R}$ したがって $q=\gamma_i$ となり, $Q(p,\mathscr{E})$ は $\{\gamma_i\}$ に含まれる.

他方 p の選び方により $Q(p,\mathscr{E})$ は非空だから少なくとも一つの元 q を含む. $q\in Q(p,\mathscr{E})\subset\{\gamma_i\}$ だから $\gamma_i=q\in Q(p,\mathscr{E})$ となり, 主張 2 が成立する. 主張 1 と 2 により定理 6.4.1 の証明が完了する. ∎

定理 6.4.2 の証明. (i) 任意の消費者 i に対して, (i-1) $X(\succsim_i)=X_i\times\mathbb{R}^{H_C}_+$ となる $\mathbb{R}^{H_B}$ の包括的な非空凸部分集合 X_i が存在し, (i-2-1) $\succsim_i=\succsim^{f_i}$ となり, (i-2-2) H_C に属する任意の財 h に対して $\alpha_i^h=\beta_i$ となり, (i-2-3) $P_{f_i\alpha_i}=\mathbb{R}^{H_B}_{++}$ を満たす X_i 上の狭義単調増加凹実数値関数 f_i と h に依存しない正実数 β_i が存在し, (ii) $\Delta=\{0\}\subset\mathbb{R}^H$ が成立すると仮定する.

主張 1. $\sum_{i\in I}\hat{X}_{f_i}(p)=\sum_{i\in I}\alpha_i|_{H_B}$ を満足する $\bigcap_{i\in I}P_{f_i\alpha_i}$ の任意の元 p に対して $Q(p,\mathscr{E})=\Gamma$ となる.

主張 1 の証明. $\sum_{i\in I}\hat{X}_{f_i}(p)=\sum_{i\in I}\alpha_i|_{H_B}$ を満足する $\bigcap_{i\in I}P_{f_i\alpha_i}$ の任意の元 p を選ぶ. Γ の任意の元 q に対して, 定義 6.4.2 により任意の消費者 i に対して $(p,q,(p,q)\cdot\alpha_i)$ は AD_{f_i} に属するから, 系 6.3.1 の (d) と (b), 命題 6.3.1 の (b.3) および仮定 (i-2-2) により $\sum_{i\in I}D^{\succsim_i}(p,q,(p,q)\cdot\alpha_i)|_{H_C}=\alpha_I|_{H_C}$ となり q は $Q(p,\mathscr{E})$ に属し, Γ は $Q(p,\mathscr{E})$ に含まれる. 明らかに $Q(p,\mathscr{E})$ は Γ に含まれるから主張 1 が成立する.

---

46) 仮定 (i) により仮定 6.2.1 は満たされている.

6.7 証明

主張 2. Γ の任意の二つの元 q と $\tilde{q}$ に対して $P(q, \mathscr{E}) = P(\tilde{q}, \mathscr{E})$ となる。

主張 2 の証明.

主張 2.1. Γ の任意の元 q に対して $P(q, \mathscr{E})$ は $\mathbb{R}_{++}^{H_B}$ に含まれる。

主張 2.1 の証明. Γ の任意の元 q と $P(q, \mathscr{E})$ の任意の元 p を選ぶ。このとき $(\{\alpha_I|_{H_B}\} \times \mathbb{R}^{H_C}) \cap \sum_{i \in I} D^{\succsim_i}(p, q, (p,q) \cdot \alpha_i)$ の元 z が存在するから $z|_{H_B} = \alpha_I|_{H_B}$ となり, $z = \sum_{i \in I} a_i$ かつ任意の消費者 i に対して a_i が $D^{\succsim_i}(p, q, (p,q) \cdot \alpha_i)$ に属するような配分 a が存在する。

H_B に属するある財 h に対して $p^h \leq 0$ と仮定する。I は非空だから I に属する消費者 i が存在する。$p^h \leq 0$ だから財 h の購入量を無制限に増加することが可能であり, 仮定 (i-2-3) により f_i は狭義単調増加だから $D^{\succsim_i}(p, q, (p,q) \cdot \alpha_i)$ は空集合になり不合理である。ゆえに p は $\mathbb{R}_{++}^{H_B}$ に属し, 主張 2.1 が成立する。

主張 2.1, 仮定 (i-2-3) および定義 6.4.2 から次の主張 2.2 が導かれる。

主張 2.2. 任意の消費者 i, Γ の任意の元 q および $P(q, \mathscr{E})$ の任意の元 p に対して $(p, q, (p,q) \cdot \alpha_i)$ は AD_{f_i} に属する。

仮定 (i-2-2) から次の主張 2.3 が導かれる。

主張 2.3. 任意の消費者 i と Γ の任意の元 q に対して $(p,q) \cdot \alpha_i = p \cdot \alpha_i|_{H_B} + \beta_i$ となる。

主張 2.2 と 2.3, 定理 6.3.2 の (a) と (b), 命題 6.3.1 の (b.3) から次の主張 2.4 が導かれる。

主張 2.4. 任意の消費者 i, $\mathbb{R}^{H_B}$ の任意の元 p および Γ の任意の二つの元 q と $\tilde{q}$ に対して $D^{\succsim_i}(p, q, (p,q) \cdot \alpha_i) = D^{\succsim_i}(p, \tilde{q}, (p,\tilde{q}) \cdot \alpha_i)$ となる。

主張 2.4 と定義 6.4.1 の (a) から主張 2 が導かれ, 主張 1 と 2 により定理 6.4.2 の証明が完了する。∎

定理 6.4.3 の証明. Γ の任意の元 q, $\mathscr{E}$ の任意の実現可能配分 a および $\mathbb{R}_{++}^{H_B}$ の任意の元 p を選ぶ。

主張 1. (a, p) が q に対する $\mathscr{POE}$ の独占均衡ならば

(a) 任意の消費者 i に対して a_i が $\hat{X}_{f_i}(p) \times \check{X}^D(p,q,(p,q) \cdot \alpha_i - \sum_{j \in J} \theta_j^i(p,q) \cdot a_j, \hat{X}_{f_i}(p))$ に属し,
(b) 0 以外の任意の生産者 j に対して $a_j = S_j(p,q)$ となり,
(c) $(\tilde{p},q)$ が D_B の定義域に属し, $(q, -D_B(\tilde{p},q))$ が C_0 の定義域に属し, さらに $C_0(q, -D_B(\tilde{p},q)) \leq \tilde{p} \cdot D_B(\tilde{p},q)$ を満足する $\mathbb{R}^{H_B}$ の任意の元 $\tilde{p}$ に対して $C_0(q, -D_B(\tilde{p},q)) - \tilde{p} \cdot D_B(\tilde{p},q) \geq (p,q) \cdot a_0$ かつ $\tilde{p} \gg 0$ となる。

主張 1 の証明. (a,p) は q に対する $\mathscr{POE}$ の独占均衡だから次の主張 1.1 が成立する。

主張 1.1. (a) 任意の消費者 i に対して (a.1) $(p,q) \cdot a_i \leq (p,q) \cdot \alpha_i - \sum_{j \in J} \theta_j^i(p,q) \cdot a_j$ となり, (a.2) $(p,q) \cdot z \leq (p,q) \cdot \alpha_i - \sum_{j \in J} \theta_j^i(p,q) \cdot a_j$ を満足する任意の $\succsim_i$-可能消費 z に対して $a_i \succsim_i z$ となり,
(b) 0 以外の任意の生産者 j と任意の Y_j-可能生産 z に対して $(p,q) \cdot a_j \leq (p,q) \cdot z$ となり,
(c) Y_0 の任意の元 $\tilde{a}_0$ と $\mathbb{R}^{H_B}$ に属する任意の価格 $\tilde{p}$ に対して, もし
(c.1) 0 以外の任意の生産者 j に対して (c.1.i) $\tilde{a}_j$ が Y_j-可能生産であり, (c.1.ii) 任意の Y_j-可能生産 z に対して $(\tilde{p},q) \cdot \tilde{a}_j \leq (\tilde{p},q) \cdot z$ となり,
(c.2) 任意の消費者 i に対して (c.2.i) $\tilde{a}_i$ が $\succsim_i$-可能消費であり, (c.2.ii) $(\tilde{p},q) \cdot \tilde{a}_i \leq (\tilde{p},q) \cdot \alpha_i - \sum_{j \in J} \theta_j^i(\tilde{p},q) \cdot \tilde{a}_j$ となり, (c.2.iii) $(\tilde{p},q) \cdot z \leq (\tilde{p},q) \cdot \alpha_i - \sum_{j \in J} \theta_j^i(\tilde{p},q) \cdot \tilde{a}_j$ を満足する任意の $\succsim_i$-可能消費 z に対して $\tilde{a}_i \succsim_i z$ となり,
(c.3) $\tilde{a}_{I \cup J}|_{H_B} = \alpha_I|_{H_B}$ となり,
(c.4) $(\tilde{p},q) \cdot \tilde{a}_0 \leq 0$ となり,
(c.5) $(\tilde{a}_0|_{H_B}, z)$ が Y_0 に属するような $\mathbb{R}^{H_C}$ の任意の元 z に対して $q \cdot \tilde{a}_0|_{H_C} \leq q \cdot z$ を満足する
$(\mathbb{R}^H)^{(I \cup J) \setminus \{0\}}$ の元 $(\tilde{a}_k)_{k \in (I \cup J) \setminus \{0\}}$ が存在するならば,
$(p,q) \cdot a_0 \leq (\tilde{p},q) \cdot \tilde{a}_0$ となる。

主張 1.2. 任意の消費者 i に対して a_i は $\hat{X}_{f_i}(p) \times \check{X}^D(p,q,(p,q) \cdot \alpha_i - \sum_{j \in J} \theta_j^i(p,q) \cdot a_j, \hat{X}_{f_i}(p))$ に属する。

主張 1.2 の証明. 任意の消費者 i を選ぶ。主張 (1.1) の (a) と定義 6.2.8 により a_i は $D^{\succsim_i}(p,q,(p,q) \cdot \alpha_i - \sum_{j \in J} \theta_j^i(p,q) \cdot a_j)$ に属するから次の主張 1.2.1

が成立する。

主張 1.2.1. $\left(p, q, (p,q)\cdot \alpha_i - \sum_{j\in J}\theta^i_j(p,q)\cdot a_j\right)$ は $\mathrm{dom}\, D^{\succsim_i}$ すなわち $\mathrm{dom}\, D^{u_i}$ に属する。

p はその選び方により $\mathbb{R}^{H_B}_{++}$ に属するから仮定 6.4.1 の (d.4) により $P_{f_i\alpha_i}$ に属する。定義 6.4.2 により p は $\mathrm{dom}\, \hat{X}_{f_i}$ に属し,$(p, q, (p,q)\cdot \alpha_i)$ は AD_{f_i} に属するから,定義 6.3.6 により $\sup_{r\in\mathrm{dom}\,\hat{X}_{f_i}}\sup_{b\in \hat{X}_{f_i}(r)} r\cdot b < (p,q)\cdot \alpha_i$ となる。主張 1.1 の (b) と仮定 6.4.1 の (c) および主張 1.1 の (c) と仮定 6.4.1 の (b) により,任意の生産者 j に対して $(p,q)\cdot a_j \leq 0$ だから $\sup_{r\in\mathrm{dom}\,\hat{X}_{f_i}}\sup_{b\in \hat{X}_{f_i}(r)} r\cdot b < (p,q)\cdot \alpha_i - \sum_{j\in J}\theta^i_j(p,q)\cdot a_j$ したがって $(p, q, (p,q)\cdot \alpha_i - \sum_{j\in J}\theta^i_j(p,q)\cdot a_j)$ は AD_{f_i} に属し,次の主張 1.2.2 が成立する。

主張 1.2.2. $\left(p, q, (p,q)\cdot \alpha_i - \sum_{j\in J}\theta^i_j(p,q)\cdot a_j\right)$ は AD_{f_i} に属する。

主張 1.2.1 と 1.2.2 および定理 6.3.2 の (b) により a_i は $\bar{D}^{f_i}(p, q, (p,q)\cdot \alpha_i - \sum_{j\in J}\theta^i_j(p,q)\cdot a_j)$ に属するから,系 6.3.1 の (a) と (b) により a_i は $\hat{X}_{f_i}(p) \times \check{X}^D(p, q, (p,q)\cdot \alpha_i - \sum_{j\in J}\theta^i_j(p,q)\cdot a_j, \hat{X}_{f_i}(p))$ に属し,主張 1.2 が成立する。

0 以外の任意の生産者 j を選ぶ。主張 1.1 の (b) により a_j は $S_j(p,q)$ に属する。仮定 6.4.1 の (d) により任意の消費者 i に対して $\succsim_i$ は局所非飽和だから主張 1.1 の (a.2) により $(p,q) \neq 0$ となり,さらに仮定 6.4.1 の (c) により Y_j は狭義凸だから $S_j(p,q)$ は一元集合であり,次の主張 1.3 が成立する[47]。

主張 1.3. 0 以外の任意の生産者 j に対して $a_j = S_j(p,q)$ となる。

主張 1.4. $(\tilde{p}, q)$ が $\mathrm{dom}\, D_B$ に属し,$(q, -D_B(\tilde{p}, q))$ が $\mathrm{dom}\, C_0$ に属し,さらに $C_0(q, -D_B(\tilde{p},q)) \leq \tilde{p}\cdot D_B(\tilde{p},q)$ を満足する $\mathbb{R}^{H_B}$ の任意の元 $\tilde{p}$ に対して (a) $C_0(q, -D_B(\tilde{p},q)) - \tilde{p}\cdot D_B(\tilde{p},q) \geq (p,q)\cdot a_0$ かつ (b) $\tilde{p} \gg 0$ となる。

主張 1.4 の証明. $(\tilde{p}, q)$ が $\mathrm{dom}\, D_B$ に属し,$(q, -D_B(\tilde{p}, q))$ が $\mathrm{dom}\, C_0$ に属し,$C_0(q, -D_B(\tilde{p},q)) \leq \tilde{p}\cdot D_B(\tilde{p},q)$ を満足する $\mathbb{R}^{H_B}$ の任意の元 $\tilde{p}$ を選ぶ。

主張 1.4.1. (a) $\tilde{p} \gg 0$ であり,

---

47) 第 2 章の定理 2.3.2 の (a) を参照。

(b) $\sum_{i \in I} \tilde{b}_i + \sum_{j \in J \setminus \{0\}} \tilde{b}_j - \alpha_I|_{H_B} = D_B(\tilde{p}, q)$ となり,
(c) 任意の消費者 i に対して (c.1) $\tilde{b}_i = \hat{X}_{f_i}(\tilde{p})$ かつ (c.2) $\tilde{c}_i = \check{c}_D(\tilde{p}, (\tilde{p}, q) \cdot \alpha_i - \sum_{j \in J} \theta_j^i(\tilde{p}, q) \cdot (\tilde{b}_j, \tilde{c}_j), \tilde{b}_i)$ となり,
(d) 0 以外の任意の生産者 j に対して $S_j(\tilde{p}, q) = (\tilde{b}_j, \tilde{c}_j)$ となり,
(e) $\tilde{c}_0$ が $S_0((q, -D_B(\tilde{p}, q))$ に属し $\tilde{b}_0 = \alpha_I|_{H_B} - \sum_{i \in I} \tilde{b}_i - \sum_{j \in J \setminus \{0\}} \tilde{b}_j$ となるような
配分 $(\tilde{b}, \tilde{c})$ が存在する。

主張 1.4.1 の証明. $(\tilde{p}, q)$ は $\operatorname{dom} D_B$ に属するから,任意の消費者 i に対して $\tilde{p}$ は $\hat{X}_{f_i}$ の定義域に属し $\tilde{b}_i = \hat{X}_{f_i}(\tilde{p})$ と定義でき,0 以外の任意の生産者 j に対して $(\tilde{p}, q)$ は S_j の定義域に属し $(\tilde{b}_j, \tilde{c}_j) = S_j(\tilde{p}, q)$ と定義でき[48],(b) と (d) が成立する。仮定 6.4.1 の (d) により任意の消費者 i に対して $\operatorname{dom} f_i$ は包括的であり f_i は狭義単調増加だから $\tilde{p} \in \operatorname{dom} \hat{X}_{f_i} \subset \mathbb{R}_{++}^{H_B}$ したがって (a) が成立する。$\tilde{b}_0 = \alpha_I|_{H_B} - \sum_{i \in I} \tilde{b}_i - \sum_{j \in J \setminus \{0\}} \tilde{b}_j$ と定義する。$\tilde{p}$ の選び方により $(q, -D_B(\tilde{p}, q)) \in \operatorname{dom} C_0 = \operatorname{dom} S_0$ だから $S_0(q, -D_B(\tilde{p}, q))$ の元 $\tilde{c}_0$ が存在し (e) が成立する。任意の消費者 i に対して $\tilde{c}_i = \check{c}_D\left(\tilde{p}, (\tilde{p}, q) \cdot \alpha_i - \sum_{j \in J} \theta_j^i(\tilde{p}, q) \cdot (\tilde{b}_j, \tilde{c}_j), \tilde{b}_i\right)$ と定義する。このとき (c) が成立し,主張 1.4.1 が導かれる。

任意の経済主体 k に対して $\tilde{a}_k = (\tilde{b}_k, \tilde{c}_k)$ と定義する。

主張 1.4.2. (a) $\tilde{a}_0$ は Y_0 に属し,
(b) 0 以外の任意の生産者 j に対して (b.1) $\tilde{a}_j$ が Y_j-可能生産であり,(b.2) 任意の Y_j-可能生産 z に対して $(\tilde{p}, q) \cdot \tilde{a}_j \leq (\tilde{p}, q) \cdot z$ となり,
(c) 任意の消費者 i に対して (c.1) $\tilde{a}_i$ は $\succsim_i$-可能消費であり,(c.2) $(\tilde{p}, q) \cdot \tilde{a}_i = (\tilde{p}, q) \cdot \alpha_i - \sum_{j \in J} \theta_j^i(\tilde{p}, q) \cdot \tilde{a}_j$ となり,(c.3) $(\tilde{p}, q) \cdot z \leq (\tilde{p}, q) \cdot \alpha_i - \sum_{j \in J} \theta_j^i(\tilde{p}, q) \cdot \tilde{a}_j$ を満たす任意の $\succsim_i$-可能消費 z に対して $\tilde{a}_i \succsim_i z$ となり,
(d) $\tilde{a}_{I \cup J}|_{H_B} = \alpha_I|_{H_B}$ となり,
(e) $(\tilde{p}, q) \cdot \tilde{a}_0 \leq 0$ となり,
(f) $(\tilde{a}_0|_{H_B}, z)$ が Y_0 に属するような $\mathbb{R}^{H_C}$ の任意の元 z に対して $q \cdot \tilde{a}_0|_{H_C} \leq q \cdot z$ となる。

---

[48] 定義 6.4.4 により $\operatorname{dom} S_j = \operatorname{dom} S_j^B$ である。

6.7 証 明

主張 1.4.2 の証明.

主張 1.4.2.1. 0 以外の任意の生産者 j に対して (a) $\tilde{a}_j$ は Y_j-可能生産であり，(b) 任意の Y_j-可能生産 z に対して $(\tilde{p}, q) \cdot \tilde{a}_j \leq (\tilde{p}, q) \cdot z$ となり，(c) $(\tilde{p}, q) \cdot \tilde{a}_j \leq 0$ となる．

主張 1.4.2.1 の証明. 主張 1.4.1 の (d) により 0 以外の任意の生産者 j に対して $\tilde{a}_j = (\tilde{b}_j, \tilde{c}_j) \in S_j(\tilde{p}, q) \subset Y_j$ だから (a) と (b) が成立し，仮定 6.4.1 の (c) により Y_j は原点を含むから (b) から (c) が導かれる．

主張 1.4.2.2. (a) $\tilde{a}_0$ は Y_0 に属し，(b) $(\tilde{p}, q) \cdot \tilde{a}_0 \leq 0$ となり，(c) $(\tilde{a}_0|_{H_B}, z)$ が Y_0 に属するような $\mathbb{R}^{H_C}$ の任意の元 z に対して $q \cdot \tilde{a}_0|_{H_B} \leq q \cdot z$ となる．

主張 1.4.2.2 の証明. 主張 1.4.1 の (b) と (e) により $(q, \tilde{b}_0) = (q, -D_B(\tilde{p}, q))$ $\in \operatorname{dom} C_0 = \operatorname{dom} S_0$ だから，主張 1.4.1 の (e) により $\tilde{c}_0 \in S_0(q, -D_B(\tilde{p}, q))$ $= S_0(q, \tilde{b}_0) \subset V_0(\tilde{b}_0)$ すなわち $\tilde{a}_0 = (\tilde{b}_0, \tilde{c}_0) \in Y_0$ となり (a) が成立する．$\tilde{p}$ の選び方により $0 \geq C_0(q, -D_B(\tilde{p}, q)) - \tilde{p} \cdot D_B(\tilde{p}, q) = (\tilde{p}, q) \cdot \tilde{a}_0$ だから (b) が成立する．$(\tilde{a}_0|_{H_B}, z)$ が Y_0 に属するような $\mathbb{R}^{H_C}$ の任意の元 z に対して z は $V_0(\tilde{a}_0|_{H_B})$ に属し，$\tilde{a}_0|_{H_C} = \tilde{c}_0 \in S_0(q, -D_B(\tilde{p}, q))$ だから $q \cdot \tilde{a}_0|_{H_B} \leq q \cdot z$ となり (c) したがって主張 1.4.2.2 が成立する．

主張 1.4.2.3. 任意の消費者 i に対して (a) $\tilde{a}_i$ は $\succsim_i$-可能消費であり，(b) $(\tilde{p}, q) \cdot \tilde{a}_i = (\tilde{p}, q) \cdot \alpha_i - \sum_{j \in J} \theta_j^i(\tilde{p}, q) \cdot \tilde{a}_j$ となり，(c) $(\tilde{p}, q) \cdot z \leq (\tilde{p}, q) \cdot \alpha_i - \sum_{j \in J} \theta_j^i(\tilde{p}, q) \cdot \tilde{a}_j$ を満足する任意の $\succsim_i$-可能消費 z に対して $\tilde{a}_i \succsim_i z$ となる．

主張 1.4.2.3 の証明. 任意の消費者 i を選ぶ．主張 1.4.1 の (a) と仮定 6.4.1 の (d.4) により $\tilde{p} \in \mathbb{R}_{++}^{H_B} = P_{f_i \alpha_i}$ だから，定義 6.4.2 により $(\tilde{p}, q, (\tilde{p}, q) \cdot \alpha_i)$ は AD_{f_i} に属し，H_C の任意の元 h に対して主張 1.4.1 の (c.2) により，

$$\tilde{c}_i^h \geq (\tilde{p}, q) \cdot \alpha_i - \sum_{j \in J} \theta_j^i(\tilde{p}, q) \cdot \tilde{a}_j - \sup_{b \in \hat{X}_{f_i}(\tilde{p})} \tilde{p} \cdot b$$

(主張 1.4.2.1 の (c) と主張 1.4.2.2 の (b) により，)

$$\geq (\tilde{p}, q) \cdot \alpha_i - \sup_{b \in \hat{X}_{f_i}(\tilde{p})} \tilde{p} \cdot b \geq (\tilde{p}, q) \cdot \alpha_i - \sup_{r \in \operatorname{dom} \hat{X}_{f_i}} \sup_{b \in \hat{X}_{f_i}(r)} r \cdot b$$

$((\tilde{p}, q, (\tilde{p}, q) \cdot \alpha_i)$ が AD_{f_i} に属するから,)

$$> 0$$

すなわち $\tilde{c}_i$ は $\mathbb{R}_{++}^{H_C}$ に属する. 主張 1.4.1 の (c.1) により $\tilde{b}_i \in \hat{X}_{f_i}(\tilde{p}) \subset \mathrm{dom}\, f_i$ だから $\tilde{a}_i = (\tilde{b}_i, \tilde{c}_i) \in \mathrm{dom}\, f_i \times \mathbb{R}_+^{H_C} = X(\succsim_i)$ となり (a) が導かれる. (b) は主張 1.4.1 の (c.2) から導かれる.

$(\tilde{p}, q) \cdot z \leq (\tilde{p}, q) \cdot \alpha_i - \sum_{j \in J} \theta_j^i (\tilde{p}, q) \cdot \tilde{a}_j$ を満足する任意の $\succsim_i$-可能消費 z を選ぶ. 主張 1.4.1 の (c), 定義 6.3.11, 命題 6.3.1 の (b.3) および定理 6.3.2 の (a) により $\tilde{a}_i \in \bar{D}^{f_i}(\tilde{p}, q, (\tilde{p}, q) \cdot \alpha_i - \sum_{j \in J} \theta_j^i (\tilde{p}, q) \cdot \tilde{a}_j) \subset D^{\succsim_i}(\tilde{p}, q, (\tilde{p}, q) \cdot \alpha_i - \sum_{j \in J} \theta_j^i (\tilde{p}, q) \cdot \tilde{a}_j)$ だから $\tilde{a}_i \succsim_i z$ となり (c) が成立し, 主張 1.4.2.3 が導かれる. 主張 1.4.1 の (e) から次の主張 1.4.2.4 が導かれる.

主張 1.4.2.4. $\tilde{a}_{I \cup J}|_{H_B} = \alpha_I|_{H_B}$ となる.

主張 1.4.2.1 から 1.4.2.4 により主張 1.4.2 が成立し, 主張 1.4.1 の (b) と (e), 主張 1.1 の (c) と主張 1.4.2 により $C_0(q, -D_B(\tilde{p}, q)) - \tilde{p} \cdot D_B(\tilde{p}, q) \geq (p, q) \cdot a_0$ となり主張 1.4 が成立し, 主張 1.2 から 1.4 により主張 1 が成立する.

主張 2. もし (i) 任意の消費者 i に対して a_i が $\hat{X}_{f_i}(p) \times \check{X}^D(p, q, (p, q) \cdot \alpha_i - \sum_{j \in J} \theta_j^i(p, q) \cdot a_j, \hat{X}_{f_i}(p))$ に属し, (ii) 0 以外の任意の生産者 j に対して $a_j = S_j(p, q)$ となり, (iii) $(\tilde{p}, q)$ が D_B の定義域に属し, $(q, -D_B(\tilde{p}, q))$ が C_0 の定義域に属し, さらに $C_0(q, -D_B(\tilde{p}, q)) \leq \tilde{p} \cdot D_B(\tilde{p}, q)$ を満足する $\mathbb{R}^{H_B}$ の任意の元 $\tilde{p}$ に対して $C_0(q, -D_B(\tilde{p}, q)) - \tilde{p} \cdot D_B(\tilde{p}, q) \geq (p, q) \cdot a_0$ かつ $\tilde{p} \gg 0$ ならば (a, p) は q に対する $\mathscr{POE}$ の独占均衡である.

主張 2 の証明. 任意の消費者 i を選ぶ. 仮定 (i) により a_i は $\hat{X}_{f_i}(p) \times \check{X}^D(p, q, (p, q) \cdot \alpha_i - \sum_{j \in J} \theta_j^i(p, q) \cdot a_j, \hat{X}_{f_i}(p))$ に属するから, 命題 6.3.1 の (b.3) により $a_i|_{H_C} = \check{c}_D(p, (p, q) \cdot \alpha_i - \sum_{j \in J} \theta_j^i(p, q) \cdot a_j, \hat{X}_{f_i}(p))$ となり, 定義 6.3.11, 定理 6.3.2 の (a) および定理 6.3.2 の (a) により $a_i \in \bar{D}^f(p, q, (p, q) \cdot \alpha_i - \sum_{j \in J} \theta_j^i(p, q) \cdot a_j, \hat{X}_{f_i}(p)) \subset D^{\succsim_i}(p, q, (p, q) \cdot \alpha_i - \sum_{j \in J} \theta_j^i(p, q) \cdot a_j, \hat{X}_{f_i}(p))$ したがって次の主張 2.1 が成立する.

主張 2.1. 任意の消費者 i に対して (a) $(p, q) \cdot a_i \leq (p, q) \cdot \alpha_i - \sum_{j \in J} \theta_j^i(p, q) \cdot a_j$

となり，(b) $(p,q)\cdot z \leq (p,q)\cdot \alpha_i - \sum_{j\in J}\theta_j^i(p,q)\cdot a_j$ を満足する任意の $\succsim_i$-可能消費 z に対して $a_i \succsim_i z$ となる．

仮定 (ii) から次の主張 2.2 が導かれる．

主張 2.2. 0 以外の任意の生産者 j と任意の Y_j-可能生産 z に対して $(p,q)\cdot a_j \leq (p,q)\cdot z$ となる．

主張 2.3. Y_0 の任意の元 $\tilde{a}_0$ と $\mathbb{R}^{H_B}$ に属する任意の価格 $\tilde{p}$ に対して，もし
(i) 0 以外の任意の生産者 j に対して (i-1) $\tilde{a}_j$ が Y_j-可能生産であり，(i-2) 任意の Y_j-可能生産 z に対して $(\tilde{p},q)\cdot \tilde{a}_j \leq (\tilde{p},q)\cdot z$ となり，
(ii) 任意の消費者 i に対して (ii-1) $\tilde{a}_i$ が $\succsim_i$-可能消費であり，(ii-2) $(\tilde{p},q)\cdot \tilde{a}_i \leq (\tilde{p},q)\cdot \alpha_i - \sum_{j\in J}\theta_j^i(\tilde{p},q)\cdot \tilde{a}_j$ となり，(ii-3) $(\tilde{p},q)\cdot z \leq (\tilde{p},q)\cdot \alpha_i - \sum_{j\in J}\theta_j^i(\tilde{p},q)\cdot \tilde{a}_j$ を満足する任意の $\succsim_i$-可能消費 z に対して $\tilde{a}_i \succsim_i z$ となり，
(iii) $\tilde{a}_{I\cup J}|_{H_B} = \alpha_I|_{H_B}$ となり，
(iv) $(\tilde{p},q)\cdot \tilde{a}_0 \leq 0$ となり，
(v) $(\tilde{a}_0|_{H_B}, z)$ が Y_0 に属するような $\mathbb{R}^{H_C}$ の任意の元 z に対して $q\cdot \tilde{a}_0|_{H_C} \leq q\cdot z$ を満足する
$(\mathbb{R}^H)^{(I\cup J)\setminus\{0\}}$ の元 $(\tilde{a}_k)_{k\in (I\cup J)\setminus\{0\}}$ が存在するならば，
$(p,q)\cdot a_0 \leq (\tilde{p},q)\cdot \tilde{a}_0$ となる．

主張 2.3 の証明． 仮定 (i) から仮定 (v) までを満足する $(\mathbb{R}^H)^{(I\cup J)\setminus\{0\}}$ の元 $(\tilde{a}_k)_{k\in (I\cup J)\setminus\{0\}}$ が存在するような任意の Y_0-可能生産 $\tilde{a}_0$ と $\mathbb{R}^{H_B}$ に属する任意の価格 $\tilde{p}$ を選び，任意の経済主体 k に対して $\tilde{b}_k = \tilde{a}_k|_{H_B}$ と定義する．仮定 6.4.1 の (c) により 0 以外の任意の生産者に対して Y_j は $\mathbb{R}_+^{H_B} \times \mathbb{R}^{H_C}$ の原点を含む狭義凸部分集合だから，主張 2.3 の仮定 (i) から次の主張 2.3.1 が導かれる．

主張 2.3.1. 0 以外の任意の生産者 j に対して (a) $\tilde{a}_j = S_j(\tilde{p},q)$, (b) $\tilde{b}_j = S_j^B(\tilde{p},q)$ かつ (c) $(\tilde{p},q)\cdot \tilde{a}_j \leq 0$ となる．

主張 2.3.2. (a) 任意の消費者 i に対して $\tilde{b}_i$ は $\hat{X}_{f_i}(\tilde{p})$ に属し，(b) $\tilde{p}$ は $\bigcap_{i\in I} \mathrm{dom}\,\hat{X}_{f_i}$ に属する．

主張 2.3.2 の証明． 任意の消費者 i を選ぶ．仮定 6.4.1 の (d) により f_i は狭義単調増加だから主張 2.3 の仮定 (ii) により $\tilde{p} \gg 0$ となり，仮定 6.4.1 の (d.4) により $\tilde{p} \in \mathbb{R}_{++}^H = P_{f_i \alpha_i}$ だから定義 6.4.2 により $(\tilde{p}, q, (\tilde{p}, q) \cdot \alpha_i)$ は AD_{f_i} に属し，したがって定義 6.3.6，主張 2.3.1 の (c) と主張 2.3 の仮定 (iv) により $\sup_{r \in \mathrm{dom}\,\hat{X}_{f_i}} \sup_{b \in \hat{X}_{f_i}(r)} r \cdot b < (\tilde{p}, q) \cdot \alpha_i - \sum_{j \in J} \theta_j^i (\tilde{p}, q) \cdot \tilde{a}_j$ だから，定義 6.3.6 により $(\tilde{p}, q, (\tilde{p}, q) \cdot \alpha_i - \sum_{j \in J} \theta_j^i (\tilde{p}, q) \cdot \tilde{a}_j)$ は AD_{f_i} に属する．主張 2.3 の仮定 (ii) により $\tilde{a}_i$ は $D^{\succsim_i} (\tilde{p}, q, (\tilde{p}, q) \cdot \alpha_i - \sum_{j \in J} \theta_j^i (\tilde{p}, q) \cdot \tilde{a}_j)$ に属するから $(\tilde{p}, q, (\tilde{p}, q) \cdot \alpha_i - \sum_{j \in J} \theta_j^i (\tilde{p}, q) \cdot \tilde{a}_j)$ は $AD_{f_i} \cap \mathrm{dom}\, D^{\succsim_i}$ にも属し，定理 6.3.2 の (b) と系 6.3.1 の (a) と (b) により $\tilde{a}_i$ は $\hat{X}_{f_i}(\tilde{p}) \times \check{X}^D (\tilde{p}, q, (\tilde{p}, q) \cdot \alpha_i - \sum_{j \in J} \theta_j^i (\tilde{p}, q) \cdot \tilde{a}_j, \hat{X}_{f_i}(\tilde{p}))$ に属し，したがって $\tilde{b}_i$ は $\hat{X}_{f_i}(\tilde{p})$ に属するから (a) が成立する．(a) から (b) が導かれ，主張 2.3.2 が成立する．注意 2.3 の仮定 (iii) および主張 2.3.1 と 2.3.2 から次の主張 2.3.3 が導かれる．

主張 2.3.3. $-\tilde{a}_0|_{H_B}$ は $D_B(\tilde{p}, q)$ に属する．

主張 2.3.3 により $(\tilde{p}, q)$ は $\mathrm{dom}\, D_B$ に属する．$\tilde{c}_0 = \tilde{a}_0|_{H_C}$ と定義する．主張 2.3 の仮定 (v) により $\tilde{c}_0$ は $S_0(q, \tilde{b}_0)$ に属するから $(q, -D_B(\tilde{p}, q))$ は $\mathrm{dom}\, S_0$ すなわち $\mathrm{dom}\, C_0$ に属し $q \cdot \tilde{c}_0 = C_0(q, \tilde{b}_0)$ となる．主張 2.3 の仮定 (iv) と主張 2.3.3 により $C_0(q, -D_B(\tilde{p}, q)) \leq \tilde{p} \cdot D_B(\tilde{p}, q)$ となる．ゆえに主張 2 の仮定 (iii) により $(p, q) \cdot a_0 \leq (\tilde{p}, q) \cdot \tilde{a}_0$ となり，主張 2.3 が成立する．主張 2.1 から 2.3 により (a, p) は q に対する $\mathscr{POE}$ の独占均衡であり，主張 2 が成立する．主張 1 と 2 により定理 6.4.3 の証明が完了する． ∎

命題 6.5.1 の証明． 任意の正実数 $\bar{p}$，$D(\bar{p}) = 0$ を満たし D^{-1} が微分可能であるような $[0, \bar{p}]$ から $\mathbb{R}_+$ への任意の狭義単調減少連続関数 D および $[0, \bar{p}]$ に属する任意の実数 p を選び，$P = D^{-1}$ また $x = D(p)$ と表す．このとき部分積分により

$$\int_0^{D(p)} D^{-1}(s)ds - D(p)D^{-1}(D(p)) = \int_x^0 sP'(s)ds = \int_p^{\bar{p}} D(t)dt$$

となり，命題 6.5.1 の証明が完了する． ∎

命題 6.5.2 の証明． $\tilde{p} > p$ を満足する任意の二つの非負実数 p と $\tilde{p}$，$[p, \tilde{p}]$ を含む $\mathbb{R}_+$ のある開部分集合から $\mathbb{R}_+$ への任意の連続微分可能関数 D および

6.7 証明

$\phi(0) = p$ と $\phi(1) = \tilde{p}$ を満足する $[0,1]$ から $\mathrm{dom}\, D$ への任意の連続微分可能関数 ϕ を選ぶ。$[p, \tilde{p}]$ に属する任意の実数 q に対して

$$V(q) = \int_p^q D(s) ds$$

と定義する。このとき $[p, \tilde{p}]$ に属する任意の実数 q に対して $V'(q) = D(q)$ だから

$$V(\tilde{p}) - V(p) = \int_0^1 V'(\phi(t)) \phi'(t) dt = \int_0^1 D(\phi(t)) \phi'(t) dt$$

となり命題 6.5.2 の証明が完了する。∎

定理 6.5.1 の証明. 任意の正整数 n, $\mathbb{R}^n$ の任意の部分集合 X, および (i) $\mathrm{dom}\, f$ の任意の元 p に対して $\prod_{k=1}^n \left[\min\{p^k, \check{p}^k\}, \max\{p^k, \check{p}^k\}\right]$ が $\mathrm{dom}\, f$ に含まれるような p に依存しない $\mathrm{dom}\, f$ の元 $\check{p}$ が存在し, (ii) f が $\mathrm{int}\,\mathrm{dom}\, f$ 上で連続微分可能であるような $\mathbb{R}^n$ の凸部分集合から X への任意の関数 f を選び $K = \{1, \ldots, n\}$ と定義する。

主張 1. $\mathrm{int}\,\mathrm{dom}\, f$ の元の任意の順序対 $(p, \bar{p})$ と $\Phi_{\mathrm{int}\,\mathrm{dom}\, f}(p, \bar{p})$ の任意の元 ϕ に対して $\int_0^1 f(\phi(t)) \cdot \phi'(t) dt = c$ となるような ϕ に依存しない実数 c が存在するならば, $\mathrm{int}\,\mathrm{dom}\, f$ の任意の元 p に対して $J_f(p)$ は対称である。

主張 1 の証明. $J_f(\hat{p})$ が対称でないような $\mathbb{R}_{++}^K$ の元 $\hat{p}$ が存在すると仮定する。このとき $f_k^h(\hat{p}) \neq f_h^k(\hat{p})$ となるような K の二つの元 h と k が存在する。一般性を失わずに $f_k^h(\hat{p}) > f_h^k(\hat{p})$ と仮定できるから次の主張 1.1 が成立する。

主張 1.1. $f_k^h(\hat{p}) > f_h^k(\hat{p})$ となる $K \times K$ の元 (h, k) が存在する[49]。

$\hat{p}$ は $\mathrm{int}\,\mathrm{dom}\, f$ に属するから f の連続性により次の主張 1.2 が成立する。

主張 1.2. $B_n^0(\hat{p}, \hat{r})$ が $\mathrm{int}\,\mathrm{dom}\, f$ に含まれ, $B_n^0(\hat{p}, \hat{r})$ の任意の元 p に対して $f_k^h(p) > f_h^k(p)$ となるような正実数 $\hat{r}$ が存在する[50]。

---

[49] ここで $f_k^h(\hat{p})$ は関数 f^h の $\hat{p}$ における座標 k を持つ変数に関する偏微係数を表す。$f_h^k(\hat{p})$ についても同様。
[50] $B_n^0(\hat{p}, \hat{r})$ は中心 $\hat{p}$ 半径 $\hat{r}$ の開球を表す。開球の定義については数学付録の定義 A.5.25 と A.3.4 を参照。

K の任意の元 i に対して

$$\bar{p}^i = \begin{cases} \hat{p}^i + c & \text{if } i \in \{h, k\}, \\ \hat{p}^i & \text{otherwise} \end{cases} \quad \text{また} \quad p^i = \begin{cases} \hat{p}^i - c & \text{if } i \in \{h, k\}, \\ \hat{p}^i & \text{otherwise} \end{cases}$$

と定義する．ただし $c = \hat{r}/6$ とする．次の主張 1.3 は容易に確認できる．

主張 1.3. (a) $\bar{p}^h - p^h = \bar{p}^k - p^k > 0$ となり，
(b) $K \setminus \{h, k\}$ の任意の元 i に対して $p^i = \bar{p}^i = \hat{p}^i$ となり，
(c) $\prod_{i \in K} [p^i, \bar{p}^i]$ は $B_n^0(\hat{p}, \hat{r}/4)$ に含まれる．

$[0, 1]$ に属する任意の実数 t に対して

$$\phi(t) = (1 - t)p + t\bar{p},$$

また K に属する任意の i に対して

$$\eta_i(t) = \begin{cases} t(t - 1) & \text{if } i = h, \\ t(1 - t) & \text{if } i = k, \\ 0 & \text{otherwise} \end{cases}$$

と定義する．次の主張 1.4 も容易に確認できる．

主張 1.4. (a) $\eta_h(]0, 1[) = [-1/4, 0[$ かつ $\eta_h'([0, 1]) = [-1, 1]$ となり，
(b) $\eta_k(]0, 1[) =]0, 1/4]$ かつ $\eta_k'([0, 1]) = [-1, 1]$ となり，
(c) $[0, 1]$ に属する任意の実数 t に対して
(c.1) $\phi_h'(t) = \phi_k'(t) = 2c$ となり，
(c.2) $K \setminus \{h, k\}$ の任意の元 i に対して $\phi_i'(t) = \eta_i'(t) = 0$ となり，
(c.3) $\phi(t)$ は $B_n^0(\hat{p}, \hat{r}/4)$ に属し，
(c.4) $\eta(t)$ は $B_n^0(0, 2)$ に属する．

$$A = \left]0, \min\left\{\frac{3}{8}\hat{r}, 2c\right\}\right[$$

と定義し，A に属する任意の実数 α と $[0, 1]$ に属する任意の実数 t に対して

$$\psi_\alpha(t) = \phi(t) + \alpha\eta(t)$$

と定義する．主張 1.4 から次の主張 1.5 が容易に導かれる．

主張 1.5. A に属する任意の実数 α と $[0,1]$ に属する任意の実数 t に対して
(a) $\psi_\alpha(t)$ は $\operatorname{int}\operatorname{dom} f$ に属し，
(b) $\psi'_{\alpha h}(t) > 0$ かつ $\psi'_{\alpha k}(t) > 0$ となる．

A に属する任意の実数 α に対して，主張 1.5 の (a) により ψ_α は $[0,1]$ から $\operatorname{int}\operatorname{dom} f$ への連続微分可能関数であり，$\psi_\alpha(0) = p$ また $\psi_\alpha(1) = \bar{p}$ だから，次の主張 1.6 が成立する．

主張 1.6. A に属する任意の実数 α に対して ψ_α は $\Phi_{\operatorname{int}\operatorname{dom} f}(p,\bar{p})$ に属する．

A に属する任意の実数 α に対して

$$F(\alpha) = \int_0^1 f(\phi(t) + \alpha\eta(t)) \cdot (\phi'(t) + \alpha\eta'(t))dt$$

と定義する．主張 1 の仮定と主張 1.6 により，A に属する任意の実数 α に対して $F(\alpha) = c$ だから部分積分により

$$0 = F'(\alpha)$$
$$= \int_0^1 \left(f_k^h(\phi(t) + \alpha\eta(t)) - f_h^k(\phi(t) + \alpha\eta(t))\right)(\phi'_h(t) + \alpha\eta'_h(t))\eta_k(t)dt$$
$$+ \int_0^1 \left(f_h^k(\phi(t) + \alpha\eta(t)) - f_k^h(\phi(t) + \alpha\eta(t))\right)(\phi'_k(t) + \alpha\eta'_k(t))\eta_h(t)dt$$

(主張 1.4 の (a) と (b)，主張 1.2 および主張 1.5 の (b) により，)

$$> 0$$

となって不合理であり，主張 1 が成立する．

主張 2. $\operatorname{int}\operatorname{dom} f$ の任意の元 p に対して $J_f(p)$ が対称ならば，$\operatorname{int}\operatorname{dom} f$ の任意の元 p に対して $\nabla V(p) = -f(p)$ となるような $\operatorname{int}\operatorname{dom} f$ 上で定義された連続微分可能実数値関数 V が存在する．

主張 2 の証明. 仮定 (i) により $\operatorname{int}\operatorname{dom} f$ の任意の元 p に対して

$$V(p) = -\sum_{k \in K} \int_{\check{p}^k}^{p^k} f^k(\check{p}|_{\{1,\ldots,k-1\}}, s, p|_{\{k+1,\ldots,n\}})ds$$

と定義できる．V は int dom f で定義された連続微分可能実数値関数であり，$K \times \text{int dom } f$ の任意の元 (h,p) に対して $V_h(p) = -f^h(p)$ となり[51]，主張 2 が成立する．

主張 3. int dom f の任意の元 p に対して $J_f(p)$ が対称ならば，int dom f の元の任意の順序対 $(p, \tilde{p})$ と $\Phi_{\text{int dom } f}(p, \tilde{p})$ の任意の元 ϕ に対して

$$\int_0^1 f(\phi(t)) \cdot \phi'(t) dt = c$$

となるような ϕ に依存しない実数 c が存在する．

主張 3 の証明. int dom f の元の任意の順序対 $(p, \tilde{p})$ を選び $c = V(p) - V(\tilde{p})$ と定義する．主張 2 により $\Phi_{\text{int dom } f}(p, \tilde{p})$ に属する任意の ϕ に対して

$$c = V(\phi(0)) - V(\phi(1)) = -\int_0^1 \nabla V(\phi(t)) \cdot \phi'(t) dt = \int_0^1 f(\phi(t)) \cdot \phi'(t) dt$$

となり主張 3 が成立する．主張 1 と 3 により定理 6.5.1 の証明が完了する． ∎

命題 6.5.3 と定理 6.5.2 の証明は容易だから省略する[52]．

定理 6.5.3 の証明. 定義 6.5.7 の (a)，定義 6.5.2 の (a) と (b)，系 6.2.1 の (c) および命題 6.2.1 の (b) を用いて次の主張 1 は容易に確認できる．

主張 1. dom M^D の任意の元 $(p, \tilde{p})$ と少なくとも一つの実数 m に対して (q, m) が $M^D(p, \tilde{p})$ に属するような Γ の任意の元 q に対して $q = \gamma$ となる．

主張 2. dom M^D の任意の元 $(p, \tilde{p})$，(γ, m) が $M^D(p, \tilde{p})$ に属するような任意の実数 m および $\Phi_{\hat{X}_{f++}}(p, \tilde{p})$ の任意の元 ϕ に対して

$$v^{\gamma m}(p) - v^{\gamma m}(\tilde{p}) = \int_0^1 D^{\gamma m}(\phi(t))|_{H_B} \cdot \phi'(t) dt = \int_0^1 \hat{X}_f(\phi(t)) \cdot \phi'(t) dt$$

となる．

---

51) $V_h(p)$ は V の p における座標 h を持つ変数に関する偏微係数を表す．
52) 定理 6.5.2 については第 3 章の定理 3.2.1 の (f) を参照．

主張 2 の証明. $\operatorname{dom} M^D$ の任意の元 $(p,\tilde{p})$, (γ,m) が $M^D(p,\tilde{p})$ に属するような任意の実数 m および $\Phi_{\hat{X}_{f++}}(p,\tilde{p})$ の任意の元 ϕ を選ぶ。

主張 2.1. $[0,1]$ に属する任意の実数 t に対して
(a) $(\phi(t), \gamma, m, \hat{X}_f(\phi(t))) \in \mathbb{R}^{H_B} \times \{\gamma\} \times \mathbb{R} \times \mathbb{R}^{H_B} = \operatorname{dom} \hat{X}_\gamma^D$ となり,
(b) $D(\phi(t),\gamma,m) = \hat{X}_f(\phi(t)) \times \hat{X}_\gamma^D(\phi(t),\gamma,m,\hat{X}_f(\phi(t)))$ となり,
(c) $\phi(t) \in \hat{X}_{f++} \cap \operatorname{dom} D^{\gamma m}$ となる。

主張 2.1 の証明. (a) は命題 6.2.1 の (a) から導かれる。(b) は系 6.2.1 の (b) から導かれ,(b) から (c) が導かれて主張 2.1 が成立する。

$[0,1]$ に属する任意の実数 t に対して $F(t) = \phi(t) \cdot \hat{X}_f(\phi(t)) - f(\hat{X}_f(\phi(t)))$ と定義する。次の主張 2.2 は容易に確認できる。

主張 2.2. $[0,1]$ に属する任意の実数 t に対して $F'(t) = \hat{X}_f(\phi(t)) \cdot \phi'(t)$ となる。

主張 2.3.
$$v^{\gamma m}(p) - v^{\gamma m}(\tilde{p}) = \int_0^1 D^{\gamma m}(\phi(t))|_{H_B} \cdot \phi'(t) dt = \int_0^1 \hat{X}_f(\phi(t)) \cdot \phi'(t) dt$$
となる。

主張 2.3 の証明. 主張 2.1 の (b) により

$$v^{\gamma m}(p) - v^{\gamma m}(\tilde{p})$$
$$= u\left(\hat{X}_f(p) \times \hat{X}_\gamma^D(p,\gamma,m,\hat{X}_f(p))\right) - u\left(\hat{X}_f(\tilde{p}) \times \hat{X}_\gamma^D(\tilde{p},\gamma,m,\hat{X}_f(\tilde{p}))\right)$$

(仮定 6.5.2 の (ii) と定義 6.2.10 と 6.2.11 により,)

$$= F(1) - F(0) = \int_0^1 F'(t) dt$$

(主張 2.2 により,)

$$= \int_0^1 \hat{X}_f(\phi(t)) \cdot \phi'(t) dt$$

(系 6.2.1 の (b) により[53]，)

$$= \int_0^1 D^{\gamma m}(\phi(t))|_{H_B} \cdot \phi'(t) dt$$

となり主張 2.3 すなわち主張 2 が成立する。

主張 3. $\operatorname{dom} A^C$ の任意の元 $(p, \tilde{p})$，$(\gamma, v((p, \gamma), m))$ と $(\gamma, v((\tilde{p}, \gamma), m))$ が $A^C(p, \tilde{p})$ に属し (γ, m) が $M^D(p, \tilde{p})$ に属するような任意の実数 m と $\Phi_{\hat{X}_{f++}}(p, \tilde{p})$ の任意の元 ϕ に対して

$$\int_0^1 \hat{X}_f(\phi(t)) \cdot \phi'(t) dt = CV((p, \gamma), (\tilde{p}, \gamma), m) = EV((p, \gamma), (\tilde{p}, \gamma), m)$$

となる。

主張 3 の証明. $\operatorname{dom} A^C$ の任意の元 $(p, \tilde{p})$，$(\gamma, v((p, \gamma), m))$ と $(\gamma, v((\tilde{p}, \gamma), m))$ が $A^C(p, \tilde{p})$ に属し (γ, m) が $M^D(p, \tilde{p})$ に属するような任意の実数 m と $\Phi_{\hat{X}_{f++}}(p, \tilde{p})$ の任意の元 ϕ を選ぶ。(γ, m) が $M^D(p, \tilde{p})$ に属するから，定義 6.5.7 の (a) により $((p, \gamma), (\tilde{p}, \gamma), m)$ は $C^* \cap E^*$ に属し，したがって命題 6.5.3 の (a) により

$$CV((p, q), (\tilde{p}, q), m)$$
$$= (\tilde{p}, \gamma) \cdot C((\tilde{p}, \gamma), v((p, \gamma), m)) - (p, \gamma) \cdot C((p, \gamma), v((p, \gamma), m))$$

(系 6.2.1 の (c) および定義 6.2.12 と 6.2.13 により，)

$$= \left(\tilde{p} \cdot \hat{X}_f(\tilde{p}) - f\left(\hat{X}_f(\tilde{p})\right) \right) - \left(p \cdot \hat{X}_f(p) - f\left(\hat{X}_f(p)\right) \right)$$

(主張 2.3 の証明と同様に，)

$$= \int_0^1 \hat{X}_f(\phi(t)) \phi'(t) dt$$
$$= \left(\tilde{p} \cdot \hat{X}_f(\tilde{p}) - f\left(\hat{X}_f(\tilde{p})\right) \right) - \left(p \cdot \hat{X}_f(p) - f\left(\hat{X}_f(p)\right) \right)$$

---

[53] D は関数ではないが，系 6.2.1 の (b) により $D^{\gamma m}(\phi(t))|_{H_B}$ は一元集合である。

(定義 6.2.12 と 6.2.13 および系 6.2.1 の (c) により，)

$$= (\tilde{p}, \gamma) \cdot C((\tilde{p}, \gamma), v((\tilde{p}, \gamma), m)) - (p, \gamma) \cdot C((p, \gamma), v((\tilde{p}, \gamma), m))$$

$(((p, \gamma), (\tilde{p}, \gamma), m)$ は E^* に属するから，命題 6.5.3 の (b) により，)

$$= EV((p, \gamma), (\tilde{p}, \gamma), m)$$

となる。

主張 4. $\text{dom}\, M^D$ の任意の元 $(p, \tilde{p})$ と $\Pi_{\hat{X}_{f++}}(p, \tilde{p})$ の任意の元 ϕ に対して

$$\hat{V}(p, \tilde{p}) = \int_0^1 \hat{X}_f(\phi(t)) \cdot \phi'(t) dt$$

となる $\text{dom}\, M^D$ 上の実数値関数 $\hat{V}$ が存在する。

主張 4 の証明. $\text{dom}\, M^D$ の任意の元 $(p, \tilde{p})$ および (γ, m) が $M^D(p, \tilde{p})$ に属するような任意の実数 m を選ぶ。主張 2 により $\Phi_{\hat{X}_{f++}}(p, \tilde{p})$ の任意の元 ϕ に対して

$$v^{\gamma m}(p) - v^{\gamma m}(\tilde{p}) = \int_0^1 \hat{X}_f(\phi(t)) \cdot \phi'(t) dt$$

であり，左辺は p, $\tilde{p}$ および m にのみ依存するが右辺は m から独立だから左辺も m から独立であり[54]，(γ, m) が $M^D(p, \tilde{p})$ に属するような任意の実数 m に対して $\hat{V}(p, \tilde{p}) = v^{\gamma m}(p) - v^{\gamma m}(\tilde{p})$ を満足する m に依存しない実数 $\hat{V}(p, \tilde{p})$ が存在する。ゆえに $\Phi_{\hat{X}_{f++}}(p, \tilde{p})$ の任意の元 ϕ に対して

$$\hat{V}(p, \tilde{p}) = \int_0^1 \hat{X}_f(\phi(t)) \cdot \phi'(t) dt$$

となり，主張 4 が成立する[55]。主張 2 から 4 により定理 6.5.3 の証明が完了する。 ∎

定理 6.5.4 の証明.

---

[54] 左辺が m から独立であることは主張 2.3 の証明からも知りうる。
[55] ここでは選択公理が用いられている。数学付録の公理 A.2.1 を参照。

主張 1. $\operatorname{dom} M^D$ の任意の元 $(p,\tilde{p})$, $\sup_{r\in\operatorname{dom}\hat{X}_f}\sup_{b\in\hat{X}_f(r)} r\cdot b < m$ を満足する $M^D(p,\tilde{p})$ の任意の元 (q,m) と $\Phi_{\hat{X}_{f++}}(p,\tilde{p})$ の任意の元 ϕ に対して

$$v^{qm}(p) - v^{qm}(\tilde{p}) = \int_0^1 D^{qm}(\phi(t))|_{H_B} \cdot \phi'(t)dt = \int_0^1 \hat{X}_f(\phi(t)) \cdot \phi'(t)dt$$

となる。

主張 1 の証明. $\operatorname{dom} M^D$ の任意の元 $(p,\tilde{p})$, $\sup_{r\in\operatorname{dom}\hat{X}_f}\sup_{b\in\hat{X}_f(r)} r\cdot b < m$ を満足する $M^D(p,\tilde{p})$ の任意の元 (q,m) と $\Phi_{\hat{X}_{f++}}(p,\tilde{p})$ の任意の元 ϕ を選ぶ。

主張 1.1. $[0,1]$ に属する任意の実数 t に対して,(a) $(\phi(t),q,m)$ は AD_f に属し,(b) $(\phi(t),q,m,\hat{X}_f(\phi(t)))$ は $\operatorname{dom}\check{X}^D$ に属し,(c) $D(\phi(t),q,m) = \hat{X}_f(\phi(t)) \times \{\check{c}_D(\phi(t),m,\hat{X}_f(\phi(t)))\}$ となり,(d) $\phi(t)$ は $\hat{X}_{f++}\cap\operatorname{dom} D^{qm}$ に属する。

主張 1.1 の証明. $[0,1]$ に属する任意の実数 t を選ぶ。仮定 6.5.3 の (ii) により f は $\mathbb{R}_+^{H_B}$ 上で狭義凹だから $\hat{X}_f$ は $\operatorname{dom}\hat{X}_f$ から $\mathbb{R}_+^{H_B}$ への関数であり,ゆえに $\phi(t)\cdot\hat{X}_f(\phi(t)) = \sup_{b\in\hat{X}_f(\phi(t))}\phi(t)\cdot b \leq \sup_{r\in\operatorname{dom}\hat{X}_f}\sup_{b\in\hat{X}_f(r)} r\cdot b < m$ だから $(\phi(t),q,m)$ は AD_f に属して (a) が成立し,また命題 6.3.1 の (a) により $(\phi(t),q,m,\hat{X}_f(\phi(t))) \in Z = \operatorname{dom}\check{X}^D$ となり (b) が成立する。

$(\phi(t),q,m)$ は $\operatorname{dom}\hat{X}_f\times\Gamma\times\mathbb{R}$ に属し,$\phi(t)\cdot\hat{X}_f(\phi(t)) < m$ だから系 6.3.1 の (c) により $(\phi(t),q,m)$ は $\operatorname{dom}\bar{D}^f$ に属する。したがって定理 6.3.2 の (c) により $(\phi(t),q,m) \in AD_f\cap\operatorname{dom}\bar{D}^f = AD_f\cap\operatorname{dom} D$ だから $\phi(t)$ は $\operatorname{dom} D^{qm}$ に属する。また ϕ の選び方により $\phi(t)$ は $\hat{X}_{f++}$ に属するから $\phi(t)$ は $\hat{X}_{f++}\cap\operatorname{dom} D^{qm}$ に属し (d) が成立する。したがって定理 6.3.2 の (a) と (b) および系 6.3.1 の (b) および命題 6.3.1 の (b.3) により (c) が成立して主張 1.1 が導かれる。

定理 6.5.3 の証明の中の主張 2.3 の証明と同様に次の主張 1.2 が証明される。

主張 1.2.

$$v^{qm}(p) - v^{qm}(\tilde{p}) = \int_0^1 D^{qm}(\phi(t))|_{H_B} \cdot \phi'(t)dt = \int_0^1 \hat{X}_f(\phi(t)) \cdot \phi'(t)dt$$

となる。

6.7 証明

主張 1.2 から主張 1 が導かれる。定理 6.5.3 の証明の中の主張 3 と同様に次の主張 2 が示される。

主張 2. $\mathrm{dom}\, A^C$ の任意の元 $(p,\tilde{p})$, $(q,v((p,q),m))$ と $(q,v((\tilde{p},q),m))$ が $A^C(p,\tilde{p})$ に属するような $M^D(p,\tilde{p})$ の任意の元 (q,m) と $\Phi_{\hat{X}_{f++}}(p,\tilde{p})$ の任意の元 ϕ に対して

$$\int_0^1 \hat{X}_f(\phi(t))\cdot \phi'(t)dt = CV((p,q),(\tilde{p},q),m) = EV((p,q),(\tilde{p},q),m)$$

となる。

主張 3. $\mathrm{dom}\, M^D$ の任意の元 $(p,\tilde{p})$ および $\sup_{r\in \mathrm{dom}\, \hat{X}_f}\sup_{b\in \hat{X}_f(r)} r\cdot b < m$ を満足する $\Gamma\times\mathbb{R}$ の任意の元 (q,m) に対して $\hat{V}(p,\tilde{p}) = v^{qm}(p) - v^{qm}(\tilde{p})$ を満足する $\mathrm{dom}\, M^D$ 上の実数値関数 $\hat{V}$ が存在する。

主張 3 の証明. $\mathrm{dom}\, M^D$ の任意の元 $(p,\tilde{p})$ と $\sup_{r\in \mathrm{dom}\, \hat{X}_f}\sup_{b\in \hat{X}_f(r)} r\cdot b < m$ を満足する $M^D(p,\tilde{p})$ の任意の元 (q,m) を選ぶ。主張 1 により $\Phi_{\hat{X}_{f++}}(p,\tilde{p})$ の任意の元 ϕ に対して

$$v^{qm}(p) - v^{qm}(\tilde{p}) = \int_0^1 \hat{X}_f(\phi(t))\cdot \phi'(t)dt$$

であり、左辺は p, $\tilde{p}$, q および m にのみ依存するが、右辺は q と m から独立だから左辺も q と m から独立であり[56]、$\sup_{r\in \mathrm{dom}\, \hat{X}_f}\sup_{b\in \hat{X}_f(r)} r\cdot b < m$ を満足する $M^D(p,\tilde{p})$ の任意の元 (q,m) に対して $\hat{V}(p,\tilde{p}) = v^{qm}(p) - v^{qm}(\tilde{p})$ を満足する (q,m) に依存しない実数 $\hat{V}(p,\tilde{p})$ が存在する。ゆえに主張 3 が成立し[57]、主張 1 から 3 により定理 6.5.4 の証明が完了する。 ∎

命題 6.5.4 の証明. (i) $f(0) = 0$ を満足し、(ii) f が $\mathbb{R}_+^{H_B}$ 上で狭義凹であり、(iii) ∇f の $\mathbb{R}_+^{H_B}$ への制限が $\mathbb{R}_+^{H_B}$ から $\mathbb{R}_{++}^{H_B}$ への単射であり、$(\nabla f)^{-1}$ が $\nabla f(\mathbb{R}_{++}^{H_B})$ 上で連続微分可能であるような $\mathbb{R}_+^{H_B}$ のある開近傍上の任意の連続

---

[56] 左辺が q と m に依存しないことは主張 1.2 の証明すなわち定理 6.5.3 の証明の中の主張 2.2 の証明からも知りうる。

[57] ここでは選択公理が用いられている。

微分可能実数値関数 f, $\mathbb{R}_+^{H_B}$ の任意の元 x および $\Phi_{\nabla f(\mathbb{R}_{++}^{H_B})}(\nabla f(x), \nabla f(0))$ の任意の元 ϕ を選ぶ．仮定 (iii) により $[0,1]$ に属する任意の実数 t に対して $\phi(t) \in \nabla f(\mathbb{R}_{++}^{H_B}) \subset \text{dom}\,(\nabla f)^{-1}$ だから $\psi(t) = (\nabla f)^{-1}(\phi(t))$ と定義できる．次の主張 1 は容易に確認できる．

主張 1． (a) ψ は $\phi(0) = x$ と $\psi(1) = 0$ を満足する $[0,1]$ から $\mathbb{R}_+^{H_B}$ への連続微分可能関数であり，(b) $[0,1]$ に属する任意の実数 t に対して $\phi'(t) = ((\nabla f) \circ \psi)'(t)$ となる．

$[0,1]$ に属する任意の実数 t に対して，定義により $\psi(t) = (\nabla f)^{-1}(\phi(t))$ だから $\phi(t) = \nabla f(\psi(t))$ となり，仮定 (ii) により f は $\mathbb{R}_+^{H_B}$ 上で狭義凹だから次の主張 2 が成立する[58)]．

主張 2． $[0,1]$ に属する任意の実数 t に対して $\psi(t) = \hat{X}_f(\phi(t))$ となる．

f に関する仮定 (i) と (iii)，主張 1 の (b) および主張 2 から部分積分により次の主張 3 が導かれる．

主張 3． $\int_0^1 \hat{X}_f(\phi(t)) \cdot \phi'(t) dt = f(x) - x \cdot \nabla f(x)$ となる．

主張 3 により命題 6.5.4 の証明が完了する． ■

定理 6.6.1 の証明． 仮定 6.6.1 を満足する $\mathscr{POE}$ の任意の競争均衡 $(a, (p,q))$ と $\mathscr{E}$ の任意の実現可能配分 $\tilde{a}$ を選ぶ．

主張 1． 任意の消費者 i に対して (a) $a_i|_{H_B}$ は $\hat{X}_{f_i}(p)$ に属し，(b) $q \cdot a_i|_{H_C} = g(a_i|_{H_C})$，また (c) $(p,q) \cdot a_i = (p,q) \cdot \alpha_i - \sum_{j \in J} \theta_j^i (p,q) \cdot a_j$ となる．

主張 1 の証明． 任意の消費者 i を選ぶ．定義 6.6.1 の条件 (a) により a_i は $D^{\succsim_i}(p, q, (p,q) \cdot \alpha_i - \sum_{j \in J} \theta_j^i (p,q) \cdot a_j)$ に属する．仮定 6.6.1 の (b) により f_i は狭義単調増加だから p は $\mathbb{R}_{++}^{H_B}$ に属し，同じ仮定の (b.3) により p は $P_{f_i \alpha_i}$ に属するから $(p, q, (p,q) \cdot \alpha_i)$ は AD_{f_i} に属し，$\sup_{r \in \text{dom}\,\hat{X}_{f_i}} \sup_{b \in \hat{X}_{f_i}(r)} r \cdot b < (p,q) \cdot \alpha_i$ となる．仮定 6.6.1 の (c) と定義 6.6.1 の条件 (b) により，任意の生産者 j に対して $(p,q) \cdot a_j \le 0$ だから $\sup_{r \in \text{dom}\,\hat{X}_{f_i}} \sup_{b \in \hat{X}_{f_i}(r)} r \cdot b < (p,q) \cdot \alpha_i -$

---

58) 数学付録の定理 A.7.1 を参照．

$\sum_{j \in J} \theta_j^i(p,q) \cdot a_j$ すなわち $(p,q,(p,q) \cdot \alpha_i - \sum_{j \in J} \theta_j^i(p,q) \cdot a_j)$ は AD_{f_i} に属する。ゆえに定理 6.3.2 の (b) により a_i は $\bar{D}^{f_i}(p,q,(p,q) \cdot \alpha_i - \sum_{j \in J} \theta_j^i(p,q) \cdot a_j)$ に属し、したがって $a_i|_{H_B}$ は $\hat{X}_{f_i}(p)$ に属して (a) が成立し、命題 6.3.1 の (b.3) により, $a_i|_{H_C} = \check{c}_D(p,(p,q) \cdot \alpha_i - \sum_{j \in J} \theta_j^i(p,q) \cdot a_j, a_i|_{H_B})$ となる。ゆえに H_C の任意の元 h に対して $a_i^h = (p,q) \cdot \alpha_i - \sum_{j \in J} \theta_j^i(p,q) \cdot a_j - p \cdot a_i|_{H_B}$ となり, q は Γ に属するから $q \cdot a_i|_{H_C} = (p,q) \cdot \alpha_i - \sum_{j \in J} \theta_j^i(p,q) \cdot a_j - p \cdot a_i|_{H_B}$ となり (c) が成立する。ゆえに命題 6.3.1 の (b.2) により $q \cdot a_i|_{H_C} = g(a_i|_{H_C})$ となり, (b) が成立して主張 1 が導かれる。

主張 1 の (a) および定義 6.6.1 の (b) から次の主張 2 が導かれる。

主張 2. (a) 任意の消費者 i に対して $f_i(a_i|_{H_B}) - p \cdot a_i|_{H_B} \geq f_i(\tilde{a}_i|_{H_B}) - p \cdot \tilde{a}_i|_{H_B}$. (b) 任意の生産者 j に対して $(p,q) \cdot a_j \leq (p,q) \cdot \tilde{a}_j$ となる。

主張 1 の (c), 主張 2 の (b) と $\tilde{a}$ の実現可能性により $(p,q) \cdot a_I \geq (p,q) \cdot \tilde{a}_I$ だから, 主張 1 の (b) と主張 2 の (a) から次の主張 3 が導かれる。

主張 3. $\sum_{i \in I} u^{f_i}(a_i) \geq \sum_{i \in I} u^{f_i}(\tilde{a}_i)$ となる。

主張 2 から次の主張 4 が導かれる。

主張 4. $\sum_{i \in I}(f_i(a_i|_{H_B}) - p \cdot a_i|_{H_B}) - (p,q) \cdot a_J \geq \sum_{i \in I}(f_i(\tilde{a}_i|_{H_B}) - p \cdot \tilde{a}_i|_{H_B}) - (p,q) \cdot \tilde{a}_J$ となる。

主張 2 の (a) および主張 3 と 4 により, 定理 6.6.1 の証明が完了する。 ∎

定理 6.6.2 の証明. (i) 任意の消費者 i に対して b_i^c と b_i^m が $\mathrm{int\,dom}\, f_i$ に属し, (ii) b_0^c が $\mathbb{R}_{--}^{H_B}$ に属し, (iii) D_B^q が $\mathrm{dom}\, D_B$ で連続であり p^c において連続微分可能であり, (iv) C_0^q が $\mathrm{dom}\, C_0^q$ で連続であり $D_B^q(p^c)$ において連続微分可能であるような仮定 6.6.2 を満足する $\mathscr{POE}$ の任意の競争均衡 $(a^c,(p^c,q))$ と q に対する任意の独占均衡 (a^m, p^m) を選ぶ。以下では任意の配分 a と任意の経済主体 k に対して $b_k = a_k|_{H_B}$ また $c_k = a_k|_{H_C}$ と表記する。次の主張 1 の証明は定理 6.6.1 の証明の中の主張 1 および 2 と同様である[59]。

---

59) 仮定 6.6.2 の下で仮定 6.6.1 は満たされている。

主張 1. (a) 任意の消費者 i に対して
(a.1) b_i^c は $\hat{X}_{f_i}(p^c)$ に属し $q \cdot c_i^c = g(c_i^c)$ となり，
(a.2) $f_i(b_i^c) - p^c \cdot b_i^c \geq f_i(b_i^m) - p^c \cdot b_i^m$ となり，
(a.3) b_i^m は $\hat{X}_{f_i}(p^m)$ に属し $q \cdot c_i^m = g(c_i^m)$ となり，
(a.4) $f_i(b_i^m) - p^m \cdot b_i^m \geq f_i(b_i^c) - p^m \cdot b_i^c$ となり，
(b) 任意の生産者 j に対して $(p^c, q) \cdot a_j^c \leq (p^c, q) \cdot a_j^m$ となる。

主張 2. 任意の消費者 i に対して $b_i^m \neq b_i^c$ となる。

主張 2 の証明. 仮定 (iii) により D_B^q は p^c において連続微分可能だから $U_1 \subset \operatorname{dom} D_B^q$ となる $\mathbb{R}^{H_B}$ における p^c の開近傍 U_1 が存在し，仮定 (iv) により C_0^q は $D_B^q(p^c)$ において連続微分可能だから $U_2 \subset \operatorname{dom} C_0^q$ となる $\mathbb{R}^{H_B}$ における $D_B^q(p^c)$ の開近傍 U_2 が存在する．仮定 (iii) により D_B^q は $\operatorname{dom} D_B^q$ において連続だから $(D_B^q)^{-1}(U_2)$ は p^c を含む $\operatorname{dom} D_B^q$ の開部分集合であり，したがって $(D_B^q)^{-1}(U_2) = U_3 \cap \operatorname{dom} D_B^q$ となる $\mathbb{R}^{H_B}$ の開部分集合 U_3 が存在する[60]。

$U = U_1 \cap (D_B^q)^{-1}(U_2)$ と定義する．このとき $U = U_1 \cap U_3 \cap \operatorname{dom} D_B^q$ となるが $U_1 \subset \operatorname{dom} D_B^q$ だから $U = U_1 \cap U_3$ となり U は p^c を含む $\mathbb{R}^{H_B}$ の開部分集合である．U の任意の元 p に対して $\pi(p) = p \cdot D_B^q(p) - C_0^q(D_B^q(p))$ と定義する．

主張 2.1. $p^m \neq p^c$ となる。

主張 2.1 の証明. 仮定 (iii) と (iv) により π は p^c において微分可能であり $\nabla \pi(p^c) = D_B^q(p^c) + (p^c - \nabla C_0^q(D_B^q(p^c))) J_{D_B^q}(p^c)$ となる[61]。

a^c は実現可能配分であり仮定 6.6.2 の (e) により $a_0^c = \alpha_I - a_{I \cup (J \setminus \{0\})}^c$ となる．したがって定義 6.6.1 の条件 (a) と (b) により $-b_0^c = b_{I \cup (J \setminus \{0\})}^c - \alpha_I|_{H_B} = D_B^q(p^c)$ となる．仮定 (iv) により C_0^q は $D_B^q(p^c)$ において連続微分可能だから $D_B^q(p^c)$ は C_0^q の定義域の内部に属し，定義 6.6.1 の条件 (b) により $D_B^q(p^c)$

---

60) 数学付録の定義 A.3.16 を参照．
61) 数学付録の定理 A.6.3 を参照．

は $\arg\max_{z\in\mathrm{dom}\,C_0^q}(p^c \cdot z - C_0^q(z))$ に属するから,$p^c = \nabla C_0^q(D_B(p^c))$ となり,したがって仮定 (ii) により $\nabla \pi(p^c) = D_B^q(p^c) = -b_0^c \gg 0$ となる。

ゆえに $\pi(p) > \pi(p^c)$ かつ $p \gg p^c$ となる p^c の近傍の元 p が存在する。$\pi(p^m) \geq \pi(p) > \pi(p^c)$ だから $p^m \neq p^c$ となる。

主張 2.2. 任意の消費者 i に対して $b_i^c \neq b_i^m$ となる。

主張 2.2 の証明. $b_i^c = b_i^m$ となる消費者 i が存在すると仮定する。仮定 6.6.2 の (d) により f_i は $\mathbb{R}_{++}^{H_B}$ 上で狭義凹だから系 6.2.1 の (a) と主張 1 の (a.1) と (a.3) により $b_i^c = \hat{X}_{f_i}(p^c)$ かつ $b_i^m = \hat{X}_{f_i}(p^m)$ ゆえに仮定 (i) と仮定 6.6.2 の (d.2) により

$$p^c \in \hat{X}_{f_i}^{-1}(b_i^c) \subset \hat{X}_{f_i}^{-1}(\mathrm{int}\,\mathrm{dom}\,f_i) = \hat{X}_{f_i}^{-1}(\mathbb{R}_{++}^{H_B}) \subset \mathbb{R}_{++}^{H_B},$$
$$p^m \in \hat{X}_{f_i}^{-1}(b_i^m) \subset \hat{X}_{f_i}^{-1}(\mathrm{int}\,\mathrm{dom}\,f_i) = \hat{X}_{f_i}^{-1}(\mathbb{R}_{++}^{H_B}) \subset \mathbb{R}_{++}^{H_B}$$

となる。$\{b_i^c, b_i^m\} \subset \mathrm{int}\,\mathrm{dom}\,f_i = \mathbb{R}_{++}^{H_B}$ また f_i は $\mathbb{R}_{++}^{H_B}$ 上で 2 回連続微分可能だから $p^c = \nabla f_i(b_i^c) = \nabla f_i(b_i^m) = p^m$ となり[62],主張 2.1 と矛盾する。ゆえに主張 2.2 すなわち主張 2 が成立する。

主張 1 の (a.1) と (a.3) から次の主張 3 が導かれる。

主張 3. $\sum_{i\in I}(f_i(b_i^c) + g(c_i^c) - f_i(b_i^m) - g(c_i^m)) = \sum_{i\in I}(f_i(b_i^c) - p^c \cdot b_i^c - f_i(b_i^m) + p^c \cdot b_i^m) + (p^c, q) \cdot a_I^c - (p^c, q) \cdot a_I^m$ となる。

仮定 6.6.2 の (e),定義 6.6.1 の (b) および a^c と a^m の実現可能性から次の主張 4 が導かれる。

主張 4. $(p^c, q) \cdot a_I^c \geq (p^c, q) \cdot a_I^m$ となる。

主張 5. $\sum_{i\in I} u_i(a_i^c) \neq \sum_{i\in I} u_i(a_i^m)$ となる。

主張 5 の証明. $\sum_{i\in I} u_i(a_i^c) = \sum_{i\in I} u_i(a_i^m)$ と仮定する。このとき次の主張 5.1 が成立する。

---

[62] 数学付録の定理 A.7.1 を参照。

主張 5.1. $\sum_{i \in I}(f_i(b_i^c) + g(c_i^c)) = \sum_{i \in I}(f_i(b_i^m) + g(c_i^m))$ となる。

主張 5.2. 任意の消費者 i に対して $f_i(b_i^c) - p^c \cdot b_i^c = f_i(b_i^m) - p^c \cdot b_i^m$ となる。

主張 5.2 の証明. 定理 6.6.1 の (a), 主張 3 および主張 5.1 により[63],

$$0 \leq \sum_{i \in I}(f_i(b_i^c) - p^c \cdot b_i^c - f_i(b_i^m) + p^c \cdot b_i^m) = (p^c, q) \cdot a_I^m - (p^c, q) \cdot a_I^c$$

だから主張 4 により $(p^c, q) \cdot a_I^m = (p^c, q) \cdot a_I^c$ となる。主張 3 と主張 5.1 により $\sum_{i \in I}(f_i(b_i^c) - p^c \cdot b_i^c) = \sum_{i \in I}(f_i(b_i^m) - p^c \cdot b_i^m)$ だから, 主張 1 の (a.2) により任意の消費者 i に対して $f_i(b_i^c) - p^c \cdot b_i^c = f_i(b_i^m) - p^c \cdot b_i^m$ となり, 主張 5.2 が成立する。

$a = \frac{1}{2}(a^c + a^m)$ と定義する。

主張 5.3. 任意の消費者 i に対して $f_i(b_i^c) - p^c \cdot b_i^c \geq f_i(b_i) - p^c \cdot b_i$ となる[64]。

主張 5.3 の証明. a^c と a^m は $\mathscr{E}$ の実現可能配分であり, 仮定 6.6.2 の (b), (c) と (d.1) により任意の生産者の生産集合および任意の消費者の消費集合は凸だから a も $\mathscr{E}$ の実現可能配分である。任意の消費者 i に対して b_i は $\mathrm{dom}\, f_i$ に属するから主張 1 の (a.1) から主張 5.3 が導かれる。

仮定 6.6.2 の (d) により任意の消費者 i に対して f_i は $\mathbb{R}_{++}^{H_B}$ 上で狭義凹だから, 仮定 (i), 主張 2 と主張 5.2 から次の主張 5.4 が導かれる。

主張 5.4. 任意の消費者 i に対して $f_i(b_i) - p^c \cdot b_i > f_i(b_i^c) - p^c \cdot b_i^c$ となる。

主張 5.4 は主張 5.3 と矛盾するから主張 5 が成立する。

主張 3 と 4 および主張 1 の (a.2) により $\sum_{i \in I} u_i(a_i^c) \geq \sum_{i \in I} u_i(a_i^m)$ だから主張 5 から次の主張 6 が導かれる。

---

63) 仮定 6.6.2 の下で仮定 6.6.1 は満たされるから定理 6.6.1 の結論はここでも有効である。

64) ここで $b_i = a_i|_{H_B}$ と定義している。

主張 6. $\sum_{i \in I} u_i(a_i^c) > \sum_{i \in I} u_i(a_i^m)$ となる。

主張 7. $\alpha_I = 0$ ならば $\sum_{i \in I}(f_i(b_i^c) - p^c \cdot b_i^c) - (p^c, q) \cdot a_J^c > \sum_{i \in I}(f_i(b_i^m) - p^m \cdot b_i^m) - (p^m, q) \cdot a_J^m$ となる。

主張 7 の証明. a^c と a^m の実現可能性,主張 1 の (a.1) と (a.3) および仮定 6.6.2 の (e) により $\sum_{i \in I}(f_i(b_i^c) - p^c \cdot b_i^c) - (p^c, q) \cdot a_J^c = \sum_{i \in I}(f_i(b_i^c) + g(c_i^c))$ かつ $\sum_{i \in I}(f_i(b_i^m) - p^m \cdot b_i^m) - (p^m, q) \cdot a_J^m = \sum_{i \in I}(f_i(b_i^m) + g(c_i^m))$ だから主張 6 から主張 7 が導かれ,主張 6 と 7 により定理 6.6.2 の証明が完了する。 ∎

第 7 章
将来財と不確実性

　第 1 章の 1.1 節において財はその物的特性のみならずそれが受け渡される場所と時期によって分類されると述べた。しかし前章までの部分ではその財の概念がモデルの解釈にいかなる影響を与えるかについては特に言及しなかった。

　これまでの諸章での議論では財が物的特性のみに基づいて分類されており，受け渡しの地域，受け渡しの時期に基づいては分類されていないと解釈すること，すなわち，唯一の期間の中で同一の地域で取引される財を考えることが最もわかりやすい。その場合の競争均衡や独占均衡における財の取引は実物財の受け渡しと同時に代金の授受が行われるようなものだと考えればよい。

　しかしこれ以外の場合については特別に考慮すべき問題が存在する。まず最も簡単なものとして異なる地域で受け渡される財が存在する場合の取引を考えよう。たとえば東京に住む消費者が北海道で供給されている財を購入する場合には財の受け渡しの時期と代金の授受の時期が完全には一致しないことから問題が発生する。これは受け渡しの時期によって財が分類されている場合と似ている。財が売り手の手許を離れる時点と買い手の手許に届く時点が一致しえないからである。買い手にとっては財を受領したときに代金を支払うならば何の問題もないが，そうでなければ代金を支払ったけれども財を受け取りえないかもしれないという危険がある。他方，売り手にとっては財を発送したときに代金を受け取りうるならば何の問題もないが，そうでなければ発送したけれども代金を受け取りえないかもしれないという危険がある[1]。

---

　1)　この危険を回避するために実際には代金引換という運送サービスが利用されることがあ

ここには契約という行為が含まれている．前者の場合には「財が手許に届いたときに代金を支払います」と書かれた証書を買い手が発行して売り手がそれを受領するという形式の契約，後者の場合には「代金が手許に届いたときに財を発送します」と書かれた証書を売り手が発行して買い手がそれを受領するという形式の契約が含まれるが，いずれにも契約不履行の危険が存在する．この危険を除去する方法が完備しているならば，異なる地域で受け渡しされる財の取引に関しては特別の問題はない[2]．

7.1 将来財と先物市場

本節では財が受け渡しの時期によっても分類される場合を考え，流量を定義する期間の長さと期間の集合 T が与えられていると想定する[3]．$T = \{0, 1, \ldots, |T|-1\}$ と表し $|T|$ は 1 以上の整数であり，第 0 期は今期を表すとみなす．第 1 期以降に受け渡しが行われる財は第 0 期の観点からは「将来財」と呼ばれる．

T に属するすべての期間にわたるすべての財の価格が第 0 期に決定されて各経済主体はその期に T に属するすべての期間における経済活動の計画を立ててそれぞれの財についての需要量と供給量を決定すると想定しよう[4]．このように将来時点で受け渡しが行われる財の取引は「先物取引」と呼ばれ，先物取引が行われる市場は「先物市場 (futures market)」と呼ばれる[5]．

先物市場が存在しない場合には，T に属する任意の期間 t に対して第 t 期

るが，完全に安全であるわけではない．

[2] 実際には強奪や万引きのような行為の可能性はあるから，たとえ財の受け渡しと同時に代金の支払いが行われるような状況であっても危険がまったく存在しないわけではない．経済問題を考える場合には社会的秩序がどの程度に維持されているかを考慮する必要があるが，ここではこの問題に深くは係わらない．

[3] 期間の長さは分析目的に依存して任意の長さに設定できるが，以下では説明の便宜のために 1 期間の長さを 1 日とみなして期間を「期日」と表現することがある．

[4] この場合，将来財の価格は第 0 期の割引価格で表現されていると考える．

[5] これに対して現在受け渡しが行われる財の取引は「直物取引」と呼ばれ，直物取引が行われる市場は「直物市場 (spot market)」と呼ばれる．また先物取引・先物市場と似た概念として「先渡取引・先渡市場 (forward market)」があるが，ここでは両者の差異に関しては立ち入らない．

に受け渡しが行われる財が取引される市場が第 t 期に開かれてそこでそれらの財の価格が定まることになるが，その場合にはすべての経済主体が第 0 期にその価格を正確に予想できるという自己充足的予想の仮定を置く必要がある。第 0 期に T に属するすべての期間にわたる経済活動の計画を立てるために十分な情報がすべての経済主体に対して与えられていなければならないからである。

先物市場が存在する場合には自己充足的予想の仮定は不要である。たとえば $T \setminus \{0\}$ に属する任意の t を考えよう。第 t 期に受け渡される財を第 0 期に受け渡すことは不可能だから，異なる地域で受け渡しが行われる財の場合と同様に何らかの契約を結ぶ必要が生じる。一つは「第 t 期に代金 P と引き換えに X 単位の財 h を引き渡します」と書かれた証書を売り手が発行して買い手がそれを受領するという形式の契約か，「第 t 期に X 単位の財 h と引き換えに代金 P を支払います」と書かれた証書を買い手が発行して売り手がそれを受領するという形式の契約，更に「第 t 期に X 単位の財 h を甲が乙から受領し，甲が乙に代金 P を支払います」という契約書を二通作成して買い手乙と売り手甲がそれぞれ保持するという形の契約のいずれでもよい。

この契約に関して契約不履行の危険が存在することは言うまでもない。第 0 期に直物市場と第 $|T|-1$ 期までのすべての期間にわたる先物市場が開かれてそこですべての期間における価格が決定されてその期間におけるすべての経済活動が確定する場合には第 4 章のモデルと形式的にまったく同じモデルになり，競争均衡の存在定理および厚生経済学の第一・第二基本定理が成立する。しかし第 0 期にこのような直物市場と先物市場が開かれたとしても第 1 期以降にもそれぞれの期間で直物市場が開かれる場合も考えられる。その場合には第 0 期に開かれる第 t 期の財に対する先物市場での価格と第 t 期に開かれる直物市場での価格が一致する必然性はないから，この先物取引には危険が伴う。

7.2 不確実性と事象依存財

不確実性とは各経済主体の活動と共に実現される経済状態の決定に影響す

るが各経済主体には制御できずまた予知もできないような要因である。このような要因は自然が選択する状態とみなしうるから自然状態（あるいは世界状態あるいは環境状態）と呼ばれることが多い。しかし自然状態はいくつかの（実際には極めて多数の）要因が同時に成立するものかもしれない。たとえば気象という自然状態は気温，湿度，気圧，雲量，雨量，風速その他の要因で記述され，これらのすべての要因が正確に規定されたときに一つの気象状態が確定する。しかしこれらの要因の一部だけが規定されただけで残りの要因がまったく規定されなかったり，あるいはそれらの正確な値ではなく単にある範囲が規定されるに過ぎない場合には，一つの気象状態が確定するのではなくいくつかの気象状態の集合が定まるに過ぎない。現実に観察されるものはこのようなものであることが多く，これは「事象」と呼ばれる。それに対して正確に規定された自然状態は「基本事象」と呼ばれる。事象は基本事象の集合である。

　事象としては種々のものがあるが以下では財の分類基準に関係するものを考える。本書のこれまでの議論では各経済主体は財の性質に関して次に述べる意味において正確な知識を持っていることが暗黙裡に仮定されていた。

　消費者は消費集合上の弱順序としての選好関係を持っていると仮定され，さらにその選好関係が局所非飽和であると仮定されることがあった。この場合には無差別曲線は幅のない曲線であり，あるいは無差別曲面は厚みのない曲面であり，消費量のわずかな変化により満足水準の変化が生じる。このような選好関係を持つためには消費者は財集合に属するすべての財の性質について自分の選好関係に関連する性質に限定するとしても正確な知識を持っていることが必要になる。他方，生産者は自分の生産技術を知っていることが仮定された。この場合にも自分の生産可能性に関連する性質に限定するとしても財の性質を正確に知っていることが必要になる。このような知識に基づく財の分類がすべての経済主体にとって共通な財集合 H を形成する必要がある。

　しかし現実の経済においては経済主体は上記の意味に限定するとしても財の性質に関して正確な知識を持っていると仮定することが妥当とは思われない場合がある。消費者は実際に消費する時点より前の時点で意思決定を行う必要があるかもしれず，意思決定を行う時点で消費時点での財の性質が正確には知りえない場合がある。たとえば明日消費する清涼飲料の選好関係に関

7.2 不確実性と事象依存財　　　　　　　　367

するかぎりでの性質である「うまさ」は明日の気温が高いか低いかに依存するが，購入の意思決定を行う今日の時点では明日の気温は正確に知りえないからこの財の性質は不確定である．

　第 1 章では財集合 H は財の物的特性および受け渡しが行われる場所と期日によっても分類されていると仮定されていたが，ここではさらに期日と事象によっても分類する．その場合，時間の経過とともに不確実性がどのように解消するかに依存して種々の可能性がある．一つの例を考えよう．

例 7.2.1. 0，1，2 および 3 の四つの期間から成る集合 T を考えよう．図 7.2.1 では第 0 期は現在であり第 3 期は最後の期間である．第 3 期に s^1 から s^{12} までの 12 個の基本事象（自然状態）のいずれかが発生しうると想定し，$S = \{s^1, \ldots, s^{12}\}$ と定義する．

　第 0 期にはこれらの 12 個の基本事象の中のどれが実現するかに関する情報はまったく与えられていない．これは $E_0^1 = S$ という事象が発生しているとみなしうる．

　第 1 期には情報が加わり，s^5 から s^7 までの三つの基本事象が発生する場合には，そのことは第 1 期に E_1^3 から E_1^5 までのいずれかの事象が発生することによってわかり不確実性は解消する．この中のいずれも発生しない場合には s^1 と s^2 の二つの中のいずれか，あるいは s^3 と s^4 の二つの中のいずれか，あるいは s^8 と s^9 の二つの中のいずれか，あるいは s^{10} から s^{12} の三つの中のいずれかになるという四つの可能性のいずれかに絞られる．すなわち

$$E_1^1 = \{s^1, s^2\}, E_1^2 = \{s^3, s^4\}, E_1^3 = \{s^5\}, E_1^4 = \{s^6\},$$
$$E_1^5 = \{s^7\}, E_1^6 = \{s^8, s^9\}, E_1^7 = \{s^{10}, s^{11}, s^{12}\}$$

という七つの事象が第 1 期に発生しうる．E_1^1，E_1^2，E_1^6 および E_1^7 の四つの事象の中のいずれかが発生した場合には不確実性の解消は第 2 期以降に持ち越される．

　第 2 期にはさらに情報が加わり，s^1 から s^4 までの四つの基本事象が発生する場合には，そのことは第 2 期に E_2^1 から E_2^4 までのいずれかの事象が発生してわかり不確実性が解消する．この中のいずれも発生しない場合には，s^8 と s^9 の二つの中のいずれか，あるいは s^{10} から s^{12} までの三つの中のいずれ

第 7 章　将来財と不確実性

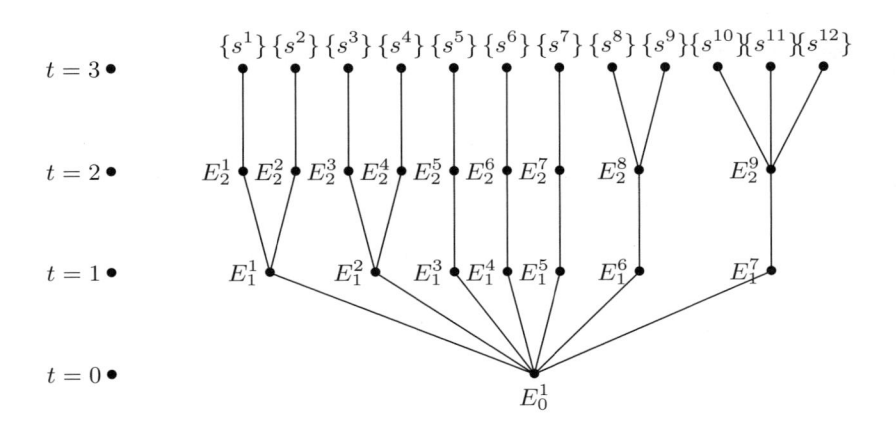

図 7.2.1　不確実性樹形図

かの二つになるという二つの可能性に絞られる。すなわち

$$E_2^1 = \{s^1\}, E_2^2 = \{s^2\}, E_2^3 = \{s^3\}, E_2^4 = \{s^4\}, E_2^5 = \{s^5\},$$
$$E_2^6 = \{s^6\}, E_2^7 = \{s^7\}, E_2^8 = \{s^8, s^9\}, E_2^9 = \{s^{10}, s^{11}, s^{12}\}$$

という九つの事象が第 2 期に発生しうる。ただし事象 E_2^5 から E_2^7 まではすでに解消している不確実性の部分を形式的に埋めているだけであり実質的な意味はない。事象 E_2^8 と E_2^9 は第 1 期の情報に新たに何も付加されていないことを表し，これらの場合には不確実性の解消は第 3 期に持ち越される。

　第 3 期には $\{s^8\}$ から $\{s^{12}\}$ までのいずれかの事象が発生して不確実性が完全に解消する。

　図 7.2.1 のような図は「事象樹形図」または「不確実性樹形図」と呼ばれ，不確実性の解消に向けて時間の経過とともにいかなる情報が与えられているかを示す。この樹形図の根元，枝の先端，枝分かれ点を表す黒丸は「節」と呼ばれ，二つの節を結ぶ線分は「枝」と呼ばれる。図 7.2.1 では不確実性が解消する時点（あるいは期間）が最終期とは限らない。第 1 期にすべての不確実性が解消される場合には E_0^1 から 12 個の基本事象に直接に枝が分かれるであろう。逆に第 2 期までの段階では何の情報も与えられない場合には，E_0^1

7.2 不確実性と事象依存財

から E_1^1 へ E_1^1 から E_2^1 へ枝分かれせずに進み，E_2^1 から 12 個の自然状態に直接に枝が分かれるであろう．この両極端の間に種々の可能性がある．

もう一度，図 7.2.1 の状況に戻り，物的特性 h と入手可能な場所 l および入手可能な時期 t と第 t 期の事象 E_t によって定義された財 (h, l, t, E_t) を以下では「事象依存財」と呼ぶ．図 7.2.1 のそれぞれの節は (t, E_t) を表すとみなしうるから，(h, l) が与えられればそれぞれの節は一つの事象依存財 (h, l, t, E_t) を表すと考えうる．

ここで (h, l) を一つ選んで固定して図 7.2.1 を見よう．このとき節 E_0^1 は事象依存財 $(h, l, 0, E_0^1)$ を表し，これを購入することは第 3 期に実現する 12 個の基本事象とは無関係に場所 l で第 0 期に入手可能な物的特性 h を持つ実物財を購入することを意味する．この財を取引する市場は直物市場である．

次に節 E_1^1 は事象依存財 $(h, l, 1, E_1^1)$ を表している．理解を助けるために例をさらに具体化して h は「傘」を表し，l は「東京」を表し，12 個の基本事象は第 3 期の東京またはその近辺の地域の気象状態を表すと解釈しよう．このとき E_1^1 は第 3 期の気象状態が s^1 か s^2 のいずれかであることがわかっているときに第 1 期に東京で入手可能な傘を表す．この事象依存財 E_1^1 を一つ購入することは第 1 期に事象 E_1^1 が発生した場合に第 1 期に東京で傘が一本入手できるが第 1 期に他の事象が発生した場合には何も入手できないことを意味する[6]．事象依存財 $(h, l, 1, E_1^1)$ は「第 1 期に事象 E_1^1 が発生するときまたそのときにかぎり第 1 期に東京で傘一本をこの証書の持参人に引き渡します．」と書かれた約束手形だから，この事象依存財を一つ購入しておけば第 1 期に事象 E_1^1 が発生すれば第 1 期に東京で実物の傘を入手できる．その場合には第 3 期になれば気象状態 s^1 または s^2 が発生し，そのいずれが発生するかに依存して入手した傘の望ましさは変わるかもしれないが，不確実性が完全に解消した第 3 期における傘の事後的望ましさに関する選好関係は以下の 7.2.2 項の定義 7.2.6 で導入される一般的な選好関係では表現されない．事後的な望ましさに関する選好関係は 7.3.2 項の定義 7.3.2 で導入される．

他方，事象依存財 $(h, l, 2, E_2^1)$ は「第 2 期に事象 E_2^1 が発生するときまたそ

---

[6] この事象依存財 E_1^1 の取引が行われる時期は以下でに第 1 期ではなく第 0 期であると想定される．

のときにかぎり第 2 期に東京で傘一本をこの証書の持参人に引き渡します。」と書かれた約束手形であり，事象依存財 $(h, l, 2, E_2^1)$ は「第 2 期に事象 E_2^2 が発生するときまたそのときにかぎり第 2 期に東京で傘一本をこの証書の持参人に引き渡します。」と書かれた約束手形である。したがって事象依存財 $(h, l, 2, E_2^1)$ と $(h, l, 2, E_2^2)$ を一つずつ購入しておけば第 2 期の事象が E_2^1 であっても E_2^2 であっても第 2 期に東京で傘が入手できることになるから，第 0 期に事象依存財 $(h, l, 1, E_1^1)$ を一つ購入することと同じ結果が第 3 期に実現される。しかし第 3 期におけるこの二つの事後的結果の望ましさに関する選好関係は上に述べたように特別な条件が満たされない場合には定義されないかもしれない。

　第 0 期に七つの事象依存財 $(h, l, 1, E_1^1)$，$(h, l, 1, E_1^2)$，$(h, l, 1, E_1^3)$，$(h, l, 1, E_1^4)$，$(h, l, 1, E_1^5)$，$(h, l, 1, E_1^6)$，$(h, l, 1, E_1^7)$ をそれぞれ 1 単位ずつ購入すれば第 1 期にいかなる事象が発生しても確実に第 1 期に東京で傘一本が入手できる[7]。これは 7.1 節で考察した第 1 期に東京で受け渡しが行われる将来財 1 単位を第 0 期に購入することと同じである。したがってこの将来財の価格は上の七つの事象依存財の価格の合計に等しいはずである。

　同様に第 0 期に九つの事象依存財 $(h, l, 2, E_2^1)$，$(h, l, 2, E_2^2)$，$(h, l, 2, E_2^3)$，$(h, l, 2, E_2^4)$，$(h, l, 2, E_2^5)$，$(h, l, 2, E_2^6)$，$(h, l, 2, E_2^7)$，$(h, l, 2, E_2^8)$，$(h, l, 2, E_2^9)$ をそれぞれ 1 単位ずつ購入することは第 2 期に東京で受け渡しが行われる将来財 1 単位を第 0 期に購入することと同じであり，第 0 期に 12 個の事象依存財 $(h, l, 3, \{s^1\})$，$(h, l, 3, \{s^2\})$，$(h, l, 3, \{s^3\})$，$(h, l, 3, \{s^4\})$，$(h, l, 3, \{s^5\})$，$(h, l, 3, \{s^6\})$，$(h, l, 3, \{s^7\})$，$(h, l, 3, \{s^8\})$，$(h, l, 3, \{s^9\})$，$(h, l, 3, \{s^{10}\})$，$(h, l, 3, \{s^{11}\})$，$(h, l, 3, \{s^{12}\})$ をそれぞれ 1 単位ずつ購入することは第 3 期に東京で受け渡しが行われる将来財を第 0 期に購入することと同じである。

　結局，図 7.2.1 のすべての節は (h, l) と組み合わせるとき一つの事象依存財を表すが，E_0^1 だけは事実上は事象依存財ではなく実物財であり，それ以外のすべての節は純粋の事象依存財を表し実物財ではない。

　図 7.2.1 に表されたような情報構造は一般的には次のように定義される。

---

[7] 「確実に」とはいえ 7.3.3 項に述べる契約不履行の危険が存在しない場合に限られる。

定義 7.2.1. 関数 $\mathscr{I}$ は，もし
(a) $\mathrm{dom}\,\mathscr{I} = T(\mathscr{I}) = \{0, 1, \ldots, |T(\mathscr{I})| - 1\}$ となるような非空有限集合 $T(\mathscr{I})$ が存在し，
(b) $\mathrm{range}\,\mathscr{I}$ が基本事象全体の集合 S の分割全体の集合に含まれ，
(c) $T(\mathscr{I}) \setminus \{|T(\mathscr{I})| - 1\}$ の任意の元 t に対して $\mathscr{I}(t+1)$ が $\mathscr{I}(t)$ の細分であり[8]，
(d) $\mathscr{I}(0) = \{S\}$ となり，
(e) $\mathscr{I}(|T(\mathscr{I})| - 1) = \{E \mid E = \{s\}$ となる S の元 s が存在する$\}$ ならば，「情報構造」と呼ばれる．

期間が推移するごとに分割が細分されるというこの定義の条件 (c) は一度与えられた情報は忘れられないことを表現しており，条件 (d) と (e) は第 0 期に基本事象に関する情報がまったく与えられておらず，最終期 $|T(\mathscr{I})| - 1$ には不確実性は完全に解消されることを表現している．次の命題は任意の基本事象に対してそれに関する不確実性が解消されるに至る事象の経路は一意に定まることを示している．これは図 7.2.1 から明らかであろう．

命題 7.2.1. 任意の情報構造 $\mathscr{I}$ と S に属する任意の基本事象 s に対して
(a) $\hat{E}_s(|T(\mathscr{I})| - 1) = \{s\}$ となり，
(b) $T(\mathscr{I}) \setminus \{|T(\mathscr{I})| - 1\}$ の任意の元 t に対して (b.1) $\hat{E}_s(t)$ が $\mathscr{I}(t)$ に属し，
(b.2) $\hat{E}_s(t+1)$ が $\hat{E}_s(t)$ に含まれるような
$T(\mathscr{I})$ から S の冪集合 $\mathscr{P}(S)$ への唯一の関数 $\hat{E}_s$ が存在する．

この情報構造は一般に経済主体ごとに異なると考えられるが，本章ではすべての経済主体にとって共通であると仮定して一般的な場合は扱わない．

定義 7.2.2. 任意の情報構造 $\mathscr{I}$ に対して，$T \setminus \{0\}$ の元 t と S の部分集合 E の順序対 (t, E) は，もし E が $\mathscr{I}(t)$ に属するならば，「$\mathscr{I}$ の期日・事象」と呼ばれる．

$\mathscr{I}$ の期日・事象は図 7.2.1 の E_0^1 を除く節に対応する概念である．本章の以下の部分では任意の情報構造 $\mathscr{I}$ を選んで固定し $\mathscr{I}$ の期日・事象全体の

---
[8] 分割の細分という概念の定義については数学付録の定義 A.1.22 を参照．

集合を D で表す。S に属する任意の基本事象 s に対して $T(\mathscr{I})$ から $\mathscr{P}(S)$ への関数 $\hat{E}_s$ をそのグラフ $\left\{(t, \hat{E}_s(t)) \mid t \in T(\mathscr{I}) \setminus \{0\}\right\}$ と同一視すれば[9]，$D = \bigcup_{s \in S} \hat{E}_s$ とみなしうる。

さらに物的性質によって分類される財全体の集合を $\hat{H}$，入手可能な場所全体の集合を L で表す。

定義 7.2.3. $H = \hat{H} \times L \times D$ によって定義される集合 H の任意の元は「事象依存財」と呼ばれる。

集合 H の元，すなわち $\hat{H} \times L \times D$ の元 $(h, l, (t, E))$ は第 t 期に事象 E が発生したときに場所 l で入手可能な物的性質 h を持つ財を表す。

定義 7.2.4. $\mathbb{R}^H$ は「事象依存財空間」と呼ばれる。

7.2.1 事象依存財空間における生産技術

事象依存財空間における生産者の生産技術は次のように定義される。

定義 7.2.5. 事象依存財空間 $\mathbb{R}^H$ の部分集合 V は，もし $V = \prod_{d \in D} \hat{V}(d)$ となるような D から $\mathbb{R}^{\hat{H} \times L}$ への対応 $\hat{V}$ が存在するならば，「事象依存財空間における生産技術」と呼ばれる[10]。

すなわち事象依存財空間における生産技術は情報構造 $\mathscr{I}$ の任意の期日・事象 d に対して定まる $\mathbb{R}^{\hat{H} \times L}$ の部分集合としての d における生産集合の直積である。これらの生産集合に対して第 1 章で挙げられた性質が仮定されれば直積にもそれらの性質は引き継がれる。

7.2.2 事象依存財空間における選好関係

事象依存財空間における消費者の選好関係は次のように定義される。

---

9) 本書では関数はそのグラフで定義されている。数学付録の定義 A.2.5 を参照。

10) 記号 $\prod_{d \in D} \hat{V}(d)$ は対応 $\hat{V}$ の直積を表す。この概念については数学付録の定義 A.2.25 を参照。V の元は $(\mathbb{R}^{\hat{H} \times L})^D$ に属するが，後者を $\mathbb{R}^{\hat{H} \times L \times D}$ すなわち $\mathbb{R}^H$ と同一視することにより V は事象依存財空間の部分集合と見なされる。

7.2 不確実性と事象依存財

定義 7.2.6. 事象依存財空間 $\mathbb{R}^H$ 上の二項関係 Q は，もし Q が $X(Q)$ 上の弱順序であり $X(Q) = \prod_{d \in D} \hat{X}(d)$ となるような D から $\mathbb{R}^{\hat{H} \times L}$ への対応 $\hat{X}$ が存在するならば，「事象依存財空間における選好関係」と呼ばれる。

すなわち事象依存財空間における選好関係 Q は Q-可能消費集合 $X(Q)$ が情報構造 $\mathscr{I}$ の任意の期日・事象 d に対して定まる $\mathbb{R}^{\hat{H} \times L}$ の部分集合としての d における消費集合 $\hat{X}(d)$ の直積となるような $X(Q)$ 上の弱順序である。これらの消費集合に対して第 1 章で挙げられた性質が仮定されれば直積にもそれらの性質は継承される。この選好関係 Q に対しても第 1 章で挙げられたような性質が仮定されるであろう。この選好関係は受け渡しの場所と期日が特定された財に関する消費者の嗜好を反映すると同時に，種々の事象の発生しやすさに関する予測および危険に対する態度をも反映する。特に凸性は以下に説明するように危険を好まない態度を表すと解釈される。

「清涼飲料」という唯一の財および「暑い」と「涼しい」という二つだけの事象がある場合を考え，「暑い」という事象を E^h，「涼しい」という事象を E^c で表そう。清涼飲料の二つの消費量 a と b を考える。事象依存財空間における消費活動 (a,b) は事象 E^h が発生した場合に清涼飲料を a だけ消費し，事象 E^c が発生した場合に清涼飲料を b だけ消費する活動を表し，(b,a) は事象 E^h が発生した場合に清涼飲料を b だけ消費し，事象 E^c が発生した場合に清涼飲料を a だけ消費する活動を表すと解釈する。他方 (a,a) はいずれの事象が発生しても清涼飲料を a だけ消費する確実な活動，(b,b) はいずれの事象が発生しても清涼飲料を b だけ消費する確実な活動を表す。

図 7.2.2 のように $((a,b),(b,a)) \in Q$ かつ $((b,a),(a,b)) \in Q$ すなわち二つの不確実な消費 (a,b) と (b,a) が無差別であると仮定しよう。選好関係 Q が弱凸である場合には二つの無差別な不確実な消費活動 (a,b) と (b,a) の平均である確実な活動 $(1/2)(a,b) + (1/2)(b,a)$ は二つの不確実な活動と少なくとも同程度に望ましい。選好関係 Q が強凸の場合には確実な活動の方が厳密に望ましい。この意味で選好関係の凸性は危険を嫌う，すなわち「危険回避」の態度を表現していると解釈できる。次の図 7.2.3 は逆に危険愛好的な選好関係を表している。

この考え方を一般化して危険回避の概念は次のように定義できる。

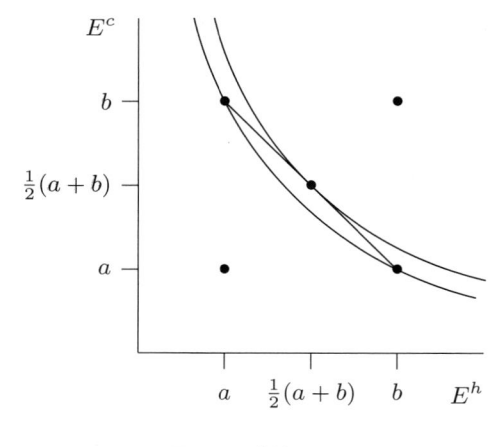

図 7.2.2　危険回避

定義 7.2.7. 事象依存財空間 $\mathbb{R}^H$ における選好関係 Q は，Q-可能消費集合 $X(Q)$ に属する任意の消費 x に対して，もし
(a) x が閉線分 $[y, z]$ に属し[11]，
(b) $(x, y) \notin Q$ と $(x, z) \notin Q$ を満足するような
$X(Q)$ に属する二つの消費 y と z が存在しないならば，「x において危険回避的である」と言われる．$X(Q)$ に属するすべての消費において危険回避的であるような選好関係 Q は「危険回避的」であると言われる[12]．

この定義によれば危険回避と選好関係の弱凸性は同値である．

命題 7.2.2. 事象依存財空間における任意の選好関係 Q に対して，もし $X(Q)$ が凸であるならば，Q が危険回避的であるためには Q が弱凸であることが必要十分である[13]．

事象依存財空間 $\mathbb{R}^H$ の元としての資源賦存量 ω が与えられ，さらに事象依存財空間の非正象限に含まれる原点を頂点とする閉凸錐が与えられればこれ

---

11)　閉線分の定義については，数学付録の定義 A.5.7 を参照．
12)　この定義は Luenberger (1995), p. 379 で採用されている．
13)　Luenberger (1995), p. 380 の Proposition 11.1 を参照．

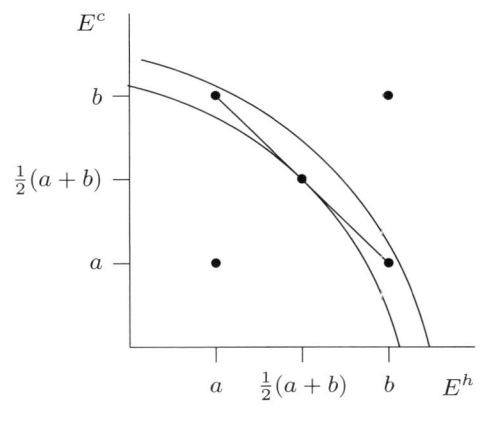

図 7.2.3　危険愛好

までに導入された生産技術と選好関係を用いて事象依存財空間を持つ経済が定義され，これまでの諸章での議論がそのまま不確実性を伴う経済についても適用できる．ただし以下で考察するように得られる結果の解釈には注意すべき点が種々ある．

7.3　財請求権証書と Arrow-Debreu 均衡

以下では議論の簡単化のために純粋交換経済 $(\succsim, \Delta, \alpha)$ を考え，それを $\mathscr{PEE}$ で表す．ただし背後に想定されている財集合は $H = \hat{H} \times L \times D$ によって定義されている．$\mathscr{PEE}$ から誘導される消費者経済 $(\succsim, \Delta, \alpha_I)$ を $\mathscr{E}$ で表す．以下では表現を簡略化するために $\bar{H} = \hat{H} \times L$ と表し，$\bar{H}$ の元を (h, l) と表示して「場所 l で入手可能な物的性質 h を持つ財」とは呼ばず単に h と表示して「財 h」と呼ぶ．すなわち「財 h」という表現の中には物的性質と入手可能な場所が含まれていると解釈する．

仮定 7.3.1. $\Delta = \bar{\Delta}^D$ を満足する $\mathbb{R}^{\bar{H}}$ の原点を頂点とする閉凸錐 $\bar{\Delta}$ が存在する．

すなわち，処分技術 Δ は財空間 $\mathbb{R}^H$ の原点を頂点とする閉凸錐であるが，

事象からは独立であり物的性質と入手可能な場所だけで定義される財に関する固有の性質であると仮定する．

定義 7.3.1. 経済 $\mathscr{E}$ の実現可能配分 x と $\mathbb{R}^H$ の元 p の順序対 (x,p) は，もし
(a) 任意の消費者 i に対して，(a.1) $p \cdot x_i \leq p \cdot \alpha_i$ となり，(a.2) $p \cdot z \leq p \cdot \alpha_i$ を満足する任意の $\succsim_i$-可能消費 z に対して $x_i \succsim_i z$ となり，
(b) $p \cdot (x_I - \alpha_I) = 0$ となり，
(c) p が処分技術 Δ の極 Δ^* に属するならば，
「純粋交換経済 $\mathscr{PEE}$ の Arrow-Debreu 均衡」と呼ばれる．

Arrow-Debreu 均衡は第 4 章で定義された競争均衡と形式的には同じものであり[14]，したがってその存在定理，厚生経済学の第一・第二基本定理などはまったく同様に成立する．しかし均衡の概念の解釈については次項以下に述べるようないくつかの注意が必要である．

7.3.1 財請求権証書の交換と実物財の交換

事象依存財自体は物理的な実態を持つ財ではないから均衡価格が決定されて需要量と供給量が定まってもその段階で受け渡しが可能なわけではなく，実際にある事象が発生した段階で初めて通常の財として受け渡しが可能になる．経済主体の意思表示が行われて価格が決定される時期と財の交換が実際に行われる時期は別だから少なくとも二つの期間を考える必要がある．

どの自然状態が発生するかがわからない第 0 期に経済主体の意思決定と意思表示が行われて価格が決定される．この段階で財の売り手は「期日・事象 (t, E) が発生したときにこの証書の持参人に財 h を z^{htE} 単位引き渡します」と書かれた証書を発行して買い手に対して均衡として決定された価格 p^{htE} で販売し[15]，買い手はこの証書を受け取る．すなわち Arrow-Debreu 均衡においてまず交換されるものは「財請求権証書」と呼びうるこの証書である．第 t

---

14) 定義 4.1.5 を参照．
15) 本節の冒頭に述べた約束に基づき，この証書の文面は一層正確に書けば「第 t 期に事象 E_t が発生したときにこの証書の持参人に物的性質 h を持つ財を場所 l において z^{h,l,t,E_t} 単位引き渡します．」というものになる．この証書の記載内容から，この証書 1 枚の取引金額は p^{htE} と z^{htE} の積になる．

期にある事象 E が発生すれば買い手は売り手のところに出向いて財請求権証書と引き換えに財を受け取るが，事象 E が発生しなければこの証書は無効だから買い手は財を受け取りえず，買い手は売り手に対して何も請求できない。

7.3.2 事前的評価と事後的評価

Arrow-Debreu 均衡は基本事象すなわち自然状態が確定する前の段階での最適化行動に基づく事前的な均衡概念である。消費者の選好関係は事象依存財の選択に関するものであり，基本事象が確定した後の実物財の消費に関する選好ではなく，後者は選好目録 $\succsim$ の中には定義されていない。したがってArrow-Debreu 均衡における財請求権証書の交換に基づいて獲得した実物財の消費活動が不確実性が解消した時点で消費者にとっていかなる意味で望ましいものであるかはまったく不明であり，Arrow-Debreu 均衡の定義からは何も知りえない。これは選好関係の定義が一般的過ぎることに起因する。事後的な望ましさを考えるには選好関係を若干限定しなければならない。すなわち次の定義の意味で選好関係が弱独立でなければならない。

定義 7.3.2. 任意の消費者 i に対して選好関係 $\succsim_i$ は，もし
(a) D の任意の元 d に対して $\hat{\succsim}_i^d$ が $\mathbb{R}^{\bar{H}}$ のある部分集合 $X\left(\hat{\succsim}_i^d\right)$ 上の弱順序であり，
(b) $\prod_{d \in D} X\left(\hat{\succsim}_i^d\right) = X(\succsim_i)$ となり，
(c) d 以外の D の任意の元 $\tilde{d}$ に対して $z^{\tilde{d}} = \tilde{z}^{\tilde{d}}$ となるような消費集合 $X(\succsim_i)$ に属する任意の二つの消費 z と $\tilde{z}$ および D の任意の元 d に対して，
$z^d \hat{\succsim}_i^d \tilde{z}^d$ のときまたそのときにかぎり $z \succsim_i \tilde{z}$ となるような
D から $\mathbb{R}^{\bar{H}}$ 上の二項関係全体の集合への関数 $\hat{\succsim}_i$ が存在するならば，「弱独立である」と言われる[16]。

選好関係が弱独立ならば，任意の事象に対してその事象に対応する事後的な選好関係が存在し，ある特定の事象に対応する事象依存財以外のいかなる財の消費量も変化せず，その特定の事象に対応する事象依存財の消費がその

---

16) Luenberger (1995), p. 118 を参照。

事後的な選好関係の観点から改善されるときまたそのときにかぎり事象依存財の消費量の変化は事前的な選好関係の観点からの改善になる。

命題 7.3.1. もし任意の消費者 i に対して選好関係 $\succsim_i$ が弱独立ならば，$\mathscr{PEE}$ の任意の Arrow-Debreu 均衡 (x,p)，任意の消費者 i，任意の基本事象 s および

$$p^{(|T(\mathscr{I})|-1,\{s\})} \cdot z^{(|T(\mathscr{I})|-1,\{s\})} \leq p^{(|T(\mathscr{I})|-1,\{s\})} \cdot x_i^{(|T(\mathscr{I})|-1,\{s\})}$$

となるような $X\left(\hat{\succsim}_i^{(|T(\mathscr{I})|-1,\{s\})}\right)$ の任意の元 $z^{(|T(\mathscr{I})|-1,\{s\})}$ に対して

$$x_i^{(|T(\mathscr{I})|-1,\{s\})} \hat{\succsim}_i^{(|T(\mathscr{I})|-1,\{s\})} z^{(|T(\mathscr{I})|-1,\{s\})}$$

となる。

命題 7.3.1 により，もし任意の消費者の選好関係が弱独立ならば，任意の Arrow-Debreu 均衡に対して最終期にいかなる基本事象が発生するとしてもそこでの消費はその消費の支出金額の範囲内で購入できるどの消費と比較しても実現した事象における事後的な選好関係の観点から最適である。

7.3.3 契約不履行の危険

財請求権証書の交換も一種の契約であり契約不履行の危険があるから，それを防止するための法的保護の態勢が十分に整っていなければ実行は難しいであろう。この点は次に扱う Radner 均衡の場合も同様である。

7.4 Radner 均衡

Arrow-Debreu 均衡で取引される財請求権証書の種類は事象依存財の種類と同じであり，その数は膨大である。Radner は事象の数と同じ種類の証券を用いて Arrow-Debreu 均衡と同じ配分を実現できることを示した。以下では議論が複雑になることを避けるために $T=\{0,1\}$ と仮定する。したがって情報構造の定義により $\mathscr{I}(0)=\{S\}$ かつ $\mathscr{I}(1)=\{E \mid E=\{s\}$ となる S の

元 s が存在する } となる。この場合,

$$D = \{(1, \{s\}) \mid s \in S\}$$

となり,一般的な事象を考える必要がないから,事象依存財よりむしろ状態依存財を考え,任意の自然状態(基本事象)s に対して事象 $\{s\}$ を s で置き換えて表記し,さらに D と S を同一視して D の元 $(1, \{s\})$ を s で表す。

定義 7.4.1. 任意の自然状態 s および任意の状態依存財 $(h, \tilde{s})$ に対して

$$\hat{a}^s(h, \tilde{s}) = \hat{a}^{sh}_{\tilde{s}} = \begin{cases} 1 & \text{if } h = \hat{h} \text{ and } \tilde{s} = s, \\ 0 & \text{otherwise} \end{cases}$$

を満足する $(s, h, \tilde{s})$ に依存しない $\bar{H}$ の元 $\hat{h}$ が存在するような H 上の実数値関数 $\hat{a}^s$ は「自然状態 s の Radner 証券」と呼ばれる。集合 $A_R = \{a \mid a = \hat{a}^s$ となる S の元 s が存在する $\}$ は「Radner 証券集合」と呼ばれる。

任意の自然状態 s に対して,$\hat{a}^s$ は $\mathbb{R}^H$ に属し,任意の自然状態 $\tilde{s}$ に対して $\hat{a}^s_{\tilde{s}}$ は $\mathbb{R}^{\bar{H}}$ に属する。本節の残りの部分では物的性質と入手可能な場所によって分類された財集合 $\bar{H}$ の中の任意のひとつの財 $\hat{h}$ を選んで固定する。このとき Radner 証券集合は次のように解釈される。任意の自然状態 s に対して Radner 証券 $\hat{a}^s$ は「自然状態 s が発生したときにこの証書の持参人に対して財 $\hat{h}$ を 1 単位引き渡します」と記入された財請求権証書である[17]。Radner 証券の種類は自然状態の種類と同数である,すなわち $|A_R| = |S|$ となる。

定義 7.4.2. 経済 $\mathscr{E}$ の実現可能配分 x,$\mathbb{R}^{I \times A_R}$ の元 ζ,$\mathbb{R}^H$ の元 p および $\mathbb{R}^{A_R}$ の元 q の組 (x, ζ, p, q) は,もし
(a) 任意の消費者 i に対して
(a.1) $q \cdot \zeta_i \leq 0$ となり,
(a.2) 任意の自然状態 s に対して $p_s \cdot x_{is} \leq p_s \cdot \left(\sum_{a \in A_R} a_s \zeta_{ia} + \alpha_{is} \right)$ となり,
(a.3) 任意の $\succsim_i$-可能消費 z に対して,もし

---

[17] $\hat{a}^s$ は実際には $\hat{h}$ 以外の財の量として常に 0 を指定しているが,これは形式的な問題であり,本質的には上記の記述内容を持つ証券である。

(a.3.1) $q \cdot \tilde{\zeta} \leq 0$ となり,
(a.3.2) 任意の自然状態 s に対して $p_s \cdot z_s \leq p_s \cdot \left(\sum_{a \in A_R} a_s \tilde{\zeta}_a + \alpha_{is} \right)$ となるような
s に依存しない $\mathbb{R}^{A_R}$ の元 $\tilde{\zeta}$ が存在するならば, $x_i \succsim_i z$ となり,
(b) $q \geq 0$, $\zeta_I \leq 0$ および $q \cdot \zeta_I = 0$ となり,
(c) 任意の自然状態 s に対して $p_s \cdot (x_{Is} - \alpha_{Is}) = 0$ となり,
(d) 任意の自然状態 s に対して p_s が処分技術 $\bar{\Delta}$ の極 $\bar{\Delta}^*$ に属するならば,
「純粋交換経済 $\mathscr{PEE}$ の Radner 均衡」と呼ばれる.

　状態依存財の価格 p と Radner 証券の価格 q が与えられたときの消費者 i の予算集合 $B_i(p,q)$ は定義 7.4.2 の条件 (a.3.1) と (a.3.2) を満足する $\mathbb{R}^{A_R}$ の元 $\tilde{\zeta}$ が存在するような $X(\succsim_i)$ の元 z 全体の集合であり, 消費者 i はこの予算集合の中で選好関係 $\succsim_i$ に関して最善の消費を選択すると想定される.

　Radner 均衡は次のような二段階の取引によって達成される均衡と解釈できる. 第 0 期ではどの自然状態が発生するかは知られておらずその段階で消費者は証券価格 q の下で S 種類の Radner 証券を取引する. 消費者はある Radner 証券を発行して販売し（これはその証券の負の購入量とみなされる）, その売上収入をある Radner 証券の購入代金として用いる. ζ_i は S 種類の Radner 証券の消費者 i による純購入量を表すが, 以下ではそれを単に購入量と呼ぶ. 条件 (a.1) はこの証券取引における予算制約を表している.

　条件 (a.2) の意味を考えよう. 第 2 期で S の中のある自然状態 s が発生する. このとき S 種類の Radner 証券を ζ_i だけ購入した消費者 i は

$$\sum_{a \in A_R} a_s \zeta_{ia} = \sum_{\tilde{s} \in S} \hat{a}_s^{\tilde{s}} \zeta_{i\hat{a}^{\tilde{s}}} = \hat{a}_s^s \zeta_{i\hat{a}^s}$$

の実物財を入手できる. これは $\zeta_{i\hat{a}^s}$ 単位の財 $\hat{h}$ だけから成り, その他の財の量は 0 単位である. このようにして入手した財と実現した自然状態 s の下での賦存資源の初期割当 α_{is} の合計 $\sum_{a \in A_R} a_s \zeta_{ia} + \alpha_{is}$ の売却収入 $p_s \cdot \left(\sum_{a \in A_R} a_s \zeta_{ia} + \alpha_{is} \right)$ から成る所得の制約の下で実物財の自然状態 s の下での消費活動 z_s を選択できる. S に属する任意の自然状態 s に対してこのような予算制約を満足する消費活動 z_s の目録 $z = (z_s)_{s \in S}$ すなわち $B_i(p,q)$ に属する消費活動 z の中で選好関係 $\succsim_i$ に関して最善の消費活動 x_i を消費者 i

7.4 Radner 均衡

はどの自然状態が発生するかわからない第 0 期で選択するという意思決定を行う。第 1 期では自然状態 s が実現して第 0 期での意思決定 x_i に基づく自然状態 s に対応する消費活動 x_{is} が実行される。

条件 (b) は Radner 証券の無料処分可能性の仮定と無料財規則を表し，条件 (c) と (d) は実物財に関する一般化された無料財規則を表している。

第 0 期に取引する Radner 証券の量を決定するためには消費者は第 1 期での状態依存財の購入量を同時に考慮しなければならないから状態依存財の価格を知る必要がある。したがって第 0 期で Radner 証券の価格 q と状態依存財の価格 p が知られていなければならない。このためには Radner 証券と状態依存財の市場が第 0 期で開かれて価格が決定されるか，あるいは第 0 期で取引される Radner 証券の市場だけが第 0 期に開かれるのであれば，各消費者が第 1 期に開かれる状態依存財の価格を正しく予想できるという自己充足的予想を仮定する必要がある。しかし，状態依存財の市場が第 0 期に開かれるということは Radner 均衡を考える本来の趣旨に沿わないから，自己充足的予想を仮定する必要がある。この点は将来財に対する先物市場が存在しない場合に自己充足的予想が必要であるという理由と類似している。

Arrow-Debreu 均衡と Radner 均衡の対応関係を述べる定理 7.4.1 を記述するためにいくつかの記号を定義する。

定義 7.4.3. 任意の自然状態 s に対して $p_s^{\hat{h}} > 0$ となるような $\mathbb{R}^H$ の任意の元 p，$\mathbb{R}^{A_R}$ の任意の元 q，任意の自然状態 s，任意の消費配分 x および任意の消費者 i に対して

$$q_s(p) = p_s^{\hat{h}}, \ r_s(p) = \frac{1}{p_s^{\hat{h}}} p_s, \ \hat{\zeta}_{is}(p,x) = \frac{p_s \cdot (x_{is} - \alpha_{is})}{p_s^{\hat{h}}}, \ \rho_s(p,q) = \frac{q_{\hat{a}^s}}{p_s^{\hat{h}}} p_s$$

と定義する。

定理 7.4.1. 仮定 7.3.1 の下で，
(a) 任意の自然状態 s に対して $p_s^{\hat{h}} > 0$ となるような純粋交換経済 $\mathscr{PEE}$ の任意の Arrow-Debreu 均衡 (x,p) に対して $(x, \hat{\zeta}(p,x), r(p), q(p))$ は $\mathscr{PEE}$ の Radner 均衡であり，
(b) 任意の自然状態 s に対して $p_s^{\hat{h}} > 0$ となるような $\mathscr{PEE}$ の任意の Radner 均衡 (x, ζ, p, q) に対して $(x, \rho(p,q))$ は $\mathscr{PEE}$ の Arrow-Debreu 均衡である。

この定理により，すべての状態依存財に対する財請求権の市場が存在する場合に Arrow-Debreu 均衡として達成できる配分が Radner 証券を用いることによって遥かに少ない数の市場を通じて達成できることがわかる．

7.5 期待効用仮説

前節までは不確実性の問題を事象依存財または状態依存財という概念を用いて扱ったが，以下ではさらに確率の概念を導入して選好関係に一層の限定を追加する方法を考える[18]．

定義 7.5.1. 集合 S と $S \times S \times [0,1]$ から S への関数 e の順序対 (S,e) は，もし
(a) S の任意の二つの元 a と b に対して $e(a,b,1) = a$ となり，
(b) $S \times S \times [0,1]$ の任意の元 (a,b,p) に対して $e(a,b,p) = e(b,a,1-p)$ となり，
(c) S の任意の二つの元 a と b および $[0,1]$ に属する任意の二つの実数 p と q に対して $e(e(a,b,p),b,q) = e(a,b,pq)$ ならば，
「混合集合」と呼ばれる[19]．

ここで任意の混合集合 (S,e) を選び，本節全体を通じて固定する．集合 S は抽選券の集合と解釈でき，また関数 e は二つの抽選券から一つの複合抽選券を構成する操作を表すと解釈できる．二つの抽選券 a と b が与えられたときに $e(a,b,p)$ は抽選券 a が確率 p で抽選券 b が確率 $1-p$ で当たる抽選券を表すと解釈する．

命題 7.5.1. (a) S の任意の元 a と $[0,1]$ に属する任意の実数 p に対して $e(a,a,p) = a$ となり，
(b) S の任意の二つの元 a と b および $[0,1]$ に属する任意の三つの実数 p, q と r に対して $e(e(a,b,p),e(a,b,q),r) = e(a,b,rp+(1-r)q)$ となる．

---

18) 以下の定式化と結果は Herstein and Milnor (1953) に基づく．
19) 混合集合の原語は英語の mixture set である．

この命題の解釈は容易である．$e(a,a,p)$ は抽選券 a が確率 p で抽選券 a が確率 $1-p$ で当たる抽選券は抽選券 a と同じであることを主張 (a) は述べており，抽選券 $e(a,b,p)$ が確率 r で抽選券 $e(a,b,q)$ が確率 $1-r$ で当たる抽選券 $e(e(a,b,p),e(a,b,q),r)$ は抽選券 a が確率 $rp+(1-r)q$ で抽選券 b が確率 $1-rp-(1-r)q$ で当たる抽選券 $e(a,b,rp+(1-r)q)$ と同じものであることを主張 (b) は述べている．

定義 7.5.2. S 上の弱順序 $\succsim$ は，もし
(a) S の任意の三つの元 a，b と c に対して集合 $\{p \in [0,1] \mid e(a,b,p) \succsim c\}$ と $\{p \in [0,1] \mid c \succsim e(a,b,p)\}$ が $[0,1]$ の閉部分集合であり，
(b) $a \sim b$ となるような S の任意の二つの元 a と b および S の任意の元 c に対して $e(a,c,1/2) \sim e(b,c,1/2)$ ならば，
「(S,e) 上の許容選好関係」と呼ばれる．

ここで (S,e) 上の任意の許容選好関係 $\succsim$ を選び，本節全体を通じて固定する．条件 (a) は選好関係の一種の連続性を表現している．集合 S に距離は定義されていないが，$[0,1]$ に導入された Euclid 距離を用いて本書のこれまでの部分で採用された意味での連続性と同様の趣旨が表現されている[20]．
　条件 (b) は「独立性」と呼ばれ，選好関係 $\succsim$ が効用水準の期待値で表現できるという期待効用仮説を支える重要な仮定である．選好関係 $\succsim$ によって無差別と判断される任意の二つの抽選券 a と b に対して任意の抽選券 c を用いて定義される a と c がそれぞれ確率 $1/2$ で当たる抽選券 $e(a,c,1/2)$ と b と c がそれぞれ確率 $1/2$ で当たる抽選券 $e(b,c,1/2)$ が互いに無差別であることが要求される．この仮定の意味は次の例から理解できよう．

例 7.5.1. 二つの賞品 x と y を考え，賞品 x が確実に当たる抽選券を a，賞品 y が確実に当たる抽選券を b で表し，さらに $c=b$ と定義する．ここで選好関係 $\succsim$ を持つ個人が a と b の間で無差別であると仮定する．このとき $e(a,c,1/2)$ は賞品 x と y がそれぞれ確率 $1/2$ で当たる抽選券であり，$e(b,c,1/2)$ は賞品 y が確実に当たるつまらない抽選券である．定義 7.5.2 の条件 (b) はこの個人

---

[20] Euclid 距離の定義については，数学付録の定義 A.5.23 を参照．

は $e(a, c, 1/2)$ と $e(b, c, 1/2)$ に関して無差別であるべきだと要求する。しかしこの個人が不確実性自体を楽しむとすれば $e(a, c, 1/2)$ を $e(b, c, 1/2)$ より厳密に選好するであろう。独立性の仮定はこの可能性を排除する。

命題 7.5.2. (a) $a \succsim b \succsim c$ となる S の任意の三つの元 a, b と c に対して $b \sim e(a, c, p)$ となる実数 p が $[0, 1]$ の中に存在し,
(b) S の任意の三つの元 a, b と c および $[0, 1]$ に属する任意の実数 p に対して, もし任意の正整数 ν に対して $e(a, b, p_\nu) \sim c$ となるような p に収束する $[0, 1]$ の中の数列 (p_ν) が存在するならば, $e(a, b, p) \sim c$ となり,
(c) $a \succ b$ となる S の任意の二つの元 a と b に対して $a \succ e(a, b, 1/2) \succ b$ となり,
(d) $a \succ b$ となる S の任意の二つの元 a と b および $]0, 1[$ に属する任意の実数 p に対して $a \succ e(a, b, p) \succ b$ となり,
(e) $a \sim b$ となる S の任意の二つの元 a と b および $[0, 1]$ に属する任意の実数 p に対して $e(a, b, p) \sim a$ となり,
(f) $a \succ b$ となる S の任意の二つの元 a と b および $[0, 1]$ に属するの任意の二つの実数 p と q に対して, $e(a, b, p) \succ e(a, b, q)$ であるためには $p > q$ となることが必要十分であり,
(g) $a \sim b$ となる S の任意の二つの元 a と b, S の任意の元 c および $[0, 1]$ に属する任意の実数 p に対して $e(a, c, p) \sim e(b, c, p)$ となる。

命題 7.5.2 は許容選好関係のいくつかの基本的性質を要約したものであり,特にその (g) は定義 7.5.2 の独立性条件 (b) において無差別な二つの抽選券に第三の抽選券を組み合わせる確率は 1/2 とは限らず任意のものでよいことを主張している。この条件は「強独立性」と呼ばれることがある。

定義 7.5.3. (a) S の任意の元 a に対して集合

$$I(S, e, \succsim, a) = \{b \in S \mid b \sim a\}$$

は「$\succsim$ に関する a の無差別類」と呼ばれ,
(b) 集合

$$E(S, e, \succsim) = \{L \mid L = I(S, e, \succsim, a) \text{ となる } S \text{ の元 } a \text{ が存在する}\}$$

は「$(S, e, \succsim)$ の無差別図」と呼ばれる。

命題 7.5.3. (a) $(S, e, \succsim)$ の無差別図 $E(S, e, \succsim)$ はもし $\{S\}$ と一致しなければ無限集合であり[21]，(b) S の任意の三つの元 a，b と c に対して，もし $a \succ b \succ c$ ならば $b \sim e(a, c, p)$ となる唯一の実数 p が $]0, 1[$ の中に存在する。

定義 7.5.4. S 上の実数値関数 u は，もし S の任意の二つの元 x と y に対して (a) $u(x) > u(y)$ のときまたそのときにかぎり $x \succ y$ となり，(b) $[0, 1]$ に属する任意の実数 p に対して $u(e(x, y, p)) = pu(x) + (1-p)u(y)$ ならば，「$\succsim$ を表現する効用関数」と呼ばれる。

許容選好関係 $\succsim$ を表現する効用関数が存在することを証明するために，あらかじめ次の定義を導入して直後の二つの命題を準備する。

定義 7.5.5. $a \succ b$ となるような S の任意の二つの元 a と b に対して

$$B(S, e, \succsim, a, b) = \{x \in S \mid a \succsim x \succsim b\}$$

と定義する。

命題 7.5.4. $a \succ b$ となる S の任意の二つの元 a と b に対して，
(a) $B(S, e, \succsim, a, b)$ の任意の元 x に対して $x \sim e(a, b, \pi^{ab}(x))$ となる唯一の実数 $\pi^{ab}(x)$ が $[0, 1]$ の中に存在し，
(b) $B(S, e, \succsim, a, b)$ の任意の二つの元 x と y に対して $x \succ y$ であるためには $\pi^{ab}(x) > \pi^{ab}(y)$ となることが必要十分であり，
(c) $[0, 1]$ に属する任意の実数 p に対して $e(a, b, p)$ は $B(S, e, \succsim, a, b)$ に属し，
(d) $[0, 1]$ に属する任意の実数 p および $B(S, e, \succsim, a, b)$ の任意の二つの元 x と y に対して $\pi^{ab}(e(x, y, p)) = p\pi^{ab}(x) + (1-p)\pi^{ab}(y)$ となる。

命題 7.5.5. $a \succ b$ となるような S の任意の二つの元 a と b，$r_1 \succ r_0$ となるような $B(S, e, \succsim, a, b)$ の任意の二つの元 r_0 と r_1，および $B(S, e, \succsim, a, b)$ 上の任意の二つの実数値関数 f と g に対して，もし
(i) $B(S, e, \succsim, a, b)$ の任意の二つの元 x と y に対して

---

[21] 無限集合の定義については数学付録の定義 A.1.5 を参照。

(i-1) $f(x) > f(y)$ のときまたそのときにかぎり $x \succ y$ となり,
(i-2) $g(x) > g(y)$ のときまたそのときにかぎり $x \succ y$ となり,
(i-3) $[0,1]$ に属する任意の実数 p に対して $f(e(x,y,p)) = pf(x) + (1-p)f(y)$
かつ $g(e(x,y,p)) = pg(x) + (1-p)g(y)$ となり,
(ii) $f(r_0) = g(r_0)$ かつ $f(r_1) = g(r_1)$
ならば $f = g$ となる.

ここで $\succsim$ を表現する効用関数の存在を主張できる.

命題 7.5.6. $\succsim$ を表現する効用関数 u が存在する.

定義 7.5.6. $\succsim$ を表現する効用関数全体の集合を $U(S, e, \succsim)$ で表す.

期待効用仮説の基本定理と呼ぶべき本節の主要定理をここで述べうる.

定理 7.5.1. (a) $U(S, e, \succsim)$ は非空であり,
(b) S 上の任意の実数値関数 v に対して, もし S の任意の元 x に対して $v(x) = au(x) + b$ となるような x に依存しない正実数 a と実数 b および $U(S, e, \succsim)$ の任意の元 u が存在するならば v は $U(S, e, \succsim)$ に属し,
(c) $U(S, e, \succsim)$ の任意の二つの元 u と v に対して, S の任意の元 x に対して $v(x) = au(x) + b$ となるような x に依存しない正実数 a と実数 b が存在する.

定理 7.5.1 の (a) により, 混合集合 (S, e) 上の許容選好関係 $\succsim$ は S 上のある実数値関数の期待値で表現できる. (b) と (c) に現れる「S の任意の元 x に対して $v(x) = au(x) + b$ となるような x に依存しない正実数 a と実数 b が存在する」という u と v の間の関係が成立するとき「v は u の正 affine 変換である」と言われる.

この表現によれば, (b) により $U(S, e, \succsim)$ の元の正 affine 変換であるような S 上の任意の実数値関数は $U(S, e, \succsim)$ に属し, (c) により $U(S, e, \succsim)$ の任意の二つの元は互いに正 affine 変換の関係にある. 集合 $U(S, e, \succsim)$ がこの性質を持つとき, 選好関係 $\succsim$ を表現する効用関数は「正 affine 変換に関して一意である」と言われ, このような効用関数で表現される効用は「可測である」と言われる[22]. この定理の意味は以下の応用の中で一層明らかになろう.

---

22) 定理 7.6.1 および命題 7.7.5 を参照.

7.6 不確実な選択対象としての単純確率測度

前節において混合集合 (S, e) における集合 S は抽選券の集合と解釈でき，関数 e は二つの抽選券から一種の複合抽選券を構成する操作を表すと解釈できると述べた．本節ではその考え方を具体的に表す状況を考えよう．そのために任意の非空集合 X を選び，本節全体を通じて固定する．

定義 7.6.1. X の冪集合 $\mathscr{P}(X)$ から $\mathbb{R}_+$ への関数 P は，もし
(a) $P(X) = 1$ となり，
(b) X の互いに交わらない任意の二つの部分集合 A と B に対して $P(A \cup B) = P(A) + P(B)$ となり，
(c) $P(A) = 1$ となる X の有限部分集合 A が存在するならば，
「X 上の単純確率測度」と呼ばれる．X 上の単純確率測度全体の集合を $\mathbf{P}(X)$ で表す．

集合 X は任意の非空集合でよいが，ここでまず確率論の用語を用いて基本事象全体の集合と呼ぼう．その冪集合 $\mathscr{P}(X)$ の元は事象である．事象全体の集合 $\mathscr{P}(X)$ から非負実数全体の集合 $\mathbb{R}_+$ への関数 P は条件 (a) から (c) を満足するときに X 上の単純確率測度と呼ばれるが，特に「単純」という修飾語がつく理由は条件 (c) を満足することと X の冪集合全体で定義されることを要求しているからである．これは以下の議論をできるだけ初等的なものにすることと同時に危険回避の性質の表現を単純にすることを目的として要求する．条件 (a) と (b) は確率測度の標準的性質である．X の任意の部分集合 A に対して $P(A)$ は「事象 A の確率」と呼ばれるが，これは将来発生する基本事象が事象 A に属する確率を表すと解釈される．

将来発生する基本事象は必ず基本事象全体の集合 X に属するから $P(X) = 1$ が成立すること，すなわち条件 (a) が仮定される．事象 A と事象 B が共通部分を持たない場合，将来発生する基本事象が $A \cup B$ に属する確率 $P(A \cup B)$ は，それが事象 A に含まれる確率 $P(A)$ と事象 B に含まれる確率 B の和に等しいことが条件 (b) で要求されており，これは「加法性」と呼ばれる．条件 (c) は基本事象の中で実際に発生しうるものは有限個に過ぎないことを要

求している．これらの性質から容易に導かれるいくつかの性質を確認しておこう．

命題 7.6.1. X 上の任意の単純確率測度 P に対して
(a) $P(\emptyset) = 0$ となり，
(b) X の任意の二つの部分集合 A と B に対して $P(A \cup B) \leq P(A) + P(B)$ となる．

命題 7.6.1 の主張 (b) は「劣加法性」と呼ばれる．

定義 7.6.2. $\mathbf{P}(X)$ の任意の二つの元 P と $\tilde{P}$ および $[0,1]$ に属する任意の実数 t に対して $\hat{e}(P, \tilde{P}, t) = tP + (1-t)\tilde{P}$ と定義する．

命題 7.6.2. $(\mathbf{P}(X), \hat{e})$ は混合集合である．

X の冪集合 $\mathbf{P}(X)$ は上ではそれぞれ基本事象全体の集合と事象全体の集合と解釈したが，それ以外の解釈，たとえば X は賞品全体の集合と解釈し $\mathbf{P}(X)$ は抽選券全体の集合と解釈することが可能である[23]．賞品の集合 A が与えられたとき $P(A)$ は抽選券 P を持っているときに A に属する賞品のどれかが当たる確率を表す．$\mathbf{P}(X) \times \mathbf{P}(X) \times [0,1]$ から $\mathbf{P}(X)$ への関数 $\hat{e}$ は二つの抽選券から一つの複合抽選券，すなわち二つの抽選券のいずれかが何らかの確率で当たる抽選券を構成する操作を表している．

定義 7.6.3. X 上の任意の実数値関数 f および X 上の任意の単純確率測度 P に対して実数 $E(f, P) = \sum_{x \in A(P)} f(x) P(\{x\})$ は「f の P に関する期待値」と呼ばれる．ただし $A(P) = \{x \in X \mid P(\{x\}) > 0\}$ と定義する．

実数値関数 f の単純確率測度 P に関する期待値を f の定義域に属する元 x における f の値 $f(x)$ と x だけから成る集合 $\{x\}$ の確率 $P(\{x\})$ の積全体の和として定義しようとするとき f の定義域が無限個の元を含む場合にはこの和は無限和になり定義できない可能性があるが，P が単純確率測度であるから有限部分集合 $A(P)$ を除く $\mathrm{dom}\, f$ の任意の元 x に対して上記の積 $f(x)P(\{x\})$ は零に等しく，この和は常に定義できる．

---

23) 次節ではさらに別の解釈が与えられるであろう．

定義 7.6.4. $\mathbf{P}(X)$ 上の二項関係 $\succsim$ に対して，X 上の任意の二つの単純確率測度 P と $\tilde{P}$ に対して $E(f,P) \geq E(f,\tilde{P})$ のときまたそのときにかぎり $P \succsim \tilde{P}$ となるような X 上の実数値関数 f 全体の集合を $U(X, \succsim)$ で表す。集合 $U(X, \succsim)$ の元は「選好関係 $\succsim$ を表現する基本効用関数」と呼ばれる。$\succsim$ を表現する基本効用関数 f が与えられたとき，$\mathbf{P}(X)$ の任意の元 P に対して $U_f(P) = E(f,P)$ によって定義される $\mathbf{P}(X)$ 上の実数値関数 U_f は「選好関係 $\succsim$ を表現する基本効用関数 f から生成される期待効用関数」と呼ばれる。

集合 $U(X, \succsim)$ は集合 X 上の単純確率測度全体の集合 $\mathbf{P}(X)$ の上で定義された選好関係 $\succsim$ を X 上の効用関数 f の X 上の単純確率測度に関する期待値で表現するような f 全体の集合を表す。このような効用関数の集合が非空であるかどうかは自明でない。もしそのような効用関数 f が存在するならば $\mathbf{P}(X)$ の上で定義された選好関係 $\succsim$ は $\mathbf{P}(X)$ に属する単純確率測度に関する期待値で表現される。

定理 7.6.1. $(\mathbf{P}(X), \hat{e})$ 上の任意の許容選好関係 $\succsim$ に対して
(a) $U(X, \succsim)$ は非空であり，
(b) X 上の任意の実数値関数 g に対して，もし X の任意の元 x に対して $g(x) = af(x) + b$ を満足する x に依存しない正実数 a と実数 b および $U(X, \succsim)$ の元 f が存在するならば g は $U(X, \succsim)$ に属し，
(c) $U(X, \succsim)$ の任意の二つの元 f と g に対して X の任意の元 x に対して $g(x) = af(x) + b$ を満足する x に依存しない正実数 a と実数 b が存在する。

この定理は定理 7.5.1 を非空集合上の単純確率測度全体から構成される混合集合に適用したものであり，その解釈は定理 7.5.1 の解釈と同様である。

7.7 自然状態の発生確率

本節では X は財空間 $\mathbb{R}^H$ の非空凸部分集合であり[24]，考察されている消費

---
24) 本節では，H は 7.2 節における事象依存財や状態依存財の集合ではなく前章以前で扱われたような分類に基づく財の集合である。

者の確実性下の消費集合を表すと解釈する．このとき X 上の単純確率測度は消費集合に属する有限個の元が正の確率で当たる抽選券を表しているとみなし，さらにこの抽選券は消費者の不確実性下の広義の消費活動を表現しているとみなすことが可能である[25]．確実な消費は消費集合の一つの元が確率 1 で当たる特別な抽選券とみなせばよい．したがって X 上の単純確率測度全体の集合 $\mathbf{P}(X)$ は所与の消費者にとって可能な不確実性下の広義の消費活動全体すなわち「不確実性下の広義の消費集合」を表すと解釈できる．定義 7.6.4 に現れる $\mathbf{P}(X)$ 上の二項関係 $\succsim$ は不確実性下のこの広義の消費集合上の選好関係とみなしうる．

前節では X 上の単純確率測度全体の集合 $\mathbf{P}(X)$ が与えられたと仮定しただけであり，その集合がどのような手続きで決定されたかは考えなかったが，以下ではモデルの一層の構造を導入する．自然状態全体の集合を少なくとも二つの元を持つ有限集合 S で表し，期間全体の集合を T で表し，$T = \{0, 1\}$ と仮定する．自然状態の集合 S に関する不確実性は第 1 期に解消し，第 0 期に各自然状態の発生確率をこの消費者が客観的または主観的に知覚していると仮定し，それを S 上の単純確率測度 π で表す．発生確率が零に等しい自然状態は S から除外し，S に属する任意の自然状態 s に対して $\pi(s) > 0$ と仮定する．

いかなる自然状態 s が発生してもこの消費者は確実性下の財空間 $\mathbb{R}^H$ の同一の非空凸部分集合 X に属する消費活動を選択できると仮定する．このときこの消費者の不確実性下の消費活動は状態依存財空間 $(\mathbb{R}^H)^S$ の部分集合としての直積 X^S の元すなわち S から X への関数で表される．すなわち不確実性下の消費活動は各自然状態 s に対してそれが生じたときの消費を X の中から選択するという計画を意味する．したがって X^S は「不確実性下の狭義の消費集合」と呼びえよう．以下では「狭義の」という修飾語は省略されることが多い．

---

[25] 「広義の」という修飾語を付ける理由は以下でもう少し限定的な不確実性下の消費を考えるからである．

7.7 自然状態の発生確率

定義 7.7.1. X^S の任意の元 c と X の任意の部分集合 A に対して

$$P_\pi^c(A) = \pi(c^{-1}(A))$$

と定義する。

命題 7.7.1. X^S の任意の元 c に対して P_π^c は X 上の単純確率測度である。

不確実性下の消費活動 c が与えられたとき X の部分集合 A の c の下での逆像 $c^{-1}(A)$ は消費活動 c の結果が集合 A に属するような自然状態全体の集合だから，$P_\pi^c(A)$ は消費活動 c を選ぶことの帰結が A に属する確率を表す。ゆえに不確実性下の消費活動 c の選択は X の各部分集合 A に属する確実性下の消費が確率 $P_\pi^c(A)$ で当たる抽選券を選択することを意味するから，不確実性下の消費活動 c と X 上の単純確率測度 P_π^c は同一視できる。

定義 7.7.2. $P = P_\pi^c$ となるような X^S の元 c が存在するような X 上の単純確率測度 P 全体から成る集合を $\mathbf{P}_\pi$ で表す。

$\mathbf{P}_\pi$ は X 上の単純確率測度全体の集合 $\mathbf{P}(X)$ すなわち不確実性下の広義の消費集合の部分集合である。このように消費者が自然状態の発生確率 π を客観的あるいは主観的に知覚している場合には X 上の単純確率測度の集合 $\mathbf{P}_\pi$ が定まり，この集合は不確実性下の狭義の消費集合 X^S と同一視できる。

定義 7.7.3. X の任意の元 x と X の任意の部分集合 A に対して

$$P_x(A) = \begin{cases} 1 & \text{if } x \in A, \\ 0 & \text{otherwise} \end{cases}$$

と定義する。

命題 7.7.2. X の任意の元 x に対して P_x は X 上の単純確率測度である。

X の任意の元 x に対して，$P_x(\{x\}) = 1$ だから P_x は消費活動 x を確実に実現できるような抽選券であり，この単純確率測度 P_x は確実性下の消費活動と同一視できる。

命題 7.7.3. X^S の任意の元 c に対して $P_\pi^c = \sum_{s \in S} \pi(\{s\}) P_{c(s)}$ となる。

不確実性下の消費活動 c が選択する抽選券 P_π^c は，自然状態 s が生じた場合の消費活動 $c(s)$（これは $c(s)$ を確実に実現できるような抽選券 $P_{c(s)}(\{c(s)\})$ と同一視されている）が s の発生確率 $\pi(\{s\})$ で実現できるような抽選券に他ならない．不確実性下の消費活動として同じ c を選んだとしても，自然状態の発生に関して異なる単純確率測度 π を持っている場合には，X 上の抽選券として別のものを選んだことになる．不確実性下の消費集合 X^S 上の選好関係は，以下の定義に現れるように，自然状態の集合 S 上の単純確率測度 π に依存する．

定義 7.7.4. X^S 上の二項関係 $Q_\pi = \{(c, \tilde{c}) \in X^S \times X^S \mid P_\pi^c \succsim P_\pi^{\tilde{c}}\}$ は「自然状態の発生確率 π が知覚されているときの不確実性下の選好関係」と呼ばれる．

自然状態の発生確率が客観的または主観的に知覚されている場合，消費者は不確実性下の消費集合 X^S に属する二つの消費活動 c と $\tilde{c}$ を，それらが定義する X 上の抽選券 P_π^c と $P_\pi^{\tilde{c}}$ に関する選好関係 $\succsim$ によって順序づける．

この選好関係 $\succsim$ が混合集合 $(\mathbf{P}(X), \hat{e})$ 上の許容選好関係であると仮定しよう．このとき定理 7.6.1 により選好関係 $\succsim$ を表現する基本効用関数 f が存在し，したがってこの f から生成される期待効用関数 U_f が $\mathbf{P}(X)$ の任意の元 P に対して $U_f(P) = E(f, P)$ によって定義される．この期待効用関数は X 上の単純確率測度全体の集合 $\mathbf{P}(X)$ すなわち不確実性下の広義の消費集合上の期待効用関数である．しかし，ここでは $\mathbf{P}_\pi$ に属する単純確率測度は不確実性下の狭義の消費集合 X^S の元 c が与えられれば P_π^c によって定まるから期待効用関数は次のように X^S 上の実数値関数として定義できる．

定義 7.7.5. $U(X, \succsim)$ に属する任意の基本効用関数 f と X^S の任意の元 c に対して $u^f(c) = E(f, P_\pi^c)$ によって定義される X^S 上の実数値関数 u^f は「基本効用関数 f から生成される選好関係 Q_π を表現する期待効用関数」と呼ばれる．

この定義の右辺に現れる期待値は次の命題で表現されるような形になる．

命題 7.7.4. $U(X, \succsim)$ に属する任意の基本効用関数 f と X^S の任意の元 c に対して $E(f, P_\pi^c) = \sum_{s \in S} \pi(\{s\}) f(c(s))$ となる．

7.7 自然状態の発生確率

選好関係 Q_π を表現する期待効用関数 u^f は状態依存財空間 $(\mathbb{R}^H)^S$ の部分集合 X^S としての消費集合 X^S 上の選好関係 Q_π を表現する効用関数である。

基本効用関数 f が微分可能である場合には，任意の自然状態 s に対して $x = c(s)$ となるような s に依存しない X の元 x が存在するような X^S の元 c における限界代替率には特別な意味が与えられる。H に属する任意の財 h と S に属する任意の二つの自然状態 s と $\tilde{s}$ を考える。このとき自然状態 s と $\tilde{s}$ における財 h の限界効用はそれぞれ

$$u^f_{hs}(c) = \pi(\{s\})f_h(c(s)) = \pi(\{s\})f_h(x),$$
$$u^f_{h\tilde{s}}(c) = \pi(\{\tilde{s}\})f_h(c(\tilde{s})) = \pi(\{\tilde{s}\})f_h(x)$$

だから c における状態依存財 (h, s) と $(h, \tilde{s})$ の間の限界代替率は

$$\frac{u^f_{hs}(c)}{u^f_{h\tilde{s}}(c)} = \frac{\pi(\{s\})}{\pi(\{\tilde{s}\})}$$

となり，自然状態 s と $\tilde{s}$ の発生確率の比を表す。この意味で状態依存財空間における消費者の選好関係は自然状態の発生に関する当該消費者の主観的確率を反映している。

7.2.2 項の命題 7.2.2 で事象依存財空間における選好関係が危険回避的であるためにはその選好関係が弱凸であることが必要十分であることを見た。この結果を現在の枠組に応用すれば選好関係 $\succsim$ が危険回避であることは $\succsim$ が弱凸であることと同値であるとみなしうる。これは期待効用関数 u^f が準凹関数であることと同値である。この性質と基本効用関数 f の性質の関係について考えよう。

まず定理 7.6.1 で確認した基本効用関数の正 affine 変換に関する一意性の一つの帰結である効用の可測性を見よう。

命題 7.7.5. $U(X, \succsim)$ に属する任意の二つの基本効用関数 f と g および X に属する任意の四つの消費 x, y, z および w に対して

$$f(x) - f(y) < f(z) - f(w)$$

のときまたそのときにかぎり

$$g(x) - g(y) < g(z) - g(w)$$

となる.

　この命題は効用差の大小関係が $U(X, \succsim)$ の中からどのように基本効用関数を選ぶかに依存せずに確定され,したがって効用差の比較には意味があることを主張している.この性質はしばしば「効用の可測性」と呼ばれ,確実性下で扱った序数的効用関数には見られない性質である.

定理 7.7.1. 確実性下の消費集合 X が凸ならば, $U(X, \succsim)$ に属する任意の基本効用関数 f に対して,
(a) f が凹関数ならば f から生成される選好関係 Q_π を表現する期待効用関数 u^f は凹関数(したがって準凹関数)であり,
(b) u^f が X^S 上の準凹関数ならば f の X の内部への制限は凹関数である.

　この定理は消費者の危険回避を表す期待効用関数の準凹性と基本効用関数の凹性は消費集合の境界部分という例外的な部分を除いて同値であり,危険回避は基本効用関数の凹性で特徴付けられると考えてよいことを示す.この結果は確実性の世界を扱った第 3 章で得られた結果に新しい解釈を追加する.第 3 章では効用関数の凹性は何の役割も果たさず,準凹性だけに意味があった.そこでは効用関数は序数的であり,狭義単調増加変換を施しても同一の選好関係を表現する.その場合には凹性あるいはその特殊な性質である限界効用逓減には意味がない.

　たとえば第 3 章の定理 3.5.2 の (d.3) に現れる間接効用関数の所得に関する 2 階の偏微係数の符号に関しては何も情報が与えられなかった.しかし消費者が不確実性が存在する経済で行動する用意があり,その選好関係が期待効用仮説を満足する,すなわち定義 7.5.2 の意味での許容選好関係を持っており,危険回避的であるならば,基本効用関数は凹だからその Hesse 行列は非正定符号であり[26],定理 3.5.2 の (d.3) により所得の限界効用が非逓増であることが導かれる.この性質は Marhshall を始めとする新古典派初期以前の限界効用理論に基づくミクロ経済分析では重要な役割を演じたが,序数的効用概念あるいは選好関係に基づく分析が行われるようになってその役割が認め

---

[26] 数学付録の定理 A.8.1 の (b) を参照.

られなくなった。しかし不確実性下の行動が期待効用仮説に基づいて行われる場合にはその役割が復活したと言えよう。

7.8 証 明

命題 7.2.1 の証明. 任意の情報構造 $\mathscr{I}$ と S に属する任意の基本事象 s を選ぶ。この命題は次の主張における $t = |T(\mathscr{I})| - 1$ の場合であり，この主張自体は数学的帰納法により容易に証明できる。

主張. 任意の非負整数 t に対して，もし t が $T(\mathscr{I})$ に属するならば，(a) $\hat{E}_s^t(|T(\mathscr{I})|-1) = \{s\}$ となり，(b) $\{|T|-1-t,\ldots,|T|-1\} \setminus \{|T(\mathscr{I})|-1\}$ の任意の元 τ に対して (b.1) $\hat{E}_s^t(\tau)$ が $\mathscr{I}(\tau)$ に属し，(b.2) $\hat{E}_s^t(\tau+1)$ が $\hat{E}_s^t(\tau)$ に含まれるような $\{|T|-1-t,\ldots,|T|-1\}$ から $\mathscr{P}(S)$ への唯一の関数 $\hat{E}_s^t$ が存在する。

命題 7.2.2 の証明は容易だから省略する。

命題 7.3.1 の証明. 任意の消費者 i に対して $\succsim_i$ が弱独立であるような $\mathscr{PEE}$ の任意の Arrow-Debreu 均衡 (x,p)，任意の消費者 i，任意の基本事象 s および

$$p^{(|T(\mathscr{I})|-1,\{s\})} \cdot z^{(|T(\mathscr{I})|-1,\{s\})} \leq p^{(|T(\mathscr{I})|-1,\{s\})} \cdot x_i^{(|T(\mathscr{I})|-1,\{s\})}$$

を満足する $X\left(\succsim_i^{(|T(\mathscr{I})|-1,\{s\})}\right)$ の任意の元 $z^{(|T(\mathscr{I})|-1,\{s\})}$ を選ぶ。D の任意の元 d に対して，$d = (|T(\mathscr{I})|-1,\{s\})$ ならば $z^d = z^{(|T(\mathscr{I})|-1,\{s\})}$ それ以外の場合には $z^d = x_i^d$ と定義する。定義 7.3.2 の条件 (b) により z は $\succsim_i$-可能消費であり，定義 7.3.1 の条件 (a.1) により $p \cdot z \leq p \cdot x_i \leq p \cdot \alpha_i$ だから，定義 7.3.1 の条件 (a.2) により $x_i \succsim_i z$ となる。$(|T(\mathscr{I})|-1,\{s\})$ 以外の D の任意の元 d に対して $z^d = x_i^d$ となり $\succsim_i$ は弱独立だから $x_i^{(|T(\mathscr{I})|-1,\{s\})} \succsim_i^{(|T(\mathscr{I})|-1,\{s\})} z^{(|T(\mathscr{I})|-1,\{s\})}$ となり，命題 7.3.1 が成立する。 ■

定理 7.4.1 の証明.

主張 1. 任意の自然状態 s に対して $p_s^{\hat{h}} > 0$ となるような $\mathscr{PEE}$ の任意の Arrow-Debreu 均衡 (x,p) に対して $(x, \hat{\zeta}(p,x), r(p), q(p))$ は $\mathscr{PEE}$ の Radner 均衡である。

主張 1 の証明. 任意の自然状態 s に対して $p_s^{\hat{h}} > 0$ となるような $\mathscr{PEE}$ の任意の Arrow-Debreu 均衡 (x,p) を選ぶ。

主張 1.1. 任意の消費者 i に対して
(a) $q(p) \cdot \hat{\zeta}_i(p,x) \leq 0$ となり，
(b) 任意の自然状態 s に対して $r_s(p) \cdot x_{is} = r_s(p) \cdot \left(\sum_{k \in S} \hat{a}_s^k \hat{\zeta}_{ik}(p,x) + \alpha_{is} \right)$ となり，
(c) 任意の $\succsim_i$-可能消費 z に対して，もし (c.1) $q(p) \cdot \tilde{\zeta} \leq 0$ かつ (c.2) 任意の自然状態 s に対して $r_s(p) \cdot z_s \leq r_s(p) \cdot \left(\sum_{a \in A_R} a_s \tilde{\zeta}_a + \alpha_{is} \right)$ となるような s に依存しない $\mathbb{R}^{A_R}$ の元 $\tilde{\zeta}$ が存在するならば，$x_i \succsim_i z$ となる。

主張 1.1 の証明. 任意の消費者 i を選ぶ。(a) は定義 7.3.1 の条件 (a.1) から，また (b) は記号の定義から導かれる。(c.1) と (c.2) を満足する $\mathbb{R}^{A_R}$ の元 $\tilde{\zeta}$ が存在するような任意の $\succsim_i$-可能消費 z を選ぶ。仮定 (c.2) により，任意の自然状態 s に対して $p_s \cdot z_s = q_s(p) r_s(p) \cdot z_s \leq q_s(p) \tilde{\zeta}_{\hat{a}^s} + p_s \cdot \alpha_{is}$ だから，仮定 (c.1) により $p \cdot z \leq q(p) \cdot \tilde{\zeta} + p \cdot \alpha_i \leq p \cdot \alpha_i$ ゆえに定義 7.3.1 の条件 (a.2) により $x_i \succsim_i z$ となり，(c) が成立し主張 1.1 が導かれる。

主張 1.2. (a) $q(p) \gg 0$，(b) $\hat{\zeta}_I(p,x) = 0$ かつ (c) 任意の自然状態 s に対して $r_s(p) \cdot (x_{Is} - \alpha_{Is}) = 0$ となる。

主張 1.2 の証明. x は $\mathscr{E}$ の実現可能配分だから $x_I - \alpha_I$ は Δ に属し，仮定 7.3.1 により $\Delta = \bar{\Delta}^D = \bar{\Delta}^S$ だから，S の任意の元 s に対して $x_{Is} - \alpha_{Is}$ は $\bar{\Delta}$ に属する。S の任意の二つの元 s と $\tilde{s}$ に対して，もし $\tilde{s} = s$ ならば $z_{\tilde{s}}^s = x_{Is} - \alpha_{Is}$ と定義し，それ以外の場合には $z_{\tilde{s}}^s = 0 \in \mathbb{R}^{\bar{H}}$ と定義する。S の任意の元 s に対して $z^s \in \bar{\Delta}^S = \Delta$ であり定義 7.3.1 の条件 (c) により p は Δ^* に属するから $p_s \cdot (x_{Is} - \alpha_{Is}) = p \cdot z^s \leq 0$ となる。定義 7.3.1 の条件 (b) により $\sum_{s \in S} p_s \cdot (x_{Is} - \alpha_{Is}) = p \cdot (x_I - \alpha_I) = 0$ だから，任意の自然状態 s に対して，$p_s \cdot (x_{Is} - \alpha_{Is}) = 0$ ゆえに $r_s(p) \cdot (x_{Is} - \alpha_{Is}) = 0$ となって (c) が

成立し，他方 $\hat{\zeta}_{Is}(p,x) = (1/p_s^{\hat{h}})p_s \cdot (x_{Is} - \alpha_{Is}) = 0$ だから $\hat{\zeta}_I(p,x) = 0$ となり (b) が成立する。(a) は $q(p)$ の定義から導かれるから主張 1.2 が成立する。

任意の自然状態 s と $\bar{\Delta}$ の任意の元 w を選び，S の任意の元 $\tilde{s}$ に対して，もし $\tilde{s} = s$ ならば $z_{\tilde{s}}^s = w$ と定義し，それ以外の場合には $z_{\tilde{s}}^s = 0 \in \mathbb{R}^{\bar{H}}$ と定義する。このとき $z^s \in \bar{\Delta}^S = \bar{\Delta}^D = \Delta$ であり定義 7.3.1 の条件 (c) により p は Δ^* に属するから，$r_s(p) \cdot w = (1/p_s^{\hat{h}})p_s \cdot w \leq (1/p_s^{\hat{h}})p \cdot z^s \leq 0$ となる。w は $\bar{\Delta}$ の任意の元だから $r_s(p)$ は $\bar{\Delta}^*$ に属し，次の主張 1.3 が成立する。

主張 1.3. 任意の自然状態 s に対して $r_s(p)$ は $\bar{\Delta}^*$ に属する。

主張 1.1 から 1.3 により主張 1 が成立する。

主張 2. 任意の自然状態 s に対して $p_s^{\hat{h}} > 0$ となる $\mathscr{PEE}$ の任意の Radner 均衡 (x, ζ, p, q) に対して $(x, \rho(p,q))$ は $\mathscr{PEE}$ の Arrow-Debreu 均衡である。

主張 2 の証明. 任意の自然状態 s に対して $p_s^{\hat{h}} > 0$ となる $\mathscr{PEE}$ の Radner 均衡 (x, ζ, p, q) を選ぶ。

主張 2.1. 任意の消費者 i に対して，(a) $\rho(p,q) \cdot x_i \leq \rho(p,q) \cdot \alpha_i$ となり，(b) $\rho(p,q) \cdot z \leq \rho(p,q) \cdot \alpha_i$ を満足する任意の $\succsim_i$-可能消費 z に対して $x_i \succsim_i z$ となる。

主張 2.1 の証明. 任意の消費者 i を選ぶ。定義 7.4.2 の条件 (a.1) と (a.2) により (a) が成立する。$\rho(p,q) \cdot z \leq \rho(p,q) \cdot \alpha_i$ となる任意の $\succsim_i$-可能消費 z を選び，任意の自然状態 s に対して $\tilde{\zeta}_{\hat{a}^s} = (p_s \cdot (z_s - \alpha_{is}))/p_s^{\hat{h}}$ と定義する。このとき $\tilde{\zeta}$ は $\mathbb{R}^{A_R}$ に属し，$q \cdot \tilde{\zeta} \leq 0$ となり，任意の自然状態 s に対して $p_s \cdot \left(\sum_{a \in A_R} a_s \tilde{\zeta}_a + \alpha_{is}\right) = p_s \cdot z_s$ だから定義 7.4.2 の条件 (a.3) により $x_i \succsim_i z$ となり (b) が成立し主張 2.1 が導かれる。

定義 7.4.2 の条件 (c) により次の主張 2.2 が成立する。

主張 2.2. $\rho(p,q) \cdot (x_I - \alpha_I) = 0$ となる。

Δ の任意の元 z と任意の自然状態 s を選ぶ。仮定 7.3.1 により z_s は $\bar{\Delta}$ に属し，定義 7.4.2 の条件 (d) により $p_s \cdot z_s \leq 0$ となる。定義 7.4.2 の条件 (b)

により $q \geq 0$ だから $\rho_s(p,q) \cdot z_s = (q_{\hat{a}^s}/p_s^{\hat{h}})p_s \cdot z_s \leq 0$ となる。s は任意だから $\rho(p,q) \cdot z \leq 0$ となり、$\rho(p,q)$ は Δ^* に属し、次の主張 2.3 が成立する。

主張 2.3. $\rho(p,q)$ は Δ^* に属する。

主張 2.1 から 2.3 により主張 2 が成立し、主張 1 と 2 により定理 7.4.1 の証明が完了する。 ∎

命題 7.5.1 の証明は容易だから省略する。

命題 7.5.2 の証明. $a \succsim b \succsim c$ となる S の任意の三つの元 a, b と c を選び $U = \{p \in [0,1] \mid e(a,c,p) \succsim b\}$ また $L = \{p \in [0,1] \mid b \succsim e(a,c,p)\}$ と定義する。1 は U に属し 0 は L に属するから U と L は非空である。$\succsim$ は S 上の弱順序だから S 上で強連結であり[27]、ゆえに $U \cup L = [0,1]$ となる。$\succsim$ は定義 7.5.2 の条件 (a) の意味で連続だから U と L は $[0,1]$ の閉部分集合である。$[0,1]$ は連結だから $U \cap L$ は非空であり[28]、ゆえに $b \sim e(a,c,p)$ となるような $U \cap L$ の元 p が存在し、次の主張 1 が成立する。

主張 1. $a \succsim b \succsim c$ となる S の任意の三つの元 a, b と c に対して $b \sim e(a,c,p)$ となる実数 p が $[0,1]$ の中に存在する。

任意の正整数 ν に対して $e(a,b,p_\nu) \sim c$ となる p に収束する $[0,1]$ の中の数列 (p_ν) が存在するような S の任意の三つの元 a, b と c および $[0,1]$ に属する任意の実数 p を選び、$U = \{p \in [0,1] \mid e(a,b,p) \succsim c\}$ また $L = \{p \in [0,1] \mid c \succsim e(a,b,p)\}$ と定義する。このとき任意の正整数 ν に対して p_ν は $U \cap L$ に属し定義 7.5.2 の条件 (a) により U と L は $[0,1]$ の閉部分集合だから p は $U \cap L$ に属し、$e(a,b,p) \sim c$ となり、次の主張 2 が成立する。

主張 2. S の任意の三つの元 a, b と c および $[0,1]$ に属する任意の実数 p に対して、もし任意の正整数 ν に対して $e(a,b,p_\nu) \sim c$ となるような p に収束する $[0,1]$ の中の数列 (p_ν) が存在するならば、$e(a,b,p) \sim c$ となる。

主張 3. $a \succ b$ となる S の任意の二つの元 a と b に対して $a \succ e(a,b,1/2) \succ b$ となる。

---

[27] 数学付録の命題 A.2.4 を参照。
[28] 数学付録の命題 A.3.3 を参照。

主張 3 の証明. $a \succ b$ かつ $e(a,b,1/2) \succsim a$ となる S の二つの元 a と b が存在すると仮定し, $T = \{p \in [0,1] \mid a \sim e(a,b,p/2)\}$ と定義する. 主張 1 と定義 7.5.1 の条件 (c) により T は非空である. T は有界であり主張 2 により $[0,1]$ の閉部分集合だから, T はコンパクトであり[29], したがって T の最小元 $\min T$ が存在する[30]. $p = \min T$ と定義する. $p = 0$ ならば p は T に属するから定義 7.5.1 の条件 (a) と (b) により $a \sim e(a,b,0) = b$ となり不合理であり $p > 0$ となる. $a \sim e(a,b,p/2)$ だから定義 7.5.2 の条件 (b), 定義 7.5.1 の条件 (c) および主張 3.1 の証明の冒頭の仮定により $e(a,b,p/4) = e(e(a,b,p/2),b,1/2) \sim e(a,b,1/2) \succsim a \succ b$ だから主張 1 により $a \sim e(e(a,b,p/4),b,q)$ となる実数 q が $[0,1]$ の中に存在し, 定義 7.5.1 の条件 (c) により $e(e(a,b,p/4),b,q) = e(a,b,pq/4)$ だから $a \sim e(a,b,pq/4)$ となる. ゆえに $pq/2$ は T に属するが $pq/2 < p = \min T$ となり不合理だから $a \succ e(a,b,1/2)$ となる. 同様に $e(a,b,1/2) \succ b$ だから主張 3 が成立する.

任意の正整数 n に対して
$$B(n) = \left\{ q \;\middle|\; q = \sum_{i=1}^{n} \frac{a_i}{2^i} \text{ となる } \{0,1\}^n \setminus \{0\} \text{ の元 } a \text{ が存在する} \right\}$$
と定義し, さらに
$$B = \bigcup_{n \in \mathbb{Z}_{++}} B(n)$$
と定義する.

主張 4. (a) 任意の正整数 n に対して $B(n) \subset B(n+1) \subset \,]0,1[$ となり, (b) $]0,1[$ に属する任意の実数 p に対して $0 < q < p < r < 1$ となる B の二つの元 q と r が存在する.

主張 4 の証明. 任意の正整数 n と $B(n)$ の任意の元 q を選ぶ. このとき $q = \sum_{i=1}^{n} a_i/2^i$ となる $\{0,1\}^n \setminus \{0\}$ の元 a が存在し, したがって q は $]0,1[$ に属する. $n+1$ 以下の任意の正整数 i に対して, もし $i \leq n$ ならば $b_i = a_i$

---

29) 数学付録の定理 A.5.8 を参照.
30) 数学付録の定理 A.5.9 を参照.

それ以外の場合には $b_i = 0$ と定義する．このとき b は $q = \sum_{i=1}^{n+1} b_i/2^i$ を満足する $\{0,1\}^{n+1} \setminus \{0\}$ の元だから，q は $B(n+1)$ に属し，(a) が成立する．

$]0,1[$ に属する任意の実数 p に対して，$1/2^m < p < 1/2^n$ となる二つの正整数 m と n が存在するから $a_m = 1$，m 未満の任意の正整数 i に対して $a_i = 0$ さらに $q = \sum_{i=1}^{m} a_i/2^i$，また $b_n = 1$，n 未満の任意の正整数 i に対して $b_i = 0$ さらに $r = \sum_{i=1}^{n} b_i/2^i$ と定義すれば (b) が成立し，主張 4 が導かれる．

主張 5. $a \succ b$ となる S の任意の二つの元 a と b および $]0,1[$ に属する任意の実数 p に対して $a \succ e(a,b,p) \succ b$ となる．

主張 5 の証明． $a \succ b$ となる S の任意の二つの元 a と b および $]0,1[$ に属する任意の実数 p を選ぶ．n に関する数学的帰納法を用いて主張 3 と定義 7.5.1 から次の主張 5.1 が導かれる．

主張 5.1. 任意の正整数 n と 2^n より小さい任意の非負整数 h に対して $e(a,b,(h+1)/2^n) \succ e(a,b,h/2^n)$ となる．

主張 5.2. $r > q$ を満足する B の任意の二つの元 q と r に対して $a \succ e(a,b,r) \succ e(a,b,q) \succ b$ となる．

主張 5.2 の証明． $r > q$ となる B の任意の二つの元 q と r を選ぶ．このとき $q = \sum_{i=1}^{n(q)} c_i/2^i$ かつ $r = \sum_{i=1}^{n(r)} d_i/2^i$ となる二つの正整数 $n(q)$ と $n(r)$，$\{0,1\}^{n(q)} \setminus \{0\}$ の元 c および $\{0,1\}^{n(r)} \setminus \{0\}$ の元 d が存在するから $n = \max\{n(q), n(r)\}$ と定義する．このとき $q = (1/2^n) \sum_{i=1}^{n(q)} c_i 2^{n-i}$ かつ $r = (1/2^n) \sum_{i=1}^{n(r)} d_i 2^{n-i}$ だから $0 < q < r < 1$ ゆえに主張 5.1 により $a \succ e(a,b,r) \succ e(a,b,q) \succ b$ となり主張 5.2 が成立する．

主張 5.3. $a \succ e(a,b,p) \succ b$ となる．

主張 5.3 の証明． p は $]0,1[$ に属するから，主張 4 の (b) により $0 < q < p < r < 1$ となる B の二つの元 q と r が存在する．p に収束する $]q,r[\cap B$ の中の数列 (p_i) が存在するから[31]，主張 5.2 により任意の正整数 i に対して $a \succ e(a,b,r) \succ$

---

31) 数学付録の定理 A.5.6 を参照．

$e(a,b,p_i) \succ e(a,b,q) \succ b$ ゆえに定義の 7.5.2 の条件 (a) により $a \succ e(a,b,r)$ $\succsim e(a,b,p) \succsim e(a,b,q) \succ b$ となり主張 5.3 すなわち主張 5 が成立する.

主張 6. $a \sim b$ となる S の任意の二つの元 a と b および $[0,1]$ に属する任意の実数 p に対して $e(a,b,p) \sim a$ となる.

主張 6 の証明. $a \sim b$ となる S の任意の二つの元 a と b および $[0,1]$ に属する任意の実数 p を選ぶ. $p=0$ と $p=1$ の場合は明らかだから, 以下では $0 < p < 1$ の場合のみを考える. 定義 7.5.1 の (b), 定義 7.5.2 の (b) および命題 7.5.1 の (a) から, n に関する数学的帰納法により次の主張 6.1 が導かれる.

主張 6.1. 任意の正整数 n と $B(n)$ の任意の元 q に対して $e(a,b,q) \sim a$ となる.

主張 6.2. $e(a,b,p) \sim a$ となる.

主張 6.2 の証明. $0 < p < 1$ だから p に収束する B の中の数列 (q_i) が存在する[32]. 主張 6.1 により任意の正整数 i に対して $e(a,b,q_i) \sim a$ だから, 主張 2 により $e(a,b,p) \sim a$ となり, 主張 6.2 したがって主張 6 が成立する.

主張 7. $a \succ b$ となる S の任意の二つの元 a と b および $[0,1]$ に属する任意の二つの実数 p と q に対して, $e(a,b,p) \succ e(a,b,q)$ であるためには $p > q$ となることが必要十分である.

主張 7 の証明. $a \succ b$ となる S の任意の二つの元 a と b および $[0,1]$ に属するの任意の二つの実数 p と q を選ぶ.

主張 7.1. (a) $p > q$ ならば $e(a,b,p) \succ e(a,b,q)$ となり, (a) $q > p$ ならば $e(a,b,q) \succ e(a,b,p)$ となる.

主張 7.1 の証明. (b) は (a) と対称的だから (a) のみを証明する. $p > q$ と仮定する. $e(a,b,1) = a \succ b = e(a,b,0)$ であり, $q \neq 0$ ならば主張 5 により $e(a,b,1) = a \succ e(a,b,q)$ だから $p = 1$ ならば (a) は成立する. $p \neq 1$ と仮定

---

32) 数学付録の定理 A.5.6 を参照.

する。$0 \leq q < p < 1$ だから主張 5 により $a \succ e(a,b,p) \succ b$ となる。$q=0$ ならば定義 7.5.1 の (a) と (b) により $e(a,b,p) \succ b = e(a,b,q)$ だから $q \neq 0$ と仮定する。このとき q/p は $]0,1[$ に属し $e(a,b,p) \succ b$ だから主張 5 により $e(a,b,p) \succ e(e(a,b,p),b,q/p) = e(a,b,q)$ となり (a) が成立する。

主張 7.2. $e(a,b,p) \succ e(a,b,q)$ ならば $p > q$ となる。

主張 7.2 の証明. $q > p$ ならば主張 7.1 の (b) により $e(a,b,q) \succ e(a,b,p)$ となり不合理であり $p = q$ ならば $e(a,b,p) \sim e(a,b,q)$ となり不合理だから $p > q$ となり主張 7.2 が成立し、主張 7.1 の (a) と 7.2 から主張 7 が導かれる。

主張 8. $a \sim b$ となる S の任意の二つの元 a と b、S の任意の元 c および $[0,1]$ に属する任意の実数 p に対して $e(a,c,p) \sim e(b,c,p)$ となる。

主張 8 の証明. $a \sim b$ となる S の任意の二つの元 a と b、S の任意の元 c および $[0,1]$ に属する任意の実数 p を選ぶ。主張 6 から次の主張 8.1 が導かれる。

主張 8.1. $a \sim c$ ならば $e(a,c,p) \sim e(b,c,p)$ となる。

主張 8.2. $a \succ c$ または $c \succ a$ ならば $e(a,c,p) \sim e(b,c,p)$ となる。

主張 8.2 の証明. $a \succ c$ または $c \succ a$ と仮定する。$p = 0$ または $p = 1$ ならば $e(a,c,p) \sim e(b,c,p)$ だから、$0 < p < 1$ と仮定する。次の主張 8.2.1 は主張 6.1 と同様に n に関する数学的帰納法で証明できる。

主張 8.2.1. 任意の正整数 n と $B(n)$ の任意の元 q に対して $e(a,c,q) \sim e(b,c,q)$ となる。

主張 8.2.2. $e(a,c,p) \sim e(b,c,p)$ となる。

主張 8.2.2 の証明. $a \succ c$ と仮定して $T = \{q \in [0,1] \mid e(a,c,q) \succsim e(b,c,p)\}$ と定義する。$0 < p < 1$ だから、任意の正実数 n に対して $\sum_{i=1}^{n} d_i/2^i - 1/2^n \leq p < \sum_{i=1}^{n} d_i/2^i$ となるような $\{0,1\}^n \setminus \{0\}$ の元 $(d_1, \ldots, d_n)$ が存在する[33]。

---

33) 数学付録の定理 A.5.6 を参照。

$q_n = \sum_{i=1}^n d_i/2^i$ と定義する．このとき任意の正整数 n に対して q_n は $B(n)$ に属し $|q_n - p| \leq 1/2^n$ だから，数列 (q_n) は p に収束する．主張 8.2.1 により，任意の正整数 n に対して $e(a,c,q_n) \sim e(b,c,q_n)$ かつ $q_n > p$ であり，仮定により $b \sim a \succ c$ だから主張 7 により $e(a,c,q_n) \sim e(b,c,q_n) \succ e(b,c,p)$ したがって q_n は T に属する．定義 7.5.2 の条件 (a) により T は $[0,1]$ の閉部分集合だから p は T に属し，$e(a,c,p) \succsim e(b,c,p)$ となる．対称的推論により $e(b,c,p) \succsim a(a,c,p)$ だから $e(a,c,p) \sim e(b,c,p)$ となる．

同様に $c \succ a$ の場合も $e(a,c,p) \sim e(b,c,p)$ となり主張 8.2.2 が成立し，主張 8.2.1 と 8.2.2 から主張 8.2 が導かれ，主張 8.1 と 8.2 から主張 8 が導かれ，主張 1 から 3 および 5 から 8 により命題 7.5.2 の証明が完了する． ∎

命題 7.5.3 の証明． $E(S,e,\succsim) \neq \{S\}$ と仮定する．このとき $a \not\sim b$ となる S の二つの元 a と b が存在する．一般性を失わずに $a \succ b$ と仮定できる．$[0,1]$ の任意の元 p に対して $I(S,e,\succsim,e(a,b,p))$ は $E(S,e,\succsim)$ に属するから，命題 7.5.2 の (f) により $E(S,e,\succsim)$ は無限集合であり，次の主張 1 が成立する．

主張 1. $(S,e,\succsim)$ の無差別図 $E(S,e,\succsim)$ はもし $\{S\}$ と一致しなければ無限集合である．

$a \succ b \succ c$ となる S の任意の三つの元 a, b と c に対して，命題 7.5.2 の (a) により，$b \sim e(a,c,p)$ となる $[0,1]$ の元 p が存在し，命題 7.5.2 の (f) により一意だから次の主張 2 が成立する．

主張 2. $a \succ b \succ c$ を満足する S の任意の三つの元 a, b と c に対して $b \sim e(a,c,p)$ となる唯一の実数 p が $]0,1[$ の中に存在する．

主張 1 と 2 により命題 7.5.3 の証明が完了する． ∎

命題 7.5.4 の証明． $a \succ b$ となる S の任意の二つの元 a と b を選ぶ．命題 7.5.2 の (a)，命題 7.5.3 の (b) と命題 7.5.2 の (f) から次の主張 1 が導かれる．

主張 1. $B(S,e,\succsim,a,b)$ の任意の元 x に対して $x \sim e(a,b,\pi^{ab}(x))$ となる唯一の実数 $\pi^{ab}(x)$ が $[0,1]$ の中に存在する．

命題 7.5.2 の (f) と主張 1 から次の主張 2 が導かれる．

主張 2. $B(S,e,\succsim,a,b)$ の任意の二つの元 x と y に対して $x \succ y$ であるためには $\pi^{ab}(x) > \pi^{ab}(y)$ となることが必要十分である。

主張 3. $[0,1]$ に属する任意の実数 p に対して $e(a,b,p)$ は $B(S,e,\succsim,a,b)$ に属する。

主張 3 の証明. $e(a,b,0)$ と $e(a,b,1)$ が $B(S,e,\succsim,a,b)$ に属することは容易に確認でき，命題 7.5.2 の (d) により，$]0,1[$ に属する任意の実数 p に対して $e(a,b,p)$ は $B(S,e,\succsim,a,b)$ に属する。

主張 4. $[0,1]$ に属する任意の実数 p および $B(S,e,\succsim,a,b)$ の任意の二つの元 x と y に対して $\pi^{ab}(e(x,y,p)) = p\pi^{ab}(x) + (1-p)\pi^{ab}(y)$ となる。

主張 4 の証明. $[0,1]$ に属する任意の実数 p および $B(S,e,\succsim,a,b)$ の任意の二つの元 x と y を選ぶ。主張 1 により $x \sim e(a,b,\pi^{ab}(x))$ かつ $y \sim e(a,b,\pi^{ab}(y))$ だから命題 7.5.2 の (g)，定義 7.5.1 の (b) および命題 7.5.1 の (b) により $e(x,y,p) \sim e(a,b,p\pi^{ab}(x) + (1-p)\pi^{ab}(y))$ となる。主張 3 により $e(a,b,p\pi^{ab}(x) + (1-p)\pi^{ab}(y))$ は $B(S,e,\succsim,a,b)$ に属するから $e(x,y,p)$ は $B(S,e,\succsim,a,b)$ に属し，主張 1 により $e(x,y,p) \sim e(a,b,\pi^{ab}(e(x,y,p)))$ となる唯一の実数 $\pi^{ab}(e(x,y,p))$ が $[0,1]$ の中に存在するから $\pi^{ab}(e(x,y,p)) = p\pi^{ab}(x) + (1-p)\pi^{ab}(y)$ となり，主張 4 が成立する。主張 1 から 4 により命題 7.5.4 の証明が完了する。∎

命題 7.5.5 の証明. $a \succ b$ となるような S の任意の二つの元 a と b および
(i) $B(S,e,\succsim,a,b)$ の任意の二つの元 x と y に対して
(i-1) $f(x) > f(y)$ のときまたそのときにかぎり $x \succ y$ となり，
(i-2) $g(x) > g(y)$ のときまたそのときにかぎり $x \succ y$ となり，
(i-3) $[0,1]$ に属する任意の実数 p に対して $f(e(x,y,p)) = pf(x) + (1-p)f(y)$ かつ $g(e(x,y,p)) = pg(x) + (1-p)g(y)$ となり，
(ii) $f(r_0) = g(r_0)$ かつ $f(r_1) = g(r_1)$
を満足し，$r_1 \succ r_0$ となるような $B(S,e,\succsim,a,b)$ の任意の二つの元 r_0 と r_1，$B(S,e,\succsim,a,b)$ 上の任意の二つの実数値関数 f と g および $B(S,e,\succsim,a,b)$ の任意の元 z を選ぶ。$f(z) = g(z)$ を示せばよい。

$r_1 \succsim z \succsim r_0$ ならば命題 7.5.4 の (a) により $z \sim e(r_1, r_0, \pi^{ab}(z))$ だから, 仮定 (i-1) から (i-3) および (ii) により $f(z) = g(z)$ となる.

もし $z \succ r_1$ ならば命題 7.5.3 の (b) により $r_1 \sim e(z, r_0, p)$ を満足する唯一の実数 p が $]0,1[$ の中に存在し, 仮定 (i-1) から (i-3) および (ii) により $pf(z) + (1-p)f(r_0) = pg(z) + (1-p)f(r_0)$ だから $f(z) = g(z)$ となる. $r_0 \succ z$ の場合も同様に $f(z) = g(z)$ となり命題 7.5.5 の証明が完了する. ∎

命題 7.5.6 の証明. もし S の任意の二つの元 r_0 と r_1 に対して $r_0 \sim r_1$ ならば S の任意の元 x に対して $u(x) = 1$ と定義すれば u は $\succsim$ を表現する効用関数だから, 以下では $r_1 \not\sim r_0$ となる S の二つの元 r_1 と r_0 が存在する場合のみを考える. 一般性を失わずに $r_1 \succ r_0$ と仮定できる. $a \succ b$ かつ $c \succ d$ となる S の任意の四つの元 a, b, c と d に対して

$$a \wedge c = \begin{cases} a & \text{if } c \succsim a, \\ c & \text{otherwise} \end{cases} \quad \text{また} \quad b \vee d = \begin{cases} b & \text{if } b \succsim d, \\ d & \text{otherwise} \end{cases}$$

と定義し, さらに $a \succ b$ となる S の任意の二つの元 a と b および $B(S, e, \succsim, a, b)$ の任意の元 z に対して $u_{ab}(z) = (\pi^{ab}(z) - \pi^{ab}(r_0))/(\pi^{ab}(r_1) - \pi^{ab}(r_0))$ と定義する.

主張 1. $a \succ b$ となる S の任意の二つの元 a と b および $B(S, e, \succsim, a, b)$ の任意の二つの元 y と z に対して
(a) $u_{ab}(y) > u_{ab}(z)$ のときまたそのときにかぎり $y \succ z$ となり,
(b) $[0,1]$ に属する任意の実数 p に対して $u_{ab}(e(y, z, p)) = pu_{ab}(y) + (1-p)u_{ab}(z)$ となる.

主張 1 の証明. $a \succ b$ となる S の任意の二つの元 a と b および $B(S, e, \succsim, a, b)$ の任意の二つの元 y と z を選ぶ. 命題 7.5.4 の (b) から次の主張 1.1 が導かれる.

主張 1.1. $u_{ab}(y) > u_{ab}(z)$ のときまたそのときにかぎり $y \succ z$ となる.

主張 1.2. $[0,1]$ に属する任意の実数 p に対して $u_{ab}(e(y, z, p)) = pu_{ab}(y) + (1-p)u_{ab}(z)$ となる.

主張 1.2 の証明. $p = 0$ または $p = 1$ の場合については容易に確認できるから $0 < p < 1$ の場合のみを考える. $a \succsim y \succsim b$ かつ $a \succsim z \succsim b$ だから, 命題 7.5.2 の (d) と (e) により $]0,1[$ に属する任意の実数 p に対して $e(y,z,p)$ は $B(S, e, \succsim, a, b)$ に属し, したがって命題 7.5.4 の (d) により主張 1.2 が成立する. 主張 1.1 と 1.2 から主張 1 が導かれる.

主張 2. $a \succ b$ かつ $c \succ d$ となる S の任意の四つの元 a, b, c と d に対して
(a) $B(S, e, \succsim, a, b) \cap B(S, e, \succsim, c, d) = B(S, e, \succsim, a \wedge c, b \vee d)$ となり,
(b) $B(S, e, \succsim, a \wedge c, b \vee d)$ の任意の元 z に対して $u_{ab}(z) = u_{cd}(z)$ となる.

主張 2 の証明. $a \succ b$ かつ $c \succ d$ となる S の任意の四つの元 a, b, c と d を選ぶ. (a) は容易に確認できるから (b) のみを示す. (a) と主張 1 により, $B(S, e, \succsim, a \wedge c, b \vee d)$ の任意の二つの元 z と w に対して
(1) $[0,1]$ の任意の元 q に対して $u_{ab}(e(z,w,q)) = qu_{ab}(z) + (1-q)u_{ab}(w)$ かつ $u_{cd}(e(z,w,q)) = qu_{cd}(z) + (1-q)u_{cd}(w)$ となり,
(2) $u_{ab}(z) > u_{ab}(w)$ のときまたそのときにかぎり $z \succ w$ となり,
(3) $u_{cd}(z) > u_{cd}(w)$ のときまたそのときにかぎり $z \succ w$ となる.

また容易に確認できるように $u_{ab}(r_0) = 0 = u_{cd}(r_0)$ かつ $u_{ab}(r_1) = 1 = u_{cd}(r_1)$ だから, (b) したがって主張 2 が成立する.

主張 3. $\succsim$ を表現する効用関数 u が存在する.

主張 3 の証明. S の任意の元 x に対して

$$AB(x) = \{(a,b) \in S \times S \mid a \succ b \text{ かつ } \{x, r_0, r_1\} \subset B(S, e, \succsim, a, b)\}$$

と定義する.

主張 3.1. S の任意の元 x および $AB(x)$ の任意の二つの元 (a,b) と (c,d) に対して $u_{ab}(x) = u_{cd}(x)$ となる.

主張 3.1 の証明. S の任意の元 x および $AB(x)$ の任意の二つの元 (a,b) と (c,d) を選ぶ. このとき x は $B(S, e, \succsim, a, b) \cap B(S, e, \succsim, c, d)$ に属するから主張 2 の (a) により x は $B(S, e, \succsim, a \wedge c, b \vee d)$ に属し, 主張 2 の (b) により $u_{ab}(x) = u_{cd}(x)$ となる.

7.8 証明

主張 3.2. S の任意の元 x と $AB(x)$ の任意の元 (a,b) に対して $u(x) = u_{ab}(x)$ となるような (a,b) に依存しない実数 $u(x)$ が存在する。

主張 3.2 の証明. S の任意の元 x と $AB(x)$ の任意の元 (a,b) を選び $u(x) = u_{ab}(x)$ と定義する。$AB(x)$ の任意の元 (c,d) に対して主張 3.1 により $u(x) = u_{ab}(x) = u_{cd}(x)$ だから $u(x)$ は (a,b) に依存しない実数であり，主張 3.2 が成立する。主張 3.2 により[34]，次の主張 3.3 が成立する。

主張 3.3. S の任意の元 x と $AB(x)$ の任意の元 (a,b) に対して $u(x) = u_{ab}(x)$ となるような S 上の実数値関数 u が存在する。

主張 3.4. S の任意の二つの元 x と y に対して
(a) $[0,1]$ に属する任意の実数 p に対して $u(e(x,y,p)) = pu(x) + (1-p)u(y)$ となり，
(b) $x \succ y$ のときまたそのときにかぎり $u(x) > u(y)$ となる。

主張 3.4 の証明. S の任意の二つの元 x と y を選び

$$a = \begin{cases} x & \text{if } x \succsim r_1 \text{ かつ } x \succsim y, \\ y & \text{if } x \succsim r_1 \text{ かつ } y \succ x, \\ y & \text{if } r_1 \succ x \text{ かつ } y \succ r_1, \\ r_1 & \text{if } r_1 \succ x \text{ かつ } r_1 \succsim y, \end{cases}$$

$$b = \begin{cases} x & \text{if } r_0 \succsim x \text{ かつ } y \succsim x, \\ y & \text{if } r_0 \succsim x \text{ かつ } x \succ y, \\ y & \text{if } x \succ r_0 \text{ かつ } r_0 \succ y, \\ r_0 & \text{if } x \succ r_0 \text{ かつ } y \succsim r_0 \end{cases}$$

と定義する。このとき次の主張 3.4.1 が成立する。

主張 3.4.1. $a \succ b$ かつ $\{x, y, r_0, r_1\} \subset B(S, e, \succsim, a, b)$ となる。

---

[34] 選択公理が用いられている。

主張 3.4.2. $[0,1]$ に属する任意の実数 p に対して $u(e(x,y,p)) = pu(x) + (1-p)u(y)$ となる。

主張 3.4.2 の証明. $[0,1]$ に属する任意の実数 p を選ぶ。

主張 3.4.2.1. $e(x,y,p)$ は $B(S, e, \succsim, a, b)$ に属する。

主張 3.4.2.1 の証明. 主張 3.4.1 により $a \succsim x \succsim b$ かつ $a \succsim y \succsim b$ だから $e(x,y,0)$ と $e(x,y,1)$ が $B(S, e, \succsim, a, b)$ に属することは容易に確認できる。命題 7.5.2 の (d) と (e) により $]0,1[$ に属する任意の実数 p に対して $e(x,y,p)$ は $B(S, e, \succsim, a, b)$ に属し、主張 3.4.2.1 が成立する。主張 3.4.1 と主張 3.4.2.1 から次の主張 3.4.2.2 が導かれる。

主張 3.4.2.2. (a,b) は $AB(e(x,y,p))$ に属する。

主張 3.4.2.1 と 3.4.2.2、主張 3.3、主張 3.4.1 と主張 1 の (b) から主張 3.4.2 が導かれる。

主張 3.4.3. $x \succ y$ のときまたそのときにかぎり $u(x) > u(y)$ となる。

主張 3.4.3 の証明. 主張 3.4.1 により (a,b) は $AB(x) \cap AB(y)$ に属するから主張 3.3 により $u(x) = u_{ab}(x)$ かつ $u(y) = u_{ab}(y)$ となる。主張 1 の (a) により $x \succ y$ のときまたそのときにかぎり $u(x) = u_{ab}(x) > u_{ab}(y) = u(y)$ となり、主張 3.4.3 が成立する。主張 3.4.2 と 3.4.3 から主張 3.4 が導かれ、主張 3.3 と 3.4 から主張 3 が導かれ、主張 3 により命題 7.5.6 の証明が完了する。∎

定理 7.5.1 の証明. (a) は命題 7.5.6 から直ちに導かれ、(b) は容易に確認できるから (c) のみを証明する。命題 7.5.5 の証明と同様に次の主張 1 が示される。

主張 1. $U(S, e, \succsim)$ の任意の二つの元 u と v に対して、もし (i) $u(r_0) = v(r_0)$ かつ $u(r_1) = v(r_1)$ かつ (ii) $r_1 \succ r_0$ となるような S の二つの元 r_0 と r_1 が存在するならば $u = v$ となる。

主張 2. $U(S, e, \succsim)$ の任意の二つの元 u と v に対して，S の任意の元 x に対して $v(x) = au(x) + b$ となるような x に依存しない正実数 a と実数 b が存在する。

主張 2 の証明. $U(S, e, \succsim)$ の任意の二つの元 u と v を選ぶ。このとき S の任意の二つの元 x と y に対して
(i) $u(x) > u(y)$ のときまたそのときにかぎり $x \succ y$ となり，
(ii) $v(x) > v(y)$ のときまたそのときにかぎり $x \succ y$ となり，
(iii) $[0,1]$ に属する任意の実数 p に対して $u(e(x,y,p)) = pu(x) + (1-p)u(y)$ かつ $v(e(x,y,p)) = pv(x) + (1-p)v(y)$ となる。

もし S の任意の二つの元 r_0 と r_1 に対して $r_0 \sim r_1$ ならば仮定 (i) と (ii) により S の任意の元 x に対して $u(x) = \bar{u}$ かつ $v(x) = \bar{v}$ を満足する x に依存しない二つの実数 $\bar{u}$ と $\bar{v}$ が存在するから，$a = 1$ また $b = \bar{v} - \bar{u}$ と定義すれば S の任意の元 x に対して $v(x) = au(x) + b$ となる。以下では $r_0 \not\sim r_1$ となる S の二つの元 r_0 と r_1 が存在する場合を考える。

一般性を失わずに $r_1 \succ r_0$ と仮定できる。S の任意の元 x に対して $f(x) = (u(x) - u(r_0))/(u(r_1) - u(r_0))$ また $g(x) = (v(x) - v(r_0))/(v(r_1) - v(r_0))$ と定義する。(i) と (ii) により，S の任意の二つの元 x と y に対して

$$f(x) > f(y) \text{ のときまたそのときにかぎり } x \succ y,$$
$$g(x) > g(y) \text{ のときまたそのときにかぎり } x \succ y,$$
$$f(r_0) = 0 = g(r_0) \text{ また } f(r_1) = 1 = g(r_1)$$

となり，(iii) により，$[0,1]$ に属する任意の実数 p に対して

$$f(e(x,y,p)) = pf(x) + (1-p)f(y) \text{ かつ } g(e(x,y,p)) = pg(x) + (1-p)g(y),$$

だから，主張 1 により $f = g$ となる。$a = (v(r_1) - v(r_0))/(u(r_1) - u(r_0))$ また $b = v(r_0) - au(r_0)$ と定義する。このとき $a > 0$ であり S の任意の元 x に対して $v(x) = au(x) + b$ だから主張 2 が成立する。

主張 2 から (c) が導かれ，定理 7.5.1 の証明が完了する。 ∎

命題 7.6.1 と命題 7.6.2 の証明は容易だから省略する。

定理 **7.6.1** の証明. $(\mathbf{P}(X), \hat{e})$ 上の任意の許容選好関係 $\succsim$ を選ぶ。

主張 1. $U(X, \succsim)$ は非空である。

主張 1 の証明. 定理 7.5.1 の (a),命題 7.6.2 および定義 7.5.4 から次の主張 1.1 が導かれる。

主張 1.1. $\mathbf{P}(X)$ の任意の二つの元 P と $\tilde{P}$ に対して (a) $u(P) \geq u(\tilde{P})$ のときまたそのときにかぎり $P \succsim \tilde{P}$ となり,(a) $[0,1]$ に属する任意の実数 t に対して $u(\hat{e}(P, \tilde{P}, t)) = tu(P) + (1-t)u(\tilde{P})$ となるような $\mathbf{P}(X)$ 上の実数値関数 u が存在する。

X の任意の元 x に対して $P_x(\{x\}) = 1$ となるような $\mathbf{P}(X)$ の元を P_x で表し[35],$f(x) = u(P_x)$ と定義する。このとき f は X 上の実数値関数である。$\mathbf{P}(X)$ の任意の元 P に対して $u(P) = E(f, P)$ となることは容易に確認できる。したがって主張 1.1 の (a) から次の主張 1.2 が導かれる。

主張 1.2. $\mathbf{P}(X)$ の任意の二つの元 P と $\tilde{P}$ に対して $E(f, P) \geq E(f, \tilde{P})$ のときまたそのときにかぎり $P \succsim \tilde{P}$ となる。

主張 1.2 と定義 7.6.4 により f は $U(X, \succsim)$ に属し,主張 1 が成立する。次の主張 2 は容易に確認できる。

主張 2. X 上の任意の実数値関数 g に対して,もし X の任意の元 x に対して $g(x) = af(x) + b$ となるような x に依存しない正実数 a と実数 b および $U(X, \succsim)$ の元 f が存在するならば,g は $U(X, \succsim)$ の元である。

主張 3. $U(X, \succsim)$ の任意の二つの元 f と g に対して,X の任意の元 x に対して $g(x) = af(x) + b$ を満足する x に依存しない正実数 a と実数 b が存在する。

主張 3 の証明. $U(X, \succsim)$ の任意の二つの元 f と g を選び,$\mathbf{P}(X)$ の任意の元 P に対して $u(P) = E(f, P)$ また $v(P) = E(g, P)$ と定義する。$\mathbf{P}(X)$ の任意の

---

[35] x を含まない X の任意の部分集合 A に対して $P_x(A) = 0$ だから,このような $\mathbf{P}(X)$ の元 P_x は唯一である。

二つの元 P と $\tilde{P}$ および $[0,1]$ に属する任意の実数 t に対して $A(P) \cup A(\tilde{P}) = A(\hat{e}(P, \tilde{P}, t))$ だから,次の主張 3.1 が成立する.

主張 3.1. $\mathbf{P}(X)$ の任意の二つの元 P と $\tilde{P}$ および $[0,1]$ に属する任意の実数 t に対して,$u(\hat{e}(P, \tilde{P}, t)) = tu(P) + (1-t)u(\tilde{P})$ かつ $v(\hat{e}(P, \tilde{P}, t)) = tv(P) + (1-t)v(\tilde{P})$ となる.

f と g は $U(X, \succsim)$ に属するから u と v の定義から次の主張 3.2 が導かれる.

主張 3.2. $\mathbf{P}$ の任意の二つの元 P と $\tilde{P}$ に対して
(a) $u(P) \geq u(\tilde{P})$ のときまたそのときにかぎり $P \succsim \tilde{P}$ となり,
(b) $v(P) \geq v(\tilde{P})$ のときまたそのときにかぎり $P \succsim \tilde{P}$ となる.

主張 3.1 と 3.2 により u と v は $U(\mathbf{P}(X), \hat{e}, \succsim)$ に属するから定理 7.5.1 の (c) から次の主張 3.3 が導かれる.

主張 3.3. $\mathbf{P}(X)$ の任意の元 P に対して $v(P) = au(P) + b$ となるような P に依存しない正実数 a と実数 b が存在する.

主張 3.3 により X の任意の元 x に対して $g(x) = v(P_x) = au(P_x) + b = af(x) + b$ だから主張 3 が成立し,主張 1 から 3 により定理 7.6.1 の証明が完了する. ∎

命題 7.7.1,命題 7.7.2 と命題 7.7.3 の証明は容易だから省略する.命題 7.7.3 から命題 7.7.4 が容易に導かれる.命題 7.7.5 の証明は容易だから省略する.

定理 7.7.1 の証明. X が凸であると仮定して $U(X, \succsim)$ に属する任意の基本効用関数 f を選ぶ.f が凹関数ならば u^f も凹関数したがって準凹関数であることは容易に確認できる.

u^f が準凹関数であると仮定し,u^f の $(\operatorname{int} X)^S$ への制限をふたたび u^f で表し f の $\operatorname{int} X$ への制限をふたたび f で表す.$\operatorname{int} X$ の任意の元 x に対して $g(x) = -f(x)$ と定義し $(\operatorname{int} X)^S$ の任意の元 x に対して $v(c) = -u^f(c)$ と定義する.このとき v は $(\operatorname{int} X)^S$ 上の準凸関数であり,$(\operatorname{int} X)^S$ の任意の元 c に対して $v(c) = \sum_{s \in S} \pi(\{s\}) g(c(s))$ だから g は $\operatorname{int} X$ 上の凸関数[36],したがって f は $\operatorname{int} X$ 上の凹関数であり,定理 7.7.1 の証明が完了する. ∎

---

36) 数学付録の定理 A.8.7 を参照.

付録 A
数学付録

本章の目的は本書で使用されるいくつかの数学的な概念と命題を述べることと記号の使い方に関する約束を述べることである．しかし網羅的であることは意図していない．特に実際には用いるにも拘わらずここで解説しない分野として行列式と積分が含まれる．命題の証明は参照すべき文献を示す以外は一般に省略する．

A.1 集合

集合の概念は厳密にはいくつかの公理を用いて定義されるが，ここでは公理的集合論に立ち入ることは避けて，単に何らかの対象の集まりであると理解する．集合に属する対象をその集合の「元」または「要素」と呼ぶ．元自体が集合であるような集合は族あるいは類と呼ばれることもある．通常，集合は大文字のアルファベットを用いて表現し，集合の元は小文字のアルファベットを用いて表現される．元 a が集合 A に属することを記号 $a \in A$ で表し，その否定を記号 $a \notin A$ で表す．

定義 A.1.1. 集合 A が与えられたとき，B の任意の元が集合 A に属するような集合 B は「A の部分集合」と呼ばれる．集合 B が集合 A の部分集合であることは記号 $B \subset A$ で表される．B が A の部分集合であるとき「B は A に含まれる」とも言われる．

定義 A.1.2. 集合 A が与えられたとき，A の部分集合全体の集合は「A の冪集合」と呼ばれ，$\mathscr{P}(A)$ で表される．

定義 A.1.3. 二つの集合 A と B が与えられたとき，もし $A \subset B$ かつ $B \subset A$ ならば，「A は B と等しい」と言われる．A が B と等しいことは記号 $A = B$ で表される．

定義 A.1.4. 集合 A が与えられたとき，$B \subset A$ かつ $A \neq B$ となるような集合 B は「A の真部分集合」と呼ばれる．B が A の真部分集合であることを $B \subset\subset A$ と書くことがある．

定義 A.1.5. 集合 A は，もし A の元の個数が有限であるならば，「有限である」と言われる．有限集合でない集合は「無限集合」と呼ばれる．

定義 A.1.6. 有限集合 A に対して，A の元の個数を記号 $|A|$ で表す．

定義 A.1.7. その集合の元が 1 個も存在しない集合は「空集合」と呼ばれ，記号 $\emptyset$ で表される．空集合でない集合は「非空である」と言われる．

定義 A.1.8. 対象 a に関するある言明 $P(a)$ が与えられたとき，言明 $P(a)$ が成立する対象 a 全体から構成される集合は $\{a \mid P(a)\}$ で表される．

対象 a が集合 A に属するということはそれ自体 a に関する言明であるから，集合 A に属していて，しかも言明 $P(a)$ が成立する対象 a 全体から構成される集合は $\{a \mid a \in A$ かつ $P(a)\}$ で表現されるべきであるが，$\{a \in A \mid P(a)\}$ と書くことが多い．

定義 A.1.9. 二つの対象 x と a に関する任意の言明 $P(x,a)$ と任意の集合 A に対して，

$$\bigcap_{a \in A} \{x \mid P(x,a)\} = \{x \mid A \text{ の任意の元 } a \text{ に対して } P(x,a) \text{ が成立する}\}$$

と定義する．

定義 A.1.10. 集合 $\mathscr{A}$ が与えられたとき，もし $\mathscr{A}$ の各元が集合であるならば，$\mathscr{A}$ の任意の元に属する対象全体の集合を「$\mathscr{A}$ の共通部分」と呼び，$\bigcap \mathscr{A}$ と書く．すなわち，$\bigcap \mathscr{A} = \bigcap_{A \in \mathscr{A}} \{x \mid x \in A\} = \bigcap_{A \in \mathscr{A}} A$ と定義する．

定義 A.1.11. 二つの集合 A と B が与えられたとき，$A \cap B = \cap \{A, B\}$ と定義し，これは「A と B の共通部分」と呼ばれる．

定義 A.1.12. 二つの集合 A と B が与えられたとき，もし $A \cap B$ が非空ならば，「A と B は交わる」あるいは「A は B と交わる」あるいは「B は A と交わる」と言われる。

定義 A.1.13. 二つの対象 x と a に関する任意の言明 $P(x,a)$ と任意の集合 A に対して，
$$\bigcup_{a \in A} \{x \mid P(x,a)\} = \{x \mid P(x,a) \text{ となるような } A \text{ の元 } a \text{ が存在する}\}$$
と定義する。

定義 A.1.14. 集合 $\mathscr{A}$ が与えられたとき，もし $\mathscr{A}$ の各元が集合であるならば，$\mathscr{A}$ の少なくとも一つの元に属する対象全体の集合を「$\mathscr{A}$ の合併」と呼び，$\bigcup \mathscr{A}$ と書く，すなわち，$\bigcup \mathscr{A} = \bigcup_{A \in \mathscr{A}} \{x \mid x \in A\} = \bigcup_{A \in \mathscr{A}} A$ と定義する。

定義 A.1.15. 二つの集合 A と B が与えられたとき，$A \cup B = \bigcup \{A, B\}$ と定義し，これは「A と B の合併」と呼ばれる。

定義 A.1.16. 集合 A が与えられたとき，もし A の任意の元 z に対して $z = x$ または $z = y$ となる二つの対象 x と y が存在するならば，$A = \{x, y\}$ と書く。

定義 A.1.17. 任意の対象 x に対して，$\{x\} = \{x, x\}$ と定義する。

定義 A.1.18. 集合 A は，$A = \{x\}$ となる A の元 x が存在するとき，「一元集合」と呼ばれる。

定義 A.1.19. 任意の三つの対象 x, y および z に対して $\{x, y, z\} = \{x, y\} \cup \{z\}$ と定義する。

定義 A.1.20. 集合 A に属するが集合 B には属さない元全体から構成される集合は「B の A に関する補集合」あるいは略式に「B の A からの差」と呼ばれ，記号 $A \setminus B$ で表される。

定義 A.1.21. 集合 A が与えられたとき，その部分集合の族 $\mathscr{A}$ は，もし $\mathscr{A}$ の互いに異なる任意の二つの元の共通部分が空集合であり $A = \bigcup \mathscr{A}$ ならば，「A の分割」と呼ばれる。

定義 **A.1.22.** 集合 A の分割 $\mathscr{A}$ が与えられたとき，A の分割 $\mathscr{B}$ は，もし $\mathscr{B}$ の任意の元 D に対して $D \subset C$ となるような $\mathscr{A}$ の元 C が存在するならば，「$\mathscr{A}$ の細分」と呼ばれる．

A.2 関係，二項関係，関数

定義 **A.2.1.** 二つの対象 a と b が与えられたとき，集合 $\{\{a\}, \{a,b\}\}$ は a と b の「順序対」と呼ばれ，(a,b) と書かれる．

命題 **A.2.1.** 任意の二つの順序対 (a,b) と (c,d) に対して，$(a,b) = (c,d)$ であるためには $a = c$ かつ $b = d$ となることが必要十分である．

証明． Suppes (1960), p. 32 の Theorem 2.46 を参照．■

この命題は，丸い括弧で括られた二つの対が等しいときまたそのときにかぎり，一方の対の左側の要素と他方の対の左側の要素が等しく，一方の対の右側の要素と他方の対の右側の要素が等しい，という丸い括弧の役割を表現している．この役割の規定が定義 A.2.1 により集合を用いて与えられることが，この命題によって主張されている．

定義 **A.2.2.** 二つの集合 A と B が与えられたとき，集合

$$A \times B = \bigcup_{a \in A} \bigcup_{b \in B} \{x \mid x = (a,b)\}$$

は A と B の「直積」あるいは「デカルト積」と呼ばれる．

定義 **A.2.3.** 集合 A が与えられたとき，$A^2 = A \times A$ と書く．

定義 **A.2.4.** 順序対を元として持つ集合は「関係」と呼ばれる．

定義 **A.2.5.** 関係 f は，もし $(x,y) \in f$ かつ $(x,z) \in f$ となる x が存在するような任意の y と z に対して $y = z$ ならば，「関数」と呼ばれる．

定義 **A.2.6.** 関係 Q が与えられたとき，集合
$$\mathrm{dom}\,Q = \{a \mid (a,b) \in Q \text{ となる } b \text{ が存在する}\},$$
$$\mathrm{range}\,Q = \{b \mid (a,b) \in Q \text{ となる } a \text{ が存在する}\}$$
はそれぞれ「Q の定義域」，「Q の値域」と呼ばれる．

定義 **A.2.7.** 二つの集合 A と B が与えられたとき，直積 $A \times B$ の部分集合は「A から B への関係」と呼ばれる．

定義 **A.2.8.** 集合 A が与えられたとき，A から A への関係は「A 上の二項関係」と呼ばれる．

集合 A 上の二項関係 Q が与えられたとき $(x,y) \in Q$ を xQy と書くことがある．

定義 **A.2.9.** 二つの集合 A と B および A から B への関係 Q が与えられたとき，A の任意の元 a に対して，集合 $Q(a) = \{b \in B \mid (a,b) \in Q\}$ は「Q の下での a の像」と呼ばれる．

定義 **A.2.10.** 二つの集合 A と B および A から B への関数 Q が与えられたとき，A の任意の元 a に対して，Q の下での a の像 $Q(a)$ の唯一の元をあらためて $Q(a)$ と書き，それを「Q の下での a の像」あるいは「a における Q の値」と呼ぶ．

公理 **A.2.1** (選択公理)．任意の集合 A と二つの変数に関する任意の言明 P に対して，もし A の任意の元 a に対して $P(a,b)$ が成立するような b が存在するならば，A の任意の元 a に対して $P(a, Q(a))$ が成立するような A を定義域とする関数 Q が存在する[1]．

定義 **A.2.11.** 二つの集合 A と B および A から B への関係 Q が与えられたとき，A の任意の部分集合 C に対して，集合
$$Q(C) = \bigcup_{a \in C} \{b \in B \mid (a,b) \in Q\}$$

---

[1] 日本数学会編集「岩波数学辞典」第 3 版，岩波書店，p. 32 を参照．

は「Q の下での C の像」と呼ばれる.

定義 A.2.12. 二つの集合 A と B および A から B への関係 Q が与えられたとき，B の任意の元 b に対して，集合

$$Q^{-1}(b) = \{a \in A \mid (a,b) \in Q\}$$

は「Q の下での b の逆像」と呼ばれる.

定義 A.2.13. 二つの集合 A と B および A から B への関係 Q が与えられたとき，B の任意の部分集合 C に対して，集合

$$Q^{-1}(C) = \bigcup_{b \in C} \{a \in A \mid (a,b) \in Q\}$$

は「Q の下での C の逆像」と呼ばれる.

定義 A.2.14. 三つの集合 A, B と C, A から B への関係 Q, および B から C への関係 R が与えられたとき，集合

$$P = \bigcup_{y \in B} \{(x,z) \in A \times C \mid (x,y) \in Q \text{ かつ } (y,z) \in R\}$$

は「Q と R の合成関係」と呼ばれ，$R \circ Q$ と表記される.

定義 A.2.15. 二つの集合 A と B が与えられたとき，A から B への関係 Q は，もし $A = \mathrm{dom}\, Q$ ならば，「A から B への対応」と呼ばれる.

定義 A.2.16. 二つの集合 A と B が与えられたとき，関数 f は，もし $\mathrm{dom}\, f = A$ かつ $\mathrm{range}\, f \subset B$ ならば，「A から B への関数」と呼ばれる.

命題 A.2.2. 任意の二つの集合 A と B に対して，(a) A から B への任意の関係は A から B の冪集合 $\mathscr{P}(B)$ への関数であり，(b) A から B への任意の対応は A から $\mathscr{P}(B) \setminus \{\emptyset\}$ への関数である.

定義 A.2.17. 二つの集合 A と B が与えられたとき，A から B への関数全体の集合を B^A で表す.

定義 A.2.18. 二つの集合 A と B および A から B への関数 f が与えられたとき，f の逆関係 f^{-1} は，もしそれが B から A への関数であるならば，「f の逆関数」と呼ばれる．

定義 A.2.19. 二つの集合 A と B が与えられたとき，A から B への関数 f は，もし range $f = B$ ならば，「A から B の上への関数」あるいは「A から B（の上）への全射」と呼ばれる．

定義 A.2.20. 関数 f は，もし $(x, z) \in f$ かつ $(y, z) \in f$ となる z が存在するような任意の x と y に対して $x = y$ ならば，「一対一である」と言われるか「単射」と呼ばれる．

定義 A.2.21. 二つの集合 A と B が与えられたとき，A から B の上への全射 f は，もし f が単射であるならば，「A から B（の上）への全単射」と呼ばれる．

命題 A.2.3. 任意の単射 f と range f から dom f への任意の単射 g に対して次の三つの条件は互いに同値である：
(a) g は f の逆関数である，
(b) range f の任意の元 y に対して $f(g(y)) = y$ となる，
(c) dom f の任意の元 x に対して $g(f(x)) = x$ となる．

定義 A.2.22. 集合 A が与えられたとき，A の任意の元 x に対して $I_A(x) = x$ によって定義される A から A への関数 I_A は「A 上の恒等関数」あるいは「A 上の恒等写像」と呼ばれる．

定義 A.2.23. 二つの集合 A と B，A から B への関係 R，および A の部分集合 C が与えられたとき，C の任意の元 x に対して $R(x) = Q(x)$ となるような C から B への関係 R は「Q の C への制限」と呼ばれ，$Q|_C$ と表示することがある．

定義 A.2.24. 集合 A 上の二項関係 Q と A の部分集合 B が与えられたとき，$Q \cap (B \times B)$ は「Q の B への制限」と呼ばれ，$Q|_B$ と表示することがある．

定義 A.2.2 において二つの集合の直積が定義された．この概念の一般化をここで定義する．二つの集合 A_1 の A_2 の直積は次のように理解できる．これ

ら二つの集合 A_1 と A_2 の対を $F(1) = A_1$ かつ $F(2) = A_2$ によって定義される集合 $\{1,2\}$ から $A_1 \cup A_2$ への対応とみなし，さらに直積 $A_1 \times A_2$ の元 (a_1, a_2) を $f(1) = a_1$ かつ $f(2) = a_2$ によって定義される $\{1,2\}$ から $A_1 \cup A_2$ への関数とみなそう．したがって $A_1 \times A_2$ は $\{1,2\}$ の任意の元 i に対して $f(i)$ が $F(i)$ に属するような $\{1,2\}$ から $A_1 \cup A_2$ への関数全体の集合と見なしうる．この考え方は次の定義を示唆する．

定義 A.2.25. 関係 Q が与えられたとき，Q の定義域 $\mathrm{dom}\, Q$ の任意の元 x に対して $f(x)$ が $Q(x)$ に属するような $\mathrm{dom}\, Q$ から Q の値域 $\mathrm{range}\, Q$ への関数 f 全体の集合は「Q の直積」と呼ばれ，$\prod_{x \in \mathrm{dom}\, Q} Q(x)$ で表される．

関係 Q の定義域がある正整数 n を用いて $\{1, \ldots, n\}$ と表される場合には $\prod_{x \in \mathrm{dom}\, Q} Q(x)$ は $\prod_{i=1}^{n} Q(i)$ と書かれることが多い．さらに $\{1, \ldots, n\}$ の任意の元 i に対して $A = Q(i)$ となるような i に依存しない集合 A が存在する場合には $\prod_{i=1}^{n} Q(i)$ は A^n と書かれることが多い．

定義 A.2.26. 実数全体の集合，非負実数全体の集合，正実数全体の集合，非正実数全体の集合，負実数全体の集合をそれぞれ $\mathbb{R}, \mathbb{R}_+, \mathbb{R}_{++}, \mathbb{R}_-, \mathbb{R}_{--}$ で表し，整数全体の集合，非負整数全体の集合，正整数全体の集合，非正整数全体の集合，負整数全体の集合をそれぞれ $\mathbb{Z}, \mathbb{Z}_+, \mathbb{Z}_{++}, \mathbb{Z}_-, \mathbb{Z}_{--}$ で表す．

定義 A.2.27. 集合 A が与えられたとき，A から $\mathbb{R}$ への関数は「A 上の実数値関数」と呼ばれる．

定義 A.2.28. 集合 A，A 上の実数値関数 f，および A の部分集合 B が与えられたとき，

$$\mathop{\arg\max}_{x \in B} f(x) = \bigcap_{y \in B} \{x \in B \mid f(x) \geq f(y)\},$$

$$\mathop{\arg\min}_{x \in B} f(x) = \bigcap_{y \in B} \{x \in B \mid f(x) \leq f(y)\}$$

と定義する．

定義 A.2.29. 集合 A 上の二項関係 Q は
(a) もし A の任意の元 x に対して $(x, x) \in Q$ ならば，「A 上で反射的である」，

(b) もし A の任意の元 x に対して $(x,x) \notin Q$ ならば,「A 上で非反射的である」,
(c) もし A の任意の二つの元 x と y に対して $x=y$ または $(x,y) \in Q$ または $(y,x) \in Q$ ならば,「A 上で連結である」,
(d) もし A の任意の二つの元 x と y に対して $(x,y) \in Q$ または $(y,x) \in Q$ ならば,「A 上で強連結である」,
(e) もし $(x,y) \in Q$ かつ $(y,z) \in Q$ となる A の元 y が存在するような A の任意の二つの元 x と z に対して $(x,z) \in Q$ ならば,「A 上で推移的である」,
(f) もし $(x,y) \in Q$ となるような A の任意の二つの元 x と y に対して $(y,x) \in Q$ ならば,「A 上で対称である」,
(g) もし $(x,y) \in Q$ となるような A の任意の二つの元 x と y に対して $(y,x) \notin Q$ ならば,「A 上で非対称である」,
(h) もし $(x,y) \in Q$ かつ $(y,x) \in Q$ となるような A の任意の二つの元 x と y に対して $x=y$ ならば,「A 上で反対称である」
とそれぞれ言われる。

命題 A.2.4. 集合 A 上の任意の二項関係 Q に対して,Q が強連結性を満足するためには反射性と連結性を満足することが必要十分である。

定義 A.2.30. 集合 A 上の二項関係 Q が与えられたとき,$(x,y) = (z^1, z^q)$ かつ $\{1, \ldots, q-1\}$ の任意の元 k に対して $(z^k, z^{k+1}) \in Q$ となる X の有限部分集合 $\{z^1, \ldots, z^q\}$ が存在するような X の二つの元 x と y の順序対 (x,y) 全体の集合 $T(Q)$ は「Q の推移的閉包」と呼ばれる。

命題 A.2.5. 集合 A 上の任意の二項関係 Q に対して (a) Q は $T(Q)$ に含まれ,(b) $T(Q)$ は推移的である。

定義 A.2.31. 反射性と推移性を満足する集合 A 上の二項関係は「A 上の準順序」あるいは「A 上の擬順序」と呼ばれる。

定義 A.2.32. 反射性,連結性,推移性を満足する集合 A 上の二項関係は「A 上の弱順序」あるいは「A 上の完全擬順序」と呼ばれる。

定義 A.2.33. 集合 A 上の準順序 Q と A の部分集合 B が与えられたとき

(a) 集合 $U_Q(B) = \bigcap_{b \in B} \{a \in A \mid (a,b) \in Q\}$ の任意の元は「Q に関する B の上界」と呼ばれ，

(b) 集合 $L_Q(B) = \bigcap_{b \in B} \{a \in A \mid (b,a) \in Q\}$ の任意の元は「Q に関する B の下界」と呼ばれ，

(c) 集合 $\sup_Q B = \min_Q U_Q(B)$ の任意の元は「Q に関する B の上限」と呼ばれ，

(d) 集合 $\inf_Q B = \max_Q L_Q(B)$ の任意の元は「Q に関する B の下限」と呼ばれる。

命題 A.2.6. 任意の集合 A，A 上の任意の準順序 Q，および A の任意の部分集合 B に対して

(a) $\max_Q B = B \cap U_Q(B)$ かつ $\min_Q B = B \cap L_Q(B)$ となり，

(b) もし $\max_Q B$ が非空ならば $\max_Q B = \sup_Q B$ となり，もし $\min_Q B$ が非空ならば $\min_Q B = \inf_Q B$ となる。

準順序 Q が暗黙裡に理解されている場合には，下付き添字 Q を省略する。特に Q が $\mathbb{R}$ 上の二項関係 $\geq$ であり，B がある集合上の実数値関数の値域である場合には次の記号が用いられることが多い。

定義 A.2.34. 集合 X と X 上の実数値関数 f が与えられたとき，

$$\inf_{x \in X} f(x) = \inf f(X) \ \& \ \sup_{x \in X} f(x) = \sup f(X),$$

$$\min_{x \in X} f(x) = \min f(X) \ \& \ \max_{x \in X} f(x) = \max f(X)$$

と表す。

A.3 距離空間

定義 A.3.1. 集合 X が与えられたとき，$X \times X$ から $\mathbb{R}_+$ への関数 d は，

(a) X の任意の二つの元 x と y に対して，$d(x,y) = 0$ となるときまたそのときにかぎり $x = y$ となり，

(b) $X \times X$ の任意の二つの元 x と y に対して，$d(x,y) = d(y,x)$ となり，
(c) $X \times X$ の任意の三つの元 x, y および z に対して $d(x,y) \leq d(x,z) + d(z,y)$ ならば，
「X 上の距離関数」と呼ばれる。

定義 A.3.2. 集合 X と集合 X 上の距離関数 d の順序対 (X,d) は「距離空間」と呼ばれる。このとき集合 X 自体を「距離空間」と呼ぶこともある。

定義 A.3.3. 距離空間 (X,d) が与えられたとき，X の任意の元 x と任意の正実数 r に対して集合 $B_{Xd}(x,r) = \{y \in X \mid d(y,x) \leq r\}$ は「中心 x 半径 r の閉球」と呼ばれる。

定義 A.3.4. 距離空間 (X,d) が与えられたとき，X の任意の元 x と任意の正実数 r に対して集合 $B^0_{Xd}(x,r) = \{y \in X \mid d(y,x) < r\}$ は「中心 x 半径 r の開球」と呼ばれる。

定義 A.3.5. 距離空間 (X,d) の部分集合 Y は，もし $Y \subset B_{Xd}(x,r)$ となるような X の元 x と正実数 r が存在するならば，「有界である」と言われる。

定義 A.3.6. 距離空間 (X,d) の部分集合 Y は，Y の任意の元 x に対して $B_{Xd}(x,r) \subset Y$ となるような x に依存する正実数 r が存在するとき，「X の開部分集合」と呼ばれる。

開部分集合の定義に使われている閉球 $B_{Xd}(x,r)$ を開球 $B^0_{Xd}(x,r)$ で置き換えても定義は不変である。

定義 A.3.7. 距離空間 (X,d) の元 x が与えられたとき，X の部分集合 U は $G \subset U$ となるような x を含む X の開部分集合 G が存在するとき，「x の近傍」と呼ばれる。X の開部分集合であるような x の近傍は「x の開近傍」と呼ばれる。

定義 A.3.8. 距離空間 (X,d) の部分集合 Y は，その補集合 $X \setminus Y$ が X の開部分集合であるとき，「X の閉部分集合」と呼ばれる。

定義 A.3.9. 距離空間 (X,d) の部分集合 Y が与えられたとき，Y の部分集合 $\operatorname{int} Y = \bigcup_{r \in \mathbb{R}_{++}} \{x \in Y \mid B_{Xd}(x,r) \subset Y\}$ は「Y の内部」と呼ばれる。

定理 A.3.1. 距離空間 (X, d) の任意の部分集合 Y に対して Y の内部 $\text{int}\, Y$ は Y に含まれる X の最大の開部分集合である。

定義 A.3.10. 距離空間 X の部分集合 Y が与えられたとき，Y を含む X の最小の閉部分集合は Y の「閉包」と呼ばれ，$\text{cl}\, Y$ と書かれる。

定義 A.3.11. 距離空間 X の部分集合 Y が与えられたとき，$\mathbb{Z}_{++}$ から Y への関数 x は「Y の中の点列」と呼ばれ，$(x^\nu)_{\nu=1}^\infty$ あるいは $(x^\nu)_{\nu \in \mathbb{Z}_{++}}$ あるいは単に (x^ν) のように表現される。

定義 A.3.12. 距離空間 X の中の点列 (x^ν) が与えられたとき，X の中の点列 (y^ν) は，もし任意の正整数 ν に対して $y^\nu = x^{f(\nu)}$ となるような $\mathbb{Z}_{++}$ から $\mathbb{Z}_{++}$ への単調増加関数 f が存在するならば，「(x^ν) の部分列」と呼ばれる。

定義 A.3.13. 実数直線 $\mathbb{R}$ の部分集合 Y が与えられたとき，$\mathbb{Z}_{++}$ から Y への関数 x は「Y の中の数列」と呼ばれ，$(x^\nu)_{\nu=1}^\infty$ あるいは $(x^\nu)_{\nu \in \mathbb{Z}_{++}}$ あるいは単に (x^ν) のように表現される。

定義 A.3.14. 距離空間 X の元 x^0 と X の部分集合 Y の中の点列 (x^ν) が与えられたとき，もし任意の正実数 ε に対して $\hat{\nu}$ 以上の任意の整数 ν に対して $d(x^\nu, x^0) < \varepsilon$ となるような正整数 $\hat{\nu}$ が存在するならば，「点列 (x^ν) は x^0 に収束する」と言われ，$x^0 = \lim_{\nu \to \infty} x^\nu$ と書かれる。

命題 A.3.1. 距離空間 (X, d) の任意の部分集合 Y と Y の閉包 $\text{cl}\, Y$ の任意の元 x に対して，x に収束する Y の中の点列が存在する。

命題 A.3.2. 任意の距離空間 (X, d) と X の任意の部分集合 A に対して d の $A \times A$ への制限 $d|_{A \times A}$ は A 上の距離関数であり，したがって $(A, d|_{A \times A})$ は距離空間である。

定義 A.3.15. 距離空間 (X, d) と X の部分集合 A が与えられたとき，$(A, d|_{A \times A})$ は「(X, d) の部分距離空間」と呼ばれる。

定義 A.3.16. 距離空間 (X, d) の部分集合 Y が与えられたとき，$Z = W \cap Y$ を満足する X の閉部分集合 W が存在するような Y の部分集合 Z は「Y の閉部分集合」と呼ばれ，$Z = W \cap Y$ となるような X の開部分集合 W が存在するような Y の部分集合 Z は「Y の開部分集合」と呼ばれる。

定義 A.3.17. 距離空間 (X,d) は，もし $\{A,B\}$ が X の分割となるような X の二つの開部分集合 A と B が存在しないならば，「連結距離空間」あるいは「連結空間」と呼ばれる。

定義 A.3.18. 距離空間 (X,d) の部分集合 A は，もし部分空間 $(A, d|_{A\times A})$ が連結空間であるならば，「(X,d) の連結部分集合」と呼ばれる。

命題 A.3.3. 任意の距離空間 (X,d) と X の任意の部分集合 A に対して，A が (X,d) の連結部分集合であるためには $\{B,C\}$ が A の分割となるような A の二つの閉部分集合 B と C が存在しないことが必要十分である。

定義 A.3.19. 集合 X が与えられたとき，X の部分集合の集合 $\mathscr{S}$ は，もし $X = \bigcup \mathscr{S}$ ならば，「X の被覆」と呼ばれる。

定義 A.3.20. 距離空間 (X,d) が与えられたとき，X の被覆 $\mathscr{S}$ は，もし $\mathscr{S}$ の任意の元が X の開部分集合であるならば，「X の開被覆」と呼ばれる。

定義 A.3.21. 集合 X の被覆 $\mathscr{S}$ が与えられたとき，$\mathscr{S}$ の部分集合 $\mathscr{U}$ は，もし $\mathscr{U}$ が X の被覆であるならば，「$\mathscr{S}$ の部分被覆」と呼ばれる。

定義 A.3.22. 距離空間 (X,d) は，もし X の任意の開被覆 $\mathscr{S}$ に対して $\mathscr{S}$ の有限部分被覆が存在するならば，「コンパクト距離空間」あるいは「コンパクト空間」と呼ばれる。

定義 A.3.23. 距離空間 (X,d) の部分集合 A は，もし (X,d) の部分空間 $(A, d|_{A\times A})$ がコンパクトならば，「X のコンパクト部分集合」と呼ばれる。

定理 A.3.2. コンパクト距離空間の任意の族の直積はコンパクトである。

証明. Gaal Berge (1963), p. 79 の Tychonoff's Theorem を参照。 ∎

A.4 連続性

定義 A.4.1. 距離空間 (X,d) の非空部分集合 Y 上の二項関係 Q は，

(a) もし Y の任意の元 x に対して Q の下での x の逆像 $Q^{-1}(x)$ が Y の閉部分集合であるならば,「上半連続である」と言われ,

(b) もし Y の任意の元 x に対して Q の下での x の像 $Q(x)$ が Y の閉部分集合であるとき,「下半連続である」と言われ,

(c) もし上半連続かつ下半連続ならば,「連続である」と言われる。

命題 A.4.1. 距離空間 X 上の任意の弱順序 Q に対して,Q が連続であるためには Q が $X \times X$ の閉部分集合であることが必要十分である。

証明. Nikaido (1968), p. 239 の Lemma 15.2 を参照。 ■

定義 A.4.2. 二つの距離空間 (X, d_X) と (Y, d_Y) および X の元 x が与えられたとき,X から Y への関係 Q は,

(a) もし $Q(x) \subset G$ となるような Y の任意の開部分集合 G に対して U の任意の元 y に対して $Q(y) \subset G$ となるような x を含む X の開部分集合 U が存在するならば,「x において上半連続である」と言われ,

(b) もし $Q(x) \cap G \neq \emptyset$ となるような Y の任意の開部分集合 G に対して U の任意の元 y に対して $Q(y) \cap G \neq \emptyset$ となるような x を含む X の開部分集合 U が存在するならば,「x において下半連続である」と言われ,

(c) もし x において上半連続かつ下半連続であるならば,「x において連続である」と言われる。

定義 A.4.3. 二つの距離空間 (X, d_X) と (Y, d_Y) および X の部分集合 S が与えられたとき,X から Y への関係 Q は,

(a) もし S の任意の元 x において上半連続であるならば,「S 上で上半連続である」と言われ,

(b) もし S の任意の元 x において下半連続であるならば,「S 上で下半連続である」と言われ,

(c) もし S において上半連続かつ下半連続であるならば,「S 上で連続である」と言われる。

定義 A.4.4. 二つの距離空間 (X, d_X) と (Y, d_Y) が与えられたとき,X から Y への関係 Q は,

(a) もし X 上で上半連続であるならば,「上半連続である」と言われ,

(b) もし X 上で下半連続であるならば,「下半連続である」と言われ,

(c) もし X において上半連続かつ下半連続であるならば,「連続である」と言われる。

定義 A.4.5. 二つの距離空間 (X, d_X) と (Y, d_Y) および X の元 x が与えられたとき, X から Y への関数 f は, もし任意の正実数 ε に対して $d_X(y, x) < \delta$ を満足する X の任意の元 y に対して $d_Y(f(y), f(x)) < \varepsilon$ となるような正実数 δ が存在するならば,「x において連続である」と言われる。

定理 A.4.1. 任意の二つの距離空間 (X, d_X) と (Y, d_Y), X から Y への任意の関数 f, および X の任意の元 x に対して, f が x において連続であるためには, x に収束する X の中の任意の点列 (x^ν) に対して $\lim_{\nu \to \infty} f(x^\nu) = f(x)$ となることが必要十分である。

定理 A.4.2. 任意の三つの距離空間 (X, d_X), (Y, d_Y), (Z, d_Z), X から Y への関数 f, Y から Z への関数 g, および X の任意の元 x に対して, f が x において連続であり g が $f(x)$ において連続ならば, $g \circ f$ は x において連続である。

定義 A.4.6. 二つの距離空間 (X, d_X) と (Y, d_Y) および X の部分集合 S が与えられたとき, X から Y への関数 f は, もし S の任意の元 x において連続であるならば,「S 上で連続である」と言われる。

定義 A.4.7. 二つの距離空間 (X, d_X) と (Y, d_Y) が与えられたとき, X から Y への関数 f は, もし X 上で連続であるならば,「連続である」と言われる。

命題 A.4.2. 任意の距離空間 (X, d), X の任意の部分集合 S, S 上の任意の実数値関数 f に対して, f が S 上で連続であるためには, 任意の実数 a に対して集合 $\{x \in S \mid f(x) \leq a\}$ および $\{x \in S \mid f(x) \geq a\}$ が S の閉部分集合であることが必要十分である。

命題 A.4.3. (a) 任意の二つの実数 x と y に対して $a(x, y) = x + y$ また $m(x, y) = xy$ によって定義される $\mathbb{R}^2$ 上の二つの実数値関数 a と m は連続であり,

(b) 任意の実数 x に対して $s(x) = -x$ によって定義される $\mathbb{R}$ 上の実数値関数 s は連続であり,
(c) 0 を除く任意の実数 x に対して $d(x) = 1/x$ によって定義される $\mathbb{R} \setminus \{0\}$ 上の実数値関数 d は連続である。

命題 A.4.3 は実数の加法演算,乗法演算,加法逆元を対応させる演算,乗法逆元を対応させる演算はそれぞれ連続であることを意味する。

定義 A.4.8. 二つの距離空間 (X, d_X) と (Y, d_Y), X の部分集合 S, および Y の部分集合 T が与えられたとき,S から T への全単射 f は,もし f が S 上で連続であり f^{-1} が T 上で連続であるならば,「S から T(の上)への位相写像」と呼ばれる。

命題 A.4.4. 任意の二つの距離空間 X と Y,X から Y への任意の関数 Q および X の任意の元 x に対して,次の三つの言明は同値である:
(a) 対応としての Q は x において上半連続である,
(b) 対応としての Q は x において下半連続である,
(c) Q は x において連続である。

定義 A.4.9. 二つの距離空間 (X, d_X) と (Y, d_Y) および X の元 x が与えられたとき,X から Y への関係 Q は,
(a) もし $Y \setminus Q(x)$ の任意の元 y に対して,U の任意の元 z に対して $V \cap Q(z) = \emptyset$ となるような x の近傍 U と y の Y の近傍 V が存在するならば,「x において閉である」と言われ,
(b) もし X の任意の元において閉ならば,「閉である」と言われる。

命題 A.4.5. 任意の二つの距離空間 (X, d_X) と (Y, d_Y) および X から Y への任意の対応 Q に対して,Q が閉であるためには Q が直積空間 $X \times Y$ の閉部分集合であることが必要十分である。

証明. Berge (1963), p. 111 を参照。 ∎

定理 A.4.3. 任意の距離空間 (X, d_X),任意のコンパクト距離空間 (Y, d_Y) および X から Y へ任意の閉値対応 Q に対して,Q が閉であるためには Q が上半連続であることが必要十分である。

証明． Berge (1963), p. 112 の Corollary to Theorem 6.1.7 を参照． ∎

定理 A.4.4. 任意の三つの距離空間 (X, d_X), (Y, d_Y) および (Z, d_Z), X から Y への任意のコンパクト値上半連続対応 Q^1 および X から Z へのコンパクト値上半連続対応 Q^2 に対して，X の任意の元 x に対して $Q(x) = Q^1(x) \times Q^2(x)$ によって定義される X から $Y \times Z$ への対応 Q はコンパクト値上半連続である．

証明． Berge (1963), p. 114 の Theorem 6.2.4′ あるいは Hildenbrand (1974), p. 25 の Proposition B.III.4 を参照． ∎

定理 A.4.5 (最大値定理)．任意の二つの距離空間 X と Y, X から Y への任意のコンパクト値連続対応 Q および $X \times Y$ 上の連続な実数値関数 f に対して，X の任意の元 x に対して $M(x) = \bigcap_{z \in Q(x)} \{y \in Q(x) \mid f(x,y) \geq f(x,z)\}$ によって定義される X から Y への関係 M は X から Y へのコンパクト値上半連続対応であり，X の任意の元 x に対して $m(x) = f(x, M(x))$ によって定義される X から $\mathbb{R}$ への関係 m は X 上の連続な実数値関数である．

証明． Berge (1963), p. 116 の Maximum Theorem を参照． ∎

A.5　n 次元実線形空間

本章の以下の部分に現れる n および m は任意の正整数を表す．

定義 A.5.1. $\mathbb{R}^n \times \mathbb{R}^n$ の任意の元 (x,y) に対して $x+y = (x_1+y_1, \ldots, x_n+y_n)$ によって定義される $\mathbb{R}^n \times \mathbb{R}^n$ から $\mathbb{R}^n$ への関数 $+$ は「加法演算」と呼ばれる[2]．

定義 A.5.2. $\mathbb{R} \times \mathbb{R}^n$ の任意の元 (r,x) に対して $r \cdot x = (rx_1, \ldots, rx_n)$ によって定義される $\mathbb{R} \times \mathbb{R}^n$ から $\mathbb{R}^n$ への関数 $\cdot$ は「スカラー乗法演算」と呼ばれる．通常 $r \cdot x$ は単に rx と略記される．

---

[2] 記号 $\mathbb{R}^n$ の定義については，定義 A.2.25 の直後の説明を参照．

定義 A.5.3. 三つ組 $(\mathbb{R}^n, +, \cdot)$ は「n 次元実線形空間」と呼ばれ，$\mathbb{R}^n$ の各元は「n 次元実ベクトル」と呼ばれる。通常，加法演算とスカラー乗法演算の記号は省略して n 次元実線形空間は $\mathbb{R}^n$ と略記される。

定義 A.5.4. n 次元実線形空間 $\mathbb{R}^n$ の部分集合 A は，もし
(a) A の任意の二つの元 x と y に対して $x + y$ が A に属し，
(b) A の任意の元 x と任意の実数 r に対して rx が A に属するならば，
「$\mathbb{R}^n$ の線形部分空間」と呼ばれる。

定義 A.5.5. $\mathbb{R}^n$ の部分集合 X は，X の任意の元 x と任意の正実数 t に対して tx が X に属するとき，「$\mathbb{R}^n$ の原点を頂点とする錐」と呼ばれる。

定義 A.5.6. 二つの実数 x と y が与えられたとき，
(a) 集合 $[x, y] = \{z \in \mathbb{R} \mid x \leq z \leq y\}$ は「端点 x と y を持つ閉区間」と呼ばれ，
(b) 集合 $]x, y[= \{z \in \mathbb{R} \mid x < z < y\}$ は「端点 x と y を持つ開区間」と呼ばれ，
(c) 集合 $]x, y] = \{z \in \mathbb{R} \mid x < z \leq y\}$ は「端点 x と y を持つ左半開区間」と呼ばれ，
(d) 集合 $[x, y[= \{z \in \mathbb{R} \mid x \leq z < y\}$ は「端点 x と y を持つ右半開区間」と呼ばれる。また任意の実数 x に対して

$$]x, \to[= \{z \in \mathbb{R} \mid x < z\}, \quad]\leftarrow, x[= \{z \in \mathbb{R} \mid z < x\},$$
$$[x, \to[= \{z \in \mathbb{R} \mid x \leq z\}, \quad]\leftarrow, x] = \{z \in \mathbb{R} \mid z \leq x\}$$

と定義する。

定義 A.5.7. $\mathbb{R}^n$ の二つの元 x と y が与えられたとき，
(a) 集合 $[x, y] = \bigcup_{t \in [0,1]} \{z \in \mathbb{R}^n \mid z = (1-t)x + ty\}$ は「x と y を結ぶ閉線分」と呼ばれ，
(b) 集合 $]x, y[= \bigcup_{t \in]0,1[} \{z \in \mathbb{R}^n \mid z = (1-t)x + ty\}$ は「x と y を結ぶ開線分」と呼ばれ，
(c) 集合 $]x, y] = \bigcup_{t \in]0,1]} \{z \in \mathbb{R}^n \mid z = (1-t)x + ty\}$ と集合 $[x, y[= \bigcup_{t \in [0,1[} \{z \in \mathbb{R}^n \mid z = (1-t)x + ty\}$ はいずれも「x と y を結ぶ半開線分」と呼ばれる。

定義 A.5.8. $\mathbb{R}^n$ の二つの部分集合 X と Y が与えられたとき，集合

$$X + Y = \bigcup_{(x,y) \in X \times Y} \{z \in \mathbb{R}^n \mid z = x + y\}$$

は「X と Y のベクトル和」と呼ばれる。

定義 A.5.9. $\mathbb{R}^n$ の部分集合 X は，もし $X + \mathbb{R}^n_+ \subset X$ ならば，「包括的である」と言われる。

定義 A.5.10. $\mathbb{R}^n$ の部分集合 X は，もし X の互いに異なる任意の二つの元 x と y を結ぶ開線分 $]x, y[$ が X に含まれるならば，「凸である」と言われる。

定理 A.5.1. $\mathbb{R}^n$ の任意の凸部分集合 S，S の閉包 cl S の任意の元 x，および S の内部 int S の任意の元 y に対して，半開線分 $]x, y]$ は int S に含まれる。

証明. Nikaido (1968), p. 20 の Theorem 2.6 の (ii) を参照。 ∎

定義 A.5.11. $\mathbb{R}^n$ の部分集合 X は，もし X の互いに異なる任意の二つの元 x と y を結ぶ開線分 $]x, y[$ が X の内部 int X に含まれるならば，「狭義凸である」と言われる。

定義 A.5.12. $\mathbb{R}^n$ の原点を頂点とする錐 X 上の実数値関数 f は，もし X の任意の元 x および任意の正実数 t に対して $f(tx) = t^k f(x)$ を満足する x と t に依存しない非負整数 k が存在するならば，「正 k 次同次である」と言われる。

定義 A.5.13. $\mathbb{R}^n$ の部分集合 X と $\mathbb{R}^m$ の原点を頂点とする凸錐 Y との直積 $X \times Y$ 上の実数値関数 f は，もし $X \times Y$ の任意の元 (x, y) に対して $f(x, y) = g(x) + h(y)$ となるような X 上の実数値関数 g と Y 上の正 1 次同次実数値関数 h が存在するならば，「Y 上で準正 1 次同次である」と言われる。

定義 A.5.14. $\mathbb{R}^n$ から $\mathbb{R}^m$ への関数 f は，もし $\mathbb{R}^n$ の任意の二つの元 x と y および任意の二つの実数 a と b に対して $f(ax + by) = af(x) + bf(y)$ となるならば，「線形である」と言われる。

命題 A.5.1. $\mathbb{R}^n$ から $\mathbb{R}^m$ への任意の線形関数 f に対して $f(\mathbb{R}^n)$ は $\mathbb{R}^m$ の線形部分空間である。

定義 A.5.15. $\mathbb{R}^n$ の有限部分集合 A は，もし $\sum_{x \in A} c(x)x = 0$ となるような A 上の任意の実数値関数 c と A の任意の元 x に対して $c(x) = 0$ ならば，「線形独立である」または「1次独立である」と言われる。

定義 A.5.16. $\mathbb{R}^n$ の線形部分空間 A が与えられたとき，A に含まれる線形独立な有限部分集合の元の個数の最大値は「A の次元」と呼ばれ，$\dim A$ で表される。

定義 A.5.17. $m \times n$ 実行列 A の n 個の列の中の線形独立な列の集合の元の個数は「A の階数」と呼ばれ $\mathrm{rank}\, A$ で表される。

定理 A.5.2. 任意の $m \times n$ 実行列 A に対して $\mathrm{rank}\, A = \mathrm{range}\, A^T$ となる[3]。

定義 A.5.18. $m \times n$ 実行列 A が与えられたとき，集合

$$N(A) = \{x \in \mathbb{R}^n \mid Ax = 0\}$$

は「A の零化空間」と呼ばれる。

定理 A.5.3. 任意の $m \times n$ 実行列 A に対して A の零化空間 $N(A)$ は $\mathbb{R}^m$ の線形部分空間である。

定理 A.5.4. 任意の $m \times n$ 実行列 A に対して $\mathrm{rank}\, A + \dim N(A) = n$ となる。

証明． 竹内 (1966), p. 63 の定理 3.5 を参照。 ∎

定義 A.5.19. $\mathbb{R}^n \times \mathbb{R}^n$ 上の実数値関数 p は，もし
(a) $\mathbb{R}^n$ の任意の元 x に対して,
(a.1) $p(x, x) \geq 0$,
(a.2) $p(x, x) = 0$ となるためには $x = 0$ となることが必要十分であり,
(b) $\mathbb{R}^n$ の任意の二つの元 x と y に対して $p(x, y) = p(y, x)$ となり,
(c) $\mathbb{R}^n$ の任意の三つの元 x, y および z に対して $p(x+y, z) = p(x, z) + p(y, z)$ となり,

---

[3] A^T は行列 A の転置行列を表す。

(d) $\mathbb{R}^n$ の任意の二つの元 x と y および任意の実数 α に対して $p(\alpha x, y) = \alpha p(x, y)$ ならば,
「$\mathbb{R}^n$ 上の内積」と呼ばれる.

定義 A.5.20. $\mathbb{R}^n$ の二つの元 x と y が与えられたとき, 実数 $x \cdot y = \sum_{i=1}^n x_i y_i$ は「x と y の内積」と呼ばれる.

命題 A.5.2. $\mathbb{R}^n$ の任意の二つの元 x と y に対して, $x \cdot y = \sum_{i=1}^n x_i y_i$ によって定義される $\mathbb{R}^n \times \mathbb{R}^n$ 上の実数値関数 $\cdot$ は $\mathbb{R}^n$ 上で連続である.

定義 A.5.21. $\mathbb{R}^n$ から $\mathbb{R}_+$ への関数 q は, もし
(a) $\mathbb{R}^n$ の任意の元 x に対して, $q(x) = 0$ となるためには $x = 0$ となることが必要十分であり,
(b) $\mathbb{R}^n$ の任意の元 x および任意の実数 α に対して $q(\alpha x) = |\alpha| q(x)$ となり,
(c) $\mathbb{R}^n$ の任意の二つの元 x と y に対して $\max\{q(x+y), q(x-y)\} \leq q(x) + q(y)$ ならば,
「$\mathbb{R}^n$ 上のノルム」と呼ばれる.

定義 A.5.22. $\mathbb{R}^n$ の元 x が与えられたとき, $\|x\| = \sqrt{x \cdot x}$, $\|x\|_1 = \sum_{i=1}^n |x_i|$ および $\|x\|_2 = \max_{i \in \{1, \ldots, n\}} |x_i|$ によって $\mathbb{R}^n$ から $\mathbb{R}_+$ への三つの関数 $\|\cdot\|$, $\|\cdot\|_1$ および $\|\cdot\|_2$ を定義する. $\|\cdot\|$ は「$\mathbb{R}^n$ 上の Euclid ノルム」と呼ばれ, $\|x\|$ は「x の ($\mathbb{R}^n$ 上の) Euclid ノルム」と呼ばれる.

命題 A.5.3. $\mathbb{R}^n$ 上の Euclid ノルムは $\mathbb{R}^n$ 上のノルムである.

定義 A.5.23. $\mathbb{R}^n$ の二つの元 x と y が与えられたとき, $d_n(x, y) = \|x - y\|$ によって定義される $\mathbb{R}^n \times \mathbb{R}^n$ 上の実数値関数 d_n は「Euclid 距離」と呼ばれる.

命題 A.5.4. d_n は $\mathbb{R}^n$ 上の距離関数である.

定義 A.5.24. 距離空間 $(\mathbb{R}^n, d_n)$ は「n-次元 Euclid 空間」と呼ばれる.

定義 A.5.25. $\mathbb{R}^n$ の元 x と正実数 r が与えられたとき, $B_n(x, r) = B_{\mathbb{R}^n, d}(x, r)$ また $B_n^0(x, r) = B_{\mathbb{R}^n, d}^0(x, r)$ と書く.

定理 A.5.5. 任意の非負実数 x と任意の正整数 n に対して

$$a_0 + \frac{a_1}{10} + \frac{a_2}{10^2} + \cdots + \frac{a_n}{10^n} \leq x < a_0 + \frac{a_1}{10} + \frac{a_2}{10^2} + \cdots + \frac{a_n + 1}{10^n}$$

となるような非負実数 a_0 と $\{0, 1, \ldots, 9\}^n$ の元 $(a_1, \ldots, a_n)$ が存在する。

証明. Apostol (1974), p. 11 の Theorem 1.20 を参照。 ∎

定理 A.5.6. 単位閉区間 $[0,1]$ に属する任意の実数 x，任意の正整数 n に対して

$$\frac{a_1}{2} + \frac{a_2}{2^2} + \cdots + \frac{a_n}{2^n} \leq x < \frac{a_1}{2} + \frac{a_2}{2^2} + \cdots + \frac{a_n + 1}{2^n}.$$

となるような $\{0,1\}^n \setminus \{0\}$ の元 $(a_1, \ldots, a_n)$ が存在する。

証明. Apostol (1974), p. 11 の Theorem 1.20 と同様である。 ∎

定義 A.5.26. 実数の数列 (x^ν) は，
(a) もし任意の実数 x に対して $\hat{\nu}$ 以上の任意の整数 ν に対して $x^\nu \geq x$ となるような正整数 $\hat{\nu}$ が存在するならば，「$+\infty$ に発散する」と言われ，
(b) もし任意の実数 x に対して $\hat{\nu}$ 以上の任意の整数 ν に対して $x^\nu \leq x$ となるような正整数 $\hat{\nu}$ が存在するならば，「$-\infty$ に発散する」と言われる。

命題 A.5.5. $\mathbb{R}^n$ 自体，空集合，$\mathbb{R}^n$ の一元部分集合はどれも $\mathbb{R}^n$ の閉部分集合である。

証明. 二階堂 (1960) の 80 ページ，例 1 を参照。

定義 A.5.27. $\mathbb{R}^n$ の原点を頂点とする錐 X が与えられたとき，集合

$$X^* = \bigcap_{y \in X} \{x \in \mathbb{R}^n \mid x \cdot y \leq 0\}$$

は「X の極」と呼ばれる。

命題 A.5.6. $\mathbb{R}^n$ の原点を頂点とする任意の錐 C に対して，C の極 C^* は $\mathbb{R}^n$ の原点を頂点とする閉凸錐である。

定義 A.5.28. $\mathbb{R}^n$ の原点を頂点とする錐 X は，もしそれ自体が凸であるならば，「$\mathbb{R}^n$ の原点を頂点とする凸錐」と呼ばれる。

付 録 A　　　　　　　　　　　　　　　　　　　　　435

定義 A.5.29. $\mathbb{R}^n$ の原点を頂点とする凸錐 X は，もし X が閉集合であるならば，「$\mathbb{R}^n$ の原点を頂点とする閉凸錐」と呼ばれる。

定義 A.5.30. $\mathbb{R}^n$ の非空部分集合 X 上の二項関係 Q は，もし $(x,y) \in Q$ を満足する X の任意の二つの元 x と y および $]0,1[$ に属する任意の実数 t に対して $(1-t)x+ty \in X$ かつ $((1-t)x+ty,y) \in Q$ ならば，「弱凸である」と言われる。

命題 A.5.7. $\mathbb{R}^n$ の任意の非空凸部分集合 X 上の任意の二項関係 Q に対して，Q が弱凸であるためには X の任意の元 x に対して集合 $\{y \in X \mid (y,x) \in Q\}$ が凸であることが必要十分である。

定義 A.5.31. $\mathbb{R}^n$ の非空部分集合 X 上の弱順序 Q は，もし $(x,y) \in Q$ と $(y,x) \notin Q$ を満足する X の任意の二つの元 x と y および $[0,1[$ に属する任意の実数 t に対して $(1-t)x+ty \in X$, $((1-t)x+ty,y) \in Q$ かつ $(y,(1-t)x+ty) \notin Q$ ならば，「凸である」と言われる。

定義 A.5.32. $\mathbb{R}^n$ の非空部分集合 X 上の弱順序 Q は，もし $(x,y) \in Q$ を満足する X の互いに異なる任意の二つの元 x と y および $[0,1[$ に属する任意の実数 t に対して $(1-t)x+ty \in X$, $((1-t)x+ty,y) \in Q$ かつ $(y,(1-t)x+ty) \notin Q$ ならば，「強凸である」と言われる。

定義 A.5.33 (ベクトルの大小比較)．$\mathbb{R}^n$ の二つの元 x と y が与えられたとき，
(a) $\{1,\ldots,n\}$ の任意の元 i に対して $x_i \geq y_i$ のときまたそのときにかぎり $x \geq y$ と書き，
(b) $x \geq y$ かつ $x \neq y$ のときまたそのときにかぎり $x > y$ と書き，
(c) $\{1,\ldots,n\}$ の任意の元 i に対して $x_i > y_i$ のときまたそのときにかぎり $x \gg y$ と書く。

定義 A.5.34. $\mathbb{R}^n$ の元 x は，もし $x \gg 0$ ならば「狭義正である」と言われ，もし $x \ll 0$ ならば「狭義負である」と言われる。

定義 A.5.35. 集合 $\mathbb{R}^n_+ = \{x \in \mathbb{R}^n \mid x \geq 0\}$, $\mathbb{R}^n_- = \{x \in \mathbb{R}^n \mid x \leq 0\}$, $\mathbb{R}^n_{++} = \{x \in \mathbb{R}^n \mid x \gg 0\}$ および $\mathbb{R}^n_{--} = \{x \in \mathbb{R}^n \mid x \ll 0\}$ はそれぞれ「$\mathbb{R}^n$ の非負象限」，「$\mathbb{R}^n$ の非正象限」，「$\mathbb{R}^n$ の正象限」，「$\mathbb{R}^n$ の負象限」と呼ばれる。

定義 A.5.36. $\mathbb{R}^n$ の部分集合 X は，
(a) もし X の任意の元 x に対して $x \geq a$ となるような x に依存しない $\mathbb{R}^n$ の元 a が存在するならば，「下方有界である」と言われ，
(b) もし X の任意の元 x に対して $x \leq a$ となるような x に依存しない $\mathbb{R}^n$ の元 a が存在するならば，「上方有界である」と言われる。

命題 A.5.8. 下方有界かつ上方有界であるような $\mathbb{R}^n$ の任意の部分集合は有界である。

定理 A.5.7. $\mathbb{R}^n$ の中の任意の有界な点列は収束する部分列を含む。

定理 A.5.8. $\mathbb{R}^n$ の任意の部分集合 X に対して，X がコンパクトであるためには X が有界かつ閉集合であることが必要十分である。

証明. 二階堂 (1960), 14 節の定理 6, p. 104 を参照。

定理 A.5.9. $\mathbb{R}^n$ の任意の非空有界閉部分集合 X と X 上で定義された任意の連続な実数値関数 f に対して $\max \operatorname{range} f$ と $\min \operatorname{range} f$ が存在する。

定理 A.5.10 (Wallace-Ward). $\mathbb{R}^n$ の任意の非空コンパクト部分集合 X と X 上の任意の準順序 Q に対して，
(a) Q が X 上で上半連続ならば Q に関する X の極大元が存在し，
(b) Q が X 上で下半連続ならば Q に関する X の極小元が存在する。

証明. Wallace (1945) または Ward (1954) の Theorem 1 を参照。 ∎

定理 A.5.11. $\mathbb{R}^n$ の任意の二つの凸部分集合 X と Y に対して $X + Y$ は凸である。

定理 A.5.12. $\mathbb{R}^n$ の任意の二つの部分集合 X と Y に対して $\operatorname{cl} X + \operatorname{cl} Y \subset \operatorname{cl}(X + Y)$ となる。

定理 A.5.13 (凸集合の分離定理). $\mathbb{R}^n$ の互いに交わらない任意の二つの非空凸部分集合 X と Y および $\operatorname{cl} X \times \operatorname{cl} Y$ の任意の元 (x, y) に対して $p \cdot x \geq p \cdot y$ となるような (x, y) に依存しない $\mathbb{R}^n \setminus \{0\}$ の元 p が存在する。

証明. 二階堂 (1960), 29 節を参照。

定理 A.5.14 (Kakutani の不動点定理). $\mathbb{R}^n$ の任意の非空コンパクト凸部分集合 S および S から S への任意の凸値閉対応 Q に対して x が $Q(x)$ に属するような S の元 x が存在する.

証明. Nikaido (1968), p. 67 の Theorem 4.4 あるいは Arrow and Hahn (1970), p. 423 の Theorem C.3 を参照. ∎

A.6 微分可能関数

本節では n と m は任意の正整数を表す.

定義 A.6.1. $\mathbb{R}^n$ の部分集合 X が与えられたとき, $\mathbb{R}^n$ の元 x は, もし x の任意の近傍の中に x 以外の元が X の中に存在するならば,「X の集積点」と呼ばれる.

定義 A.6.2. $\mathbb{R}^n$ の部分集合 X で定義された実数値関数 f, X の集積点 x, および実数 a が与えられたとき, もし任意の正実数 ε に対して $0 < \|y - x\| < \delta$ を満足する X の任意の元 y に対して $|f(y) - a| < \varepsilon$ となるような正実数 δ が存在するならば,「y が x に収束するときに $f(y)$ は a に収束する」と言い, $\lim_{y \to x} f(y) = a$ と書く.

定義 A.6.3. $a < b$ と $\mathrm{dom}\, f = [a, b]$ を満足する二つの実数 a と b が存在し $\mathrm{range}\, f \subset \mathbb{R}^m$ を満足する関数 f と $\mathrm{dom}\, f$ の元 x が与えられたとき, $\mathrm{dom}\, f \setminus \{x\}$ の任意の元 t に対して $\phi_{f,x}(t) = (f(t) - f(x))/(t - x)$ と定義する.

定義 A.6.4. $a < b$ と $\mathrm{dom}\, f = [a, b]$ を満足する二つの実数 a と b が存在し $\mathrm{range}\, f \subset \mathbb{R}^m$ を満足する関数 f が与えられたとき, $\lim_{t \to x} \phi_{f,x}(t)$ が存在するような $\mathrm{dom}\, f$ の元 x 全体の集合を $T(f)$ で表す.

定義 A.6.5. $a < b$ と $\mathrm{dom}\, f = [a, b]$ を満足する二つの実数 a と b が存在し $\mathrm{range}\, f \subset \mathbb{R}^m$ を満足する関数 f が与えられたとき, $T(f)$ の任意の元 x に対して $f'(x) = \lim_{t \to x} \phi_{f,x}(t)$ によって定義される $T(f)$ から $\mathbb{R}^m$ への関数 f' は f の「導関数」と呼ばれる.

定義 A.6.6. $a < b$ と $\mathrm{dom}\, f = [a,b]$ を満足する二つの実数 a と b が存在し range $f \subset \mathbb{R}^m$ を満足する関数 f は，$\mathrm{dom}\, f$ の任意の元 x に対して，もし x が $T(f)$ に属するならば，「x において微分可能である」と言われる．

定義 A.6.7. $a < b$ と $\mathrm{dom}\, f = [a,b]$ を満足する二つの実数 a と b が存在し range $f \subset \mathbb{R}^m$ を満足する関数 f は，$\mathrm{dom}\, f$ の任意の部分集合 E に対して，もし E が $T(f)$ に含まれるならば，「E 上で微分可能である」と言われる．

定義 A.6.8. $\mathbb{R}^n$ の部分集合 X から $\mathbb{R}^m$ への関数 f と X の内部 $\mathrm{int}\, X$ の元 x が与えられたとき，もし

$$\lim_{h \to 0} \frac{\|f(x+h) - f(x) - (f'(x))(h)\|}{\|h\|} = 0$$

となるような $\mathbb{R}^n$ から $\mathbb{R}^m$ への線形関数 $f'(x)$ が存在するならば，「f は x において微分可能である」と言われ，線形関数 $f'(x)$ は「f の x における全微分」と呼ばれる．

定理 A.6.1. $\mathbb{R}^n$ の任意の部分集合 X，X から $\mathbb{R}^m$ への任意の関数および X の内部 $\mathrm{int}\, X$ の任意の元 x に対して，もし f が x において微分可能ならば，f は x において連続である．

証明. Apostol (1974), Theorem 12.4 を参照． ∎

定義 A.6.9. $\mathbb{R}^n$ の部分集合 X 上の実数値関数 f，X の内部 $\mathrm{int}\, X$ の元 x および $\{1, \ldots, n\}$ の元 i が与えられたとき，極限

$$f_i(x) = \lim_{t \to 0} \frac{f(x_1, \ldots, x_{i-1}, x_i + t, x_{i+1}, \ldots, x_n) - f(x)}{t}$$

は「f の x における第 i 座標に関する偏微係数」と呼ばれる．

定義 A.6.10. $\mathbb{R}^n$ の部分集合 X 上の実数値関数 f と X の内部 $\mathrm{int}\, X$ の元 x が与えられたとき，もし $\{1, \ldots, n\}$ の任意の元 i に対して f が x における第 i 座標に関する偏微係数を持つならば，$\mathbb{R}^n$ の元 $\nabla f(x) = [f_1(x), \ldots, f_n(x)]$ は「f の x における勾配」と呼ばれる．

定義 A.6.11. $\mathbb{R}^n$ の部分集合 X, $\{1,\ldots,n\}$ の元 i, $\text{int}\,X$ の任意の元 x に対して x における第 i 座標に関する偏微係数 $f_i(x)$ を持つ X 上の実数値関数 f が与えられたとき, $\text{int}\,X$ の任意の元 x に対して $f_i(x)$ を対応させる関数 f_i は「第 i 変数に関する f の偏導関数」と呼ばれる。

定義 A.6.12. $\mathbb{R}^n$ の部分集合 X 上の実数値関数 f は, もし $\{1,\ldots,n\}$ の任意の元 i に対して f の第 i 座標に関する偏導関数が $\text{int}\,X$ の上で連続であるならば,「$\text{int}\,X$ 上で連続微分可能」であると言われる。

定義 A.6.13. $\mathbb{R}^n$ の部分集合 X の内部 $\text{int}\,X$ 上で連続微分可能な X 上の実数値関数 f および $\{1,\ldots,n\}$ の任意の二つの元 i と j に対して f_i が x において第 j 座標に関して偏微分可能であるような $\text{int}\,X$ の元 x が与えられたとき, n 次正方行列

$$\nabla^2 f(x) = \begin{bmatrix} f_{11}(x) & \cdots & f_{1n}(x) \\ \vdots & \ddots & \vdots \\ f_{n1}(x) & \cdots & f_{nn}(x) \end{bmatrix}$$

は「f の x における Hesse 行列」と呼ばれる。

定理 A.6.2. $\mathbb{R}^n$ の任意の部分集合 X の内部 $\text{int}\,X$ 上で連続微分可能な X 上の任意の実数値関数 f および $\{1,\ldots,n\}$ の任意の二つの元 i と j に対して f_i が x の近傍上で第 j 座標に関して偏微分可能であり f_{ij} が x において連続であるような $\text{int}\,X$ の任意の元 x に対して, f の x における Hesse 行列は対称である。

証明. Apostol (1974), p. 360 の Theorem 12.13 を参照。 ∎

定義 A.6.14. $\mathbb{R}^n$ の部分集合 X 上の実数値関数 f は, もし X の任意の元 x に対して $g(x) = f(x)$ を満足し $X \subset Y$ となるような $\mathbb{R}^n$ の開部分集合 Y と Y 上で連続微分可能な Y 上の実数値関数 g が存在するならば,「X 上で連続微分可能」であると言われる。

定義 A.6.15. $\mathbb{R}^n$ の部分集合 X から $\mathbb{R}^m$ への関数 f は, $\text{int}\,X$ の元 x が与えられたとき, もし $\{1,\ldots,m\}$ の任意の元 i に対して f^i が x において連続微分可能であるならば,「x において連続微分可能である」と言われる。

定義 A.6.16. $\mathbb{R}^n$ の開部分集合 X から $\mathbb{R}^m$ への関数 f は，もし $\{1,\ldots,m\}$ の任意の元 i に対して f^i が X 上で連続微分可能であるならば，「連続微分可能である」と言われる．

定義 A.6.17. $\mathbb{R}^n$ の開部分集合 X 上の連続微分可能な実数値関数 f は，もし X の任意の元 x に対して f の x における Hesse 行列 $H_f(x)$ が存在し X から $\mathbb{R}^{2n}$ への関数 H_f が連続であるならば，「2 回連続微分可能である」と言われる．

定義 A.6.18. $\mathbb{R}^n$ の部分集合 X および X の部分集合 Y が与えられたとき，X から $\mathbb{R}^m$ への関数 f は，もし Y の任意の元 x において f が連続微分可能であるならば，「Y 上で連続微分可能である」と言われる．

定義 A.6.19. $\mathbb{R}^n$ の開部分集合 X から $\mathbb{R}^m$ への連続微分可能関数 f および X の元 x が与えられたとき，$m \times n$ 行列

$$J_f(x) = \begin{bmatrix} \nabla f^1(x) \\ \vdots \\ \nabla f^m(x) \end{bmatrix} = \begin{bmatrix} f_1^1(x) & \cdots & f_n^1 \\ \vdots & \ddots & \vdots \\ f_1^m(x) & \cdots & f_n^m \end{bmatrix}$$

は「f の x における Jacobi 行列」と呼ばれる．

命題 A.6.1. $\mathbb{R}^n$ の原点を頂点とする任意の開錐 X から $\mathbb{R}^n$ への任意の連続微分可能関数 f に対して，f が X 上で正 0 次同次であるためには X の任意の元 x に対して $J_f(x)x^T = 0$ となることが必要十分である．

証明.

主張 1. f が X 上で正 0 次同次であるならば X の任意の元 x に対して $J_f(x)x^T = 0^T$ となる．

主張 1 の証明. X の任意の元 x を選ぶ．X は $\mathbb{R}^n$ の原点を頂点とする開錐であり任意の正実数 t に対して tx は X に属し $f(x) = f(tx)$ となる．任意の正実数 t に対して $g(t) = f(tx) - f(x)$ と定義する．f は X 上で正 0 次同次だから，任意の正実数 t に対して $g(t) = 0$ ゆえに $0 = g'(t) = x(J_f(tx))^T$ となり，特に $J_f(x)x^T = 0^T$ となる．

主張 2. X の任意の元 x に対して $J_f(x)x^T = 0^T$ ならば f は X 上で正 0 次同次である。

主張 2 の証明. X の任意の元 x を選び,任意の正実数 t に対して $g(t) = f(tx) - f(x)$ と定義する。このとき任意の正実数 t に対して,tx は X に属するから $g'(t) = x(J_f(tx))^T = (1/t)(tx)(J_f(tx))^T = 0$ となり,g は $\mathbb{R}_{++}$ 上の定値関数である。$g(0) = 0$ だから,任意の正実数 t に対して $0 = g(t) = f(tx) - f(x)$ すなわち $f(tx) = f(x)$ となり,f は正 0 次同次である。

主張 1 と 2 により命題 A.6.1 の証明が完了する。 ∎

定理 A.6.3. $\mathbb{R}^n$ の任意の部分集合 X,X から $\mathbb{R}^m$ への任意の関数 f,X の内部 $\operatorname{int} X$ の任意の元 x,$f(x)$ が Y の内部 $\operatorname{int} Y$ に含まれるような $\mathbb{R}^m$ の任意の部分集合 Y,Y から $\mathbb{R}^\ell$ への任意の関数 g に対して,もし f が x において微分可能であり g が $f(x)$ において微分可能ならば f と g の合成関数 $g \circ f$ は x において微分可能であり,$(g \circ f)'(x) = g'(f(x)) \circ f'(x)$ かつ $J_{g \circ f}(x) = J_g(f(x)) J_f(x)$ となる。

証明. Apostol (1974), p. 352 の Theorem 12.7 を参照。 ∎

定理 A.6.4 (陰関数定理). $\mathbb{R}^{n+m}$ の任意の開部分集合 X,X から $\mathbb{R}^n$ の開部分集合 Y への任意の連続微分可能な関数 f および X の任意の元 x に対して,もし

$$\begin{bmatrix} f_1^1(x) & \cdots & f_n^1(x) \\ \vdots & \ddots & \vdots \\ f_1^n(x) & \cdots & f_n^n(x) \end{bmatrix}$$

が正則行列ならば,
(a) $g(x_{n+1}, \ldots, x_{n+m}) = (x_1, \ldots, x_n)$ となり,
(b) U の任意の元 z に対して (b.1) $(g(z), z)$ が X に属し,(b.2) $f(g(z), z) = f(x)$ となるような
$\mathbb{R}^m$ における $(x_{n+1}, \ldots, x_{n+m})$ の開近傍 U と U から Y への連続微分可能な関数 g が存在する。

証明. Apostol (1974), p. 374 の Theorem 13.7 を参照。 ∎

A.7 古典的極値問題

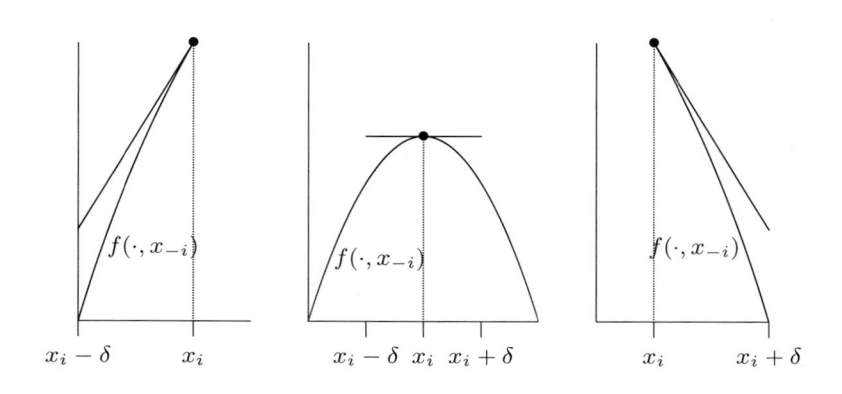

図 **A.7.1** 実数値関数の極値の 1 階条件

定理 A.7.1 (実数値関数の極値の 1 階条件). $\mathbb{R}^n$ の任意の部分集合 X, X 上の任意の微分可能な実数値関数 f, $\arg\max_{y \in X} f(y)$ の任意の元 x, および $\{1, \ldots, n\}$ の任意の元 i に対して

(a) $]x_i - \delta, x_i + \delta[\subset R_i(x)$ を満足する正実数 δ が存在するならば $f_i(x) = 0$ となり,

(b) $]x_i - \delta, x_i] \subset R_i(x)$ を満足する正実数 δ が存在するならば $f_i(x) \geq 0$ となり,

(c) $[x_i, x_i + \delta[\subset R_i(x)$ を満足する正実数 δ が存在するならば $f_i(x) \leq 0$ となる.

ただし $R_i(x) = \{y \in \mathbb{R} \mid (x_1, \ldots, x_{i-1}, y, x_{i+1}, \ldots, x_n) \in X\}$ とする。

定義 A.7.1. $m < n$ を満足する二つの正整数 n と m, $\mathbb{R}^n$ の部分集合 X, X 上の実数値関数 f および X から $\mathbb{R}^m$ への関数 g が与えられたとき, X の元 $\hat{x}$ は,

(a) もし (a.1) $g(\hat{x}) = 0$ となり, (a.2) $g(x) = 0$ を満足する X の任意の元 x に対して $f(\hat{x}) \geq f(x)$ ならば,「f の g に関する等号制約条件付き最大化問題

の大域解」または単に「f の g に関する等号制約条件付き最大化問題の解」と呼ばれ,

(b) もし (b.1) $g(\hat{x}) = 0$ となり, (b.2) $g(x) = 0$ を満足する X の任意の元 x に対して $f(\hat{x}) \leq f(x)$ ならば,「f の g に関する等号制約条件付き最小化問題の大域解」または単に「f の g に関する等号制約条件付き最小化問題の解」と呼ばれる。

定義 A.7.2. $m < n$ を満足する二つの正整数 n と m, $\mathbb{R}^n$ の部分集合 X, X 上の実数値関数 f および X から $\mathbb{R}^m$ への関数 g が与えられたとき, X の元 $\hat{x}$ は,

(a) もし (a.1) $g(\hat{x}) = 0$ となり, (a.2) $g(x) = 0$ と $\|x - \hat{x}\| < \delta$ を満足する X の任意の元 x に対して $f(\hat{x}) \geq f(x)$ となるような x に依存しない正実数 δ が存在するならば,「f の g に関する等号制約条件付き最大化問題の局所解」と呼ばれ,

(b) もし (b.1) $g(\hat{x}) = 0$ となり, (b.2) $g(x) = 0$ と $\|x - \hat{x}\| < \delta$ を満足する X の任意の元 x に対して $f(\hat{x}) \leq f(x)$ となるような x に依存しない正実数 δ が存在するならば,「f の g に関する等号制約条件付き最小化問題の局所解」と呼ばれる[4]。

明らかにそれぞれの問題の大域解は局所解である。

定理 A.7.2 (等号制約条件付極大値の必要条件). $m < n$ を満足する任意の二つの正整数 n と m, $\mathbb{R}^n$ の任意の開部分集合 X, X 上の任意の 2 回連続微分可能実数値関数 f, X から $\mathbb{R}^m$ への任意の 2 回連続微分可能関数 g および X の任意の元 $\hat{x}$ に対して,

(i) $g(\hat{x}) = 0$,
(ii) g の $\hat{x}$ における Jacobi 行列 $J_g(\hat{x})$ の階数が m に等しく,
(iii) $\hat{x}$ が f の g に関する等号制約付き最大化問題の局所解ならば,
(a) $F_x(\hat{x}, \hat{\lambda}) = 0$ かつ

---

[4] ここで $x - \hat{x}$ のノルム $\|x - \hat{x}\|$ は $\|x - \hat{x}\|_1$ や $\|x - \hat{x}\|_2$ で置き換えても構わない。

(b) $(J_g(\hat{x}))y^T = 0$ を満足する $\mathbb{R}^n$ の任意の元 y に対して $yF_{xx}(\hat{x},\hat{\lambda})y^T \leq 0$ となるような $\mathbb{R}^m$ の唯一の元 $\hat{\lambda}$ が存在する。ただし X の任意の元 x と $\mathbb{R}^m$ の任意の元 λ に対して $F(x,\lambda) = f(x) + \lambda g(x)$ と定義する。

証明. El-Hodiri (1971) を参照。 ∎

定理 A.7.3 (等号制約条件付極小値の必要条件). $m < n$ を満足する任意の二つの正整数 n と m, $\mathbb{R}^n$ の任意の開部分集合 X, X 上の任意の 2 回連続微分可能実数値関数 f, X から $\mathbb{R}^m$ への任意の 2 回連続微分可能関数 g および X の任意の元 $\hat{x}$ に対して,

(i) $g(\hat{x}) = 0$,
(ii) g の $\hat{x}$ における Jacobi 行列 $J_g(\hat{x})$ の階数が m に等しく,
(iii) $\hat{x}$ が f の g に関する等号制約付き最小化問題の局所解ならば,
(a) $F_x(\hat{x},\hat{\lambda}) = 0$ かつ
(b) $(J_g(\hat{x}))y^T = 0$ を満足する $\mathbb{R}^n$ の任意の元 y に対して $yF_{xx}(\hat{x},\hat{\lambda})y^T \geq 0$ となるような $\mathbb{R}^m$ の唯一の元 $\hat{\lambda}$ が存在する。ただし X の任意の元 x と $\mathbb{R}^m$ の任意の元 λ に対して $F(x,\lambda) = f(x) + \lambda g(x)$ と定義する。

証明. El-Hodiri (1971) を参照。 ∎

定理 A.7.4 (等号制約条件付極大値の十分条件). $m < n$ を満足する任意の二つの正整数 n と m, $\mathbb{R}^n$ の任意の開部分集合 X, X 上の任意の 2 回連続微分可能実数値関数 f, X から $\mathbb{R}^m$ への任意の 2 回連続微分可能関数 g および X の任意の元 $\hat{x}$ に対して,

(i) $g(\hat{x}) = 0$,
(ii) g の $\hat{x}$ における Jacobi 行列 $J_g(\hat{x})$ の階数が m に等しく,
(iii) 以下の 2 条件
(iii-1) $L_x(\hat{x},\hat{\lambda}_0,\hat{\lambda}) = 0$,
(iii-2) $(J_g(\hat{x}))y^T = 0$ を満足する $\mathbb{R}^n \setminus \{0\}$ の任意の元 y に対して $yL_{xx}(\hat{x},\hat{\lambda}_0,\hat{\lambda})y^T < 0$ となる,
を満足する非負実数 $\hat{\lambda}_0$ と $\mathbb{R}^m$ の元 $\hat{\lambda}$ が存在するならば, $\hat{x}$ が f の g に関する等号制約付き最大化問題の一意的な局所解である。ただし X の任意の元 x,

任意の非負実数 λ_0, $\mathbb{R}^m$ の任意の元 λ に対して $L(x, \lambda_0, \lambda) = \lambda_0 f(x) + \lambda g(x)$ と定義する.

証明. El-Hodiri (1971) を参照. ∎

定理 A.7.5 (等号制約条件付極小値の十分条件). $m < n$ を満足する任意の二つの正整数 n と m, $\mathbb{R}^n$ の任意の開部分集合 X, X 上の任意の 2 回連続微分可能実数値関数 f, X から $\mathbb{R}^m$ への任意の 2 回連続微分可能関数 g および X の任意の元 $\hat{x}$ に対して,

(i) $g(\hat{x}) = 0$,
(ii) g の $\hat{x}$ における Jacobi 行列 $J_g(\hat{x})$ の階数が m に等しく,
(iii) 以下の 2 条件
(iii-1) $L_x(\hat{x}, \hat{\lambda}_0, \hat{\lambda}) = 0$,
(iii-2) $(J_g(\hat{x}))y^T = 0$ を満足する $\mathbb{R}^n \setminus \{0\}$ の任意の元 y に対して $yL_{xx}(\hat{x}, \hat{\lambda}_0, \hat{\lambda})y^T > 0$ となる,

を満足する非負実数 $\hat{\lambda}_0$ と $\mathbb{R}^m$ の元 $\hat{\lambda}$ が存在するならば, $\hat{x}$ が f の g に関する等号制約付き最小化問題の一意的な局所解である. ただし X の任意の元 x, 任意の非負実数 λ_0, $\mathbb{R}^m$ の任意の元 λ に対して $L(x, \lambda_0, \lambda) = \lambda_0 f(x) + \lambda g(x)$ と定義する.

証明. El-Hodiri (1971) を参照. ∎

A.8 凹関数と準凹関数

定義 A.8.1. $\mathbb{R}^n$ の凸部分集合 X 上の実数値関数 f は,

(a) もし開区間 $]0, 1[$ に属する任意の実数 t および $f(x) \geq f(y)$ となるような X の任意の二つの元 x と y に対して $f((1-t)x + ty) \geq f(y)$ となるならば, 「準凹」であると言われ,

(b) もし開区間 $]0, 1[$ に属する任意の実数 t および $f(x) \geq f(y)$ となるような X の互いに異なる任意の二つの元 x と y に対して $f((1-t)x + ty) > f(y)$ となるならば, 「狭義準凹」であると言われ,

(c) もし開区間 $]0,1[$ に属する任意の実数 t および $f(x) \geq f(y)$ となるような X の任意の二つの元 x と y に対して $f((1-t)x+ty) \leq f(x)$ となるならば，「準凸」であると言われ，

(d) もし開区間 $]0,1[$ に属する任意の実数 t および $f(x) \geq f(y)$ となるような X の互いに異なる任意の二つの元 x と y に対して $f((1-t)x+ty) < f(x)$ となるならば，「狭義準凸」であると言われる。

定義 A.8.2. $\mathbb{R}^n$ の凸部分集合 X 上の実数値関数 f は，

(a) もし開区間 $]0,1[$ に属する任意の実数 t および X の任意の二つの元 x と y に対して $f((1-t)x+ty) \geq (1-t)f(x)+tf(y)$ となるならば，「凹」であると言われ，

(b) もし開区間 $]0,1[$ に属する任意の実数 t および X の互いに異なる任意の二つの元 x と y に対して $f((1-t)x+ty) > (1-t)f(x)+tf(y)$ となるならば，「狭義凹」であると言われ，

(c) もし開区間 $]0,1[$ に属する任意の実数 t および X の任意の二つの元 x と y に対して $f((1-t)x+ty) \leq (1-t)f(x)+tf(y)$ となるならば，「凸」であると言われ，

(d) もし開区間 $]0,1[$ に属する任意の実数 t および X の互いに異なる任意の二つの元 x と y に対して $f((1-t)x+ty) < (1-t)f(x)+tf(y)$ となるならば，「狭義凸」であると言われる。

命題 A.8.1. $\mathbb{R}^n$ 上の Euclid ノルム $\|\cdot\|$ は狭義準凸関数である。

命題 A.8.2. (a) 任意の狭義凹（凸）関数は凹（凸）であり，
(b) 任意の狭義準凹（凸）関数は準凹（凸）であり，
(c) 任意の凹（凸）関数は準凹（凸）である。

命題 A.8.3. $\mathbb{R}^n$ の凸部分集合 X 上の任意の実数値関数 f と任意の実数 c に対して，$X \times \mathbb{R}$ の任意の元 (x,y) に対して $g(x,y) = f(x)+cy$ によって定義される $X \times \mathbb{R}$ 上の実数値関数 g に対して，

(a) f が凹ならば g は凹であり，
(b) g が準凹ならば f は凹であり，
(c) g が準凹であるためには f が凹であることが必要十分であり，

(d) g が狭義準凹であるためには f が狭義凹であることが必要十分である.

証明. 次の主張 1 は容易に確認できる.

主張 1. f が凹ならば g は準凹である.

主張 2. g が準凹ならば f は凹である.

主張 2 の証明. f が凹ではないと仮定する.このとき $f((1-t)x+t\tilde{x}) < (1-t)f(x)+tf(\tilde{x})$ となるような X の二つの元 x と $\tilde{x}$ および $]0,1[$ に属する実数 t が存在する.任意の正実数 y に対して $\lambda(y) = (f(x)-f(\tilde{x})+\gamma y)/\gamma y$ が定義でき,$\lambda(y) > 0$ となるような実数 y が存在する.$g(\tilde{x}, \lambda(y)y) = g(x,y)$ だから

$$g((1-t)(x,y)+t(\tilde{x},\lambda(y)y)) = f((1-t)x+t\tilde{x})+\gamma(1-t+t\lambda(y))y$$
$$< (1-t)f(x)+tf(\tilde{x})+(1-t)\gamma y+t\gamma\lambda(y)y$$
$$= \min\{g(x,y), g(\tilde{x},\lambda(y)y)\}$$

となり g の準凹性と矛盾する.したがって f は凹であり主張 2 が成立する.

主張 1 と 2 から次の主張 3 が導かれる.

主張 3. g が準凹であるためには f が凹であることが必要十分である.

主張 4. g が狭義準凹であるためには f が狭義凹であることが必要十分である.

主張 4 の証明. 次の主張 4.1 は容易に確認できる.

主張 4.1. f が狭義凹ならば g は狭義準凹である.

主張 4.2. g が狭義準凹ならば f は狭義凹である.

主張 4.2 の証明. f が狭義凹ではないと仮定する.このとき $f((1-t)x+t\tilde{x}) \leq (1-t)f(x)+tf(\tilde{x})$ となるような X の互いに異なる二つの元 x と $\tilde{x}$ および $]0,1[$ に属する実数 t が存在する.任意の正実数 y に対して $\lambda(y) =$

$(f(x) - f(\tilde{x}) + \gamma y)/\gamma y$ が定義でき，$\lambda(y) > 0$ となるような実数 y が存在する。$g(\tilde{x}, \lambda(y)y) = g(x,y)$ だから

$$g((1-t)(x,y) + t(\tilde{x}, \lambda(y)y)) = f((1-t)x + t\tilde{x}) + \gamma(1 - t + t\lambda(y))y$$
$$\leq (1-t)f(x) + tf(\tilde{x}) + (1-t)\gamma y + t\gamma\lambda(y)y$$
$$= \min\{g(x,y), g(\tilde{x}, \lambda(y)y)\}$$

となり g の狭義準凹性と矛盾する。したがって f は狭義凹であり主張 4.2 が成立する。主張 4.1 と 4.2 から主張 4 が導かれる。主張 1 から 4 により命題 A.8.3 の証明が完了する。 ∎

定義 A.8.3. $\mathbb{R}^n$ の部分集合 X 上の実数値関数 f は,
(a) もし $x \geq y$ を満足する X の任意の二つの元 x と y に対して $f(x) \geq f(y)$ ならば,「単調非減少」であると言われ,
(b) もし $x \gg y$ を満足する X の任意の二つの元 x と y に対して $f(x) > f(y)$ ならば,「単調増加」であると言われ,
(c) もし $x > y$ を満足する X の任意の二つの元 x と y に対して $f(x) > f(y)$ ならば,「狭義単調増加」であると言われ,
(d) もし $x \geq y$ を満足する X の任意の二つの元 x と y に対して $f(x) \leq f(y)$ ならば,「単調非増加」であると言われ,
(e) もし $x \gg y$ を満足する X の任意の二つの元 x と y に対して $f(x) < f(y)$ ならば,「単調減少」であると言われ,
(f) もし $x > y$ を満足する X の任意の二つの元 x と y に対して $f(x) < f(y)$ ならば,「狭義単調減少」であると言われる。

命題 A.8.4. $\mathbb{R}$ の部分集合上の任意の実数値関数 f に対して，もし f が単調非減少あるいは単調非増加ならば f は準凹かつ準凸である。

命題 A.8.5. $\mathbb{R}$ のある区間 I 上の任意の微分可能な実数値関数 f に対して，
(a) f が凸関数であるためには f' が I の内部 $\text{int}\, I$ で単調非減少であることが必要十分であり,
(b) f が凹関数であるためには f' が I の内部 $\text{int}\, I$ で単調非増加であることが必要十分であり,

(c) f' が I の内部 int I で単調増加ならば f は狭義凸関数であり,
(d) f' が I の内部 int I で単調減少ならば f は狭義凹関数である。

証明. Katzner (1959), p. 186 の Lemma B.2-3 を参照。 ∎

命題 A.8.6. $\mathbb{R}$ のある開区間 I 上の任意の 2 回連続微分可能な実数値関数 f に対して,
(a) f が凸関数であるためには I に属する任意の実数 x に対して $f''(x) \geq 0$ となることが必要十分であり,
(b) f が凹関数であるためには I に属する任意の実数 x に対して $f''(x) \leq 0$ となることが必要十分である。

証明. 命題 A.8.5 から容易に導かれる。 ∎

命題 A.8.7 (凹関数の最大化および凸関数の最小化における 1 階条件の十分性). $\mathbb{R}$ のある区間 I 上の任意の微分可能な実数値関数 f と $f'(\hat{x}) = 0$ を満足する区間 I の内部 int I の任意の元 $\hat{x}$ に対して,
(a) f が凹関数ならば $\hat{x}$ は $\arg\max_{x \in I} f(x)$ に属し,
(b) f が凸関数ならば $\hat{x}$ は $\arg\min_{x \in I} f(x)$ に属する。

定義 A.8.4. $n \times n$ 実行列 A は,
(a) もし $\mathbb{R}^n$ の任意の元 x に対して $xAx^T \geq 0$ ならば, 「非負定符号である」と言われ[5],
(b) もし $\mathbb{R}^n \setminus \{0\}$ の任意の元 x に対して $xAx^T > 0$ ならば, 「正定符号である」と言われ,
(c) もし $\mathbb{R}^n$ の任意の元 x に対して $xAx^T \leq 0$ ならば, 「非正定符号である」と言われ,
(d) もし $\mathbb{R}^n \setminus \{0\}$ の任意の元 x に対して $xAx^T < 0$ ならば, 「負定符号である」と言われる。

定理 A.8.1. $\mathbb{R}^n$ のある開部分集合 X 上の任意の 2 回連続微分可能な実数値関数 f に対して

---

[5] x は行ベクトルであり, x^T はその転置 (列) ベクトルであるように選ぶ。

(a) f が凸であるためには X の任意の元 x に対して $\nabla^2 f(x)$ が非負定符号であることが必要十分であり，
(b) f が凹であるためには X の任意の元 x に対して $\nabla^2 f(x)$ が非正定符号であることが必要十分である．

証明． Katzner (1959), p. 201 を参照。 ∎

定理 A.8.2. $\mathbb{R}^n$ のある開部分集合 X 上の任意の 2 回連続微分可能な実数値関数 f に対して，
(a) もし X の任意の元 x に対して $\nabla^2 f(x)$ が正定符号ならば f は狭義凸であり，
(b) もし X の任意の元 x に対して $\nabla^2 f(x)$ が負定符号ならば f は狭義凹である．

証明． 定理 A.8.1 の証明とほとんど同様である． ∎

定理 A.8.3. n 次の任意の対称正方行列 A に対して，A が負定符号であるためには集合 $\{1,\ldots,n\}$ の任意の元 i に対して

$$(-1)^i \begin{vmatrix} a_{11} & \cdots & a_{1i} \\ \vdots & \ddots & \vdots \\ a_{i1} & \cdots & a_{ii} \end{vmatrix} > 0$$

となることが必要十分である．

証明． Debreu (1952), p. 296 の Theorem 2 を参照． ∎

定理 A.8.4. n 次の任意の対称正方行列 A に対して，A が非負定符号であるためには，集合 $\{1,\ldots,n\}$ の任意の順列 π と集合 $\{1,\ldots,n\}$ の任意の元 i に対して

$$\begin{vmatrix} a_{\pi(1)\pi(1)} & \cdots & a_{\pi(1)\pi(i)} \\ \vdots & \ddots & \vdots \\ a_{\pi(i)\pi(1)} & \cdots & a_{\pi(i)\pi(i)} \end{vmatrix} \geq 0$$

となることが必要十分である．

証明． Debreu (1952), p. 298 の Theorem 7 を参照． ∎

定理 A.8.5. $\mathbb{R}^n$ のある開部分集合 X 上の任意の 2 回連続微分可能な実数値関数 f に対して，f が狭義準凹であるためには，X の任意の元 x および $y \cdot \nabla f(x) = 0$ を満足する $\mathbb{R}^n \setminus \{0\}$ の任意の元 y に対して $y\nabla^2 f(x)y^T < 0$ となることが十分である。

証明. Katzner (1959), p. 211 の Theorem B.7-4 を参照。 ■

定理 A.8.6. n 次の任意の対称な正方行列 A と $b_- \neq 0$ を満足する $\mathbb{R}^n$ の任意の元 b に対して，次の二つの条件 (a) と (b) は互いに同値である：
(a) $yb^T = 0$ を満足する $\mathbb{R}^n$ の任意の元 y に対して $yAy^T < 0$ となる，
(b) 集合 $\{2, \ldots, n\}$ の任意の元 i に対して

$$(-1)^i \begin{vmatrix} 0 & b_1 & \cdots & b_i \\ b_1 & a_{11} & \cdots & a_{1i} \\ \vdots & \vdots & \ddots & \vdots \\ b_i & a_{i1} & \cdots & a_{ii} \end{vmatrix} > 0$$

となる。

証明. Debreu (1952), p. 298 の Theorem 5 を参照。 ■

定義 A.8.5. $\mathbb{R}^n$ の凸部分集合上の実数値関数 f と実数 λ が与えられたとき，$\mathrm{dom}\, f$ の任意の元 x に対して $r^f_\lambda(x) = e^{-\lambda f(x)}$ と定義する[6]。

定義 A.8.6. $\mathbb{R}^n$ の非空凸部分集合上の実数値関数 f が与えられたとき，r^f_λ が凸関数であるような負実数 λ 全体の集合を Λ^f_{conv} で表し，r^f_λ が凹関数であるような非正実数全体の集合を Λ^f_{conc} で表す[7]。

定義 A.8.7. $\mathbb{R}^n$ の非空凸部分集合上の実数値関数 f が与えられたとき，r^f_μ が凸関数でないような負実数 μ が存在するならば $c(f) = \sup \Lambda^f_{conv}$ と定め，それ以外の場合には $c(f) = \sup \Lambda^f_{conc}$ と定めることによって定義される実数 $c(f)$ は「f の凸性指数」と呼ばれる[8]。

---

[6] Crouzeix and Lindberg (1986), p. 46 を参照。
[7] Crouzeix and Lindberg (1986), p. 46 を参照。
[8] Crouzeix and Lindberg (1986), p. 46 を参照。

定理 **A.8.7** (Crouzeix and Lindberg (1986)). 任意の正整数 m, 任意の m 個の関数 $f_1, \ldots, f_m$ に対して, もし $\{1, \ldots, m\}$ の任意の元 i に対して f_i がある有限次元実線形空間の非空開凸部分集合 $\mathrm{dom}\, f_i$ 上の非定値実数値関数であるならば, $\prod_{i=1}^m \mathrm{dom}\, f_i$ の任意の元 $(x_1, \ldots, x_m)$ に対して $g(x_1, \ldots, x_m) = \sum_{i=1}^m f_i(x_i)$ によって定義される $\prod_{i=1}^m \mathrm{dom}\, f_i$ 上の実数値関数 g が準凸関数であるためには, 次の二つの条件の中の一つが成立することが必要十分である:

(a) $\{1, \ldots, m\}$ の任意の元 i に対して f_i が凸関数である,

(b) $\{1, \ldots, m\} \setminus \{j\}$ の任意の元 i に対して f_i が凸関数であるような $\{1, \ldots, m\}$ の元 j が存在し, $\sum_{i=1}^m 1/c(f_i) \leq 0$ となる。

証明. Crouzeix and Lindberg (1986) の Theorem 8 を参照。 ∎

参 考 文 献

Apostol, Tom M. (1974) *Mathematical Analysis*, Reading, Massachusetts: Addison-Wesley Publishing Company, 2nd edition.

Arrow, Kenneth Joseph (1951) "An Extension of the Basic Theorems of Classical Welfare Economics," in Neyman, J. ed. *The Second Berkeley Symposium on Mathematical Statistics and Probability*, pp. 507 – 532: University of California Press.

―――― (1959) "Rational Choice Functions and Orderings," *Economica*, Vol. 26, pp. 121 – 127.

Arrow, Kenneth Joseph and Gerard Debreu (1954) "Existence of an Equilibrium for a Competitive Economy," *Econometrica*, Vol. 22, pp. 265 – 290.

Arrow, Kenneth Joseph and Frank Horace Hahn (1970) *General Competitive Analysis*, San Francisco, California: Holden-Day.

Auerbach, Alan J. (1985) *The Theory of Excess Burden and Optimal Taxation*, Vol. 1, pp. 61 – 128, Amsterdam: Elsevier Science Publishers B.V.

Berge, Claude (1963) *Topological Spaces*, New York, New York: Macmillan. English translation by E. M. Patterson.

Chamberlin, Edward Hastings (1938) *The Theory of Monopolistic Competition*, Cambridge, Massachusetts: Harvard University Press, 3rd edition.

Crouzeix, J. P. and P. O. Lindberg (1986) "Additively Decomposed Quasiconvex Functions," *Mathematical Programming*, Vol. 35, pp. 42 – 57.

Debreu, Gerard (1951) "The Coefficients of Resource Utilization," *Econometrica*, Vol. 19, pp. 273 – 292.

―――― (1952) "Definite and Semidefinite Quadratic Forms," *Econometrica*, Vol. 20, pp. 295 – 300.

―――― (1954) "Valuation Equilibrium and Pareto Optimum," in *Proceedings of the National Academy of Sciences of the U.S.A.*, Vol. 40, pp. 588 – 592.

―――― (1959) *Theory of Value: An Axiomatic Analysis of Economic Equilibrium*, New York, New York: John Wiley and Sons.

―――― (1962) "New Concepts and Techniques for Equilibrium Analysis," *International Economic Review*, Vol. 3, pp. 257 – 273.

Dupuit, Jules (1844) "De la Mesure de l'Utilité des Travaux Publics," *Annales des Ponds et Chaussées*, Vol. 8. English translation by R. H. Barback, "On the Measurement of the Utility of Public Works," *International Economic Papers*, Vol. 2 (1952), pp. 83 – 110, reprinted in K. J. Arrow and T. Scitovsky (eds.), *Readings in Welfare Economics*, 1969, London: George Allen & Unwin.

El-Hodiri, Mohamed Ali (1971) *Constrained Extrema: Introduction to the Differentiable Case with Economic Applications*, Berlin: Springer-Verlag.

Foley, Duncan Karl (1967) "Resource Allocation and the Public Sector," *Yale Economic Essays*, Vol. 7, pp. 45 - 98.

Friedman, Milton (1953) *Essays in Positive Economics*, Chicago, Illinois: The University of Chicago Press.

Gale, David (1960) "A Note on Revealed Preference," *Economica*, Vol. 27, pp. 348 – 354.

Herstein, Israel Nathan and John Willard Milnor (1953) "An Axiomatic Approach to Measurable Utility," *Econometrica*, Vol. 21, pp. 291 – 297.

Hicks, John Richard ed. (1946) *Value and Capital*, Oxford: Oxford University Press.

Hildenbrand, Werner (1974) *Core and Equilibria of a Large Economy*, Princeton, New Jersey: Princeton University Press.

Hotelling, Harold (1938) "The General Welfare in Relation to Problems of Taxation and of Railway and Utility Rates," *Econometrica*, Vol. 6, pp. 242 – 269.

Houthakker, H. S. (1950) "Revealed Preference and the Utility Function," *Economica*, Vol. 17, pp. 159 – 174.

Johansen, Leif (1963) "Some Notes on the Lindahl Theory of Determination of Public Expenditures," *International Economic Review*, Vol. 4, pp. 346 – 358.

Katzner, Donald W. (1959) *Static Demand Theory*, Reading, Massachusetts: Addison-Wesley Publishing Company.

Lindahl, Erik Robert (1958) "Just Taxation — A Positive Solution," in *Classics in the Theory of Public Finance, (eds.), Richard Abel Musgrave and Alan Turner Peacock*, London: Macmillan, pp. 168 – 176. English translation by Elizabeth Henderson.

Luenberger, David G. (1995) *Microeconomic Theory*, New York, New York:

McGraw-Hill, Inc.

Marshall, Alfred (1890) *Principles of Economics*, London: Macmillan, eighth edition.

Mas-Colell, Andreu, Michael D. Whinston, and Jerry R. Green (1995) *Microeconomic Theory*, Oxford: Oxford University Press.

McKenzie, Lionel Wilfred (1959) "On the Existence of General Equilibrium for a Competitive Market," *Econometrica*, Vol. 27, pp. 54 – 71.

Milleron, Jean-Claude (1972) "Theory of Value with Public Goods: A Survey Article," *Journal of Economic Theory*, Vol. 5, pp. 419 – 477.

Morishima, Michio (1964) *Equilibrium, Stability and Growth*, Oxford: Oxford University Press.

Nikaido, Hukukane (1968) *Convex Structures and Economic Theory*, New York, New York: Academic Press.

Richter, Marcel K. (1971) "Rational Choice," in *Preferences, Utility, and Demand, (eds.) John S. Chipman, Leonid Hurwicz, Marcel K. Richter and Hugo F. Sonnenschein*, New York, New York: Harcourt Brace Jovanovich, Inc. pp. 29 – 58.

Rose, Hugh (1958) "Consistency of Preference," *Review of Economic Studies*, Vol. 25, pp. 124 – 125.

Rudin, Walter (1976) *Principles of Mathematical Analysis*, New York, New York: McGraw-Hill Book Company. 3rd edition.

Samuelson, Paul Anthony (1938) "A Note on the Pure Theory of Consumer's Behaviour," *Economica*, Vol. 5, pp. 61 – 71.

——— (1947) *Foundations of Economic Analysis*, Cambridge, Massachusetts: Harvard University Press.

Smith, Adam (1937) *An Inquiry into the Nature and Causes of the Wealth of Nations*, New York, New York: The Modern Library.

Suppes, Patrick (1960) *Axiomatic Set Theory*, Princeton, New Jersey: D. van Nostrand Company, Inc.

Wallace, A. D. (1945) "A Fixed-Point Theorem," *Bulletin of the American Mathematical Society*, Vol. 51, pp. 413 – 416.

Ward, L. E., Jr. (1954) "Partially Ordered Topological Spaces," *Proceedings of the American Mathematical Society*, Vol. 5, pp. 144 – 166.

長名寛明 (2010) 『資源配分機構の設計と外部性』, 勁草書房, 東京.

竹内啓 (1966) 『線形数学』, 培風館, 東京.

二階堂副包 (1960) 『現代経済学の数学的方法』, 岩波書店, 東京.

山崎昭 (1986) 『数理経済学の基礎』, 創文社, 東京.

索　引

Q-可能消費　8
V-可能生産　5
Arrow-Debreu 均衡　376
Hicks 合成財定理　273
Hicks 補償需要
　　──関係　74
　　──関数　74
　　──集合　74
Pareto 優越関係　22
　　強──　22
　　弱──　22
Radner 均衡　379
Radner 証券集合　379
Roy の恒等式　102
Slutsky 恒等式　77
Walras 法則　162

ア　行

位相写像　428

カ　行

価格　33
　　χ-許容──　233
　　競争──　146
　　競争均衡──　146
　　均衡──　146, 162
　　補償──　149, 240
　　補償均衡──　149, 240
価値基準財　271
関係　416
　　A から B への──　417
　　Hicks 補償需要──　74
　　基底──　123
　　　選択関係によって生成される──
　　　　123
　　供給──　33
　　需要──　72
　　制約付き供給──　33
　　選択──　120

　　二項──　417
　　予算──　72
関数　5, 416
　　Hicks 補償需要──　74
　　凹──　37, 446
　　狭義凹──　446
　　狭義準凹──　51, 445
　　狭義準凸──　445
　　狭義凸──　446
　　供給──　33
　　需要──　72
　　準凹──　445
　　準正 1 次同次──　284
　　準凸──　445
　　正 k 次同次──　38, 431
　　制約付き供給──　33
　　線形──　229, 431
　　凸──　37, 446
　　変形──　5
危険回避　373
期日・事象　371
技術
　　──目録　226
　　処分──　19, 229
　　生産──　5
逆行　49
供給
　　──関係　33
　　──関数　33
　　──集合　33
　　──法則　34
競合性　213
　　非──　213
競争　146
　　──価格　146
　　──均衡　146
　　──配分　146
　　完全──　169
　　純粋──　169
競争均衡　146
　　長期──　177

共用集団　216
距離空間
　　コンパクト——　425
　　連結——　425
均衡　146
　　Lindahl　233, 242
　　Lindahl-Hicks——　234
　　Lindahl 準——　242
　　強 Lindahl-Hicks——　234
　　競争——　146, 243
　　準——　158, 244
　　独占——　294
　　補償——　149, 240
空間
　　拡大財——　223
　　財——　5
　　配分——　18
経済　19
　　公共財を含む私有財産——　218
　　疑似長期——　180
　　公共財を含む——　217
　　私有財産——　20
　　短期——　174
　　長期——　173
顕示選好
　　——の Houthakker 強公理　110
　　——の Samuelson 弱公理　110
　　——の強公理　116
　　——の弱公理　116
顕示選好関係　109
　　Houthakker 間接——　110
　　Samuelson——　109
　　強——　115
　　選択関係によって生成される——　123
　　強間接——　116
　　弱——　115
　　選択関係によって生成される——　123
　　弱間接——　115
厚生経済学
　　——の第一基本定理　151
　　——の第二基本定理　152
恒等写像　419
勾配　438
効用　10
　　——関数　9
　　——の可測性　394
　　——の序数性　10
効用関数　9
　　間接——　100, 274
　　期待——　389, 392

基本——　389
準線形——　279
混合集合　382

サ　行

財
　　——空間　5
　　——集合　4, 19
　　Giffen——　83
　　下級——　83
　　クラブ——　214
　　公共——　214
　　合成——　271
　　コモンプール——　214
　　事象依存——　369, 372
　　私的——　213
　　純粋公共——　214
　　上級——　83
　　状態依存——　379
　　将来——　364
　　正常——　83
財請求権証書　377
死荷重損失　319
市場　146
　　競争——　146
　　先物——　364
　　先渡——　364
　　直物——　364
事象　366
　　基本——　366
事象樹形図　369
　　——の枝　369
　　——の節　369
市場超過需要関係　162
自然状態　366
支払い用意　305
集計的生産過程の非可逆性　6, 220
集合
　　——の合併　415
　　——の共通部分　414
　　——の内部　37, 423
　　——の分割　217, 415
　　——の分割の細分　371, 416
　　Q-可能消費——　8
　　V-可能生産——　5
　　拡大財——　222
　　下方——　10
　　狭義上方——　10
　　狭義凸——　32, 41, 46, 431
　　供給——　33
　　空——　414

索　引

財——　4, 19
実現可能配分——　21, 221, 230
需要——　72
消費——　8
消費者——　4, 19
上方——　10
真部分——　22, 35, 414
生産——　5
生産者——　4, 19
制約付き供給——　33
凸——　14, 431
非空——　414
部分——　5, 413
　　コンパクト——　24, 425
冪——　6, 413
包括的——　100, 273, 431
有限——　414
予算——　72
需要
　　——関係　72, 108
　　——関数　72, 108
　　——集合　72, 108
　　——法則　73, 84
順序
　　弱——　9, 421
　　準——　23, 421
順序対　18, 416
消費者余剰　304
情報構造　371
処分不可能性　22
錐　430
数列　28, 424
　　——の発散　28
正1次同次
　　準——　431
制約付き供給
　　——関係　33
　　——関数　33
　　——集合　33
世界状態　366
線形
　　——関数　431
　　——空間　430
　　——部分空間　430
選好関係　8
　　下半連続——　10
　　危険愛好的——　373
　　危険回避的——　373
　　強単調——　10
　　強凸——　10
　　局所非飽和——　10
　　許容——　383

弱単調——　10
弱独立——　377
弱凸——　10
準線形——　279
上半連続——　10, 25
単調——　10
凸——　10
非飽和——　10
連続——　10
全射　419
線積分　308
選択関係　120
　　選好関係によって生成される——　122
全単射　229, 419
線分　430
　　開——　430
　　閉——　373, 430
像　417

タ　行

代替関係の優越性　40, 42, 44, 47, 89
代替効果
　　Hicks——　88
　　Slutsky——　88
代替財　83
　　完全——　85
　　純——　84
　　粗——　83
単射　419
値域　417
直積　18, 416
定義域　417
点列　28, 424
　　——の収束　28
独立性　383
　　強——　384

ナ　行

ノルム　322, 433
　　Euclid——　11, 433

ハ　行

排除
　　——可能性　213
　　——不可能性　213
配分
　　χ-許容——　220
　　Y-可能生産——　219

Lindahl―― 233
Lindahl-Hicks―― 235
Pareto 効率的―― 23, 221, 230
強 Lindahl-Hicks―― 234
競争―― 146
実現可能―― 21, 230
弱 Pareto 効率的―― 23, 222, 231
消費―― 18
生産―― 18
補償―― 149, 240
不確実性樹形図 369
賦存資源 17, 229
――の初期割当 20, 229
閉包 424
推移的―― 421
変分
等価―― 309
補償―― 309
補完財 83
完全―― 85
純―― 84
粗―― 83
補償 149
――価格 149, 240
――均衡 149, 240
――配分 149, 240

――変分 309
Slutsky 所得―― 88
Hicks 所得―― 88
補題
Hotelling の―― 44
Shephard の―― 39, 76

マ 行

無賃乗車 238
無料財規則 147
一般化された―― 147
無料処分可能性 22
一部の財の―― 22
すべての財の―― 22
無料生産の不可能性 6, 220
目録
技術―― 6
選好―― 16, 226

ヤ 行

予算
――関係 72, 108
――集合 72, 108

長名　寛明（おさな・ひろあき）
1942年東京都生まれ。1965年慶應義塾大学経済学部卒業。1980年同大学経済学部教授．2008年同定年退職。現在，慶應義塾大学名誉教授。経済学博士。理論経済学専攻。
〔主要業績〕『資源配分機構の設計と外部性』（勁草書房，2010年）。"Externalities Do Not Necessarily Require Larger Message Spaces for Realizing Pareto-Efficient Allocations," *Review of Economic Design*, 2005. "Nash Implementation of the Weak Pareto Choice Rule for Indecomposable Environments," *Review of Economic Design*, 1997.

〈数理経済学叢書 2〉

〔ミクロ経済分析の基礎〕　　　　　ISBN978-4-86285-115-4

2011年9月10日　第1刷印刷
2011年9月15日　第1刷発行

著　者　長　名　寛　明
発行者　小　山　光　夫
製　版　ジ　ャ　ッ　ト

発行所　〒113-0033 東京都文京区本郷1-13-2
　　　　電話03(3814)6161 振替00120-6-117170
　　　　http://www.chisen.co.jp
　　　　株式会社　知泉書館

Printed in Japan　　　　　印刷・製本／藤原印刷